フロイトを読む

年代順に紐解くフロイト著作

Lire Freud : Découverte chronologique de l'oeuvre de Freud

ジャン-ミシェル・キノドス 著　　福本修 監訳

岩崎学術出版社

LIRE FREUD: Découverte chronologique de l'oeuvre de Freud
by Jean-Michel Quinodoz
Copyright © 2004 by Presses Universitaires de France
Japanese translation published by arrangement with Presses Universitaires de France
through The English Agency (Japan) Ltd.

目 次

各章の構成と表記   v
フロイトを読む   1
ジークムント・フロイト（1856–1939）年表   8

第 I 部
精神分析の発見
（1895–1910）

『ヒステリー研究』（1895d）   13
『ヴィルヘルム・フリースへの手紙』（1887–1902）   25
「心理学草案」（1950c [1895]）   30
「防衛 - 神経精神症」（1894a），「ある特定の症状複合を『不安神経症』として神経衰弱
    から分離することの妥当性について」（1895d），「防衛 - 神経精神症再論」（1896d），
    「神経症の病因論における性」（1898a），「遮蔽想起について」（1899a）   35
『夢解釈』（1900a），『夢について』（1901a）   40
『日常生活の精神病理学にむけて』（1901b）   49
『機知——その無意識との関係』（1905c）   54
『性理論のための三篇』（1905d）   61
「あるヒステリー症例分析の断片（ドーラ）」（1905e [1901]）   69
『W. イェンゼン著「グラディーヴァ」における妄想と夢』（1907a）   77
「ある5歳男児の恐怖症の分析（少年ハンス）」（1909b）   82
「強迫神経症の一例についての見解（鼠男）」（1909d）   92
『レオナルド・ダ・ヴィンチの幼年期の想い出』（1910c）   98

第 II 部
成熟の時代
（1911–1920）

「自伝的に叙述されたパラノイア（妄想性痴呆）の一症例に関する精神分析的考察」（1911c）   105
「精神分析の技法についての著作」（1904–1919）   112
『トーテムとタブー』（1912–1913a）   125
「ナルシシズムの導入にむけて」（1914c）   132
『メタ心理学諸篇』（1915–1917），『精神分析入門講義』（1916–1917 [1915–1917]）   139
「ある幼児期神経症の病歴より（狼男）」（1918b [1914]）   160

『不気味なもの』（1919h） 169
「子供がぶたれる――性的倒錯の発生をめぐる知見への寄与」（1919e） 174
「女性同性愛の一事例の心的成因について」（1920a） 174

第Ⅲ部
新たな展望
（1920–1939）

『快原理の彼岸』（1920g） 189
『集団心理学と自我分析』（1921c） 198
『自我とエス』（1923b） 207
「マゾヒズムの経済論的問題」（1924c） 216
『制止，症状，不安』（1926d） 221
『ある錯覚の未来』（1927c），『素人分析の問題』（1926e） 231
『文化の中の居心地悪さ』（1930a），『続・精神分析入門講義』（1933a [1932]） 239
現実の否認と自我の分裂についての諸論文（1924–1938），『精神分析概説』（1940a [1938]） 247
「終わりのある分析と終わりのない分析」（1937c），「分析における構築」（1937d） 258
『モーセという男と一神教』（1939a [1934–1938]） 268

今日フロイトを読むとは？ 279
補　遺 281
文　献 283
監訳者あとがき 293
人名索引 297
事項索引 301

各章の構成と表記

〔以下は，本訳書で採用した表記法について述べている〕

章　題

書　籍：二重カギ括弧で囲んだゴシック体
　　　　例）『日常生活の精神病理学にむけて』
論　文：カギ括弧で囲んだ明朝体
　　　　例）「ナルシシズムの導入にむけて」

章題の書誌指示

　章題に続く次の行に，その章で研究する著作の初版刊行年を Freud-Bibliographie mit Werkkonkordanz (Meyer-Palmedo and Fichter 1989) および J. ストレイチー訳『標準版フロイト全集』の年代順リストを参照して表記した。
　　　　例）『日常生活の精神病理学にむけて』(1901b)
　刊行年とフロイトが当該テクストを執筆した年が一致しない場合，先に刊行年を，続いて執筆年を角括弧で囲んで記した。
　　　　例）『精神分析概説』(1940a [1938])

引用：フロイトの既刊テクストの参照頁

　読者の便を考え，フロイトの著作のフランス語訳対応頁は全集を含めすべて割愛し，代わりに，『標準版フロイト全集』の頁と岩波版フロイト全集の巻数と該当頁を入れた。
　フロイトの引用は，原則として岩波版フロイト全集の訳に準拠した。但し，変更した箇所には，ドイツ語原文を〔　〕内またはページ脚注に示した。また，いくつかの訳語および語尾や時制の変更については，特に記していない場所もある。詳しくは，訳者あとがきを参照。

囲み記事

伝記と歴史

　その章で研究しているテクストと関連をもつフロイトの個人生活の諸要素および彼の初期の弟子たちのうち数名の伝記。それらは当時の歴史的文脈の中に位置づけられている。

フロイト以後

　その章で研究している著作に着想を得た，フロイト以後の主要な寄与。

年代順に見るフロイトの概念

　フロイトによって導入された主要概念を，彼の著作の流れに沿って登場順に記載し，アイデアの歴史が感じられるようにしている。

フロイトの概念の継時的発展

　数十年の間に展開された，幾つかのフロイトの大きな概念の継時的研究。例えばエディプス・コンプレックスや転移。

フロイトを読む

個人およびグループの作業の成果

『フロイトを読む』は，個人的にもグループとしても長い行程の成果であり，私がその編集に2年以上掛かりきりで要した仕事に遡られる。それはそもそも，精神分析との私の個人的な出会いと，寝椅子を用いてほとんどの場合週4回面接を行なう古典的精神分析治療の患者たちとの，私の個人開業の精神分析者としての長い経験に基づく著作である。そのうえ[訳注1]，『フロイトを読む』は，フロイトの著作を年代順に読むことに専念したセミナーでの作業の成果でもある。それは1988年に，これから精神分析者になる者の研修の一環として，ジュネーブにあるレイモン・ド・ソシュール精神分析研究所で始まり，現時点で継続中である。そのセミナーは本書の内容面でも形式面でも私にとって土台として役立ったので，本著作自体を提示するためにした私の選択について述べる前に，私はそのグループの経験についてお伝えすることが重要だと思う。

フロイトを読む幾つもの方法[訳注2]

フロイトを読むには多くの方法があり，それぞれに有利な点と不利な点があるけれども，それらは互いに補完し合う。フロイトを局部的に，論文や著書を単品（ア・ラ・カルト）で選んだり，一つの主題とそれに関連する論文を選んだりして読むことができる。局部的に読む研究法は，一つの作品を詳しく吟味し，そこに長く留まるという利点がある。フロイトのテクストは，「タルムード」的な読解すなわち各文さらには各語の意味の分析と，他のテクストとの関係で位置づけることに，特に向いている。しかしながら，そのような研究法では，100巻を超えるフロイトの前精神分析期の著作と書簡集を除いても，24巻の精神分析論文の終わりに読者が辿り着くまでに何年も要する。

フロイトの主要な精神分析の著作を，1895年出版の『ヒステリー研究』から始めて1938年すなわち死の前年に書かれた『精神分析概説』に至るまで，年代順に読むこともできる。フロイトのテクストを出版順に，個々にあまり留まらずに読むことによって，読者は何十年間のフロイトの思考の発展を把握することができる。年代順の読み方を最大限生かすためには，最初から時間に制限を設けておくことが重要だと

訳注1）英訳版では，以下の文章が追加されている。「臨床経験から私は，フロイトの考えが私たちの患者との毎日の仕事に光明を投じ，現代の精神分析学者にとって絶えず着想の元となる，生きた理論であることを学んだ。『フロイトを読む』は，現存するさまざまなフロイト以後の思考の流れに私が慣れ親しんでいることにも基づいている。私はそれらの多様性と創造性を正当に評価することができたが，それは私が，『国際精神分析誌』のヨーロッパ地域編集者として働く過程で，多くの同僚と接触したおかげである。私のドイツ語の知識は，私に『フロイトを読む』を書くよう促した，もう1つの要素だった。私はフロイトのテクストの原文を読むといつも，彼の書き方が実に簡潔で，ほとんど日常表現を用いて新作語を避けているのに驚かされる。私はフロイトの考えを，可能な限り広い読者に理解できるものにするために，本書を同じ精神で書こうとした。或る著者の思考の複雑さを尊重しつつ，それを明確で単純な言葉で表現することは，完全に実行可能である。」

訳注2）英語版にはこの節の冒頭に，以下の文章が見られる。「フロイトの出版された著作は，実に幅広く，かつ複雑な性質のものである。彼の精神分析論文だけでも約24巻となり，前精神分析期の著作と書簡集を合わせたものは，全部で百冊を超える。私たちは一体どうすれば，そのように堂々たる大量の仕事について，包括的な見解を持つことができるのだろうか。」

私は考える。たとえそうした研究法のせいで，各テクストにふさわしい詳細な分析を行なうことが許されなくなるにしても，である。とりわけ，読者が全体像を見失わないことは重要である。と言うのは，フロイトによる著作の全貌を俯瞰できるようになると，さまざまな精神分析学派の考えがしばしば，あれよりこれという特定の側面を特権化した結果であることが見出されるからである。この焦点化は世代から世代へと伝えられるにつれて，同じく貴重なフロイトの著作のその他の諸側面をますます脇にやる危険とともに，強まりがちなことも確認される。

　精選してまたは年代順に読むというこれら2つの研究法は，対立とは程遠い，補完し合うものである。なぜならどちらも独自の仕方で，フロイトが自分の発見を絶えず深めるためにどのように自分の見方を改め続け，躊躇を活用したり臨床経験を考慮に入れたりしたかを明らかにするからである。もちろん，このような企てに一人で乗り出すこともできるが，フロイトの思考を一巡しその展開を概観するに至るまでに，非常に多くの時間と粘り強さが求められる。こうしたわけで，この経験は明らかにグループで読むという枠組みの中で，特に刺激を与えるものになると私は考えている。

フロイトの著作を年代順に読むセミナー[訳注3]

年代順かつネットワーク状の研究法[訳注4]

　冒険は1988年に，フロイトの著作を年代順に読むセミナーのリーダーになるような訓練分析者を求めていた私たちの精神分析協会の候補生グループから，そうしたセミナーの考えを聞いたときに始まった。私はその挑戦に魅力を感じた。そしてそのようなセミナーを率いることで，私自身が大いに学ぶことだろうと思った。と言うのは，それまでの私がフロイトを熱心に読んでいたとしても，限局的でまとまりなく行なっていたからだった。しかしそうしたセミナーの通常の方式，つまり個人の読解に基づいて各自が意見を形式張らずに共有することを，私は良いと思わなかった。当時私は，各参加者が伝記・諸概念の歴史・フロイト以後の発展などのさまざまな見地からテクストを取り上げて解明に寄与するように勧めることを思いついた。私はこの作業方法が，彼の著作の年代順で厚みのある研究とネットワーク状の研究法という二重のアプローチのおかげで，私たちのフロイトのテクストの読解を補ってくれるだろうと考えた。私はこの企画が気に入った。そして興味を引かれた参加者たちが私の提案した作業方法を受け入れる気のある限りで，この挑戦には取り組む価値があると私は判断した。

セミナーの枠の重要性

　私は少しずつ，年代順に読むセミナーが繰り広げられる枠の重要性を理解するようになった。それは，セミナーの成功が或る程度までそれに依存することを実感していたときである。例えば，私はセミナーの初回から直ちに，来るべき3年間のプログラムを伝えることが肝要だと思う。それは，参加者たちがどのような形でどのような期間の作業が待っているかについておよその理解をもつためである。私はフロイトの主要なテクストを3群に分けて，3年の期間で読めるようにした。私はその見取り図を，『フロイトを読む』でも採用した。セミナーは2週間に1度，1年におよそ15セッション，それぞれ1時間半行なわれた。参加者は普通16人から18人で，セミナーは途中で新しいメンバーを受け入れない閉じたグループとして活動した。参加予定者たちはプログラム提示のセッションによって，事情を知った上で身を投じ

訳注3）英語版では，「『フロイトを読む』：その使用法」のセクションが先になっている。
訳注4）英語版では，冒頭に以下の文章がある。「私は15年ほどにわたって続いているこのセミナーについて，そこで私たちが達成したことを読者に伝えるために手短に紹介したい。なぜなら，それは私が『フロイトを読む』を書くための基礎となったからである。しかしながら私は，私たちがこのセミナーのために採用した計画は単に多くの可能なアプローチの1つに過ぎないことを強調しなければならない。フロイトのテクストに習熟する道は一つではないので，自分が最も快適に感じる方法を見出すことは，私たちそれぞれ次第である。」

ることと，そのような重要な目標の達成に必要な努力をすることに楽しみを見出す用意があるかどうかを，見極めることができた。

各メンバーの積極的な参加

同じく重要なのは，各参加者がこのセミナーは自分たちのものであって権威による講義ではないと感じること，そして私の役割が3年に限定された期間にわたる彼らの歩みに同行することに限られていることである。その参加には，個人の作業と共同のものが同時に含まれている。やっていて私は，セミナーを築き上げることに対して積極的な参加を求めれば求めるほど，参加者たちはそれを感謝し，それから得るものが大きいことに気づいた。このことは，常習的な欠席の少なさと，都合が悪い人は私に欠席を知らせようとし，担当を代わってくれる人を自分で探したことに表れていた。

個人の作業には，以下のものが含まれる。

— 選ばれたテクストを読むこと：各参加者は，予定されたテクストをセミナーセッションの前に自分で読んであり，討論のときに自分自身の質問を他の参加者たちと分かち合うことが期待される。
— 翻訳の自由な選択：各参加者は，自分の望む言語や好みの翻訳のテクストを自由に選択する。何人かはフロイトをドイツ語原文で読み，参加者の多数は普及しているフランス語訳のどれかを用いたが，他には英訳・イタリア語訳・スペイン語訳でテクストを読む者もいた。翻訳の多種多様性によって，フロイトの翻訳者たちに生じる問いの複雑さを浮き立たせることができる。
— 寸評の作成：各参加者は順番に，以下の項目の1つに関わる1ページ（約300語）を超えない短い論評を書く。
　1.「伝記と歴史」：取り上げた論文に合う，その著作を歴史的文脈に位置づけるフロイトの人生の短い紹介。
　2.「年代順に見るフロイトの概念」：フロイトが導入した諸概念を登場順に，取り上げた論文において思想の歴史を浮き彫りにするような仕方で明らかにする。
　3.「フロイト以後」：取り上げたテクストに触発された主なフロイト以後の発展を，歴史的・国際的見地から選択する。
　4.「セミナーの記録」：セミナーでの討論の要約を作成し，次のセッションで配布する。

個人的な作業を共有することは，セミナーセッションの間に行なわれる。セミナーは通常，短い情報伝達と，上記のさまざまな論評のテクストの配布から始まる。最初に，担当する参加者がフロイトの伝記に当てた論評を読み上げる。その発表は短時間討論される。それから，もう1人の参加者がみなの前でフロイトの諸概念に当てた論評を読んだ後，全般的な討論が始まる。それはおよそ45分続き，通常非常に活気を帯びる。もしも討論がうまく滑り出さないときには，全般的な討論を再び活発にするために，私は各参加者に，そのテクストに関して自分自身が問題とする点を述べるように求めながら，順に聞いていく。セミナーの最後の部分では，第3の参加者がフロイト以後の寄与に当てた論評を読み上げる。その発表に続いて，新たにやり取りがなされ，全般的な討論が再び始められる。他のところ（J-M. Quinodoz 1997b）で私は，フロイトの「子供がぶたれる」という論文に当てたセミナーの一セッションの展開を，詳しく記述した。各セッションに当てられる時間の短さは，逆説的に，活性剤となる。なぜなら，各参加参与者はグループに伝えようとする意見を考えておいて，簡潔に述べなければならないからである。

高度な要請：力動的因子

私は，参加者たち各自がフロイトの著作の大部分を個人的に読むばかりでなく，それらについて自分の意見を分かち合ったり諸論評の一つの作成に要する調べ物も行なったりすることが，彼らに多くを求めて

いると自覚している。セミナーへの準備には，既に多忙な職業生活および個人生活・家族生活のための時間を，相当投入することが要求される。こうした努力は，セミナーの集まりが楽しみを共有する機会でもあるのでなければ不可能である。それに加えて，作業の場の外で互いにもっと知り合えるように，私たちは1年の終わり毎に「持ち寄りパーティ」つまり打ち上げの機会を持ち，配偶者やパートナーを招待している。

　各自に積極的な参加を要請することは，セミナーが続くにつれて次第に確立されるグループ力動において，決定的な因子であることが明らかとなった。セミナーを築き上げるために「より以上の」参加をすることは，私たちが3年で終わりを迎えると知りつつ一緒に過ごす限られた時間に，熱気のある弾みを生み出す。最終的にセミナーは私たちに，面識が増えること以上のものをもたらす。なぜならこうした共同作業によって各参加者たちは，自分自身および他の人たちが言おうとすることを聞くことを学んで，接触を深められるようになるからである。それは，フロイトに更に耳を傾け，さまざまな見方の多様性を認めるための方法である。

　私は2周目の3年コースを立ち上げる際にこうした要請を課すことを諦めたとき，比較的高度な要請がセミナーグループの良い機能のために果たす活性剤の役割が実証されるのを経験した。この2周目のセミナーの初回に，参加者の1人は私が提案した作業方式に反対し，それをはっきりと批判して，そのような「マラソン」（彼の言葉）に加わることを拒否した。当時，私はセミナーの要請の正当性をまだ確信しておらず，その問題について決を採った。ただ1人による反対は他の者たちの同意を引き起こし，私は後悔とともに，諸論評の作成を含む個人的な作業をなくすことを受け入れた。書くことで私が唯一賛意を得られたのは，「セミナーの記録」だった。それでも私は，セミナーを続けた。その3年間に最も被害を受けたのは，全般的な討論だった。と言うのは，それはしばしば立ち往生したからである。各自がフロイトのテクストを注意深く読んであっても，私はグループの精神に，思考の構造が欠けているのを感じた。それは特に，論評の作成が要求する個人的努力とそれを共有することのおかげで，時間が経つにつれて徐々に積み上げられるものである。時間が経った今日，もはや私は経験がなかった当時のように譲歩することはないだろう。

『フロイトを読む』：その使用法

途方もない企て？

　長い間，フロイトのテクスト全体を紹介する本を書くという考えは，私の心をかすめもしなかった。その計画は，私には野心的過ぎると思われた。それに加えて私は，セミナーを独創的なものにしたアプローチ，つまり年代順かつネットワーク状にフロイトの著作に取り組むという方法を，どう書面上で再現できるのかが分からなかった。ある日，フロイトの著作へのネットワーク状のアプローチと年代順の見通しを組み合わせたものを視覚的に表現するために，印刷の体裁・字体・ページレイアウト・色を同時に活用するというアイデアが浮かんだ。

各章を構成するユニット

　私は『フロイトを読む』を，3年間のセミナーの作業をモデルにして，各章にはフロイトの一つのテクストに当てられたセミナーセッションのユニットを適用しながら構成した。

章　題

　例外を除くと，各章にはフロイトのテクストの一つの題が付いている。問題なのが著書なのか論文なのかを区別するために，私は後者を引用符〔邦訳では「　」〕に入れた。フロイトの名前に続いて，取り上げられたテクストの初出日が『用語索引付フロイト著作目録 Freud-Bibliographie mit Werkkonkordanz』

（I.Meyer-Palmedo et G. Fichter, S. Fischer Verlag, 1989）および『標準版』に刊行された年表を参照して入れている。出版の日付が書かれた日付と一致しないとき，私は慣行に従って最初に出版の日付を書き，第2の書かれた日付は［　］の中に入れた。例えば，『精神分析概説』（1940a [1938]）のように。読者は，フランス語版フロイト精神分析全集の訳者たちが習慣的に認められている年代順を変えて，逆の順番を採用していることに注意してほしい[訳注5]。

　導入部
　　各章には，内容を喚起する副題と取り上げた論文の短い紹介による導入がある。私の意図は，その章の中味の概略を提示して，テクストをフロイト全著作の文脈の中で手短に位置づけることである。

　伝記と歴史
　　この囲み記事は，歴史的文脈のような，その章で取り上げたテクストに関連するフロイトの個人生活の基本要素を描き出している。私はそのテクストの執筆に与えた主な影響を指摘した。私はこの項目に，彼の主な患者たちばかりでなく当時の重要な弟子たちの短い伝記を含めた。

　テクストを紐解く
　　文献──取り上げた各テクストに対して，私は大抵の場合，フランス語で入手可能な翻訳から2つの参照文献を挙げた。参照文献の最初のテクストは，私がイタリックで示したフロイトの引用の出典で，『精神分析叢書』（フランス大学出版）・『無意識の知』および『フォリオ，試論集』（ガリマール書店）・『パイヨ小叢書』からのものである。取り上げたテクストが『フロイト精神分析全集』（OCF.Pと略）既刊分の巻に存在するときは，［　］の中に第2の参照文献を挙げた。
　　このように，参照文献のページ数には，一般に2つの数字が付いている。（p.235 [132]）では，最初の数字 p.235 はフロイトのテクストの現行の翻訳のページを指し，第2の [132] は『フロイト精神分析全集』（OCF.P）のそれを指す[訳注5]。
　　本書の書誌欄では，ドイツ語版フロイト全集（Gesammelte Werke (Frankfurt am Main: Fischer Verlag)）と『標準版フロイト心理学的著作全集』（S.E. ロンドン：ホガース出版および精神分析研究所）の巻数に対応した参照文献を示している。

どの参照テクストを選択すべきだったか[訳注6] [訳注7]

　各テクストには，フランス語で利用可能な複数の翻訳があり，さまざまな版で，日付も異なれば翻訳者も異なる。その上，『全集』はフランス大学出版から刊行中であり，現在，半分を少し超えたところである。私はこの難しい選択をするに当たって，参加者が経済的理由と同時に言葉遣いの分かりやすさから文庫本・仮綴じ本を使うことを好むという事実を考慮に入れながら，セミナーで得た経験を参照した。

テクストの主導原理を引き出す

　テクストは，どのように提示すれば，要約して単純化することも百科事典的になって読者を文献漬けにすることも避けられるだろうか。このジレンマに直面して，私は各テクストを，読者が好奇心を刺激されて原典でも翻訳でも構わないので全文を読む気になるように紹介することに決めた。同じく私はその本質的な点を，平易でできるだけ日常言語に近い言葉で表そうとした。事実，私はフロイトを原典で読むとき，いつも彼が用いるドイツ語の簡明さを味わっている。彼は普段の表現を重用しており，私は同じ精神で書

訳注5）フロイトのフランス語訳に関する書誌の記述は，英語版にはない。本訳書でも省略した。
訳注6）本訳書では，基本的に岩波書店版フロイト全集から引用し，必要な修正を加えた。
訳注7）英語版にはこの見出しはない。

こうと心掛けた。

　実際にフロイトの著作を辿ることで，止むことなく展開するフロイトの思索が見出される。それは新しいアイデアを採用して古い考えを断念することもあれば，たとえ矛盾していても元の考えに戻ることもある。原典を読むことで私たちは，フロイトのテクストのどの点が私たち自身の思考を刺激するかにも気づき，別の考えを呼び起こされる。フロイトのテクストは，A. フェロ Ferro（1996）が示したように，エーコ U. Eco の意味でまさしく「開かれた」テクストとなっている。フロイトは未知の風景を発見する探検家のように書き，途中で自分の印象をメモし，自分の手帳にスケッチを下書きし，時にはもっと長く留まってイーゼルを構え，風景を傑作の中に定着させた。

臨床的なアプローチを最も重視する

　『フロイトを読む』を書く際，私は自分のフロイト読解においても多様な観点においても，やはり臨床的アプローチを最も重視した。精神分析が人間の心を調べる理論と方法であるだけではなく，今もとりわけ臨床的で専門的なアプローチであり，それによって多くの患者が，今日でさえ他の手段によっては解消できなかったであろう無意識の葛藤を解決できるようになることを，心に留めることが重要であると私は思う。

　年代順に見るフロイトの概念
　各章の終わりで私は，取り上げたテクストに登場した主要概念に言及した。その時点でフロイトは，それらに真の精神分析概念の地位を与えている。
　しかしながら，このように概念をフロイトの展開のはっきりとした一時期に位置づけて提示する方法には，問題がなくはない。一方では，或る概念がフロイトの著作に登場した瞬間を固定することは，しばしば恣意的である。実際に遡って読むと，フロイトは何度もさまざまな時期に，或る精神分析概念に対応する現象を記述していたが，後になって初めてその現象に精神分析概念の地位を与えていることが分かる。例えば，「転移」という用語は1895年の『ヒステリー研究』に既に登場している。しかしそれが精神分析概念として記述されるのは，10年後の1905年の「ドーラ」の症例においてのことである。

　フロイトの概念の継時的発展
　フロイトの主要な概念の幾つかは，数十年の間に発展したことが知られている。この理由から私は囲み記事で，それらの中でもエディプス・コンプレックス，転移などのように重要なものを取り上げた。

　フロイト以後
　この項目で私は，フロイトの直接の弟子たちおよび彼を継承してきた今日までに至る主な精神分析者たちがもたらした，彼の思考の主な発展に言及した。読者が多すぎる書誌的な参照文献によって本筋を見失うのを避けるために，私は選択を主要な寄与者に限定して，より個人的な関わりの文献についでに言及した。フロイト以後の発展は，フロイトによって素描された精神分析的な考えがその後さまざまな学派によって取り上げられ，それらの革新的な貢献によって豊かにされたことを示している。それを念頭に私は，フロイトによって創立された国際精神分析協会に属する精神分析者の間に見られる現代の考え方の多様性を強調する目的で，国際的なアプローチを重視した。

謝　辞

　私はまず，「フロイトの著作を年代順に読むセミナー」の参加者たちに感謝したい。1988年以来の彼らの討論への積極的な参加と個人的な寄与は，私が「伝記と歴史」と「フロイト以後」に当たる項目を書くのに，或る程度まで基礎として役立った。私は感謝の印として，本書の補遺で彼らの名前を挙げた。私は，

本書の草稿に論評する労を取ってくれたハナ・シーガル Hanna Segal，アンドレ・エイナル André Haynal，オーグスタン・ジャノー Augustin Jeanneau，クリストフ・ヘリング Christoph Hering，ジュアン・マンツァノ Juan Manzano，パコ・パラシオ Paco Palacio に，そして文献目録を作成したモード・ストルーヘン Maud Struchen にも感謝したい[訳注8]。

そして最後に，とりわけ，私は『フロイトを読む』を，私がこの冒険に乗り出すように最初に励ましてくれたダニエルに捧げる。

結びに，私は読者にとって本書が楽しい旅路となることを願いたい。但し，ガイドブックを読んでも旅行の代わりにならないことは思い出していただきたい！

ジャン-ミシェル・キノドス
コロニー（ジュネーブ州）
2003 年 10 月

訳注8）英語版には，以下の文章が続いている。「英語へのこの翻訳に関しては，私が本書を執筆した文体と精神を表現する言葉を見出してくれたデヴィッド・アルコーンに，深い感謝を述べたい。私の感謝は，ラウトリッジによる『新精神分析双書』シリーズの総編集者ダーナ・バークステッド・ブリーン Dana Birksted-Breen，アン-マリー・サンドラー Anne-Marie Sandler そして『フロイトを読む』を極めて注意深く吟味して大いに私に役立つ示唆をしてくれた 3 名の匿名読者にも向けられる。」

ジークムント・フロイト (1856–1939) 年表

	伝記的指標	出版物
1856	1856年5月6日、フライベルク（現在のスロヴァキア）にて、フロイトの誕生	
1860	ヤーコプ・フロイト一家、ウィーンに移住	
1873	ジークムントの医学研修開始	
1876–1882	ウィーン生理学研究所の助手（E. ブリュッケ教授）	ウナギにおける生殖腺の発見について発表 (1877)
1880	ヨーゼフ・ブロイアー博士と知り合う	
1881	医師資格取得 ― ブロイアーはアナ・O を治療	
1882	マルタ・ベルナイスと婚約	
1883–1884	コカインについて研究	コカインについて発表 (1884)
1885	私講師資格取得 ― パリ・サルペトリエール病院のシャルコーの元を訪れる	
1886	ウィーンでオフィス開業 ― マルタ・ベルナイスと結婚	
1887	マチルデ誕生 ― ベルリンのフリースと知り合う	『ヴィルヘルム・フリースへの手紙』(1887–1902)
1888		1877–1883：神経細胞（魚）について発表
1889	マルチン誕生 ― ナンシーのベルネームの元を訪れる	1888–1893：催眠法についての諸論文
1890–1891	ウィーン市ベルクガッセ19番地に転居 ― オリヴァー誕生	「失語症の理解にむけて」(1891b)
1892	エルンスト誕生	「脳性小児麻痺」(1891c)
1893	ゾフィー誕生	「ヒステリー諸現象の心的機制について ― 暫定報告」（フロイトとブロイアー、1893）
1894		「防衛―神経精神症」(1894a)
1895	アナ誕生 ― 初めての夢（「イルマへの注射」）	「ヒステリー研究」(1895d) ― 「不安神経症」(1895b)
1896	フロイトの父、ヤーコプ・フロイトの死 ― ブロイアーとの決裂	「心理学草案」(1950c [1895])
1897	自己分析の開始 ― 誘惑理論の放棄	「防衛―神経精神症再論」(1896b)
1898	『エディプス王』、『ハムレット』	「神経症の病因論における性」(1898a)
1899		「遮蔽想起について」(1899a)
1900	ドーラ（イダ・バウアー）の治療	『夢解釈』(1900a)
1901	弟アレキサンダーとの、初めてのローマ旅行	「夢について」(1901a)
		『日常生活の精神病理学にむけて』(1901b)
1902	水曜会設立 ― W. シュテーケルおよびA. アドラーと知り合う	
1903	ウィーン大学医学部員外教授の資格	
1904	国際的な認知の始まり	
1905	O. ランクと知り合う	「機知―その無意識との関係」(1905c)
		「性理論のための三篇」(1905d)
		「あるヒステリー症例分析の断片（ドーラ）」(1905e)
1906		W. イェンゼン著『グラディーヴァ』における妄想と夢」(1907a)
1907	C.G. ユング、K. アブラハム、M. アイティンゴンと知り合う	
1908	S. フェレンツィ、E. ジョーンズ、H. ザックス、P. フェダーンと知り合う	「ある5歳男児の恐怖症の分析（ハンス）」(1909b)
1909	ウィーン精神分析協会設立 ― O. プフィスター牧師と知り合う	「強迫神経症の一例についての見解（鼠男）」(1909d)

年	出来事	著作
1910	国際精神分析協会(IPA)の創立	「レオナルド・ダ・ヴィンチの幼年期の想い出」(1910c)
1911	ウィーン協会の中での紛争 ── アドラーの脱退	「自伝的に記述されたパラノイアの一症例に関する精神分析的考察 [シュレーバー]」(1911c)
1912	「秘密委員会」の創立 ── シュテーケルの脱退	「精神分析の技法についての著作」(1904-1919)
1913	ルー・アンドレアス・ザロメと知り合う ── ユングとの決裂	「トーテムとタブー」(1912-1913a)
1914	第一次世界大戦の始まり ── マルチンとエルンストの応集	「ナルシシズムの導入にむけて」(1914c)
1915	フロイトによるフェレンツィの分析(1914年から1916年の，三つの時期に)	「メタ心理学論文」(1915-1917)
1916		「精神分析入門講義」(1916-1917)
1917	オリヴァーの応集	
1918	戦争の終結 ── アナの父親による最初の分析	「ある幼児期神経症の病歴より [狼男]」(1918b)
1919	タウスクの自殺 ── パトロンのA. フォン・フロイントの死	「不気味なもの」(1919h) 「子供がぶたれる」(1919e) 「女性同性愛の一事例の心的成因について」(1920a)
1920	娘ゾフィーの死 ── ジョーンズは英語版『国際精神分析誌』創刊	「快原理の彼岸」(1920g)
1921		「集団心理学と自我分析」(1921c)
1922		
1923	癌の最初の手術	「自我とエス」(1923b)
1924	ランクは「出生外傷」を出版	「マゾヒズムの経済論的問題」(1924c)
1925	アブラハムの死 ── ブロイアーの死	
1926	フロイト70歳に ── ランクの脱退 ── M. クラインのロンドンへの移住	「制止，症状，不安」(1926d) 「素人分析の問題」(1926e)
1927	インスブルック大会	「ある錯覚の未来」(1927c)
1928		
1929	世界大恐慌の始まり	
1930	フロイトの母95歳で亡くなる ── フロイトはゲーテ賞を受賞	「文化の中の居心地悪さ」(1930a)
1931	オーストリアおよびドイツで反ユダヤ主義の増大	
1932	ヴィースバーデン大会	
1933	フェレンツィの死 ── ヒトラーが権力を獲得	「続・精神分析入門講義」(1933a)
1934		
1935		「神経症および精神病における現実喪失~防衛過程における自我分裂」(1924-1938)
1936	フロイト80歳に ── R. ロランと知り合う	
1937	ルー・アンドレアス・ザロメ死去	「終わりのある分析と終わりのない分析」(1937c) 「分析における構築」(1937d)
1938	ジョーンズとマリー・ボナパルトの助けで，フロイトはウィーンを去りロンドンへ	「モーセという男と一神教」(1939a)
1939	1939年9月23日，フロイトは83歳でロンドンにて死去	「精神分析概説」(1940a [1938])

第 I 部
精神分析の発見
（1895–1910）

『ヒステリー研究』
S. フロイト & J. ブロイアー（1895d）

重大な発見：ヒステリー症状には意味がある

　私たちは『**ヒステリー研究**』から始めよう。これは精神分析を創立した著作であり，そこでフロイトとブロイアーは，ヒステリー症状の治療における彼らの成功と最初の諸仮説を述べている。ヒステリーは19世紀末には非常によく見られた疾患であり，この病の原因が問われていた。それは器質的なものだろうか，それとも心的なものだろうか。医師たちはこの病気の真の原因が見出せず，途方にくれていた。事実，ヒステリーの転換症状は医学に対する挑戦だった。なぜなら，その症状はどの特定しうる解剖学的病変にも合致せず，さらには，全く偶然に現れたり消えたりする傾向があったからである。医師たちはこれらの華々しいことが多い症状を理解できずに苛立ち，ついにはこうした患者たち――彼らのほとんどは女性だった――を狂っているか仮病を使っているかと見なして，拒絶するに至った。

　1882年以降フロイトは，ウィーンの同僚ヨーゼフ・ブロイアー Joseph Breuer の成功に勇気づけられて，ヒステリーに帰着される症状で苦しむ患者たちの治療で暗示と催眠が果たす役割に，関心を持ちはじめた。10年以上にわたる臨床実践の結果を著した『**ヒステリー研究**』の中で，彼らは5人の患者の治療について詳述し，それぞれが自分の仮説について理論的な一章を割いている。フロイトによる「ヒステリーの精神療法のために」と題された章は，その歴史的価値からばかりでなく，フロイトが或る新しい学問分野の臨床的・理論的基盤をそこに据えたことによって，後世に名を残している。それが精神分析であり，それ自体はカタルシス法に由来している。1880年から1895年まで用いられた，ブロイアーによって創案された「カタルシス法」は一種の精神（心理）療法であり，それによって患者は過去に生じた外傷的な出来事の記憶，つまりヒステリー症状が初めて現れたときを，思い出せるようになった。ブロイアー次いでフロイトは，患者がその記憶[訳注1)]を思い出せるようになり，元の出来事と結びついた情動をそのときの強さで再経験することができるようになるにつれて，それらの症状は徐々に消失したと指摘する。フロイトは当初ブロイアーと同じく，患者が病因的な記憶を見出すのを助けるために催眠と暗示に頼っていたと述べている。しかしながら彼はまもなく，自分の接近法を根本から変えるために，この技法を棄てた。フロイトは自分が患者に，心に浮かぶことをすべて口に出して言うように――いわゆる自由連想法――と指示すると，患者の思考が自発的にとる道筋によって，彼は患者の中でそれまで抑えられていた病因的な記憶を浮かび上がらせられるばかりか，患者が病因的な記憶を克服するためにそれに触れようとする途上に立ちはだかる，諸々の抵抗を突きとめられることに気づいた。この新しい技法的アプローチによって，抵抗・転移・言語の象徴性そして心的加工が果たす役割は，ますます考慮に入れられた。それらの要素はどれも，あらゆる精神分析治療に見られるものであり，フロイトは『**ヒステリー研究**』の第4章ですでにその概略を述べていたのが認められる。浄化反応について言えば，除々に放棄されていったが，にもかかわらず情動的な放散は，あらゆる精神分析に不可分の要素であり続けている。

　フロイトが1895年に提出した仮説は，今日ではもう時代遅れなのだろうか。こうした異論を呈する者

訳注1) 以下では，souvenir（ドイツ語では Erinnerung または erinnern）を，文脈に応じて「記憶」または「想起」，稀に「想い出」と訳している。

には，精神分析は他の重大な発見と同じ運命を経験している，と私は返答するだろう。事実，19世紀末が近づくにつれて，精神分析と同時にいくつもの発明がなされ，それらも時を経るなかで進歩してきたが，今のところ，それらに代わる新しい革命的な発見はなされていない。だから私たちは，『ヒステリー研究』を構成する最初の精神分析的著作の研究から始めることに，大いに関心を払うのである。なぜなら，そこで述べられている治療的アプローチは，それ固有の領域では，今日においてもその価値を一つも失っていないからである。

伝記と歴史

1895年に『ヒステリー研究』を出版するまでのフロイトの半生

1895年，フロイトは39歳だった。彼は結婚していて，数人の子供がいた。そして既に神経病理学の研究者および臨床神経病医として認められる医学のキャリアを，十分に積んでいた。彼は，1856年にユダヤ人の両親の子供として，モラビアのフライベルクで生まれた。彼は，自分が自由主義者で無神論者だと明言したが，情緒的にはユダヤ主義に結びついたままだった。彼の家庭では，世代間の関係が複雑だった。事実，フロイトの父親ヤーコプ Jakob は40歳の時に，20歳の若い女性アマリア・ナタンソン Amalia Nathanson と再婚していた。だから彼女は，ヤーコプの最初の妻との間に生まれた2人の息子たちと，同じような年齢だった。このことは，幼いジークムントを混乱させた。当時彼は，自分が年老いた父親の息子というより，母親と異母兄の一人との若いカップルの息子であると想像した。フロイトは8人兄弟の長子で，いつも母親のお気に入りだった。このことは，自分は人生で成功するという彼の確信を疑いなく強めた。1860年，一家はウィーンに移住した。そこでジークムントは医学を学び，生理学者であり実証主義の医者であるエルンスト・ブリュッケ Ernst Brücke のような，卓越した教授たちのもとで働いた。ブリュッケはフロイトに，高名なウィーンの生理学者であり内科医のヨーゼフ・ブロイアーを紹介した。ブロイアーはフロイトより14歳年長で，ヒステリーの治療に関心を寄せていた。

科学的方面では，フロイトの見方の斬新さは既にさまざまな研究を通じて現れ，それによって彼は注目されていた。例えば，脳細胞と神経繊維の組織学的・神経学的単位に関する先駆的研究によってフロイトは，ヴァルダイアー Heinrich G. Waldeyer-Hartz が1891年に提起することになるニューロン理論の，知られざる創案者となった。フロイトが1891年に発表した失語症と小児の脳性麻痺に関する論文については，今日においてもその価値は認められている。特に，当時の皮質局在論的な失語症理論と袂を分かった失語症に関する彼の機能論的構想は，現在も効力がある。彼はまた，コカインの薬理効果の研究を行ない，自分を実験台にもしたが，しかし彼の発見の名声と評価は同僚たちの一人に奪われた。彼は1885年に，名誉職の私講師 Privatdozent 資格を得た。

1882年，ジークムントはマルタ・ベルナイス Martha Bernays と恋に落ちた。そのとき彼は26歳で，彼女は20歳だった。婚約は4年間続き，その間彼らは互いにほとんど毎日手紙を書いた。この文通の中でフロイトは，自分がしばしば不安に駆られる，情熱的で暴君的な婚約者であることを見せている。マルタは，彼女を高く評価していた E. ジョーンズ Jones が後に述べるように，堅実で思慮深い「普通の」女性だった。彼らは1886年，フロイトが個人開業を始めてすぐ後に結婚し，6人の子供たちをもうけた。1891年，フロイト一家は引っ越し，ウィーンのベルクガッセ19番地に住んだ。彼らは，1938年にナチスによる迫害から逃れてロンドンに亡命するまでそこで暮らした。

フロイトとブロイアー：決定的な共同研究

フロイトが初めてヒステリー患者を治療するのに催眠の能力に注意を引かれたのは，ウィーンの友人であり同僚のヨーゼフ・ブロイアーが，アナ・O Anna O. という若い患者のヒステリー症状の治療に成功したと話すのを1882年に聞いている時だった。ブロイアーはフロイトの14歳年上で，精神分析の誕生に決定的な役割を果たした。ブロイアーはユダヤ人の家系で，著名な生理学者であ

り内科学の優秀な専門家で，高い教養をもつ人物だった。彼は，哲学者のフランツ・ブレンターノ Franz Brentano や作曲家のヨハネス・ブラームス Johannes Brahms といった，ウィーン社会の多くの著名人の友人であり家庭医だった。フロイトは，指導者のエルンスト・ブリュッケからブロイアーを紹介された。ブリュッケは名声の高い生理学者で，フロイトは彼のところで 1876 年から 1882 年まで，神経生理学に関する研究をしていた。フロイトは個人開業を始めた後，ブロイアーの技法を何人かの患者に適用し，ブロイアーの観察が自分の患者で立証されるのを実感して感銘を受けた。だがフロイトの研究精神はつねに新たな発見を探し求めて，すぐに彼は自らの道を進むことになる。

先駆者：シャルコーとベルネームから学ぶフロイト

フロイトはさらに学ぶために，パリのジャン-マルタン・シャルコー Jean-Martin Charcot のもとで 1885 年から 1886 年の間，その後 1889 年にはナンシーのイポリット・ベルネーム Hippolyte Bernheim のもとで過ごすことにした。彼はシャルコーの講義に，数カ月間出席した。シャルコーは，ヒステリーが医学に提起している問題を解決する試みで有名になっていた。シャルコーは，ヒステリーを子宮に由来する興奮や仮病のせいにする古代・中世の仮説を放棄して，この状態に明確な疾病分類学上の疾病単位という地位を与え，それを研究と調査の主題とした。彼はヒステリーを，機能的な神経障害あるいは神経症の一つとして分類して，それらを器質因による精神科疾患から区別した。彼はこの区別を，ヒステリー性麻痺の分布がランダムで，神経学的な麻痺において観察される神経根の分布とは異なっていることを観察して確立した。シャルコーは，ヒステリー障害の本質は心的なものであり器質的ではないことを証明するために，ヒステリー症状の発生と除去に催眠暗示を用いた。彼は，外傷的な性質をもつ脳の「力動的損傷」が，女性でも男性でもヒステリーの原因でありうる，という仮説を提起した。

だがシャルコーは，催眠暗示を治療手段としてではなく，主として実地説明のために用いていた。それでフロイトは 1889 年，ナンシーのベルネームのもとに行って自分自身の技法を向上させる決意をした。ベルネームは，催眠が何よりも言葉によって生まれる暗示であって医者の視線の磁力によるものではないことを示していた。そのことはこのアプローチを，純粋な心理療法の技法に変えた。フロイトはウィーンに戻ると，直ちにこの技法を実践に移した。

構想15年の『ヒステリー研究』

フロイトはブロイアーを説得して，1881 年以降自分たちが行なって来た臨床観察を各々の仮説とともに一冊にまとめるまでに，数年を要した。彼らは，「暫定報告」（1893）の中でカタルシス法の結果に関する暫定的な結論を公刊することから始めた。この論文は『ヒステリー研究』（1895d）に再録され，その序章となっている。

しかしながら『ヒステリー研究』の出版は，彼らの共同研究の終焉を印すことになった。そして 1896 年以降，フロイトはブロイアーの野心不足に失望し，自分一人で研究を続けた。2 人の間の距離が拡がっていった理由の一つは，ブロイアーがヒステリーの原因として性的因子の重要性を確信していなかったのに，フロイトはそれをますます強調していったという事実だった。それでもブロイアーは遠くから，フロイトが発展させる考えに興味を示し続けた。フロイトはこのことをブロイアーが 1925 年に亡くなってから，ブロイアーの息子ロベルトによるフロイトのお悔やみの手紙への返信で知って驚いた。彼はフロイトに，父親がいつもフロイトの仕事に関心を抱き続けていたと語ったのだった（Hirschmüller 1978）。

テクストを紐解く

■ 標準版第 2 巻 1–309 頁（岩波版フロイト全集第 2 巻）所収。

●「ヒステリー諸現象の心的機制について」（J. ブロイアーと S. フロイトによる）

　この序章は，既に 1893 年に公刊されていた「暫定報告」の再録である。その中で著者たちは，彼らの臨床的な進展の継時的な段階を記述し，彼らの初期の仮説を提出している。彼らは，自分たちがヒステリー症状の原因，より正確には遠い過去にヒステリー症状の最初の出現を引き起こした出来事を発見できたのは，大抵偶然の観察によってであると言う。この原因は，簡単な臨床検査では取り逃がされ，患者自身，その出来事の記憶を失っている。一般に，症状が初めて現れた時の記憶を患者が呼び覚ますためには催眠の助けが必要である。「そうすれば，その因果関係を非常に明確かつ説得力をもった形で示すことに成功する」(Freud & Breuer 1895d: 3，岩波 2: 6)。後に多少とも重篤な病理的発現を引き起こしたのは，幼児期の出来事であることが最も多い。

　こうした観察は，ヒステリーと外傷性神経症との間に病因の点から見て類似性があることを示しており，したがってヒステリー症状の原因は，心的外傷によると考えられる。後に，心的外傷とその記憶は「異物として作用し，その異物は侵入後もなお長期にわたって現に作用を及ぼす」(同 6，岩波 2: 10)。著者たちによれば，外傷記憶の想起に続いて起こる症状の消失は，この仮説を確証する。ブロイアーとフロイトに，彼らの新しい治療法を描写するために語ってもらおう。「我々が発見したのは次のことである。最初はその発見に我々自身が大変驚いたものだった。つまり，誘因となる出来事の想起を完全に明晰な形で呼び覚まし，それに伴う情動をも呼び起こすことに成功するならば，そして，患者がその出来事をできる限り詳細に語りその情動に言葉を与えたならば，個々のヒステリー症状は直ちにそして二度と回帰することなく消滅した[訳注2]」(同 6，岩波 2: 10)。しかし，記憶の想起に治療的効果が伴うためには，患者が元の情緒を再経験することが不可欠であると彼らは明確にする。つまり，「情動を伴わない想起は，殆どの場合全く何の効果もない〔wirkungslos〕」(同 6，岩波 2: 10)。こうした観察をくり返すことによってフロイトとブロイアーは，以来有名な主張をするに至る。「ヒステリー者は，主に回想に苦しんでいるのである」(同 7，岩波 2: 11)。

　続いて彼らは，「カタルシス的な」効果では言語が決定的な役割を果たすと言う。なぜなら病因的な記憶の消去は，情動的放散という反応を，それが涙であれ復讐行為であれ含むからである。「しかし，人は言語のうちに行為の代替物を見出すこともあり，その助けを借りて，情動はほとんど同様に〔der Affekt nahezu ebenso〕『浄化反応』され得るのである。他の例では，語ることそのものがまさに適切な反射である。例えば嘆くとか，秘密の苦しみをすべて話してしまう（告解！）などである。行為によっても，言葉によっても，そして最も軽い場合として泣くことによっても，そのような反応が生じないのであれば，その出来事の想起はさしあたり情動的強調〔Betonung〕を保持することになる」(同 8，岩波 2: 12–13)。

　他方フロイトとブロイアーは，患者の記憶には元の出来事の痕跡がなく，たいていの場合，患者が「意識的思考から抑圧したり，制止したり，抑え込んだり」(同 10，岩波 2: 15) した不快な思い出が問題であることがほとんどであると指摘する。著者たちはヒステリー現象を，「意識の解離[訳注3]」つまりヒステリーの基本現象を構成しているであろう「類催眠状態」の存在に結びつく「二重意識」に原因があるとする。要するに，ヒステリー症状は外傷性神経症の場合に似て，深刻な外傷の結果であり，その外傷は不快な抑制を生み，そこでは性的な情緒が関与しており，その結果，一群の病因的な諸表象の「解離[訳注3]」が生じるだろう。フロイトとブロイアーは締めくくりに，彼らの治療的な手法がどのように効果を持つのかを自

訳注 2）ドイツ語原文：sogleich und ohne Wiederkehr verschwanden.

訳注 3）フランス語原文は «dissociation du conscient» と «dissociation»。しかしフロイト原文では Spaltung des Bewußtseins および die Neigung zu dieser Dissoziation（この解離への傾向）と区別している。英訳は splitting。

問する。「この方法は，元々浄化反応されていなかった表象の作用を，そうした表象の有する挟みつけられて動きが取れなくなっている情動を語りにより流出させることによって解消する。更にこの方法は，その表象を正常意識の中へ（軽い催眠下で）引き込むか，あるいは医者の暗示によりその表象を解消する——こうしたことは健忘を伴う夢遊状態の中で起きる——ことによって，その表象に対して連想による修正を施すのである」（同17，岩波2: 22–23）。

●「病歴」：カタルシス法が成功した5人の患者たち

続いて著者たちは，5つの臨床観察の報告を提示する。その最初の1例のみがブロイアーによって書かれたもので，他の4つはフロイトによって治療された患者たちに関係している。以下はかなり大まかな，各症例についての短いメモである。その目的は，ブロイアーとフロイトがそれぞれの探究において経験していった継時的な諸段階を浮き彫りにすることにある。

●「アナ・O嬢」（J・ブロイアーによる）：最初の症例

ブロイアーが「アナ・O」——彼女の本名は，ベルタ・パッペンハイム Bertha Pappenheim である——に初めて会った時，彼女は21歳で，ひどい神経性咳嗽 tussis nervosa の他に気分変動・視覚障害・右側の麻痺・幻覚で満たされた「アプサンス absences」・多様な言語障害，等数多くのヒステリー症状を患っていた。ブロイアーは，彼女の傍らで頻繁にそして長い時間をかけて話し合う中で，その若い女性が症状の最初の出現と結びついた記憶を彼に詳しく述べるとき，当時経験していた情動を再び強く感じると同時に，いくつかの症状が消失することに気づいた。これらの偶然の観察の後ブロイアーは，より系統的な方法で他の症状に関してその経験をくり返して，彼がアナ・Oに症状が初めて現れた時の状況について尋ねると，彼女の答えに応じて症状が消失することをいつも確認した。ブロイアーは，こう報告している。「このこんがらがった病像の，すべての個々の症状は，それぞれ個別に取り扱われた。こうした病像が出現してくるきっかけのすべては，時間的に逆の順序で語られた。最初に，患者が寝たきりになる前の日々から始まり，時間をさかのぼり，最初に症状が出現したときの誘因にまで達する。これが語られると，それによって症状は永久に取り除かれたのである」（同35，岩波2: 41）。ブロイアーはまた，この現象は患者が衰弱した意識状態，すなわち自己催眠に似た，彼が「類催眠状態」と名づけた第2状態にいる時に生じることを観察した。後にブロイアーは，彼女が自己催眠状態に陥るのを待つ代わりに，自分でその患者に催眠をかけることで技法を改善し，それによって時間を節約した。アナ・Oは自ら，この治療的手法をお話し療法 talking cure と名付けた。また，煙突掃除 chimney-sweeping（同30，岩波2: 35）という言葉で，浄化反応を可能にする，彼女の症状の出現と結びついた出来事の再想起を指した。

ブロイアーは続けて，彼が「語ることで除去」〔wegerzählen 英訳：talk away〕（同35，岩波2: 41）と呼ぶもののおかげで除去された諸症状の長いリストを引き合いに出し，いくつかの例を挙げる。最も重要な治療の成功は疑いなく，アナ・Oの右腕の麻痺に関するものである。アナは，重い病気の父親のかたわらに座っていた時，突然幻覚状態に陥り，1匹の黒い蛇がやって来て父に嚙みつこうとしているのを目にした。それと同時に彼女は，椅子の背に乗せていた自分の右腕が強直して，動かせないことに気づいた。その最初の出現の後，不安をかき立てるこの幻覚は，右腕の麻痺および英語しか話せないこととともに，頻繁にくり返された。ブロイアーは，治療の最後にアナ・Oが，その蛇の幻覚が初めて現れた時の状況をすべて彼に語ったと報告している。彼女は，病気の父親の枕元で徹夜で看病していた時の劇的な夜に自分が感じていたことを想起できると，彼女の右側の麻痺は消失し，彼女はドイツ語を使う力を再び取り戻した。「その直後から彼女はドイツ語で話すようになり，それと同様に，以前呈していた数えきれないほどの個々の障害のすべてから解放されたのである。それから彼女はウィーンを離れて旅行に出たのだが，かなりの時間を要して，心の均衡状態を完全に手に入れたのであった。以来，彼女は完全なる健康を享受している」（同40–41，岩波2: 48）。

フロイト以後

アナ・O はどのように治療を終えたのか？

ブロイアーはどちらかと言えば楽観的な調子で彼の報告を締めくくり，患者は心の均衡を完全に取り戻すまでかなりの時間を必要としたが，以後「彼女は完全なる健康を享受している」(同 41, 岩波 2: 48) と明言した。最近の研究によれば，これは完全に正確ではないことが明らかである。フロイト自身は，アナ・O の分析の結末について，いくつか異なる説明をした。かなり後になって彼は，その治療はブロイアーが患者の転移性恋愛に耐えることができないと気づいて逃げ出したために中断された，と断言した。もっと後にフロイトがツヴァイク Zweig への手紙の中で書いたように，「〔彼の偉大な知的才能にもかかわらず，彼はファウスト的なものは何も持っていませんでした。〕[訳注4] 似た場合に精神分析者ではない医師がみなそうしたであろうように，恐怖に駆られて彼は逃げ去り，患者を同僚に託しました」(シュテファン・ツヴァイク宛の手紙, 1932 年 6 月 2 日)。フロイトの伝記の中でアーネスト・ジョーンズ (1953–1957) は，こうした説明の一つを繰り返している。曰く，アナ・O の治療の最後の日，ブロイアーは彼女の枕元に呼ばれ，彼女がヒステリー発作の最中で，ブロイアーとの間にできたと宣言する子供の出産を真似ているのを目の当たりにした。ブロイアーは逃げ去り，その翌日，彼は妻を伴ってヴェニスへと旅立ち，彼らはそこで娘をもうけることになる，と。

実際には，近年の歴史的研究によって，ジョーンズが広めたこの説明は，フロイトによる後からの構成であることが明らかになり，現実と合致しないことが立証されている。例えばヒルシュミュラー Hirschmüller (1978) は，ブロイアーがカタルシス治療の終わった後もアナ・O を治療し続けたことを明らかにした。事実は彼女の病気のいくつかの現れは持続し，加えて彼女は三叉神経の神経痛を患い，ブロイアーによってモルヒネで治療されたが，それは中毒を引き起こした。1882 年 7 月，彼は患者をクロイツリンゲン・サナトリウムの管理者であるルートヴィッヒ・ビンスワンガー Ludwig Binswanger のもとに送り，治療の継続を依頼した。彼女は改善して，その年の 10 月にサナトリウムを退院した。その後彼女はウィーンに住み，そこで何度か再発して治療を受け，それからフランクフルトに発った。ドイツでは彼女は作家として非常に精力的に仕事をし，慈善事業を熱心に行なった。ここ最近の研究に照らし合わせてブリトン R. Britton (2003) は，ヒステリーの葛藤の性質について，この最初の症例の再検討に基づいて，説得力のある仮説を提出している。

精神分析に対する中傷者の中には，『ヒステリー研究』に記述された患者たちが症状を完全には除去されなかったという事実を利用して，精神分析の妥当性に異議を唱えたり，フロイトとブロイアーはまやかしでアナ・O は詐病だったと非難したりする者もいる。確かに，ブロイアーとフロイトは熱狂の中で臨床症例の報告をいくらか美化していた。なぜなら彼らの出版は，自分たちの研究がピエール・ジャネ Pierre Janet の研究に先行していたことを証明する狙いが部分的にはあったからである。しかしながら，木を見て森を見ずに陥るべきではない。なぜなら，たとえこの治療が限られた成功だったとしても，アナ・O の治療は，カタルシスと名付けられた方法による最初の成功治療として，そしてフロイトに精神分析を発見する推進力を供給した症例として，歴史記録に残るだろうからである。

● 「エミー・フォン・N 夫人」(S. フロイトによる)
　　フロイトは初めてカタルシス法を用いる

カタルシス法の発見がブロイアーによるアナ・O 嬢の治療に遡られるのと同じく，自由連想法の方を選んで催眠法を放棄したことは，フロイトによる「エミー・フォン・N Frau Emmy von N.」の治療に遡るとされる。本名をファニー・モーザー Fanny Moser というこの 41 歳の患者は，裕福な工業家の未亡人で，娘が 2 人いた。彼女は，動物を見ることへの重篤な恐怖症に罹っていた。1889 年の 5 月 1 日に始まって 6 週間続いたこの治療の中で，フロイトはカタルシスの目的で彼女との対話を試みた。彼女はマッサージも，記憶の回復を刺激するための催眠法も受けていた。しかし対話の中でフロイトは，意義深い記憶を呼び起こして，言葉で放出するという単純な事実からカタルシス効果が生じるためには，患者が自然に話すので十分であることに気づいた。「あたかも，彼女は私のやり方を我が物としているようであり，見かけ上は

訳注 4) この一文はフランス語原書にはなく，英訳版にある補足である。

何気なく偶然に導かれた会話を催眠の補足とするために用いているかのようである」（同 56，岩波 2: 66）。数日後，フロイトの問い掛けに苛立った彼女は，フロイトが絶えず彼女を遮るのを止めて，「彼女が私に言わなければならないことを，彼女に語らせるように[訳注5]」（同 63，岩波 2: 76）と求めた。フロイトはそれに同意し，催眠法なしでも，やはり望まれた記憶の回復が可能であることを認めた。ただし，彼はその技法をこの患者に用い続けた。記憶を伝えながら怯えているときには，自分に触らないようフロイトに繰り返したのもこの同じ患者である。彼女は「動かないで下さい，何も喋らないで下さい，私に触らないで下さい！」（同 51，岩波 2: 60）と言い，それから落ち着くのだった。フロイトは，「エミー・フォン・N 夫人」の症例では，転換ヒステリーよりも，不安・抑うつ・恐怖症を含むヒステリー的な心的諸症状が問題だったと結論した。彼女のヒステリーの源泉に関しては，フロイトは性的要素の抑制が決定的な役割を果たしていると考えた。なぜなら，「これほど外傷を生み出す誘因を与えるものは他にない」（同 103，岩波 2: 128）からである。

● 「ルーシー・R 嬢」（S. フロイトによる）
　　フロイトは徐々に催眠法を放棄し，暗示を選択する

　1892 年 12 月，フロイトは 9 週間にわたって，嗅覚喪失と幻臭に苦しむ若いイギリス人女性家庭教師を治療した。その幻臭には焦げた臭いが続き，障害はヒステリーの症状と見なされた。彼女に催眠を掛けようとして徒労に終わってから，フロイトはその手法を放棄して，「自由連想」と言われる方法を適用した。その際フロイトは，彼女の記憶が現れるのが遅れたときには時折，患者の額に自分の手を軽く置いた。「私は患者の額に手を置くか，患者の頭を両手ではさんで，『私の手の圧迫の下で[訳注6]，今，あなたには何かが思いつくでしょう。私がこの圧迫をやめた瞬間に，あなたは眼前に何かを見るか，頭の中に何かがわいてくるでしょう。それを捕まえて下さい。それこそが，私たちが求めているものなのです。――さあ，あなたは何を見ましたか，あるいはどんなことが思いつきましたか？』」（同 110，岩波 2: 137）。この治療は，ヒステリー症状の病因的効果の源にあるのは，忘れられているが記憶の中に正確に貯えられたままの出来事の追想であるとする仮説を確認した。問題なのは，性的性質を持つことが最も多い心的葛藤であり，その病因的効果は，両立できない考えが「意識から抑圧され，連想的加工を受ける余地が失われる」（同 116，岩波 2: 146）ことによる。この症例ではフロイトが，「ルーシー・R 嬢 Miß Lucy R.」は彼女の雇い主に密かに恋に陥り，叶う望みがないので彼への愛情を抑えてしまったことを発見すると，症状は消失した。

● 「カタリーナ」（S. フロイトによる）
　　短期の精神分析的療法の報告

　この報告でフロイトは，ヒステリー症状の原因において性的外傷が果たす役割について，短いが素晴らしい論証を示している。治療はフロイトとこの 18 歳の若い女性との間の，数時間の会話という形で展開された。彼は 1893 年 8 月の休暇中に山歩きをしていたとき，彼女に即興的な治療相談を授けたのだった。カタリーナ Katharina は山小屋の主人の娘で，彼が医者であることを知っていて，恐ろしい顔つきの幻覚を伴う息苦しさの症状のことで助けてほしいと彼に頼んだ。フロイトが後で正確に記録した 2 人の会話の間にカタリーナは，自分の症状が 2 年前に「叔父」と従姉妹のフランツィスカの性的関係を目撃した時から始まったのを思い出した。彼女はそれを見て，強い衝撃を受けた。その記憶からカタリーナは「叔父」が，14 歳だった彼女にも何度か性的に言い寄ったことがあったのを思い出した。フロイトはこの若い女性が，このような事件を詳しく述べてから安堵したことに気づく。それは彼によれば，彼女のヒステリーが「十分に浄化反応を受けた」（同 132，岩波 2: 168）からだった。フロイトはそこに自分の命題の確証を見た。「カタリーナが発作中に苦しんだ不安は，ヒステリー性の不安である。つまり，性的外傷の際に必ず出現する

訳注 5）sie erzählen lassen, was sie mir zu sagen habe.
訳注 6）ドイツ語原文：unter den Drucke meiner Hand

不安の再現なのである」(同 134, 岩波 2: 171)。1924 年に付け加えられた脚注でフロイトは，問題の男性が実はこの若い女性の「叔父」ではなくて，父親だったことを明かしている（同 134 脚注 2, 岩波 2: 171）。

● 「エリーザベト・フォン・R 嬢」(S. フロイトによる)
　ヒステリー症例の最初の完全な分析

　フロイトが記述した第 4 の症例は，ハンガリー出身の 24 歳の若い女性，「エリーザベト・フォン・R Fräulein Elisabeth von R.」[訳注 7] である。彼は 1892 年秋から 1893 年 7 月まで彼女の治療をした。この若い女性は 2 年以上両脚の激しい痛みに苦しんでいて，分類できない歩行困難があった。こうした障害が初めて現れたのは，彼女が病気の父親を看護していたときだった。父親の死から間もなく，彼女の姉が病気になって亡くなった。この 2 つの死は，彼女の症候の原因の中で決定的な役割を果たした。フロイトによれば，彼女の治療は 3 期にわたって展開した。第 1 期は，彼女の症状とその発症の原因との間の関係を，患者との間で明らかにできないで終始した。彼女は催眠法に抵抗したので，フロイトは彼女が目を閉じて横になるのでよしとして，好きに動くのは許容した。フロイトの働きかけにもかかわらず，期待された治療効果は生まれなかった。そこで彼は，自分の片手で彼女の額を軽く圧迫しつつ，彼女の心に浮かぶことを話すように求めるという手法に訴えた。エリーザベト・フォン・R 嬢の最初の考えは或る若い男性の記憶で，彼女は父親が病気の時に，彼に恋に落ちたのだった。しかしながら，父親の病気の重篤さを前にして，彼女は若い男性への恋をきっぱりと諦めていた。彼女は，この内的な葛藤が現れたときに両脚の痛みが甦ったことも思い出した。これはフロイトによれば，転換ヒステリーに特徴的な機制である。愛情生活におけるこの挫折を思い出して，彼女は，この最初の転換症状の動機を自分で発見することになった。「その後すぐに，彼女は次のような報告をして私を驚かせた。彼女は，なぜ痛みがいつも必ず右太腿のあの決まった部位から始まるのか，またなぜその部位において痛みが最も激しいのか，その理由を知っていると言うのである。毎朝，父親のひどく腫れた脚に巻く包帯を取り替える際，父親の脚を上に乗せていたのがまさにその［彼女の脚の］部位であったというのだ」(同 148, 岩波 2: 189)。この「浄化反応」の期間に続いて，患者の状態は改善した。フロイトは，患者にイメージや考えを呼び戻そうと試みて用いていた圧迫法に自信を持ち，抵抗に影響されて患者が何も思いつかないと訴えるのに対して，執拗に求めるのをもはやためらわなかった。「この困難な作業をしている間，私は，患者が想起の再現に際して示す抵抗に対してより深い意味を付与し始めた」(同 154, 岩波 2: 197)。

　症状の完全な治癒に至るには，この治療の第 3 期を待たなければならなかった。偶然の機会によってフロイトは，エリーザベト・フォン・R 嬢の痛みの源にある「秘密」を発見することができた。あるセッションの中で，彼女はフロイトに，その日の面接を中断するように頼んだ。なぜなら彼女は，部屋の外から義兄が彼女を呼んでいるのを聞いたからだった。この中断から戻った彼女は，両脚に強い痛みを再び感じた。それでフロイトは，この謎の根底にまで行き着こうと決意した。義兄の出現は彼女に，痛みが最初に現れたのは彼女の姉が亡くなった頃だったこと，そして姉の遺体が安置されている部屋に入ったとき，恥ずべき考えが彼女の心を過ぎったことを思い出させた。それは，姉の死によって義兄はまた自由となり，彼女が彼の妻になれる！という考えだった。だが彼女の義兄への愛は，彼女の道徳心と衝突した。それが，この耐え難い考えを彼女が「抑圧」して意識の外へやった理由だった。このようにして，転換の機制が生じた。「身体的なものへの転換が成功することにより，例の痛みが発生した」(同 157, 岩波 2: 201)。この意識化の結果は完全な治癒だった。フロイトはそのことを 1 年後に，或る舞踏会で彼女が踊っている姿を見たときに，自分の目で確認できた。しかしながらこの治療の成功は，フロイトが秘密を暴いたことに対して彼女が強く恨むのを防ぐことにはならなかった。

訳注 7）実名はイロナ・ヴァイス Ilona Weiss（英訳版より）。

● J. ブロイアーによる「理論的考察」

この理論的な章の中でブロイアーは,「暫定報告」で概略を述べていた幾つかの仮説を発展させている。彼の貢献は主に,「類催眠状態」と心の分裂に関わる。後者は,意識化できないために病因的性質を獲得する,無意識の表象の存在に由来する。彼は, ヒステリー性障害は特に興奮しやすくて, 彼が「類催眠状態」と呼ぶ自己催眠の傾向がある人たちに現れると主張する。その傾向は, 暗示を促進する。彼はまた, こうした患者たちには性的なものを拒絶する素因があり, それは転換ヒステリーの症例で顕著であると主張している。「防衛によって退けられ, 転換された諸表象のうち, 大部分の, そして最も重要な表象は, 性的な内容を持つ」(同 245, 岩波 2: 314)。しかし, ブロイアーが自分の発見したカタルシス法を適用することで満足し, それを改良しようとしなかったのに対して, フロイトは最終章で, 彼がその方法をいかに発展させたかを述べている。このためブロイアーの章には, 理論的重要性よりむしろ, 歴史的重要性が与えられる。

● S. フロイトによる「ヒステリーの精神療法」

● 催眠法から自由連想へ

フロイトは臨床経験から出発して, 自分が徐々にカタルシスの技法を修正し, 独創的でブロイアーのものとは異なる治療的アプローチへと導かれたことを示す。彼はブロイアーの技法の有利な点と不利な点を吟味する。このようにして, この基礎となる章を読み進むにつれて私たちは, 精神分析の方法となるものの輪郭が, フロイトの筆の元で次第に形をなしてくることが分かる。その構成原理は既に素描されており, 1895 年に書かれたこの論文には, 無意識・抵抗・防衛機制・転移その他の新しい観念が見られる。

フロイトは, 彼がカタルシス法の適用において出会った諸困難や限界によって病因的な記憶を想起させやすい手段を探すようになり, 以前からのものにやがて取って代わる新しい技法を探求するようになったことに注意を促す。事実, 実施に際してカタルシス法は相当な長さの時間を要したし, 催眠法が成功するために患者は医師を完全に信頼しなければならなかった。しかし, あらゆる患者がそこまでの信頼はしなかった。フロイトはそれで挫かれるどころか, 患者が催眠法なしで病因的な記憶を取り戻せるようにする方法を見出すことによって, その障害物を乗り越えた。それは彼の天分の特徴の一つだった。彼は, 患者をカウチに横たわらせ, 目を閉じて集中するように求めて, 彼が繰り返し言い張ることで, 新しい記憶を現れさせることができるのに気づいていた。だがこの手法はまだ彼に多くの努力を要求し, 結果が出るのは遅かったので, 彼はそれがおそらく, 患者自身に由来する「抵抗」の印だと考えた。医師にとって, こうした表象の出現を妨げるこれらの新しい障害物を乗り越えることが問題だった。

このようにしてフロイトは, 抵抗や防衛が果たす役割を発見した。それらは, 病因的な表象が「自我」(同 269, 岩波 2: 342) に達するのを妨げる心的機制である。彼はそれらの目的が, 相容れない考えを, 彼が検閲と呼ぶ力の行為によって「意識からも想起からも追いやる」(同 269, 岩波 2: 342) ことにあると認識した。「このように, 心的力, 即ち自我の反感は, 当初において, 病因となる表象を連想から追い出していたのであり, その力は, 想起の中でその表象の回帰することに反抗していた〔widersetzte〕のである」(同 269, 岩波 2: 343)。フロイトによれば, 病因的な表象は心的組織において, 彼が「抑圧」(同 269) と結びつける拒絶を被るだろう。しかしながら, 未放出の情動が患者にとって耐えられる限界を超えるならば, その心的エネルギーは身体的エネルギーに転換され, 転換の機制に一致したヒステリーの症状を引き起こす。

フロイトは, 患者たちが抵抗を乗り越えるために, 彼が繰り返し言い張ることを自分のアプローチの基盤としていた。彼はそれに, 病因的な記憶が現れるのを促す目的で, 患者の額を圧迫するという技法的な動作を加えて補完した。しかしながら, 彼はそのすぐ後に自由連想法を発見したとき, この技法的な動作も放棄した。自由連想法の発見は, 1892 年から 1898 年の間に徐々になされ, いつと言うのは困難だが,

フロイトは，「エミー・フォン・N」夫人の症例で既にそれに言及している。そこで彼は徐々に，患者の自発的な表現と交代するように導かれたのだった。

『ヒステリー研究』——特にフロイトによる貢献——は，新しい道を開いて精神分析がそこに構築されようとしている土台を構成する，多くの臨床的・技法的・理論的な考察に満ちている。本書でフロイトが導入した新しい諸概念の中で，3つのものがより詳しく見るに値する。それは，性欲〔sexualité 性的なもの〕・象徴性・転移である。

● 性的なものが果たす役割

フロイトはごく早期から，性的な種類の外傷が初めてヒステリー症状の現れた状況についての語りの中で一様に起こることを認めていたが，そこに因果関係を認めることには，当初懐疑的な様子だった。「私はシャルコー学派のところから帰ってきたばかりで，ヒステリーを性という主題と結びつけることは或る種の侮りと見なしていた——患者自身がそうしたことを侮りと見なすのは常であったが，それと変わるところはなかったわけである」（同 260, 岩波 2: 329）。しかし彼は，患者の語りの中に性的な種類の外傷を繰り返し認めたので，性的因子が症状の出発点で決定的な役割を演じているという明白な事実に従った。彼は後に，この因子がヒステリーにばかりでなく，精神神経症一般に関わることに気づいた。彼がそれらを「性神経症」（同 261, 岩波 2: 329）と呼んだのは，そのためである。

フロイトは，『ヒステリー研究』ではそうした革命的な視点についてほとんど述べていないが，同時期に書いたさまざまな論文の中では，神経症，特にヒステリーでは最初の外傷はつねに，子供時代の早期で思春期前に経験された実際の性的経験に結びついていると繰り返している。これらの経験は，単なる性的な言い寄りから実際の何らかの性的行為までありうるが，フロイトは「かなり狭い意味で性的虐待と呼ばれるべきである」（Freud 1897b: 253, 岩波 3: 282）と言う。フロイトは，現実に性的外傷が患者の子供時代の早期に起こったという考えとともに，或る仮説[訳注8]を導入したが，それが主張されたのは，1895年から1897年の短期間だった。リチャード・ウォルハイム Richard Wollheim（1971: 38）が指摘するように，フロイトは現実の性的外傷を述べていても，幼児性欲すなわち子供に性欲動があるという事実を全く考慮に入れていないことに注意しよう。しかしすぐにフロイトは，新たな臨床観察を通して自分の見方を変えることになった。この時期から彼は，語られる性的場面の現実性に関して疑いを持った。それは実際に経験されたというより，むしろ想像されたのではないだろうか？　以来彼は，決定的な外傷的因子は性的場面の現実性よりも，空想や欲動に左右されると考えた。この問いには，後でまた戻るとしよう。

● 象徴とヒステリー症状

フロイトは，ヒステリー症状が採用する形式には象徴的決定論があることにも気づいた。象徴化の機制による転換は，その最も明白な表現をなしていた。彼は，この「象徴性による決定」（岩波 2: 265）の例を幾つか挙げている。その一例は，或る少女が感じた両目の間の額に貫く痛みである。その痛みは，彼女の祖母の「貫き通す」視線が「脳の深いところまで達した」（Freud and Breuer 1895b: 180, 岩波 2: 231）ことを，彼女が思い出したときに消失した。ブロイアーの方でも，「情動とその反射を結びつけているのは，しばしば，くだらない言葉遊びや音による連想である」（同 209, 岩波 2: 265）と同じく指摘している。最後にフロイトは，「かつてはこれらすべては字義通りに言い表されていた[訳注9]」というのは大いにありうること」（同 181, 岩波 2: 232）なので，ヒステリー者は自分の感覚や神経支配に「本来の語義」を再現している可能性を提起する。しかしながら彼は当時，「記憶象徴」という観念をそれ以上探究しなかった。彼がそれを取り上げるのはもっと後のことである。

訳注 8）いわゆる誘惑理論。本訳書 p.26 参照。
訳注 9）ドイツ語原文：das alles einmal wörtlich gemeint

● 転移の観念の概略

　最後に驚かされるのは，フロイトがヒステリーについての初期の著作から，転移現象を既にこの語を用いて記述しているのが見出されることである。彼は信頼関係を確立する必要性という観点から，それに間接的に言及することから始める。例えばカタルシス法を記述するとき彼は，催眠法の成功には患者による医師への完全な信頼と，「完全な同意」（同 265, 岩波 2: 337）さえ要することを指摘する。次に，フロイトは抵抗の取り除き方を取り上げるとき，「かなりの数の症例において，医師の個人的影響力だけが抵抗を除去する[訳注10]」（同 283, 岩波 2: 362）ので，医者のパーソナリティが果たす大きな役割を書き留める。

　フロイトが転移の考えをはっきりと取り上げるのは，特に圧迫を加える手法が失敗した症例で患者が抵抗する動機を掘り下げるときである。彼はまず，抵抗の気づきへの 2 つの障害物を認める。1 つは医師との個人的な仲違いで，これを片づけるのは簡単である。もう 1 つは医師に愛着し過ぎるようになる恐れであり，これを乗り越えることの方が困難である。それからフロイトは，抵抗が意識に到達するのを妨げる 3 番目の障害物を加える。「女性患者が，分析の内容から浮かび上がってきた苦痛な諸表象を，医者という人間に転移してよいことに気づいて驚く場合。これは頻繁に起こる，というよりは，多くの分析において規則的な出来事〔regelmäßiges Vorkommnis〕である」（同 302, 岩波 2: 386）。フロイトは，周囲にいる或る男性によって抱き寄せてキスをしてほしいと欲望していた女性患者の例を手短に報告する。あるセッションの終わりに，彼女はフロイトに対して同じ欲望に捕われ，彼に抱き寄せキスをして欲しくなった。彼女は，その考えに恐ろしくなった。フロイトがその抵抗の性質を彼女から知らされたとき，それは克服され，作業は進むことができた。フロイトはこの現象を，不釣合いな結婚や間違った結びつきと呼んでいる。「ひとたびこうしたことを経験したので，いまや私は，私という人間の似たような利用の仕方から，またも転移や，間違った結びつきが生じたのだろうと仮定できるのである。奇妙なことだが，女性患者は，こうしたことが新たに起きる度に，この思い違いの犠牲になってしまう」（同 303, 岩波 2: 387）。

フロイト以後

100 年を経たヒステリー

　精神分析者たちは今日，ヒステリーをどう見ているだろうか。それは消えたのだろうか。私たちは今でも，それをどう診断するか知っているだろうか。これらは，1995 年にサンフランシスコで開かれた，国際精神分析学会の「100 年を経たヒステリー」という公開討論に参加したエドワード・ナーセシアン Edward Nersessian（ニューヨーク）が提起した疑問である。ジョアナ・M・トゥ Joana M. Tous の報告（1996）によれば，討論は現代の主要な立場を概観したものとなっている。以下は，その簡単な要約である。

　今日，ほとんどの精神分析者たちは，ヒステリーが神経症から精神病まで幅広い範囲の病理の上に立ち，重症の境界例や自己愛病理を含むと考えることに同意する。しかしながら，治療的アプローチという観点からすると，主に 2 つの考え方がある。一方はフランスの分析者たちが，他方はイギリス学派がその代表である。

　ジャニーヌ・シャスゲ - スミルゲル Janine Chasseguet-Smirgel（パリ）にとって，精神分析者はヒステリーの性的次元を見失わず，原始的で前性器的な病理にのみ基づくと考えて満足しないことが重要である。もちろん彼女は，非常に多様な原始的病理を呈するこの種の患者の臨床的現象の夥しさによって，分析者がしばしば当惑することを認める。しかし彼女によれば，母親に対する破壊的な攻撃に関するエディプス葛藤と罪責感の解釈が果たす役割を軽視しないようにしなければならない。もしも私たちが注意をもっぱら原始的側面に向けるならば，性的アイデンティティとエディプス水準に密接に関係した臨床単位としてのヒステリーを希釈する危険が大きい。それから彼女は，このような線で考えているのは彼女だけではないと付け加える。フランス学派の他の分析者，例えばアンドレ・グリーン André Green やジャン・ラプランシュ Jean Laplanche も，同じ懸念を声にしている。更には，シャスゲ - スミルゲルはヒステリーが，子宮と妊娠が空想においても現実にも大いに関係している限り，「母たちの王国」に属していると考える。

訳注 10）ドイツ語原文：wird letzteres allein imstande sein

彼女がヒステリーにおける生物学的因子を強調するのは，この理由からである。ヒステリーは身体を劇場とする心の病理なので，生物学的因子は過小評価されるべきではない。身体的次元の果たす役割を強調することによって，J. シャスゲ-スミルゲルは，言語を優先して身体を排除する分析者から距離を置いている。

エリック・ブレンマン Eric Brenman（ロンドン）は，理論的にも臨床的にも非常に異なる立場を取っており，イギリス学派の見方を代表している。彼の考えでは，乳児は最早期の対象関係において不安に対する防衛を早くから身につけており，それが成人期に不安を処理する仕方を決定することになる。ブレンマンはもちろん，ヒステリーにおいて性的なものが大きな役割を演じることを認めているが，彼にとってヒステリー患者で支配的なのは，患者が乗り越えようと絶えず苦闘する原始的不安である。彼は，患者が転移の中でいかに分析者の心的現実に働き掛けるか，そして破局不安と存在否定の危険として感じられる原始的不安にどのように対処しているかを述べている。そのような患者には，その心的生活をさまざまな層へと分割する心的状態を引き起こす分裂が，しばしば見出される。例えば，ヒステリー患者は理想化された対象との関係を欲するが，それらと接触すると直ちに失望する。それが，或る極端から極端へと彼らが絶えず移る理由である。E. ブレンマンにとってヒステリーの基盤には，重篤な精神病性障害がある。それでも，精神分析はこの 100 年以上の間に，精神病性不安を包容してそれを反芻処理する能力に関して進化してきた。その結果今日ではこうした患者は，彼らの不安を乗り越え人生の浮き沈みに立ち向かう手段を見出している。

「ルビーは赤を嫌悪する」

これは，ジャクリーヌ・シェーファー Jacqueline Schaeffer（1986）がヒステリー者の性的なものとの関係を述べるために自分の論文に選んだ題である。彼女の隠喩は，鉱物学者による以下のルビーの定義に触発されたものである。「ルビーは赤を嫌悪する石である。それは，プリズムの他のあらゆる色を吸収して手放さない。それは赤を拒絶するが，その色が私たちの目に届けられるのである」。まさにルビーのように，ヒステリーは「燦めく」と J. シェーファーは言う（1986: 925）。「ヒステリー患者が私たちに見せるものを，すなわち赤いもの・性的なもの・外傷を曝すものへの彼女の恐れを，どのようにもっとうまく喩えられるだろうか。……自我は狡猾に，最も脅威を与え最も脅威に曝されているものを，異質で嫌われていて傷つけるものを，前面に押し出し，攻撃するもので攻撃する。だから，ルビーがそうなように，かくも巧みに隠された，守るべき貴重な何かがあるのだろうか」(925)。

年代順に見るフロイトの概念

浄化反応　現実の性的外傷　カタルシス法　検閲　転換　防衛　空想　自由連想　抑圧　抵抗　外傷　無意識

『ヴィルヘルム・フリースへの手紙』
（1950a [1887–1902]）＆（1985c [1887–1904]）

初期の研究と自己分析の証言

　1887 年から 1904 年にかけての 17 年間に，フロイトが友人ヴィルヘルム・フリース Wilhelm Fliess に宛てた手紙は，貴重な情報源となっている。私たちはフロイトの日々の私的生活と職業的側面について多くを学ぶばかりでなく，その手紙は，この特に生産性あふれる時期における，彼の思考の発展および自己分析の展開を垣間見させてくれる。この大量の文通のうち，フロイトが書いたものだけが今でも残っている。それらは 1936 年に，マリー・ボナパルト Marie Bonaparte 王妃によってウィーンの骨董商から購入された。彼女は 1950 年に，アナ・フロイト Anna Freud，エルンスト・クリス Ernst Kris と共に，全 284 通のうちの慎重に編集した 168 通の手紙を，**『精神分析の起源』**という題で，フロイトが出版を望んでいなかった**『心理学草案』**を付けて出版した。すべての手紙が遂に出版されたのは，アナ・フロイトの死後，1985 年になって守秘義務の期間が過ぎてからだった。

伝記と歴史

フロイトとフリースの間の情熱的な友情

　1887 年にフロイトは，ブロイアーにヴィルヘルム・フリースを紹介された。フリースは耳鼻咽喉科の専門医であり，ベルリンで開業していた。フリースは，大胆な生物学的・数学的理論に極めて熱心で，自分の仮説に大変な自信があった。この期間中フロイトは，神経症の性的病因という彼の理論のためにウィーンの医学界から孤立しており，彼はフリースに，特別で元気づけてくれる対話の相手を見出した。フロイトとブロイアーの友情は，徐々にフリースとの友情に取って代わられ，何年かの間，彼はフロイトが打ち明ける一番の親友となった。手紙のやり取りに加えて，この 2 人の友人たちは時々会って「会議」を持ち，自分たちの仮説を対照したり，理論を練り上げたりした。このように，フロイトは「親愛なるヴィルヘルム」を，『ヒステリー研究』の準備から 1900 年の『夢解釈』出版までの間を通して，彼の発見や科学的貢献がなされた際の，積極的な立会人とした。実際には 1897 年から，この魅惑は解け始めた。フロイトは徐々に友人の理想化から覚めて，彼らが築き上げた強力な関係にあまり依存しなくなっていった。後に，彼はその友情に含まれていた同性愛的な次元を認めることになる。自己分析を進めるにつれて，フロイトはフリースへの偽装された憎しみと同様に，父親への憎しみを発見した。彼らは 1900 年に開いた最後の「会議」で，決定的な意見の不一致に至って，フロイトはフリースの周期性理論を批判し，フリースはフロイトが患者の中に自分の考えしか読まないと非難した。彼らの関係は険悪になり，手紙のやり取りはますます散発的になった。そして最終的な決別は，1906 年に起きた。それ以後，フロイトはフリースからの手紙をすべて破棄した。もっとも，フロイトは後に，両性性についての自分の考えがフリースに負うことを認めた。

テクストを紐解く

> ページ数は，(i) J・マッソンによって翻訳され編集された Freud, S. (1985c [1887–1904]) The Complete Letters of Sigmund Freud to Wilhelm Flies 1887–1904; London & Cambridge, MA, 1985 と，(ii) The Standard Edition of the Complete Psychological Works of Sigmund Freud, vol. 1 による。

　一見したところ，フリースへのフロイトの手紙を読むことはあまり興味深いものではないが，既にフロイトの考えに馴染んだ読者にとっては，手紙は夢中にさせる情報源である。そこには，ヒステリーについてばかりでなく，精神神経症・パラノイア・うつ病（彼は「メランコリー」と呼んだ）について，フロイトの中で芽生えつつあった問いが見て取れる。彼が日々の心配事や治療中の患者についての論評，家庭での苦労について語るのを辿っていくと，突然，決定的に重要な直観の一つに遭遇する。例えば，彼が初めてエディプス・コンプレックスの存在に言及する時である。私は読者が自分なりにこれらの手紙を発見するのに任せるが，3つの決定的な瞬間は指摘しておきたい。それは，フロイトが誘惑空想の役割を発見した時，彼が自己分析の過程でエディプス・コンプレックスを直観した時，そして彼が結局，精神分析に「科学的な」基礎を与えるような理論を作り上げることを遂に放棄した時である。

● 現実の誘惑と誘惑空想

　前章で見たように，フロイトはヒステリーの起源を，患者と親しい大人の側から実際になされた誘惑にあるとした。それは，自分の女性患者たちが子供時代の，初めてヒステリーの症状が現れた時に起きた，現実の誘惑場面の想起を彼に語るのを聴いたからだった。この仮説——「誘惑理論」と呼ばれる——は，1893年に打ち立てられ，1897年まで彼に認められていた。この期間フロイトは，ヒステリーを越えて自分の仮説を拡張し，それを精神神経症一般の原因とした。しかしながら彼の考えの中では，この理論は現実の誘惑と症状との間に単純な因果関係を確立しようとはしていなかった。J. ラプランシュと J.-B. ポンタリス Pontalis (1967) が適切に指摘しているように，彼の理論はむしろ，抑圧の機制を説明しようとしていた。フロイトが，この過程は思春期で区切られる2つの段階で起こると述べたのは，そのためである。最初の段階では，性的成熟がまだ不十分なために，人はいかなる性的興奮も経験できない。だから，誘惑の光景は抑圧されていない。フロイトが思春期の後に位置づける第2段階では，新しい出来事が昔の出来事の想起を蘇らせ，それは新たに獲得された性的成熟のために，元の出来事よりもはるかに重要な心的外傷の衝撃を生む。そして想起が「事後的に」抑圧を被るのはこの時であり，この事後性の観念は，精神分析において中心的な位置を占めることになる。

　しかし，フロイトは臨床研究を積み重ねるにつれて，患者たちが彼に語る誘惑場面の信憑性に，疑問を抱き始めた。1897年9月21日付の友人ヴィルヘルムに宛てた有名な手紙の中で，彼は告げた。「ところで僕は君に早速，最近の数カ月の間に僕に少しずつ分かりかけてきた重大な秘密を打ち明けなければいけません。僕は自分の神経症学 neurotica をもう信じていません」(Freud 1985c [1887–1904]: 264)。フロイトは自分の豹変を支えるさまざまな論拠を提示している。第一に，彼は子供への倒錯行為が，そこまで頻繁に起きているかどうかに疑問を抱く。続いて彼は明確に，決定的な役割を果たすのは実際の出来事よりも誘惑の空想であると仮定する。「一つの解決はつねに可能性として残っており，それは性的空想がいつも両親の主題を巡って演じられるという事実によって提供されています」（同 264–265）。最終的に彼は，現実と空想を区別することは難しいという結論に至る。「無意識にはいかなる『現実性の標識』も存在せず，だから真実と，情緒を備給された虚構とは区別できないのです」（同 264）。

● 幼児性欲の役割

　フロイトはどのようにして，現実よりもむしろ空想が決定的な役割を果たしていると結論し，自分の

最初の仮説を諦めるに至ったのだろうか。フロイトが，子供も性的内容の感情や感覚・思考を持っていて，彼らにはしばしば現実と空想の間を区別するのが困難なことを発見したのは，患者たちによる想起や夢の報告を聴いたり，自分自身のものを分析したりしたからである。「今度は，これらの空想の背後に，子供の性的生活がその全貌とともに現れてきた」（1914d: 18，岩波 13: 55）。その時まで考えられてきたことに反して，この領域は思春期の者と大人に限られたものではなかった。しかしながら，神経症の病因論における幼児性欲の重要性の発見がフロイトに最初の理論を放棄させたにしても，明確にしたいのは，生涯を通じて彼は，子供が現実に経験した誘惑の場面は病因的効果を持っており，その結果として生じる神経症を空想のみのせいにはできないと主張し続けたことである。多くの場合，現実に起きたことと患者の想像を区別することは患者にも精神分析者にも難しいので，現在でもこの問いはまったく未解決なままである。

「幼児性欲」は，何を意味しているだろうか。これは誤解されることが多いので，直ちに明確にされるに値する観念である。事実，精神分析者が幼児性欲という用語で意味することは，幼児に観察されうるさまざまな種類の性愛的活動に限定されず，乳児期以降に彼らが表現する思考と欲望を含んでいる。幼児性欲によって意味されるものは，思春期および青年期まで展開される，心と身体における変容過程全体のことも指す。その過程は，授乳中に母親の乳房を吸う乳児が感じる，最初の官能的な動きから始まり，段階段階を経てますます組織化され，大人の特徴である性器的成熟と，男性か女性としてのパーソナリティ形成にまで至る。幼児性欲と呼ばれるのは，性的なもの(セクシュアリテ)が決定的な組織化の役割を果たす，この全体的な過程のことである。ここで性的なものという観念は，最も広い意味で理解されている。何年か後にフロイトは，フリースとの手紙のやり取りで既に素描した省察を総合して，『性理論三篇』（1905d）を出版することになる。

● フロイトの自己分析とエディプス・コンプレックスの発見

1896 年の父の死後まもなく，フロイトは概ね 1896 年から 1899 年に及ぶ期間，自分自身の精神分析を企てた。フリースへの手紙の中で彼が「自己分析」と呼んだものは，何よりも自分自身の夢の分析に基づいていた。それを通じて彼は，心的生活で夢が果たす役割だけでなく，自分の幼児期に性的なものが持っていた重要性も認識するようになった。「後に（2 歳と 2 歳半の間に）母に matrem 対する僕のリビドーが目覚めました。つまり，母と一緒にライプツィヒからウィーンに旅行に出る機会があり，この旅の途中で僕は母と一緒に泊まったはずですし，裸の〔nudam〕母を見る機会があったに違いありません」（Freud 1985c [1887-1904]: 268）。〔1897 年 10 月 3 日付の〕同じ手紙で彼は続けている。「僕は 1 歳下の弟（この弟は数カ月で亡くなりました）を邪悪な願望と子供の本物の嫉妬で迎えたということ，そして，〔……〕この弟の死によって良心の呵責の芽が僕の中に残りました」（同 268）。

この 1 週間後に彼は，10 年以上経ってから「エディプス・コンプレックス」（1910h: 171）と呼ぶことになるものを，自己分析の中で初めて言及する。「僕の自己分析は，実際，僕が現在している最も重要なことであり，それをし終えられたならば，僕にとって最も価値のあることになりそうです。〔……〕僕は母親への惚れ込みと父親への嫉妬を，他のどこにでもあるように，自分の中に見つけました。僕はそれを早期幼児期の普遍的な出来事とみなしています〔……〕。もしそうなら，悟性が運命という前提に対して唱えるあらゆる異議にもかかわらず，『エ・デ・ィ・プ・ス・王・』の持つ人の心をとらえる力が理解できます」（Freud 1985c [1887-1904]: 270 & 272）。この手紙でフロイトは，母親の傍らにいる父親の位置を奪う欲望を持つ，少年におけるエディプス・コンプレックスの表の形態にのみ言及している。その後フロイトは，父親の傍らにいる母親の場所を乗っ取る欲望を持つ，女子におけるエディプス・コンプレックスの正の形態を記述し，更にずっと後になって，少年と女子の両方におけるエディプス・コンプレックスの裏の形態を記述することになる。同性の親への同一化に関して責任があるエディプス・コンプレックスの表の形態と，異性の親への同一化に関して責任があるエディプス・コンプレックスの裏の形態が誰にでも同時に存在するという発見によって，フロイトは『自我とエス』（1923b）において，フリースから借りていた心的両性性という考えを空想の次元で適用することができた。事実フロイトの注意を，男性の同一性と女性の同一性において両性性が果たす役割に向けさせたのは，フリースだった。それは，解剖学的・生物学的水準におい

てばかりでなく，心理学的次元においても認められる。

　フロイトは自己分析によって，自分自身を知る際の決定的な段階を踏み越え，人間の心の働きについての研究を深めることができたにしても，この種の内省は乗り越えられない内在的な限界に突き当たることに気づいた。彼は，自分の無意識の抵抗を克服し転移を反芻処理(ワークスルー)するために，精神分析者になるつもりの者は誰でも，まず他の精神分析者を頼ることが不可欠であると考えた。最後にフロイトは，この分析が終わってからも，精神分析者はみな自己分析を継続すべきであり，それは一生涯を通して続くだろうと明言している。

● 付属の草稿群

　フロイトはいくつかの手紙に，大文字のアルファベットが付けられた彼が「草稿」と呼ぶものを添えている。これらの短い報告の中で彼は，後でより詳しく取り上げられる主題についての，初期の考えを提示している。時にそれは，実際には数十年後となった。例えば，「草稿 E」(Freud 1950a [1887–1902]: 189) は不安の起源を扱っている。フロイトは不安を，放散できない身体的な性的緊張の蓄積のためであるとしている（同 191）。これは彼の不安の第 1 理論だが，彼は既に，緊張が過度のときに心が不安を「拘束」できない状態に介在させる機制を見越している。これは，1926 年の『制止，症状，不安』で示す考えである。「草稿 G」はメランコリーを扱っており，そこでフロイトは，対象喪失に伴う喪の情緒が，「リビドーの喪失」(Freud 1985c [1887–1904]: 99) の結果でありうると推定している。彼によれば，「いわば心的措置への吸引が生じている」（同 103）。それは「内出血」に喩えられる過程であり，彼はこの機制を「喪とメランコリー」(1917e [1915]) で深めることになる。「草稿 H」は，防衛としての投影を扱っている。

フロイト以後

フロイトの誘惑理論を巡る論争

　フロイト・アーカイヴに近づくことができて 1985 年にフロイトのフリースへの手紙を完全な形で出版したジェフリー・M・マッソン J.-M. Masson は，1984 年に，『真実への攻撃：誘惑理論のフロイトによる隠蔽』を書いた。これはフロイトに誘惑理論を放棄させた，いわゆる「真の」理由についての異論の多い本である。マッソンによれば，フロイトが現実の誘惑という理論を放棄した唯一の目的は，娘たちによる当然の非難から父親たちを守るために，真実を覆い隠して空想された誘惑という理論を捏造することだった。

健全な見解の表明

　J.-M. マッソンの挑発的な著作に対する批評の中で C. ハンリー Hanly (1986) は，その議論が偏っていることだけでなく，フロイトが決して完全には誘惑理論を放棄しなかったことを示している。彼は生涯を通して誘惑理論に言及し，現実と空想を識別するのは難しいことが多いと強調した。

　この批判的論評の機会にハンリーは，ほとんどの現代の精神分析者たちが支持する以下のような見解を表した。(1) 特に強力な乳幼児的空想は，現実の出来事と同じくらい心的発達に強い衝撃を与える可能性がある。(2) 現実の出来事は，実際に起きた時点では，一般に思春期前には，ほとんどあるいは何の影響もない可能性があるが，性的発達によって思春期以降，遡行的な力を得る。(3) 分析の過程で，患者の連想と転移に基づく再構築の対応しているものが，高度に備給された空想なのか，それとも乳幼児的な幻覚経験なのかを決めることは，時に難しい。(4) 実際には危険な幼児的欲望に対する幻覚や防衛に由来するのに，分析者が出来事の断片・夢の残渣などは現実の出来事に対応すると信じることは大いにありうる。(5) 万能的な幼児的欲望や攻撃的な空想を持つ患者は，病因的な誘惑を現実に経験したことがあるかもしれない。(6) 分析者の課題は，過去についての空想であるものと現実であるものの間の区別を，患者が明確にするのを助けることである。

年代順に見るフロイトの概念
現実の誘惑　不安　両性性　メランコリー（うつ病）　心的両性性　誘惑空想　誘惑理論　自己分析　エディプス・コンプレックス

「心理学草案」
(1950c [1895])

精神分析を計量可能な科学的データに基礎づける試み

　この未刊だった草稿は，フロイトが友人フリースに送った手紙の中に発見された。それは，「**心理学を自然科学の枠組みの中に入れよう**」（1950a [1887–1902]: 225）とするフロイトの意図の跡を残している。そうした野心は，彼の変わらない関心事となる。「草案」は主著ではないが，2つの大きな理由から興味深いものである。第1に，そこには心的機能に関するフロイトの新しくて根本的な直観が，下書きの状態で見出される。これらの独創的な仮説は，後に精神分析の重要な発展を生み出していく。第2に，「草案」を書くことでフロイトは，精神分析に科学的な基礎を与えようとする企てが，どれも袋小路に終わるのを目の当たりにすることになる。そのために彼は，この論文の公表を決して望まなかった。しかしこの草稿は，彼の考えの発展の中に刻み込まれる。なぜならこのアプローチを放棄することで，フロイトは精神分析をそれ固有の領野において打ち立てることに才能を発揮したからである。

テクストを紐解く

■　標準版第1巻283–397頁（岩波版フロイト全集第3巻1–102頁）所収。

● 未完成のテクストに散りばめられた，天分ある直観の数々

　フロイトは「心理学草案」の中で，1892年に発見されたニューロンやシナプス伝導といった神経生理学に由来する観念を，ヒステリーとの治療の最新の経験に由来する臨床観察の事実に並べている。彼はその治療から，いくつかの大胆な考えを演繹する。そこからこの草稿への，フロイトの思考の発展史という観点からの特別な関心が生まれる。確かに，未完成なままのこのテクストの文章は，多くが曖昧か時代遅れに見えるが，読者はそこに根本的な直観を発見して楽しむことができる。その直観は百年後もなお新鮮さを失っていない。

● 心的機能の統合されたモデルを求めて

　研究者としての訓練の影響をまだ強く受けていたフロイトは，ニューロンと神経インパルスについての当時の神経生理学的知見を出発点にして，計量可能なデータに立脚している心的機能の統合されたモデルを構築しようとする。また，彼が「草案」の中で提案する構想は，何よりもニューロンネットワークを循環するエネルギー量という考えの上に築かれている。それによって彼は，その時までに積み上げてきた心理学的観察データを，エネルギーの用語に移し換えることができる。例えばフロイトは，病理的な場合，

生体を循環する身体エネルギーの量は，ネットワークにある抵抗や疎通（通道 Bahnung）の程度に応じて異なる心的放散路や身体的放散路を選ぶことができると考える。この仮説によって，ヒステリーの転換症状および強迫症の強迫行為は，制御不能になった興奮の過剰な量が身体の中に放出された結果であろう，と説明できるようになる。

　フロイトは続いて，生理学的現象と心理学的現象の間に一連の等価性を打ち立てる。それで彼は，生理学的水準にニューロンの機能の根本原理として，ニューロンには溢れたエネルギーを除去する傾向があるという「慣性原理」を想定する。そのようにしてエネルギーは「自由エネルギー」となる。心的装置の水準に移されると，慣性原理は「一次過程」の概念を要請する。それは，心的エネルギーの自由で抑制されていない流れを特徴とする心的過程である。だが心的装置は，放散原理のみに基づいてでは機能できないだろう。なぜなら心的装置は，ある程度の量の興奮に耐えられる必要があるからである。そのためフロイトは，心的エネルギーの過剰分の放出に抵抗できて，一次過程を二次過程に変形する特性を有した，心的現象の制御システムが存在すると仮定する。二次過程は，エネルギーを拘束して「一次過程」を制止する能力を特徴とする。この制御システム全体は，「二次過程」の管理を機能とする「恒常性原理」に，合致している。例えばヒステリーで，ヒステリー者が情動的な負荷をその心的構造の中に留められるようにするのは，「二次過程」である。それは，外傷記憶を想起して言葉にするという，再び見出された機会のおかげである。そのことによって興奮の過剰分は，症状として身体への転換の道を採らないで済む。1895年に導入されて以後，「一次過程」と「二次過程」の概念は，フロイトによる心的機能についての構想において，根本的な概念であり続ける。

● 「自我」の機能の素描

　これらの過程で個体は，どのような役割を果たすのだろうか。フロイトは2つの水準で同時に機能する審級を，「自我」と呼ぶことを提唱する。一方でこの「自我」は，絶えず備給されて「拘束エネルギー」を維持する一群のニューロンの形で，生理学的水準で機能する。もう一方でこの「自我」は，一次過程に対する二次過程の支配を確立する任を負った審級として，心理学的水準で機能する。「自我」のもう1つの本質的な機能は，「現実検討」[訳注1]にある。それによって個体は，外部に由来する知覚を，内部に由来する幻覚や想起から区別することができる。しかし，フロイトが1895年に『ヒステリー研究』で述べている「自我」の概念は，意識的な自我の概念である。そこにはまだ，後に『自我とエス』（1923b）において，彼が心的装置の中での自我・エス・超自我の間の無意識的相互作用を仮定するときに帯びることになる意味はない。

● 「充足体験」についての大きな見取り図

　私たちの注意を少しの間，フロイトが「充足体験」を描写するときの，或る特殊な点に絞ってみよう。それによって私たちは，フロイトの科学的な思考過程を一歩一歩たどることができる。「充足体験」とは，何だろうか。フロイトはそれによって，例えば乳児の空腹や大人の性的欲望のような本能的な欲求によって起動される内的な緊張を起点とする，複雑な過程を意味している。彼は諸現象を，反射弓で展開されるような緊張と放散という用語で記述することから始め，神経生理学的現象（ϕ）には心的水準（ψ）にその等価物があると考える。欲求が増大するのに応じて，身体的緊張と心的緊張は増加し，充足を得るために放散が期待されるようになる。しかしながらこの充足は，乳児の泣き声に注意を喚起された外部の人の介入なしには起こり得ない。「こうした介入は，外的世界に変化をもたらすこと（栄養物の供給・性的対象の近接）を要請する……」（1950a [1887–1902]: 318，岩波 3: 30）。その人が特異的行為を実行したとき，放散の経路は2つの水準において特別な重要性を獲得する。一方で，不快の抑制と外部の人による介入

訳注1）岩波では現実性の検証・現実吟味。

との結び付きが,「意思疎通」(同) の感覚を引き起こしつつ,その主体の思考の中で確立される。もう一方では,個体は身体的水準で,不快の抑制が要求することを実感し,運動機能を作動させる。「こうして充足体験を通じ,〔対象像と運動像という〕2 つの想起像 [……] の間に通道が生じる」(同 319, 岩波 3: 31)。それは,欲望された対象の像と反射運動の像との間の通道である。しかしながら,「圧迫状態ないし欲望状態が再出現すると,備給は 2 つの想起へも移行し,それを生気づける。欲望によって生気づけられるのは,まずは対象の想起像のほうであろう」(同 319, 岩波 3: 31–32)。

　フロイトはこの過程全体を「充足体験」と呼んでおり,この経験は個体が本能的欲求を管理する能力を設立するのに決定的な役割を果たす。フロイトによれば,「自我」が介入するのはこの水準においてであり,その役割は,制止する機能によって痛みの体験と情緒の反復に反対するとともに,まさに充足を追求しつつ緊張を除去することに留意することである。

● 快／不快・情緒・自我・対象の間のつながり

　フロイトは「痛みの体験」を吟味して,自分の見解を完結させる。彼は,不快を生み出す欲求の緊張増大が,充足を生じさせた人の像の想起のみを招くのではなく,不快が,欲求不満を起こさせ「痛みを喚起する」(同 320, 岩波 3: 32) ように感じられるこの人への敵対的感情をも引き起こすことを示す。同様に,充足が発生するとき,快は充足の原因である人へと帰着される,とフロイトは付け加える。「敵対的対象の代わりに別の対象が登場することは,痛みの体験は終了したということの信号であった。そして ψ 系は,生物学的に教わって,痛みのやんだことを徴した〔敵対的対象像の代わりに別な対象像が出現する〕状態を ψ に再現しようと試みるのである」(同 322, 岩波 3: 34)。フロイトは,欲求不満と充足の原因となる対象への攻撃的感情と愛情ある感情の間のつながりを明らかにしながら,快 - 不快原理を補完する対象関係に,情緒的な次元を導入しているのである。

　要約するとフロイトはここで,痛みの体験と充足の体験が,人生の最初から別個の体験ではなく対象の介入に密接に結びついており,否定的情緒と肯定的情緒の間の原初的な分割を決定することを示している。1915 年の「欲動と欲動運命」(1915c) においてフロイトは,「純化された〔purifiziert〕快自我」(岩波 14: 188) という観念を導入しつつ,情緒の間に最初から根本的な分割があるという考えを再び取り上げることになる。そして快と不快の感情に合致する愛と憎しみの変遷についての探究を,対象との関係という文脈で続けるだろう。

● 事後性の概念と「プロトン・プセイドス〔proton pseudos 前提の誤り〕」

　最後に,フロイトが「事後性」の概念も導入していることに触れておこう。それは彼が,「草案」の中でなぜヒステリーにおいて抑圧が主に性的なものに関わるのかを自問するときである。彼は症例エマという臨床例から出発して,抑圧が 2 段階で行なわれることを示す。第 1 段階は,幼年時代に起きた性的誘惑の場面の結果である。8 歳の時にエマは,食料品の店で性的な愛撫を受けたのだった。しかしその出来事は,子供にとって外傷となる性的な意義をまだ持っていない。第 2 段階はもっと後で不意に到来して,性的な動揺を引き起こす。なぜなら,その間に思春期に結びついた性的成長が到来して,最初の出来事の想起を呼び覚まし,そこでそれは外傷的な性的意義を帯びるからである。それは 5 年後の 13 歳のときで,エマは或る店で 2 人の店員が笑い合っているのを前にして,逃走反応を起こしたのだった。自我はこの耐え難い情緒に対して自己防衛できず,そこで抑圧を用いる。だから,最初の出来事の病因的性格を決定するのは第 2 の出来事である。そしてフロイトはこの現象を,「事後性」と名付ける。「事後的にのみ外傷となった想起が抑圧されるということは至るところで認められる。このような事態の原因は,性的成熟が個体のそれ以外の発達に対して遅れることである」(1950a [1887–1902]: 356, 岩波 3: 67)。彼は,患者が最初の心理的外傷の性的性質を知らなかったことを「ヒステリー者の最初の嘘」と呼び,「プロトン・プセイドス」という術語を用いる。これは,往々にして受け取られるように「最初の嘘」という意味ではなく,むしろ,

「最初の誤謬」という意味を持つ。

● フロイトの科学的思考過程の例

「草案」を読むことによって私たちは、フロイトが辿った厳密な科学的思考過程を間近で追うことができる。彼は神経生理学的・心理学的な観察データから出発して、一般的射程を有する結論を引きだそうとする。後に私たちは、フロイトの著作に一貫して、特に『メタ心理学諸篇』(1915–1917) において、この科学的な態度に出会うことになる。しかし、一つ違いがある。実際、フロイトは「草案」を書いて以後、精神分析を神経生理学に基づかせることを最終的に放棄する。そして彼がそれを放棄する勇気を持ち合わせていたことによって、A. グリーン (1992) が指摘したように、精神分析をそれ独自の領野において確立させることができた。身体と心的構造を結びつける断ち難い絆に関しては、フロイトはこの観点を主張し続けたが、それと異なる見方を採用している。

フロイト以後

現代の科学的モデルと精神分析

もしも「草案」から 100 年後に、精神分析者が 20 世紀末の科学的モデルを用いて、19 世紀末 1895 年のフロイトによる思考過程に類するものを実行しようとしたら、どうなるだろうか。現代の精神分析者には、再び行なうのを躊躇わなかった者もいる。以下が彼らの述べるところである。

神経心理学と精神分析の両方の訓練の恩恵を受けた M. ソルムス Solms は、精神分析と神経科学の相関関係の研究を深める資格を特に有している (Solms and Kaplan-Solms 2000)。彼の研究は、神経解剖学的病変を呈する患者の調査方法として精神分析を利用することに基づいており、彼はそれによって心的現象を、脳の解剖学的構造の配座の中に局在化された機能的システムの水準に位置づけることができた。この注目される仕事は、多くの現代的研究が精神分析を神経科学に近づけようとしてどちらの学問の独自性も失われる危険があるのに反して、心理学的モデルに比べて神経解剖学的モデルに特権を与えているわけではない。

ジャン・ロワフ Jean Roiphe (1995) が指摘するように、ソルムスが行なった研究は、心的構造をもっぱら脳の機能のみに還元しないので、それを「物象化」しない長所を持つ。事実ソルムスにとって、ニューロンは思考や感覚と同じ程度にしか実在ではなく、したがって無意識の概念は、デカルトの心身二元論を超越している。例えば、ソルムスにとってはフロイトにとってと同じく、意識は 2 つの知覚表面を提示する感覚器官であり、1 つは外界に、もう 1 つは内界に向けられている。フロイトのモデルから出発すると、私たちの主観的な意識は、外界の対象すなわち「外部の世界に存在する物」(Freud 1915e: 194, 岩波 14: 242 近辺) の知覚に由来する過程と類似のものに従って、無意識的な心的構造によって作り出される。ソルムスの見方では、これらの 2 つの知覚表面は意識的な知覚の手前に位置づけられ、認識できない現実を、質的には異なるけれどもヒエラルキー上は等価な 2 つの仕方で記録している。言い換えると、私たちが主観的な心的現実、すなわち私たちの意識として知覚するものは、私たちが自分の肉体をあたかも外側から見られたように知覚する仕方と相関している。だから、私たちの意識に到達する知覚には、2 種類あるのである。第 1 は、他人の身体を含む具象的な外的対象から生じ、外的現実の知覚を構成している。第 2 は、他人の心的構造を含む主観的な内的体験から生じ、心的現実の知覚を構成している。ソルムスの独創的な研究はこのように、心的構造と身体を一元化する精神分析的な概念形成の方向に進んでおり、それによって有望な見地を切り開いている。

G. プラジエ Pragier と S. フォール - プラジエ Faure-Pragier (1990) の方は、別の考え方をしている。彼らは古典物理学のモデルを見限り、最近の物理学と生物学を拠り所にして、精神分析において観察されるような心的機能を説明しうる、「新しい隠喩」を提案している。例えば、G. プラジエと S. フォール - プラジエは、一方では連続して段階的に自己組織化される生物学的システムの発展における「新しいもの」の出現に結びついた現象と、もう一方では精神分析の自由連想のただ中で浮かぶ「新しいもの」の出現の間に、示唆に富む一連の対比を提起している。同じく彼らは、複雑系において観察される現象の予測不能

性格と，心的現象の予測不能な性質の間に，並行関係を確立するように提案している。事実，人間の心的構造を一例として，変数の数が極度に増大する複雑系では，もはや古典的線形決定論は有効ではない。そしてカオス決定論者の理論は，いわゆる複雑系ではどの予測も，小さな出来事の避けられない勃発によってすぐに歪められることを示した。

こうした新しい理論が，例えば心的外傷によって作り出された状況に適用されると，或る心的外傷は心的構造に対して長期的な影響を与えるか，あまり与えないか，全くないかを，なぜ予測できないのかが説明される。私たちは，後からしか知ることができないのである。おそらく慎重さから G. プラジエと S. フォール - プラジエは，彼らの比較を厳密に言語学的な平面に位置づけつつ，それらは隠喩を形成していると考えた。私の意見では，これはその価値を限定する捉え方である。この比較は，むしろ「類比モデル」に似ていると私は考える。心的機能が生物 - 生理学的な機能に基づいていることを説明したいならば，フロイトによって 1905 年に導入された依托（1905d: 181-182，岩波 6: 232）の観念が援用可能であり，それは正当なことである（J-M Quinodoz 1997a）。その見方は，最近 M. ソルムスが仮定した，精神と身体の一元的な概念の方向を指している。

フロイト以後

神経科学は，精神分析に取って代わったのだろうか？

フロイトは生涯を通じて，多少とも近い未来には生物学と神経科学の進歩によって，精神分析が構想しているような心的機能をいっそう解明し，彼が「心理学草案」で挫折したところで成功できるようになるだろう，と考え続けた。彼は「おそらくは，フェレンツィが話したような『生物分析学』なるものがいずれ実際に立ち上げられることになるだろう」（1933c: 223，岩波 21: 299-300）と表明している。彼は，向精神薬による治療の到来にさえ言及する。「将来になれば，われわれは，特別な化学物質が，心の装置におけるエネルギーの量とその分配に直接に影響するということを知るかもしれない」（1940a [1938]: 182，岩波 22: 222）。

「草案」から 100 年経って，どうなっているだろうか。1950 年代以後の向精神薬の発見と，生物学および神経科学における進歩に伴った熱中は，確かに今日の世界で精神分析が経験している衰退の原因となった。精神分析は精神療法の方法および大学教育の中で，特に合衆国で大きな地位を占めてから，さまざまな圧力を次第に被るようになった。一般の見方が進歩して，ますます速効性の治療法や計量化できる結果に基づく効果査定を要求するばかりでなく，更に，社会的・政治的・経済的圧力が結び合わさって，種々の精神療法的アプローチを犠牲にして薬物療法を押しつけるようになっている。これらの要因に加えて，科学界からの見込みは，進行中の脳と記憶についての研究が既に，精神療法的関係に基づくアプローチを決定的に葬りつつあると告げている。だがそれらの研究は，まだ臨床実践に適用できるところからは遠い。

1998 年，世界的に著名な科学者ナンシー・アンドレアセン Nancy Andreassen は，薬物療法にも限界があることを突然さらけ出し，合衆国の人たちが今日直面している精神療法者の深刻な不足を告発するために，警告の声を上げた。「[……] 私たちは，精神病理学の科学と技術における新世代の本物の専門家の養成に，本気で出資をする必要がある。さもなければ，私たち高度技術の科学者は，10 年後に目覚めた時，『沈黙の春』[原注1] に面しているのを見出す可能性がある。精神病理学の専門的経験を持つ思慮深い臨床関係者抜きで技術を応用することは，独行的で不毛な，おそらく実りのない企てとなるだろう」（Andreassen 1998: 1659）。

年代順に見るフロイトの概念

事後性　充足体験　一次過程，二次過程　恒常性原理　慣性原理　「プロトン・プセイドス proton pseudos」　現実検討　科学　科学的モデル

原注 1）レイチェル・カーソン Rachel Carson（1962）による著作，『沈黙の春』への言及。その中で人類は，もはやある春の朝目覚めても，鳥のさえずりを聞かない。鳥たちは地上から消えてしまったのだった。

「防衛 - 神経精神症」
（1894a）
「ある特定の症状複合を『不安神経症』として
神経衰弱から分離することの妥当性について」
（1895b［1894］）
「防衛 - 神経精神症再論」
（1896b）
「神経症の病因論における性」
（1898a）
「遮蔽想起について」
（1899a）

精神病理についての新しい見方

　1895 年から 1899 年の間にフロイトはさまざまな論文の中で，ヒステリーに関して論じたときに既に下書きをしていたいくつかの概念を明確にする。表題の第 1 と第 3 の論文は連作をなしており，フロイトがヒステリー症状・恐怖症・強迫症を生み出す機制の考察を発展させていった過程の，優れた実例を提供している。そして 2 番目の論文は，今日の私たちならば**パニック発作**と呼ぶ**不安神経症**を初めて特定の障害として同定し，それを神経衰弱から区別している。4 番目の論文は，**神経症の性的病因論**についての彼の仮説の妥当性を，ウィーン医学界に納得させることを目的としている。最後に，5 番目の論文は**遮蔽想起**，すなわち一見平凡だが，抑圧を被り無意識下で病因的な力を保持したままの他の記憶を隠している，幼少期の記憶という概念を導入している。

テクストを紐解く

● 「防衛 - 神経精神症」（1894a）
● 「防衛 - 神経精神症再論」（1896b）

　標準版第 3 巻 41–61 頁および 157–185 頁（岩波版フロイト全集第 1 巻 393–411 頁および第 3 巻 193–218 頁）所収。

　1894 年に出版された論文の中で直ちにフロイトは，ヒステリー症状・恐怖症・強迫症の背後にある機制の主要部分を明らかにしている。そして 1896 年の論文で彼の見解を補完し，1915 年には彼が「抑圧」（1915d）と名づけた『メタ心理学諸篇』の一章で，最終的な論考を仕上げている。

● ヒステリー症状：心的エネルギーの身体への転換

「防衛 - 神経精神症」（1894a）でフロイトは，自分のモデルとしてヒステリーを取り上げて，解離状態をヒステリー症状の第一原因と見なすところで留まっていた彼の先駆者たちの先を進む。ジャネはその状態を「意識の分裂」と，ブロイアーは「類催眠状態」と呼んでいた。フロイトは彼自身の仮説を提唱して，この意識の分裂が自然発生的なものではなく，患者が積極的に「意志の努力」（1894a: 46，岩波 1: 397）によってこの心の解離状態を生むことを示した。ヒステリーの解離は，「心的に健康な状態にあった」（同 47，岩波 1: 396）人にも，「忘却」（同 47，岩波 1: 396）したいほどの苦しい「情緒」を喚起する耐えがたい「表象」に直面することになるとき，不意に起こる可能性がある。「患者たちがその忘却を決心した理由は，この相容れない表象と自分たちの自我との間の矛盾を思考作業によって解消できるような力が自らにあるとは思えなかったからである」（同 47，岩波 1: 396）。自我はどのようにしてそれらの耐えがたい表象を何とか「忘れる」のだろうか。この問いに対してフロイトは，自我は防衛の目的で——だから，「防衛 - 神経精神症」という名称になる——，この表象の力を弱めようとするが，それを消滅させることはできない。そこで残留性の興奮は，病理的症状の形で再び現れる。そしてヒステリーの場合，それは身体症状へと変換される。「その興奮量全体を身体的なものへと移しかえることを私は転換と呼ぶことを提案したい」（同 49，岩波 1: 398）。

こうしてフロイトは，神経精神症に現れる症状がまさに，心的水準に位置づけられる何らかの障害の表出であり，それまで考えられていたような個人的あるいは遺伝的「変質」の結果ではないことを明らかにする。彼の仮説は，その過程の可逆性と治療の効果も説明している。「ブロイアーによるカタルシス法は，きちんとした目的意識を持って，以上のように身体的なものから心的なものへと興奮の流れを反対向きにさせ，思考作業を通してこの互いに矛盾するものをうまく平らに均し，語ることを通じて興奮の放散を促すこと，こういった効果をねらっているのである」（同 50，岩波 1: 399）。

● 病因的思考の恐怖症・強迫症・幻覚への変換

それからフロイトは，恐怖症・強迫症そして幻覚精神病の形成に関する彼の仮説を研究する。恐怖症的・強迫症的な神経精神症では，ヒステリーに特徴的な身体への転換の素質は欠けているので，弱体化された表象は，病因的思考に取って代わる強迫的思考の形で心的領域に残る。「こうして弱体化された表象はすべての連想から切り離されて意識のなかに残る。しかしその表象から自由になった情動は，それ自体は相容れなくはないほかの表象と結びつく。これらの表象がこの『誤った結合』を通じて強迫表象となるのである」（同 52，岩波 1: 400）。幻覚精神病に関係があるものでも，神経精神症で作動する機制と同じものが働いている。しかしこの場合の解離には，より一層強力で効果的な種類の防衛が伴っている。「この防衛の本質はすなわち，自我がその耐えがたい unerträglich 表象をその情動ともども棄却 verwirft してしまい，自我はあたかもそのような表象が自我のなかに一度たりとも入り込んではいなかったかのように振舞うという点に存する。ただし，これが成功した時点で，この人物はおそらく『幻覚性錯乱』としか分類できない精神病の状態になるだろう」（同 58，岩波 1: 408）。フロイトは研究の当初から，神経症および精神病の機制を同時に探求しており，それは後の彼にも一貫していることが認められる。

ここで言及するべきことが 2 つある。一方でフロイトは，患者が両立しない表象を「忘れ」たり「鎮圧」したり「抑制」したりするために行なう「意志の努力」について述べているが，彼はこの過程が患者の意識の外で展開されることを直観している。しかし彼はまだ厳密な意味での抑圧の過程について述べてはいない。「これらは意識が関与せずに生じる過程である」（同 53，岩波 1: 402）。彼が抑圧の概念を導入することになるのは，1896 年の論文においてである。他方フロイトは，自分の観察を一般用語で説明するために，「心理学の世界でよく用いる抽象的な言葉」（岩波 1: 397）に訴える必要があることを主張している。それは彼が後に，「メタ心理学的」的見地と形容することになるアプローチである。

●「事後性」の役割

フロイトは「防衛 - 神経精神症再論」(1896b) の中で，自分の古い見解を仕上げている。彼は，その1年前に発刊された『ヒステリー研究』(1895d) で示した，病因的なヒステリーの表象は幼児期に遡られる性的外傷に結びついているという仮説を，再び取り上げる。彼は付け加えて，ヒステリーの中核は個人が外傷的な経験を無意識的機制に従って「抑圧する」ことによって「忘却する」ことに由来すると言う。しかし，フロイトによれば外傷の働きそれ自体は抑圧を説明するのに不十分であり，彼は「事後性」(1896b: 166–167, 注 2) と名づけた 2 段階の過程を導入する。これは「心理学草案」(Freud 1950a [1887–1902]) で既に言及されていた着想である。強迫観念の形成もまた，抑圧の過程とそれに続く抑圧されたものの回帰，それから妥協の表象の創造を経る。彼は締めくくりに，防衛神経精神症と同じ機制に従う「防衛精神病」(1896b: 175) の一つと考える慢性パラノイアの症例に，自分の見地を適用している。

20 年後，フロイトは「抑圧」(1915d) という論文の中で，「抑圧」の概念は特に表象に対して用いられ，「抑制」の概念は情緒に関わると明確化することになる。

●「ある特定の症状複合を『不安神経症』として神経衰弱から分離することの妥当性について」(1895b [1894])

　標準版第 3 巻 85–115 頁（岩波版フロイト全集第 1 巻 413–443 頁）所収。

「神経衰弱」という名で知られた症候群は，「神経」を原因とする疲労と非常に多様な症状を特徴とする疾患を記述するために，1880 年代に登場した。この論文におけるフロイトの独自の寄与は，第 1 に，神経衰弱の病因に関係している。彼は，他のいわゆる「神経性」障害と同じく神経衰弱では，その基底に性的な問題が常に見出されると主張する。彼の第 2 の独自の寄与は，非常に多様な臨床的症候群を包括していた神経衰弱という疾病分類学上の概念の中に，特定の疾患単位と見なすに値する症状群を，「不安神経症」という名称で一つにまとめたことにある。不安神経症の主症状は，不安とその身体的等価物，つまり，震え・動悸・呼吸困難などや，更に彼によれば不安の主な等価物を形成するめまいである。「『めまい』は不安神経症の症状群の中で特権的な位置を占めている。その最も軽い形態ではそれは『ふらつき感』と表現した方がより適切である。『めまい発作』という形をとってより重症な経緯をたどる場合，不安を伴っている場合も伴っていない場合もあるが，この神経症の中では最もその及ぼす影響の大きい症状の一つとなる」(1895a: 95, 岩波 1: 419)。これらの多様な症状を一つの同じ名称で分類していた頃のフロイトは，さまざまな形態のめまいを含めて，不安神経症の症状とその等価物が，心理的原因にはよらないと考えている (D. Quinodoz 1994)。当時のフロイトは，不安の発現は象徴的な意味や精神分析では接近できない，身体エネルギーにのみ依存しており，それに対してヒステリーでは，心的エネルギーが（麻痺のような）身体症状に転換されうるが，症状の象徴的な意味作用が意識に達して分析できるときには，元に戻ることができると考えていた。

不安神経症の原因は，どのようなものでありうるのだろうか。これらの患者では不安症状に伴ってリビドーの減退が見られることを観察したフロイトは，この種の神経症の原因が，中絶性交で生じるような満足されない性的興奮の過剰な蓄積，つまり，心的次元で処理できないので不安へと直接的に変換された，純粋に身体的な緊張状態にあるとした。フロイトは「不安の第 1 理論」として知られるこの理論を，「不安の第 2 理論」に置き換えるまで，およそ 30 年間保持する。事実 1926 年以降フロイトは，不安がとりわけ対象の喪失と対象からの分離の恐れにより生じると主張し，それ以後は不安の源泉を心的領域の水準に据えている。

● 「神経症の病因論における性」（1898a）

■ 標準版第 3 巻 259–285 頁（岩波版フロイト全集第 3 巻 287–314 頁）所収。

　やはりある会合で発表され，ウィーンの医学界を憤慨させたこの論文の中でフロイトは，前年から推敲していた考えをまとめ，自律的な幼児性欲の存在を初めて強く主張している。彼が自分の誤りを認めて，当初彼が大人による幼児への性的誘惑として捉えたものは，実際には両親への近親姦的欲望の子供の空想の表現に過ぎなかったとフリースに手紙（「僕は自分の神経症学をもう信用していません」手紙 69，1897 年 9 月 21 日）を書いた後，誘惑理論を修正したのは，確かに 1897 年以降である。これらの発見に力を得てフロイトは，神経精神症の病因が，単に実際の性的虐待のような引き金によるのではなく，幼児期および思春期に生じる欲動の力と結びついた空想経験にもよると，医学界に知らせることが重要であると感じた。この論文で彼は，事後性の考えも提出している。それは，幼児期の外傷的な出来事の病因的な力が，実際にそれが起きた時に現れず，遡行的に，子供が後の性的発達段階（思春期・青年期）に達した時に現れる可能性があるというものである。

　フロイトはこの論文を，1898 年のウィーン医学協会で読み上げたが，彼の見地を臨床例によって説明している科学的厳密さにもかかわらず，彼の同僚たちに衝撃を与えた。早くも 1896 年にリヒャルト・フォン・クラフト-エビング Richard von Kraft-Ebing は，自分が性の精神病理学の専門家だったにもかかわらず，フロイトの考えを「科学的寓話」と呼んだ。フロイトは，この論文で自分の発見が世に認められることを望んでいたが，ひどく落胆し，悲観論を強めた。数ある帰結の一つとして，彼の学説への敵意は，ウィーン大学での教授昇進のさらなる延期を招いた。

● 「遮蔽想起について」（1899a）

■ 標準版第 3 巻 299–322 頁（岩波版フロイト全集第 3 巻 327–351 頁）所収。

　遮蔽想起は，新しい概念である。それはとるに足らない内容に見えるのに，極めて特殊な強さで記憶に刻み込まれている，幼児期の想起に関わる。この逆説はどう説明されるだろうか。フロイトは，患者の一人のものであるとした——実際には彼の自伝的断片に他ならない——或る想起の例を通じて，遮蔽想起を綿密に分析する。その吟味によって彼は，乗物恐怖症を取り除くことができている。問題となるのは，どこかの田舎の場面の想起である。主人公は 2〜3 歳で，彼と同じ年頃の他の子供たちと，可愛らしい従姉妹がいる。その場面は，さして意味のないものとして彼の心にとどまっていたが，彼が 17 歳のときに若い娘と恋に落ちたことを想起すると，それは彼の幼児期の想起に新鮮な光を投げかけ，他の抑圧されていた想起の全体の流れを呼び起こした。彼はそれを，非凡な文学的才能で描き出している。それらの抑圧された記憶に含まれていた無意識的な病因的負荷が喚起されたことによって，この恐怖症は治癒する。一編の文学作品のように書かれたこの臨床例は，遮蔽想起が 2 つの心的な力の妥協の結果であることの証明を提供している。その一方は記憶の中に平凡な想起を維持するが，他方は無意識的な病因的意味を隠す抵抗を打ち立てる。これら 2 つの対立する力は，互いに相殺せずに，両方の想起を縮合した妥協物を生む。この縮合は，語の多義性と戯れながら表現される。「言葉の上での表現が，おそらく遮蔽想起と遮蔽されたものの結びつきを伝えている」（1899a: 319, 岩波 3: 347）。フロイトは後に，言い違いと失錯行為における同じ現象を，同じ仕方で記述することになる。

　彼は後の論文で，現実的でも空想的でもある多くの幼児的要素を縮合した遮蔽想起の重要性を再び論じる。「遮蔽想起のうちには，幼児期の生活の本質的なものが，単にいくぶんか保持されているというのではなく，そもそも，まさに本質的と言えるもののすべてが保持されているからである。われわれは分析を

通して，これらの遮蔽想起からこの本質的なものを取り出すすべを理解しさえすればよいだけである。遮蔽想起は，顕在的夢内容が夢思考の代理となっているのと同じように，忘却された子供時代を十二分に代理するものなのである」(Freud 1914g: 148, 岩波 13: 297)。

　遮蔽想起の概念は，幼児期想起の価値を額面通りに受け取らずに再検討することを意味するので，全体的な影響を持つ。フロイトはこれに焦点を合わせて結論する。「われわれの幼児期想起は人生の最初の年月を見せてくれるが，その年月がそうであったようにではなくて，その年月が後になって呼び覚まされた時にそう見えたようになのである」(1899a: 322, 岩波 3: 351)。別の言い方では彼は，掛け詞のユーモアをもってこう述べている。私たちは自分の想起を信用しすぎないようにしよう，なぜなら，私たちの幼児期「から」〔aus der Kindheit〕得る意識的想起は，むしろ私たちの幼児期「について」〔an die Kindheit〕の想起で，後から絶えず手直しされているではないのだろうか，と。

年代順に見るフロイトの概念

情緒　不安神経症　妥協　事後性　不安の第 1 理論　幼児性欲　神経精神症　神経症　表象　抑圧　遮蔽想起　外傷性障害　めまい

『夢解釈』
(1900a)
『夢について』
(1901a)

「夢の解釈は，心の生活の無意識を知るための王道である」(1900a: 608，岩波5: 412)

『夢解釈』でフロイトは，その時までの夢理解に革命を起こしたばかりか，思考と言語の機能の仕方にも新しい光を投げかけた，革新的なアイデアを提唱している。実際にフロイトはそこで，夢は覚醒時の精神活動とは区別される，それ独自の法則に従う秩序だった精神活動であるという主張を擁護して，世俗的な理解とも科学的見解とも対決している。事実彼は一方で，古代から用いられてきた古典的で通俗的な，未来を予言することを狙いとして文化的象徴体系の鍵に応じて夢を解釈する方法とは，一線を画する。もう一方で彼は，夢に何の心理学的意義も認めず，単に身体的刺激によって生成された無秩序な産物とする当時の科学者たちからも，距離を置いている。この見解は，今なおいくつかの科学界で支配的である。

『夢解釈』でフロイトは，もう一つの革新的観点を導入する。それは，夢が夢見る者に固有の作品であり，外側から課せられた無関係の源に由来するものではないことを示す。事実長い間，夢は神か魔物のような超越した力に由来する，夢見る者に向けられた慈悲深いか敵意のあるメッセージであると信じられてきた。フロイトを夢の目的とその意味の発見に導いたのは，自由連想法という精神分析の方法である。結果として彼は，「夢の解釈は，心の生活の無意識を知るための王道である」(1900a: 608，岩波5: 412) という，度々引用される命題を提唱することができた。この基本的な著作は，フロイトが生涯にわたって自分の著作の中で最も重要であると見なしたものであり，故に彼の伝記の著者ジョーンズによれば，夜間に夢を見ることの説明をはるかに超えている。事実フロイトは，『夢解釈』で病理的なものばかりでなく正常な心の機能の仕方について一般的着想を提起したことによって，臨床・技法・理論のさまざまな側面から精神分析の基礎を築いている。

100年以上が経ったにもかかわらず，フロイトが1900年に提起した夢生活の着想は，今なお，その固有の領域すなわち精神分析の中で，まさに必須の参照点である。1900年から現在まで，多くの領域，特に神経科学の分野における科学的進展ばかりでなく，精神分析におけるフロイト以後の進展は，夢形成に含まれた機制についての知見を拡張したが，どんな新しい理論も，それを適用する固有の領野，すなわち精神分析において，フロイトによる夢解釈に取って代わるものになってはいない。そして，もしもそういうことがあったとしたら，精神分析者たち自身が真っ先に，その事実に気づいているところだろう。

> **伝記と歴史**

「世紀の本」

彼自身の夢に基づいた研究

　フロイトは自分の夢に，既に子供の頃から関心を抱いていたようで，1883年7月18日付の婚約者マルタへの手紙で，この主題についての思索を書き留めたノートに言及している。しかし，夢の科学的探究への彼の関心は，ヒステリーの治療に自由連想法を用いた時に始まる。なぜなら，彼はこのアプローチによって，夢・空想・症状の間の密接な関係を発見できたからである。フロイトはまた，自分の夢と患者たちの夢を関連づけたことで，まさに精神病理だけでなく，正常な心的機能においても，夢生活が果たしている重要な役割を評価した。1895年7月に彼は，自分の夢の一つ「イルマへの注射」を，初めて完全に分析した。それは彼が『夢解釈』で詳しく吟味している範例的な夢である。フロイトは自分の夢の研究とその頃のニューロンの発見によって開かれた新しい地平への溢れる熱意で，この2つの理論の統合を試み，1895年に「心理学草案」を書き始めた。この種の進め方は行き詰まりに向かうと感じた彼は，数量化可能なデータを基礎にして心的構造の一般理論を構築する計画を放棄し，この草稿の出版を断念した。彼は意図的に神経生理学に背を向けて，心的現象を主観的経験，つまり後に精神分析の経験となった領野の中に位置づける見方を選んだ。精神分析が，フロイトの自己分析および『夢解釈』の構想期間に一致する1896年から1899年の間に誕生したとされるのは，こうした理由からである。

フロイトの父の死と自己分析の開始

　夢に関するフロイトのアイデアは，1895年には既に彼の心の中にはっきりとあったが，実際にそれを書き上げるにはおよそ4年の歳月を要した。彼がこの領域を系統的に探索し始めたのは，1896年に父ヤーコプ・フロイトが亡くなった後だった。彼は特に自分の夢を分析したが，その作業は彼の自己分析が発酵するのに役立った。事実，父の死と父にまつわる多くの思い出の主題は，その後数ヵ月間にわたって，彼の夢で繰り返し現れた。それはフロイトの苦難の時期であり，彼はこの本を科学的な目的から執筆したばかりでなく，父の死によって彼が陥った内的危機を克服しようとしていたと考えることができる。にもかかわらず，それは非常に生産的な時期だった。なぜなら，フロイトが精神分析に固有の解釈の技法を発見したのは，自己分析と自分の夢の解釈を通じてだからである。

　この期間，フリースとの彼の関係もまた重要な役割を果たした。一方では，フロイトが友人に定期的に記した手紙は，フロイトが自己分析の間に進んだ諸段階を伝える非常に貴重な証拠に後からなっている。例えばフリースに，夢の動機は欲望の成就であることの確証を見出したと伝えるときのように。「一昨日の夢は，夢がまさしく欲望の成就であることの実に愉快な証明をもたらしました」（フリースへの手紙，1895年9月23日）。しかしフリースは，特権的な証人だっただけでなく，フロイトが転移空想や情緒を投影できた相手でもあった。だがこの無意識的な転移・逆転移関係は，2人とも何が生じているかに気づかないまま続き——フロイトは直観していたにせよ——行き詰まるしかなかった。と言うのは，それを分析したり反芻処理（ワークスルー）したりできるような条件がなかった，言い換えれば，他の精神分析者の助けがなかったためである。これがおそらく，自己分析の期間が終わると程なく両者が決裂した理由の一つである。

『夢解釈』（1900a）

　フロイトは1899年9月にこの本を書き終えた。それまでに，制止の時期もあれば，夢の心理学についての有名な第7章を1899年8月にわずか2週間で書き上げた時のように，高揚の瞬間もあった。本は1899年11月4日に刊行されたが，出版社は奥付を後ろにずらして「1900年」とした。フロイトはこの出版に多大な期待を寄せ，特に，彼の発見の真価が認められることを期待したが，初版の600部を売り切るまでには8年の月日を要した。成功は徐々に訪れ，夢の研究は生涯を通じ

て彼の関心を占め続けた。フロイトは生前にドイツ語版の 8 回の改訂を通じて原著に多くの変更を加え，その最終改訂は 1930 年に出版された。

『夢解釈』となるこの傑作は，最終形では 700 ページ以上に達する。フロイトはおよそ 200 の夢をそこで分析し，そのうち 47 は彼の夢で，残りは彼の周囲の人々と同僚のものである。だが，夢の数の膨大さやこの大著で展開された仮説の多様性によって本書は今日でさえ無視できない著作となっているにしても，その質ゆえに知識のない読者にとっては近づき難いものになっている。『夢解釈』を読むことが初学者に与える印象について，ディディエ・アンジュー Didier Anzieu (1988a) 以上に適切に記述できる者はいないだろう。私も彼に語ってもらうとしよう。「『夢解釈 Die Traumdeutung』は霊感の書であり，覇気に満ち，大胆である。しかし，それが含むアイデアの全くの独自性，その構造の複雑さ，その精密さと理論的な脈絡の多様性，その概念の新しさ，その例の豊富さ，それらの研究方法の簡明さ，あるいは反対に，これらの探求がいくつかの別の章にまたがっていること，フロイトの自己観察と他人の夢生活の観察の糸のもつれ，著者がどんなジャンルの本を書いているのかの不確かさのために，それは難解なものとなっている。すなわち，この本は，科学論文でもあれば，日記・告解・占い師の手引き・想像上の旅・イニシエーションの探求・人間の条件についてのエッセイでもあり，そしてとりわけ，無意識についての広大な寓意画である……」(Anzieu 1988a: 10)。

『夢について』(1901a)

『夢解釈』に含まれている革新的考えを読者により身近にするために，出版社はフロイトに，本の要約を依頼した。フロイトは気が進まなかったが，最終的に『夢について』の執筆に応じた。それは，〔「教養のある，好奇心に満ちた読者」(1900a: xxv) を対象にした〕[訳注1] 一般向けの簡約版で，対話調に近い分かりやすい文体で書かれ，推理小説を思わせる手法を用いて，夢の意味の探求に読者を導いた。フロイトはいくつかの新しい夢を加えた。その中で最もよく知られているのは「会食」の夢で，それはフリースへの彼の無意識的な攻撃的感情を明らかにしており，友人との決裂の近いことを告げていた。

アンジューが正確に指摘しているように，精神分析的な著述の問題は，フロイトの最初の 2 冊とともに直ちに生じている。なぜならこれらの非常に異なる本は，精神分析的な著述が 2 つの極の間を揺れ続けることを示しているからである。つまり一方の霊感を受けた極には，『夢解釈』のように，「バロック的」文体で書かれたウンベルト・エーコ Umberto Eco の意味で「開かれた」テクストがあり，もう一方の啓蒙的な極には，『夢について』のように，教育的な目的で述べられ，「古典」的文体で書かれたものがある (Anzieu 1988a: 34)。

テクストを紐解く

私は初学の読者には，年代の順序が前後しても，『夢解釈』(1900a) よりも先に『夢について』(1901a) を読むよう勧めたい。『夢について』(1901a) を読んでからならば，読者は膨大で複雑な『夢解釈』の中で自分がどこにいるのか見出しやすくなるだろう。

● 『夢について』(1901a)

標準版第 5 巻 633–686 頁（岩波版フロイト全集第 6 巻 313–376 頁）所収。

訳注1) 英訳版で付け加えられている。

● 夢の意味は，夢見る者の自由連想によってもたらされる

　フロイトは，夢が夢見る者に固有の心的産物として考えられ，神話の時代のように「より高次の魔神的ないし神的な力」(1901a: 633, 岩波 6: 313) からの，慈悲深いか敵意のあるメッセージとはもはや見なされなくなったのは，最近のことに過ぎないと指摘する。それにもかかわらず，彼と同時代の科学者たちの多くは，夢には生物学的機能のみがあり，その内容には何ら心理学的意味がないと信じ続けていると彼は言う。

　フロイトは，確かにどの夢もそれだけで内容を理解しようとしても，その意味が発見されることは稀であると続ける。それに対して，彼が発展させた新しい探究の方法つまり「自由連想法」を適用するならば，事態は全く違ってくる。この方法によって彼は，ヒステリー症状や恐怖症・強迫観念・妄想に意味があり，解釈できると発見したのと同じように，夢の意味を発見することができた。

　『夢について』でフロイトは，自分が 1900 年 10 月に見た「会食〔table d'hôte〕」の夢を詳しく分析することにする。彼はその夢について覚えていることの報告から始める。ある女性が彼の隣に座っていて，親しげに夢見る者の膝に手を置く。彼が隣席の女性の手を退けると，彼女は彼に「あなたの目は美しい」と言う。目が覚めてフロイトは，この夢が不明瞭で無意味に思え，そして何よりもまず，久しくその女性と再会していなかったので驚くのだった。それから彼は自由連想を頼りに，その夢の各要素を思い出したときに自然と心に浮かぶ考えを，捉えようとする。「会食……お金を借りていた……素敵な目のおかげで……ただで受け取って……など」(岩波 6: 320)。フロイトは幾つものばらばらの断片から始めて私たちに，次々と結びついて彼にとって意味をなしていくイメージと思考・想起との間に彼が明らかにしたつながりを伝える。こうして読者は夢を見た者とともに一歩一歩，最初あれほど理解しがたかったこの夢に最終的には意味があり，夢見た者の連想だけが私たちにその意味を明らかにできるという確信を共有するように招かれている。「私は，全体的脈絡から引き離された個々ばらばらの要素から浮かび上がる諸々の連想をたどることによって，私の心の生活の重要な表出〔Äußerung〕と認めざるをえない一連の思考や想い出に行き当たることになった」(1901a: 639, 岩波 6: 322)。しかしフロイトは実証を最後までは進めず，自分の夢を分析する時にはいつでも，自分自身にさえ公言しにくい個人的な考えが心に浮上してくるものであると指摘する。どの夢もこの現象を免れず，こうした理由から，彼が自分の夢であれ他の誰かのものであれ夢を報告する時には，その内密の性質に敬意を払うようにしていると彼は付記する。

● 夢の顕在内容と潜在内容

　次にフロイトは，夢の顕在内容つまり夢を見た者が報告する夢で，一般に内容が不明瞭なものと，夢の潜在内容つまり夢が患者の連想に照らして解読されて初めて，その意味がはっきりするものとの区別を導入する。顕在内容と潜在内容は，互いを結びつける秘められた意味を通じて密接なつながりを保持していて，分析はその意味をなんとか明らかにする。それからフロイトは，潜在内容を顕在内容に変えて誤認されるようにする心的過程の性質や，夢の潜在意味を発見するために顕在意味の解読を行なう夢の分析による，逆の操作について自問する。彼は，潜在内容を誤認されるようにするために顕在内容へと変換する心的過程全体を「夢の仕事」と呼び，顕在内容から出発して，その隠された意味を見出そうとする逆の操作を，「分析の仕事」と呼んでいる。「夢解釈の課題は，〔……〕夢の仕事が織り上げたものを解きほぐす ("auflösen") ことにある」(同 686, 岩波 6: 376)。

● 夢は無意識的な欲望の成就である

　フロイトの 2 つ目の中心命題は，『夢解釈』で既に提起されていた「夢はある（抑え込まれたり，抑圧されたりした）欲望の（偽装された）成就である」(1900a: 160, 岩波 4: 214) という主張に含まれている。この見地からすると，欲望の成就が既に実現したものとしてはっきりと現れている平明な夢がある。これ

は子供の夢に典型的で，大人の夢ではより珍しい。フロイトは，もはや古典的な，前日に食べることを許されなかったいちごの夢を見た小さな女の子や，籠一杯分のさくらんぼをもらった小さな男の子の夢の例をあげている。「この子は，夢の前日，小さな籠入りのみずみずしいさくらんぼを，叔父さんにプレゼントとして差し出さなければならず，むろん自分はほんのちょっと味見するしか許されなかった。夢から目覚めたあと，この子はさも嬉しそうにこう言った。『ヘ（ル）マン，さくらんぼはぜんぶ食べちゃった！』と」（1901a: 644，岩波 6: 327）。しかし多くの場合，夢内容は一貫せず意味がないように見える。結果として，欲望成就は偽装されている。その場合，夢の仕事は夢の思考を，欲望の成就が夢の報告には現れないような仕方で変換してしまっており，その夢の思考の意味を再び見出すために逆の操作を行なうのは，分析の仕事となる。

● 夢の形成において働いている諸機制

欲望成就が夢の顕在内容に現れないように偽装するためには，夢の仕事はどのような手段を用いるだろうか。フロイトによれば，夢はそうした目的を達成するために，主に次の5つの機制を用いている。

縮合――縮合は，異なる連想の鎖に属するイメージ・思考などのいくつかの要素を，ただ一つの要素の中にまとめることからなる。夢の仕事がばらばらの断片をひとつにまとめるために行なう「圧縮」あるいは「縮合」の現象が発見されるのは，夢の分析を行なうことによってである。「どんな夢を例にとってもかまわないが，表象要素の数ないしはそれらの記録の量を，夢の場合と，分析の向かう先であり夢の中に痕跡の再び見出される夢思考の場合[訳注2]とで比べてみると，疑問の余地のないのは，夢の仕事がここで大がかりな圧縮ないしは縮合を行なったにちがいないということである」（同 648，岩波 6: 332）。ある夢を詳しく分析すると，縮合の過程は夢の各要素に対して現れるものであり，そのため，個々の要素を取り上げると，それぞれが異なった領域に属しうる一連の諸要素から派生していることがみてとれる。このことは，夢の要素が重層決定されていることを意味する。夢の顕在的な語りの読解を困難にするのは，縮合の機制である。縮合は，夢の仕事の基本的な機制の一つをなしているが，それは症状や言い違い・機知の形成にも認められる。それらでは縮合は，例えば語と語の類似性の上で戯れて，「しばしば非常に機知に富んでいる［……］中間的な思考〔Zwischengedanken〕」（同 650，岩波 6: 334）を生じさせ，思いがけない関連づけを行ないながら，異なる思考の間の短経路を作り上げる。

遷移[訳注3]――遷移の機制によって，夢の仕事は夢の最も意味のある思考を副次的な思考で置き換えるので，夢の重要な内容は中心からずらされ，欲望成就を隠す。例えば，夢が非常に重要な要素を明らかにしているという印象は，無関心のような反対の印象によって置き換えられる可能性がある。縮合と遷移は，ここでフロイトが言及する「イルマへの注射」に例示されている妥協物を形成するために結合する可能性がある。プロピレン propylène の注射が問題だったこの夢で，フロイトは，アミレン amylène と美術館で見たプロピュレーエン Propylées の想起との間の意義深い関連を見出した。このような例は，縮合と遷移の結果であるプロ - ピレン pro-pylène という語によって作り出された妥協形成を明らかにする。

表現可能性〔Darstellbarkeit〕――これは夢の仕事が夢思考を，像のなかでも視覚像に変形させる操作である。フロイトはこの過程を以下のように記述している。「政治的な論説や法廷での口頭弁論などを一連の絵で代替せよという課題を突きつけられたと想定してみれば，夢の仕事が夢内容における表記可能性への

訳注2）ドイツ語原文：die Zahl der Vorstellungselemente oder den Umfang der Niederschrift beim Traum und bei den Traumgedanken, zu denen die Analyse führt, und von denen man eine Spur im Traume wiederfindet.

訳注3）ドイツ語原語は Verschiebung。フランス語では déplacement，英訳では displacement が多い。本訳書では，岩波訳の「遷移」を踏襲しているが，術語としての一貫性を示す必要のない個所では，より自然な「移動」を訳語として選択しているところもある。

顧慮のためになさざるをえない改変作業を，理解しやすくなるだろう」（同 659, 岩波 6: 343）。フロイトは，夢の仕事が思考を夢に固有の視覚的表現様式へと変形させるために用いる，さまざまな手段に触れている。

二次加工——二次加工は，夢内容を首尾一貫していて理解できる筋書きとして提示することにある。問題なのは，夢の形成の各段階に伴う機制だが，その過程の効果が，覚醒時に夢を見た者が夢を思い出そうとしたり語ろうとしたりするときに，より明白になる。事実，私たちが夢を想起しようとするにつれて，より一貫性を与え合理的な外見を作るために，その内容を歪曲しがちである。しかしながら，この二次加工がもたらす歪曲は些細なものではない。なぜなら，そこには，抑圧された欲望成就，すなわち夢の真の動機の印を記している筋書きが結局見出されるからである。

舞台化——最後に，フロイトは 1901 年に舞台化の機制を加えている。これは，或る思考を状況へと変形することからなる。この手法は，演出家が書かれたテクストを演劇表現に変形するときに行なう仕事に似ている。

● 日中残渣

夢の形成は，夢の筋書きがいつも夢の前日に起きた出来事に関して述べられるという基本原理にも応えている。フロイトはそうした出来事を「日中残渣」と呼ぶ。「分析の助けを借りれば，どんな夢も例外なく，最近の数日——夢を見る直前の日中（夢日）と言った方がおそらく正解だろう——の印象に結びついていることが判明する」（同 655, 岩波 6: 340）。これらの日中残渣は，夢の中で成就される無意識的な欲望と，多かれ少なかれ密接なつながりがある。

● 検閲の役割

フロイトにとって，夢の歪曲の主な動機は検閲に由来する。彼は，それが意識と無意識の境界に存在して，その意にかなうもののみを通過させ残りをせきとめる，特別な審級に関わると指摘する。そこで検閲によって隔てられたものは抑圧状態となり，抑圧されたものを構成する。検閲は，睡眠のような状態ではゆるみやすく，その結果抑圧されたものは夢の形で意識に現れることができる。しかし検閲は完全になくされることはないため，抑圧されたものは夢の中でさえ，検閲に反しないように修正を被るだろう。そのことは妥協の形成に通じる。検閲と妥協の形成に続く，このような抑圧の過程は，夢に限らず，縮合と置き換えの作用が見られる数々の精神病理学的状況で生じる。

そのうえ，検閲されていない無意識的な欲望の侵入は眠っている者を覚醒させうるので，成功した夢は睡眠の欲望を成就するものともなることになる。このようなわけでフロイトは，夢の機能が睡眠の番人でもあると考えている。「夢は眠りの番人であり，それを妨げるものではない」（同 678, 岩波 6: 366）[訳注4]。

● 夢の検閲は抑圧された幼児期の性的欲望に関わる

フロイトは続いて，夢の分析を深めると，夢の潜在内容が性愛的な欲望成就を明らかにしているのがしばしば見出されると述べる。この所見は，性的な内容，より正確には抑圧された幼児期の性的欲望に関わる検閲が果たす役割を立証する。彼によれば，「夢を形成するためのもっとも頻繁にしてもっとも強力な原動力」（同 682, 岩波 6: 371）を供給するのは，事実，小児の性欲(セクシュアリテ)に由来する抑圧された性的欲望である。性欲が果たす役割にもかかわらず，夢の顕在内容が性的性質の欲望の成就をそのものとして顕わにすることは稀で，一般にそれは偽装されており，その正体を暴くことは分析の仕事に属する，とフロイトは指摘

訳注 4）キノドスはフロイトの原文通りでなく大意を述べている。

している。フロイトは1年前に『夢解釈』の中で「大切な人の死」（1900a: 248，岩波4: 321）に関わる典型夢に関して既にエディプス・コンプレックスに言及していたけれども，『夢について』では述べていない。

● 夢における象徴の役割

象徴形成は夢の形成において中心的な役割を演ずる。なぜなら，象徴は性的表象から分かりやすさを奪うことで，夢見る者が検閲を回避することを可能にするからである。この観点から，フロイトは2種類の象徴を区別する。1つは，太古の昔から用いられている「夢への鍵〔夢判断の本〕」に属する，普遍的な象徴である。もう1つは個人的な象徴で，フロイトが明らかにしたように，夢を見る者に固有の象徴体系に属する。普遍的な象徴体系に関わるものについてはフロイトは，ほとんど一義的に翻訳できる数多くの普遍的な象徴の目録を作っている。「大多数の夢象徴は，性愛的な関心で強調されている[訳注5]人物や身体部位や活動〔Verrichtung〕を表現するのに用いられ，なかんずく性器は，数多くのしばしば非常に驚くべき象徴によって表現され，非常に多様な事物が，性器の象徴的な印として用いられる[訳注6]」（1901a: 683，岩波6: 373）。一見したところ，夢を解釈するためには普遍的な象徴体系の正確な知識を持ち合わせていれば十分で，夢見る者の連想に頼る必要はない，と思われるかもしれない。しかし，フロイトは既に『夢解釈』の中で，これでは十分ではないと指摘していた。なぜなら，精神分析者が恣意的な解釈を回避するには，二重のアプローチをして，普遍的な象徴体系と夢見る者の連想の両方を考慮に入れることが不可欠である。「こうしてわれわれはやむなく，夢内容において象徴的に把握されるべき要素を扱うにあたり，折衷的方法を採ることになる。それは一方では夢見た人の連想に依拠し，他方では欠けた部分を解釈者の象徴理解で埋める。象徴を解くにあたっての批判的な慎重さ[訳注7]と，象徴作用が特に明快に現れている夢の実例の綿密な研究とが相俟って，初めて夢解釈に向けられた恣意的なりとする非難に反駁できる」（1900a: 353，岩波5: 96-7）。

● 『夢解釈』（1900a）

私は教育的な意図から，この2つの著作が出版された順とは逆にまず『夢について』（1901a）を，この短い作品が『夢解釈』（1900a）を探検するための導入となるように紹介した。後者についてはスペースの都合上，単に見取り図のみ述べる。

標準版第4巻―第5巻（岩波版フロイト全集第4巻―第5巻）所収。

● 3部構成の著作

第1部を構成する第1章は，当時までに発表された夢についての主な科学的論文の総説に充てられている。骨の折れる編纂で，フロイトも不承不承行なったが，彼以前の先駆者たちが誰も夢の意味の秘密を発見するに至らなかったことを証明するのに役立っている。

第2部は，第2章から第6章までで構成される。フロイトは第2章を，夢解釈の方法を説明することから始める。彼はそれを自己分析の過程で編み出した。そして彼は自分の主張を，以後有名となった「イルマへの注射」の夢を詳しく分析しながら例証する。彼はこの夢の解釈に，著作の中で引用した他の多数の夢の例を分析するために用いている，次のような手順を適用する。まず彼は夢の素材を，それが目覚めの際に報告される通りに細かく記入する。それから，彼はそれらを複数の構成要素に分解する。そして夢の各断片について自由に浮かぶ連想を集め，それらを書き留める。そこから出発して，彼は，夢にありうる

訳注5）ドイツ語原文：mit erotischem Interesse betont sind
訳注6）ドイツ語原文：finden sich die mannigfaltigsten Gegenstände zur symbolischen Bezeichnung der Genitalien verwendet
訳注7）ドイツ語原文：kritische Vorsicht

多くの解釈として認めさせようとする異なった脈絡の間につながりをつける。第3章ではフロイトは，夢が満たされない欲望の成就を表すという彼の中心命題を論証する。しかし，多くの場合，欲望成就は夢の内容の中にそのまま現れない。なぜならそれは歪曲を被るからである。分析の仕事のみが，夢の欲望成就の発見を可能にする。それから第5章でフロイトは，それまで未解消の謎を夢の源泉の内容が解決するかどうかを知るために，夢の源泉を吟味する。第6章で彼は，夢の仕事が縮合・遷移・逆転・表現可能性・二次加工という機制を通して，そして象徴による表現によっていかに行なわれているかを示している。

　第3部は，一つの試論すなわち有名な第7章のみからなる。そこでフロイトは，心的装置とその機能についての一般的構想を作り上げている。それは，夢と神経症に関する彼の臨床観察から出発して，正常および病理的な心的機能を説明しようとする野心的計画である。ここで再び浮かび上がるのは，また科学者フロイトだが，「草案」の神経心理学的な土壌から決然と離れ，心的装置の空間的なモデルを提唱する新しいフロイトである。ここで初めて彼は，無意識・前意識・意識を心的現象が位置づけられる特定の場所（ギリシャ語で topos）として定義した。このモデルは「第1局所論」あるいは心的装置の第1局所論的分割と呼ばれている。彼が検閲の働きを位置づけたのは，無意識と意識の間である。この検閲概念は，無意識・前意識・意識の間の進展を制御する超自我の概念に先立つものである。『メタ心理学諸篇』を既に予告しているこの中心的な章でフロイトが導入する他の根本的仮説の中では，一次過程と二次過程の間の対立についての考えを，『ヒステリー研究』で表された抑圧の概念についての考えとともに発展させている。退行のために，無意識に貯留されていた抑圧されたさまざまな欲望は抑圧された幼児期の諸場面と合流する。だからこれらの内容は，検閲が弱い夢の中や，また神経症症状の形成において妥協の形で再び現れやすい。

● 1900年以降のフロイトの夢の概念についての展開

　フロイトは，1900年に定式化した通りの自分の夢理論の構想を固く守り，彼の諸理論の他の側面に比べて，後までほとんど変更していない。『夢解釈』に加筆した主なものの中で指摘したいのは，1923年の「第2局所論」の導入以後，夢の「検閲」の概念を超自我の概念に替えて，夢の役割をそれ以降，イドの要請と超自我の要請を融和させなければならないものと理解するようになることである（Freud 1933a [1932]）。しかしながら，彼は欲動の第2理論を1920年から導入したにもかかわらず，フロイトは，夢の仕事が禁じられた欲望を超自我や自我と融和させることだけでなく，今日理解されているように（H. Segal 1991; J-M. Quinodoz 2001），生の欲動と死の欲動の間の根本的葛藤に対する妥協や解決を見出すことも目的としているという考えを展開しない。

フロイト以後

フロイトの自己分析についての精神分析的研究

『フロイトの自己分析と精神分析の発見』と題された著書の中でD. アンジュー（1988b）は，1895年から1902年の間にフロイトを精神分析の発見に導いた，創造的な仕事の諸条件を研究するために，精神分析的なアプローチ自体を用いて，独創的な進め方を行なった。彼はそのために，時にははっきりと，時には思いがけずに，夢・幼児期の記憶・失錯行為・健忘・言い違いといった分析しうる無意識の産物を豊かに伝えている，フロイト自身が残した豊富な証拠書類を依り所とした。緻密な探究のおかげでアンジューは，フロイトが『夢解釈』の中で報告している大部分の夢の日付を確定させ，数多くの自己分析的な資料と照合して，それらを年代順に研究するに至った。この作業によってアンジューは，フロイトが夢の意味，エディプス・コンプレックス，原光景の空想，去勢不安を次々に発見した決定的な時期の間に，彼が進めた内的な歩みを明らかにすることが可能となった（D. Anzieu 1959, 1988b）。

今日の臨床における『夢解釈』

『夢解釈』はフロイト以後，膨大な量の精神分析的・非精神分析的な出版物を生み出し，今なお生んで

いる。それは多すぎて，私がここで報告できないほどである。しかしながら，それらの豊富さと多様さにもかかわらず，夢についてのフロイト以後の寄与は決してフロイトの根本的な著作を二級品へと格下げしなかった。A. グリーンは「フロイトのあらゆる発見の中で，夢はおそらく『夢解釈』以降この分野を探究した精神分析者の仕事がごく僅かでしかないものであろう」(1972: 179) と指摘している。精神分析者に将来なる者たちに解釈の方法を教えるときに，最初に頼るのがこの本であることは本当である。そしてそれは歴史的な理由からよりも，この本がその問いについての概観を提出する，今日なお唯一の比類ない著作だからである。しかしながら，著作物全般の中で，私はここで E. シャープ Sharpe の『夢分析』に触れておきたい。それは 1937 年に出版されたにもかかわらず，現代性を失っていない精神分析的治療における夢の解釈への入門書となっている。全般的な射程を持った著作は数少なく，夢の解釈についてのフロイト以後の寄与は，大部分が理論と技法の部分的側面に関わり，雑誌の論文という形で見られる。とはいえ，いくつかの非常に重要な論文は，Essential Papers on Dreams (Lansky 1992)，The Dream Discourse Today (Flanders 1993)，Dreaming and Thinkng (Perelburg 2000) といった論文集に再録されている。こうしたアンソロジーは，現代精神分析のさまざまな学派に由来する精神分析者たちの観点を反映している。

　それでも，フロイト以後の夢についての仕事総体を振り返って見ると，最近の 3，4 年間に出版された夢の分析に関係のある精神分析的著作は，相対的に乏しいことが認められる。フランダース Flanders (1993) によれば，この変遷は，技法が徐々に変化したためである。1920 年代や 1930 年代には，初期の精神分析者たちは患者の夢の分析を特別視する傾向があったが，1950 年代以降，転移の分析をますます重視するようになった。フランダースはこの変遷を，「転移は，患者の情動的・心的生活を理解するための王道となった」(1993: 13)，と手際よく要約している。夢に捧げられた理論的な出版物の数が減っているにもかかわらず，夢の解釈が精神分析的実践において全く同じ価値を保持しているのを確認するのは楽しいことである。それは，今日発表されている臨床例のほとんどが，患者が報告する 1 つかそれ以上の夢の分析によって例証されていることに表れている。

年代順に見るフロイトの概念

検閲　妥協　縮合　日中残渣　遷移　舞台化　夢の象徴使用　夢の仕事　顕在内容　潜在内容　重層決定　表現可能性（表現の過程）　二次加工　分析の仕事

『日常生活の精神病理学にむけて』
(1901b)

失錯行為：正常な人の日常生活における無意識の現れ

　この本を書くことでフロイトは，「失錯行為」という抑圧の「失敗」を通して垣間見られるような無意識の実在を，一般大衆に知らしめることを狙っている。失錯行為とは何だろうか。それはあらゆる正常者の生活で起こる，意図なく現れるもので，単に神経症者で起こることではない。失錯行為の範疇に属するためには，その種の現れは「『正常の範囲内』という表現で言い表される」（1901b：239，岩波7：292）ところを越えるべきでなく，「束の間の一時的な障害という性質を帯びて」いて，「その前には同じ行為をもっと正しく行なえた」ものであるとフロイトは指摘する。ドイツ語において失錯行為という概念は，フランス語でよりも広い意味を持つ。それは一見些細な，場違いの振る舞い・言い違い・度忘れ・否定・勘違いのような幅広い現象を含んでおり，フランス語での用法のように重要な対象の紛失や破損といった運動性の行為には限られていない。加えて，ドイツ語ではこれらの無意識の失敗には，「das Vergessen（度忘れ）・das Versprechen（言い違い）・das Verlesen（読み違い）・das Verschreiben（書き違い）・das Vergreifen（取りそこない）・das Verlieren（置き忘れ）」（Lapranche and Pontalis 1967（1973: 300–301））とどれもVerという接頭語を持っており，それにはすべてを一つの同じ集合の中にまとめる利点がある。

　『日常生活の精神病理学にむけて』の中でフロイトは，さまざまな形式の失錯行為を記述し，多くの例を通じてそれらを説明する。その多様性にも関わらず，これらの現象はすべて夢を規定する機制に類比される，共通の心的機制に従っている。すなわち，それらはその時点まで無意識の中に抑圧されていた願望の顕在的な表現であり，その願望は，自由連想のおかげで再び見出すことができる。この本の成功は，フロイトの予想を遙かに越えた。彼がそこで展開した考えは，確かに今なお最もよく知られている精神分析的な着想である。今日，言い違いや失錯行為に対して微笑んだことがない人はいるだろうか。それは，そうした「偶然」が秘密の意図を明かしており，無意識の直接表現であると知っていることを示している。

伝記と歴史

最も有名で広く読まれているフロイトの著作

　1899年，『夢解釈』を書き終えたフロイトは，夢についての彼の発見を隣接領域に広げていく3冊の本，つまり『日常生活の精神病理学にむけて』（1901b），『機知——その無意識との関係』（1905c），『性理論のための三篇』（1905d）に通じる資料を集め始めた。自己分析によって彼は，自身の制止を乗り越え情動的にバランスの良い状態になっていた。それでフロイトは，自分の失錯行為つまり度忘れや言い違いを，自分の夢を分析したのと同じ仕方で分析し始めた。フロイトが無意識の「失敗」に初めて言及したのは，1898年8月26日付のフリース宛の手紙においてであり，詩人ユリウス・モーゼンJulius Mosenの名前の度忘れに関わっている。その後の1898年9月22日付の手紙で

は，彼はシニョレリ Signorelli の名前の度忘れの例を引く。この名前は彼の想起の中で，ボッティチェリ Botticelli とボルトラフィオ Boltraffio の名前で置き換えられたが，この度忘れは『日常生活の精神病理学にむけて』の第 1 章で，重要な位置を占めている。この本はフロイトの家庭および職業的な場の中から採られた逸話で溢れているにしても，その執筆はフリースとの関係の悪化にも密接に関連しているように見える。フロイトは彼と 1902 年に絶交したが，その時まで自分の人生でフリースが担った役割をはっきりと証言している。「それ［日常生活の精神病理学にむけて］には君と関係のあることがいっぱい書いてあります。君が材料を提供した明白なものもあり，動機が君に遡る隠されたものもあります」（フリースへの手紙，1901 年 8 月 7 日〔Freud (1985c [1887–1904]: 447)］）。

この本は最初 1901 年に論文の形で出版され，それから 1904 年に一冊の本へとまとめられた。そこで彼が展開している考えは心理学者たちから厳しく批判されたが，一般大衆がすぐに魅了される妨げにはならなかった。したがって『日常生活の精神病理学にむけて』には，『夢解釈』よりも遥かに，精神分析概念を造作なく流布させる力があった。著作はフロイトの生前に 10 版を重ね，フロイトだけでなく彼の弟子たちからの寄与も追加されて次第に拡充された。1904 年版には 66 個の失錯行為が含まれ，そのうち 49 個がフロイト自身の観察によるものだったが，今日の版 1924 版には 300 個の失錯行為が含まれ，うち半分はフロイト以外の観察者からのもので，初版の 4 倍の量になった。1909 年に渡米の途上で，フロイトは船の乗客係の一人が『日常生活の精神病理学にむけて』を読み耽っているのを目にする嬉しい驚きがあったとき，自分の本の人気を確認した。

テクストを紐解く

■ 標準版第 6 巻（岩波版フロイト全集第 7 巻）所収。

● 卓越した例：シニョレリ "Signorelli" という名前の度忘れ

第 1 章は，或る固有名詞の度忘れに関する詳しい研究で占められている。それは画家シニョレリ Signorelli の名前で，彼はオルヴィエト大聖堂にある「最後の審判〔四終 Four last Things〕」というフレスコ画を描いた。この度忘れは，既に短報の考察対象になっていた（Freud 1898b）〔「度忘れの心的機制について」〕。フロイトの報告では，或る会話の途中で彼はもはや Signorelli という名前を想起できなくなり，ボッティチェリ Botticelli とボルトラフィオ Boltraffio という他の 2 人の画家の名前が浮かんだ。彼は，どちらも誤りであることを知っていた。彼は自分の記憶と 2 人の名前に関する連想の流れを，夢の分析で採られた方法に従って遡り，度忘れを抑圧した動機を発見するに至った。推論に次ぐ推論によって Botticelli は彼にボスニア Bosnia を想起させ，Boltraffio はトラフォイ Trafoï の街を思い出させた。この地理上の 2 つの位置は，性欲と死に関するつらい記憶と密接に関連していた。そして彼は，性欲と死がシニョレリのフレスコ画「最後の審判」の主なテーマだったことに気付いた！　このように，シニョレリの名前の度忘れは，妥協形成の結果だった。それによって不愉快な想起は部分的に忘れられることができたが，すべてをではなかった。なぜならそれは，ボッティチェリとボルトラフィオの名前という偽装のもとに，再び出現したからである。「この件の解明に取りかかる前には全く見当違いのものに思えた代替名であったが，もはやそうとも思えなくなった。これらの名前は（妥協の習いとして）私が忘れようとしていたものとともに，想い出そうとしていたものを想起させ，その点で，何かを忘れようとする私の意図が全面的に成功したわけでもなく，また全面的に失敗したわけでもないことを示している」（1901b: 4，岩波 7: 8）。

● 異なる種類の失錯行為に関する系統的な研究

　固有名詞の度忘れに割り当てた章のあとで，フロイトは他の種類の度忘れを検討する。それは，外国語に属する言葉の度忘れ・名前と一連の言葉の度忘れ・印象や企図の度忘れといったものである。それから彼は，失錯行為に似た道筋で形成される幼年期想起と「遮蔽想起」[訳注1]についての問いを，再び取り上げる。幼年期想起の内容が抵抗に出会うとき，それは抑圧されて，それ自体としてではなく，心を掻き乱す情緒を取り除かれた「遮蔽想起」という代替の形で現れる。次に第 5 章は，言い違い，つまりある言葉が他の言葉に代用されるというよく知られた現象の，詳しい研究にあてられている。多数くある例の中から，ウィーンの新聞の『新自由新聞 Neue Freie Press』に掲載された記事から採られた例を引用しよう。その新聞は，オーストリア国会の下院議長が儀式ばって議会を「開会」した際に，「閉会」と宣言してしまった言い違いを報道した。「一同の爆笑で初めて自分の間違いに気づいた議長は，これを訂正した。この事例については，おそらく次のように説明できよう。議長は，大した成果も期待できないこの会議をできれば早々に閉会したいと欲していた」（同 59，岩波 7: 72）。

　以降の章でフロイトは，読み違いと書き違い・取り違えと不手際・症状行為それからさまざまな失錯行為の結合を考察する。最終章は，決定論・偶然を信じること・迷信に割かれている。フロイトは失錯行為が，当事者の考えがちなように偶然や不注意によるものではなく，当人が通常ならば問題なく達成できる会話や態度を妨害しに来る，抑圧された考えの介入によって産み出されるという考えを展開している。この見方によってフロイトは，偶然には 2 種類あるという結論に導かれる。それは，心理学的領域に属さない諸原因に結びついた「外的偶然」と，失錯行為が意識的意図に取って代わる無意識的意図の産物である限りで，心的決定論が重要な役割を担う「内的偶然」である。

● 失錯行為はどのように形成されるか

　失錯行為は，無限の種類があるにもかかわらず，ある一つの機制に基づいている。それらはみな，無意識へと抑圧された欲望の表現であり，それには分析作業のおかげで到達することができる。フロイトによると失錯行為は，その人の意識的意図――先の例では，議会を「開会すること」が下院議長の意識的意図だった――と，それに結びついた無意識的欲望――彼の意に反して「閉会すること」が，実際の発言の中で幅を利かせた――との間の妥協形成の結果である。この見方からすると，どの失錯行為も 2 側面を提示しており，それをラプランシュとポンタリスはこう指摘している。「［……］いわゆる失錯行為は，別の次元では，成功した行為になる。すなわち，無意識的欲望はしばしば非常に明瞭な仕方で充足される」（1967 [1973: 300]）。

　だから失錯行為の形成に含まれる諸機制は，フロイトが『夢解釈』の中で記述した，夢と症状の形成を決定するものと同一である。すなわち，縮合・遷移・反対物による代替あるいは置き換えである。しかも，夢や症状の分析の場合と同じく，失錯行為の隠れた意味を発見するのは，自由連想に訴えることによってである。意図された言葉とそれに代替された言葉との関係はと言えば，それはさまざまな方式で確立される。例えば，議会を「開く」代わりに「閉じる」ことは隣接性によってであり，シニョレリの名前が，ボッティチェリとボスニア，ボルトラフィオとトラフォイの名前に似た音素を持つのは，同音性によってである。この関係は，人の個人史に関わる連想から確立されることもある。

● 失錯行為の源は何か

　フロイトによれば，私たちの心を絶えず考えと連想が走り抜けており，概して私たちはそれらを知らないでいる。それらは，秩序を乱すコンプレックスを形作るが，無意識へと抑圧されるように運命づけられ

訳注 1）Deckerinnerung，通常「隠蔽記憶」と訳されてきた。

ている。だが無意識は，失錯行為の形で不意に現れることがありうる。内的な抵抗はその解明に反対し，抑圧された考えは時に明白で解釈できても，大抵は詳しい分析の後にしか解読できない。失錯行為はしばしば私たちを裏切るが，フロイトはそれが有用と判明しうる例を挙げていることを付け加えよう。「［この例は］また，束の間の功名心に負けて分別を失いかねない時に，度忘れのお陰で分別を失わずにすむという，なかなか珍しい事例を示すものと言えよう。このような場合，失錯行為は，結果として有益な機能を果たすことになる。あとからまた冷静になってみれば，先には何か不首尾——度忘れ，心的不能——という形でしか現れえなかった内的な流れについて，あれでよかったのだと考えるのである」（1901b: 19，岩波 7: 26）。

フロイトは，正常な心的生活と精神病理学的状態で観察される現象の間に，連続性があることを示して締め括る。「神経面での正常と異常の境界は不確定で，私たちは誰しもいくらか神経質症気味であるとは，しばしば蒸し返される主張であるが，私たちが，これら失錯行為や偶発行為を精神神経症患者の行為やノイローゼの症状と同列に扱うことで，この 2 つの主張にもそれなりの意味と根拠が与えられることになる」（同 278，岩波 7: 338–339）。

『日常生活の精神病理学にむけて』で示された考えは，そして多数の例はとりわけ，これ以上要約できないだろう。だから私は，発見の楽しみを読者に委ねたい。

フロイト以後

失錯行為と転移関係

度忘れ・言い違いそして他の形の失錯行為は，単に普通の人びとの日常生活に現れるのだろうか，それとも，神経症患者の精神分析治療の中で何らかの位置を占めているのだろうか。著作の中ではフロイトは，失錯行為と神経症を源とする障害を関連づけて締め括っていたが，精神分析状況の中で失錯行為をどのように解釈するのかは，はっきりと述べていない。それでも彼は，失錯行為が形成される諸機制と夢形成の機制の間に存在する類似性を示しながら，間接的にその問いに接近している。そういうわけで，フロイトは失錯行為が無意識的な抑圧された欲望の表現であり，分析作業によって潜在意味を明るみに出せるのを示すことによって，夢と症状の解釈と同じ資格で，転移関係における失錯行為を解釈する道を開いている。

現代の臨床精神分析者は，失錯行為が患者の行動における「失敗」や度忘れ・言い違い・患者の間違いのどの形であっても，転移・逆転移関係の中で現れる失錯行為の解釈に，重要な位置を与えている。これらの失錯行為は往々にして，患者の無意識的な抑圧された欲望を——そして時には精神分析者の欲望をもその逆転移の諸側面から，華々しい仕方で明らかにする。患者が遅刻したり，カウチの上で眠ったりするようなセッション中に生じる失錯の行動は，しばしば厳密な意味で「面接内行動化 acting in」と呼ばれ，セッション外で生じる失錯行為は「行動化 acting out」と呼ばれる。これは，転移との関連での遷移として理解されるべきものである。対象からの分離不安と対象喪失の不安は，分析者-被分析者関係の設定で失錯行為が最も多く生じる原因の一つとなる（J-M.Quinodoz 1991）。例えば，患者が分析者との関係で気づかずに情緒的反応によって掻き乱された後，面接に来そこなうということがある。一度明るみに出されると，この失錯行為の意味は，さまざまな抑圧された感情を露わにする可能性がある。例えば分析者への失望に続く患者の敵意であり，その失望はセッションへの遅刻という形で再び表面化するかもしれない。恣意的で不適切な解釈を避けたいならば，患者の自由連想のみが，この種の失錯行為の本当の動機を嗅ぎつけることができる方法である。分析の途中で突然生じる言い違いに関して言えば，ジャック・ラカン Jacques Lacan はそれらが，言語活動の構造と無意識の構造との関係を特に明らかにするものであり，無意識的転移のその瞬間における状態の認識に近づくことができる手段の一つであると主張している。

精神分析は象徴的な意味に接近できる人たちのみのものとすべきだろうか？

失錯行為や言い違いの無意識的意味を自覚することは，誰にでも理解の及ぶものではない。事実，失錯行為や言い違いは，その人の周辺の人びとには特に意味があるが，当人にとっては必ずしもそうではない。これは，人の意識を逃れるものという無意識の定義自体に対応している。人が自分の気づかなかった失錯行為や言い違いの意味を少しずつ発見し，精神分析者との関係に結びついた情動と関連づけるようになる

のは，しばしば長い分析作業の後である。

　失錯行為や何らかの無意識の産物の意味を自覚する可能性は，一部は意識化に反対する抵抗の力に由来するが，一部は当人が自分の言明や症状行為の象徴的な意味に接近する能力にも依る。事実，象徴的意味に接近するこの能力には，個人差が相当大きい。これは或る人の分析可能性，すなわち或る人が解釈の作業に，しかも転移関係の解釈に，どの程度接近できるのかを評価するという問いを提起する。この問題の見方は，精神分析者によって異なる。或る人たちにとって，とりわけフランスでは，精神分析治療は本質的に，自分の言明の象徴的な意味を造作なく物にする人たちつまり神経症的な型の構造を示している人たちのためのものである（Gibeault 2000）。反対に，他の精神分析者たち，例えばクライン派の流れに属する者たちにとっては，象徴化には2つの水準がある。1つは，心的構造が「象徴等置」で機能する，具象的な思考によって支配された原始的水準である。もう1つは，神経症的組織に相当する水準の，象徴的表象の能力が支配的なもっと発達した水準である。彼らにとっては，原始的水準とより高度な象徴化水準との間に，絶え間ない往復運動がある。その結果として精神分析治療は，どの神経症者にも正常な個人にも見られる原始的な機能の部分については言うまでもなく，神経症患者だけでなく境界例あるいは精神病患者にも提供することができる（Jackson and Williams 1994）。

年代順に見るフロイトの概念

縮合　遷移　名前の度忘れ　失錯行為　言い違い　代替

『機知——その無意識との関係』
（1905c）

機知において何が笑いを引き起こすのか

　フロイトは，ユダヤの小話も含むさまざまな機知（ドイツ語では Witz）の収集家だった。彼には，優れたユーモアのセンスがあった。だから彼が，笑いを引き起こす隠された諸動機を発見しようとしたのは，驚くべきことではない。本書で彼は，機知という一般概念が包括するさまざまな形式の滑稽なものを系統的に検討し，機知は秘かに話と言語を支配している無意識の影響力を露わにするという仮説を提起している。その限りでは，滑稽な効果を生み出す諸機制は，夢を通じて達成される心的な仕事にきわめて似ている。そこに見出されるのは，多くを表現するために僅かしか言わない**縮合**，そして検閲が抑圧された攻撃的・性的内容に課している禁止を，その内容が他の形で戻って来られるようにすることで迂回できるようにする**遷移**の手法，最後に，二重の意味や掛け詞を作り出して語の形を修正したり，ナンセンスなものを作るか一つの考えをその反対によって置き換えることで考えを変形させたりする，**形象化**の手法である。しかし，フロイトが非社会的な心的産物と見なす夢と違って，機知は心の活動の中で最も社会的である。機知は，快の増加を目的とした洗練されたゲームなので，そこでは夢の中のような退行の機制は見られない。確かに快の追求は夢でも存続しているが，夢は，不快を避けるための幻覚的満足への退行の中に快を見出している。

伝記と歴史

夢と失錯行為・機知の類似点

ユーモアに溢れた人フロイト

　フリースは，おそらくこの本にとって推進力となった。というのは，彼はフロイトが送ってあった『夢解釈』の校正刷を読んだとき，掛け詞が夢に頻繁に現れることに気づいたからである。フロイトは返信に，こう書いた。「夢見る人は誰でも同じように，我慢ならないほど悪ふざけをしており，そうしている必要があります。というのは，彼らは窮地にあって，直接の道は妨げられているからです。［……］あらゆる無意識的過程の滑稽な性質は，機知と滑稽なものの理論に，密接に関連しています」（フリースへの手紙 1899 年 9 月 11 日［Freud 1985c (1887–1904): 371］）。『ヒステリー研究』の中でフロイトは初めて，チェチーリエ Cäcilie 夫人の夢の一つで象徴化と多義性が果たす役割を指摘した（Freud and Breuer 1895d: 181，岩波 2: 233）。そして『夢解釈』では，数多くの実例を示している。1898 年のテオドール・リップス Theodor Lipps による『滑稽とユーモア Komik und Humor』の出版もまた，フロイトが書こうと決めた一つの要因だった。多くの点でこれほど豊かで複雑な本を書くことには，多大な時間を要したが，『機知』と『性理論三篇』を同時に書いていたので，なおのことそうだった。これらの原稿は同じ机に，別々に積み上げられていた。この 2 冊の本は，1905 年に同時に出版された。

ところで，フロイトの機知への関心は単に科学的ではなかった。彼自身ユーモアに溢れた人だったし，彼の手紙にはユーモラスな逸話が散在している。彼の多くの同時代人たちは，たいていの状況で滑稽さを見つける彼の能力を強調した。1938年に彼がロンドンに亡命するためにオーストリアを去る際にドイツ当局から要請されて署名した，彼が不当な扱いを受けなかったことを証明する声明へのコメント，「私は心よりゲシュタポをどなたにも推薦できます」は，そのような時でさえフロイトが示すことができたユーモアの証拠である。

「機知 Witz」は国境をうまく越えない

フロイトの著作の他のどれよりも，『機知——その無意識との関係』は，翻訳上の諸問題を生み出している。これは，本書がドイツ語圏外ではフロイトの最も知られていない著作の一つである理由を部分的に説明している。「機知 Witz」という単語自体が，ドイツ語では「Blitz」つまり閃光を喚起する響きがあるが，他のほとんどの言語では対応する語がない。例えばフランス語では，翻訳者 D. メシエ Messier によって「機知ある言葉 mot d'esprit」と翻訳された。彼は，「この語は，しゃれ le mot d'esprit あるいは機知があること l'esprit つまり『機知に富む avoir de l'esprit』能力のどちらかを指し示す」（1988: 423）と書いている。『フロイト全集』のフランス語訳者たちは逆に，以前の翻訳は不正確であると見なし，「才知に富んだ言葉 trait d'esprit」の方を選んでいる。これは，ラカンが提案した Witz の翻訳である。というのも，「言葉 mot」は Witz に存在せず，「機知ある言葉 mot d'esprit」は語機知 Wortwitz や思考機知 Gedankenwitz との混同を引き起こしうるからである（Banguighon et al. 1989: 150）。また，ドイツ語で笑わせる言葉遊びは，他の言語にそれと等価の言葉がないとき，どう翻訳できるだろうか。そのためにこの本の非常に多くの部分は，翻訳不能となっている。ほとんどの翻訳者は，ページ下部の脚注で必要な説明を加えることにして，ドイツ語で読むならば極めて表現力に富むフロイトの考えを，できるだけ接近可能なものにしようとしている。

テクストを紐解く

■　標準版第8巻（岩波版フロイト全集第8巻 1–285頁）所収。

この本は，3部に分かれている。第1部は，機知の技法つまり滑稽な効果を生み出すために心的組織が用いるさまざまな手法を扱っている。第2部は，機知の背後にある諸動機と，特に心的経済の見地から快が果たす役割を詳しく調べている。第3部は，機知と夢の関係を「欲望の成就」という考えに照らして研究し，滑稽なものの諸種についての短い論評で終わっている。

● 機知の滑稽な効果の基底にある諸技法

機知の滑稽な効果は，フロイトによれば，2つのはっきり異なる技法によって得られる。第1の技法は，実際の語自体に基づき，言語表現に依存している。第2は，その機知に含まれる思考に基づいており，この技法は言語表現とは独立している。

● 語に基づく諸技法

語に基づく機知に関して，フロイトは3つの手法を区別するが，それらはどれも一つの共通の技法を用いている。それは縮合という，夢の仕事に特徴的な手法である。

第1の手法は，一見ばかげた新造語を作りだすような仕方で2つの語や語の2つの断片を縮合するこ

とにある。しかしその合成語には，聞く者に対して滑稽な意味がある。フロイトは例えば，ハイネ Heine の小説の一つの登場人物が発した新造語の，famillionnaire（親しい／百万長者のように）という語を巡って造られた機知を引用する。この小説で著者は，ごく普通の人が，裕福なロスチャイルド男爵 Baron Rothschild との関係を自慢している場面を描く。詩人に対して自分の魅惑的な付き合いを自慢して，その普通の男は言う。「私は，ザーロモン・ロートシルト Salomon Rothschild（サロモン・ロスチャイルド）の横に座り，あの方は私をまったく自分と対等の人間として，まったく百万家族の一員のように（famillionnaire）扱ってくれたんですよ」（Freud 1905c: 16, 岩波 8: 12）[訳注1)]。この例では，滑稽なものは言表を形成するこの語に由来する。用いられている技法は，「親しい家族の一員 familier」と「百万長者 millionnaire」という，別々では何の滑稽さもない2つの語の短縮である。続いてこれらの語は，合成語の famillionnaire という新造語を作るために縮合される。その語は，それ自体では理解できないだろう。しかし文脈に気づいている読者は，直ちにその裏にある意味を理解する。そしてそれが読者をどっと笑わせるのである。フロイトは，縮合とそれに続く代替物の形成の技法に関連した滑稽なものの別な例をあげている。例えば，Cleopold（クレオポルト）という語は，次のように分解される。「ヨーロッパ人の機知は，たちが悪く，レオポルト Leopold という君主をクレオポルト Cleopold という名前に変えてしまったことがかつてある。それは，レオポルトが当時クレオ Cleo という名前の女性と関係があったためである」（同 20, 岩波 8: 18）。

第2の手法は，一つの語を二重に用いることにある。フロイトは，Rousseau という名前と，2つの語 roux と sot の間の同音性に基づく例を挙げている。ある女主人は，自分が招待した若者の礼儀のなさに遭遇した後，次のような機知を言った。その不作法な若者は赤毛で，ジャン・ジャック・ルソー Jean-Jacques Rousseau の遠縁の者だったが，女主人は彼にユーモアとともに，「赤毛で roux 阿呆な sot 青年をご紹介してくださったわけですが，ルソー Rousseau ではありませんでしたね」と申し渡した（同 29–30, 岩波 8: 30）。ここでの機知の技法は，Rousseau という一語が二重に使用されているところにあり，シャレード[訳注2)]のように，最初は語全体で，それからその語の音節に分解されて用いられている。

機知で用いられる第3の手法は，掛け詞に見出されるように，語が二重の意味を持ったり同じ語が多重の意味を持ったりするところにある。掛け詞は，同一素材を多重に用いる理想例とフロイトに見なされている。「この場合，語が捻じ曲げられたり，音節がずたずたにされることはない［……］語はまったくそのままで，文の構造も変わらないまま，一定の状況のおかげで，語は二重の意味を表現する」（同 37, 岩波 8: 39）。フロイトはこの技法を，「鷲初飛翔〔初強奪〕」の例で示している。彼は次のように報告している。「周知のとおり，ナポレオン三世が真っ先に帝権発動したことの一つに，オルレアン家の財産没収があった。当時のさえた語呂合わせは，『これぞ鷲どの〔皇帝の紋章〕初飛翔〔初強奪〕』」（岩波 8: 39）[訳注3)]。

フロイトによると，これらの3つの手法において縮合を取り仕切るのは，手段の節約である。フロイトはこう言う。「『ヴォル』というフランス語は，〔この機知の成立にとって好都合なことに，〕『飛行』をも『強奪』をも意味する。この場合，何も圧縮されたり節約されていないのだろうか。いや，第2の思考全体に関してそれが起こっており，思考は代替なく除去されている」（同 43, 岩波 8: 47）。フロイトは，「これらすべての技法を支配しているのは，縮合的な傾向（"zusammendrängende Tendenz"），もっと正しく言えば節約的傾向である」（同 42, 岩波 8: 46），つまり，表現手段の節約傾向であると結論づけている。

駄洒落に関しては，それはおそらく非常にありふれた機知だろうが，「語をめぐる機知（"wortwitze"）

訳注1) 英語版では例としてイギリスの作家トーマス・ド・クインシー Thomas De Quincey から借用された造語，anecdotage（アネクドーティジ）が引かれている。その作家は「老人は『逸話ばか anecdotage』に陥りがちだ」（Freud 1905c: 1621–22, 岩波 8: 19）と言う。「逸話 anecdote」と「溺愛 dotage」という語から「逸話ばか anecdotage」が作られている。

訳注2) 言葉を推測するゲーム。

訳注3) 英語版では，「ある女性患者を診察する医師の例」が挙げられている。「病床にある妻のもとを離れて，医師はついてきた夫に頭を振ってこう告げた。『奥さんの様子は気に入りませんな』。夫はあわてて同意して，『様子が気に入らないというのなら，私はずっとまえからですよ』と言った。断るまでもないが，医師が言及したのは妻の病状のことである。ところが病人への憂慮を表すその言葉で，妻を気に入らない自分の気持ちを認めてもらえたと夫は思い込んだのである」（同 37, 岩波 8: 39）。「様子 looks」は単に健康状態だけでなく，外見も意味している。

の変種のうちで最も低次元とみなされている。おそらくそのわけは，この機知が『最も安直』で，いちばん労少なくして生まれるからであろう」（同 45, 岩波 8: 50）。

● 思考に基づく技法

　フロイトは，思考に基づく機知を検討しつつ，さまざまな技法を詳しく研究し続ける。それはつまり，語自体にではなく，思考の諸過程に由来し，言葉による表現とは独立した機知である。この場合，機知の仕事は，フロイトが夢の仕事との類比で付けた名称だが，才気ある表現を作り出す技法的な手段としての正常な推論から外れた思考の諸過程を用いている。彼はいくつかの手法，例えば，推論の誤りを隠蔽するために論理を用いる遷移や，機知を言うためにナンセンスを用いる手法を挙げている。ナンセンスを機知へと変えるのは何だろうか。フロイトは，「機知ある無意味のうちには意味が潜んでいること，［……］このことが，ナンセンスを機知とすることである」（同 57, 岩波 8: 65）という答えに興じている。だからここでの技法は，ばかげたものや無意味なことを述べることにあり，それには別のばかげたものや別のナンセンスを目に見えるようにするという作用がある。

● 無害な機知と傾向的機知

　聞く人たちに誘発された反応によって，無害な機知と傾向的機知を分けることができるだろう。無害な機知は，それ自体が目的であり，何ら特別な目的のためではない。それに対して傾向的機知は，敵意（攻撃・皮肉・冷笑），（赤裸々さを狙う）猥褻，性的な事柄を強調する猥談，懐疑主義のようなさまざまな動機に従う目的に仕えている。最後のものは，フロイトから見てあらゆる動機の中で最悪である。

● 快の源泉としての機知と社会的関係としての機知

　第 2 部でフロイトは機知の機制において快が果たす役割について考えている。快の効果の基底にあるこの諸機制は，無害な機知より傾向的機知でより容易に観察される。というのは，後者では，ある傾向が満たされるからである。その満足は快の源泉である。この傾向は諸障害に直面するが，それが外的なもの（隠された侮辱を向けた人に対する恐れ）であれ，教育に結びついた内的なものであれ，機知によって迂回することができる。傾向的な機知の使用のこうした 2 例では，快が得られる。というのは，快の報酬が「制止ないし抑制のための消費の節約」に対応しているからである（同 119, 岩波 8: 142）。無害な機知では，掛け詞の場合のように，快の源泉となるのは機知の技法自体である。

　傾向的な機知には，滑稽なものが有していない社会的な側面がある。というのは，機知には 3 人が必要だからである。つまり，第 1 の人物は機知を話し，第 2 の人物は敵対的攻撃性を向けられるか性的な対象であり，第 3 の者はその機知を聞いてその目的に含まれた快を享受する。なぜ第 3 者の存在が，それほど必要とされるのだろうか。フロイトによれば，機知はそれを言う人とそれを聞く第 3 者に同時に快を生み出すことを狙っている。「このように，機知とは，2 人の主人に同時に仕える本来的に二枚舌の道化である」（同 155, 岩波 8: 184）。だが機知を言う者の快は，曖昧さに覆われている。というのは，一般的に機知を言う者は自分では笑わず，自分が笑わせた人を経由して「間接的に」（同 156, 岩波 8: 185）笑うからである。

● 機知，夢，そして諸種の滑稽なもの

　第 3 部は，夢と機知を比較し，滑稽なもの・ユーモア・機知についての小論で終える。

● 夢，機知そして，幼児期の無意識への回帰

　フロイトはまず，夢と機知の類似点と相違点を明確にしようとしつつ，両者を比較する。夢は何よりもまず，不快を回避することを目的とした，欲望成就の表現である。一方，機知は，快の獲得に奉仕する。機知はこの快を，さまざまな技法を通じてばかりでなく，その元来の源泉である幼児期の無意識への回帰においても見出そうとする。子供は言語を使うことを学ぶ時期に言葉で遊び，特に言葉の響きに結びついた快を求めて，意味に構わずに言葉を集めるのが観察される。その快は，内的な批判つまり検閲の出現によって徐々に禁じられ，一つの意味を持つ語の集まりのみが許可されるようになる。後に，大人は，思考と現実による制約に対する反抗の動きの中で，幼児期の快を再び見出し検閲を迂回するために，掛け詞へのこの回帰を利用するだろう。

● 諸種の滑稽なもの

　フロイトはさらに，模倣・パロディ・風刺などのような滑稽なもののさまざまな形式を研究することによって考察を続ける。彼は，滑稽なもののいくつかの形式における快の源泉を，他者と自分自身の自我との比較にあるとする。この著作は，彼が皮肉と区別するユーモアについての小論で終わる。そのテクストは，延長として20数年後に『フモール』(1927d)と題された短い論文でさらに展開されることになる。そこで彼は，超自我という着想を導入している。

フロイト以後

ラカン：機知と洞察の「ひらめき」

フロイトの初期著作群への「回帰」

　1950年代の初めに，ジャック・ラカンは，精神分析者たちにフロイトへの回帰を訴えた。この回帰とは何を意味したのだろうか。実際には，フロイトの著作全体の読解ではなく，無意識を言語の周りに分節化させるフロイトの初期の理論的著作に戻ることが問題だった。つまり，『夢解釈』，『日常生活の精神病理』そして『機知——その無意識との関係』である。1900年から1905年にかけて書かれたこれら3冊の本は，ほぼ同じ時期に出版され，無意識の偽装された表現としての言語を特に強調している。ラカンが自分の主たる諸概念を引き出したのはこの3部作，特に機知からで，彼はそれに対して，「真の精神分析的な概念の地位」を与えた (Roudinesco and Plon 1997)。

　ラカンの足取りにはいくつかの段階があった。彼は1953年に「ローマ講演」で意味への回帰を推奨することから始めた。「フロイトへの回帰の意味は，フロイトの意味への回帰である」と，機知に富んだ言い回しによって彼は宣言した (Lacan 1955: 405 [2004: 110])。意味を強調することによってラカンは，無意識についての精神分析的経験を，彼がその独創性において最も純粋にフロイト的なものと見なしたものにおいて復興しようとしていた。なぜなら彼は，彼の同時代人たちが「パロールの意味」を放棄してしまったと見なしていたからである (1953: 243 [2004: 37])。

言語として構造化された無意識

　早くも1956年に，ラカンは無意識の経験の中心を，言語科学の貢献に照らしたその象徴的次元に，特にスイスの言語学者F. ド・ソシュール de Saussure が導入した「シニフィアン」と「シニフィエ」という概念の区別に据えた。この観点によってラカンは，「シニフィエに対するシニフィアンの優位性」を強調することができた。これは，『夢解釈』に由来する主な教えのうちのひとつであると彼に思われた命題である。事実，自由連想法を適応することで思考の連鎖に少しずつ近づくことになり，その思考の連鎖は今度は，パロールの連鎖へと連れ戻す。この技法によって，分析者は失われたシニフィアンの跡を同定することが可能になる。「パロールの先に精神分析的経験が無意識の中に発見するのは，言語の構造そのものである」(Lacan 1957: 494–495 [2004: 139])。構造的な観点を採用することによってラカンは，夢と機知に

共通する縮合の概念もやはり再吟味した。彼は機知を「エスプリ表現 trait d'esprit」と翻訳し，機知が言語の戯れを通じて主体が隠そうとしていた無意識の真実を明らかにするシニフィアンであると考えた。

ラカンが行なった縮合と置き換え〔遷移〕の概念の改訂によって，彼は「無意識は言語として構造化されている」という有名な命題を言明するに至った。この命題には，ラカンの中心的な仮説が凝縮されているのが見られる。それによれば，無意識を形成する諸機制は，ジョエル・ドール Joël Dor（1985: 17 [2004: 3]）が以下に指摘するように，言語における意味の形成の諸機制と厳密な類比にある。「この仮説は，ラカンのあらゆる理論的な精錬〔eraboration 反芻処理〕の中で最も根本的であるとさえ見なしうる。たとえそれが，この命題はラカンが彼の教育の当初から命じ続けたフロイトへの回帰の意味を，前提としていると同時に具現化しているからに過ぎなくても」（1985: 17）。

技法・理論・訓練に関する意見の相違

ラカンの精神分析の仕事，特に言語に関わる仕事は，精神分析サークルをはるかに越えて関心を呼び起こし，今日もなお呼び続けている。しかしながら，根本的な事柄についての意見の相違が極めて早くから，ラカンと国際精神分析協会（IPA）に所属する彼の同僚たちとの間で生じた。これらの食い違いによって，1953 年の分裂に帰着し，1964 年にラカンは「一人で」フロイト精神分析学派を設立した。彼は 1980 年，亡くなる少し前にこの学派を解散する決心をした。以来，ラカン派の運動は数多くのグループへと分裂した。

技法の見地から私は，1953 年にラカンが推奨した「フロイトへの回帰」は，神経症と言語的コミュニケーションへの注意を，フロイトの 1915 年以降の仕事を顧みずに，特に焦点としていたと考える。まさにそれらの仕事でフロイトは，例えば抑うつ患者や精神病患者のように，言語的コミュニケーションや象徴作用の障害を示す患者の精神分析的な治療の可能性を探究している（J-M. Quinodoz 2000, 2002）。

さらに，ラカンはその後ますます，ただ被分析者のパロールのみに注意を払い，何よりも患者の言説の象徴的な意味に気づく「ひらめき」[原注1] のみを考慮するようになった。彼はそれを，「シニフィアンの働きをする無意識における穿たれた穴」と名づけている。解釈の価値を持つ掛け詞を使用し濫用する危険を冒して，この技法はラカンを，セッション時間を短くし，転移と逆転移の反芻処理〔ワークスルー〕に要する時間を考慮しなくすることに導いた。しかしながら，この重大な点について私は，誰もが意味の気づきを直ちに得られはしないし，それには程遠いと考えている。そこで問題なのはゆっくりとした過程であり，それは徐々に広がり，最後まで尊重されるべきリズムに従ってそこで展開するには，最も多くの場合，古典的な精神分析的設定の厳密さを必要とする過程である。

短縮されたセッションの実践に結びついた技法的な問題は，決してラカン派の分析者と国際精神分析協会（IPA）に所属する分析者との間の唯一の相違点ではない。最近 D. ヴィドロシェ Widlöcher（2003）が指摘したように，無視できないその他の多くの相違点が，特に逆転移を用いることに関していまだに残っている。その用法はラカンによって激しく拒否され，彼を援用する分析者は今日でも拒否している（F. Duparc 2001）。

精神分析者の候補生の訓練に関しては，ラカンは IPA 内で組織化された養成の仕方に対して徹底的に反対した。特に彼は，「予備選考」と先にいわゆる「訓練分析」という個人分析を受けることに対して反対した。彼は，ヒエラルキーのある組織と同じように候補生をプログラムのさまざまな段階で評価することは，同僚たちを永遠に服従の状態に置いていると見なした。彼は，1964 年に自分の学派を設立した際，それがいかなる認可も禁止もしないし，分析的治療の責任は，精神分析者自身にもっぱら関わる事柄であるという原理を主張した。彼の寸言「精神分析者は自分自身のみをよりどころとする」の意味は，そこに由来する。自分自身以外のいかなる評価も拒むことは，結果的に，ラカンに準拠しつつもどのような訓練を受けたのかを知られずに，自分自身を「精神分析者」と呼ぶ多くの人たちを増した。

ラカン派の勢力範囲に属している精神分析者には，フロイトによって設立された国際精神分析協会（IPA）への復帰を望む人もいる。しかしながら私には，理論的・技法的な立場が両者で大きく隔たっていると思われる。

原注1）ドイツ語では，"Blitz"（ひらめき）と "Witz"（機知）という語を関連づけて面白い掛け詞が可能である。これは，フロイトの用語では「思いつき Einfall」（英語では「洞察 insight」）の瞬間を表すための，フランス語では等価なものがない縮合と遷移である。

英国学派:原始的な象徴使用から象徴的な表現へ

神経症をこえた治療の拡張

英国学派に属する精神分析者は,象徴使用の問いについても,別の視点から取り組んできた。これによって,言語化は高度に発達した象徴使用の一形式だが,言語的なコミュニケーションに困難のある患者と精神分析的な治療を行なうことが可能となった。そのように,精神分析的な治療は自分自身や他者と言葉によるコミュニケーションが可能な神経症患者に限られず,具象的思考が主たるものだが反芻処理の仕事のおかげで,自身の象徴機能や言語的コミュニケーションの能力を発達させるようになる患者のためのものでもある。

早くも 1916 年に E. ジョーンズは,フロイトが『夢解釈』(1900a)で表明した観点の延長線上に象徴使用についての問いを再び取り上げた。ジョーンズは,意識的な象徴使用を無意識的な象徴使用から区別し,象徴の創造を精神内界の葛藤の結果として,そして象徴自体を抑圧されていたものの代理として考えた。

そのすぐ後で M. クライン Klein は,象徴使用についての問いに,新しいアプローチを導入した。それは,彼女の子供との治療と,セッションでの子供のプレイを無意識的葛藤の象徴的表現として理解することから出発していた。4 歳の自閉症児ディック Dick の観察に基づく論文「自我の発達における象徴形成の重要性」(1930)の中で M. クラインは,象徴形成が特異的に制止される可能性と,制止が後の自我の発達に重篤な影響があることを例証している。彼女は,象徴化の諸過程が生じなければ,全ての自我の発達全体が停止されると結論づけている。そして彼女はこの制止を,母親の身体に向けた幼児の攻撃的な空想と結びついた過度の不安および罪責感の増加によると考えている。

原始的な象徴作用と高度な象徴作用の間の移行

象徴形成の過程が幼児の発達期に制止されうるという事実によって,ハナ・シーガル Hanna Segal と W. R. ビオン Bion は,M. クラインが始めた研究をさらに進めることになった。その結果彼らは,原始的な形式の象徴使用とより発達した形式の象徴使用の区別を確立しただけでなく,こうした 2 つの形式の象徴作用の間の移行の諸過程も,妄想分裂ポジションと抑うつポジションという概念を考慮に入れて明らかにした。私たちはこれらの観点をより詳しく,フロイトが「無意識」(1915e)という論文において統合失調症者の言語の諸特徴に当てた研究に続く展開を検討しつつ論じるつもりである。

シーガルとビオンの仕事,そして H. ローゼンフェルト Herbert Rosenfeld の自己愛転移についての仕事は,精神病的・自己愛的・そして境界例の患者の精神分析的な治療の発端だった。私たちは今日,神経症患者よりもこのような患者がカウチの上にいるのを目にすることが多い。

年代順に見るフロイトの概念

機知　滑稽なもの　ユーモアに適用された夢の諸機制(縮合,遷移,欲望成就)

『性理論のための三篇』
(1905d)

幼児性欲の発見：革命とスキャンダル

　1905年に刊行された『性理論のための三篇』は，フロイトの『夢解釈』(1900a) 以後の最も重要な著作かつ性的なものについての最も著名な仕事であると考えられることが多い。フロイトはそこで，性欲についての通念や当時流布していた仮説に公然と挑んでいる。彼は性欲の概念を，伝統的に定義されてきた狭い限定を超えて拡げた一方で，性欲の始まりを早期幼児期に，つまりそれまで考えられてきたよりもはるかに早い時期に遡らせる。そのようにして彼は，性欲が思春期の開始とともにではなく，早期幼児期に始まり，成人の性欲に到達するまでに一連の段階を経て発達していくことを示す。それに加えて彼は，異常な性欲といわゆる正常なものとの間を橋渡ししている。

　日常言語の簡単な言葉でフロイトは，誰も理解しようとしなかった性欲に関するいくつかの仮説を提唱する。しかしながら，この著作で彼は，既に知られていなかったことは，何も指摘していない。特に，幼児性欲のさまざまな表れをいつの時代でも観察し叙述してきた親や教育者・著作者に対して，新しいことは何も教えていない。その一方で，フロイトが本論文で提示している性欲の著述は，彼が引用した性科学者たち，例えばクラフト-エビングやハヴロック・エリス Havelock Ellis が数年前に刊行した卑猥なイメージよりは，それでも遥かに控えめである。だが彼らの著作は，同じ騒動を引き起こさなかった。事実として大衆は『三篇』を読んで騒ぎ立て，ジョーンズによれば，フロイトを「どこでも不評」にした。この論文はフロイトと大衆との関係をかなり長い間，損なうことになる。以後フロイトは，猥褻で有害な人物と見なされ，同年，患者の許可なくドーラの症例研究を出版してウィーンの医学界に強い衝撃を与えると，なおさらそうなった。なぜそれほどの敵意が爆発したのだろうか。確かにフロイトは，中流階級の医師で家庭の父親だったが，倒錯についての道徳的判断を拒んで倫理を転倒させて，大きな危険を犯している。だがフロイトは批判に耳を貸さず，科学的な認識が蒙昧主義を打ち負かすことを，前にも増して決意する。

伝記と歴史

幼児性欲の発見の頃

　1890年代の仕事の頃からフロイトは，子供時代に遡る性的性質の因子がヒステリー症状の源にありうると疑っていた。その一方で彼は，大人による誘惑行為の後でのみ，子供に性欲が早熟に現れうると考えていた。しかし，1897年に自己分析の過程でエディプス・コンプレックスを発見して以後フロイトは，性衝動があらゆる子供において人生の極めて早期から存在し，第三者によるどんな刺戟とも独立して現れるという結論に至った。1900年初め，彼はフリースに，次の著作では性欲の理論を論じるつもりであり，ただ「集めた素材を燃え上がらせる火花」（フリースへの書簡234，1900年1月26日）を待ち望んでいると伝えた。おそらくフロイトは，幼児性欲の普遍性を認め，『機知──その無意識との関係』と並行して執筆する計画を実現するまでに，強い内的抵抗を克服しな

ければならなかった。どちらも 1905 年に刊行された。
　それはフロイトにとって非常に生産的な時期で，彼がフリースと最終的に絶交したのもこの頃だった。彼は開業診療にすべての時間を取られていた。彼の患者の大部分は，東ヨーロッパから来ていた。彼は大学で 3 年間講義をした。心理学水曜会の輪は広がり始めた。1905 年は，彼の国際的名声の始まりでもあった。彼は毎夏，義妹のミンナ・ベルナイス Minna Bernays か弟アレクサンダー Alexander と海外旅行をし始め，イタリアやギリシャを訪れた。

フロイトは汎性欲主義者か？

　『三篇』の中でフロイトは，幼児性欲に中心的な役割を与え，特に，神経症患者における抑圧された欲動が本質的に性的であり，思春期と大人の性欲は幼児性欲に基づくと主張している。だが彼は誤解され，「汎性欲主義」すなわち人間のあらゆる状態が性つまり sexualité という語の最も狭い意味の性欲によって説明される，という単純化された理論を推奨していると非難された。確かにフロイトは，人間の本性における性欲の重要性を強調はしたが，汎性欲論であるという非難は常に否定した。ジュネーブのクラパレード Claparède 教授への書簡の中でフロイトは，彼の性理論に関してばかりでなく夢の理論にも向けられていた汎性欲主義という非難に，こう反論した。「私は，あらゆる夢が性的願望の充足を意味していると主張したことは決してありませんし，まったく反対のことをしばしば主張してきました。しかしそれは何の役にも立たず，人々はやはり繰り返し述べ続けます」（フロイトからエドゥアール・クラパレードへの書簡，1920 年 12 月 25 日 ［1921e: 214–215］）。

テクストを紐解く

　標準版第 7 巻 130–243（岩波版フロイト全集第 6 巻 163–310）所収。
　この論文は 3 つの部分に分かれている。第 1 部は「性的異常」という名で指定された倒錯を，第 2 部は幼児性欲を，第 3 部は思春期におけるその変化を扱っている。

● 第 1 論文：性的異常

● 倒錯の幼児的起源

　この第 1 論文でフロイトは通俗的偏見を非難し，同性愛のような倒錯は変質の結果であるか体質的欠陥を形成しているとする，当時の科学界に広く行き渡っていた意見に異議を唱える。彼は，その真の原因を幼児期に，つまり精神-性的発達の領域に求めることを提案する。彼は，クラフト-エビングやハヴロック・エリスのような当時の性科学者たちが一覧にしたさまざまな性的逸脱の概説から始めて，容認された規範つまりいわゆる「正常な」性欲との関係という斬新な角度から，それらの異常を考察する。
　フロイトは，精神分析において決定的な重要性を持つことになる「欲動」と「対象」の概念から出発して，さまざまな倒錯の中に，一つの区別を導入する。すなわち，彼は「性対象に関する逸脱」つまり性的魅力を発する人に関する逸脱と，「性目標に関する逸脱」つまり欲動が駆り立てる行為に関する逸脱を区別する。精神分析では「対象」という言葉は，ラシーヌが主人公たちに「ここに私の恋の炎の対象がいる」や「私の恨みの唯一の対象」[訳注1]と言わせているように古典フランス語の意味で，「物」ではなく「人物」を指すために用いられていることを明確化しておこう[訳注2]。

訳注 1）ラシーヌではなくピエール・コルネイユ『オラース』の第 4 幕第 5 場にオラースの妹カミーユの科白として，「わたしが憎む唯一のもの，ローマ！」（伊藤洋訳）がある。

● 両性性の役割

「性的対象に関する逸脱」に関するものについては，フロイトはこの倒錯の下に，小児性愛や動物性愛と同様にさまざまな形態の同性愛を整理している。彼はこれらの倒錯が，人間の性欲の後天的構成要素に属しており，それまで思われていたように先天的でも体質的でもないと考える。だがそれでは，同性愛が個体の精神-性的発達の中で生まれる展開に由来するならば，別の人たちは異性愛的な対象選択に向かうのに，或る人に同性愛的な対象選択を行なうように導く因子はどのようなものなのか，当然ながら問うことができる。フロイトは，人間存在の胚発生に基づいてフリースが仮定していた普遍的素質である両性性の助けを借りて，この問いを解く。しかしながら，フリースは生物学的な両性性を強調したのに対して，フロイトは男性的傾向および女性的傾向が子供時代から誰の中にも共存していると仮定して，この着想を初めて心理学的領域に適用した。従って最終的な対象選択は，一方の傾向がもう一方より優位であることに依拠している。

● 部分欲動

続いてフロイトは「性的目標に関する逸脱」についての問いに取り掛かる。性欲動は，彼が「部分欲動」と呼ぶ，さまざまな構成成分に分解される。すなわち部分欲動は性的興奮の源泉として「性源域」を持ち，倒錯は幼児的な起源の部分欲動の支配に基礎を置くことになる。部分欲動に結びついた倒錯の形態の中で，あるものは性的満足の目的で，正常では性的結合のために割り当てられた身体領域の代わりに，身体の一部やフェティッシュ対象を用いる。倒錯の他の形態は，口唇領域に結びついた性愛の実践（フェラチオやクンニリングス）や触ること・見ること，更にはサディズム・マゾヒズムのように，前戯的性目標への固着を形成している。フロイトはこれらの場合について明確化する。「〔正常な性目標に到達することを困難にしたり，遠ざけたりするあらゆる内的・外的〕条件は，準備段階にある行為をそのままの状態にとどめて，そこから正常な性目標の場を占めることができる新しい性目標を形づくる傾向を支援する」訳注3)（1905d: 156，岩波 6: 198）。彼の観点を要約すると，正常な性欲では部分欲動はまとめ上げられて性器的成熟に奉仕するのに対して，倒錯では，性欲動は「部分欲動」と呼ばれるさまざまな構成成分に分解されると言うことができる。

● 倒錯・神経症・正常

フロイトは，大衆に特に衝撃を与える2つの結論に達する。第1に彼は，神経症症状がもっぱら正常な性欲動を犠牲にしてではなく，一部には異常な性欲も犠牲にして作られていると断言する。そのことを彼は，有名な定式に要約して，こう宣言する。「神経症はいわば，性目標倒錯の陰画［ネガティーフ］なのである」（同 165，岩波 6: 212）。この比喩は写真に由来し，逸脱した性行動を通じて倒錯者が行為することを，神経症者は空想や夢の中で想像することを意味する。第2にフロイトは，倒錯への体質は例外的な特徴ではなく，いわゆる正常な構造に属すると締め括っている。その始まりは，子供に見ることができる。「ここで想定した体質，つまりあらゆる目標倒錯の萌芽を示している体質は，ただ子供だけに示されるものであることを主張することになろう。もっとも，子供の欲動はほんの控え目な強さでしか現れないけれども」（同 172，岩波 6: 220）。

訳注2) 英語版では，以下の例に置き換えられている。［シェークスピアが『ヴェローナの二紳士』の中でバレンタインに，「恋はつまらぬものには目をつぶることができるのだ。Upon a homely object / Love can wink」（小田島雄志訳）と公言させたり，シルビア・プラス Sylvia Plath が『日記』（1982: 73）の中で「尊敬と賞賛は，私の愛の対象と一致しなければならない」と書いたりしているのを参照。］

訳注3) unterstützen wie begreiflich die Neigung, bei den vorbereitenden Akten zu verweilen und neue Sexualziele aus ihnen zu gestalten, die an die Stelle des normalen treten können.

第2論文：幼児性欲

幼児期健忘：子供時代の最初の数年の忘却

　この第2論文でフロイトは，性欲動が子供時代には不在で思春期にのみ現れると主張していた通念を，そして子供における性欲の存在を無視していた科学的研究を，更に一層混乱に陥れる。彼はこの無視を，「幼児期健忘」と彼が呼ぶもの，つまり大人が子供時代の最初の数年の記憶を一般に，まったくあるいはほとんど有していないことのせいにする。フロイトにとって幼児期健忘もヒステリー性健忘も，原因は抑圧である。ヒステリー患者が誘惑に結びついた性欲動を抑圧するのと同様に，大人は子供だったときの性生活の始まりを，意識から遠ざけている。

　フロイトによれば，子供の性生活は3歳から4歳の頃，観察できる形で現れる。しかし性欲動の表出は，文化の一因子である教育のような外的障害物に出会うと同様に，抑圧の表現である嫌悪・羞恥・道徳のような内的障害にも出会う。潜伏期の間，性欲動の力は性的目標から逸れて，フロイトが昇華と呼ぶ過程のおかげで，文化的産物の形で新たな目標に向かう。だが彼は，性的欲動が一時的あるいは思春期まで持続する仕方で，潜伏期の間に再浮上することがあるのを認める。

幼児性欲の現れ

　フロイトは幼児性欲の表れの典型として，指しゃぶりを取り上げる。それは乳児に現れ，時には一生涯続くことさえありうる。彼によれば，指しゃぶりをする子供は，既に経験したことのある快を探求している。その快は，「子供の活動の最初のもので，しかも生命を維持するために最も重要なものである」「母親の乳房（もしくはその代わりの物）を吸うこと」（同181，岩波6: 232）に基づく。哺乳の間子供の口唇は，快の感覚の源にある性源域の役割を果たす。このように，「性的活動はさしあたり，生命維持機能の一つに依託」（同182，岩波6: 232）しており，性的満足が食べ物の要求から切り離されて独立するのは，ずっと後のことである。だがフロイトによれば，性源となるこの特性は口唇領域に限られておらず，性器的部分の興奮可能性を備えうる身体の他のどの部位にも，結び付くことができる。

　だから結果として，性欲動の特徴は，幼児期の間本質的に自慰的である。フロイトは幼児性欲の表れの中に，口唇的自慰活動ばかりでなく肛門領域に結びついた自慰活動（腸機能に結びついた，便の保持や排泄の快など）や，（男の子でも女の子でも）排尿の快に結びついた尿道活動・性器領域に結びついた活動を入れる。こうした観察によって彼は，幼児の自慰の中に3つの時期を区別するようになる。第1期は哺乳の際の乳児のオナニー，第2期は3歳か4歳の頃に芽生え，第3期は思春期の自慰に対応する。長い間，最後のものだけが自慰に数え入れられてきたのだった。

多形倒錯的素質

　子供時代早期に性源域が果たす役割の発見によってフロイトは，子供には彼が「多形倒錯的素質」と呼ぶものがあると考えるようになった。それはどういう意味だろうか。「倒錯的素質」という表現は，幼児の身体のさまざまな部分が人生の始めから，性的刺激に対して特に強い感受性を示すものであり，性源域が性欲を統一することになっている性器的編成に従属するのを待っていることを意味する。「多形的」という用語に関しては，性的興奮に対して早期に目覚めさせられやすい性源域の多種多様性を彼は強調する。幼児に多形倒錯的素質が存在することによって，大人に見出されるような組織化された倒錯が精神‐性的発達の早期段階に固着したままの幼児性欲の部分的構成成分の持続に由来することを，フロイトは説明できるようになった。

　今日でさえフロイトの「多形倒錯的素質」という概念は，多くの者にとってしばしば物議の元だが，それは誤解されているからである。事実，子供が性源域から性的快を引き出すからと言って，大人において

理解される意味で「倒錯者」であることを意味はしない。この用語はフロイトにとって，多形倒錯的素質の幼児的段階は精神‐性的発達の早期段階であり，まだ性器的性欲の段階に達しておらず，性源域の中にそれを生殖機能に奉仕させるヒエラルキーが確立される前であることを意味する。それは，高度に組織化された行動から構成される大人の倒錯とは全く異なっている。後者の行動では，部分的満足は個体の性器的性欲の成熟を犠牲にして得られ，性的快は，同性愛におけるように同性の対象とともに，あるいはフェティシズムにおけるように特殊な条件を要求することで，得られている。それでも子供が本当に倒錯的固着を示すこともあるが，それは例外的な場合である。

● 幼児の性理論

　フロイトは幼児性欲の現れの中でも，子供たちが性的なものへの倦むことのない質問を通じて示す，強い好奇心に言及する。子供はどこから来るの？　パパとママはどうするの？　あらゆる形で繰り返されるこうした質問は，子供が性的なものについて思い描くことができる，独自の理論を垣間見せてくれる。例えば，性差の発端には唯一の器官しか存在せず，男の子はペニスを持ち女の子はそれを奪われている，という確信である。他の幼児の性理論は，子供が抱く，出生について（赤ん坊は大便と同じ孔から排泄されるのだろうか？　など）や，両親の性的関係について（キスのときに妊娠すること，両親の関係がサディズム的だと思うこと）の考えに関わる。しかしながら，子供のどんな意識的空想も本質的に，彼らの無意識的な性的編成と，身近な人たちとの関係を空想の中で想像する仕方を反映している。

● 性的編成の発達段階

　6回の改訂を経る間にフロイトは新しくて根本的な概念を導入し，1905年に80ページだった著作は，1925年の第6版かつ最終版では120ページの，それまでの種々の寄与を含むものとなった。1915年の改訂でフロイトは，各期が優位な性源域に対応している「一連の段階のリビドー編成」という観念を導入した。そういうわけでフロイトは，口唇期・サディズム肛門期・性器期を記述する。彼はまた，リビドーの発達は各期が優勢な性源域の一つに対応する一連の期を経る，という考えを持ち出す。1923年に彼は，既に記述した期に，肛門期と性器期の間に位置する「男根的編成の段階」を加える。彼は，男根期には唯一の型の器官のみが知られていることを明確にする。それは男児におけるペニスと，女児におけるその等価物のクリトリスである。性欲の発達は，口唇期・サディズム肛門期・男根期というリビドー編成の前性器期の段階から，思春期に確立される性器編成への進展に従って進むであろう。フロイトは幼児の精神‐性的発達を進化論的な用語で述べているにもかかわらず，その軌道は完全に直線的ではなく，各段階はその後に永続的な痕跡を残しながら，交差が多いことを明確にしている。

● 第3論文：思春期の形態変化

● 思春期以後の対象選択と対立する幼児の自体性愛

　1905年の版でフロイトは，彼が自体性愛的と考える幼児性欲の作用と，愛情対象として人物が選ばれる「対象選択」をその中心に彼が据える思春期以後の性欲の作用を，はっきりと対比する。著作の初版によれば，性欲の早期段階は，自身の身体以外の対象をもたないであろう。それに対して思春期以後の性欲は，フロイトによれば対象選択を，すなわち個体が肉体的・精神的成熟に達する時から愛され求められる人物を基礎とするであろう。

　しかしながら，フロイトは既に『三篇』の初版で，部分対象関係と全体対象関係を叙述している。したがって，彼が1905年に「子供が母親の乳房を吸うことは，あらゆる愛情関係の祖型になっている」（1905d: 222, 岩波 6: 284）と主張し，それについて「あらゆる性関係のうちで最も重要」（同 222, 岩波 6: 284）

として語るとき，彼が言及しているのは，まさに早期の部分対象，すなわち乳児によって母親の代替として受け取られる母親の乳房との関係である。また彼は，幼児が乳房（今日私たちは部分対象関係と言うだろう）を放棄してから，母親という人物をその全体性において発見する仕方を叙述する。フロイトによれば，この移行は「自分に満足をおしみなく与えてくれる乳房という器官を持っている人物の全体表象をつくりあげることができるようになった時分」（同 222，岩波 6: 284）に行なわれる。このようにフロイトは，部分対象から全体対象関係への移行を記述する。後に彼はこの着想を，「部分欲動」という概念を導入して，1915 年の『メタ心理学諸篇』の中で仕上げることになる。

● 対象関係における情緒の役割

『三篇』に行なわれた継続的な加筆の間に，フロイトが幼児の自体性愛と思春期以後の対象選択の対立を和らげているのが認められる。そういうわけで，1915 年にリビドーの段階という構想を導入するとき，彼はそれぞれに対して，その対象関係に対応する型を記述する。思春期には，部分欲動の漸進的な統合が生じて，私たちならば全体的と言う対象の選択に達する。それは性器期に特徴的である。「性的な追求の全部が，子供がその目的を満たそうとしている唯一無二の人物に向けられる」（同 199，岩波 6: 256）。

その後フロイトは徐々に，発達の過程で対象関係において愛と憎しみの情緒が果たす役割を考慮していく。だから 1912 年に「転移の力動性について」（1912b）の中で両価性の概念を導入すると，それ以後彼は，愛と憎しみの両価性が前性器期の領域での対象関係を特徴づけると考えることになる。またフロイトは，幼児の部分欲動に特徴的な情愛的潮流と，思春期の対象選択の特徴である官能的潮流の対立も導入する。後者の対象選択の官能的潮流が確立されるためには，子供は近親姦の禁止のために，対象選択を他の人に向けるように父と母に代表される最初の近親姦的対象を放棄していなければならない。しかしながら，この新しい対象選択は早期の選択に影響されたままなので，思春期以後に選ばれた対象と最初の頃の対象選択すなわち両親との間には，類似性が残る。言い換えれば，フロイトによれば，人生を通して持続する幼年期の最初の近親姦的対象選択の影響から，誰も逃れられない。「リビドーの近親姦的な固着をうまく回避できた人でも，その影響から完全に免れるわけではない」（1905d: 228，岩波 6: 292）。その後フロイトは，性器的性欲が確立するときに，優しさの潮流と官能的な潮流が合流することを示すことになる。それに対して神経症的障害では，これら 2 つの潮流は合流するに至らない。「2 つの潮流が 1 つになって初めて完全に正常な愛の振る舞いが確かなものになる」（1912d: 180，岩波 12: 232）。

最後に，対象愛については，フロイトは発達の観点からも考察している。彼によれば，潜伏期から子供は自分の相手をしてくれる人に対して経験した性的愛情を基礎にして，他者を愛することを学ぶ。子供の精神-性的発達全体を要約すると，性欲動は本質的に前性器期の性質の部分対象とともに始まり，長い発展の過程で，愛情の対象の選択においてリビドーの潮流と情緒の潮流の総合を果たす。「対象選択」という構想に関しては，フロイトはこの用語を，全体的人物として感じられた相手に向かう愛の対象関係のために取っておく。それは別の対立項を介入させる関係様式であり，彼が 1915 年に「欲動と欲動運命」の中で示すことになるように，愛を憎しみに対立させる。「愛や憎しみといわれる言葉は，欲動とその諸対象との関係には適用できないのであって，むしろ全体自我とその諸対象との関係のためにとっておかねばならない」（1915c: 137，岩波 14: 189）。だが彼は，そのように叙述された性的成熟が滅多に到達されないことを知っており，個人の正常な生成と病理的な生成において幼児性欲が果たす決定的な役割を再び強調しながら，こう明言する。「性生活の病的障害はすべて発達の制止であると見なすことができるが，それはまったく正当なことである」（1905d: 208，岩波 6: 267）。

フロイトの概念の継時的発展

エディプス・コンプレックス：発見の連続的諸段階

エディプス・コンプレックスという観念は，1905年の『性理論のための三篇』の初版では，まだそのものとしては現れず，後の付加でのみ見られるとはいえ，その主要な段階をここで辿ってみたい。但しこの着想は，彼の全仕事を通して徐々に形成されてきたものであり，エディプス・コンプレックスのみを扱ったフロイトの論文はない。

フロイトの大きな発見であるエディプス・コンプレックスは，子供の発達の中で現れ，心的生活を組織化する中心となり，その周りに個人の性的同一性が構造化される。フロイトにとってこのコンプレックスは，『三篇』の中で明言しているように，普遍的なものである。「人間として新たに生まれてきた者は誰であれ，エディプス・コンプレックスを克服しなければならないという課題をもつ」(1905d: 226, 岩波 6: 291, 1920年付加の脚注14)。しかもエディプス・コンプレックスが関わるのは正常な発達のみでなく，それは精神病理の核心にも存在し，「神経症の核コンプレックス」を形成している。

単純な（または陽性の）形のエディプス・コンプレックス

フロイトが，幼児期に経験した母親に対する愛と父親への嫉妬心を認識して，この感情の葛藤をエディプス神話に結びつけるようになったのは，自己分析の間である。「私は自分自身の場合でも，自分の母親に向かう情愛感情と父親に向かう嫉妬心がある［という現象］に，気がついた。私は，今，それが早期幼児期に普遍的なできごとであると考える。［……］もし，このとおりであれば，『エディプス王』の物語が，人を引きつける力のある理由が，理解できる（フロイトからフリースへの手紙1897年10月15日）。この主題は，『夢解釈』の中でも再び取り上げている。「父ライオスを打ち殺し，母イオカステをめとったエディプス王は，われわれの幼年期の欲望成就の姿である」(1900a: 262, 岩波 4: 341)。その後の年月の間にフロイトは，1905年の症例「ドーラ」や1909年の症例「少年ハンス」のような臨床研究の中で，絶えずエディプス・コンプレックスの着想に言及した。だが，「エディプス・コンプレックス」の着想がそのものとして初めて登場するのは，1910年の「男性における対象選択のある特殊な類型について」(1910h)においてである。「コンプレックス」という用語は，ユング Jung に由来している。

初めフロイトは，単純な形式のエディプス・コンプレックス（陽性あるいは表エディプス・コンプレックスともいわれる）を発見し，男の子の精神-性的発達の過程で起こるものであるその展開を叙述する。男児の最初の愛着対象は母親であり，独占的に所有したいと欲する。しかし3歳から5歳まで母親に対して感じる愛情は，父親とのライバル関係の中に男児を引き込み，男児は父親に憎しみを抱き始める。男児は母親に対して感じている近親姦的欲望と父親への憎しみのゆえに，父親が自分を去勢つまり自分のペニスを奪うのではないかと恐れる。この去勢の脅威によって引き起こされる不安の効果のもと，男児は母親への近親姦的な性的欲望の実現を放棄することになり，潜伏期に入る。

フロイトははじめ，男児の精神-性的発達と女児の性的発達の間には，完全な対称性があり，男児が母親に対して愛情を抱き父親を憎むのと同様に，女児も父親に対して愛情を抱き母親を憎むと考えていた。しかしその後，彼は女児が通る道と男児のそれとは違うと実感した。

1913年，『トーテムとタブー』でフロイトは，エディプス・コンプレックスの普遍的性格と，そして特に，それが各人のパーソナリティ形成で果たす構造化の役割を説明しようとしている。彼は，息子たちが原始部族の父を，その独り占めになっていた女たちを勝ち取ろうと欲して殺害したという仮説を進めて，それに応えようとする。フロイトによれば，この原犯罪は系統発生という道を通って世代から世代へと引き継がれ，この最初の殺害に結びついた罪責意識はどの人にも，エディプス・コンプレックスという形で再び現れるであろう。

完全な形のエディプス・コンプレックス：後の発見

何年も後に，フロイトは『自我とエス』(1923b)で，陽性（あるいは表）エディプス・コンプレックスの着想に，陰性（あるいは裏）エディプス・コンプレックスのそれを加えた。それは，あらゆる個人に幼児期以来，身体的・心的な両性的体質が存在していることに基づく着想である。陽性エディプス・コンプレックスでは，男児は母親と結婚して父親を殺すことを望むのに，陰性あるいは裏コンプレックスでは，男児は父親と結婚することを望み母親をライバルに感じて排除しようとする。男児がライバルと同一化して父親「のように」なることを欲するエディプス・コンプレックスの陽性形とは逆に，コンプレックスの

陰性あるいは裏の形では，同一化への退行という方法で，母親「である」ことを欲する。フロイトによれば，そうした同一化は対象への愛の最早期の形を構成する。男児が父親に向けて経験する受動的女性的欲望は，母親への異性愛の欲望もライバルの親への男性的同一化の欲望も，男児に放棄させる。それはフロイトが，1911年に「シュレーバー控訴院長」の，そして1918年に「狼男」の症例研究で示していることである。フロイトの眼には，どちらの形のエディプス・コンプレックスも各個人の心的組織に共存しているので，完全な形のエディプス・コンプレックスには，4人の人間が含まれる。すなわち，一方には父親と母親，もう一方には，どの人間存在も固有の「心的両性性」に基づいた，子供（男児でも女児でも）の男性的でも女性的でもある素質である。これら2つの性向の比率は変化するものであり，個人の性的同一性は，2つの性向の一方が他方より勝っているかで決まる。いわゆる正常な精神-性的発達は，陰性エディプス・コンプレックスに対して陽性エディプス・コンプレックスが優位であることの帰結なのである。

1923年，「幼児期の性器的編成」(1923e)でフロイトは，1915年の『三篇』の改訂版で導入していた口唇期・肛門期そして性器期に，第4の前性器期の段階「男根期（ファルス）」を加える。以後彼は，子供の精神-性的発達は本質的に，決定的な性源域としてのペニスの優位性と，対象関係の領域でのエディプス・コンプレックスとを中心としていると考えていく。また彼はこの試論の中で，エディプス・コンプレックスが3歳から5歳の間つまり男根期に頂点を迎えると明確化する。それは異性の親に対する性的欲望が最も激しく，去勢不安が最も強い時である。

1924年，「エディプス・コンプレックスの没落」(1924d)でフロイトは，エディプス・コンプレックスが「没落」あるいは「消失」するさまを記述する。しかしながら，論文の題名から考えられるのとは逆に，消失するのは3歳から5歳の子供に実にはっきりと観察される，エディプス葛藤である。だが厳密な意味でのエディプス状況は，いわゆる「コンプレックス」という着想に結びついた病因的特徴を失って，個人の心的生活を組織化する中心として無意識の中に残っている。

1925年，フロイトは「解剖学的な性差の若干の心的帰結」(1925j)と題された論文で，女児の性的発達についての記述を見直す。その時までに彼は，男児と女児が人生の出発点では母親という同じ対象を持っていても，その後の女児の発達は男児のものと異なることを理解するようになっていた。事実，女児は対象を変えて，母親に対する愛を父親への愛に移さざるをえない。にもかかわらず，私たちが後でフロイトの女性性についての考えに関して検討するように，彼は，女児の精神-性的発達がペニス羨望の支配下に行なわれ，父親から子供を欲することがペニスの代わりとなると考え続ける。フロイトは，「男根一元論」の名で知られる彼の理論に対して忠実であり続けるだろう。これは幼児による一つの性理論に対する愛着の残りと考えることができる。最後に，「女性の性について」(1931b)と題された論文の中で彼は，女児の母親に対する早期の結びつきと，女児にとって対象の変更つまり精神-性的な発達の過程で母親から父親へと移ることに由来する困難とに彼が与える重要性を，確認することになる。

年代順に見るフロイトの概念

依托　自体性愛　両性性　発達段階：口唇期，肛門期，男根期，性器期　欲動　性源域　幼児期健忘　幼児の性理論　対象　対象選択　エディプス・コンプレックス　倒錯　多形倒錯的素質　（男の子と女の子における）精神-性的発達　全体対象と部分対象

「あるヒステリー症例分析の断片（ドーラ）」
（1905e [1901]）

転移の発見

　ドーラ Dora の精神分析治療の報告は，フロイトがそこで転移発見の物語を述べている点で，とりわけ興味深い。ドーラが治療を始めた時，フロイトはこの患者に，ヒステリー症状の性的起源について，そしてこれらの症状が表れる際に夢が果たす役割についての自分の見解の正しさを確証するものを見出したと考えた。だからドーラが治療 11 週間で早々と去るのを何もできずに見送った時，彼には大きなショックだった。しかしフロイトには，この治療的失敗を利用できるほどの直観力があった。彼は，転移に結びついた抵抗が自分の気づかない間に生まれていたことを事後的に悟った。フロイトはそこにとどまらないで，もしこの障害物を時間内に突き止めていたならば，それを解釈しておそらく患者が分析を中断するのを防ぐことができただろうと結論した。「転移は，精神分析の最大の障壁となるべく定められてはいる。しかしその都度転移を察知して，患者に向けて翻訳することに成功すれば，転移は精神分析の最も強力な援軍ともなる」（1905e: 117，岩波 6: 154）。しかしながらフロイトは，だからと言ってそれでドーラとの顛末を終わりにしなかった。というのも，20 年以上経ってから彼は，1905 年に概略を述べた転移の描写に，非常に大きな修正を加えたからである。その時彼は，この治療の中断が単にドーラの父親転移によるのではなく，母親転移すなわち母親に対する少女の強力な同性愛的愛着も残っていたためであることを理解したのだった。

　フロイトが実際に 1905 年に転移をドーラと発見したにしても，それは彼の著作の中で，数十年にわたって発展した概念である。最後に，逆転移の着想はフロイトがわずか 2 回言及しただけだったが，フロイト以後の精神分析者による重要な仕事の対象となっていることを指摘しよう。彼らは転移と逆転移を結ぶ，切り離せない関係について新鮮な展望を切り開いている。

伝記と歴史

治療的な失敗を利用した才能

　1900 年にフロイトは『夢解釈』を出版したばかりで，『日常生活の精神病理学』を書き始めるところだった。本名イダ・バウアー Ida Bauer のドーラはそのとき 18 歳の若い女性で，父親に言われてフロイトのもとへ相談に来た。フロイトは 1900 年 10 月に治療を始めたが，ドーラはそのわずか 3 カ月後に，突然中断したのだった。フロイトは最初とても落胆したが，その反応を克服し，その後すぐに転移現象に関するこの最初の観察記録を，2 週間で書き上げた。

　彼はフリースに，この短い分析が 2 つの重要な発見をする機会を与えてくれたと書いた。第 1 の発見は，性源域，特に，ドーラの神経性咳の源である口腔域（口腔領域の性愛化）が果たす役割の重要性と関係があった。第 2 の発見は，男性に惹かれる気持ちと女性に惹かれる気持ちとの間で引き裂かれたドーラの葛藤において，心的両性性が果たす役割に関係した。フロイトはここで初めて，

フリースから借りた両性性の概念を臨床的設定で適用した。その代わり，治療の中断に関してはフロイトは，転移を解釈するために時間内に突き止めそこなったので，転移を統御できなかったことを友人に認めた。しかしその失敗から彼が引き出すことのできたさまざまな帰結は，このすばらしい臨床観察を，転移について書かれた彼の最も重要な論文の一つとした。守秘義務上の理由からフロイトは，1905 年まで出版を遅らせた。それでも彼の敵対者たちは彼を，患者の同意なしに症例報告を公けにしたと厳しく非難した。

その後ドーラはどうなったのだろうか。1903 年に，彼女はエルネスト・アドラー Ernest Adler と結婚し，後にサンフランシスコ歌劇場の総監督となる一人息子クルト・ヘルベルト Kurt Herbert を産んだ。1923 年に彼女は，不安発作と男性に関する迫害感情に襲われ，精神分析者のフェリックス・ドイチュ Felix Deutsch のもとを訪れた。彼は，彼女がフロイトの元患者であることに気づいた。その後 1930 年代の終わりまで彼女はウィーンに住み，ペッピーナ Peppina，別名「K 夫人」の親友となった。K 夫人は 1905 年の「症例ドーラ」論文で話題となっている人である。ドーラは，マルクス主義者として知られオーストリアの元首相だった政治家の兄を捜していたナチスに尋問されて，アメリカ合衆国へ移住した。彼女は 1945 年にニューヨークで亡くなった。

テクストを紐解く

■　標準版第 7 巻 1–122 頁（岩波版フロイト全集第 6 巻 1–161 頁）所収。

● 現実の誘惑未遂から……

ドーラは，父親が K 夫人と情事を持った後，フロイトを受診した。それはメラーノでのことで，2 組のウィーン中流階級の夫婦，フィリップ & カテリーナ・バウアーすなわちドーラの両親と，ハンス & ペッピーナ・ツェレンカ，別名 K 氏と K 夫人（K は Zellenka から）は，この保養地で出会っていた。手短に述べると，ドーラの父は K 夫人と情事を持つようになっており，彼女の夫はこのように裏切られて憤激し，彼のライバルの娘であるドーラに言い寄り始めた。しかしドーラは，K 氏が父親を思い出させたので，彼に秘かに恋した。ある日，K 氏はドーラの不意を襲って抱きしめ，唇にキスした。ショックを受けたドーラは，平手打ちをし，彼を押しのけた。治療の過程でドーラはフロイトに，K 氏と接した時彼の「身体」(1905e [1901]: 30, 岩波 6: 32) のために，自分が性的な興奮を感じたことを認めた。このことで彼女は動揺し，羞恥心で一杯になった。この出来事以来，ドーラは男性と一緒にいるといつも嫌悪と恐怖を感じるようになった。フロイトはこれらを，典型的なヒステリー症状と考えた。K 氏との出来事からまもなく，ドーラは父親に打ち明けようとしたが，父親と K 氏はきわめて不当にも，この誘惑未遂を捏造したとドーラを非難した。そこでドーラは，本当の理由を何も言わないまま，予定より早くその保養地を立ち去った。ドーラの家族は，彼女の神経状態が悪化しつつあり，抑うつに苦しみ自殺すると脅しさえしたのを認めて，彼女をフロイトとの面接に行かせたのだった。

● ……転移における誘惑の無意識的空想へ

ドーラとの面接の報告は，ヒステリー症状の性的な起源についておよび無意識的葛藤を明かす夢の役割についてのフロイトの仮説を見事に確証する話に対して，彼が抱いた関心を反映している。フロイトは熱中を隠さずに，ドーラの神経症問題の詳細な分析に乗り出し，次々に彼女に行なった解釈を報告している。彼は自分の推論の正当性を患者に共有させる決意で，特に 1895 年の『ヒステリー研究』でのためらいが

ちで慎重な態度と比較すると非常に対照的な，それまでになく自信たっぷりの口調で，彼女に話しかけた。

　ドーラを治療した頃のフロイトの解釈は，患者から報告された連想・夢・幼児期想起に基づいて，神経症症状の発症に至る出来事の連鎖を再構築することを主に狙っていた。フロイトはドーラに対しても，例えば家を燃やす火を前にしてそこから脱出する最初の夢を分析した時に，同じアプローチを取っている。フロイトは彼女に，彼女は誘惑する男性を恐れるときに父親の元へ逃がれることや，誘惑者を父親に置き代える無意識の欲望を夢が示すときの父親に惹かれる気持ちのような，彼女の空想のさまざまな無意識的側面を指摘する。フロイトはこのように一歩一歩，症状形成の基底にある無意識的な連鎖を意識化させようとしている。しかし，ドーラの想起の探求とその再構築に没頭したフロイトは，彼の「説明」が患者の中に目覚めさせた潜在的抵抗に気づかなかった。それから彼は，ドーラに再構築された表象を伝えることでは十分ではなく，彼との現在の瞬間の関係の中で経験された情緒についても伝えなければならなかったと気づいた。

　だから，わずか開始 3 カ月後にドーラが治療を中断したことに，フロイトはとても驚く。残しておいたメモの助けを借りて，フロイトはこの治療の報告を書き始め，面接素材の中に，中断を予告する多くの徴候に気づく。例えば，ドーラの夢に現れていたタバコの臭いから彼は，ドーラの父親と K 氏および彼自身の 3 人みなが愛煙家であることを実感した。そしてそこから，彼が捉え逃がした転移に後から関連づけて，次のような結論に達した。「おそらくわたしへの転移であると思われるさまざまなサインを取りまとめてみると——なぜならわたしもタバコを吸うので——わたしは，彼女がある日，面接が行なわれていた最中，わたしからキスをしてもらいたいと考えたのではないかと思い至った」（同 74，岩波 6: 92–3）。同様に，フロイトはこの転移をタイミングよく解釈できなかったことで自分を責める。「第 1 の夢が現れるが，彼女は夢のなかで，かつては K 氏の家から立ち去るようみずからに警告を発していたが，ここではこの治療をやめるようにみずから警告を発していたわけである。わたしは，この夢が現れたとき，自分自身が警告を受けていると考えねばならなかったであろう。ドーラには，つぎのように言うべきだった。『あなたはいま，K さんをわたしに転移させましたね。K さんがいだいていた悪意と同じような悪意と感じられる何か[訳注1]を（……）わたしについて何か知ったのでしょうか。かつての K さんの場合と同じように』」（同 118，岩波 6: 155）。すべてはあたかも，ドーラが無意識のうちにフロイトに対して，K 氏に感じたものに似た，当惑させる愛情と性愛の情動のみならず，誘惑者に復讐する欲望と同じく，フロイトに復讐する欲望も感じていたかのようである。

● 転移：過去の人物像を精神分析者の上に遷移すること

　転移の力がフロイトの前に姿を現したのは，このようにしてである。転移とは治療の経過中，現在において分析者という人物の上に投影された，過去の重要人物とともに演じられるドラマとして定義できる。ドーラの症例では，フロイトに転移された過去の人物は，一人ではなかった。と言うのは，フロイトは K 氏ばかりでなく，より古い誘惑者であるドーラの父親の像も表していたからである。この父親像は K 氏に引き継がれていた。このようにしてこの分析の経過中に，最近ドーラの人生で起きた現実の出来事は，彼女をそれに先立つ幼児期の過去の出来事へと，すなわち父親に誘惑されるという幼児期に遡られる空想へと送り返した。ドーラの心的構造の組織化において，幼児期のエディプス状況に結びついたこの空想的な出来事は，K 氏との現実の事件よりもずっと重要だった。

● 遅ればせの修正：ドーラの同性愛転移

　1905 年にフロイトがこの症例を出版した時，彼はドーラの抵抗を，K 氏や父親・フロイトによって表される男性たちへの愛着感情と性的欲望のせいだと考えている。当時フロイトは，転移の異性愛的次元の

訳注 1）ドイツ語原文：etwas an mir aufgefallen 岩波訳で脱落。

みを検討し，ドーラは彼に男性すなわちK氏やドーラの父親の代わりしか見ることができないと想像している。「当初，彼女の空想のなかで，わたしが父親の代替となっていたのは明らかだった」(同 118, 岩波 6: 155)。しかしながら，分析終了から 20 年以上経って，1923 年に加えられた脚注の中でフロイトは，K夫人に対するドーラの同性愛的愛着の強さを軽視していたことを認める。「K 夫人に対する同性愛的な（女性愛的な）愛情の動き〔Regung〕が，ドーラの心の生活のなかの最も強い無意識的な流れであったことを，適切な時期に探り当て彼女に伝えるのを怠ったのである」(同 120, 岩波 6: 159)。彼は脚注を次のように結んでいる。「精神神経症者における同性愛の流れの重要性を認識する以前のわたしは，さまざまな症例の治療で〔in der Behandllung〕しばしば行き詰ったり，混乱に陥ったりしていたのである」(1923 年追加の脚注 1)。

結論として，ドーラの分析において 1905 年のフロイトは，K氏やドーラの父親の代替である男性としてのみ自分を含めていたと指摘することは興味深い。しかし 1923 年の脚注でドーラの K 夫人への愛着を明らかにする時，彼は K 夫人やドーラの母親の代替である転移の女性像として，自分を含めていない。このように，フロイトはまだ，実際の性別がどうあれ分析者は転移の中で男性でも女性でも表すことができるのを，十分に見定めていなかったように見える。例えば，転移のさまざまな瞬間において，男性分析者は転移上男性あるいは女性の役を演じることができるし，逆に女性分析者も男性あるいは女性を表すことができる。精神分析者として経験が浅いときに理解が困難となるのは，転移／逆転移関係の次元である。

フロイトの概念の継時的発展

フロイトの後の著作における転移

エディプス・コンプレックスと同じように，転移の概念は，数十年にわたるフロイトの著作の中で段階を経て現れている。だから，それは既に 1895 年の『ヒステリー研究』の中に存在するが，フロイトから見て本当に意味を帯びるのは，1905 年のドーラの観察記録からである。その後彼は，転移のさまざまな側面を扱ったいくつかの短い論文で，自分の見解を仕上げることになる。私は時系列に沿って，その主要な段階の概要を示したい。

症例アナ・O とブロイアーがしたとされる逃走

転移はおそらく，1881 年にブロイアーがアナ・O の治療を終えた際の諸状況について，後年フロイトが語った仕方の中に，その起源の神話がある。事実，フロイトの報告を典拠にして，ブロイアーはアナ・O が彼に恋をしたので治療を突然中断したと，そしてフロイトによればブロイアーは彼女の転移の性愛的性質に直面して逃げ出したのであろうと，長らく信じられていた。「似た場合に精神分析者ではない医師ならば誰もがなるであろうように，驚きに駆られて彼は逃げ出し，患者を同僚に委ねたのでした」(1932 年 6 月 2 日，フロイトのシュテファン・ツヴァイク宛手紙。1987c [1908–1938])。しかし近年の歴史的研究によれば，フロイトが語るようなブロイアーがしたとされる逃走は，実際の出来事とはあまり関係がなく，ヒステリーにおける性欲の役割という主題について，初期からの共同研究者と持ち続けた葛藤のある関係に関して，後から書き変えられたフロイトの記憶と関係しているだろうと思われる。

1895 年に『ヒステリー研究』で初めて「転移」という言葉を用いた時，フロイトはなによりも抵抗の一形式と見なして，彼が後にそれに付与する重要性をまだ認めていない。そのときの彼には，治療の好ましい展開に必要な信頼関係を築くことを妨げる，限られた現象が問題である。例としてフロイトは，患者が医師に対して思わず感じる可能性がある不満や，過度の愛着に言及している。彼は，患者がこうした抵抗を克服するように，あらゆる症状の扱いと同じ仕方でその無意識的動機を明らかにすることを助言している。

ドーラが去ってから発見された転移

転移の観念は，語の十全な意味では 1905 年にドーラの治療とともに現れた。フロイトはそのとき，ドーラが無意識に彼の上に転移した情愛的で性愛的感情のために治療を中断したと理解する。それによってフロイトは転移を定義して，患者の過去とりわけ幼児期の重要人物と既に経験したことの再現であると明

らかになる，諸感情・欲望・空想やシナリオ全体さえを，分析者という人物の上に移すことであるとする。しかしながら，フロイトは後から転移がドーラとの決裂において決定的な役を演じていたことを理解したにせよ，まだそれを精神分析過程の力動の，真の原動力としては考えていなかった。当時のフロイトは，次のように定義している。「転移とは何か。それは，分析が進みゆくなかで呼び覚まされ意識化されることになる，〔情動の〕動きと空想の新版であり複製である。それは，以前の人物の医師という人物による，この領域に特徴的な代用を伴っている」訳注2)。別の言い方をすれば，一連の過去の心的体験全体が，過ぎ去った体験としてではなく，医者という人物との現在進行中の関係として息を吹き返す」(1905e [1901]: 116, 岩波 6: 152)。フロイトは転移の性質に関する詳しい説明として，「転移を回避することはいかなる方法をもってしても不可能なこと」，またそれは「ほとんど自分の力でそれを探し当てなければならない」と付け加えている（同 116, 岩波 6: 152–153）。

フロイトに向かって彼は，「大尉殿！」と話しかけた

「強迫神経症の一症例に関する考察（「鼠男」）」(1909d) の中でフロイトは，転移性の遷移および転移の型にはまった性格の素晴らしい例を紹介している。「鼠男」の名で知られているこの患者の強迫は，軍隊にいた時に彼の上官の大尉が，中国の拷問について嬉々として話すのを聞いたときに始まった。それは，肛門から挿入された鼠が脱出路を求めて受刑者の体内を食い破る，というものだった。患者の説明を聞いた後，フロイトは早くも治療 2 回目の面接で，彼の症状には性的な源があることを詳しく説明しようとした。そのとき彼は，「鼠男」が彼に向かって何度も，「大尉殿！」と呼ぶのを聞いた。

幼児期の人物像の，精神分析者への投影

転移ばかりを論じた最初の論文「転移の力動性について」(1912b) の中でフロイトは，分析者という人物の上への置き換えの対象となる，過去からの内的人物像を指すために，ユングが提唱した観念である「イマーゴ」という用語を採用している。フロイトはまた，フェレンツィ Ferenczi が 1909 年に明らかにした転移性の愛情と憎しみの情緒の役割も考慮に入れる。フェレンツィはそこで，患者たちが医師に，愛されかつ恐れられる親的人物の役割を取らせがちであると指摘していた。だから，単に「転移」について語るだけでは不十分であり，分析者は転移に内在する情緒の質も考慮しなければならない，とフロイトは明確化する。そのために以後彼は，情愛の感情が優勢な「陽性」転移と，敵意の感情が優勢な「陰性」転移を区別する。彼によれば，陽性転移と結びついた情愛の感情は，一部は意識され一部は無意識的だが，つねに性愛的基礎を持っている。なぜなら乳幼児期の最初の対象関係は，つねに性的対象とともに確立されるからである。結果として分析者への転移は，つねに陽性および陰性の二重の構成成分を持ち，転移が敵意の感情や抑圧された性愛的要素を伴うとき，それは抵抗へと変形される。情緒のこの二重の潮流からフロイトは，ブロイラー Bleuler によって 1911 年に導入された両価性の概念を採用するように導かれる。確かに両価性は正常な性質を持ちうるが，それが過剰なとき，とりわけ精神病においては，治療の成功を阻害しうる分析者への陰性転移を患者の中に引き起こす可能性がある，と彼は明確にする。

転移と反復

「想起，反復，反芻処理（ワークスルー）」(1914g) の中でフロイトは，さらに議論を進めている。彼は転移の反復の次元を強調し，患者は抵抗が大きくなればなるほど，思い出すよりも行為によって自分の問題状況を反復する傾向が大きくなることを認める。「例を挙げよう。被分析者は，たとえば，『想い出されるのは，むかし私が，両親の権威に対して反抗と不信を抱いていたことです』などと語るのではなく，代わりに，それに類した振舞いを医者に対して見せる。〔……〕あるいは，むかし，何かの性行動をしていたのをいたく恥ずかしく思っていて，それが発覚するのではないかとびくびくしていたことを想い出すのではなく，今受けるこの治療を恥ずかしく思っていることを態度にあらわし，この治療のことを皆に隠しておこうとする，等々といった具合である」(1914g: 150, 岩波 13: 299)。この論文でフロイトは，日常生活の諸関係とりわけ愛情生活の中で遭遇する「さまざまな転移」と，分析者という人物との関係で精神分析治療において現れる狭義の「転移」を区別するものを，以前よりうまく説明するようになっている。彼は後者の転移を「転移神経症」と呼び，分析状況の中で展開する「人工的な病」として記述する。フロイトが推奨する精神分析の設定は，彼によれば，患者に転移空想が流れるに任せることができる安全な環境を提供する。治療作業は，

訳注 2) ドイツ語原文：Es sind Neuauflagen, Nachbildungen von den Regungen und Phantasien, [...] mit einer für die Gattung charakteristischen Ersetzung einer früheren Person durch die Person des Arztes.

彼をそうした空想から癒すことができるだろう。「患者の反復強迫を制御しつつ，これを想起のための動因へと作り変える〔schaffen〕ための主たる方策は，［……］転移の扱い方にある」（同 154，岩波 13: 304）。

転移性恋愛：抵抗の執拗な一形式

もうひとつの技法論文「転移性恋愛についての見解」（1915a [1914]）の中でフロイトは，女性患者が分析者に恋い焦がれるようになったときに採るべき態度について考えている。治療を中断することは，何の解決にもならない，なぜなら，転移現象が問題であり，反復現象のために必然的に第 2，第 3……の治療者との間で再生産される傾向があるからであると彼は言う。医師がこの恋愛を，本物の愛として受け取ることも問題とならない。なぜなら，「女性患者の愛情要求をかなえてやることは，［……］これを抑え込むことと同様，分析にとって致命的」（1915a [1914]: 166，岩波 13: 318）だからである。それらしい状況が生じている時には，治療者は「逆転移」（同 160）の可能性に警戒するべきであるとフロイトは警告する。言い換えれば女性患者が治療者に対して感じる愛は，転移の発展を妨げる抵抗の表現であり，だからそれをその無意識的起源に連れ戻すことが重要である。フロイトによれば，この恋愛状態は過去のある状況の再版であり，それに強迫的で病理的な性格を与え抵抗の源となっている幼児諸反応の再版に他ならず，それらを分析しなければならない。転移性恋愛に直面したとき，分析者は自制と禁欲の態度を採ることが重要である。「分析者にとって屈することはありえない〔ausgeschlossen〕。分析者は，愛をいかに高く評価していようとも，それ以上に，患者を人生の決定的な段階へと高める[訳注3]機会のほうを重視しなければならない」（同 170，岩波 13: 324）。フロイトは結論として，これらの条件においてのみ分析者は患者に，「意識的な心の活動を［……］無意識的な活動から区別する，このより大きな内的自由を獲得する」ことができるようにすると述べている。

転移と反復強迫と死の欲動

1920 年の『快原理の彼岸』の中でフロイトは，転移が克服不可能な反復的性格を保持し，記憶を想起して反芻処理しないので，進歩する代わりに失敗と症状を反復し続ける患者がいることを認める。フロイトはこのような患者の行動が，人の心的構造は本質的に快の追求と不快の回避を目標としている，という彼の最初の欲動理論と矛盾することを観察して，自分の理論を再検討する。彼は，容赦ない心的な力がある種の患者たちに対して，繰り返し苦しみ挫折するがそれらの克服に至らない状況を強いる，という仮説を表明する。この臨床的現象を単なる「反復」から区別するために，彼はそれを「反復強迫」と名付ける。なぜなら患者は，フロイトが「悪魔的」（1920g: 21）と形容するこの強迫的な欲動の力から離れることが，全くできないように見えるからである。こうしてフロイトは大胆にも，快原理の彼岸に，2 組の欲動すなわち生の欲動と死の欲動の間に，より根本的な葛藤が存在すると仮定するに至った。この新しい見地によって彼は，「転移神経症」を呈して快 - 不快原理に従う神経症患者と，うつ病や倒錯・精神病に苦しみ，「自己愛神経症」を呈して生の欲動と死の欲動の根本的葛藤に根ざした敵意ある転移を示す患者との相違を説明できるようになった。

フロイトにおける逆転移

逆転移の概念は，フロイトの著作中ほとんど登場しない。彼はそれを 1910 年に「精神分析療法の将来の見通し」の中で，「患者の影響のせいで医者の無意識的な感じ方に生じる」（1910d: 144，岩波 11: 195）ものと定義し，医師が「自分自身の内にあるこの逆転移に気づいてこれを制圧する」ために，前もって分析を受けることだけでなく，自己分析を継続すること（1910d: 145）を勧めている。1913 年 2 月 20 日付 L. ビンスワンガー宛の手紙でフロイトは，逆転移は「精神分析の技法的な問題の中で，極めて複雑なものの一つ」に入ると指摘している（1992 [1908–1938]）。彼は，分析者が患者に自分の情緒を直ちに伝えようとする誘惑に警告し，自分の逆転移を吟味するためにそれを割り出すことを勧める。「分析者が患者に与えるのは，その場の情緒であってはならないだけでなく，つねに意識的に調整された情緒であって，多少とも，その瞬間の必要性に従っているべきです。状況によっては多くを与えることもできますが，決して自分自身の無意識から汲み出したものであってはなりません。それが私にとっての公式でしょう。ですから，分析者は逆転移を，毎回認識して克服しなければなりません」。最終的に転移性恋愛についての論文では，私たちが既に見たように，フロイトは医師に，「ありうる逆転移」（1915a [1914]: 160，岩波 13: 311）

訳注 3）ドイツ語原文：seine Patientin über eine entscheidende Stufe ihres Lebens zu heben

> に用心するように助言している。
> 　フロイトは逆転移の問題を，これ以上探求しないだろう。そしてこの観念は彼にとって本質的に，患者の転移に「対する contre」分析者の無意識的な反応にとどまる。つまり，分析者によって十分に反芻処理されていないときの，転移の展開を妨げる反応である。逆転移の観念をより拡張して展開することは，フロイト以後の精神分析者たちによることになる。それは以後，分析的関係の中心にある転移の反芻処理において，決定的な道具となるだろう。

フロイト以後

フロイト以後の逆転移の発展

ポーラ・ハイマンとハインリッヒ・ラッカー：新しい見地

　1950年代以降，逆転移の観念は広がり，患者と分析者の間のコミュニケーションの理解において，今日考えられているように必須の道具となった。分析者の逆転移諸反応が患者の経験していることについての貴重な鍵を与えることが強調されるようになったのは，まず第1にロンドンのポーラ・ハイマン Paula Heimann とブエノスアイレスのハインリッヒ・ラッカー Heinrich Racker のおかげである。この新しい見地の出発点は，疑いなく1946年のクラインによる投影同一化の記述だったことは明確にしておこう。後にセッション中の逆転移の分析でなされたようなこの概念の使用法を，たとえクライン自身は採用していなかったにしても。

　1950年にポーラ・ハイマンは，「逆転移について」という論文で，患者に対する分析者の情動的反応の重要性に注意を喚起し，それが患者の無意識の内部を探求するための本物の手段になりうることを示した。彼女は分析状況における逆転移のこうした利用を，分析者自身の神経症に結びついたその無意識的反応と区別した。同時期にラッカーは，分析者の経験する逆転移感情が，患者に生じていることについての価値ある指標となりうることを示した。ラッカーは逆転移の2つの型を区別した。1つは共感の土台にあり，分析者が意識的に患者のパーソナリティのある側面と同一化する「一致型 concordant 逆転移」，もう1つは分析者が無意識的に自分の内的対象を患者に投影して，患者に向かう転移を形成する「補足型逆転移」である（1953）。この頃，多少なりともクライン派のアプローチをとる何人かの精神分析者たちも，逆転移とその重要性を研究していた。その中にはウィニコット Winnicott（1947）やリトル Little（1951）がいたことを指摘しよう。最後に，ネロー Neyraut（1974）が逆転移の観念を拡張して，分析者が感じることを超えて，その個人的な精神分析文献やその人固有のメタ心理学も含めたことには触れておく価値がある。

「正常な」逆転移と投影同一化：ウィルフレッド・R・ビオン

　1950年代の終わり頃ビオンは，彼が逆転移の正常な一形式を明らかにしつつ，病理的な投影同一化と正常な投影同一化の間に導入した区別から始めて，逆転移の観念の拡張に寄与することになる（1959）。このような寄与によって，患者と分析者の間でのやりとりを新しい概念から，不安に耐えてそれを変形させる，容量に応じた能力のように，特に「容器-内容の関係」に関して検討できるようになった。以後，転移と逆転移は分離不能な一体のものとみなされ，一つの「全体状況」（B. Joseph, 1985）として考察できるようになっている。

投影逆同一化：レオン・グリンバーグ

　ラッカーによる区別とビオンの貢献を拠りどころにして，レオン・グリンバーグ Léon Grinberg（1962）は，「投影逆同一化」を叙述して，独自の参与をする。それは患者の投影同一化に対して，分析者が自分の中に投影されたものに無意識的に同一化する，特定の無意識的反応である。グリンバーグによると，投影逆同一化は，分析者の内的葛藤とは独立に現れる。この点がラッカーの補足型逆転移との相違点である。分析者は過剰な投影同一化に従う時，自分自身の空想に関わっていると信じて，患者の強力な投影に「受動的に」屈服することがありうる。だがもしも分析者が，そのように自分に投影された情動を包容して，患者に属するものとして区別し認識するに至るならば，投影逆同一化は，被分析者の空想的素材と非常に深い水準で接触するための，非常に役に立つ技法になりうる。

20世紀後半に逆転移が発展してきた仕方は，クライン派やポスト・クライン派の内部においてばかりでなく，国際精神分析協会とつながりのあるさまざまな学派に属する大多数の分析者たちによっても実践されている，分析技法に大きな影響を与えてきた。しかしながら，日常の臨床の中で逆転移がどう使われているかに関しては，各精神分析者の好みに応じて，立場は相当異なる。

逆転移に関する両極端の立場

私はこの短い概観を，逆転移概念が2つの極端な立場を臨床実践する者の間に引き起こしたことに触れないで終えるわけにはいかないだろう。

第1の立場は，「逆転移の自己開示」と呼ばれる技法に関わる。それは，分析者の経験と患者の経験の差異を患者に示すために，分析者が自分自身の体験を患者に向けて明かす（あるいは漏らす・暴く）ことである。この技法は，クーパー Cooper（1998）が強調するように良い方向に活用しうるが，逆転移を明かしたものを患者に返す前に分析者が十分に反芻処理していなかった場合，悪い方向にも作用しうる。かなりの数の北アメリカの精神分析者たちは，「自己開示」のこうした使用法を実際の技法としているが，このことは，患者と分析者の間のやりとりについて，精神分析的関係において逆転移の観念が古典的に位置づけられるものとは着想が異なることを意味している。

これに対立するものとして，逆転移に関して全く対極的な立場がある。それは，逆転移を考慮に入れることを一切拒否する，ラカンの見解に従うほとんどの分析者に採用されている立場である。事実ラカンにとって，逆転移は単に治療への一つの抵抗であるばかりでなく，分析者の究極的な抵抗そのものである。J-A. ミレール Miller が，D. ヴィドロシェとの論争の中で指摘したように，ここには，現代ラカン派の精神分析者と国際精神分析協会に属する精神分析者との間での，主要な理論的・技法的相違のひとつがある。ミレールは明言している。「ラカン派とその他を分かつものを探すならば，次のことが見出される。逆転移の操作はラカン派の分析実践のなかには不在であり，主題化されていない。このことはラカン派による短時間セッションの実践および無意識についてのラカンの教義と首尾一貫している」（Miller 2003: 14）。

年代順に見るフロイトの概念

転移　異性愛転移　同性愛転移　母親転移　父親転移

『W. イェンゼン著「グラディーヴァ」における妄想と夢』
（1907a）

短編小説の登場人物を通した精神病の臨床的研究

　これはフロイトが文学作品の研究に当てた最初の試論である。この後には文学や造形芸術についての他の研究が続き，今日応用精神分析と呼ばれるものの始まりとなっている。1907年に出版されたこの著作でフロイトは，精神分析がより温かく迎え入れられることを願って，読者層を広げようとしていた。そしてその際に，『**グラディーヴァ**』のような文学作品が彼の臨床観察の多くを確証していることを示そうとした。この中編小説は，そうした実証に特に適している。というのは，主人公である考古学者のハーノルトが夢や妄想の中で経験する冒険は，精神分析者が患者に観察できる臨床例の展開に関したことであるかのように読めるからである。さらに，物語全体を通じたハーノルトの足取りと，フロイトがしばしば考古学者の仕事にたとえた精神分析者による無意識の諸層を探求する仕事との間の類似性には驚かされる。

　このテクストの中に私たちは，フロイトの並外れて発達した臨床観察の才能も発見する。1907年には，彼はハーノルトに，現実の否認や自我の分裂のようないくつかの精神病理的現象を認めたが，それらが精神病と倒錯に特殊な機制であるとは理解していなかった。それから20年してようやくフロイトは，現実の否認や自我の分裂を精神病に特徴的な防衛機制として示し，以後それらを，彼の神経症に限定することになる抑圧と区別する。

伝記と歴史

フロイト，ポンペイ，『グラディーヴァ』

　1903年にヴィルヘルム・イェンゼン Wilhelm Jensen の発表した中編小説が，精神分析にとって興味深いものでありうることをフロイトに知らせたのは，カール・グスタフ・ユング Carl Gustav Jung だった。読んで感激したフロイトは，1906年の夏季休暇に書評を書いた。論文は1907年5月に出版された。『グラディーヴァ』については，フロイトが1902年に10歳年下の弟アレクサンダーとポンペイを訪れていたこと，彼が晩年，心理学よりも考古学の本を多く読んだと公言したことを思い起こそう。出版直後の1907年9月，フロイトはローマに旅行してヴァチカン美術館を訪れ，イェンゼンに霊感を与えて小説を書かせた当の浮き彫りを見た。フロイトは複製を買い，面接室のカウチの足側の壁に掛けた。1938年に移住するとき，彼はそれをロンドンに持って行った。1907年は，精神分析の歴史において特別重要な年だった。この年にフロイトはユングを初めとして，3つの決定的な出会いをしたからである。2番目はマックス・アイティンゴン Max Eitingon とだった。アイティンゴンはウィーンをフロイトと一緒に長時間散歩しながらの訓練分析に，初めて身を投じた人物である。最後に3番目の出会いは，チューリヒでブロイラーと3年間仕事をしてからベルリンで開業したばかりのカール・アブラハム Karl Abraham とだった。

カール・グスタフ・ユング（1875–1961）

スイスの精神科医ユング Carl Gustav Jung は，分析心理学の創始者だった。彼は 1875 年にチューリッヒのプロテスタントの家庭に生まれた。父は牧師だった。1895 年，ユングはバーゼルで医学を学び始めた。1900 年にオイゲン・ブロイラーが運営していたチューリヒのブルクヘルツリ精神科病院で，助手になった。彼は若い頃から心霊現象に興味を持ち，1902 年には学位論文「いわゆるオカルト現象についての心理学と病理学」を発表した。ユングはその精神科病院で言語連想に基づいた心理検査を開発して，この検査が被検者に喚起する一まとまりのイメージや空想のセットを指すために「コンプレックス」という用語を導入した。彼はこの検査を精神病患者にも使って，現在では古典的論文と見なされている，『早発性痴呆の心理学』を 1907 年に出版した。ユングがフロイトと文通を始めたのはこの時期で，フロイトに初めて会ったのは 1907 年 2 月のことだった。

最初から 2 人の関係は，フロイトにとってかなり重要なものだった。それは，当時最も名高い精神科病院の一つだったブロイラーの病院の中に，ユングという代弁者を持つことを意味したからである。さらに，ユングのようなチューリヒのプロテスタント出身者という存在は，精神分析の非宗派的な面を強調した。フロイトはユングについて，「彼がやってきてはじめて，精神分析はユダヤ民族の事柄になってしまう危険を免れました［……］私たちにアーリア人の同志は欠かせません」とカール・アブラハムに書いた。フロイトはユングに対して非常に好意的で，時々彼の「継承する息子」と呼び，いつかユングが彼の後を継ぐことができると確信していた。彼は以前のフリースを対象としていた理想化を，ユングへと一部向け替えていたのだろうか。1909 年，フロイトはクラーク大学に招かれ，ユングとフェレンツィを伴ってアメリカを訪れた。その直後，ユングは国際精神分析協会の初代会長に任命され，『年報』の編集長となった。同じ年にユングは，チューリヒ近郊のキュスナハトで個人開業し，そこで後の人生を過ごすことになった。

フロイトとユングの葛藤が特に激化したのは，1912 年の頃である。不一致の主要点は，ユングがフロイトのリビドー理論もフロイトが幼児性欲に与えた役割も認めなかったことと関係していた。ユングは 1912 年に『リビドーの変容と象徴』を発表してすぐ後に，精神分析運動から永久に去り，チューリヒ大学の職を辞した。それから彼は精神的危機を経験し，しばらく不安と幻覚に苦しんだ。その後ユングは，自伝のなかで「無意識との対決」と呼んだ，深い自己分析に専心した。この時期を通して彼は，「分析心理学」と呼んだ独自の治療方法とともに，精神生活についての彼固有の理解である，集合無意識・元型・個性化・ユング流の夢解釈といった大部分の概念を創り出した。

以降，彼は自分の道を進んだ。このフロイト以後の時期に，彼は徐々に一つの学派の指導者となり，広く国際的に知られるようになった。1921 年にユングは『心理学的類型論』を出版した。この本で彼は，個性化の概念に基づいて心理学的発達の類型を分類した。しかし彼による諸民族の心理についての見解は彼に，時に人種主義者や反ユダヤ主義者の立場までを採らせることとなり，国家社会主義的な主張に対して，曖昧な態度にさせた。第二次世界大戦中，ユングは大部分の時間を自分が建てたボーリンゲンの孤塔で過ごし，心理療法の実践と著作を書くことに集中した。彼の研究は，錬金術・霊性・神秘主義を含む，幅広く多様な主題におよび，彼はこれらの領域を，個性化を通じた心の進化という彼独自の現象学的概念化によって明らかにしようと努めた。ユングは 1961 年にキュスナハトで死去した。

ユングと彼の著作は今日，どのように位置づけられるだろうか。ユージン・テイラー Eugene Taylor (2002) によると，ユングは 20 世紀の歴史家たちに，とりわけフロイトの従者として映っており，ユングの理論は精神分析の理論との関係で異端の説と判断されてきた。しかし，もっと最近の深層心理学の歴史研究はユングを，19 世紀の超越性に関する心理学の延長上にある，「象徴仮説」の正当な代表者と位置づけ直すことを可能にしている。もっとも，彼がフロイトに負うている事実は，依然として認められている。テイラーによれば，現代においてその影響は重要であり続けている。「西洋諸国における心理療法の対抗文化の中で高まりつつあるユングの考えへの興味を，私たちはこれらのより古い根に帰してよいかもしれない。その一方で，権威のあるユング派の分析者た

> ちは，自分たちのアイデンティティの帰属先をフロイトの一変異と見なし，精神分析の領域を植民地化しようと努力することによって，心理学と精神医学のより広い流れの中で正統性を得ようとし続けている。実際には，彼らは自分たちに固有の遺産を，まだ請求していないが，有しているのである」（Taylor 2002: 300）。

テクストを紐解く

■ 標準版第 9 巻 1–95 頁（岩波版フロイト全集第 9 巻 1–107 頁）所収。

● 「グラディーヴァ」の粗筋

　小説の主人公ハーノルトは，仕事に情熱を持ち旅行を楽しむ，考古学者である。彼は時折「つかのまの妄想」（1907a: 72，岩波 9: 80）にふけるが，おおよそ普通の生活を送っている。彼は幼児期に，近所に住む小さな女の子ツォーエ・ベルトガング Zoë Bertgang（Bertgang は，ドイツ語で「歩み行く女性」を意味する（同 37，岩波 9: 41））を，深く愛していた。しかし青年期になった彼は，性の高まりによって不安定になり，その少女や女性全般を避け，ひいては完全に無視するまでになった。しかしながらハーノルトは，美術館で古代の若い女性の浮き彫りをみて，彼女の優雅な歩行に，とりわけその足の置き方に魅せられた。彼はその浮き彫りの石膏模型を買って書斎に飾り，その若い女性に「グラディーヴァ」（歩み行く女）と名付けた。この神秘的な若いローマ女性が彼に発揮する魅力は増し続け，彼の心をますます占めた。ある夜，彼は夢をみた。夢の中で彼は，ヴェスヴィオ山が噴火する直前のポンペイにいて，グラディーヴァに会った。彼は彼女に，迫り来る危険を知らせようと試みたが無駄だった。ハーノルトは目覚めると，ある情熱的な無意識的欲望に駆り立てられて，ポンペイに旅立った。

　その地で，ある時彼は，若い女性に埋もれた街の廃墟の中で出会った。彼はグラディーヴァだと思ったが，実際には，それはポンペイを訪れていた幼なじみのツォーエだった。小説家は見事な筆致で，引き続いて起こる 2 人の主役の波乱に富んだ出会いを描いている。そして巧みに読者を，ハーノルトの疑いや妄想さえも共有するように引き込む。時々姿を現しては消えるこの若い女性は，2000 年前に生きていたグラディーヴァではないのだろうか？ と。イェンゼンが描くように，別名グラディーヴァであるツォーエの救済者の役割が生じるのは，この時である。彼女は治療者のように，ハーノルトの妄想に取り込まれないようにしつつも，その一部に入って行く。実際彼女は二重の意味がある言葉で彼に注意深く語りかけ，妄想的な考えを手放すまで，徐々に直面させる。最後に主人公は，彼が愛していると気づかず愛していたツォーエをグラディーヴァに認め，その愛情を骨董の浮き彫りに姿を見せる女性に置き換えるのを放棄する。結論では，イェンゼンの物語は，精神分析的見地から特に重要な要素を発見する驚きを私たちに残している。それは，ハーノルトの探求が主人公の知ることなく，より早期の深く隠された幼児期の欲望によって決定されていたことである。その欲望とは，彼が子供の時に死んだ母親を捜しに行くことである。それはあたかも，彼の母親の失われた記憶が，火山の噴火に比較しうる心理的大異変に続いて，忘却の中に埋もれていたかのようである。

● 臨床例として見られた虚構の人物

　イェンゼンの物語の論評においてフロイトは，臨床場面に関わることであるように登場人物たちを研究している。それでフロイトは，分析中の患者の夢・空想と同じ治療的方法によってハーノルトの夢・空想・妄想の分析が可能であることを示す。例えば，ハーノルトがポンペイでグラディーヴァと会う夢をみる時，

その夢の内容はフロイトが『夢解釈』(1900a) の中で述べた理論に従って，愛し求める女性に再会したいという無意識的な抑圧された欲望の成就であることが明らかにされる。しかし，意識には受け入れられない性欲動を抑圧した結果，ハーノルトは実際に愛する女性ツォーエを顧みず，架空の人物グラディーヴァへと向かう。次に彼をポンペイへの病理的な旅行に駆り立て，グラディーヴァの存在を幻覚させ，ツォーエに気づかせないのは，これらの抑圧された性欲動の回帰である。言い換えれば，小説家の命題はフロイトの命題を支えている。というのは，この物語はハーノルトの夢や妄想を決定するものが，彼の性欲動の抑圧を原因としていることを示すからである。加えてフロイトは，小説家が主人公のものとする夢を，精神分析における患者の夢と同じ仕方で解釈できることを示す。最後にフロイトは，精神分析者の治療的役割と，イェンゼンがツォーエに担わせるそれとの類似性を指摘する。なぜなら，ハーノルトが少しずつ幻覚と現実を区別して，本当に生きている女性でありその名が「生命」を意味するツォーエへの欲望を意識的に受けいれるようにするのは，彼女だからである。

フロイトの概念の継時的発展

フロイトと文学的・芸術的な創造

1907 年に初めてフロイトは，文学作品を精神分析の光に照らして考察した。同様に，彼の芸術的創造との関係について少し考えてみよう。芸術作品，とりわけ文学作品は，芸術家の観客や読者の情動を喚起する能力を不思議に思うフロイトや他の分析者たちの関心をつねに呼び続けてきた。文学作品では，ソフォクレスのエディプス王やシェイクスピアのハムレットという登場人物のコンプレックスのような主題の選択によって，登場人物において描写される筋立てと分析中の患者に観察される葛藤との間に，啓示的な対比を行なうことが可能となった。そのような照合によって，フロイトを初めとする精神分析者たちは，臨床例のことであるかのように架空の登場人物を考察することができるようになった。

フロイトは，何が芸術家に芸術作品を創らせるのか，どのようにして芸術作品が観客や読者に情動的影響を与えうるのかを考えた。彼にとって，芸術家の創造性の源はその無意識にあり，芸術家の内的な空想世界が，画家ではカンバス上に，作家では登場人物へと，その作品の中に投影されている。「おそらく作家〔Dichter〕はこれとは違ったふうに進むのだろう。作家は自分自身の心の中の無意識的なものに注意を向け，その展開可能性に耳を澄まし，意識の批判でもって抑え込むのではなく，それらの可能性に芸術的表現を与える。かくして作家は，われわれなら他人をよりどころにして〔bei anderen〕学ぶこと，つまり，この無意識的なものの〔unbewußten〕活動がどのような法則にしたがわざるをえないかを，わが身をもって知るのである」(1907a: 92, 岩波 9: 103)。それが，芸術作品だけでなく，その著者自身の分析も可能にするものである。

文学作品の読者や絵画を見ている人への衝撃に関しては，それはフロイトによれば，作品が彼らに働きかける同一化によってもたらされる。この同一化は，表現された芸術作品に隠されている芸術家の抑圧された欲望と，その作品に霊感を与えた同一の情動的態度を，それを鑑賞する人に呼び起こそうとする芸術家の意図において生み出されるだろう (Freud 1914b)。

フロイトに続いて，多くの精神分析者が芸術作品の研究に貢献してきた。この主題に関する近年の著作の中で，フロイトの先を行くハナ・シーガル (1991) の研究に触れよう。彼女にとって芸術家は，芸術作品を通じて無意識的な欲望を伝えようとするばかりではなく，無意識的問題の空想による解決の探究もしている。そして作品を通じて創造的な高まりをかき立てる償いの欲求を伝えようと試みている。シーガルは，夢と芸術作品の対比も行なう。しかし夢と違って芸術作品は，物質的現実に「具現化される」特性を持つ。作品の審美的衝撃が，一部には芸術家が彼らの空想を象徴的に表現するために実際の具体的媒体を用いる仕方に依拠するのはこのためである。「[芸術家] は単に夢見る人ではなく，至高の職人である。職人は芸術家ではないかもしれないが，芸術家は職人でなければならない」(Segal 1991: 176)。

フロイト以後

『グラディーヴァ』において神経症と精神病は並置されているか

　『イェンゼン著「グラディーヴァ」における妄想と夢』は，文学作品に応用された精神分析という見地からだけでなく，理論的・臨床的見地からも興味深い点がある。臨床研究に関して言うとフロイトは，その比類ない観察の才能によって，彼が神経症に帰する，ハーノルトの女性に関する制止や挿話的な幻覚性妄想などの幅広い諸症状を描き出している。しかしながらフロイトは，ハーノルトの幻覚に言及する際「妄想」についてのみ語り，「精神病」という用語は使っていない。それでも，この事例で精神病について語ることはできるのだろうか。

　フロイト以後の精神分析者たちの諸論評は，この点に関してさまざまである。フロイトのテクスト自体を固守する精神分析者には，ハーノルトの妄想は本質的に，意識の一時的障害と主に関係し，非精神病的で，神経症的なパーソナリティに観察されうるものである（Jeanneau 1990）。現実否認や自我の分裂に関するフロイトの後年の諸著作を考慮しつつ『グラディーヴァ』を読む，他のフロイト以後の精神分析者にとってハーノルトの幻覚は，耐えられない現実を否認する彼の自我の一部に属すると考えられる。同時に，彼の自我の他の部分は，それを受け入れている。この見方からすると治癒は，前者が現実を受け入れて，現実を否認する自我部分に対して優位に立つ時に生じる。こうして，ラダーム Ladame（1991）によると主人公の妄想や幻覚は，思春期の若者たちに遭遇する精神病理の代表的なものとなる。そして今日では精神病的代償不全が語られるところであり，予後は個人によって大きく異なるだろう。ダニエル・キノドス Danielle Quinodoz（2002）は，「患者の『狂気』の部分に，その人の他の部分を見捨てることなくどう語りかけるか」を教える一つのモデルを，フロイトが私たちに提供している方法を明らかにした（D. Quinodoz 2002 [2003: 53]）。彼女によれば，ハーノルトが妄想を呈しつつほぼ正常な生活を送っていることは，自我の分裂を意味している。それは，彼女が「混成 hétérogènes」と呼ぶ患者において，私たちがこの頃出会うことの多いものである。同一人物の中に，妄想的部分と現実を考慮する別の部分が共存している状態は，精神分析者を特殊な接近技法に導く。だから，ツォーエはハーノルトの妄想に取り込まれてはいないが，彼に直ちにそう言わないように気をつけている。ツォーエは，ハーノルトの妄想的な部分によってだけでなく，現実を考慮している部分によっても理解されることができる，「二重の意味がある」言葉を用いている。

　フロイトのテクストの読解を後の時期の仕事に照らして行なうと，私たちは彼が記述する臨床事例の大部分で，精神病に関わる典型的な諸機制と神経症に関わる諸機制が，1895 年の『ヒステリー研究』から 1918 年の「狼男」の症例に至るまで，概念化されることなく並置されているのに出会うことを確認できる。事実フロイトは『精神分析概説』（1940a [1938]）で，現実を否認する自我の部分とそれを受けいれる自我の部分が，比率は違っても精神病患者ばかりでなく神経症患者や正常な者にさえも見出されることを示している。

　最後に，数名の論評者はこのフロイトのテクストに遍在するフェティシズムの問題性を強調した。例えばジャン・ベルマン - ノエル Jean Bellemin-Noël（1983）は，足フェティシズムからグラディーヴァの歩行へのフェティシズムまでを指摘している。

年代順に見るフロイトの概念

幻覚　幻覚性妄想　神経症　文学作品に応用された精神分析　精神病

「ある 5 歳男児の恐怖症の分析（少年ハンス）」
（1909b）

最初の児童分析

　この症例研究は，子供の最初の精神分析的治療の報告である。「少年ハンス」（本名はヘルベルト・グラーフ Herbert Graf）を治療したのは，少年の父親であるマックス・グラーフ Max Graf で，当時は稀でなく行なわれていたことだった。分析は 1908 年の 1 月から 5 月まで続き，父親が記録してフロイトに伝えた観察に基づいて，フロイトによってスーパーバイズされた。フロイトが自ら介入したのはただ一度，父親と息子との決め手となる同席面接のときのみだった。フロイトは治療の報告を書き，父親の同意のもとで 1909 年に出版した。フロイトによるこの寄稿は，前年のザルツブルクにおける第 1 回精神分析大会で創刊が決定されていた精神分析の評論雑誌である**精神分析および精神病理学研究年報 Jahrbuch für Psychoanalytische und Psychpathologische Fosrchungen**』第 1 号の巻頭を飾った。その雑誌は短命で，第一次世界大戦が勃発するまで出版された。

　私たちはこの事例研究から，何を学ぶだろうか。第 1 に，「少年ハンス」はフロイトに，彼があれほど探していた子供一般における性的なものの存在に関する彼の仮説の「証明」をもたらした。第 2 に，この恐怖症例の治癒は，大人においてばかりでなく子供においても，精神分析には治療的な潜在力があることを見事に示す例証となった。

伝記と歴史

「少年ハンス」：オペラ音楽監督としての輝かしい経歴

　少年ハンスの両親は，フロイトにとって見知らぬ人ではなかった。なぜなら彼の母親オルガ・グラーフ Olga Graf は数年前に，フロイトによる分析を受けていたからだった。ハンスの父親マックス・グラーフは，作曲家で音楽評論家だった。彼は 1900 年にフロイトと出会い，精神分析による発見に熱中して，定期的に心理学的水曜研究会の会合に 1913 年まで参加した。1906 年から，その頃少年ハンスはまだ 3 歳にはなっていなかったが，マックス・グラーフは息子に行なってきた観察結果を定期的にフロイトに伝えた。彼は，1905 年の『性理論のための三篇』で推し進めた仮説を裏付けるために，幼児性欲に関するあらゆることを記録するように側近の弟子たちに勧めたフロイトの要請に応えた。フロイトは，少年ハンスの父親による観察の一部を，2 編の論文で使用した。それは，「子供の性教育にむけて」（Freud 1907c）と「幼児の性理論について」（Freud 1908c）である。1909 年に出版された症例「少年ハンス」について言えば，彼は恐怖症症状の源に潜む葛藤の部分的解消に至る，解釈と実行された反芻処理（ワークスルー）の仕事を報告している。

　その後フロイトは少年ともその両親とも接触がなくなったが，1922 年に書いた補遺で彼は，その年の春，自分は 1909 年にフロイトが発表した少年ハンスであると告げた若い男性の訪問を受けたと語っている。フロイトは「大いなる害悪が生じるだろうと予言された」（1909b: 148, 岩波 10:

175）少年が全く健康で，もはや制止に悩まされていないと知って喜んだ。彼は，ハンスの両親が離婚してそれぞれ再婚していたことも知った。とはいえフロイトは，その若い男性が精神分析治療の記憶を全く持っていないことに驚いた。

　その後，作曲者グスタフ・マーラーが名づけ親だったヘルベルト・グラーフは，高名なオペラハウスの演出家となった。彼はなかでもニューヨークのメトロポリタン歌劇場の舞台監督に就任し，その後ヨーロッパに戻って，ジュネーブのグランド・シアターの指揮者としてその経歴を終えた。職業的には輝かしい成功を収めたが，私生活は結婚の失敗の傷跡を残した。それで彼は 1970 年，ジュネーブのフーゴー・ゾルムス Hugo Solms と再び分析を始めた。1973 年，彼はジュネーブにて亡くなった。彼は「見えざる人の思い出」（1972）という題で，ジャーナリストの F. リッツォ Rizzo との 4 つの対談を発表した。そこで彼は，自分が「少年ハンス」だったことを公表した。しかし彼は父親と違って，精神分析に関心が無かった。マックス・グラーフは，1906 年にフロイトから草稿を託された「舞台上の精神病質的人物」（Freud 1942a [1905–1906]）を，彼の没後に論文として出版するのに寄与した。

テクストを紐解く

■　標準版第 10 巻 1–147 頁（岩波版フロイト全集第 10 巻 1–174 頁）所収。

● 幼児における性欲の重要性の確証

　フロイトの報告は 2 部からなる。報告は，「少年ハンス」が恐怖症を発症する直前の，3 歳から 5 歳までの彼の父親による観察を集めた短い序言で始まる。第 2 部には治療の進展の叙述があり，それにフロイトによる注釈が続く。

　父親が正確に記録したことで，幼い少年による性的な質問についての直接の話は，「少年ハンス」が，あらゆる形態を示す性欲の謎に，非常に心を奪われていたことの実証をもたらしている。もう一方で，この幼い少年に観察されたことは，さらに幼い子供たちみなに一般化されることができたのであり，病理的な症例が問題ではなかった。最後に，ハンスに見られたこの観察は，フロイトが幼児性欲の存在に関して『性理論のための三篇』で提唱した諸仮説への証拠となった。それは主として，成人患者たちの分析中に現れた想起に基づいて推論されていた。

● 「少年ハンス」における幼児性欲の早熟な現れ

　フロイトはまず父親による記録に，この幼い少年の自分の身体，なかでも自分でぼくの「おちんちん」と呼ぶペニスへの，とりわけ強い関心の確証を見出す。その器官は，彼の倦むことのない好奇心の対象であり，快と不安の源泉となっている。彼はそれについて周囲の人々に質問せずにはいられない。「パパも『おちんちん』をもってるの？」と彼は父親に尋ね，父親は肯定の形で答える。しかし彼が得た答えは，往々にして曖昧で，特に母親や幼い少女に関する時はそうである。ある日，服を脱いでいる母親を見ている彼に，母親は訊ねた。『いったい何をそんなに見ているの？』。ハンス：『ママもおちんちんをもっているのかどうか見ているだけ』。ママ：『もちろんよ。知らなかったの？』」（1909b: 9–10，岩波 10: 7）。この曖昧な答えでハンスの母親は，単に自分が排尿するための穴をもっていることを言おうとしたのだろうか，それとも自分もペニスを持っているとほのめかしているのだろうか。フロイトにとって，その幼い少年の眼に非常に重要なのは，後者の可能性である。そしてこの考えは少年の心に，女性は男性のようにペニスを

持つという「幼児性欲理論」を形づくる。フロイトは、幼い子供におけるこの確信の重大さに感銘を受ける。彼の確信は、父親が彼に何度も、少女はペニスを持っていないと反対の主張をしても、母親の意見によって強められている可能性がある。以下は、父親と息子の間のこの種の会話を抜粋したものである。

「(ハンスの父親が書いている) 次の日曜日の3月15日に、ハンスはわたしと一緒にラインツへ行く約束をしていました。最初のうちは渋っていましたが、結局わたしと行くことにしました。[……] 途中、わたしは彼に、妹は彼と違っておちんちんを持っていないこと、女の子や女の人はおちんちんを持っていないこと、ママは持っていないこと、アナ[訳注1]は持っていないことなどを話して聞かせました。

ハンス：『パパにはおちんちんがあるの？』。
わたし：『もちろんだよ。いったいどう思っていたんだい』。
ハンス：(間をおいて)『でも女の子におちんちんがないなら、どうやっておしっこするのかな』。
わたし：『女の子にはおまえみたいなおちんちんはないのだよ。アナをお風呂に入れているとき、おまえ、見ていなかったのかい？』」(同 31, 岩波 10: 32–33)。

同じテクストでフロイトは、子供たちがこの問いについて非常にしばしば誤った知覚を持つこと、そして実際に眼にすること、例えば幼い少女には「おちんちん」がないのを軽視することに驚いている。それは少年を、去勢の最初の不安を経験することに導く。父親は、ハンスの母親がある日、彼がペニスに手をやっているところを押さえたと指摘する。そのとき少年は3歳半だった。「母親は次のように脅した。『そんなことをしていると、A先生に来てもらっておちんちんをちょん切ってもらいますよ。そしたらどうやっておしっこするの？』。ハンス：『おしりで』」(同 8, 岩波 10: 5)。この少年が神経症の発生に非常に決定的な役割を果たす「去勢コンプレックス」を獲得するのは、こうした脅迫の機会においてである、とフロイトは言う。

この報告を読み進むにつれて私たちは、ハンスによる問いの適切さに、とりわけ父親や母親が彼を満足させない答えを持ち出すときの彼の真実の探求に、驚かされ続ける。例えば、彼が3歳半の1906年10月に妹アナが誕生したことは、彼の人生の大きな出来事となる。

「4月14日、アナのテーマが前景に出てきました」と、ハンスの父親はフロイトに向けて書く。「以前の記録から想い出されるように、彼は両親の愛情の一部を奪った、この新しく生まれた子供に強い反感を抱いていましたが、今なおそれは完全には消えておらず、過度の情愛を示すことで部分的に過剰補償されているに過ぎません。彼はすでに何度も、コウノトリにはこれ以上子供を連れてきてほしくはない、子供たちのいる大きな箱からこれ以上連れてこないようにお金を渡さないといけない、と言っているほどです」(同 68, 岩波 82–83)。ハンスは、アナがそこにいたことと、彼女が「うんこ」(ハンスが糞便を示すためにつくった言葉)のように生まれたことを理解した。妹が誕生して数カ月間、ハンスは嫉妬を見せるだけでなく、妹への愛情を公然と表しながら、何度も彼女が死ねばいいという願望を表現する。

● エディプス状況と父親への両価性の葛藤

フロイトは、自分が『夢解釈』と『性理論のための三篇』で述べていたことが、「明々白々たる仕方で」(同 111, 岩波 10: 139) 裏付けられているのを見て、大いに喜ぶ。「彼は真に小さなエディプスであり、父親を『あっちへ』と、取り除いてしまい、美しい母親と二人きりになりたい、そのそばで寝たいと思っている」(同 111, 岩波 10: 139–140)。母親と一緒に寝て、母親に「甘えたい schmeicheln」というハンスの願望は、父親が不在である夏の休暇中に始まった。その幼い少年は、父親が「あっちに行って」そのまま「いなければいい」、つまり「死ね」ばいいと公言するほどの欲望を表現した。フロイトにとって、父親に対するこの死の欲望は、どの幼い少年にも見出される可能性があるものであり、正常なエディプス的状況の一部である。しかしそれが悪化するとき、ハンスの症例がそうだったように、その願望は症状の源となる可能性がある。このようにして、愛／憎しみの間の両価性の葛藤は、エディプス状況で賭けられている中

訳注1) Anna：キノドスの表記。フロイト原文では Hanna。

核的なものとなる。「ハンスがライヴァルとして憎まざるを得ないこの父親が，以前から愛しており，これからも愛さざるを得ない同じ父親であること，父親が彼にとってモデルであり，最初の遊び仲間であるとともに幼少期の世話役であったこと，これらが最初の，当面は解き得ない感情的葛藤を生み出した」（同 134，岩波 10: 161）。

　フロイトはまた，この年齢のハンスが幼い少年にも少女にも優しく，「ハンスは，（おそらくあらゆる子供がそうであるように）同性愛的である。このことは，彼が一種類の性器しか知らない，自分のと同じ性器しか知らないという見逃せない事実とよく符合している」（同 110，岩波 10: 138）ことに言及している。この論文でフロイトは，後の著作でと同じく，少年の場合にも少女の場合にも，ペニスに精神 - 性的発達における中心的な役割を与えている。しかしながら彼はここで，幼い少年が膣の存在を考慮できるという考えを提起する。「子供はしかし，自分のペニスの感覚から出発して膣の存在を推定する途上にいたとはいえ，謎を解くことはできなかった。なぜならおちんちんが必要とするような，そうしたものは彼の知る範囲内になかったからである。謎の解決には，ママが彼と同じようにおちんちんを持っているという確信が邪魔になっていたというべきだろう」（同 135，岩波 10: 162）。フロイトはこの論文の中で何度も，女性の性欲に特に結びついた諸空想に言及するが，それらを男性の性欲と等価の，女性の性欲という着想に明確に結びつけはしない。この任務はフロイトの後継者たちの，とくに女性の精神分析者たちの仕事になる。フロイトが性欲に抱いていた着想は，「男根中心的」つまり両性の差異は本質的にペニスを所有するかしないかを中心とするという考えに基づいたままだろう。この着想は，私が見るところ，私たちが既に確認したように，両性の差異の問いについての幼児性欲理論をフロイトが固持したのと同じことである。

● 精神分析による幼児恐怖症の治療過程

　少年ハンスの分析は，重い恐怖症の発症が引き金だった。少年は家から出て通りに行くことを，馬に噛まれたり蹴り倒されたりすることを恐れて拒み始めた。フロイトはこの恐怖症症状の形成を妥協の結果として説明する。彼によれば，馬に噛まれるというハンスの恐怖は，父親によって去勢されるという無意識的な不安を，動物へと置き換えた結果だった。しかしこの去勢不安はどこから生じるのだろうか。臨床素材は，ハンスのこの恐怖の起源が，彼にはエディプス葛藤を解消できないことにあるということの証明を提供する。一方で彼は，母親と寝て父親を排除したいという欲望を表明するほど，母親への強い近親姦的愛着を経験した。それは幼い少年にとって耐え難い願望である。もう一方で彼は，父親に強い愛着を感じると同時に，母親への行く手を遮るライヴァルとして憎しみを感じた。それもまた全く同様に耐え難いことだった。フロイトにとっては，ハンスの母親に対する近親姦的欲望と，あれほど愛する父親を憎むことへの罪責感の組み合わせが，幼い少年の中に禁じられた欲望に対する去勢の罰を受ける恐怖を引き起こしたのである。

　しかしこれまでのところ，ハンスのものと類似のエディプス状況は，注意を払いさえすればどの幼い少年たちにでも見られるのではないだろうか。私たちは何によって，正常なエディプス状況と病理的なものを，つまり正常な去勢不安と恐怖症症状を引き起こす去勢不安とを区別ができるのだろうか。確かに，ハンスが 3 歳半のときの妹の誕生は，その生みの親である母親と父親に対する怒りと同時に妹への嫉妬を強めて，彼のエディプス的葛藤をかきたてたと考えることはできる。

　フロイトとしては，恐怖症を生み出した病因は，妹に向けられたハンスの死の願望には見出されるものではない。なぜなら彼はそれを隠さずに話したからである。恐怖症の本当の原因は，ハンスが父親に感じた死の願望に求められる。なぜならこれらは無意識へと抑圧されたからである。つまり，愛する父親にこうした憎しみを感じることは，少年の意識に受け入れ難くなり，彼の攻撃欲動も抑圧され，父親に去勢される不安は，馬に噛まれる，あるいは襲われる恐怖という形をとって，置き換えられた。この妥協形成症状によって少年ハンスは，意識的には父親を愛し続け，父親に向けた耐え難い憎しみを感じることを回避できたが，その状況は，彼が解消できそうにない行き詰まりへと通じた。

　治療はこの重大な段階に達したとき，それ以上進展しなかった。それが，フロイトが介入を決めた理由

だった。少年と父親に会ったフロイトは，ハンス少年を恐れさせた馬の外見の細部が，彼の父親の眼鏡と口ひげを思い起こさせたに違いないと気づいて，その発見を幼い少年に指摘した。これは治療の転機であり，治癒への道を開いた。実際にフロイトは，その少年の父親への転移についての解釈を与えつつ介入しており，彼が与えた説明によって，ハンスは，父親に向けた死の欲望と父親によって去勢される恐怖を同時に動物へと置き換えた理由を意識することができた。

　付け加えておくと，この子供の分析によってフロイトは，幼児性欲の病理的な現れと正常な現れとの間には，基本的な差異が存在しないことを示すことができた。例えば，去勢不安は近親姦的・リビドー的欲動や攻撃的欲動と同じく，恐怖症症状におかされた子供にも，正常に発達していると見なしうる子供にも存在する。正常なものと病理的なものを区別するのは，何よりもまず量的因子である。内的状況が処理できないほど過度な不安を引き起こすとき，それは妥協形成症状が出現する原因となる。要するに，フロイトはこの幼児神経症を，一般化できるモデルと見なしている。なぜならそれは，成人の神経症が少年ハンスの恐怖症に発見されたものと同じ幼児コンプレックスと密接な関連があることを明らかにしているからである。フロイトは『制止，症状，不安』(1926d) で，1909 年の時点では概念化されていなかった超自我の概念の導入に照らして自分の不安理論を修正するとき，少年ハンスの症例を再考察することになる。

フロイト以後

「少年ハンス」の受動的傾向と能動的傾向を顧みる

　「少年ハンス」の症例は多数の論評を引き起こしたが，私は以下のものを取り上げよう。ある精神分析者たちが正当にも，フロイトが解釈の中でハンス少年の，母親の夫となり父親の位置を占めることで父親と同一化したいという欲望に結びついた空想のみを考慮しており，表または陽性のエディプス・コンプレックスを特別扱いして，裏または陰性のそれを無視していると指摘した。それでもシルバーマン Silverman (1980) とフランキエル Frankiel (1991) によれば，フロイトは，ハンスが母親の位置を占める目的で母親と同一化する欲望にも取り憑かれていたことを示す要素も伝えている。例えば報告は，少年の父親への性愛化された愛着・母親のように彼の赤ん坊を宿したいという願望・妊娠した母親への怒りと競争心と同時に，彼女への同一化を明らかにしている。フロイトは，両性愛の重要性と，表エディプス・コンプレックスに結びついた欲望と防衛ばかりでなく裏エディプス・コンプレックスに結びついたものも，神経症を解決するために解釈する必要性を理解し始めていたのに，なぜこの素材を用いなかったのだろうかという疑問が浮かぶ。フロイトがそれを避けた動機のうち，「少年ハンス」の治療の頃は，体質先天的な両性性という概念を用いており，1923 年に現れる心的両性性の概念も，陰性あるいは裏エディプス・コンプレックスの概念も，彼はまだ導入していなかったことを指摘しよう。加えて，フロイトがハンスの母親との葛藤についてほとんど述べていないのは，ハンスの母親がかつてフロイトの分析を受けていたので，おそらく秘密保持という理由も推測できる。つまるところフロイトが，彼自身または彼を継ぐ精神分析者たちによって後に概念化される臨床現象を見事に記述したことは，しばしば認められる。今日の読者が彼の著作を再読しては，たえず新たな興味を覚えるのは，このためである。

　マホーニィ Mahony (1993) は，マックス・グラーフが息子について 2 年以上にわたり採った記録を詳細に研究して，この臨床素材の転写が引き起こした避け難い歪曲を最初に問題にした人物だった。彼は，記録の作成が幼い少年の治療において，決定的な転移上の役割を果たしており，治療の決定的な転機は「少年ハンス」が書く作業を積極的に引き受け始めた時から，特に彼がフロイトに伝えたいことを父親に書き取らせ始めたときに生じたと見なしている。「ぼくが教授に全部書いたら，ばかげたことはすぐさま消えてしまうんだよね？」(Freud 1909b: 61, 岩波 10: 72)。マホーニィは言葉の多義性を利用して，自分の論文に「The Dictator and his Cure（独裁者／口述者とその治癒）」という題名を付けて，少年の権威主義的な決意と，記録の記述における彼の能動的な役割を，圧縮した仕方で同時に表している。報告はこうして「彼自身の活動」となっている (Mahony 1993: 1250)。

伝記と歴史

最初期の児童分析者たち

ヘルマイン・フーク - ヘルムート（1871–1924）

　ヘルマイン・フーク - ヘルムート Hermine Hug-Hellmuth は，歴史上最初の児童分析者だったにもかかわらず，今なおわずかにしか知られていない。1910 年にイジドール・ザトガー Isidor Sadger と分析を始めてから，彼女は児童分析に完全に身を捧げるために学校教師の仕事をやめることを決意した。1913 年に彼女はウィーン精神分析協会の会員として認められ，協会の水曜会に参加した。彼女は数多くの論文を書き，その中で，子供の最初の性的情動や自慰と同じく，知的・情緒的発達の始まりを，生後数週間に遡らせた。ヘルマイン・フーク - ヘルムートは，子供における遊びの価値に注意を向けた最初の精神分析者でもあったが，それは単に子供の発達を観察するためだった。厳密な意味での治療技法における遊びの使用は，後にメラニー・クラインによって，それからアナ・フロイトによって展開される。1920 年ハーグでの学会でヘルマイン・フーク - ヘルムートは，児童の分析で「教育学的」・「教育的」な次元を考慮する必要性を強調した（Geissmann and Geissmann 1992）。ヘルマイン・フーク - ヘルムートは 1924 年に，甥のロルフに殺された〔英訳によれば絞殺〕。彼女は，その行動的な問題のために彼を分析していた。この殺害は，精神分析が子供や青年に与える危険を公的に告発した中傷者たちによって，引き合いに出された。

メラニー・クライン（1882–1960）

喪失，喪，抑うつ

　1882 年にウィーンに生まれたメラニー・クライン Melanie Klein は，4 歳の時に姉を失ったように，人生の非常に早い時期に喪に直面した。彼女の母親との関係は極めて両価的で，母親は独占欲が強く侵入的だったと描写されており，メラニーは重いうつ状態を何度か経験した。1902 年，20 歳の時，彼女はとても愛していた兄エマニュエルも失った。1 年後の 1903 年，彼女は技師のアーサー・クライン Arthur Klein と結婚し，3 人の子供をもうけた。メリッタ Melitta は 1904 年に，ハンス Hans は 1907 年に，エーリッヒ Erich はメラニーの母親の死後 1 年の 1914 年に生まれた。1914 年，メラニーは，ブダペストでシャーンドル・フェレンツィ Sándor Ferenczi と最初の分析を始めた。彼は彼女が早期の空想と児童分析への関心を発展させるように奨励した。1919 年，彼女は幼い少年の，実際には息子エーリッヒの最初の観察である「児童の発達」（Klein 1921）という題の報告を発表し，ハンガリー精神分析協会の会員になった。同じ年にメラニー・クラインは，政情不安と反ユダヤ主義の結果としてハンガリーを去り，子供たちとベルリンに身を落ち着けた。一方夫はスウェーデンに移り住んだ。彼らは 1923 年に離婚した。

児童精神分析の技法

　彼女が「厳密に精神分析的な見地からの乳児観察の技法」と自分で述べるものをまとめたのは，ベルリンにおいてだった。そこで彼女は，2 度目の分析をカール・アブラハムと始めた。彼の考えは，彼女に強い影響を与えた。後に彼女は常に彼を援用し，自分の仕事が彼の延長上にあると考えていた（Segal 1979）。しかし彼女の分析は，1925 年 12 月のカール・アブラハムの死によって中断された。同じ年，彼女はロンドンで一連の講義をするよう招かれた。彼女はそこで大変に支持されたが，それはアブラハムの死去後，もはやベルリンでは得られないものだった。また，彼女はジョーンズにロンドンにしばらく滞在するよう招かれて，1926 年 9 月にベルリンを発ち，ほどなくロンドンに定住することを決意した。メラニー・クラインは 1932 年には『児童の精神分析』を出版し，その中で女児と男児の早期発達段階についての新しい見解を説明した。

アナ・フロイトとの衝突

メラニー・クラインは当初，イギリスの同僚たちから温かく迎えられた。しかし 1927 年以降，アナ・フロイトは児童分析について異なる見解を展開し，メラニー・クラインをますます辛辣に批判し始めた（Grosskurth 1986）。それでもクラインは，イギリス精神分析協会の同僚たちから傑出した革新者と見なされ，彼らの仕事のやり方に重要な影響を与えた（Hinshelwood 2002）。彼女は 1934 年に 26 歳の息子ハンスを登山中の事故で失ったときに，抑うつに関する重要な論文（1935 年に出版）を書き始めた。1934 年は M. クラインにとって特別に悲しい年だったが，実の娘メリッタ・シュミデバーグ Melitta Schmideberg を分析したエドワード・グラヴァー Edward Glover からも娘自身からも激しい攻撃を受けたので，ますますそうだった。いくつかある苦情のうちでもメリッタは，母親が弟の「自殺」の原因だと非難したが，それは本当に事故だった。しかし最大の対立は，アナ・フロイトが 1938 年にナチズムの台頭を逃れて，父親とロンドンに到着してから生じた。イギリス精神分析協会は，互いの理論的な立場を照合し，諸概念を明確にする目的で，まだ戦争中の 1943 年に「大論争 Controversial Discussions」として知られる一連の討議を催した。それは，優れた仕事を生み出した（King and Steiner 1991）。紳士協定の結果として，この討議はイギリス協会の中に，3 つの精神分析的集団の形成をもたらした。1 つはアナ・フロイトによって作られた学派，もう 1 つはメラニー・クラインによる学派，そして第 3 の集団は，協会の大多数の態度表明しない会員から構成されていた「中間学派」だった。これはクラインの死後，「独立学派」となる。これら 3 つの集団はまだ存在するが，メンバー間の科学的相違は，平準化されている（King and Steiner 1991）。

遊びによる分析の革新的な技法

メラニー・クラインは児童精神分析の新しい方法の創始者だった。まず技法の面で，彼女が児童分析の基礎に開発したのは遊びの技法であり，単に観察の方法としてではなかった。「クラインの天才的なひらめきは，子供が自分を表現する自然な様式は遊びであり，だから遊びを子供とのコミュニケーションの手段として用いることができると気づいたところにあった。子供にとって遊びはただの遊びではなく，仕事でもある。それは内的世界を探求しそれを認知する仕方であるだけでなく，空想を表現し反芻処理（ワークスルー）することを通して不安を探求し克服する仕方でもあった。子供は遊びによって自分の無意識的空想を劇化し，そうすることで葛藤を詳しく表し，反芻処理（ワークスルー）する」（Segal 1979: 36）。言いかえれば，子供の遊びは夢と同じ空想を明らかにするが，夢と遊びは違って，既に現実の吟味である。

その上，メラニー・クラインは，子供が即座に非常に強い分析者への転移を形成するものであり，アナ・フロイトが治療同盟を作りつつ子供に分析への準備をさせることから始める必要があると考えるのとは反対に，陰性転移も解釈する必要があると考える。さらにクラインは，ヘルマイン・フーク - ヘルムートやアナ・フロイトが奨励する教育的な方法は，子供への精神分析的なアプローチではふさわしくなく，子供を混乱させるだけだと断言する。彼女にとって，真の精神分析的状況は，精神分析の手段によってしか実現されえない。1919 年から 1923 年にかけて，メラニー・クラインは少しずつ，厳密な時間割と，それぞれの子供用の，おもちゃには家やさまざまな大きさの男女の人形・動物・粘土・鉛筆・紐・はさみの入ったおもちゃ箱，という，児童分析に固有の設定を明確にしていく。ウィニコットにとって，この選択は「この領域における最も重要な進歩」（Segal 1979: 42）だった。

理論面では，メラニー・クラインは児童分析を通して獲得した経験によって，私たちの理論の範囲を，特に，幼児の発達の早期段階に関する理解を著しく広げる諸仮説を提唱することができた。その見方からすると，フロイトが大人のなかの子供を発見したとすれば，子供のなかに乳児を発見したのはメラニー・クラインによると言えるだろう。

フロイトとクラインとの比較

　メラニー・クラインは，多くの点でフロイトの考え方との連続線上にあり，無意識の存在，幼児性欲が果たす役割，エディプス・コンプレックス，転移，その他の主な諸点のような，フロイトによって据えられた精神分析的な基本公準と一致している。しかしながら，他の点については，クラインの考えはフロイトのそれと異なっており，彼女が達した結論は，長い間異議を唱えられてきた。しかし多くの精神分析者たちは今日，彼女が提出した仮説を既定のものと見なしている。

　以下は，クラインがフロイトと異なる幾つかの点である。例えばクラインはごく早くから対象が生の始まりから認識されていると主張して，乳児はずっと後になってからのみ対象を発見すると考えたフロイトの立場（一次的自己愛の仮説）を再検討した。メラニー・クラインはまた，エディプス・コンプレックスがフロイトの考えたよりもずっと以前から働いていること，そして「エディプス・コンプレックスの早期段階」（Klein 1928）が存在することを示した。彼女によれば，この原始的コンプレックスは性器的欲動だけにでなく，口唇的および肛門的欲動に基づいており，まだ全体対象ではなく部分対象から構成されていた。このようにメラニー・クラインは，早期エディプス・コンプレックスを原始的対象関係についての自分の理論化の重要な一要素とした。クラインはまた，フロイトのよりも完成された少年・少女の精神 - 性的発達についての記述を提起している。彼女は幼い少年の母親への固着を，フロイトよりも重要視する。これはフロイトが幼い少女にのみ見ている固着である。彼女の女性の性欲についての着想も，フロイトのものとは異なる。というのは，彼女にとって女性の性欲は，男性の性欲が「去勢された」ものと同等ではなく，ある，それ固有の現実性をもつ性欲であり，どちらの性の乳児も膣の存在を早くから知っていることに基づいている。クラインはまた，身体の中身を奪われ空にされる恐怖という幼い少女の根本的な不安を記述している（Klein 1932）。

　メラニー・クラインは，非常に苛酷な原始的超自我の存在も描写した。その形成はエディプス・コンプレックスに先立ち，フロイトが仮定したようにそれを継承するものではない。1930年の注でフロイトははっきりとクラインの見解に言及した。「ところが経験から知られるところでは，子供が発達させる超自我の厳しさは，彼自身が被った取り扱いの厳しさを決して再現するものではない」（Freud 1930a [1929]: 130, 岩波 20: 144）。彼女はそれから続けて，抑うつポジション（Klein 1935, 1940），次に妄想分裂ポジションと投影同一化（1946）のような独自の概念を提出するに至る。これらの概念は，理解され受け容れられるのに時間を要した。

　最後に，クラインは死の欲動の存在に関するフロイトの仮定を共有したこと，嫉妬に先立つ「一次的羨望」（Klein 1957）の概念でそれに重要な寄与をもたらしたことを指摘しよう。羨望の概念は，生の欲動と死の欲動の間の葛藤によって引き起こされる諸帰結を，臨床実践に適用することを可能にする。この概念は，クラインと，クライン以後の発展までは，本質的に理論上に留まっていた。

アナ・フロイト（1895-1982）

父親との分析

　ジークムント・フロイトとマルタ・フロイト Martha Freud の3番目の娘で，彼らの6人の子供の末子アナ・フロイト Anna Freud は，児童の精神分析の先駆者の一人でもあった。青春期以来，彼女は精神分析に強い関心があったが，まず学校教師の訓練を受け，1920年まで教職に従事した。思春期に彼女はぶたれる空想に悩まされ始めた。その症状が，彼女が1918年から1922年まで最初の精神分析を，次いで1924年に2度目の分析を受けた主な理由のひとつだった。彼女はこの治療を父親と行ったが，当時はまだ転移 - 逆転移関係に対する支障が知られていなかったため，これは例外的なやり方ではなかった。1922年アナ・フロイトは，ぶたれる空想についての臨床報告を発表し，27歳でウィーン精神分析協会に会員として認められた。

アナ・フロイトによる児童の精神分析

1925 年，アナ・フロイトはウィーンで児童の精神分析に関するセミナーを開いた。2 年後彼女は『児童分析技法入門』(1927) と題した著作の中で，自分独自の考えを提示する。その技法において彼女は，子供の夢と描画を使うことを，そして遊びを用いることを，主として観察の目的で奨励する。彼女はまた，分析者は精神分析的な態度に付随して教育的な態度をとるべきだと評価しているが，後に防衛機制の果たす役割を発見した時に自分の見解を改めた。それによって，子供の最初の抵抗を解釈する可能性が開かれた。その本でアナ・フロイト (1927a) は，メラニー・クラインに向けた最初の批判を述べている。当時，彼女たちの相違は主に転移と関わっていた。クラインが転移は治療の早くから現れると見なしていたのに対して，アナ・フロイトはずっと後だと考えた。もう 1 つの相違は，遊びおよび超自我の性質に関わっており，クラインが原始的で残酷だと判断したのに対して，アナ・フロイトは自我の未熟さのために超自我はまだ統合されていないと評価した。

1920 年代の終わり頃アナ・フロイトは，自我の成長過程と適応の問題にも関心を抱き始め，ハインツ・ハルトマン Heinz Hartmann と仕事をした。彼はアメリカへとウィーンを去る前は，自我心理学の創始者の一人だった。しかしながら，アナ・フロイトがつねに自我心理学とは距離を置いていたこと，そして治療作業では彼女が第 1 局所論も第 2 局所論も利用していて，患者にとって好ましいと彼女が評価するところに応じて選択を決めていたことには注意しよう。

自我と防衛機制

アナ・フロイトが精神分析にもたらした寄与を理解するには，彼女の職業人生に深い痕跡を残した彼女のパーソナリテイの諸側面を考慮に入れることが不可欠である。事実，アナ・フロイトの仕事は，個人的で独自の着想を発展させる能力とともに，決して放棄しなかった父親への強い同一化を反映している (A-M. Sandler 1996)。

著書『自我と防衛機制』(1936) においてアナ・フロイトは，自我がエス・超自我・外的現実と相互作用する仕方を検討している。彼女は，病理的状態では，防衛機制の過剰な使用が自我の貧困化を引き起こしたり現実の知覚を歪曲したりする可能性があることを示す。彼女は既に知られていた防御機制に加えて，2 つの新しい防衛機制を描写する。それは，同一化と投影を組み合わせる「攻撃者への同一化」と，自分自身の欲望を放棄し他人を通してそれを経験するという「愛他的明け渡し〔altruistic surrender〕」である。同じ本の中でアナ・フロイトは，いわゆる原始的防衛と，より洗練された防衛との区別を設けている。後者は，より高い自我の成熟度を必要とする。

子供の直接観察

最初期の著作から既にアナ・フロイトは，子供の直接観察が精神分析者の眼を通じて行なわれる限りで，それに大きな重要性を与えた。彼女は，この種の観察によって，より幼い頃から子供がどう経験しているのかをもっと理解できるようになるばかりでなく，その調査の結果は精神分析の理論と技法を有効に解明することができると評価した。

さらに，彼女が絶えず精神分析領域の拡大に関心を抱いたことは，研究と治療の場としての精神分析的施設を創設することの発端だった。例えば，彼女は 1925 年から，恵まれない幼い子供たちのための施設を，生涯にわたり彼女に同行したドロシー・バーリンガム Dorothy Burlingham と共同でウィーンに設置した。バーリンガムの 2 人の子供は，アナ・フロイトが 1923 年に始めた児童分析の最初の患者だった。アナは，父親とその家族と共に 1938 年に亡命してきたロンドンで，またドロシー・バーリンガムと，親と離ればなれになった子供たちを引き受けるために「ハムステッド戦争託児所 Hampstead War Nurseries」を開設した。アナ・フロイトはジョン・ボウルビー John Bowlby と同時に，母子分離の役割に強い関心を抱き，戦後は，親が入院中の幼い子供に面会できるように，また，非常に幼い子供は，入院中母親が一緒に滞在できるように闘った。恵まれず見捨てられた子供たちに強い関心を向けるアナ・フロイトの顕著な傾向は，彼女自身が家族の末子と

して年長者たちからなおざりにされたと感じたことと無関係ではなかったと，当然のこととして考えられる。彼女が子供の両親および周囲の人に対して予防的な仕事を実行しようと気に掛けたのも，おそらくはそこに由来している。

「発達ライン」の観念

アナ・フロイトの理論的・技法的なアプローチは，発達概念に基づく観点にも根差しているが，古典的な理論によって定義されるものよりもより広い土台の上に企てられている。実際には長い間，発達の概念は1915年にフロイトが記述した「リビドー段階」の概念に密接に結びつけられていた。そして次第に子供の発達の中に，いくつかの見地を挙げると，攻撃性や対象関係，自我・イド・超自我間の関係の諸概念を含む必要性が認められた。この観点の中でアナ・フロイトは，「発達ライン」という独自の観念を，著書『児童期の正常と異常』(1965) で導入した。この概念は，精神分析的な訓練を受けた者は子供の行動の注意深い観察から，子供の内的世界の機能の仕方について，価値ある情報を引き出すことができるという考えに基づいている。

「発達ライン」という観念からアナ・フロイトは，成人期までの児童と若者の発達の間に並行して展開される現象の複雑さをどのように説明するかを追求した。そうした変化の中で例として，年齢に応じた異なる種類の不安の進展の研究，身体的機能の変化——授乳・排泄訓練など——に結びついた変容の研究，そして新生児の依存から自律性の獲得までの移行の研究を挙げよう。アナ・フロイトは，個人の発達を全体として吟味することの重要性を強調した。彼女にとって，精神分析的な仕事の中心理念は，子供が個人の正常な発達において自分にふさわしい場を再び見出すのを助けることだった。

児童の精神分析者になる人たちの養成

第2次世界大戦の終わりに，アナ・フロイトの「戦争託児所」の数名の同僚たちは，児童の心理療法者になるための，より厳格な訓練課程を持つことを望んだ。その目的のために，彼女は1947年に独自の養成課程をつくった。そして1952年，「ハムステッド児童治療訓練コース・クリニック」を設立した。今日，それは「アナ・フロイトセンター」という名で知られている。この訓練機関では，観察は5歳以下の子供に限定されており，「精神分析的に訓練された児童の治療者」になる者の養成のなかで，比較的少ない分量となっている。1970年イギリス精神分析協会は，アナ・フロイトセンターで行なわれている，児童分析者になることを望む候補生に開かれた訓練を承認した。

年代順に見るフロイトの概念

去勢不安　幼児期の恐怖症　幼児の好奇心　幼児神経症

「強迫神経症の一例についての見解（鼠男）」
（1909d）

強迫症状にも意味があり，精神分析によって解消できる

　「鼠男」とあだ名されたエルンスト・ランツァー Ernst Lanzer の精神分析治療は，重度の強迫症状でさえ，ヒステリーの症例で試みて成功したものと同じ技法を用いて，精神分析による治療が可能であるという確認をフロイトにもたらした。強迫神経症は，「疑い狂」（Freud 1895b [1894]: 93）とも呼ばれるように，重大な制約を引き起こす過度に強迫的な障害，すなわち反芻・強迫観念・望ましくない行為を実行する衝動・これらの思考や行為と戦うためのさまざまな儀式などを特徴としている。例えば，エルンスト・ランツァーは鼠刑が父親に科されるかもしれないという強迫観念に怯えていた。それがこのあだ名をフロイトが付けた理由である。強迫症状には患者の能力を奪う性質があるので，この障害はその頃まで，変質か心的構造の器質的脆弱性によるものと見なされてきた。だがこの治療の成功によってフロイトは，強迫神経症は心的原因のある疾患であり，ヒステリーと同じく，性的・情緒的性質をもつ無意識の葛藤から生じることを立証することができた。それに加えて，もしも分析が幼児期に起こった重要な葛藤の記憶を患者の意識へともたらすことができれば，諸症状の解消が得られる。さらに，この治療によってフロイトは，1912年以後「**両価性の葛藤**」と呼ぶようになる，愛と憎しみの葛藤と同様に，強迫神経症において肛門性愛が果たす決定的役割を明らかにすることができた。

　これまで多くの精神分析者が，この症例について論評してきた。特に，フロイトの面接記録がそのままの状態で利用可能になってから盛んである。そのおかげで私たちは，フロイトの実際の技法について，より間近に知ることができ，その強みと弱点を今日の経験に照らして指摘できるようになっている。

伝記と歴史

エルンスト・ランツァー：「鼠男」

　29歳の法律家だったエルンスト・ランツァーは，重度の抑止を引き起こしていた多くの強迫症状に苦しんでいたため，フロイトの診察を受けた。彼は，ウイーン大学で法学を修めるのに十年を費やし，専門的な仕事に順応することにひどく困難を感じていた。愛情生活に関しては，結婚の考えを先延ばしにし続けていた。エルンスト・ランツァーは，1907年10月1日にフロイトと分析を始めるまでに，既に何人もの著名な精神科医の診察を受けていたが，全く効果がなかった。すぐさまフロイトは，こうした症例の治療から引き出しうる科学的重要性に気づいた。彼は患者に分析の才能があると思った。また，フロイトは彼を大変好んでいたらしい。彼はある日，患者を自分の家族との昼食に招きさえした。これは異例の出来事であり，フロイトが自ら唱道していた倫理規則に背いていた。治療が継続している間に4度，フロイトは水曜集会でウイーン精神分析協会の同僚たちに，この患者の経過の報告を行った。1908年に彼は，ザルツブルグでの第1回国際精神分析学会でもこの症例に関する極めて世評高い論文を発表した。フロイトの伝記作者アーネスト・ジョーンズ

Ernest Jones は，そこで初めてフロイトに出会い，フロイトの卓越した発表がどれほど印象深かったかを記している。

1909 年にフロイトによって公表されたこの症例報告に加えて，私たちは治療がどのように進んでいるかを記した彼の日々の面接記録を利用できる。フロイトは面接記録を廃棄する習慣があったので，これは例外的である。こうした貴重な面接記録は，フロイトの書き手としての才能を照らし出し，文面を超えて，文学的質によって読者に鼠男の不安や，フロイトが患者に抱いた共感を感じさせる。面接記録は 1955 年に『標準版』の中で一部公表（1909d: 251-318，「補遺：症例の記録原文」）され，記録のドイツ語完全版は，そのフランス語訳とともに，1974 年に E. R. アウェルカ Hawelka によって出版された。

フロイトは治療の成果に大変満足していた。患者はフロイトに診察を受けるまで何カ月間も働けずにいたが，治癒の後には，職を得ることができた。1914 年 8 月，エルンスト・ランツァーは軍務に招集された。そしてロシア陸軍の捕虜となり，第一次世界大戦が始まってすぐの 1914 年 11 月に死亡した。

テクストを紐解く

■ 標準版第 10 巻 151-249 頁（岩波版フロイト全集第 10 巻 177-274 頁）所収。

● 驚くべき一連の強迫症状

エルンスト・ランツァーはフロイトを受診したとき，次第に悪化し続けて，先立つ 2 カ月間，仕事ができない程になっていた驚くべき一連の強迫症状を述べた。その症状とは，彼の愛する父親と敬愛する「婦人」に何かが起こるという不合理な恐れ，自分の喉を剃刀で掻き切る衝動に囚われる恐怖，そして思考と行動を完全に麻痺させるまでにますます彼の心に侵入するばかげた禁令である。

フロイトは直ちにエルンスト・ランツァーに，自由連想の規則に従うことを約束させた。それは今日まで，精神分析の根本規則であり続けている。「翌日，私は彼に治療上の唯一の条件を義務として課す。頭に浮かんだことは，たとえ不快なことであっても，重要でない，それには関係ない，馬鹿げていると思われることであっても，すべて言うように命じる。そして，どういったテーマから報告を始めるかは彼に任せる」（1909d: 159, 岩波 10: 183）。このようにしてフロイトは，最初のセッションから，女性の裸を見たいという強迫と，父親や彼の「婦人」が死ぬかもしれないという観念から患者を解放した。事実，患者はフロイトに，この窃視的な強迫は 6・7 歳頃，若くて美しい家庭教師が彼をベッドに連れて行き愛撫させるようになった時に始まったと自発的に語った。この早熟な性的経験には強烈な興奮と耐えがたい罪責感が伴っており，解消できない葛藤を少年の心に生んだ。「つまり，性愛的な欲動とそれに対する反抗，（まだ強迫的ではない）欲望と，（すでに強迫的な）それに抗おうとする怖れの気持ち，不快な情動と防衛行動への〔zu Abwehrhandlungen〕衝迫とがあって，神経症の在庫目録にあるものはすべて揃っているのである」（同 163, 岩波 10: 188）。

● 鼠への大規模な強迫

だがフロイトがこの強迫神経症の真の原因と症状を消失させる可能性の探求を深めることができたのは，鼠への強い強迫的恐怖の分析によってだった。すべてが始まったのは最近のことで，その前年の 8 月，患者が陸軍に入隊し，或る大尉が東方の残酷な刑罰について語るのを聞いたときだった。それによれば，か

めに鼠を入れて有罪の者のお尻にかぶせると,鼠たちは肛門の中へとかき分けて進んで行くのだった。この話を聞いた瞬間から患者は,こうした刑罰が父親に,それから敬愛する婦人に加えられるかもしれないという強迫観念におびえた。また彼はこの耐え難い観念を追い払おうとして,「お前は一体何を考えているのだ」と呪文の言葉を唱えながら,［投げ捨てるような］手の動きを繰り返すのだった。さらにフロイトは,患者がこの話の要所要所で,患者が「彼自身知らない彼自身の快に対する恐怖」(同 167, 岩波 10: 191)を示すように見える,奇妙な表情をすることに気づいた。

この話は,自由連想の方法を系統的に用いた,患者を苦しめていた多くの強迫的思考と行動の詳細な分析の出発点だった。圧縮を戻す詳細な作業の終わりに,フロイトは患者の強迫的観念と振舞いを,それぞれ次々に消去することができた。

● 愛情と憎しみの間の容赦なき闘争と肛門性愛

鼠男の分析において,フロイトは主に 2 つの根本的葛藤の再構築を彼の解釈の焦点とした。1 つは,患者自身・父親・敬愛する婦人の三者の葛藤であり,それは本質的に父親とのエディプス関係の観点から理解される。もうひとつは愛と憎しみの葛藤であり,強迫は憎しみが愛よりも強いことに関係した情緒的不均衡から生じることによる。「恋をしている我々の患者の中では,同じ人物に向けられた愛情と憎しみとの間の戦いが荒れ狂っている」(同 191, 岩波 10: 217)。しかしエディプス葛藤と,愛情と憎しみの葛藤は密接に絡み合って,ほとんど解き難い織物を作り上げている。それは強迫神経症とその症状に特徴的である。

この治療報告のなかでフロイトは,こうした錯綜を解くために彼が辿る道筋を私たちに分かち合わせる。彼は忍耐強く一つ一つの強迫観念や行動を順次取り上げて,一見すると馬鹿げているその意味を,患者にとって理解できるものになるように発見しようとする。次に彼は,より広い意味の網目の中に各要素を置き直そうとする。その網目は分析作業が進展するにつれて徐々に広がり,精神病理学的な一覧表の全体像へと至る。フロイトは患者の自由連想から出発した再構築に特に訴えて,患者に彼の諸発見の価値を納得させようとした。そのようにして彼は,治療の成功にとって重要だった治療同盟を作り上げている。しかしながら,彼は転移の要素を何度か,とりわけ患者がフロイトの娘の夢を見たり夢の中でフロイトを侮辱したり,さらには,転移について説明されているセッションでフロイトに「大尉殿!」と呼びかけたりしているときに指摘はしていても,転移をほとんど活用していない。

● 強迫的な症状と行動の解釈

フロイトは患者の強迫的観念と行動を,どのように分析しただろうか。鼠男を捉えた強迫の一例,敬愛する婦人が通るはずの道から,彼女を守るために 1 個の石を取り除き,それからすぐにその同じ石を元の場所に戻すというもののみを取りあげよう。フロイトにとって,石を取り除いては元に戻すという強迫行為は,象徴の見地から大変重要に感じられる。なぜなら,こうした矛盾した行為によって患者は,恋人に対する愛に関して彼が抱く疑いを表現しているからである。彼女を守るために石を取り除くことは,愛に基づく行為である一方,それを元に戻すことは憎しみに基づいている。なぜならそれは,婦人が怪我をしうる障害物を再び作り出すことだからである。ここでフロイトは,のちに「なされたことの打ち消し」として後に知られるようになるものを臨床的に記述している。それは 2 段階の強迫行為で,最初の行為は 2 番目のものによって打ち消される。

このように,フロイトによればこの種の行為の本当の意味は,強迫症状が愛と憎しみという 2 つの矛盾した傾向を,両者が同時に実現するように並置することからもたらされる。しかし憎しみの構成成分は,患者の意識からのがれて,患者は合理化を使って行動を正当化する。それは無意識の中に抑圧されたままにするために憎しみを隠すことを狙った,ほとんど信じられない正当化である。この種の神経症を特徴づけるのは,「愛は憎しみを消し去ることができず,ただ無意識に押しやることしかできない。そして無意識の中で憎しみは,意識の作用によって無効化されることから守られて自らを維持し,さらには成長さえ

も見せる」(同239, 岩波10: 264) ということであるとフロイトは述べている。

　肛門性愛の主題はこの治療経過の随所に見られるけれども，フロイトはそれに言及するだけで，後にそれに付与することになる強迫神経症においてふさわしい場所を，まだ与えていない。例えば彼は，患者に幼少時の強烈な性愛の思い出，すなわち寄生虫によって引き起こされた直腸領域の刺激により何年にもわたり維持されてきた快楽を呼び覚まし，患者の鼠への強迫を解き明かすとき，肛門性愛に触れている。フロイトは，金銭と肛門性愛の間にあり，強迫神経症に典型的な性格特徴を決定する，多くの象徴的意味にも言及している。例えば，汚染への強迫的恐怖に結びついた潔癖さへの強迫，金銭と排泄物の間および鼠と子供の間の等置，さらには，赤ん坊が肛門から生まれるという小児の性的信念である。

● 神経症的要素と精神病的要素の並在

　フロイトは鼠男の診断に関して「神経症」と言うが，私にしてみれば神経症よりも精神病から生じていて，それでも神経症的要素と並存する要素を何度も指摘しているのを見ることができる。例えば患者が，両親は彼の思考を読み取ると想像するとき，フロイトは妄想的思考だろうかと自問する。「さらに別のものまで存在する。特別な内容をもった一種の譫妄ないし妄想の形成である。それは，自分では耳にすることなく〔ohne sie selbst zu hören〕，口に出して話してしまう〔ausspreche〕ために，両親が彼の考えを知っている，というものである」(同163–164, 岩波10: 188)。彼は患者が，父は9年前に既に死んでしまったことを知っていたにもかかわらず，父の姿が現れるのを期待して，夜の学業を中断し，玄関のドアを開けに行くという強迫行動を記述するときに再び，「譫妄」(同222, 岩波10: 247) という言葉を用いている。この種の信じ込みは，精神病的思考に特徴的な現実の否認を形成している。しかしフロイトは，「こうした思考を，強迫神経症の範囲を越えている［……］妄想」(同233, 岩波10: 258) あるいは幼児期の誇大妄想に関係した信じ込み，すなわち彼が鼠男に見出した「万能感」(同233) と見なすことに躊躇する。フロイトは，エルンスト・ランツァーに確認される「強度の迷信」についても予兆や予告夢を信じたことについても述べているが，患者が完全に迷信深くはなかったと強調する。「つまり，彼は迷信的であり，またそうではなく，信仰と一体化していると感じるような，教養がなくて迷信的である人たちとは，自分自身をはっきりと区別した〔sich unterscheiden〕」(同229, 岩波10: 254)。言い換えれば，フロイトは鼠男が迷信を信じていると同時に信じていないことばかりでなく，父の死を信じていて信じていないことを指摘している。

フロイトの概念の継時的発展

フロイトによる強迫神経症：30年間の研究

　フロイトは，1895年から1896年の間に，強迫神経症を特定の精神病理学的単位として同定した最初の人物だった。しかし，1909年の「鼠男」と言われたエルンスト・ランツァーの分析の時には，フロイトはこの疾患の精神病理について，まだ不完全な見解しかもっていなかった。彼が全体像を完成させるまでには，約30年間を要した。その各段階を簡単に要約しよう。

　1895年，フリースへの或る手紙のなかで，フロイトは初めて，こうした患者たちの強迫的思考と行動の起源が幼児期に起こった何らかの性的外傷に求められると直感した。「私は君に臨床上の重大な秘密を，すでに口頭または書面で知らせましたか。ヒステリーは前性的な性的衝撃の結果です。強迫神経症は，後に罪責感に変化する，前性的な性的快楽の結果です」(Freud 1985c (1887–1904): 144, フロイトのフリース宛1895年10月15日付書簡)。1895年と1896年に発表した一連の論文の中で，フロイトは強迫に関わる機制について彼の仮説を提示する。最初に彼は，それらの心的起源を明示する (1894a)。そのすぐ後で彼は，「強迫神経症」の名称のもとに，それまで精神的変質から神経衰弱に及ぶさまざまな他の病理に帰せられてきた一連の固有の症状 (強迫思考と強迫行為，病的疑惑など) を集める (1895c, 1895h, 1896b)。強迫神経症の概念を導入することによって，この症状の源が精神内界の葛藤にあるとしたフロイトは，同時代の精神医学の伝統との関わりを絶つ。同じくヒステリーは，彼が初めて心的原因に帰したもう1つの

重要な臨床単位である。

1905年，フロイトは『性理論三篇』（1905d）で幼児性欲という革命的な観念を導入したとき，肛門性愛が幼児のマスターベーションで果たす役割と，前性器期の編成を支配する肛門サディズムの役割を記載した。どちらも愛と憎しみの葛藤に密接に関連しており，後に「両価性の葛藤」という表現で呼ばれることになる。

フロイトが強迫症状の心因として愛と憎しみの葛藤を決定的に重要であるとする仮説の的確さを立証することができたのは，1907年から1908年の間に行なわれた，エルンスト・ランツァーつまり鼠男の分析治療によってであり，それは治療のさまざまな新しい可能性を切り開いた（1909d）。この治療を語る中で，彼は患者の症状と性格において肛門性愛が果たす役割を叙述している。同時期の別の2論文で，フロイトは強迫神経症に関連した主題を発展させる。一方で彼は「強迫行為と宗教儀礼」（1907b）で，強迫神経症の強迫性と宗教儀礼とのつながりを確立する。どちらにも，無意識の罪責感と闘うための保護の儀式という象徴的意味がありうる。もう一方の「性格と肛門性愛」（1908b）では，肛門性愛――これは肛門領域に結びついた身体的機能が，幼児期に強く性愛化されるときに出現する――と，強迫神経症を病む成人に観察される典型的な性格特徴――秩序への欲求・細心さ・頑固さ・排泄物の保持に関わる貪欲さ――とを関連づけている。

1913年に，『性理論三篇』（1905d）の補遺の中で，フロイトは，「肛門期」と呼ぶ新しい発達段階を導入し，そこでは肛門性愛とサディズム的欲動が顕著であるとした。彼はこの段階を，口唇期と男根期の間に位置づける。以後彼によれば，肛門期は強迫神経症に特徴的な固着点あるいは退行点を形成する。

1917年，「欲動変転，特に肛門性愛の欲動変転について」（1916–1917c）ではフロイトは，性器的編成の優位が確立されるときに，肛門性愛に関わる欲動に何が起こるかを論じる。例えば，彼によれば金銭への関心は排泄物への前性器期の関心に由来する。それに対して子供をもつ欲望とペニス羨望はどちらも，肛門性愛に基礎がある。つまり確かに患者は，便＝赤ん坊＝ペニスの3項の間に象徴的水準で等価性を無意識的に確立しており，それによって「共通の象徴」（1917c: 132, 岩波 14: 342）が，性器期の心的構造の中に存続している。

最後に，フロイトは1923年（1923b），その原始的な形態では自我に極端に厳格な，超自我の観念を導入して，多くの患者，特に強迫症状に苦しみ自己非難と処罰欲求によって圧倒されると感じている患者に見られる，過剰な罪責感を説明する。フロイトは1924年に，生源的マゾヒズムの観念を発展させつつこれらの見解を仕上げ，彼が生の欲動と死の欲動の根本的葛藤に関連づけた。

フロイト以後

神経症か精神病か，神経症と精神病か

『グラディーヴァ』（1907a）の主人公，ハーノルドの「妄想」に関してと同様に，エルンスト・ランツァーの症候の一部が属するのは，神経症的なのか精神病的なのかという問いが生じる。しかしこの症例では，問題なのは本物の患者であって，文学作品に応用された精神分析ではない。私が『グラディーヴァ』についての注釈で指摘したように，精神分析者たちの中にはこうした表れを，神経症患者に観察されうる非精神病的な意識の一時的混乱と見なす者もいる。逆に，別の精神分析者たちは，フロイトが鼠男において，現実の否認・理想化・思考の全能性などの精神病に特徴的な機制と並べられた神経症的機制を記述していると考える。私から見て，フロイトが報告したエルンスト・ランツァーの臨床素材にこれら2種類の機制の並列を実際に検知できる。同じことが，『ヒステリー研究』（1895d）から「女性同性愛の一事例の心的成因について」（1920a）までの，フロイトが提示した他の症例に当てはまる。フロイトにおけるこうした区別の兆候が，彼が快原理と現実原理とを区別する「心的生起の二原理に関する定式」（1911b）に既に見られ，例えば「フェティシズム」（1927e）や『精神分析概説』（1940a [1938]）のように，現実の否認と自我の分裂を強調している後期の著作まで続く。M. クラインと W. ビオンが，神経症に関連した防衛機制と精神病に関連したものとの間の区別を深めることになるのは，後期のフロイトのこれらの寄与に基づいている。

「鼠男」の症例におけるフロイトの技法：批評と論評

　K. H. ブラッカーと R. アブラハム（Blacker and Abraham 1982）は，フロイトの面接記録では女性が遍く見られるのに，彼が公刊した症例は主に男性であると指摘する。彼らの見解では，フロイトが強調している患者の父親に対する両価性の葛藤は，患者の母親に対する両価性の葛藤へと帰せられるが，それは分析の中でほとんど考慮されていない。彼らによれば，例えば，口唇性に結びついた本質的に母親的振る舞いである，「鼠男」を一家の昼食に招いたことのような，フロイトの逆転移による行動化のいくつかは，この知られていない母親転移が果たしていたと思われる重要な役割の印であろう。

　P. マホーニー（1986, 2002）は，この治療には後から指摘できる明らかな欠陥にもかかわらず，治療的には成功だったと書いている。「しかしフロイトは，執拗さと，あらゆるありうる転移反応，特に陰性のものを顧みないことによって，この分析における女性の役割を無視して鼠男が父親と持つエディプス関係を主として強調することによって，実際に質の高い治療結果を得ることに成功している」（Mahony 2002: 1435）。

　H. R. リプトン（Lipton 1977）は，1907年のこの治療の時期にフロイトによって用いられた技法を吟味して，フロイトが採った技法はその後の30年間彼が用いることになるいわゆる「古典的」なものであり，1912年から1914年の間に発表された彼の技法論文はこれを承認しているに過ぎないと確かめている。リプトンによれば，フロイト派の「古典的」技法には，2つの異なる要素が暗黙に含まれている。1つは，分析状況の内側での手段としてのアプローチであり，もう1つは，患者と分析者の間に打ち立てられ，分析状況の外にある個人的関係である。現代のフロイト以後の分析者たちによって実践されている「現代的」技法は，リプトンによれば，転移と逆転移を広範に用いる点で，患者と分析者の個人的関係全体を含むために，古典的技法とは異なっている。ここでリプトンが現代的な技法に触れるとき，彼は自我心理学に関わる精神分析の流れをはっきりと，そしてクラインとクライン以後の流れを暗黙に参照している。

年代順に見るフロイトの概念

両価性　肛門性格　肛門性愛　肛門愛　強迫行為　愛情と憎しみの葛藤　強迫観念　思考の万能　治療同盟　行為の打ち消し

『レオナルド・ダ・ヴィンチの幼年期の想い出』
（1910c）

レオナルドという鏡の中のフロイト

　フロイトは，レオナルド・ダ・ヴィンチ Leonardo da Vinci というルネッサンス期の万能的な天才の，精神分析者にとってその生涯と仕事が代表している謎に，とても早くから魅了されていた。彼に没頭した1910年の研究によってフロイトは，**昇華・自己愛**（ナルシシズム）のような幾つかの基本的な精神分析的概念を導入し，ある特定の形の同性愛を記述できるようになる。

　フロイトは研究の出発点として，レオナルドの伝記作者たちによって報告された，いくつかの驚くべき行動を取り挙げる。例えば，発明家としての情熱の度を超えた発達と，画家としての活動を次第に放棄し，ついには断念することが同時に起こったのは，どのように理解されるだろうか。フロイトにとって，知識の獲得へと駆り立てる衝動の源は幼児の性的好奇心に，つまり赤ん坊がどこから来て父親と母親はどんな役割を果たすのかを知りたいという，誰もが持つ欲望にある。だがレオナルドの場合のように，幼児性欲が過度の抑圧を被ると，フロイトが昇華と呼ぶ過程を通じて，リビドーは性的内容のない知的好奇心に変わる。それからフロイトは，レオナルドが報告した唯一の幼児期の想い出の分析へと移る。それは，彼が揺りかごにいた時，一羽のハゲワシがその尾で彼の口を叩いて開けたというものだった。その想起によってフロイトは，レオナルドのパーソナリティの型と彼固有の関係様式の早熟な形成を説明すると思われる，フェラチオの無意識的空想を明るみに出すことができた。最終的にフロイトは，この芸術家が自分を取り巻く若者たちに示した愛情を考慮しつつ，ある特定の型の同性愛的対象選択を描写した。その仮説によれば，レオナルドは，彼を取り巻く若い少年たちを母親がするように愛しながら，愛する母親に同一化しつつ，彼らを通して自分自身を愛していることだろう。フロイトはこの自分への愛を，「**自己愛的**（ナルシシスティック）」と呼んでいる。それは彼がここで初めて語る観念である。

伝記と歴史

2人の天才の親近性

　フロイトがレオナルド・ダ・ヴィンチへの関心を初めて表明したのは，フリースへの手紙の中においてである（1898年10月9日付の手紙）。だがその主題を深め始めたのは，1909年11月，彼が合衆国から戻ってからである。この仕事に着手する前に，フロイトは数多くの著作を参照し，ディミトリー・メレシュコフスキー Dimitry Merezhkovsky の小説を読んで着想を得た。その小説は，巨匠の若い弟子による架空の日記の形式で書かれ，レオナルドという天才の創造者としての苦悩の人生の日々を描いていた。フロイトは1910年5月に彼の著書を出版したが，フェレンツィは，少年ハンス以来，これより衝撃的なものは書かれていなかったと評価して，どう受け入れられるか心配した。フロイトの共鳴者たちでさえ，彼が大胆にもフェラチオや同性愛について語るのにショックを受けた。にもかかわらずフロイトは，この著作に満足を示した。彼はせいぜい，同性愛という言

葉を本の第 2 版で対象倒錯に置き換えることを承諾したくらいだった。第 3 版は 1923 年に出版されたが，その半分の部数は 1938 年に，ナチスによって焼却された。

　フロイトが天才的な創造者レオナルドに強い親近感を抱き同一化するに至った動機は，何だったのだろうか。第一に，フロイトはレオナルド・ダ・ヴィンチと，知識に対する同じ情熱を共有していた。どちらも疲れを知らずに研究活動を行ない，いつも新しい発見を探し求め，広大な範囲の主題を躊躇なく探求し，同時代人とは争うことがしばしばだった。加えて，フロイトの人生のこの時期は，フリースとの長い友情において彼に時折取り憑いていた無意識の同性愛的・被害妄想的な傾向にもっと気づいていく，内的な発展と一致していた。だが同時に，この同じ傾向は彼の新しい弟子たち，特に C. G. ユングおよび S. フェレンツィとの関係で，再び現れつつあった。レオナルドについての研究が，1911 年にシュレーバー症例を扱った仕事のすぐ前だったことに注目しよう。その症例で彼は，パラノイアが大部分，同性愛の抑圧に基づくと論証した。フロイトは，レオナルドの生育歴の中に，芸術家の幼児期と自分自身のものの間の類似性も見出した。つまり，彼はレオナルドのように，非常に若い母親と母親よりも割合年上の父親，そして〔異母兄弟の存在による〕世代の順序の混乱を経験していた。しかしフロイトと違ってレオナルドは私生児であり，そのために彼は人生を通して苦しんだ。最後に，フロイトはレオナルド・ダ・ヴィンチの人生の中に，「鼠男」で研究したばかりの強迫神経症を想起させる，幾つかの精神病理学的な表れに気づいた。根深い両価性・ほとんど強迫の反芻・レオナルドが作品の完成に至らないほどの完璧さの探求といったものである。

　1910 年，フロイトは 54 歳に達した。彼は孤立から抜け出し，彼の考えはまだ異議を申し立てられていたものの，その名声は高まりつつあった。その年，彼は国際精神分析協会を設立した。ユングがその初代会長だった。それは，彼の弟子たちの間で紛争が始まっていた時期でもあった。フロイトはこの状況を沈静化する目的で，ウィーン協会の会長職を A. アドラー Adler に譲った。しかし無益だった。この時期はまた，フロイトが家庭生活に満たされ，並外れた創造能力を発揮していた時だった。後に彼はこの時期のことを，人生の中で最も幸福な年月として回顧することになる。

テクストを紐解く

■　標準版第 11 巻 57–137 頁（岩波版フロイト全集第 11 巻 1–97 頁）所収。

● 謎めいた振る舞いの天才

　フロイトは読者に，レオナルドが当時非常に影響力のある画家としてまずは知られていたことを思い起こさせることから著書を始める。なぜなら，彼の『手稿』に現れたような発明の才能は，彼の同時代人たちに知られていなかったからである。彼は「モナ・リザ」や「最後の晩餐」のような傑作を描いたが，遅筆で有名だった。彼は取り掛かった絵を滅多に仕上げず，絵がどうなるのかほとんど気に掛けていなかった。レオナルドは絵を描くのを完全に放棄して終わった。フロイトはそこに，彼の制止症状を見た。同時にレオナルドは，あらゆることへの飽くことのない知識欲求を持っていた。そして彼の法外な研究活動は，最終的に芸術家としての彼を押し潰した。フロイトは，レオナルドが美しい若者に囲まれるのを好んだことも記している。彼はその中の一人を相続人に指名したが，誰とも同性愛関係を持ったことはないようである。伝記作者によると，レオナルドは一度も女性と恋に落ちたことも，性的関係を持ったこともなかった。フロイトは，レオナルドのように偉大な芸術家が，才能を発揮して女性たちの美を描いたにもかかわらずエロチシズムに大体鈍感で，愛情や憎しみの感情に関心を示さなかったことにも驚いている。彼の知る欲望は，そうした感情がなくて済むようだった。

● 昇華：「研究が愛の代わりとなる」（1910c: 77，岩波11: 24）

　フロイトは，この芸術家の情緒的および性的生活を押さえつけるほどの研究への情熱が，レオナルドのどこからくるのかを自問する。そして彼は，レオナルドが知識への情熱に注いだエネルギーは，幼い子供に見られる性的な事柄への好奇心が持続していることに由来すると仮定する。子供は，赤ちゃんがどこから来るのか知ろうとするが，それは決して満たされないので，欲求不満を引き起こす。大人において，レオナルドの例がそうだったように幼児性欲が過度に抑圧されると，昇華の機制を通じて，性的欲動は性的目標を非性的なものに交換する，とフロイトは考える。「だとすると，この手の人間は，他の人ならば愛に情熱的献身を与えるところを，それをもって例えば研究をするだろう」[訳注1]（同 77，岩波 11: 24）。抑圧が過剰なとき，フロイトによれば性欲動の運命には3つの出口が開かれている。1つは，研究と性欲が思考の全般的な制止を引き起こすというもので，神経症に特徴的である。もう1つは，研究が「性愛化される」，すなわち，性愛化された思考が性的活動と等価となってそれに置き換わるというもので，これは強迫神経症の場合である。最後に3つめは，リビドーは知る欲望へと変形されるが，性的な主題を回避するというもので，これがフロイトによれば，レオナルド・ダ・ヴィンチの場合だっただろう。

　フロイトはそれから，鳥の飛行についての研究に関する『手稿』に見出された，唯一つの早期の想起から出発して，レオナルドの幼年期について検討する。「人生のごく初期に属する想い出としてこんな光景が脳裏に浮かぶのだ。私はまだ幼くて揺りかごの中にいる。すると一羽のハゲワシが私のところに降りてきて尾でもって私の口を開け，何度も自分の尾で私の唇をつつくのだ」（同 82，岩波 11: 29）。この想い出はフロイトにとって，レオナルドのパーソナリティが幼年期以来どのように編成されたかについて，重要な光を投じている。事実，フェラチオ行為を想起させるこの想い出は，さらにより早期の，子供が記憶を持ちうるようになるより前でさえある，人生の始まりにまで遡る，乳児期生活に送り返す。フロイトによれば，問題なのは，母親の乳房を吸った経験が幼児に残した感覚の痕跡である。「この最初の生の享楽に際して器官が受けた印象は，おそらく不壊のものとして刻印されて残っている」（同 87，岩波 11: 35）。フロイトは，この口にまつわる幻想――ペニスと口唇――が，男女両性器を有する母親に関わるという考えと釣り合った，受動的な同性愛空想も含んでいると付け加える。彼は，人生の最初の数年間，母親のみによって育てられ，父親から正式に認知されなかったというレオナルドの伝記にその確証を見ると考える。フロイトは自分の論証を，エジプト神話に，特に母性神「ムト」に準拠して仕上げる。この両性具有の女神は，勃起した男根を有している[訳注2]。

● 自己愛的(ナルシス)同一化に基づく，ある型の同性愛

　この想い出に見出されたフェラチオ空想から出発して，フロイトはレオナルドに見られる，特殊な型の同性愛についても，以下のように叙述している。彼の早熟な強い性愛的な結びつきは，母親への愛情を，母親への同一化へと変容した。幼年期を通じて，その関係は父親の不在によって強化された。そんなふうに彼は母親の位置を占めつつ，若者たちを愛しながら，彼自身を愛している。フロイトは，この型の同性愛的対象選択を「自己愛的(ナルシス)」と呼ぶ。ここで初めて彼は，この用語を使用している。そう呼ぶのは，この対象選択がナルキッソスに倣って行なわれるからである。彼は古代ギリシャ神話の登場人物で，湖の水面に映った自分自身の像に恋に落ちて，その姿を他の人だと信じたのだった。この特殊型の同性愛的対象選択は，若者たちに囲まれ，母親がそうしたように彼らを愛したが，誰とも狭い意味での性的関係を持たなかったらしいレオナルドの人生で確認されると思われる。他の点では，この研究でフロイトが自己愛を同一化の過程と結びつけていることを強調しよう。結果として，フロイトの自己愛(ナルシシズム)についての最初の理論は，

訳注1）ドイツ語原文：Ein solcher Mensch würde also zum Beispiel forschen mit jener leidenschaftlichen Hingabe, mit der ein anderer seine Liebe ausstattet.

訳注2）英訳版は以下の引用あり。「乳房によって女性としての特徴を付与された身体が，勃起した状態の男根をも備えているのだ。」（同 94，岩波 11: 43）

単に自分で自分を愛するという観念だけでなく，母親に同一化して，母親がするように自分自身を愛するという考えを含んでいる。後にフロイトは，「自己愛的同一化」の広がりを，脇にやりがちとなる。しかしそれは，ナルシシズムの一側面を構成している。その観念は，1946 年にメラニー・クラインが投影同一化の概念を導入した時に，新たな発展を見出すだろう。

● 『モナ・リザ』の謎めいた微笑み

フロイトにとって，レオナルドの絵は彼の母親との早熟な関係の強さも表現している。例えば，「レオナルド調の微笑み」と呼ばれることがある『モナ・リザ』の謎めいた微笑みは，それを表しているだろう。聖母マリアと子キリスト・聖アンナを描いている絵に関しては，フロイトはそこに，レオナルドが持った 2 人の母親の表象を見た。彼の実母カテリーナ Caterina は，生後数年間彼を育てた。そして父親の若い妻がその後，彼を引き受けた。1913 年に O. プフィスター Pfister がハゲワシの像を聖母マリアの着ている上着のひだから浮き出させて，「判じ絵」として解釈したものは，この絵の中にある（同 115 注：116 の図 3 も参照，岩波 11: 70 注 71 の図）。しかし，だからといってフロイトは，父親を忘れなかった。そういうことで，彼はこの芸術家の父親との同一化，例えば，当時のフロイトに利用可能だった伝記的資料によると彼の父親が息子のことを気に掛けなかったように，彼は自分の作品を気に掛けなかったことに言及している。それからフロイトはこの研究科学者の大胆さと自立精神の中に，レオナルドがごく幼いときから父親の支えなしで済まさざるをえなかったことの結果を，そして彼の父親と権威一般，とりわけカトリック教会の教条的な教えに対する反抗の現れを見ている。

フロイト以後

「鳶」の代わりの「ハゲワシ」：翻訳の間違いの結果

翻訳の一つの間違いは，フロイトの諸仮説全体を無効にするだろうか。1923 年，ある雑誌記者が初めて，レオナルド・ダ・ヴィンチの幼年期の想い出の翻訳に間違いがあり，そのためにフロイトは「鳶」の代わりに「ハゲワシ」について語ることになったことに注意を促した。フロイトは，イタリア語の nibbio が誤って Geier（はげたか）とドイツ語訳されていた『手稿』のドイツ語版を信用していたようだった。この間違いからその雑誌記者は，フロイトの解釈の妥当性について疑念を表明した。1956 年，著名な美術史家であるマイヤー・シャピロ Meyer Schapiro は，レオナルドの『手稿』を表面的に読んだために生じたフロイトの間違いを確証する，資料で裏づけた研究を発表した。さらに彼は，聖アンナが第 3 の人物として描かれている絵画の主題は，フロイトが例外的だと信じたのに反して，ルネッサンス期に頻繁に表現されていたことを証明した。この翻訳の間違いは後に，精神分析を誹謗する人たちに，時に悪意を持って利用された。彼らはそのことをレオナルドについてのフロイトの解釈に疑いを投げ掛けるだけでなく，フロイト派の精神分析全体の価値を貶めることにも利用した。1961 年に発表した論文でフロイト・アーカイヴの管理人 K. アイスラー Kurt Eissler は，原文の「鳶」を「ハゲワシ」に置き換えてもフロイトの手続きは決して無効ではないと示して，その名誉を回復させるために骨を折った。

私は，フロイトが 1919 年に加えた注解を注意して読んで，問題が公になった 1923 年より以前にフロイト自身が，ハゲワシに関わることではないかもしれないという考えを検討していたことを発見して驚かされた。1910 年，ハヴロック・エリスはこの点に関して批判を表明しているが，フロイトは数年後に次のような言葉で応じた。「その大きな鳥が必ずしもハゲワシとは限らなかったであろう」（1910c: 82 注 2，岩波 11: 31）。同じ注解の中でフロイトは，レオナルドの想い出の性質自体を検討している。それは実際の出来事の想い出なのか，それとも彼の母親が繰り返した話を，後に彼が現実の出来事の想い出と混同した，記憶に残された痕跡なのだろうか。このジレンマに直面してフロイトは，現実の出来事の想い出よりも空想の方が優位であるという立場を堅持する。レオナルドの幼年期の想い出を巡る論争の後，今日，空想の役割は現実の出来事の想い出と比べて，後者もまた絶え間なく事後的な変更に晒されている限りで，特別な地位を与えられている。

年代順に見るフロイトの概念
同性愛　同性愛的対象選択　自己愛(ナルシシズム)　昇華

第Ⅱ部
成熟の時代
(1911–1920)

「自伝的に叙述されたパラノイア（妄想性痴呆）の一症例に関する精神分析的考察」（1911c）

神経症に続く精神病の研究

　神経症，とりわけヒステリーと強迫神経症の起源の発見に集中した後，フロイトは精神病の源にある特定の機制の探求に乗り出す。彼は，パラノイア患者によって生み出される妄想の精神-性的な内容と，神経症患者の抑圧された精神-性的な素材の間の類似性に驚かされていた。それはあたかも，神経症患者が無意識へと押し込めている空想を，精神病患者はあからさまに表現しているかのようだった。1907年以降，フロイトはパラノイアと早発性痴呆すなわち統合失調症にありうる関係を問い始め，カール・アブラハムやC. G. ユングとやりとりをする中で，ダニエル・パウル・シュレーバー Daniel Paul Schreber が1903年に出版した自伝『ある神経病者の回想録』の存在を知る。フロイトはその本の中に，患者自身の手で見事に述べられたパラノイア性妄想の，極めて豊かな臨床素材を見出す。自伝的資料にのみ依拠した――フロイトはシュレーバーに一度も会わなかったため――この症例研究によって，彼は迫害不安とパラノイア性妄想が抑圧された同性愛欲望に対する防衛の結果である，という注目すべき論証をすることができる。パラノイアの機制は，フロイトによれば（同性愛的な）愛が憎悪に変形された産物であり，その憎悪は，投影によって外的迫害者へと排出されることになる。

　控訴院議長シュレーバーの研究は，フロイトの精神病に関する主な理論的・臨床的報告なので，彼が精神病に特有の機制を発見するために数十年にわたって行なった試みを，手短に検討しよう。フロイトはシュレーバーにおいて，精神病的構造に関わるさまざまな心的機制を描出したが，精神病患者は転移を作り出さないので分析不能であると考えている。この観点は今日，そのような患者たちの分析を発展させたクライン派とポスト・クライン派の精神分析者たちを筆頭として，もはや共有されていない。

伝記と歴史
シュレーバーの病歴についてフロイトが知っていたこと

　フロイトは自分の研究を書くに当たって，シュレーバー自身が『回想録』中で提供した伝記的情報のみを利用した。彼は近親者たちに働き掛けたが，患者の幼児期や家族について，他には情報を手に入れなかった。要約すると，以下がシュレーバーについて彼の知っていたことである。

　ダニエル・パウル・シュレーバー博士の1度目の病気は1884年に，抑うつ・心気症挿話の形で現れた。それは帝国議会議員選挙に落選した直後のことだった。当時彼は42歳で，一裁判官〔ケムニッツの地方裁判所長〕だった。彼はライプツィヒにあるフレクシッヒ Flechsig 教授のクリニックで治療を受けた。フレクシッヒは，彼にちなんで〔フレクシッヒ束と〕名づけられている後脊髄小脳路の発見で世界的に著名な，精神科医であり神経解剖学者だった。数カ月の治療後，ダニエル・パウルは治って退院した。2度目の病気は数年後の1893年，シュレーバーがザクセン州控訴院議長の要職に任命された直後の，彼が53歳の時に始まった。彼は急性の幻覚性妄想を病んで，再びフ

レクシッヒのクリニックに入院し，6カ月後には，ヴェーバー博士が院長を勤めるドレスデンの別の病院に移送された。彼は，ドレスデンの裁判所に対して自分で抗弁して退院を確保するまで，丸8年間そこで過ごすことになる。ダニエル・パウル・シュレーバーが『ある神経病者の回想録』(1903)を書いたのはその手続きの一環としてであり，彼がそこで病気の進行と彼の妄想および幻覚を詳細に記述したのは，自分の釈放の請願を強化するためだった。彼は裁判所に対して，自分が社会的に適応した状態になっており，もはや彼の病気は彼を施設に収容し続けるのに十分な法的理由ではありえないことを実証することを望んだ。彼は1902年，自由の身となり，裁判官は理由書の中で，患者は狂気のままだが，もはや自分自身および他者に対する危険を示していないと記した。ダニエル・パウル・シュレーバーは，妻と養女とともにドレスデンに隠遁したが，5年後に精神性うつ病を再発し，ライプツィヒの精神科療養所に入院を余儀なくされ，そこで1911年11月14日の死までの4年間を過ごした。それはフロイトの研究が出版されたのと同じ年だった。

　フロイトは論文の中で，ダニエル・パウルの父親，ダニエル・ゴットリープ・モーリッツ・シュレーバー博士について，若者の身体的健康維持を奨励し，治療的体操の手引書を執筆したことで有名な医師だったことに手短かに言及している。ダニエル・パウルの母親については，シュレーバーは『回想録』の中で何も語ってはおらず，奇妙なことに，フロイトも言及していない。

テクストを紐解く

■　標準版第12巻1–79頁（岩波版フロイト全集第11巻99–187頁）所収。

● 女性に変身させられる不安から救済の使命へ

　急性期におけるダニエル・パウル・シュレーバーのパラノイア的で幻覚的な妄想は主として，彼が脱男性化されて女性に変身させられなければならず，この性的濫用を逃れることができないという観念を中心とする，強い不安を喚起する迫害妄想だった。彼の迫害者は当初フレクシッヒ教授で，彼を治療していた医師であり，この「魂の殺害」そしてシュレーバーの肉体を女性の肉体に変換するという筋書きの，陰謀者であった。それは彼が，「当該の人間の性的な濫用のために引き渡され，そしてその上ただ単に『捨て置かれ』，それゆえ，実際，朽ち果てるままに放置される」(1911c: 19, 岩波11: 111) ためにだった。その後，神自身がフレクシッヒに取って代わった。ダニエル・パウル・シュレーバーはこの迫害の確証を，彼に語りかけた声と，胃や腸のような彼の肉体の諸器官が破壊される経験を通じて得た。

　後に，性的なものを基盤とするこの迫害妄想は，救済の妄想へと変換された。その結果，不安を生む脱男性化の空想は，これから遂行すべき神聖な使命を彼が有しているという観念に結びついた。それから女性に変身させられるという強迫観念が，新しい人類を産むために神の光線によって妊娠させられるという神秘的な計画に加わった。この使命は彼を，崇拝の念と反抗の念の混合として感じていた神と結びつけた。それはとりわけ，神がシュレーバーという高度に道徳的な人物に，女性のみが経験できるような官能的な性的享楽を要求したからだった。妄想のこの転換は，フロイトにこう言わしめている。「われわれが疾患の産物と見なすもの，すなわち妄想形成は，実際には回復の試みであり，再構築なのである」(同71, 岩波11: 175)。

● 抑圧された同性愛的欲望に対する防衛としてのパラノイア

　ダニエル・パウル・シュレーバーの病気は迫害妄想から始まったので，すべての迫害の張本人はおそらくフレクシッヒ教授に違いないとフロイトは演繹する。そしてフレクシッヒは，彼の病気の全経過を通じ

て，神自身がその影響力に屈服するほどの，第一の誘惑者であり続ける。だがフレクシッヒはダニエル・パウル・シュレーバーを最初の病気から治して，患者から深い感謝の念を向けられていたのに，なぜ迫害者になったのだろうかとフロイトは問いを投げかける。フロイトにとって，迫害者となるのはまさに，それまで愛され崇拝され，強い影響力を持つとされる人物である。それは，愛情が憎悪へと逆転した結果である。ではなぜそのような感情の逆転が起こるのだろうか。それは，シュレーバーのフレクシッヒへの感謝の念が，この主治医への強い性愛的愛着に基づいていたからである。シュレーバーを，フレクシッヒのような素晴しい人物の妻になりたいと導いたのは，この愛着だった。「性交されている女性であることは，[訳注1)]本当に素敵であるに違いない」（同42，岩波11: 140）。言い換えれば，「シュレーバーの病気の根底は同性愛の〔感情の〕動きの爆発だった[訳注2)]」（同45，岩波11: 144）。後に妄想は変換して，今度は迫害者フレクシッヒが，神に取って代わられた。その結果同性愛的空想は，シュレーバーにとってますます受け容れやすくなった。なぜなら脱男性化と女性への変身は，「合理化」の過程のおかげで神の計画の一部になったからである。フロイトは明言する。「こうして互いに対立している2つの部分を満足させる打開策が見出される。自我は，誇大妄想によって補償され，しかし女性的な欲望空想は，貫徹され満たされることになった[訳注3)]」（同48，岩波11: 147–8）。

　フロイトはさらに論を進めて，フレクシッヒに対するシュレーバーの共感に満ちた感覚が「転移過程」（同47，岩波11: 146）から生じてくるとし，この主治医への転移はおそらく，ダニエル・パウルが父親か兄に対して感じたであろう強い愛情の，遷移の結果であると仮定している。シュレーバーの家族について何も伝記的情報を持っていなかったフロイトは，患者が彼の父や兄にそれほど強く備給していたとすると，それはおそらくその人物が既に亡くなっていたからであろうと推定した。この推定は，後に正しかったと判明した。

● 父コンプレックス

　論証のこの段階に至って，フロイトは父への幼児的関係を主張することができる。「われわれは，症例シュレーバーにおいても，父コンプレックスという十分信頼するに足る基礎にたつことになる」（同55，岩波11: 156）。彼によれば，フレクシッヒおよび神とのシュレーバーの葛藤は分析によって，愛する父との幼児的葛藤に基礎を置くことが明らかとなる。したがって，妄想を引き起こしたものは，神経症を生み出す機制と類似の機制である。フロイトはシュレーバーの父親が，息子の眼には少年の自体性愛的な性的満足を禁じ，去勢によって罰すると威嚇する，過酷で威圧的な人物に映ったと仮定している。言い換えれば，ダニエル・パウルの妄想の核を形成する女性への変身願望は，幼児性自慰のために父親によって去勢されるという恐怖の産物以外のものではない。それは息子に，服従と反抗の混合から出来上がった父コンプレックスにおいて，受動的同性愛的構え[訳注4)]すなわち「女性的構え」（岩波11: 160）をとるようにさせている。

● 幼児期の発達の自己愛(ナルシシズム)の段階

　フロイトは，パラノイアを特徴づけるのは，父コンプレックスに結びついた同性愛的欲望空想ではないと指摘する。なぜならこのコンプレックスは，健常な人間と同様に神経症者にも潜在的に，調子がよい時期のシュレーバーと同じようにやはり見出されるからである。この症例でパラノイア的なのは，フロイトによれば，患者が同性愛的欲望空想を無意識にとどめておくことができず，その空想に対して防衛するために迫害妄想によって反応したところである。

　熟考を続けてフロイトは，同性愛が自体性愛と対象愛の中間の，自己愛(ナルシシズム)の段階と呼ばれる，幼児の性的

訳注1）ドイツ語原文：ein Weib zu sein, das dem Beischlaf unterliege
訳注2）ドイツ語原文：Ausbruch einer homosexuellen Regung als Grundlage der Erkrankung Schrebers
訳注3）ドイツ語原文：entschädigt, die feminine Wunschphantasie aber ist durchgedrungen, akzeptabel geworden
訳注4）以下，Einstellung は岩波訳「終わりなき分析」での訳語「構え」に統一。

発達の一段階に位置づけられるという仮説も表明する。「この一段階はナルシシズムと名づけられているが［……］発達してゆく個体は，ひとつの愛情対象を獲得するために，その自体性愛的に活動する性欲動を統一してゆくが，他の人間という対象選択へと移りゆくまえに，まず自分を，自己の身体を愛情対象とする」（同60–61, 岩波 11: 162）。結果として，フロイトによれば，異性愛的対象選択が正常な発達過程で達成される時，同性愛的追求は完全に消失するわけではない。それは「依托」（同62, 岩波 11: 163）によって，同性の人たちとの友情や仲間意識の基盤となる。

それに対して病理的な例では，幼児期の発達の自己愛（ナルシシズム）の段階は一部の人で「固着点」あるいは「退行点」（同62, 岩波 11: 163）を形成し，彼らのパーソナリティの「脆弱な個所」が出来上がる可能性もある。それは迫害不安を引き起こし，彼らをパラノイアに感作しやすくするのである。

● パラノイアの機制

フロイトはさまざまな形式のパラノイアを，「私は彼（ひとりの男性）を愛している」（同63, 岩波 11: 165）という共通命題に還元しつつ，自分の研究を締め括る。だがこの命題は患者の意識にとって受け入れがたいので，反対の「私は彼を愛していない――それどころか私は彼を憎んでいる」へと変換される。次にこの耐え難い憎しみの感情は，内部へと抑圧され，それから外部の誰かへと投影される。それで「私は彼を憎んでいる」は，「彼が私を憎んでいる（あるいは私を迫害している），だから私が彼を憎むのは当然なのだ」となる（同63, 岩波 11: 165）。こうして，患者に属する無意識的な憎悪感情は，外界知覚の形で再び現れる。「私は彼を全く愛していない――それどころか私は彼を憎んでいる――なぜなら彼が私を迫害するからだ」（同63, 岩波 11: 165）。そしてフロイトは，「この迫害者がかつて愛された人物にほかならないことは，詳しく見てきた通り，全く疑問の余地がない」（同63, 岩波 11: 165）と付言する。彼はこの定式を，被害妄想・被愛妄想・男性および女性における嫉妬妄想そして誇大妄想のように，パラノイアとして整理されるあらゆる形の妄想に適用して，論を結んでいる。

フロイトの概念の継時的発展

精神病に特有な機制を求めたフロイト

シュレーバー症例の研究はフロイトにおいて，精神病に特有な機制を発見しようとする，一貫した探求の線上に位置づけられる。概して彼は，妄想の形態を体系的に分類できるようにする記述的な基準を決めることよりも，その基底にどのような機制があるのかを明確にすることのほうに関心がある。この複雑な区別の細部には立ち入らないが，パラノイアの概念を，フロイトがその発展のさまざまな時期に使用しているままに位置づける必要がある。

フロイトは「パラノイア」または「パラノイア性妄想」によって何を言おうとしているか

19世紀末，ドイツ精神医学は「パラノイア」という用語の下に，さまざまな妄想を一括していた。フロイトは初期の諸論文で，この用語を広い意味で使っている。後にエミール・クレペリン Emil Kraepelin は，さまざまな形の妄想のなかに，痴呆に至る早発性痴呆と，精神的荒廃のないパラノイアの体系的妄想という基本的区別を導入した。早発性痴呆についていうと，この概念は，この疾患における「解体」（分裂 Spaltung）の中心的役割を明らかにしたオイゲン・ブロイラーの研究の結果，「統合失調症」の概念にとって代わられた。パラノイアはといえば，フロイトはこの名称の下に，被害妄想ばかりでなく色情妄想・嫉妬妄想・誇大妄想を含めた。1911年以降，彼はクレペリンによる早発性痴呆（統合失調症）とパラノイアの間の，区別を守り続けた。しかしクレペリンの立場はその弟子であるブロイラーと違っていて，後者はこの区別を受け入れず，解体は統合失調症にもパラノイアにも認められると考えた。最後に，フロイトはシュレーバーのパラノイアの研究で，こうした諸形態の精神病理の間には，数多くの組み合わせが存在することを認めた。

投影の役割

　フロイトは，既にフリース書簡（草稿 H. 1894 年 1 月 24 日，草稿 K. 1896 年 1 月 1 日）および「慢性パラノイア症例の報告」(1896b) の中で，パラノイアの問題に取りかかっていた。これらの初期の論考では，彼は精神病を特徴づけるものとして投影の機制を特に強調し，それを耐え難い内的知覚を外界へと直ちに廃棄する，無条件の排出のようなものとして理解している。しかし徐々にフロイトは，とりわけシュレーバーの『回想録』を研究するにつれて，投影が抑圧された内容の外界への単なる排出ではなく，逆に，「外側から」回帰するものは「内側で」破棄されていたものを起源としていると理解する。「内的に抑え込まれた感覚が外に向かって投影される，と言い表すのは正しくなかった。われわれは，むしろ，内的に破棄されたものが外から回帰してくる，と理解する」[訳注5]（同 71, 岩波 11: 175）。シュレーバー症例研究以来フロイトは，パラノイアのさまざまな様態の妄想は，抑圧された同性愛に対する防衛に基づいており，投影は精神病の特権ではないと考える。

「現実の脱備給」から「現実の否認」へ

　1911 年にフロイトは，シュレーバーのパラノイアにおいて外的現実の脱備給が果たす役割を叙述していた。それは彼が 1924 年に「現実の喪失」の観念を，それから 1927 年に「現実の否認」の観念を導入するずっと前のことだった。フロイトが 1911 年にシュレーバー症例において述べた備給の撤収は，患者の周囲の人間たちにも現実世界にも適用される。「患者は，それまで彼の周囲の人間たち及び外的世界全体に向けていたリビドー備給を撤収したのである。それと同時に，彼にとって，いっさいは均しく無意味かつ無関係の存在となった」（同 70, 岩波 11: 173）。その時シュレーバーは，世界没落感を経験しているが，フロイトはそれを，愛の喪失として感じられたこの大規模な脱備給が表す，内的破局のためであるとする。またフロイトによれば，妄想が組織化されるのはこれらの失われた外的備給を回復するためであり，これがパラノイア患者の妄想を治癒への試みであると考えるもう 1 つの理由である。「われわれが疾患の産物と見なすもの，すなわち妄想形成は，実際には回復の試みであり，再構築なのである」（同 71, 岩波 11: 175）。彼はその後しばしば，非常に重要な点としてこれに立ち帰ることになる。

シュレーバー：精神病現象の見事な臨床的記述

　他の概念を初めて叙述するときと同じように，フロイトはまず現象の精神病理の中で明らかにするが，それは神経症者にも健常者にも，後者では少なめにだが，存在することが見出されることになる。例えば，現実を否認する部分とそれを受け入れる部分とに自我を分ける「自我分裂」の観念を導入する (1940a [1938]) はるか前に，フロイトは類似の現象をシュレーバーにおいて叙述し，一方は妄想的だが他方は現実適応している 2 つの部分への「パーソナリティの分割」について語っている。「つまり，彼は，一方において，われわれの関心をたいへん強く引きつけるほどの精巧な妄想構築を展開しているにもかかわらず，他方において，彼の人格を自力で再構築〔rekonstruiert〕し，個別的な障害を除けば[訳注6]生活上の諸課題に耐えうる能力をはっきりと示している」(1911c: 14, 岩波 11: 106)。妄想を全体としてとらえてフロイトは，病気が進行すればするほど「迫害者も解体されてゆく」ことを指摘し，「上方の神」と「下方の神」の間，「フレクシッヒ」と「神」の間，「尊敬すべき父」と「嫌悪されるべき父」の間の分裂の諸様態を叙述している。ここではフロイトははっきりと，パラノイア性精神病に特有な機制である限りでの，「分裂」の現象について語っている。「このような分解〔zerlegung〕はパラノイアにとってまさしく特徴的である。パラノイアは分解〔zerlegen〕し，ヒステリーは縮合する。あるいは，むしろ，パラノイアは，無意識的な空想の中でなされた縮合と同一化をふたたび溶解〔Auflösung〕させる，というほうが適切かもしれない」（同 49, 岩波 11: 149）。

　しかしながら，シュレーバーについてのこの試論の中でのように，フロイトが傑出した観察力で精神病で働く多くの機制を叙述したにしても，原始的防衛に基づき精神病に属する機制と，抑圧に基づき神経症に属する機制の間をさらによく区別することは，フロイト以後の精神分析者たちの役目となる。こうした区別に基づくことによって，大人および子供の精神病の精神分析的治療に取り組むことが可能となり，この特異的な型の転移と結びついた困難にもかかわらず，治療的成功を収めることが可能となるのである。

訳注 5）ドイツ語原文：Es war nicht richtig zu sagen, die innerlich unterdrückte Empfindung werde nach außen projiziert; wir sehen vielmehr ein, daß das innerlich Aufgehobene von außen wiederkehrt.

訳注 6）ドイツ語原文：bis auf einzelne Störungen.

フロイト以後

シュレーバー症例についてフロイトが提起した説の再検討

1955年にアイダ・マカルパイン Ida Macalpine とリチャード・A・ハンター Richard A. Hunter がダニエル・パウル・シュレーバーの『回想録』を英訳したことによって，英語圏の精神分析者たちもフロイトが典拠としていたテクスト自体に触れられるようになった。その結果，フロイトによって1911年に提起された説の再検討を引き起こした。精神病をもっぱら同性愛の抑圧の結果とする説を再び問題にする人もいた。例えば，R. D. フェアバーン Fairbairn (1956) にとって同性愛は，異性の親——特にシュレーバーの『回想録』では不在の母親——の攻撃的な拒絶に何よりもまず結びついており，子供が同性の親を迫害者として選ぶのは，フェアバーンによれば，母親との原始的な関係に由来する，一段と強い迫害不安を避けるためである。I. マカルパインと R. A. ハンター (1955) は精神病を，さらに早期の「無対象」と呼ばれる段階で患者の同一性自体に影響を及ぼす退行点へと遡らせる。一般にクライン派の精神分析者たちは，フロイトがシュレーバーの父親コンプレックスを強調し過ぎていると評価しており，彼らにとっては精神病の起源はむしろ，幼児の母親との早期の関係に求めるべきである。

ダニエル・パウルの妄想への父親の影響：現実か空想か？

1950年代から，さまざまな著者たちがダニエル・パウル・シュレーバーの子供時代と彼の家族についての詳細な歴史的研究に取り組んでおり，なかでも，彼の父親が子供のだらしない姿勢を矯正することを狙って，一連の驚くべき整形外科的器具を発明したことを見出している。さまざまな著作に発表されたその図解は鮮烈だった。この新しい資料に基づいて，例えば W. G. ニーダーランド Niederland (1963) は，シュレーバーの迫害妄想がおそらく，支配的で暴虐な父親のサディズムと誘惑に従わせられた息子の，幼児期外傷の結果だったと考えた。また，P. C. ラカミエ Racamier と J. シャスゲ・スミルゲル (1966) は，母親の立場を完全に奪った父親の精神病的パーソナリティが果たした役割について指摘した。そのパーソナリティは，母親は父親に吸収されるがままであり，『回想録』中で一言も触れられていない。より最近では H. イスラエル Israels (1981) と Z. ロタン Lothane (1992) は，さまざまな精神分析者たちがシュレーバーの父親に帰着させてきた外傷的な役割を再検討して，そうした結論には歴史的根拠がなかったと評価した。しかしながら私には，ダニエル・パウルの父親が現実に暴虐な教育者だったという見方を支持する十分な伝記的材料を私たちが有していないにしても，この議論は，ダニエル・ゴットリープ・モーリッツ・シュレーバーの教育理論の中にも，彼の息子ダニエル・パウル・シュレーバーのパラノイア性妄想の中にもある，加虐的で誘惑的な空想が与える影響に関する諸仮説を，決して無効にするものではないと思われる。

父の名の排除：精神病についての一つの理論的構想

1955年に，J. ラカンは『回想録』の英訳に基づいてシュレーバーのパラノイアを研究した。そして 1955–1956年のセミナー『精神病』(1981) で彼は，精神病の起源を理論化する2つの新しい概念，「排除」と「父の名」を導入した。彼によれば，排除は，或る基本的シニフィアンを「象徴界」の領野の外へと本源的に拒絶することからなり，それは主体の無意識へと統合されることができないので，幻覚の形で「現実界」の中に回帰する。ラカンによれば，精神病では，主体は構造化されるには至らない。それは，父親が子供に対して，子供が同一性を獲得するために，子に名を与えるという，彼が有する父親的象徴的な機能を請け合いつつ介入することができないためである。「父の名」という基本的シニフィアンはそのとき，象徴化されるべきものがそうならなかったので排除され，パラノイア性妄想の形で「現実界」に回帰する。言い換えれば，ラカンは，女に変身させられるというシュレーバーの迫害妄想は，父からの去勢の脅威の象徴的性格を息子が感じ取れない結果であると考える。したがって脅威は，外的現実からの，すなわち分析にとって接近できない「現実界」からの危険として経験される。ラカンにとって，排除は精神病を特徴づけるものだが，彼が排除を逆向きに変形させることをどう構想するかについては，一度も語らなかった。その結果，精神病の治療に関する彼の立場は，純粋に思弁的なままである (G. Diatkine 1997)。

メラニー・クライン：精神病の精神分析的治療の基礎

M. クラインは子供の精神分析から出発して，精神病の分析の発展を可能にする決定的な臨床的・理論的寄与を提供した。一方では彼女は，妄想分裂ポジションと抑うつポジションの概念を導入することで，

精神病に関係する原始的な防衛機制と，神経症に関係する進んだ防衛機制を区別した。他方彼女は，フロイトの考えとは逆に，精神病患者が転移関係を確立し，それが分析可能であると考えた。M. クラインは，精神病的機能が妄想分裂ポジションへの固着および過剰な投影同一化への訴えに基づくと考えていた。彼女は，妄想分裂ポジションには正常な型と病理的な型が存在するとも，投影同一化にも同じく正常な型と病理的な型があるとも予想していなかった。しかし彼女以後，ローゼンフェルト，シーガル，ビオンは妄想分裂ポジションの精神病理をより詳細に検討した。妄想分裂ポジションの正常な型と病理的な型，そして投影同一化の正常な型と病理的な型を区別したのは，この精神分析者たちである。その時以来，妄想分裂ポジションへの固着をそこに見ていたクラインと異なり，彼らは精神病を，病理的な妄想分裂ポジションへの退行として，この精神病的退行を特徴づけるのは病理的投影同一化であるとしている。原始的対象関係についてのクライン派の着想に対してもたらされた展開は，精神分析技法に大きな衝撃をもたらした。それは精神病的・自己愛的な被分析者ばかりでなく，混乱の少ない被分析者においても，心的な反芻処理作業（ワークスルー）の，本質的な部分を構成している。

年代順に見るフロイトの概念

同性愛に対する防衛としての妄想　自己愛（ナルシシズム），精神 - 性的発達の自己愛（ナルシシズム）の段階　パラノイア　固着点　退行点　投影　合理化

精神分析の技法についての著作（1904–1919）

「フロイトの精神分析の方法」（1904a）

「精神療法について」（1905a）

「精神分析療法の将来の見通し」（1910d）

「『横暴な』精神分析について」（1910k）

「精神分析における夢解釈の取り扱い」（1911e）

「転移の力動論にむけて」（1912b）

「精神分析治療に際して医師が注意すべきこと」（1912e）

「治療の開始のために」（1913c）

「想起，反復，反芻処理」（1914g）

「転移性恋愛についての見解」（1915a [1914]）

「精神分析療法の道」（1919a）

実践のための一連の忠告

　フロイトは，精神分析に関心はあっても彼のところで直接教えを受けるためにウィーンまで来られない人たちから強くなった要求に応える，精神分析の方法のみを扱った著作を書く計画を，仕上げることは決してなかった。しかし技法についての彼の考えの要点は，1904 年から 1919 年にかけて発表された一連の小論に見出される。そこでフロイトは，くだけた調子で自分の長い実践経験を忠告という形式で，特に順序づけずに書いている。この実践的なアプローチを通して彼は，精神分析の方法論の基礎を構成する諸要素を提示する。それは少なくとも，1910 年にフロイトが設立した国際精神分析協会（IPA）に属する精神分析者は，今日も実践しているものである。1903 年頃には，フロイトは既に精神分析治療を開始し進めるのに必要な基礎を確立していて，カウチと肘掛け椅子という設定・高頻度のセッション・精神分析過程という一貫した総体へとまとめ上げた。それ以後，技法は大きく発展し，治療行為の可能性は神経症を超えて拡大されて精神病を含み，子供の精神分析から高齢者の精神分析まで，あらゆる年齢層を治療の対象とするようになった。神経科学や精神薬理学に由来する近年の諸発見にもかかわらず，精神分析が固有の効力を発揮する領域では，どの新発見もそれに取って代わってはいないことは認めざるをえない。それに，そのようなことがあれば，真っ先に精神分析者自身がそのことに気づいて，治療に大きな影響を与えていたことだろう。

　今日の読者は，フロイトが 1904 年から 1919 年にかけて書いた精神分析の技法論文に目を通すと，フロイトが 1 世紀前から提起した疑問の多くに，今なお答えが出ていないことを実感して驚かされる。例えば，近年に利用できるようになった治療手段を考慮に入れれば，もう私たちは精神分析をなしで済ませられるのだろうか。私たちは以前よりも，精神分析の有効性を科学的に「証明する」ことができるのだろうか。精神分析治療よりも短期間で費用がかからないと主張する治療方法は，長期間でも同じ成績を示すの

だろうか。これら疑問はどれもフロイトが既に提起していたものであり，彼はそう遠くない将来に，満足のいく答えが見出されることを期待していたのだった。

フロイト以後

精神分析の技法のみを扱った著作はほとんどない

フロイト以後の精神分析者たちは，技法に関する問いを一冊にまとめようとして，フロイトと同じ困難を経験したようである。事実，これまでに発表されてきた論文の数を考えると，この主題を扱った論文は僅かである。非常によく知られているが既に古くなった古典的な著作を挙げると，オットー・フェニケル Otto Fenichel (1941)，エドワード・グラヴァー Edward Glover (1955)，ラルフ・R・グリーンソン Ralph R. Greenson (1967) によるものがある。1991 年に出版された R. ホレイシオ・エチゴーエン R. Horacio Etchegoyen による『精神分析的技法の基本』は，疑いなく国際的に利益のある大きな寄与である。というのは，非常に読みやすく調べやすい，学識豊かな手引書の形で著されているからである。著者はフロイトから現代の著者たちまでの，精神分析技法を扱ったさまざまな寄与を展望し，諸概念の発展を細かく辿っている。彼自身がその一部に加わって関わってきた。エチゴーエンは，例を挙げればクラインからラカンまでのヨーロッパおよび南北アメリカの主な著者たちによるさまざまな理論的見地に対応した，多様な技法についても研究しており，彼自身の臨床経験に照らして，それぞれのアプローチの長所と短所を際立たせている。

テクストを紐解く

● 1904年から1913年までに書かれた技法についての論文

「フロイトの精神分析の方法」(1904a)，標準版第 7 巻 247–254，岩波版フロイト全集第 6 巻 377–384；「精神療法について」(1905a)，標準版第 7 巻 255–268，岩波版第 6 巻 397–412；「精神分析療法の将来の見通し」(1910d)，標準版第 11 巻 139–151，岩波版第 11 巻 191–204；「『横暴な』精神分析について」(1910k)，標準版第 11 巻 219–227，岩波版第 11 巻 235–243；「精神分析における夢解釈の取り扱い」(1911e)，標準版第 12 巻 89–96，岩波版第 11 巻 277–283；「転移の力動論にむけて」(1912b)，標準版第 12 巻 97–108，岩波版第 12 巻 209–220；「精神分析治療に際して医師が注意すべきこと」(1912e) 標準版第 12 巻 109–120，岩波版第 12 巻 247–257；「治療の開始のために」(1913c) 標準版第 12 巻 121–144，岩波版第 13 巻 241–269 所収。

● 方法とその適応

フロイトは，何が精神分析を構成するかに注意を促すことから始めて，その科学的な価値を主張する。彼は，さまざまな形式の精神療法と彼自身の精神分析との差異を明確にして，後者についてこう言う。「［……］精神療法のなかでは，分析的方法こそが，もっとも深い作用をおよぼし，治療効果がもっとも広く届き〔am weitesten trägt〕，それによって患者に最大限の変化をもたらしうる。［……］私はまた，その興味深さにおいて分析的方法に勝るものはなく，疾病現象の発生源とその諸関係を教示しうる唯一の方法だと主張〔geltend machen〕できる」(1905a: 260，岩波 6: 400–401)。このように彼は，他の精神療法と較べて自分のアプローチに対して特別な関心を向けることを正当化するが，だからと言って他のものの価値を否定はしていない。「私はそのどれをも蔑視していないし，適切な条件のもとであれば，どれでも実施するだろう〔wurde ... ausüben〕。ただ現実において私が，ブロイアーが「カタルシス的」と名づけ，私はむしろ「分析的」と呼ぶのを好む治療方法にもっぱら専念するようになった理由は，単に主観的な動機が大きな意味を持ったからにすぎない」(同 259，岩波 6: 400)。

適応に関してフロイトは，精神分析は特に精神神経症を治療することを定められていると明言する。なぜなら「この病気を治すのは薬剤ではなく，医師，すなわち自己の人格を通して心的な作用をおよぼす限りでの医師の人格〔die Persönlichkeit des Arztes〕」（同 259，岩波 6: 399）だからである。患者側には，「ある一定レベルまでの自然な知性と倫理的な成育」（1904a: 254，岩波 6: 383）のような一定の条件が必要とされる。にもかかわらずフロイトは，50歳以上の患者の治療を引き受けないように勧める。なぜなら「50歳に近いかそれを超えた人間においては，この治療が依拠している心的事象の可塑性に欠ける場合が多い」（1905a: 264，岩波 6: 407）からである。この年齢制限は，今日ではもはや用いられていない。フロイト自身が83歳まで示した創造性は，彼がこの忠告を48歳で書いた時に想像したようには，加齢が必ずしも心の可塑性の減衰を引き起こさないことを証明した。フロイトは，自分がその時までその治療法を「重症かそれ以上に深刻な症状の患者を対象に」（同263，岩波 6: 405）用いてきて，成功を収めたと認める。それによって患者たちは「自律生存が可能となる」（同263，岩波 6: 405）ことができたのである。更に，彼は経験の浅い治療者に，十分な経験をする前に，さまざまな抵抗の分析において遭遇する諸困難を過小評価しないように警告する。「心の楽器を奏でることは，けっして生易しいことではないのである」（同262，岩波 6: 403）。

● 過程と設定

「古典的」と言われる精神分析治療の設定は，フロイトが20世紀初頭に定めて以来，少なくとも古典的な治療の実践に関する限り，根本的に変わっていない。それは，患者がカウチに横たわり，分析者はその後ろの肘掛け椅子に座るという，いわゆる「カウチと肘掛け椅子」の配置の使用である。フロイトは自分の患者に毎日1時間のセッションを割り当て，週5日[訳注1)]迎え入れた。これらのテクストでフロイトは，精神分析的精神療法や他のアプローチのような，精神分析から派生した技法の問題には手を付けず，いわゆる古典的な精神分析実践にのみ準拠している。

フロイトは，厳密な意味での分析過程の展開に関して，その複雑さを考えるとすべてを記述できるものではないと指摘して，それをチェスゲームと比較する。「格式あるチェスの運びを教本で習得しようとするとすぐに分かるが，余すところのない体系的説明が可能なのは序盤と終盤だけで，序盤のあとに始まる見通しのきかぬ多様な局面については，そのような説明は不可能である」（1913c: 123，岩波 13: 241）。

続いてフロイトは自分の作業の仕方と，治療が展開される諸条件を述べる。例えば，各治療の開始時には，彼は患者に「精神分析技法の基本原則」（同134，岩波 13: 257）に忠実に従うこと，すなわち「批判も選抜もなしに」（1912e: 112，岩波 12: 248）心に浮かぶことすべてを分析者に伝えるように求めることから始める。同時に，彼は分析者に対して，「漂いわたる」（同111，岩波 12: 248）注意[訳注2)]を維持し，傾聴の妨げにならないようセッション中に記録を取ることを避けるように勧めている。彼は，「忠実な治療記録」（同113，岩波 12: 250）には与えることができる価値をほとんど見出さない。なぜなら，彼によれば，書かれた分析記録には見せかけに過ぎない正確さという汚点が必然的にあり，だからそうした記録は，「分析の場に居る」（同114，岩波 12: 250）代わりにはならないのである。

● 驚きに身を任せること

フロイトは技法をはっきりさせるにつれて，患者の自発的で自然な思考過程にますます任せるようになっていること，そして，彼が解釈による再構成に到達するつもりで，連想素材から何よりも自分が関心を持つものを取り出すのを，徐々に放棄していることが認められる。この重大な転機は1907年の「鼠男」の分析のときに起きたようである。このパースペクティヴの変化には，精神分析過程の展開に任せる代わりに自分の再構成を患者に押しつける「能動的」態度の名残を，分析者が放棄することが含まれている。

訳注1) 英語版の追加：（または週6日も）。
訳注2) フロイト原典では gleichschwebende Aufmerksamkeit（等しく漂いわたる注意）。

フロイトはこの態度の変化を，次のように告げている。「症例に対しいわば意図なく進み，どの変転にも驚かされ，繰り返しとらわれなく前提なく立ち向かってゆく[訳注3]ときこそ，いちばん予後がよい」(1912e: 114, 岩波 12: 251)。

● 必要な時間を自分に十分に与えること

　患者が自分の葛藤の解決に通じる道を，自分自身で発見するために患者に任せるようにしてから，フロイトが技法論文の中で絶えず繰り返しているように，「精神分析を施すには，[……]患者が期待しているより長いタイムスパンが必要とされる」(1913c: 129, 岩波 13: 250) ことが分かっている。同じく，「分析ケアの時間を短縮したいと欲するのはあくまでも正当である」と彼は見做して入るが，残念ながら，と付け加える。「これをやり遂げるのには，あるきわめて重要な要因が妨げとなっている。それは，人間の心の奥深くに変化が生じる際の緩慢さであり，つきつめれば，私たちの無意識的な心的出来事の『無時間性』ということになるだろう」(同 130, 岩波 13: 251)。

　フロイトは，ひとたび精神分析過程を始めたならば，なぜ精神分析者はその展開を尊重する以外の選択肢がないかをはっきりと示す。「全体としてみれば，この過程は，いったん動き出すとわが道を行くのであって，その方向も進んでゆく順序も，あらかじめ定めることなどできない。つまり，分析者がさまざまな病状に対してもちうる力は，男性の性的能力のようなものだということである。いかにその能力にすぐれた男性といえども，子供1人をまるごと生ませることはできても，女性の胎内に頭ひとつだけとか，腕1本，脚1本とかを作り出すことはできない。子供の性を決定することさえできない。じっさい男性は，母胎からの子供の分離でもって終わるきわめて複雑な過程——それは昔々の出来事によってすでに決定されている——を，ただ動き出させるにすぎないのである。人間の神経症も有機体の性格を有している」(同 130, 岩波 13: 251)。精神分析は相当な時間と費用になることを考えて，患者によってはただ症状だけが取り除かれたことで満足するだろうと，彼は付け加えている。しかしフロイトにとって精神分析の方法は，その全体性において把握すべきものである。というのは，それは分割できない総体を形成しているからである。「[精神分析者にとって]もっとも好ましいのは，望まれうるかぎりの全幅の健康を医者に求め，快復の過程に必要な時間をたっぷり自由に使わせてくれる患者であることはまちがいない。むろん，そのような好条件が望めるのは，ごくわずかな場合でしかありえない」(同 131, 岩波 13: 252)。

● 精神分析的設定を確立すること

　こうした過程が展開できるための最適の条件を作り出すためには，いくつかの特殊な条件が必要である。以下は，フロイトが自分の患者たちに申し出たことである。「患者はそれぞれ，私が仕事に使える労働日のうちのある時間をあてがわれるということである。それは患者の時間であって，たとえ患者がこれを利用しないということになっても，この時間に責任があるのは患者の側である」(1913c: 126, 岩波 13: 246)。フロイトは，自分は患者の後ろに座るのに，患者にはカウチに横になるように求める。それは，よりよく「転移を遮断」(同 134, 岩波 13: 256) するためであり，また彼は見つめられるのを甘受しなかったからである。彼はどの患者にも毎日1回のセッション，すなわち大体週6回のセッションを割り当て，例外を考慮する場合には，それを規則としていない。「症状が軽い場合や，かなりの程度まではかどった治療を続行する場合には，週3回の診療でもじゅうぶんである。それ以外は，時間を切り詰めるのは，医者と患者の双方にとって益にはならない。とくに治療開始しばらくのあいだは，時間の切り詰めは絶対にしてはならない」(同 127, 岩波 13: 247)。

　治療期間に関しては，彼はそれを予め示すことはほとんど不可能と考えている。もちろん，患者は自分の治療をいつ中断してもまったく自由だが，そのときには悪化の危険を冒している，と彼は言う。フロイ

訳注3）ドイツ語原文：bei denen man wie absichtslos verfährt, sich von jeder Wendung überraschen läßt, und denen man immer wieder unbefangen und voraussetzungslos entgegentritt.

トは実に多様な論拠を提出しながら，精神分析の治療期間を短縮しようとする諸方面からの圧力に何度も言及する。「患者の無理解と医者の不誠実がそろうと，分析には，度はずれな要求が出されるし，といって最小限の時間しかかけられないしといった結果になる」（同 128，岩波 13: 248）。分析期間の短縮という問題は，話題にされ続けているが，フロイトはその種の反対にユーモアで応えて，こう注意を促す。「重い机を軽い腰掛けのように 2 本の指で持ち上げようだとか，大きな家を掘立て小屋でも建てるような短時間で建てたいだとか，普通こんなことを望む人はいないと思われる〔würde〕が，しかし，こと神経症ということになると［……］知性ある人たちでさえ，時間と労力と成果のあいだの不可欠の均衡ということを忘れる〔vergessen〕ようである」（同 128–129，岩波 13: 249）。治療の秘密保持に関しては，治療は「医者と患者自身の問題であり，第三者は，いかに親しく，またいかに好奇心旺盛な人であれ，いっさい関与させないようにしてもらいたい」（同 136，岩波 13: 260）と説明する。フロイトは謝礼の支払いの問題にも取り組み，分析者と患者のやり取りの中で金銭がしばしば帯びる，無意識の性的意味を指摘している。そして彼は分析者たちに，定期的に払ってもらうようにして，支払うべき金額が嵩まないようにすることを勧める。彼は，自分が長い間実践してきた無料治療の問題に言及して，それが抵抗を著しく増大させることを強調しつつ，貧しい人たちや中産階級に属する人たちがどう精神分析に近づくかを論じている。

● 転移と逆転移

　フロイトは，転移が精神分析に固有のものではなく，人生の他の状況でも起こるが，それが処理される〔ワークスルー〕ことができるのは精神分析的な文脈においてのみであることを指摘する。彼は 2 種類の転移を記述する。それは，愛情深い感情に基づく「陽性」転移と，敵意の感情に基づく「陰性」転移である。「転移を意識化によって『揚棄する』場合，私たちは感情の行動のこれら両成分を医師という人物〔der Person des Arztes〕から引き離すだけである」（1912b: 105，岩波 12: 217）。

　それからフロイトは，「患者が分析者の無意識的な感じ方に及ぼす影響のせいで」（1910d: 144，岩波 11: 195）医師に生じうる，彼が「逆転移」と初めて呼ぶものに分析者の注意を向けさせる。彼は「逆転移」で何を言おうとしているだろうか。この論文ではフロイトは，フロイト以後の精神分析者たちによって後にもたらされることになる発展に較べて限定された意味で，この観念を考えている。すなわち，フロイトにとって主として問題なのは，患者の転移に「対して／逆に contre」感じる分析者の無意識的反応であり，だから「逆転移」という用語なのである。これらの反応は分析者のパーソナリティに依拠しており，それが克服されなければ，転移の処理を妨げる。このためフロイトは，分析者には自分の逆転移を知って制御することを要求する。そうできるようになるのは，ただ分析と自己分析を自分で経験することを通してのみである。「［……］私たちはどの精神分析者も〔jeder Psychoanalytiker〕，自分自身のコンプレックスや内的抵抗が許容する範囲でしか進んでいけないことに気づいた。それゆえ，精神分析者には，その活動をまず自己分析から始め，患者を相手に自分の経験を積みながら，絶えずこの自己分析を深めていくように求めている。このような自己分析で何ひとつ成果をあげることのない人は，自分には患者を分析的に治療する能力がないことをあっさり認めてもらわなくてはならないだろう」（同 145，岩波 11: 196）。この提案は，精神分析者になろうとする者は誰もが，予め「訓練分析」（1912e: 116，岩波 12: 253）を受けるという望みによって延長されるだろう。

　同じくフロイトは，精神分析者になろうとする者に対して，初回の相談から患者に，「医者が見透かした患者の秘密を唐突に伝えて不意打ちを食わせようなどとする試み〔Versuche〕」（1910k: 226，岩波 11: 241）からなる「横暴な分析」のような誤りを避けるために，彼らが技法に習熟することを強く求めている。フロイトはまた，抵抗の除去を促進するために分析者が自分自身の葛藤や欠陥を患者に知らせたくなることについても言及している。「若く熱心な精神分析者にとって，自分の個性の多くをつぎ込んで，患者の心を夢中にさせ，その勢いで，患者を狭隘な人格の制限を越えて高めようというのは，確かに気持ちの鼓舞されることである。医師が病者に自分自身の心の欠点や葛藤を覗き見させ，自身の生活のことを親しげに伝えて同等の立場を病者が取れるようにするというのは，病者に存続している抵抗に打ち勝つために

は，完全に許されること，それどころか目的にかなったことだ，とも考えられよう」（1912e: 117–118，岩波 12: 254）。しかしながら，フロイトによれば，経験が示すのは，そうした技法は期待される結果ではなく，逆の事態を生じる。「［患者は］医師との関係を逆転させたがり，医師を分析する方が自分の分析より面白いと思い始めるからである。施療の主要課題の１つである，転移の解消にしても，医師の親密な態度によってそれは困難となる［……］。だから私は躊躇うことなく，この種の技法を欠陥技法として棄却する。医師は被分析者にとって不透明であるべきであり，鏡面のように，自分に示されたもの以外は示すべきではないのである」（同 118，岩波 12: 255）。

他の医学的技法と同じく，精神分析も「すでにそれを駆使する人たち」（1910k: 226，岩波 11: 241）から習得される。フロイトが1910年に国際精神分析協会（IPA）を設立したのは，彼が挙げている「横暴な」精神分析者による介入が広げうる危害から，できるだけ病者を保護することを目的としている。その組織は発展して，現在，重要な役割を果たしている。「会員は名前を公表することによって，自分は協会の一員であることを明らかにし，もって，私たちの同輩ではないのに自分の医者としての活動を『精神分析』と称する人たちすべての行為に対して責任を負うのを拒否することにした」（同 227，岩波 11: 242）。

フロイト以後

精神分析的設定：ゆっくりと徐々に進んだ配置

精神分析的な「設定」とは何か

精神分析的な設定（英語では setting）とは，精神分析過程の適切な展開を保証するための必要条件の総体を指す。これらの条件は，患者と分析者が互いに合意の上で，できれば予備的な話し合いの時から設定される。古典的な精神分析では，患者は寝椅子に横たわり，患者が現実の人間としての分析者よりむしろ自分自身の内的世界を見ることができるように，分析者はその背後つまり患者の視界の外に座る。この配置は，患者が心に浮かぶあらゆることを分析者に伝えるのを期待する，分析の「基本原則」に合致して，患者の自由連想の流れとともに，空想の中で分析者にさまざまな役割を割り当てる投影を促す。セッションの長さは通常，45分か50分に固定され，週に4–5回行なわれるが，地域によっては例外的に3回である。セッションの長さと頻度は一度固定されると，その時々の気分や評価に左右されないので，患者にとって心の安定性の要因となる。

患者と分析者の個人的・社交的接触は，セッションの外でも避けるべきである。さらには，守秘性の理由から分析者は，第三者に情報を提供しないし，例外的状況で患者の許可がある場合を除いて，患者の周囲の人々とは連絡を取らない。この観点から見れば，患者と分析者が現実の関係の中で自分に課す厳格な倫理的境界は，彼らが思考と空想の中で自由に境界を踏み越えられるようにする保証となっていると認められ，そのことは，精神分析状況において少しも逆説ではないことの一つである。この観点から見ると設定は，近親姦の禁止を象徴的な水準で表す一種の「ガードレール」となっている。

長い展開の結果

フロイトは非常に早くから治療のための設定を確立する必要性を感じていて，1903年頃までにはその主な要素をはっきりさせていたにしても，精神分析過程との関連で精神分析的設定の本当の意味を分析者たちが理解するまでには，長い年月を要した。1895年の『ヒステリー研究』でフロイトは，どのようにまず暗示を自由連想法の技法に置き換えることで，分析的設定の基本的な土台を築いたかを述べている。その後フロイトは，1904年に発表した「忠告」およびその後の技法論文にもかかわらず，自分が定めた厳格な規則に対して，差し障りをまだ考えずに多くの違反を犯した。例えば彼は，手紙の中で自分の被分析者について実名を挙げて話し，その身元を隠さなかった。彼は何人かの被分析者を自分の家庭の食卓に招いた。彼はフェレンツィや，後には自分の娘アナのように身近な人を分析さえした。これは，精神分析的な設定の境界が長い間，不鮮明なままだったことを示している。そして第二次世界大戦後に，転移 - 逆転移関係が次第に強調されるようになってからようやく，精神分析者たちは，患者との間の情動的交流の強度をよりよく包容するために厳密な設定を維持する必要性を経験したのだった。

設定と精神分析過程の間にある切り離せない関連性

　はじめは，初期の精神分析者たちは精神分析過程の反芻処理(ワークスルー)，つまり患者による内的展開を特に強調して，設定については，その過程を可能にするのに適した実際上の準備という角度から特に考慮された以外には，ほとんど重視されなかった。1950年代の終わり頃，精神分析的な設定に理論的な基礎を与えようとする初期の試みが現れた。例えばW. R. ビオン（1962）の仕事によって，セッションにおける分析者・被分析者の状況と母子の状況の間に類比を見出して，設定と過程が「容器」と「内容」と関係にあると考えることができるようになった。一方，J. ブレガー Bleger（1967）は，クラインの妄想分裂ポジションに先行する段階があることを示そうと努めた。彼によればそれは，自我と対象の間にあって共生的な結びつきを作り出す対象‐自我の「凝集核」からなる。ブレガーによるとこの結合は，患者が精神分析的な設定と自分を区別するに至るまで持つ親密な関係を通して表現される。以後，何人もの著者たちが，設定と過程の間の関係を深めるのに貢献した。その中には，「抱えること」の概念のD. W. ウィニコット，「皮膚自我」の概念のD. アンジューがいる。

設定の意味を内側から理解する

　これらの研究によって，精神分析的な設定が過程との関係で持つ意味を，より深く理解できるようになった。事実，設定は精神分析と関係のない人たちや患者たちによってばかりでなく，精神分析者たち自身によってさえ誤解されることが多い。例えば，一般大衆の心ではしばしば，設定はそのカリカチュア，つまり患者が寝椅子に横たわり，分析者は肘掛椅子に座っている場面に準えられ，その結果，本当の意味を欠いた精神分析状況は，馬鹿げて見える。患者の方は，自分に最初に提示された設定方式の意味，例えば規則的なセッションの必要性・毎週の面接の高い頻度・料金の支払い，なかでも，理由が何であろうと休んだセッションへの支払いをなぜ分析者は要求するのかを理解することが問題な時，その意味を理解するまでにしばしば時間を要する。一見したところこれらの条件は，患者が自分でその意義を見出し，厳格な設定が過程の首尾よい展開に欠かせないことを内側から理解するようになるまで，無意味に等しいように思われる。

　訓練の重要な一側面は，分析者になる見込みのある者が精神分析的な設定の意味を内面化して，自分のものにするようになることである。設定が一連の硬直的な規則で，分析者や訓練組織から恣意的に押しつけられたものとは感じられないために，それは自分自身の分析を通した個人的経験とともに始まり，それから経験豊かな同僚とのスーパーヴィジョンを通して続く。

　この見方からすると，分析的な設定は，各配置が分析状況の文脈の中で意義を帯びる限りでしか価値がない。例えば，患者が設定と持つ関係は，被分析者と分析者の間の非言語的なコミュニケーション手段であることが多いのが実践によって示される。それは特に，反芻処理(ワークスルー)のために解釈しうる，無意識の転移抵抗を表している可能性がある。このようにして，治療の進展とともに患者は，分析者の助けを得て，少しずつ設定のさまざまな方式の意義を見出し，転移過程とそれらとの関係を結びつけるようになるのである。

古典的精神分析における設定の基礎

　設定と過程が不可分な全体を形成する限りで，毎週高頻度のセッションを持つ精神分析は，IPAに所属しその点に関してフロイトの教えに従って実践している者たちにとって，精神分析に関して準拠するものであり続けている。高頻度のセッションは，洞察と解釈の反芻処理(ワークスルー)を促進する。設定と過程の不可分な結びつきによって，精神分析過程と精神（心理）療法過程の間を区別することもできる。その区別は，古典的な科学の基準に従って計量可能なデータに基づいて示すことはできない。私個人はふだんから，J. ラプランシュ（1987）が心的エネルギーと原子エネルギーを比較して提案した隠喩に助けを求めている。つまり，私たちはそれが連鎖反応的に制御不能な仕方で解き放ちたいのか，それとも，サイクロトロンのおかげでそれを集中したいのか，ということである。私は，写真と映画の比較も提案したい。どちらの技法も，写真像という同じ手法に基づいているが，違いはその像をよぎらせる頻度に由来する。1秒間に18枚未満の頻度では，個別の像が見られるが，1秒18枚以上の頻度では，映画の特性である，動きが知覚されるのである。

決定論的な科学の意味での「技術」である以上に「技」である

　精神分析者の治療作業の性質と，その対象である人間の心的構造のために，設定することがそのまま精神分析過程の成功を絶対に保証はしないということが起こる。この事実は，精神分析的な方法の有効性を疑うために，決定論に基礎を置く科学的なモデルに基づいて，批判者たちが用いる論拠である。この異論には，私たちが少し立ち止まる価値がある。

　私は，人間の心的構造に関して成功と失敗という単純な対立によって語るのは，複雑系としての心的構造を考慮に入れていないので還元論的な見方であろう，と応答することから始めたい。この型の系では，一定の行動が一定の結果を生む，と期待できないことが知られている。つまり，線型の決定論の法則は，もはや当て嵌まらないのである。科学的見地からすると，複雑系は無限の変数から構成されているために，長期的には「予測できない」仕方で動くことが思い出される。事実ごく僅かな撹乱が，絶えず系の進展を引き起こす可能性があり，結果としてその進展を予測することは不可能になる。同様に，人間の心的構造は，カオス決定論の理論が描くように複雑系のモデルに基づいて行動すると考えるならば，当然のこととして，心的現象は長期予測ができない仕方で行動しており，一定の行動が一定の結果を生むとする「古典的」科学モデルには従わない，と考えることができる（Pragier and Faure-Pragier 1990; J-M. Quinodoz 1997a）。

　精神分析治療の成功を確実に予測できないことに関しては，方法論的な見地からこの異論に対しても応答できると私は考える。だから，G. ヴァッサーリ Vassali（2001）によれば，フロイト派の技法は今日理解される意味での「技術 technique」ではなく，アリストテレスの意味での「テクネー technè」すなわち「技 art」である。ゆえに，この営為が生み出すものは線型の決定論の法則に従う確実性・必然性の次元ではなく，「蓋然性」・「可能性」の次元にある。だから精神分析者の仕事は技であり，分析者は証拠に基づいて行動しているのではなく，手がかりや推論・直観的な考えに基づいている。それはフロイトが精神分析者の進め方について語るときに，erraten という言葉で指している振る舞いである（erraten は，フランス語では deviner ［見抜く］という不満の残る語で，英語では to guess と翻訳されている）。こうした見地が採用され，精神分析者の仕事が「テクネー technè」と見做されるならば，それは一方では，解釈を行なう思考の作業は理性的に推論することによってではなく，推測という仕方で成し遂げられることを意味する。もう一方では，精神分析者が発揮する治療の技は必ず成功すると確実に明確にはできない，ということである。ヴァッサーリによれば，これは精神分析の対象の性質そのものに起因しており，それの複雑さは推測による接近法を正当なものにしている。それに，解釈の技は私たちが——成功を十分に期待しつつ——持ち合せている，唯一の手段ではないだろうか。表象されることがかつてなかった対象，すなわち無意識を探究するために。

伝記と歴史

シャーンドル・フェレンツィ（1873–1933）

　技法の問題は，ハンガリーの医師・精神分析者だったシャーンドル・フェレンツィ Sándor Ferenczi の先駆的な役割に言及しないで取り組むことはできないだろう。彼は，臨床・技法・理論面で，大きな寄与を果たした。彼は長い間フロイトの傍らの特権的な位置を占めたが，晩年近くには，いわゆる「積極」技法という論議の的となった問題を巡って，2人の間に重大な食い違いが生じた。

　ハンガリーで生まれ，そこで一生を過ごしたフェレンツィは，1896 年にウィーンで医師免許を授与された。1907 年に彼は『夢解釈』を見出し，ユングと知り合い，その紹介で 1908 年にフロイトに会った。その翌年，フェレンツィはフロイトとユングと一緒に，合衆国に旅行した。その時以来，フロイトとフェレンツィの間に複雑な関係が生まれ，フェレンツィはフロイトの弟子から友人・家族ぐるみの親友・腹心の友そしてフロイトの被分析者にさえなった。1908 年に初めてフロイトに会ってから，フェレンツィはハンガリーばかりでなく世界中に精神分析運動を広げることに積極的に参加した。国際精神分析協会（IPA）を創立する考えを推進したのはフェレンツィであり，ユングをその初代会長として 1910 年に設立された。1912 年から彼は，フロイトが政治的衝突に巻き込まれることから守るのを目的としてユングの離反後に設けられた「秘密委員会」の一員だった。

フェレンツィの著作に関しては，彼は 1909 年に，最も有名な論文「取り入れと転移」を発表した。そこで彼が導入した取り入れの観念は，精神分析の基本概念となった。彼は他にも，その独創性と臨床的な豊かさで深い印象を与える幾つもの論文を発表した。彼はまた，テレパシーによる伝達が果たす役割と，系統発生の仮説に対する関心を，フロイトと共有した。その仮説によれば，先史時代に由来し遺伝的に伝承されてきた外傷記憶が，神経症の起源とされる。他の点では，フェレンツィが戦争神経症に力を注いだ仕事は，1914–1918 年の第一次世界大戦後に精神分析の考えを普及させるのに貢献した。

　フェレンツィはフロイトの分析を受けたが，彼はフロイトが渋々承認するまで，何度も行動を起こさなければならなかった。分析は 3 期にわたって行なわれた。最初は 1914 年で，残りの 2 つは 1916 年だった。いずれも約 3 週間続き，或る期では 1 日 2 回のセッションだった。フェレンツィの問題は，特に彼が分析中に感傷的なもつれに巻き込まれて，愛人のギゼラ・パロスとその次女エルマのどちらと結婚するか迷ったときの彼のアンビヴァレンスを巡って，主に展開した。結局彼は 1919 年にギゼラと結婚したが，すぐにその決断を後悔し，その後フロイトが自分に圧力を掛けたと責め止まなかった。とりわけ，彼はフロイトが彼の陰性転移を十分に分析しなかったと非難した。フロイトはこの非難に対して，「終わりある分析と終わりなき分析」（1937c）の中で釈明した。

　1918 年に第 5 回国際大会がブダペストで開催された時，フェレンツィは国際精神分析協会（IPA）の会長に選出された。しかし，ハンガリーで勃発した社会的・政治的不穏状態の結果，彼は会長職をジョーンズに譲らねばならなかった。翌年 1919 年，フェレンツィはブダペスト大学の精神分析の教授としての地位を辞して，それ以降，自分の患者たちと精神分析の技法に関する執筆に傾注した。

　1920 年代にフェレンツィは，精神分析の「積極」技法へと探究を方向づけ，それを極限にまで押し進めた。この接近法は，早期の外傷に結びついた深い退行を呈する患者における転移の情緒的な次元の発展を刺激しようとしていた。そうした早期外傷は，患者を治療の行き詰まりに追い込んでいた。1924 年，やはり積極技法を提唱していたランク Rank とフェレンツィは，時代の先を行く見解を含んだ『精神分析の諸展望』を出版した。中でも彼らは，転移における母親的な役割を強調しつつ，分析者と患者の間の関係にある陰性転移を分析することの重要性を主張した。それに対してフロイトは，父親的役割を特に強調していた。だが精神分析治療の期間を短縮するために提案された手段は，まずアブラハムとジョーンズによって，次いでフロイトによって強く反対された。これらの仕事から出発してフェレンツィは，患者と分析者の間で愛撫やキスを交わすほどの身体接触を受け入れつつ，患者たちの幼少期に欠けていた愛情をもたらすことを目的とした技法的アプローチを作り上げ，分析的関係にある 2 人のパートナーの間で相互分析をする技法を提案した。フロイトは転移関係の中で近親姦の禁止が侵犯される危険を感じて，彼の弟子を，患者と分析者がいかなる身体接触も断ってやり取りをもっぱら空想と情緒の水準に置くという精神分析の方法に反して，倫理的境界を踏み越えて患者に実際の満足を通して愛情を与えている，と非難した。

　フロイトとフェレンツィは，関係が続いた 25 年間に 1200 通以上のやり取りをした。1933 年のフェレンツィの死で終わった文通は，精神分析の歴史において決定的なこの時期に関する貴重な情報源となっている。1920 年代の終わりに，意見の相違が彼らを遠ざけたが彼らの決裂は決して完全にではなく，フロイト（1933c）はフェレンツィへの追悼文の中で，精神分析が彼の弟子に多くを負っていることを認めた。

　積極技法をめぐる論争の結果，フェレンツィは不当にも何十年の間，フロイト派の精神分析界によって忘れられた。しかし最近の研究書は，歴史的な役割において彼を回復させ，彼の革新的なアイデアに相応の関心を復活させた（Haynal 1986, 2001）。フェレンツィは長い間埋もれていたにしても，彼が分析したジョーンズやクライン，リックマン Rickman，ローハイム Roheim，バリント Balint，グロデック Groddeck のような著名な精神分析者たちを通じて，彼の影響が存続したことは明確にしよう。さらに，彼の積極技法の研究は，フェレンツィの直弟子であるバリントや，ウィニコット，カーン Khan，コフート Kohut，モデル Modell の後の仕事にも影響を与えた。

● 「想起・反復・反芻処理」(1914g)

標準版第 12 巻 145–156 頁（岩波版フロイト全集第 13 巻 295–306 頁）所収。

　この技法論文は，転移の分析を理解するために極めて重要である。フロイトは，自分の過去を思い出してそれらの経験を言葉で伝える能力がない患者たちがいることを示す。しかし，その外見上忘れられた思い出は，行動の形で再び現れて，精神分析者との関係の中で行為として再現される。以下は，フロイトが「想起する」代わりに「反復する」によって意味していることを理解させるための，短い例である。幼児期に捨てられた患者が，それについて思い出しも語りもしないが，成人としての生活の中でガールフレンドとであれ雇い主とであれ，自分が関わり始めた人たちといつも別れてしまうのが見られることがありうる。患者はその関係の中で，自分が理由を知らずにもう一度捨てられることに通じる何かをしているという自覚がない。捨てられる状況は同じモデルに基づいて反復されており，患者は過去に既に経験した状況の反復が問題であることを意識的には実感せず，彼がこの状況を反復するのを妨げるものはない。では，患者は何を「反復」しているのだろうか。フロイトはこう言っている。「彼が反復するのは，抑圧されたものから発して，すでに彼の明白な人となりのなかで達成された〔durchgesetzt〕すべてのことがら，すなわち，制止を受けて無用とされた諸々の心的態度，病原としての性格特徴である」(1914g: 151，岩波 13: 301)。この「反復強迫」は，転移および抵抗に結びついている。すなわち一方では，行為による過去の反復が分析者という人と行なわれる限りで，それは転移と結びついている。従って，「転移は，それ自体が反復の一部にすぎない」(同 151，岩波 13: 300)。もう一方では，この反復は抵抗と結びついており，「抵抗が大きければ大きいほど，想起は，それだけいっそう大掛かりに，身をもって演ずること（反復すること）に取って代わられる」(同 151，岩波 13: 300) ほどである。だから精神分析者は，病気を過去と意識的に結びつけられるようになるまでは，その病気を患者が思い出さない過去の出来事としてではなく，「現勢的な力として」(岩波 13: 301) 扱うべきだろう。

　フロイトはまた，反復の強度は転移の情緒的な質に比例すると指摘している。つまり転移が陽性のとき，患者は想起する傾向にあるが，転移が陰性で抵抗が強化されるとき，行為による反復の傾向は増大する。極端な症例では，転移関係が反復に引き込まれるようになる。「患者が，何らかの反復行為をなすなかで，自らを治療につなぎとめている絆を自ら断ち切ってしまう」(同 154，岩波 13: 304)。しかしながら，転移の取り扱いのおかげで，分析者は「患者の反復強迫を制御しつつ，これを想起のための動因へと仕立て変える」(同 154，岩波 13: 304) ようになる。そのためには，分析者が抵抗を「名指す」(岩波 13: 305) だけでは十分ではない。それが「抵抗の終息を直ちにもたらすわけではない［……］われわれは，患者が自分が知るところとなった[訳注4]抵抗に深く沈潜して，この抵抗を反芻処理 durcharbeiten し，そして，抵抗に逆らいつつ分析の基本原則に則って作業を続行することによって，抵抗を克服できるよう，患者に十分な時間を与えなければならない」(同 155，岩波 305)。患者が自分で反芻処理を成し遂げるために必要とする時間を分析者が尊重することは，精神分析過程の決定的な要素を持っている。

● 「転移性恋愛についての見解」(1915a [1914])

標準版第 12 巻 159–171 頁（岩波版フロイト全集第 13 巻 309–325 頁）所収。

　分析者は，自分が転移性恋愛に直面していると感じるとき，治療の中断を避けるためにどのような態度を取るだろうか。例えば，女性患者が自分の分析者に恋愛感情を経験しているが，その愛情は彼女が子供

訳注 4) ドイツ語原文：ihm nun bekannt ドイツ語初版に従う。

だったときに母親あるいは父親に向けて感じていた愛情の再現であると判明するとき，分析者はどのように反応するだろうか。フロイトによれば分析者は，道徳を頼みとして患者を非難することも，患者に「欲動を抑え込む」(1915a: 164，岩波 13: 315) ように促すこともすべきではない。それでは分析的な態度の反対であろう。同じく彼は，「女性患者の情愛あふれる感情に応じると答えておいて［……］この情愛のもつ一切の身体活動をかわしつつ，やがては，この関係をもっと落ち着いた軌道に導き，より高い段階へと引き上げようとする」(同 164，岩波 13: 316) こともしないように勧める。事実，この態度は危険でないとは言えない。なぜなら，分析者も「さほどうまくわが身を律することができるわけではなく，いつ何時，はじめに意図していたところを踏み越えてしまうことになるかもしれない」(同 164，岩波 13: 316) からである。そのような態度の危険は，患者の言い寄りが分析者の反響を得るものに由来するだろう。患者は，「想起するだけにとどめ，心的素材として再現し，心的領域にとどめておくべきことを，身をもって演じ，実生活のなかで反復する」(同 166，岩波 13: 318) に至るだろうから。これが治療は，変化を促進する「原動力」である欲求や欲望を患者の中に存続させながら，禁欲のうちになされることが不可欠な理由である。彼は禁欲の観念を，下記の論文で詳しく説明することになる。

フロイト以後

精神分析的な倫理の問い

　精神分析的な設定の侵犯という問題は，数多くの因子と結びついているので，グレン・O・ギャバード Glen O. Gabbard とエヴァ・レスター Eva Lester が彼らの著書『精神分析における境界侵犯——臨床家が守るべき一線』(1995) で示したように，極めて複雑であることが明らかとなる。事実，精神分析的な過程の間には，フロイトが「転移性恋愛について」の中で述べている性的次元の侵犯ばかりでなく，彼らによれば過小評価すべきではない非性的な侵犯に突き当る危険がある。後者には多数の形態があり，逆転移の行動化と結びついた設定の多くの逸脱を形成する。例えば，分析者が低過ぎる料金または逆に高過ぎる料金や，過度の時間的融通を要求するとき，患者の呼び掛けに昼も夜も応じられるようにするとき，などである。精神分析者の側には，患者と取り決めた設定を尊重しないことが起きる，多種多様の理由が存在する。著者たちは，精神分析者が行動に移すのは，個人的なトラブルを抱えている折が多いことを確認した。
　ギャバードとレスターは，さまざまな水準で予防手段を講じる必要性を力説している。分析者になる見込みの者の訓練に関しては，その者の個人分析の終え方に注意し，自分の逆転移反応を分析する能力を査定することが重要である。臨床面では，スーパーヴィジョンは，精神分析過程の良い展開を保証する，厳正な設定の維持に結びついた技法的な問題を吟味するのに最適な場となる。「私たちが患者に提供できる最も効果的で影響力のある贈り物は，分析的な設定である」(Gabbard and Lester 1995: 147)。それに加えて著者たちは，精神分析者が自分のオフィスで孤立して働いていることが一つの危険因子だと考えており，どれほど経験豊かな分析者であっても，自分の逆転移に関わる問題をベテランの同僚と話し合う時間を取ることを強く勧める。最後にギャバードとレスターは，各精神分析インスティテュートと協会が，その機関から独立した倫理委員会を整備するべきであると考えている。そのような委員会は，聞い入れてほしい患者や第三者ばかりでなくトラブルを抱えた精神分析者のことも，完全に秘密を保持して受け入れる態勢を整えているべきであろう。彼らの経験では，精神分析的な設定の侵犯の問題は，道徳的な角度から見られるか，無視されることがしばしばだが，そのことで悩んでいる人たちに治療的な助けを提供するために措置を講じることが不可欠である。

● 「精神分析療法の道」(1919a)

　■ 標準版第 17 巻 157–168 頁（岩波版フロイト全集第 16 巻 93–104 頁）所収。

　フロイトはこの論文で，「分析治療を，可能な限り欠乏状態——禁欲状態——において遂行する」1919a: 162，岩波 16: 97) ことが何を言わんとしているのかを詳しく述べる。それは，患者から満足を奪

うことや，あらゆる性的関係を禁止することではなく，治療の流れを脅かす恐れがある2種の危険を避けることを意味している。第1の危険は，患者が代替の満足を求めたくなる気持ちに関わる。例えば，分析者に期待することを周囲の者と現実化することである。それが危険なのは，そうした満足が症状に取って代わる恐れがあるからである。第2の危険は，患者が分析者という人物との転移関係自体の中に代替満足を見出すことにある。分析者がある程度の欲求不満を課しているのを知りながら，患者を「満たされないままの欲望を相当に」（同164，岩波16: 100）持ち続けるように気を配るのは，このためである。たとえ時には「教育者と助言者として振舞わなければならない」（同165，岩波16: 100）としても，とフロイトは付け加えている。

　結びとしてフロイトは，この治療を神経症にばかりでなく精神病にも適用するのを可能にするような技法の進歩を想像しながら，精神分析の未来を予想する。彼はまた，世間の恵まれない社会層も修正された形の精神分析的な治療を，しかも無料で，受けることができる可能性を予測する。「また，私たちの治療法を大衆を相手に適用するにあたって，分析という純金に直接暗示という銅を十分に混ぜて[訳注5] 合金を作る必要が生じる公算は大きいでしょう。また，そのときには，戦争神経症の治療の場合のように，催眠による影響が再び用いられもしましょう。しかしながら，たとえこの精神療法が大衆のために形作られ，どのような要素によって組み立てられようとも，その最も効果的で重要な構成部分は確実に，厳密で不偏不党である精神分析から借りてこられたものであり続けるでしょう」（同167–168，岩波16: 104）。

フロイト以後

国際精神分析協会の現在の役割

　1910年のニュルンベルク会議でフロイトは，自分が創り上げた精神分析を守る目的で国際精神分析協会（IPA）を設立した。1920年に240名で結成されたこの組織は，今日ではヨーロッパ・北アメリカ・ラテンアメリカを主とする30カ国に広がって，1万人を少し超える会員数に達している。IPAの活動は，訓練に関する共通の指針を確立し，さまざまな会議と国際大会を企画し，臨床・教育・研究の発展を推進することからなる。IPAは，精神分析の専門家活動の国際的な側面を連携させたり，東ヨーロッパや他の多くの国々で今そうなように，特に精神分析への新たな関心が明らかになってきている国々での新しいグループの創設を指導したりしている。

　1920年代以降，世界中で精神分析活動のセンターの数が増加するのを前にして，精神分析をより良い状態で広めることを確実にするために，人々は国際的な基準を設けようと努めた。訓練は，分析者になる見込みのある者を「外部の」機関によって査定するという実行不可能となる障害を避けるために，IPAを構成するさまざまな協会に委託され，それぞれが協会の内部規約にある通りに行なっている。この訓練は主として，3つの相補的な側面に基づく。それは，精神分析の個人的経験——いわゆる「教育」分析，初めの精神分析治療への経験豊かな精神分析者によるスーパーヴィジョン，そしてフロイトの仕事の修得を第一とする，精神分析の基礎知識の修得である。

　時とともに国際精神分析協会は，訓練を求める候補生・会員資格を獲得する会員・訓練に携わる会員たちがそれぞれ満たすべき条件についての，最低限の勧告を確立しようとした。これらの各段階での評価は一般に，当該の人物が精神分析治療を行なうためであれ，もう1つの可能性として将来の分析者たちを訓練するためであれ，必要な資質を持っているかを見積もろうとする経験豊かな分析者とその人との，一連の面談に基づく。これらの勧告は，IPAのさまざまな協会が到達した合意の結果である。例えば1980年代末に公刊された指針は，分析者になる見込みのある者の個人分析が，フロイトの推奨したように，深い分析的な経験の展開を保証するのに十分な頻度で毎週行なわれなければならないことを詳しく説明しており，実際に大部分の協会が最低週4回か5回のセッションを要求している（幾つかでは例外的に，週3回）。また，分析者になる見込みのある者は，訓練分析者のスーパーヴィジョンのもとで少なくとも2例の精神分析治療がうまくいっていなければならないことも勧告されている。しかし，こうした最小限の勧告が大部分の協会で存続していても，単に外部からばかりでなく，訓練の期間が短縮されることや訓練への受け

訳注5）ドイツ語原文：das reine Gold der Analyse reichlich mit dem Kupfer der direkten Suggestion.

入れ要件を下げることを望むIPA自体の会員の一部からも，ますます強くなる力が働いている。それは，より多くのセラピストたちが精神分析の実践に関わるのを許容するためである。

　個人的には，一方では精神分析者の仕事の本質と精神分析過程によってそれ自体が多くを要求する，精神分析の根本的な達成を維持する必要性と，他方では精神分析がその独自性を失う危険を冒さずに，より多くの人々に精神分析を開きたいという願いとの間で釣り合いを見出すことは，つねに難しいだろうと私は考えている。

年代順に見るフロイトの概念
禁欲　逆転移　陽性転移・陰性転移　精神分析過程　精神分析的な設定　精神分析技法　想起　反復・反復強迫　転移性恋愛

『トーテムとタブー』
(1912–1913a)

幻視的作品なのか，時代遅れの著作なのか？

　今日の扱いよりももっと高く評価されるに値するこの大作でフロイトは，人間の本性について精神分析的な驚くべき光景を展開し，それ以前の著作に較べて広大な展望を開いている。彼は民族学者や人類学者の調査に依拠して，それらと精神分析による発見，特に祖先——父親や父を代表する者——を殺すことや，近親姦つまり父親の妻と結婚することの禁止のような，エディプス・コンプレックス Oedipus complex に属する諸要素とを対比させようとしている。しかしながら，エディプス・コンプレックスは各個人や世代ごとに新たに生まれるものではないだろう。そこでフロイトは大胆な仮説を唱えたが，それは激しい批判を引き起こした。彼によれば，人類の起源にまで遡られる先祖の痕跡が，このコンプレックスの形成に影響を与えているはずである。フロイトはこの古代の痕跡を，誰もが自分の父親——彼は母親については何も言っていない——に抱く強い両価的感情や，世代から世代へと伝達され各々に重くのしかかる無意識的罪責感の中に見出すことができると確信している。フロイトにとっては，この罪責感は父親に対する憎しみの下で団結した兄弟たちが，父親を継ぐために殺して食べたであろう時のトーテムの饗宴の際に犯した，元の罪の残滓であることに疑いはない。祖先によるこの食人の行動から，個人の罪責感ばかりでなく原始民族のトーテミズムから社会生活を保証する集合的な道徳に至る人類の社会組織のさまざまな段階が由来していることだろう。宗教は，古代のトーテム宗教から，最初の人間たちが父なる神に対して犯した原罪の上に築かれたキリスト教に至るまで，同じくこのことの表現形態である。フロイトが『トーテムとタブー』で立てたさまざまな仮説は，あらゆる方面から多くの非難を招いたが，彼が予感していたように，この著作が「世の眠りを乱し」（Freud 1914d: 21，岩波 13: 59〔フロイトによるヘッベルからの引用〕）うる根本的な問いを提起していることに変わりはない。おそらく現代社会において，『トーテムとタブー』に関心が持たれないことをある程度説明する十分な理由は，そこにある。

伝記と歴史

宗教の起源の謎

　宗教の起源への問いは，常にフロイトの心を占めていた。彼は宗教活動をしないユダヤ人だったが，ユングの神話学と神秘主義についての研究によって，彼の関心は再燃した。1911 年以降フロイトは，宗教と民族学に関する多くの著作を研究することに膨大な時間を費やした。とりわけ，フレイザー Frazer とブント Wundt の著作は彼を魅了した。彼はその後の 2 年間のほとんど全てを，『トーテムとタブー』を構成する 4 つの試論を書くことに費やした。これらは〔初め雑誌『イマーゴ Imago』に〕1912 年から 1913 年にかけて次々と発表され，それから 1 冊の本にまとめられた。この著作は，精神分析サークルの外では悪評に見舞われ，特に人類学者たちはフロイトが諸事実を誤って解釈したと非難し，フロイトの仮説の普遍性を疑問視した。しかしフロイトは，自分の結論を

決して放棄せず，書いたことを一切変更しなかった。逆に彼は，同じ命題を集団の心理学についての後の著作でも再び取り上げて，自分の立場を1939年には改めてこう主張している。「しかも，何よりも先に言うべきことだが，私は民族学者ではなく，精神分析者なのである。私は，民族学の文献の中から分析的な仕事のために用いうるものを選び取る正当な権利を持っていた」(Freud 1939a: 131，岩波 22: 166)。

カール・グスタフ・ユングとの決裂へ

1911年，精神分析運動は広がり始めた。ウィーン精神分析協会内部で激しくなることが多い衝突が現れた。それは意見の相違と，一部の弟子たちの間で悪化していく嫉妬の感情に関係があった。アドラー Adler は自分の理論的展開に伴い，無意識・抑圧・幼児性欲といった精神分析において必要不可欠な概念を破棄して，1911年に脱退した。1912年，今度はシュテーケル Stekel が協会を去り，フロイトを安堵させた。長い間フロイトに「皇太子」と見なされていたユングに関しては，状況は違っていた。彼らは6年間一緒に仕事をしたが，1907年に初めて会ったすぐ後から，2人の間で意見の相違が既に現れていた。そのことは，ユングが国際精神分析協会（IPA）の初代会長に1910年になり，年報 Jahrbuch の編集長になることの妨げにはならなかった。また，1909年にフロイトがクラーク大学に招かれて合衆国に行く時，ユングが彼に随行する際の問題にもならなかった。当時ユングは，神話学を研究し始めていたが，彼らの意見の相違は，「リビドー」の概念に賦与されるべき意味に集中した。フロイトがリビドーに性的欲動のみの表出を見たのに対して，ユングはリビドーが性欲に還元されうるものではなく，自己保存欲動を含む欲動一般という意味を有していると考えた。ユングは『リビドーの変容と象徴』を1912年に上梓した。そこで彼は，リビドーの性質・神話学・近親姦の象徴的な意味についての自分の考えを展開した。フロイトに，ユングが精神分析運動から去ることを求めるように決心させたのは，その本に含まれていた考えだった。それほどまでに彼らの科学的な相違は明らかになっており，これに先立ついくつかの逸話は既に，彼らの決裂が近づいていることを伝えていた。例えばユングの側のいくつかの失錯行為であり，フロイトがミュンヘンでユングの面前で気絶したことである。この出来事によってフロイトは，かつての弟子に対する死の願望に気づき，彼が生後19カ月の時に，弟に対して類似の死の願望を経験していたという記憶を呼び覚ました。フロイトとユングとの間の最終的な決裂は，1913年9月のワイマール大会で起きた。

テクストを紐解く

■ 標準版第13巻1–161頁（岩波版フロイト全集第12巻1–206頁）所収。

● 近親姦（インセスト）の恐怖

この著書でフロイトは，民族学が教える原始民族の心理学と，精神分析が理解する神経症者の心理学との間の，いくつかの一致点を明らかにすることを企図する。彼は出発点として，特にオーストラリア先住民が行なっているトーテミズムを取り上げる。そこでは部族は，そのトーテムに因んで名づけられている。トーテムは一般的には，カンガルーやエミューのような動物である。トーテムは世襲で，その性格は，その種類に属する全個体に付随している。フロイトは，トーテムのあるところには必ず，「同一のトーテムに属する者は性的な関係を持ってはならない，よって結婚してはならない」(1912–1913: 4，岩波 12: 8–10) という掟も存在すると主張する。この禁令を犯すことは，あたかも部族全体を脅かす危険を遠ざけようとするかのように，極めて厳しく罰せられる。このように，これらの原始民族は近親姦について異常に強い恐怖を示すのであり，フロイトは民族学から他の例を引く。この侵犯の恐怖には，同じトーテムに属

する個人同士が親密になるのを避けることを目的とした一連の「慣習」が結びついている。その最も広く行き渡りかつ最も厳格なものは，義母とその娘婿が避けることに関わる。フロイトは精神分析的な見地からこの相互回避を，「両価的」関係，すなわち両者に愛情と敵意が共存することに基づくと見なす。それは近親姦の恐怖と密接に結びついている。

　彼によれば，「未開人」に見出されるトーテムにつながった近親姦の恐怖は，神経症者の心的生活にも現れる。その恐怖は幼児的特徴を作り上げる。「精神分析が私たちに教示したのは，男児の最初の性的対象選択は近親姦(インセスト)的な選択であり，禁断の対象である母や姉妹に向けられているということである。また，それは，男性が成長するにつれてどのように近親姦(インセスト)の魅惑から自由になるかをも教示した」（同17, 岩波12: 27）。結果として，リビドーの無意識的で近親姦的な固着や退行は，両親への近親姦的欲望が「神経症の中核的コンプレックス」（同17, 岩波12: 27）となるような仕方で，神経症において決定的な役割を果たす。精神分析が明らかにした，神経症者の無意識的な思考における近親姦の恐怖の重要性は，一様に懐疑的態度で受け止められた。だがフロイトにとってはそうした反応こそ，それが私たちみなに生み出す不安の証拠である。「このような拒絶はなによりも，太古からあるけれども久しく抑圧されていた近親姦(インセスト)欲望に対する人間の根深い拒否感の所産であるとせざるを得ない。したがって，未開民族が後には無意識へと押しやられる人間の近親姦(インセスト)欲望をいまだ危険なものと感じ，きわめて厳格な防衛方策があてがわれるべきものと考えていることを示し得るのは，私たちにとって瑣末なことではないのである」（同17, 岩波12: 28）。

● タブーと感情の両価性

　それからフロイトは，タブーの概念を吟味する。それは二重の意味を持つポリネシア語である。一方では神聖な・聖別されたという考えを含み，もう一方では，不気味な・危険な・禁じられたを意味する。タブーに結びついた禁令は，宗教や道徳の体系の一部ではなく，自分に課している禁令である。タブーは最初，魔物の力への恐れに由来し，続いてそれ自体が魔物となった。その源泉は，例えば王や聖職者・月経中の女性や思春期の者のように例外状態にある人や，場所に結びつく魔的な力である。そしてどの例でも，タブーは敬意と不安の感情を同時に引き起こす。精神分析では，こうした「未開人」と同じようにタブーを自らに課する人たちに出会う。それは強迫神経症者たちである。こうした患者たちは，苛酷な「良心」によって，自分が謎めいたいくつかの禁令を犯せば，不幸が訪れるだろうと内的に確信している。禁令に結びついた恐怖は，原始民族にも神経症者にも，禁止を犯す「快-欲望」を見てとることを妨げない。フロイトは，禁止を破る願望は非常に伝染性が高いとつけ加えている。

　続いてフロイトは，原始民族のタブーと強迫神経症者のそれとの間に共通するものを見出そうと試みる。そして彼はそこに，感情の両価性を見出す。原始民族では，タブーに伴う数多くの命令の中に高度な両価性が見られる。この例は，敵の処遇に見ることができる。彼らの処刑には，贖罪行為の諸命令が伴っている。また，支配者に対するタブーにも見られる。臣下たちに崇拝されている王は，彼らによって同時に，束縛する儀式的な体系の中に幽閉されている。これは，特権を与えられた妬まれている者への，両価性の徴候である。

　タブーの中には常に両価的感情が見出されることからフロイトは，これらの現象においていくつかの基本的な心的機制が果たす役割をさらに詳しく吟味するようになる。例えば，彼は原始民族がその王に対して経験する迫害的な感情と，パラノイア患者が持つ妄想とを対比させる。どちらも，フロイトがシュレーバーの父親コンプレックスについての考察で既に示したように，息子が父親に感じる愛情と敵意の感情の両価性に基づいている。死者へのタブーに関しては，誰かが死んだ後に生き残った者が，愛する人の死に対して責任を感じるので自分に課す強迫的な自己非難もまた，強い両価性に依存している，とフロイトは指摘する。「優しい愛情〔zärtlicher Liebe〕の背後の無意識の中に隠された敵愾心は，特定の人物に感情が強固に拘束されているほとんどすべての場合に見られるものである。これは古典的事例であり，人間の両価的な感情の動きの典型である（同60, 岩波12: 81）。では，強迫神経症者を原始人から区別するものは何だろうか。フロイトはこう答える。強迫神経症者の死者に対する敵意は無意識的である。なぜならそれは，

人の死によってひき起こされた，口に出せない満足の表現だからである。他方，原始民族では，敵意は死者への「投影」の対象となるので，機制は異なる。「残された者は，愛する故人に対して今まで敵愾的動きを抱いたことはなかったと言う。しかし死者の魂は今や敵意を抱き，喪の全期間を通してその敵意を発揮しようと努める」（同 61, 岩波 12: 82）。そしてフロイトは，2 つの両価的感情の間に認められる「分裂」についても指摘しており，後の分裂についての仕事を予告している。「ここにおいても，タブーの規定は神経症の諸症状のように 2 つに分裂した様相を示す。タブーの規定は一方では制限を課すという特徴によって喪の悲しみを表現しているが，他方では，それが隠蔽しようとしている死者への敵愾心をはっきりと暴露している」（同 61, 岩波 12: 82-83）。

タブーの理解は，「良心」や「罪責感」といったフロイトが明確にし始めた概念のことも明らかにする。彼は良心を，神経症者が感じる欲望についての内的な有罪判決が知覚されたものと定義する。この恐ろしい感情は，未開人においてタブーに結びついた「良心の命令」（同 68, 岩波 12: 90）と何ら変わるところはない。それを犯すと，「恐ろしい罪責感情」（同 68, 岩波 12: 90）が起こる。彼にとって，罪責感と処罰への恐怖は，原始民族においても神経症者においても，感情の両価性に基づく。しかし，神経症者を原始民族と区別するのは，タブーが神経症ではなく社会的形成物であることである。こうした展開は，10 年後の 1923 年に定義される超自我の概念を予告している。

● アニミズム，呪術そして思考の万能

アニミズムは，自分たちに好意または悪意がある無数の霊的存在が棲息していると想像する原始部族で特に発展した。彼らはこうした霊魂が自然現象に責任があると考えている。フロイトによると，人類は歴史の流れの中で，主に 3 つの世界観を経験した。それは，霊魂主義的（神話的）なもの・宗教的なもの・科学的なものである。最初の世界観〔Weltanschauung〕はアニミズムで，心理学理論と違いはない。ただし，アニミズムは魔術や呪術と連携して働く。魔術は魂に影響を及ぼす技術であり，呪術はアニミズムに固有な技法となる。事実，呪術は自然運行を人間の意志で支配することや，個人を敵や危険から守ることに用いられると同時に，敵を傷つける力を個人に授ける。こうした世界観においては，思考の過大評価は現実知覚を低下させ，呪術を統率する原理は思考の万能の原理となる。「アニミズム的思考様式の技法である呪術（魔術）を統率している原理は，『思考の万能』という原理である」（同 85, 岩波 12: 110）。

神経症者において，精神分析は思考の万能からなる心的機能の原始的様式を明らかにしてきた。特に強迫神経症では，「鼠男」の鼠への強迫に見られるように，思考過程の過大評価が現実に対して優勢となる。フロイトは，人間が自分の思考に付与する力の過大評価は，「自己愛」の不可欠な要素であると付け加える。自己愛は，性的欲動が既に対象を見出してはいるが，その対象はその者の自我にとどまっている発展段階である。そんなふうに，原始民族における思考の万能は，リビドーの発展段階の初期，すなわち「知的自己愛」に対応すると考えられる。神経症者の方はそこに，退行または病理的固着によって辿りつく。最後にフロイトは，アニミズムにおいて世界に棲息する霊や魔物が，当人の感情や重要な人物の「投影」に過ぎないという考えを再び述べる。結果としてその人は自分の外に内的な心的諸過程を再び見出すのである。これはシュレーバーが，自分のパラノイアの妄想内容の中にそれらを見出したのと同様である。

● 幼児期におけるトーテミズムの回帰

トーテムとエディプス

フロイトは，トーテム動物が一般に部族の祖先と考えられていたこと，そしてトーテムは世襲的に受け継がれてきたことを示した民族学者 J. G. フレイザーの著作にとりわけ依拠して，トーテミズムと族外婚が一つの先祖伝来の源を有するだろうという考えを強調する。ここで彼は，高等猿類にも人間にも，最初の原始的な群族がいたというダーウィン Darwin の考えに合流している。この前提から出発して，フロイ

トは，トーテム動物と幼児の恐怖症とを関連づける。というのは，後者では恐怖の対象は動物のことが多いからである。彼によれば，「ハンス少年」の馬恐怖が示したように，恐怖症の対象と同様にトーテム動物も，恐れられ崇められた父親を代表するものである。どちらの状況にも父親に対する両価的な感情があることから，フロイトは，トーテムとエディプス・コンプレックスが同じ起源をもつという結論を引き出すことができる。「トーテム動物が父親である場合，トーテミズムの2つの主要な命令，すなわち『トーテムを殺してはならぬ』と『同じトーテムに属する女を性的に用いてはならぬ』というトーテミズムの核心を形成する2つのトーテムの規定が，父を殺し母を妻としたエディプスの2つの犯罪と内容的に合致し，さらに幼児の2つの根源的欲望と合致するのである。そして，この欲望の不十分な抑圧あるいは再覚醒が，おそらくあらゆる精神神経症〔Psychoneurosen〕の核を形成するのである」（同132，岩波12: 170）。

トーテム饗宴と父親殺し

トーテミズムの他の特徴，とりわけ，最初の「トーテム饗宴」の儀礼という仮定された存在を探求していく中で，フロイトは大胆な仮説を提唱した。それによれば，時の始まりの頃，供犠の饗宴の最中に，原始群族の父親はその息子たちによって殺され食べられたのであろう。「ある日のこと，追放されていた兄弟たちが協力〔zusammentun〕して，父を殴り殺し食べ尽くし，そうしてこの父の群族に終焉をもたらした。彼らは一致団結して，個々人には不可能なままであったろうことを成し遂げたのである」（同141，岩波12: 182）。原始民族におけるトーテム饗宴の儀礼は，その記念の回想なのであろう。「おそらく人類最初の祝祭であるトーテム饗宴は，この記憶に値する〔denkwürdig〕犯罪的な行為の反復であり，追悼式典〔Gedenkfeier〕なのであろうし，それとともに，社会編成，習俗的諸制限そして宗教など非常に多くのこと〔so vieles〕がはじまったのであろう」（同142，岩波12: 182）。憎悪を満足させると，息子たちは罪責感を感じ始め，侮蔑された父親の和解する欲望を引き起こした。トーテム宗教はこの罪責感から生じたものであり，それには2つの基本的なタブー，すなわち父親を表すトーテム動物を殺すことの禁止と，近親姦の禁止が付随している。フロイトによれば，この罪責感はトーテム宗教の起源にあるばかりでなく，あらゆる宗教・社会・道徳の起源にもあるだろう。「この共同体は今や，一緒に犯した犯罪の共同の責めに基づき，宗教はこの犯罪についての罪責意識と悔恨に基づき，倫理はある部分ではこの共同体の必要不可欠性に，他の部分では罪責意識に要請された改悛に基づくのである」（同146，岩波12: 187）。

宗教の起源にあるトーテム供犠

フロイトはさらに議論を進めて，宗教が父親に関する両価性の極限の表現になっていることを示す。実際，父親の殺害には，兄弟たちが父親のようになるための体内化が伴っており，死んだ父親が理想化されて部族の神へと変えられるという賛美が続いたことだろう。よってこの最初の大きな供犠の行為の想起は，破壊できない仕方で生き続けるだろう。そして，宗教的思考の後の種々の発展は，この行為の合理化の一形態だろう。彼は，キリスト教にその実例を見る。すなわちキリストは，先祖伝来の罪のある彼の兄弟たちを贖うために，自らの命を犠牲にしたのである。「キリスト教の神話の中で〔in〕人間の原罪は，父なる神〔Gottvater〕に対する犯罪行為であることは疑いえない」（同154，岩波12: 196）。

結びにフロイトは，この父親殺しに結びついた罪責感が，何千年もの間どの人にもどの世代にも知られることなく，どのように持続したのだろうかと考える。彼は，「直接的な伝承や伝統」を超えて世代から世代へと続けられる，「個人の心」に似た「集合の心」が存在するに違いないと仮定する。この過程は，まだよく知られていない。「一般に民族心理学は，次々と交代してゆく世代の心の生活に必要な連続性がどのような仕方で打ち立てられるのかについてはほとんど無頓着である。この問題の一部は，心的素質の遺伝ということで処理されるかもしれないが，そのような素質が目覚めて有効になるためには，ある種の衝撃が個人の生活に必要である。『お前の父祖から受け継いだものを／所有すべく，それを獲得すべし』という詩人の言葉は，このことを意味しているのであろう［ゲーテ，ファウスト，第1部，682–683，夜（ファウストの独白）］」（同158，岩波12: 202）。フロイトは，神経症者と原始民族との間をこう区別して著作を締め括る。「神経症者は何よりも行動において制止されて〔gehemmt〕おり，思考が行為の完全な代

替なのである。原始人は制止されておらず〔ungehemmt〕，思考はすぐさま行為に移される。原始人にとってはむしろ，行為がいわば思考の代替なのである。だから［中略］私としては，私たちが論じている場面ではこう想定してよいのだと思う。『はじめに行為ありき』と」（同 161，岩波 12: 206）^{訳注1)}。

フロイト以後

さまざまな批判をひき起こした幻視的な著作

　出版以来この著作は，人類学者からも精神分析者からも批判の嵐をひき起こしたが，今日でも議論は衰えることを知らない。この問いについて特に表現豊かな文献から選んだ以下のいくつかの抜粋は，それを反映している。

民族学的仮説への批判

　民族学者クローバー Kroeber は，1920 年に『トーテムとタブー』に関して初めて異論を唱えた者の 1 人だった。彼はその方法論と理論的結論の両方に異議を申し立て，フロイトが提起した文明の社会-宗教的な起源についての仮説を認めなかった。しかしながら彼は，人類学の研究において精神分析による発見を用いることに対しては，柔軟な態度を示した。D. フリーマン Freeman（1967）のように，フロイトを個人攻撃する批評家もいた。彼は原初の殺害についての理論を，本質的にはフロイト自身の父親に関する両価性の表現と見なした。一般的に言ってフロイトの見解が攻撃されたのは，彼が着想を得た「社会ダーウィン主義」のためばかりではなく，大多数の専門家たちが，『トーテムとタブー』の依拠する民族学的・人類学的基礎を認めなかったからでもあった。

系統発生論：論議の的となった問い

　フロイトが『トーテムとタブー』で提出した命題に対する主な批判の一つは，精神分析者自身からのものであり，ここで立ち止まって吟味してみる価値がある。というのは，フロイトの著作全体を読んでからなお私は，彼が系統発生論的伝達〔遺伝〕の重要性を強調した点で，見識のある先駆者でもあったと確信しているからである。この論争の的となった問いは，人類の起源以来，記憶痕跡が世代から世代へと伝達されたことについての彼の仮説と関係がある。フロイトは多くの著書で，この着想を訴えていた。彼は実際に，幼年期から成人期にいたる個人の発達の過程──個体発生──と，人類がその起源から今日にいたるまでの進化の過程──系統発生──とを区別する。彼によれば，人間の歴史において起こった外傷的な出来事の痕跡は，個々人においても再び現れ，そのパーソナリティの構造化に寄与する。例えば，『トーテムとタブー』で彼は，それぞれの個人のエディプス・コンプレックスと罪責感は，個人的要素に基づくだろうが，それは家族的文脈に結びついており，それに原始群族の父親殺しという人類の起源にまで遡られる「歴史的」痕跡が加わるだろうと考えている。

　今日においても，多くの精神分析者たちは，生物学と遺伝学の両方を含む系統発生論的な伝達の仮説を拒絶している。日常の実践に関する限り，欲動や葛藤の起源はほとんど重要ではないと言って，技法的な次元の論拠に訴える者もいる。つまり，獲得したものと先天的なものがどのような配分であろうと，それで解釈が変わるわけではない。結果として，彼らにとってこの区別は，純粋に理論的なものに留まる。別の者たちは，心理学的な次元の議論に訴えて，フロイトは個体発生論による理解が「生物学的岩盤」に突き当たるたびに，彼自身が疑いの中でその岩盤を認めているので，この種の系統発生論的な説明の助けを求めていると主張している。しかしながら私は，とりわけブラウンシュヴァイグ Braunschweig（1991）も主張するように，系統発生による心的因果性が介在していると確信している。たとえ私たちがまだ，系統発生論的伝達が行なわれる生物学的基盤についての十分な知識を持っていないとしてもである。私が知る限り，おそらくビオンは，心理学的経験をする先天的能力として彼が理解している「前概念作用」の概念を導入して，精神分析の新しい道を開いた。まだ「経験されていない」前概念は，「現実化」と結びつくのを待つ。現実化から前概念作用は，「概念作用」となる。

　この数十年，伝達の特定の側面に関わる，フロイト以後の精神分析的な仕事に対する関心が高まってきているのが認められる。その伝達とは，世代間伝達という臨床上しばしば見られる現象である。この伝達

訳注1）Gedanke は「思考」，Handeln は「行動」，Tat は「行為」と訳語選択した。

は，世代から世代へと伝わり，系統発生論的伝達の様式において仮定されている経路以外の経路を通りながら，無意識的同一化の心的諸過程を横切って展開される。

それから，フロイトが 1939 年に『モーセという男と一神教』で示唆したように，私は精神分析者が，動物に見られる本能伝達の現象からも着想を得ることが望ましいだろうと思う。この観点から見ると，現代の精神分析者は，民族学の最近の発見について知識不足だが，もっと知ることで得るものが大きいだろうし，この新しいデータは，人間の本性についてもっと知ろうという共通の目標を有する，相補的な学問領域を関連づけるのに貢献するだろう（Schäppi 2002）と私は確信している。

精神分析的人類学に向けて

疑義を差し挟まれた側面はあるものの，『トーテムとタブー』は当然，本当の精神分析的人類学と民族精神分析の出発点とみなすことができる。多くの著作が，これらの発展の豊かさを示している。アメリカの精神分析者である A. カーディナー Abram Kardiner は，精神分析と社会人類学を調停しようとして，彼が潜在意識水準の社会的規範が統合されたものとして理解した「基礎パーソナリティ構造」の概念を作り上げた（Kardiner and Linton 1939）。ハンガリーの人類学者で精神分析者でもある G. ローハイム（1950）は，人類学的研究の中に，エディプス・コンプレックスの概念ばかりでなく精神分析の概念構成全体を導入して，初めて実地調査をした人だった。彼は原住民の夢・芝居・神話・信仰を分析して，この学問分野の開拓者となった。ローハイムにとっては，あらゆる文化で心的な機制が普遍的であることに疑いの余地はなく，W. ミュンスターベルガー Münsterberger（1969）やハルトマン，クリス，レーヴェンシュタイン Loewenstein（1969）といった他の者も，パリン Parin とモルゲントハラー Morgenthaler（1969）と同様そうした見地を共有した。他方，何人かの人類学者，例えばマリノフスキー Malinowski や M. ミード Mead は，エディプス・コンプレックスの普遍性を疑った。この主題は論議を呼び続けている。G. ドゥヴリュー Devereux（1972）は「相補主義」の立場を取っている。すなわち彼にとって，精神分析と人類学は一つの同じ現実について，一方は内側から，他方は外側から見て，異なるが相補的な視点を提供している。ドゥヴリューの理論的展開は，異文化間精神分析の実践において逆転移の独自性を考慮に入れる民族 - 精神分析的な臨床に達している。

年代順に見るフロイトの概念

両価性　アニミズム　良心　近親姦のタブー　父親殺し　愛情／憎悪　呪術　思考の万能　系統発生的伝達　罪責感

「ナルシシズムの導入にむけて」
（1914c）

多くの含みを持つ概念

　「ナルシシズム」という語は，ナルキッソスのギリシア神話を参照して，或る個人が自分自身に向けて抱く愛を指すために精神分析に導入された。この人物は或る他者と恋に落ちるが，それが水の表面に映った自分自身の像だとは気づかなかった[訳注1]。フロイトはこの「ナルシシズム」という用語を，自分に似たパートナーを選ぶ結果，相手を通して「**自分自らを性対象として選ぶ**」（1905d: 144, 1910年に付加された注, 岩波 6: 185）同性愛者が行なう対象選択の型を描写するために，1910年に初めて使っている。このすぐあとフロイトは，ナルシシズムを子供の精神-性的発達段階において自慰をモデルとする自体性愛と，対象愛によって特徴づけられる発達した段階との間に位置する，**中間段階**とする（1911c [1910]; 1912–13）。
　1914年，フロイトがこの論文を書くとき，彼はナルシシズムを導入する以上に遥か先を行っており，この観念が精神分析的理論全体に対して提起する問いを一通り検討している。そのため論文は読みにくく，ナルシシズムの観念，特に一次ナルシシズムの観念は，フロイトとフロイト以後の精神分析者において多種多様の語意を有するので，なおのことそうである。この試論でフロイトは，リビドーの性的そのものの性質を再度強調し，原初的なナルシシズムを記述して**一次ナルシシズム**と呼ぶ。そこでは乳児は，自分自身を愛の対象および世界の中心として受け取り，外的対象へと向かう以前にある。自己から分離され異なるものとして知覚される人間をその人自身として愛する能力は，関係生活における進歩となる。なぜなら人は，他人を愛するに従って，そのお返しに自分でも自分自身を愛するに至るからである。フロイトはこの備給の自己への向け換えを，**二次ナルシシズム**と呼んでいる。正常な発達では，二次ナルシシズムは自己評価の土台を作り，対象愛と共存する。しかしナルシシズムにはパーソナリティ障害の形をとった病的形態があり，その重症度はさまざまで，精神病症例の誇大妄想にまで達するものがある。それに加えて，ナルシシズムが関係生活に持つ含みはさまざまであり，フロイトは対象選択の主な2種を区別する。1つは**依托型の対象選択**であり，自己と区別されるものとして認められた対象への全面的な愛はそれに基づく。もう1つは**自己愛型対象選択**（ナルシス）で，人が何よりも自分自身に対して抱く愛に基づいている。フロイトはこれらのさまざまな例を挙げる。
　自己愛的（ナルシス）パーソナリティの自己への撤収からフロイトは，そうした人々が分析に不向きであると考えるようになる。なぜなら彼らは神経症者と違って，転移関係を築くことができないからである。だがフロイト以後の精神分析者たちの仕事は，自己愛的（ナルシス）転移が分析可能だと示して，精神分析の重大な発展の一つへの道を開いた。

訳注1）英語版での追加。［ナルキッソスが，自分の見ているのは他の誰かではなく自分の顔の鏡映である，と気づかないで溺れたことに注意を払うのは重要なことである。］

フロイトの概念の継時的発展

ナルシシズム：フロイトにおいて輪郭を定め難い概念

「ナルシシズム」「一次ナルシシズム」「二次ナルシシズム」という用語は極めて多様な語意を有しており，フロイトの著作の中でも精神分析の文献の中でもそうなので，それらを定義することは困難である。ラプランシュとポンタリス（1967）が注意するように，フロイトに見られる二次ナルシシズムの概念は，一次ナルシシズムの概念よりも問題が少ない。事実フロイトは二次ナルシシズムを，「対象備給から撤収されたリビドーを自我へと向け換えること」と定義している。一次ナルシシズムについて言えば，この概念はフロイトにおいて「子供が自分自身にリビドーの全体を備給している早期の状態」を指す（Laplanche & Pontalis 1967 [1973: 337]）。彼らは，そうした状態が成立する時期を正確に位置づけようとするとき，フロイトの中に大きなばらつきが見出されると指摘する。例えば1910年から1915年のテクストでは，彼は自己愛期（ナルシシズム）を自体性愛と対象愛との間に置いている。後に1916年と1917年のテクストでは，彼は一次ナルシシズムの観念を，自我の形成にさえ先立っていて子宮内生活をその原型とする人生の原始状態に差し向けている。ラプランシュとポンタリスはまた，一次ナルシシズムの後者の語義が精神分析思想において，「厳密に『無対象』か，少なくとも『未分化』の状態で，主体と外界の間に分裂がない状態」（同338）をしばしば意味することに注意を促す。ナルシシズムについてのさまざまな精神分析的見解を論じる中で彼らは，一次ナルシシズムのこの着想は自己のイメージへの照合を，すなわちJ. ラカンによる「鏡像段階」の観念を通して明らかにされた鏡像関係への言及を見失っていると記している。

フロイトにとって自己愛的（ナルシス）患者は転移に不適格である

フロイトは，自分の中に撤収して外界の人々との関係に背を向ける傾向のために「自己愛神経症（ナルシス）」を呈する患者は，分析できないと考えていた。なぜなら彼の見解では，彼らは転移を形成しないからである。彼は，転移に不適格な患者のうちで精神病と躁うつ状態を「自己愛神経症（ナルシス）」というカテゴリーに分類し，分析されることを受け入れる余地のある「転移神経症」の確立に適した神経症患者と対比させた。

後から振り返ると，フロイトによる転移のこの見方がおそらく，陰性転移の分析を検討することを妨げたと考えることができる。事実，彼は陽性転移と陰性転移を記述してはいたが，陰性転移の中に見たのは，陽性転移の発展に反対する抵抗の一つの形式のみだった。そのために彼は，この抵抗を転移の有力な部分として分析できるかを検討しなかった。フロイト以後の精神分析者たちの仕事によってその後，転移を全体として考慮し，各自の理論的・技法的枠組に応じてその反芻処理（ワークスルー）に取り組むことが可能になっている。

テクストを紐解く

■ 標準版第14巻67–102頁（岩波版フロイト全集第13巻115–151頁）所収。

● 一次ナルシシズムから二次ナルシシズムへ

フロイトは，臨床医学におけるナルシシズムの観念を定義することから始める。それは何年か前に性科学者たちによって導入されていたものであり，ナルシシズムは「ふつうなら性的対象の身体を扱うのと同じやりかたで自分自身の身体を扱う個人，つまり，性的な悦びをもって自らの身体を眺め，さすり，愛撫し，ついには，こうした行ないを通じて，完全な満足に達するような個人の振る舞い」（1914c: 73, 岩波13: 117）を意味する。しかしながら精神分析は，こうした自分自身の身体への性的な備給が精神病理的な例にばかりでなく，各個人の正常な精神‐性的発達の過程にも見出されることを示して，それが研究するナルシシズムの領野を大幅に拡張した。

ここでフロイトは，ある患者たち，特に統合失調症者たちが分析者に対して「自己愛的（ナルシス）態度」を表すことを明らかにした，次の精神分析的な経験から出発する。こうした患者たちは，外界の人々と事物に対す

る自分の関心を撤収している。そのためアブラハムが1908年以来指摘していたように，このリビドーの撤収によって彼らは，分析にとって接近できないものとなる。そこでフロイトは自問する。では，統合失調症においてリビドーの運命はどのようなものなのだろうか。彼によれば，それは外界から撤収して，誇大妄想の中に避難している。「外界から引きはがされたリビドーは自我に供給され，その結果われわれがナルシシズムと呼ぶことのできる振舞いが生じたのである」（同75，岩波13: 119）。しかしながら誇大妄想は無から創られたものではなく，既に前もって存在していた或る状態の拡張の結果であることをフロイトは詳しく説明し，この状態を一次ナルシシズムという用語で指し示す。対照的に，彼は対象備給が自我に戻ることを二次ナルシシズムと名付ける。「こうしてわれわれは，対象備給を取り込むことで生成するナルシシズムを二次ナルシシズムと捉えるように導かれる。この二次的ナルシシズムは，様々な影響によっていまは見えにくくされてしまっている一次的ナルシシズムの上に，うち建てられるのである」（同75，岩波13: 119）。

精神分析は統合失調症者の誇大妄想の中に，思考の万能・呪術・誇大妄想のような，それが子供の原始的な思考に発見していたものに似た諸特徴を認める。それからフロイトは，生まれたばかりの乳児には自我への根源的なリビドー備給——一次ナルシシズムと名付けられている——が存在すると仮定する。その一部は後に，対象へと譲られることになる。すなわち，外界の人々へと向けられる。だが根本的にはこの自我への備給は一生を通じて存続し，「対象備給とのあいだに，原生動物の身体とそれが送り出す偽足とのあいだにあるような関係を持つ」（同75，岩波13: 120）とフロイトは付け加える。このように，自我リビドーと対象リビドーとを対比させながらフロイトは，備給の2つの方向の間に平衡状態を確立して，「一方の消費が増えれば増えるほど，他方はそれだけ乏しくなる」（同76，岩波13: 120）と主張する。

フロイトがリビドーは常に性的内容を持つことを再度強調するとき，彼はC. G. ユングとの論争を続けている。彼はユングが，リビドーを単なる心的関心一般に還元してこの概念から実質を取り除いた，と非難する。フロイトは，リビドーが心的生活において果たす中心的な役割に関する自分の仮説を裏付けるために，自分のリビドー論が本質的には生物学に基礎を置いていることを長々と述べるが，当時の科学はまだ彼に，期待された支持するものを提供しなかった。「われわれはなにか他の科学がうまい具合に欲動学説に決着をつけてくれるのを待っているわけにもいかないのだから，心理学的な諸現象を総合することによって，かの生物学上の根本的な謎にいかなる光があてられうるのか試してみるほうが，はるかに目的に適っている」（同79，岩波13: 124–125）。

● ナルシシズムの現れの多様性

精神病の吟味が，自己愛的現象（ナルシス），特に一次ナルシシズムの精神分析的な研究にとって接近の主な手段となるにしても，それは唯一のものではない。フロイトによれば，器質的疾患・心気症・愛情生活という断面からも，接近することができる。

器質的疾患では，器質的な痛みや不快さに苦しんでいる人々が愛の対象に対するリビドー備給も外界への関心も撤収すること，そして治癒するとそれを回復することがよく知られている。似た仕方で，睡眠も同様である。「病気と同様に，睡眠状態もまた，自分自身への，より正確には，眠りたいという唯一の欲望への，リビドー配置のナルシス的撤収を意味する」（同83[訳注2]，岩波13: 128–129）。

心気症患者たちについては，彼らもまた外界から関心とリビドーを撤収して，彼らを気に病ませ苦しめている器官にそれらを集中させていることが認められる。だが，身体の或る部分への自己愛的（ナルシス）リビドー備給は，心気症にのみ見られるものではなく，神経症においても見られる。それは，身体のどの部位も性源域の特性を獲得して性器の代理として振る舞う可能性があることによる。「器官における性源活動のこのような変化のひとつひとつに，自我におけるリビドー備給の変化が並行していてもおかしくはない」（同84，岩波13: 130）。そんなふうに，性源域のどのリビドー備給にも自我のリビドー備給が対応し，一次ナ

訳注2）キノドスの81を修正。

ルシシズムに属していることだろう。

　心気症と統合失調症の間で行なう比較によってフロイトは，さらに進めて新しい観念を導入できるようになる。それは，病理的退行の間に「内向」の結果として生じる，「リビドーの鬱積」（同 84, 岩波 13: 130）というものである。リビドーのこの鬱積は，心気症における器官妄想や統合失調症における誇大妄想の原因であることだろう。リビドーの鬱積という量的観念とともにフロイトは，ナルシシズムの性質に経済的次元を加えている。それは，彼が 1911 年[訳注3]にシュレーバー研究の中で導入した自我リビドーと対象リビドーとの対立を補完する，発達の進化の段階としてのナルシシズムの観念とは異なる。

　愛情生活について言えば，それはナルシシズムに基づくリビドー備給の多くの例を提供する。フロイトは，乳児の最早期の性的満足が，哺育や世話など生に不可欠の諸機能の行使との関係でそれに依託しつつ経験されること，そしてこの依託は後に，母親かその代わりの人のように子供を哺育し面倒をみた人が，子供の最初の性的対象となることによって現れ続けることに注意を促す。彼は，このような幼児期の最初の対象選択に基づいた成人の対象選択の型を，「依託型対象選択」と呼ぶことを提唱する。だが倒錯者や同性愛者といった他の人たちは，母親ではなく当人自身を選択のモデルにする。フロイトはこれを「自己愛型対象選択」と呼ぶ。しかしフロイトは直ちに考えに含みを持たせて，これらの対象選択の 2 つの型の差異は，彼が言うほど明確なものではないと表明する。なぜなら，「むしろ，対象選択に向けてそれぞれの人間に双方の道が開かれており，その上でどちらか一方の道が他方より好まれることがありうる」（同 88, 岩波 13: 134）からである。だから彼は付け加える。「人間には 2 つの根源的な性対象，すなわち自分自身と世話をしてくれる女性とがある。そしてわれわれは，まさにそのこととの関連で，それぞれの人間の一次的ナルシシズムというものを前提に置くのであり，この一次的ナルシシズムが，場合によっては，その人の対象選択において支配的なものとして現れてくることがありうるのである」（同 88, 岩波 13: 135）。

　それからフロイトは，対象選択さまざまな型を素描する。依託による対象選択の型に従った完全な対象愛は，男性に特徴的である。フロイトは，恋愛状態が病理的状態であるという自分の考え方に忠実なままであり，男性が愛する女性を過大評価する状態にある恋愛の情熱は，「対象を利するために自我がリビドーの面で貧困化するということ」（同 88, 岩波 13: 135）を引き起こす「神経症的強迫」を形成すると見做す。女性の対象選択の型に関しては，彼は女性の多くがその関係を自己愛型対象選択のモデルに基づかせていると考えている。自分の命題を支持するために彼は，思春期の女性の性的器官の形成が「根源的なナルシシズムの昂進」（同 88, 岩波 13: 135）をもたらすので，女性はたいていの場合，自己愛的な種類の魅力を男性に対して発揮する，と考察する。「そのような婦人たちは，厳密に言って，男性が彼女たちを愛するのと同じような激しさで自分自身のみを愛する。彼女たちの欲求も，愛することにではなく，愛されることに向かう」（同 89, 岩波 13: 135）。にもかかわらず彼は，女性のうちの多くが男性の型に従って愛し，この型の対象選択に固有の性的過大評価を発展させることを認めるに吝かではないと思っている。他の自己愛的女性は，男性を顧みないでも完全な対象愛への間接的な道を見出す。それは，自分の生む子供たちに対して持つ愛情である。フロイトは鋭い洞察力で，自己愛的人物が周囲の人々に対して魅力を発揮する理由を吟味して，そこから，そのような人物に惹きつけられる人々は「自分自身のナルシシズムをめいっぱい手放して対象愛の獲得に乗り出している」（同 89）と推論する。フロイトは論文のこの章を，子供の一次ナルシシズムを引き合いに出して結びとする。それは，親たちの態度から容易に推論できる。親たちは自分の子供を過大評価し，すべての完全性が子供に備わっており，自分たちより良い人生を期待し，子供を「赤ん坊陛下 His Majesty the Baby」（同 91, 岩波 13: 139）と見做すのである。

● 乳児のナルシシズムから成人における理想形成まで

　続いてフロイトは，子供が大人になって外界での欲求不満に直面するとき，乳児の一次ナルシシズムに特徴的な過度の自己愛（Selbstliebe; self-love）がどうなるのかを自問する。フロイトは，誰も幼児期

訳注 3）フランス語原書 1914 年を修正。

の自己愛(ナルシス)的な完全性への欲望をなしですませることはできないと考える。これは消え去らず，精神内界の審級の形成によって置き換えられる。彼はそれを，時には「理想自我 Idealich」，時には「自我理想 Ichideal」と呼んでいる。後年彼はこれらの観念を，明確に述べるようになるだろう。言い換えれば，大人が己れの理想として眼前に投影するものは，「彼が自分自身の理想だった幼年期の失われたナルシシズムを代替するもの」（同 94, 岩波 13: 142）に他ならない。

　だが，人がたえず自分の思考や行動を測る拠りどころとする理想の形成は，自我に対する諸要求の増加を引き起こす。そしてフロイトはその役割が，しばしば彼が抑圧の原因として叙述してきた「良心」によって果たされると推定する。「かくして，われわれがある特別な審級を見いだすことになったとしても，驚くには及ばないだろう。つまり，自我理想から発するナルシス的満足が確保されるように見守るという任務を果たし，この意図で現にある自我をたえず注察したり，理想に照らして測ったりする審級である」（同 95, 岩波 13: 143）。彼によれば，自我に対するこの種の要求は，思考が読まれ行動が監視されていると患者が想像する，注察妄想という病的な形態のみでなく，正常な人びとにも見られる。なぜなら誰の心にも「われわれの意図をすべて注察し，察知し，批判するこのような力」（同 95, 岩波 13: 144）が認められるからである。この良心は最初，子供に対する両親からの批判の，次に教育者からの影響によって形成され，社会全体にまで及ぶ。彼が 1900 年に記述した「夢検閲官」もまた，その一形態をなしている。この理想は個人的側面を超えて，家族・社会階層・国家に共通の理想である社会的側面も有している。それは後にフロイトが，集団心理に含まれる機制をより詳しく研究しつつ発展させることになる主題である。

フロイト以後

自己愛(ナルシス)的な転移現象は分析できると明らかにされる

　1920 年代の終わりから一部の精神分析者は，フロイトが「自己愛(ナルシス)神経症」に分類した患者がフロイトの考えていたことに反して，議論の余地なく転移現象を呈することを示した。ルース・マック - ブランズウィック Ruth Mack-Brunswick, メラニー・クライン，ハリー・スタック・サリバン Harry Stack Sullivan, パウル・フェダーン Paul Federn を含むそれらの分析者は，こうした患者では陰性転移が陽性転移より優勢になりがちだが，それでも分析で届くことができたという考えを主張している。これらの先駆者たちの仕事によってその後，幅広い精神病理を呈していて以前は転移の分析に不向きと考えられていた患者への，精神分析的なアプローチが可能となった。このようにして子供と大人の精神病の分析ばかりでなく，躁うつ状態や倒錯者の分析が，そして今日ボーダーライン病理・境界状態・自己愛(ナルシス)パーソナリティ障害に分類される新たな障害の分析が発展している。一般的に言って，フロイトが自己愛神経症と転移神経症の間に設けた区別は放棄された。なぜなら，かつて純粋に神経症的と考えられていた患者が，自己愛(ナルシシズム)の障害を含まないわけではないし，逆も同様だからである。精神分析者たちは今日，「異質な」（D. Quinodoz 2002）患者にしばしば直面する結果になる。その転移は，発達的に進んだ神経症的次元の諸要素と，原始的(ナルシス)諸要素との両方から構成されている。後者には精神病的・倒錯的・自己愛(ナルシス)的要素が，さまざまな割合で混ざっている。

自己愛(ナルシス)的障害の精神分析治療：2 つの主な潮流

自己愛(ナルシス)的障害に関する 2 つの異なる着想

　現在，精神分析者たちがナルシシズムを理解する仕方には，理論的見地からも技法的見地からも大きな違いがあり，結果としてそれらの治療的アプローチはさまざまである。私には，異なる用語と多種多様の臨床的アプローチに訴えているこれらあらゆる潮流を，詳しく説明することはできない。しかしながら，精神分析者たちの間には，彼らが参照するナルシシズムの着想に応じて，主に 2 つの治療的傾向があると考えることができる。一方には，フロイトの一次ナルシシズムの着想に従って，乳児がまだ対象を知らない誕生期の状態があると考える精神分析者たちがいる。彼らにとって，この時期は乳児の発達の正常な一段階である。もう一方には，人生の始まりから対象関係が生じると考え，M. クラインの考えに従う精神

分析者たちがいる。彼らにとって，子供にはフロイトが理解した意味での原初的ナルシシズムの段階は存在せず，「自己愛的状態」があるのみである。これらのモデルの違いが，自己愛的障害の精神分析治療において技法的アプローチが異なる原因となっている。

生誕時には対象がない時期があるという考えの支持者たち

　技法の見地からは，一次ナルシシズムあるいは「無対象」を正常な発達時期と見なす精神分析者たちには，治療中に現れるナルシシズムの現象を比較的正常と見る傾向がある。そのため，F. パラシオ・エスパサ Palacio Espasa (2003) が指摘したように，彼らは解釈の中で自己愛転移の葛藤的な側面を指摘することが少ない。こうした人たちには，アナ・フロイト，マーガレット・マーラー Margaret Mahler，D. W. ウィニコット，そしてマイケル・バリント Michael Balint，ハインツ・コフート Heinz Kohut らが入る。

　アナ・フロイト（1965）は父親の見解を採り入れて，新生児と乳児は人生の始まりに対象が存在しない未分化の自己愛的状態を経験していると考え，子供の心的組織のこの最初の状態を「共生期」と呼ぶ。その後，発達の間に乳児の関心は次第に対象に向けられていく。この過程は，一連の段階を通じて展開される。

　M. マーラーの着想は異なる。彼女にとって対象関係は，共生的あるいは一次的な乳児のナルシシズムから発達し，彼女が「分離 - 個体化の過程」（M. Mahler, F. Pine and A. Bergman 1975）と呼ぶものの現実化と並行して展開する。彼女はまた，分離感の知覚に直面した精神病的な子供のパニックの観察から出発して，「共生精神病」という概念を導入している。彼女はこの概念に依拠して，すべての子供の心的発達に「正常な共生期」の存在を仮定する。M. マーラーの考えは，自我心理学の流れに属する精神分析者たちによって取り上げられ，子供と大人の精神分析治療に応用されてきた。

　D. W. ウィニコット（1955-1956）にしても，人生の始まりには一次同一化が支配的で，乳児は自分が母親と一体であり母親は自分と一体であると信じているという考えに属しているが，彼は「一次ナルシシズム」という表現をめったに使わない。この段階では赤ん坊は，自分が対象を創ったという錯覚を持っており，母親の機能は乳児がその錯覚を放棄できるようになるまで，それを維持することである。不利な展開の場合，「原始的な情緒発達」の障害が見られる。その上，このような患者たちでは，精神分析治療の目的は，彼らが早期の乳児的依存の段階に退行するのを許容することにあり，そこで被分析者と設定が一次ナルシシズムの状態で溶け合わさって，「真の自己」が成長していくことができる。M. バリント（1952）に関して言えば，一部の被分析者が示す身体接触の要求は「一次対象愛」への回帰の欲求に対応する。彼にとってそれは，一次ナルシシズムへの回帰に等しい。精神分析の過程は，「進展するために退行する」ような仕方でこの状況に回帰することを可能にする。

　無対象の自己愛的段階の支持者たちの中で，私は B. グルンベルガー Grunberger と H. コフートが採用している立場に触れることにする。グルンベルガー（1971）は，ナルシシズムが実際に一つの心的審級であると考えて，「自己愛的な分析関係」を治療の必要不可欠な原動力としている。コフート（1971）の方は，自己愛的障害の精神分析治療の独自のアプローチを取り入れて，理想化転移を示す患者の治療において 2 つの時期を識別する。それは原始的ナルシシズムへの退行という最初の時期と，それに続いてこの種の転移を，最初の均衡状態が崩壊し始めるときに反芻処理すなわち working through する時期である。

生誕時から対象の知覚があるという考えの支持者たち

　新生児の自我は最初から対象を知覚していると主張する精神分析者たちとしては，自己愛的現象を，リビドー欲動と攻撃欲動の表現として，また対象が自己から分離し異なると知覚される瞬間に打ち立てられる防衛の表現として考える。その結果この第 2 のグループに属する精神分析者たちは，自己愛的現象を転移関係の今ここ hic et nunc において詳しく解釈できると考える傾向があり，分析者との関係で現れる分化や分離の不安を解釈することを，特に重視している（J-M. Quinodoz 1991）。この流れの主な支持者たちの中で，メラニー・クラインと，H. ローゼンフェルトや H. シーガルのようなクライン以後の精神分析者に触れよう。彼らの仕事の一部は，アンドレ・グリーンやオットー・カーンバーグ Otto Kernberg に引き継がれている。

　M. クラインにとって，一次ナルシシズム期は存在せず，新生児は誕生後すぐに対象を知覚する。これはおそらく，フロイトとの関係で最もはっきりと彼女の意見が異なる点である。それでもナルシシズムの観念は，彼女の著作の中に存在するが，それは 1946 年には投影同一化の観念と，更に 1957 年には羨望の観念とともに現れている。こうした観念によって，ナルシシズムが対象の分離性と差異性の知覚に対す

る防衛として果たす役割が，新たな仕方で解明された。この見地に導かれてクライン派の分析者たちは，自己愛的「時期」よりむしろ自己愛的「状態」について語るようになる。H. ローゼンフェルト，H. シーガルそしてビオン（1957, 1967），が，1940年代の終わり頃から厳密に精神分析の設定を維持しながら精神病患者を分析し始めたのは，こうした着想に基づいてのことである。その後，彼らの臨床の仕事によって，転移の自己愛的次元の精神分析治療についてのクライン派に特有のアプローチが発展した。

　私は，自己愛転移を分析する可能性に関して大きな影響を及ぼした，H. ローゼンフェルトの根本的な貢献を手短ながら検討することが重要だと思う。ローゼンフェルトは，フロイトが一次ナルシシズムの経験として記載した対象の知覚に先立つ現象を，原始的な型の本当の対象関係と見なすべきであると考える。彼によればナルシシズムは，理想化された対象の取り入れ同一化と投影同一化によって獲得される万能感と自己の理想化に基づく。理想化された対象とのこの同一化は，自己と対象との間の差異や境界の否認に帰着する。「自己愛的対象関係において，自己と対象との間の分離のあらゆる認識に対する防衛が支配的な役割を果たす」（Rosenfeld 1965: 171）のはこのためである，と彼は言う。ローゼンフェルトはまた，自己愛的現象の中で羨望が決定的な役割を持つとしている。生の欲動と死の欲動との間の葛藤に照らして探究を続けた彼は，1971年にリビドー的ナルシシズムと破壊的ナルシシズムの区別を導入する。彼は，対象に対する自己愛的なポジションが放棄されるとき，対象への憎悪と軽蔑は避けられないものになると主張する。それは患者が，外的対象に長所があることに気づくと，直ちに屈辱を感じるからである。この恨みが分析されるに至ると，患者は敵意ある転移を克服することが認められる。「そうなって患者は，価値のある外的人物としての分析者に気づくようになる」（1971: 173）。しかし，破壊的側面が優勢なときには，羨望は分析の進歩を破壊して分析者を攻撃する願いとして現れる。なぜなら分析者は，生き生きとした良いものの真の源である対象を表象しているからである。ローゼンフェルトによれば，破壊的欲動の強さがどうであれ，憎悪と羨望の影響を弱め，それによって患者に対象との良い関係を確立できるように，依存的でリビドー的な部分への接近法を見出すことは臨床において必須である。そこには，対象が否認される自己愛的な位置と，対象が認められて対象と関係する位置との間の，絶え間ない行き来を詳しく分析することによって達成することができる。

　ナルシシズムについての H. シーガル（1986）の見方は H. ローゼンフェルトのものに近く，彼女は生の欲動と死の欲動の概念が，フロイトの一次ナルシシズム仮説の問題を解決するのに役立つと考える。彼女にとってナルシシズムは，一部の患者において死を理想化し生を憎むという形をとる可能性があり，患者たちのうちに，対象だけでなく自己自身をも絶滅させたいという願望を引き起こす。この願望は，対象の知覚に対する防衛として現れる。シーガルは，どのようにしてナルシシズムから脱するのかという問いをとりあげている。彼女の意見では，抑うつポジションを「切り抜ける」ことによってのみ，そのような自己愛的構造から脱して非-自己愛的な安定した対象関係を確立するに至る。

　A. グリーンはローゼンフェルトが展開した考えを独自のやり方で，特に『生のナルシシズム，死のナルシシズム』（1983）と題した著作の中で再検討した。著作でグリーンは，死の欲動が対象とのあらゆる形態の結びつきに対してもたらす結合解除 déliaison の効果を明らかにし，その効果を死の欲動の「脱対象化機能」と呼ぶ（Green 1986）。彼はまた，精神病において死の欲動が思考作用の「空白」の原因となる，投影活動の消滅や脱備給を引き起こしうることを示す。この概要の最後に私は，カーンバーグ（1975）の立場に触れておこう。彼はナルシシズムに対する理論的アプローチにおいて，フロイトの見解とクラインやビオンのような対象関係論者の見解を統合しようとしている。カーンバーグは病理的ナルシシズムの中に，患者の幼年期に固着した特定の構造を見ており，パーソナリティの自己愛的障害は境界パーソナリティ障害に似ているが，重症度が異なると考えている。彼は，自己愛的パーソナリティは境界パーソナリティよりもまとまりのある誇大自己を表すが，にもかかわらずその自己は病理的であり，同一性感覚の拡散を秘めていると考えている。

年代順に見るフロイトの概念

依托型対象選択　リビドーの鬱積　自我理想　ナルシシズム　自己愛型対象選択　一次ナルシシズム　二次ナルシシズム

『メタ心理学(サイコロジー)諸篇』（1915–1917）
「欲動と欲動運命」（1915c）
「抑圧」（1915d）
「無意識」（1915e）
「夢理論についてのメタ心理学(サイコロジー)的補遺」（1917d）
「喪とメランコリー」（1917e [1915]）
「転移神経症展望」（1985a [1915]）

『精神分析入門講義』（1916–1917 [1915–1917]）

到達点と出発点

　「メタ心理学(サイコロジー)」とは何だろうか。それはフロイトがつくった用語で，30 年以上の精神分析的な経験に基づいた，心的機能についての理論を指している。彼自身の言葉によれば，メタ心理学と心理学的事象の観察との関係は，形而上学(メタフィジック)と物質界における事象の観察との関係と同じである。フロイトはこのように，臨床的・記述的水準から理論的抽象の水準へと移行し，一般的な有効性を持ちうる，人間の心的構造の機能についての諸モデルを提唱する。例えば，「欲動」という観念について考えよう。フロイトは「欲動」という用語を，人間存在を栄養摂取することと生殖することに向かわせる力を記述するために導入し，前者の群を「自己保存欲動」と，後者の群を「性欲動」と呼ぶ。「欲動」は抽象的な観念であるために，私たちは欲動それ自体に出会うことは決してなく，欲動が生む諸結果やそれを表象するものを通して，間接的に知覚する。したがって性欲動は，誰かに向かう性愛的な欲望から生まれた動揺や，その欲望を表現するための言葉を通して，多様な仕方で現れたり，夢の筋書きの中に姿を見せたりする可能性がある。**『メタ心理学諸篇』**においてフロイトは，主として一般的・抽象的用語で著述している。そのため臨床経験に乏しい読者には，これらのテキストを理解することがしばしば困難である。だから私たちは，フロイトの省察をたどる際に，彼の念頭には常に臨床と理論との結びつきがあったことを決して忘れないようにしよう。

　フロイトの思索の発展という点から見ると，**『メタ心理学諸篇』**は何よりもまず，彼が正常および病理的な心的機能の総合的モデルを提案するようになる，ゆっくりした発展の成果である。これは，無意識・前意識・意識の区分に基づくフロイトの「第 1 局所論」と，快 - 不快原理に基づく「第 1 欲動論」という名で知られている。しかし，これらの**『メタ心理学諸篇』**は同時に，彼の新たな見地の出発点である。そこには，対象関係・同一化・愛と憎しみの情緒・無意識的罪責感を考慮にいれることが含まれていく。これらの新しい道筋は数年後，フロイトの「第 2 局所論」と「第 2 欲動論」に到達する。

> **伝記と歴史**

困難だが生産的な時代

戦争の時代（1914–1918）

　第一次世界大戦中および終戦直後の数年間，フロイトは困難だが科学的な次元では多産な時期を経験した。1914年7月の宣戦布告の時，アナは一時イギリスで身動きがとれなくなってしまったが，E. ジョーンズの助力でウィーンに戻ることができた。フロイトの2人の息子，マルティン Martin はロシアに，エルンスト Ernst はイタリアに徴兵されており，フロイト一家は，彼らの境遇をたいへん心配した。1915年11月，フロイトは異母兄弟のエマニュエルの死をひどく悲しんだ。その享年は81歳で，彼の父親と同じだった。翌1916年には，フロイトの息子オリバー Oliver が招集された。戦争が引き起した困難のために，治療中の患者は僅かとなり，手紙は不定期で，訪問者はほとんど居なかった。精神分析の定期刊行物の存続があやうくなって，フロイト自身がそれを引き受けなければならなかった。このような状況ではあったが，彼は K. アブラハムと，特にメランコリーについて集中的なやりとりを続けた。フェレンツィとルー・アンドレアス-ザロメ Lou Andreas-Salomé とも同様だった。

60歳を前にした総決算

　1915年にフロイトは，それまでの彼の仕事を総決算するかのように，『メタ心理学諸篇』を構成する12の理論的論文の執筆に取り掛かった。60歳を迎えつつあるのを感じたフロイトは，もう数年しか生きられないと思っていた。大戦とそれがもたらした不幸は，死への彼の関心を強めるばかりだった。フロイトは，終戦後にこれらの論文を『メタ心理学への序論 Zur Vorbereitung einer Metapsychologie』という書名の本として出版する予定でいた。さしあたって彼は1915年に最初の3論文，「欲動と欲動運命」・「抑圧」・「無意識」を別々に発表した。1917年には次の2論文，「夢学説へのメタ心理学的補遺」と「喪とメランコリー」を発表した。彼の手紙によれば，彼は残りの7論文を既に書き終えていた。しかし，彼はこれらの出版を断念して，結果的に予定された本は世に出なかった。しかし1983年，フェレンツィが残した書類のなかから，12番目の未刊行の「転移神経症の展望」と題された論文の複写が，フェレンツィにそれへの意見を求めるフロイトからの手紙と一緒に発見された（I. Grunbirich-Simitis, 1985a [1915]）。その他の論文はおそらく，フロイトによって破棄された。

テクストを紐解く

●「欲動と欲動運命」（1915c）

■　標準版第14巻 109–140頁（岩波版フロイト全集第14巻 167–193頁）所収。

● 欲動の一般的特徴

　pulsion は，以前 instinct とフランス語訳されていたドイツ語 Trieb の，現在のフランス語訳である。ストレイチー Strachey はその語を標準版で，"instinct"〔本能〕と英訳している[訳注1]。フロイトは『性理論のための三篇』（1905a）で展開した見解を繰り返しながら，欲動を源泉・目標・対象を持つ力動的な衝迫と

訳注1）以下は英語版より：Trieb の同義語として，「欲動 drive」や「駆り立て urge」のような他の候補ではなく「本能 instinct」が選択された理由は，『標準版』第1巻の総括的序文で論じられている（1, xxiv–xxvi）。

して定義し，これらの含意を記述している。欲動は一定の力として作用し，欲動の目標に対応する「満足」を通してのみ除去されうる「欲求」と比較できる。フロイトは「欲動」で意味するもののモデルを，誰にもある食物摂取の欲求や性的満足の追求に見る。欲動の目標はつねに満足を得ることではあるが，欲動の対象――すなわちその欲動が目標を達成できるものやその手段となるもの――は，もっと可変的である。それは外的対象つまり周囲の誰かでも，自分の身体の一部でもよい。一般に，この対象は偶発的であって唯一独自のものではなく，入れ替えできるものであることが認められる。「欲動が様々な生涯の運命を辿る中で，対象は何度となくしばしば変更されうる」（1915c: 122–123，岩波 14: 173）。結局，欲動の衝迫の「源泉」とは，「ある器官ないしは身体の一部における身体的過程で，なおかつその刺激が，心の生活の中で欲動によって代表されているようなものとして理解される」（同 123，岩波 14: 173）。結局のところ，私たちは欲動の源泉を間接的にしか知ることができない。「心の生活においては欲動はただ，そのもろもろの目標を通じてのみ私たちに知られてくる」（同 123，岩波 14: 173）。

　神経組織には，欲動の刺激を克服する仕事が与えられている。つまり「やって来る刺激を元通りに〔wieder〕除去する，可能なかぎり低い水準に落とすという機能」（同 120，岩波 14: 170）である。心的装置の活動の調整に関わるものについてフロイトは，彼の著作のこの時期には，それが快原理に従い，快 - 不快系列の感覚によって自動的に調整されている，と主張している。「不快感覚は刺激の増大に，快感覚は刺激の低減と関係する」（同 120–121，岩波 14: 171）。これらの前提から出発してフロイトは，欲動の概念を「心的なものと身体的なものとの境界概念として，身体内部に発し心の内へと達する刺激を心的に代表するものとして，心的なものが身体的なものと繋がっているために心的なものに課せられている労働要請の量〔Maß〕」（同 121–122，岩波 14: 172）として再定義している。

● 自己保存欲動と性欲動

　多くの種類の欲動があるが，フロイトはそれらを 2 つの原欲動の群へと帰着させる。その 2 群とは，飢えと摂食の働きをモデルとする自我欲動あるいは自己保存欲動と，性欲動である。性欲動は発達の過程では，それに器官的源泉・方向・対象を与える自己保存欲動に支えられている。性欲動が自律したものとなるのは，その外的対象が放棄されてからのことである。例えば，乳房を吸うことから得られる快において，その性源域である口唇の満足は，食物摂取の欲求と繋がった性愛的快であり，乳を吸うことと繋がった性的快がそれから身を引き離していくのは，ただ後になってからのことである。フロイトはまた自己保存欲動と性欲動との対立に，以前指摘していたように，転移神経症における葛藤の源泉も認める。彼によれば葛藤は，空想を通じて満足できて快原理に従う性欲動が，自己保存欲動によって表される現実原理に突き当たるという事実に由来する。後者の欲動は，現実の対象を通してしか満足を得られない。「それゆえ，神経症につながる心的な素因の本質的な部分は，現実の顧慮〔Beachtung〕へと性欲動を教育するのが遅れたこと［……］による」（1911b: 223，岩波 11: 264）。のちにフロイトは，この 2 群の欲動の間の区別と，その結果神経症に生じる葛藤に，あまり重要性を与えなくなる。

● 欲動の漸進的総合

　性欲動には，それが数多くあり，複数の部分的身体源泉から発生し，漸進的に総合されて性的成熟にまで至るという一般的諸特徴があるとフロイトは続ける。「それらは，はじめはばらばらに活動しており，のちになってはじめて程度の差こそあれある完結したかたちへととりまとめられる。それぞれの性欲動がそれぞれに目掛ける目標は，器官快の獲得である。そしてそれらのとりまとめが行なわれてはじめて生殖機能の務めを果たすことができるようになる。こうして性欲動は性欲動としてみなの認めるところとなる」（1915c: 125–126，岩波 14: 176）。

● 性欲動の運命はどのようなものか

　最初にフロイトは,「運命」によって彼が, 欲動の作用に反対するためにそれに対して打ち立てられる, さまざまな様式の防衛を意味することを明確にする。彼によれば性欲動は, 対立物への反転・自己への向け換え[訳注2]・抑圧そして昇華という運命をたどる。対立物への反転と自己への向け換えは, 2つの異なる過程だが, これらを分離して記述することはできないとフロイトは明確化する。第1の運命は, 対立物に変換されうる欲動の目標に関わり, 第2の運命は, 外的人物でも自己自身でもありうる対象に関わる。例えばサディズムのマゾヒズムへの向け換えでは, マゾヒズムが能動から受動への転換と, 苦痛を課す人物と苦痛を課される人物との役割の逆転を意味していることが分かる。1915年にこの生成を概念化しているように, フロイトはサディズムが発達の上でマゾヒズムに先行すると考えており, 一次マゾヒズムは1924年に彼が仮定するまで, 存在しないと考えていた（1915c: 128 の彼の 1924 年の脚注を参照）。この論文では彼は, 苦痛が性興奮を伴うのはマゾヒズム期においてのみであり, サディズムのことを, そこに性的快が存在しないような他人への攻撃としている。サディストが苦痛を引き起こすことに性的享楽を経験するなら, それは苦しんでいる対象との同一化によってである。「人間はこの痛みを他人の上に加えながら, 苦しんでいる対象と同一化することによって, マゾヒズム的に自らそれを享受することになる。むろんそのどちらの場合においても, 享受されているのは痛みそのものではなく, それに伴う性興奮である。そしてこのことは, サディストの立場に立った場合, 特に都合良くなされることになる」（1915c: 129, 岩波 14: 180）。フロイトは, 同じく窃視症 - 露出症が被る, 同様の変換もまた吟味する。

● 愛と憎しみ：その欲動との関係

　フロイトは愛と憎しみという問題を, 両価性を通してとりあげている。彼は次第に, この複雑な情緒が自分の患者たちの心的葛藤において決定的な役割を果たしていることに, 気づくことができるようになった。「愛と憎しみは同時に同じ対象に向けてとりわけ頻繁に現れてくるものであるから, この共存はまた感情の両価性の最も重要な例となる」（同 13, 岩波 14: 184–5）。しかし彼は, 重大な反論も挙げる。すなわち, 愛と憎しみは感情であって欲動ではないのだから, それらは欲動との関連ではどのような地位にあるのだろうか。そして, 愛と憎しみの発達を取り仕切るのは, どのような過程だろうか。愛の原始的形態は, どのように「性的追求の全体」の表現としての愛に至るのだろうか（同 13, 岩波 14: 185）。こうした疑問に導かれてフロイトは, 私から見てきわめて霊感に満ちた一節を著している。それらのページからつながりを損わずに数行を抜き出すことはできないだろう。しかしそれでもやはり, その大筋を浮き彫りにするとしよう。

● 人生の始まりにおける愛と憎しみ

　フロイトによれば, 愛と憎しみの運命を吟味すると, 心的生活を支配する3つの双極性を明らかにすることができる。(1) 自我に達する刺激の起源が内的か外的かに応じた, 自我 - 非我（あるいは主体 - 対象）の極性[訳注3]。(2) 感覚の質に応じた快 - 不快の極性。(3) フロイトにとっては男性的 - 女性的の対立の基底にある能動的 - 受動的の極性。これら3つの極性は, 幼児の心的生活の始まりにおいて, どのように組織化されるだろうか。

　初め, 自我は諸欲動によって備給されており, 一時は自分でそれらの欲動を満足させる。これは, 自我が自体性愛的であるために外界を必要としない一次ナルシシズムの状態を構成するものである。「この頃には, 自我 - 主体とはすなわち快いものであり, 外界はと言うと, 何の関心も呼び起こさない, どうでもよいもの（時には刺激源泉として不快なもの）ということになる」（同 135, 岩波 14: 187）。その後自我は,

---

訳注2）ドイツ語原文：die Wendung gegen die eigene Person.
訳注3）フロイトは,「主体（自我）／対象（外界）」（岩波 14: 186）と表記している。

不快な内的刺激——飢えや外的介入によって食物を与えられたいという欲求のような——を感じるのを避けられなくなると，自体性愛から脱して外的諸対象へと向かうことを強いられる。これらの外界の対象がそのとき自我に与える衝撃は，快 - 不快の極性に関して，根本的な組織替えを行なう。「自我は差し出された対象を，それらが快の源泉である限り自分の自我の中に受け入れる。すなわち，（フェレンツィの表現に従えば）これらを『取り込み，他方では，内部で不快を引き起こすものは，自分の中から押し出してしまう』」（同 136，岩波 14: 188）。

● 純化された「快自我」による本源的な分割

結果として，自我の本源的な分割が生じる。それはもはや単に内部（自我 - 主体）と外部（無関心あるいは不快）という単純な分割ではなく，満足をもたらす諸対象を含む「快自我」と，異物として知覚されるので不快の源泉となる外界との間のものである。「こうして，内部と外部をきちんと客観的基準に従って区別していた当初の現実自我から，何にもまして快の性格を優先させる，純化された快自我からすると，外界は，自らが体内化した快の部分と，自分にとって余所のものである残りの部分とに二分される」（同 136，岩波 14: 188）。言い換えれば，一次ナルシシズムの段階での対象の介入は，「愛する」に対立する「憎む」を据え付ける。「外のもの，対象，憎むべきもの，これらはそもそものはじめには同じものなのではあるまいか。後に対象が快の源泉であることが分かれば，それは愛されるが，また自我に体内化されもするのであって，そうなると純化した快自我にとって対象はまたしてもよそよそしいものや憎むべきものと同じになってしまう」（同 136，岩波 14: 188–9）。

● 全体的な性的追求[訳注4]の表現としての愛すること

その結果，対象が快の源泉であるときに私たちはその対象を「愛する」と言い，それが不快の源泉であるとき，私たちはそれを「憎む」。だが欲動について，日常の言葉でそれが対象を「愛する」と言えるだろうか，とフロイトは問い，もちろん，欲動が対象を「憎む」と言えないように，そう言わないと彼は答える。だから彼は，「愛とか憎しみという言葉は，欲動とその諸対象との関係には適用できないのであって，むしろ，全体自我とその諸対象との関係のためにとっておかねばならない」（同 137，岩波 14: 189）と強調する。私たちは，せいぜい「好む」・「気に入る」という言葉を，自我の保存に役立つ諸対象（食物など）について使うことができる。

それでは，愛が十分なところに至るときの，「愛する」という語の地位はどのようなものだろうか。フロイトは，愛が紛れもなく性器期に，すなわち部分的諸欲動が「全体自我」（同 137，岩波 14: 189）の中に総合されるときに出現すると考える。「『愛する』という語を性的対象に対する自我の関係に適用するのは最も妥当と感じられるが，そのことがわれわれに教えているのは，性器の卓越のもので，また生殖機能に奉仕するために，性のすべての部分欲動が総合〔Synthese〕されるとき，はじめてこの関係に『愛している』という語が適用されるようになるのだということである」（同 137–138，岩波 14: 196）。

「憎む」という語の使用に関しては，愛のように性的な快との密接な関連はなく，不快関係が唯一の決定因と思われる。「自我は，自分にとって不快感の源泉対象をことごとく憎み，忌み嫌い，破壊しようとしてそれにつきまとう。それらが自我にとって，性的満足の不首尾を意味しようと，保存欲求の満足の不首尾を意味しようと，それにかかわりなくである」（同 138，岩波 14: 190）。フロイトによれば，憎しみの起源は，自我の自己保存のための闘いの方，言い換えれば，憎しみは性生活の中よりも，自己保存欲求を満足させない対象に対して抱く憎しみの中に，見出されるだろう。その自己保存の水準には，特に神経症において明白な，両面性の葛藤の現象がフロイトによれば見出されるだろう。

訳注 4）Tendenz は「追求」以外に「傾向」と訳したところがある。

● 発達過程における愛と憎しみの生成

　フロイトは，当初自我はその自体性愛的な欲動を部分的に満足させることができるので，愛は自己愛的であると書く。その後，それは諸対象の方に向かう。「愛はもともとはナルシシズム的であり，やがては諸対象へと越境してゆく。それらの諸対象は拡大された自我へと体内化されていたものである[訳注5]。愛が表出しているのは，快源泉としてのそれらの対象に向かう自我の動的な追求である」（同138，岩波14: 191）。続いてフロイトは，最初の性目標から始めて，愛のいくつかの前駆段階を記述する。それは，体内化することや貪り食うことであり，主体が愛と憎しみのどちらによって対象を破壊しているのかを知らない，とりわけ両価的な時期である。次に，サディズム肛門的，前性器的段階が，そして最後に性器段階が続く。「性器的編成の組み立てがどうにかできあがったときにやっと，愛は憎しみの対立物になっている」（同139，岩波14: 191）。彼は，憎しみはつまりは愛よりも古く，愛は自我が全体自我になったときに現れると結論する。

　このことには，両価性の性質すなわち憎しみが，同じ対象に向けて愛と並置されることも説明する。「愛とない交ぜになった憎しみの一部は，十分に乗り越えられなかった，愛することの前駆段階に，由来している。また別の一部は，あの自我諸欲動が忌避反応にその基盤をもっていて，しばしばありがちなように自我の利益と愛の利益が矛盾を来したとされ，現実的で実際的な動機に基づいてその忌避反応が呼び起こされてしまう。よってどちらの場合でも，愛とない交ぜになった憎しみは，自我存在の諸欲動という源泉に立ち戻っている」（同139，岩波14: 192）。最後にフロイトは，愛の関係が破綻した後に現れうる憎しみの感情に言及して，この場合には「われわれは愛が憎しみへと変換されたという印象を受けとる」（同139，岩波14: 192）と指摘しているが，この変換によって何を意味しているのか，詳しく立ち入っていない。彼は憎しみが，サディズム段階に退行すると性愛的特徴を獲得する可能性に触れて，この論文を終えている。このように彼は，サドマゾヒズムおよび生と死の欲動の間の根本的葛藤に関する，後の発展を告げている。

●「抑圧」（1915d）

■　標準版第14巻141–158頁（岩波版フロイト全集第14巻195–209頁）所収。

● 抑圧の役割

　フロイトが1915年に関わっている「第1欲動論」に従えば，欲動は本質的に，満足による快を求めている。しかし，欲動はその快の追求において，それを無効にしようとする諸抵抗にぶつかる。これらの諸抵抗の中で抑圧は，逃走――内部から生じる欲動を前にして実行不可能である――と断罪の間の妥協であるために，特別な位置を占める。欲動は満足による快を求めているのに，なぜ抑圧される運命にあるのだろうか。それは，欲動の満足が心的構造のある部分で快を引き起こしても，その快は心的構造の別の部分の諸要求と折り合わないようだからであり，抑圧を開始する「判断棄却」が介入するのは，ここにおいてである。「抑圧の本質は，意識的なものを拒絶し〔Abweisung〕，遠ざけておくことにある」（1915d: 147，岩波14: 197）。だから抑圧は，最初からある防衛機制ではなく，それが活動し始めるのは，ただ意識と無意識の間の分離が確立してからである。フロイトは，この分離以前には，対立物への変換や自己への向け換えのような，欲動に対する他の防衛機制が働いているという仮説を提起している。

訳注5）ドイツ語原文：einverleibt worden sind.

● 表象の運命

　フロイトはここで，直接言及してはいないが，1894 年と 1896 年の防衛神経精神症についての論文の中で提起していた諸仮説を，再び取り上げている。彼は，抑圧をうける可能性のある欲動の心的代表の中に，それぞれ別の運命をたどる 2 つの要素，表象と情緒を区別する。表象に関しては，フロイトによれば原抑圧が存在する。それは「抑圧の最初の相期で，心的な（表象の）代表が，意識的なものの中へと受け入れられることが不首尾に終わるということに存している」（同 149，岩波 14: 197）ものである。例えば「少年ハンス」の場合，馬にかまれるという不安は，父親によって去勢されるという無意識的不安を隠している。つまり「父親」という考えが，抑圧された表象である。本来固有の抑圧である抑圧の第 2 段階は，「抑圧された代表の心的な派生物[訳注6]に対して向けられるか，あるいはその代表とは別のところに由来しつつも，その代表との連想関係を持つようになってしまった思考系列に対して向けられる」（同 148，岩波 14: 198）。したがって抑圧は，狭義の表象とばかりではなく，無意識の派生物すなわち，抑圧されたものから幾分結びつきの隔たった諸産物とも関わりがある。それらもまた，防衛の対象となる派生したものである。この見地では，症状もまた抑圧されたものの派生物である。しかし欲動の抑圧は消滅するどころか，無意識の中で組織化され，派生物を産み，「いわば暗闇で繁茂」（同 149，岩波 14: 199）し続ける。フロイトは，この連続的な過程から結果として抑圧が，事後的なものであることを明確にする。例えば少年ハンスでは，馬に関する不安・外出できないこと・彼の友達が落馬した記憶などもまた，抑圧されたものの派生物である。

　これらの無意識的派生物は，その抑圧された内容から十分に遠く隔たっているときには，自由に意識に接近することができる。そこで精神分析者は，患者の自由連想を通じて，それらを突き止めることができる。

● 抑圧の特徴

　フロイトによれば，抑圧は「高度に個別的に」（同 151，岩波 14: 200）働き，一つ一つの心的派生物を扱う。その上，抑圧は高度に流動的で，持続的な力の消費を要求する。だから，抑圧された欲動の心的内容が無意識の中に維持されるか，意識に再び浮上するかは，量的因子に左右される。「しかし，葛藤にとっては量的な契機が決定的なので，基本的に不愉快な表象がある一定の程度を越えて強くなれば，たちまち葛藤は現勢的なものとなって，活性化は抑圧を招き寄せる」（同 152，岩波 14: 202）。

● 情緒の運命

　フロイトは表象の運命を示した後，今度は情緒が被る運命を粗描する。彼によれば，情緒――あるいは，より正確には「情緒量〔Affektbetrag〕」（同 152，岩波 14: 202）――は，抑圧をうける欲動の量的要素を構成する。「欲動が表象から離れて，情緒として感受されるようになる過程で，その量にふさわしい表現を見出す限りにおいて，これは欲動に対応している。今後われわれは，何らかの抑圧の事例を記述するに当たっては，抑圧を受け入れた場合に表象はどうなるのかを，表象に付着していた欲動エネルギーはどうなるのかを，別々に究明していかなければならない」（同 152，岩波 14: 202–3）。

　少年ハンスの例に戻ると，抑圧をうけた情緒は，その少年の父親への敵対的衝動であり，父親を殺したいというエディプス・コンプレックスに属する欲望である。

　欲動を代表している表象の運命はこれまで見てきたように，意識から引き離しておかれることだが，欲動代表の量的因子の運命は，3 種類ありうる。それは，欲動が全く抑えられて何の痕跡も残さなくなるか，質的な色づけとともに現れるか，不安へと変換されるかである。抑圧の目的は不快の回避にあるため，「そこから帰結することとして，その代表に属している情緒量の運命は，その表象の運命よりもはるかに重大であり，抑圧過程の評価〔Beurteilung〕を決定する」（同 153，岩波 14: 204）。続けてフロイトは，抑圧は代

訳注6）後裔，子孫を意味する。原語は Abkömmling。キノドスでは rejeton（新芽），岩波訳では蘖。従来訳に従う。

替物の形成と症状を引き起こすと指摘し，これらが抑圧されたものの回帰の直接的な産物かどうかを知るために，全く異なる道を通して自問する。フロイトは，3つの主な精神神経症における抑圧の作用を，詳しく記述し，臨床実践にとって非常に明快な実証でこの論文を終える。動物恐怖のような不安ヒステリー（あるいは恐怖症）では，抑圧は失敗し，せいぜい一つの表象を別のそれに置き換えるだけであり，不安を取り除くには至らない。純粋な転換ヒステリーでは，抑圧は情緒量をすべて消去することができる。「ヒステリー患者のまったくの無関心」は，これによって説明される。しかしそれは，縮合によって備給全体を引き寄せる，症状である甚だしい代替物の形成という犠牲を払ってのことである。最後に強迫神経症では，抑圧されるのは，愛する人に対する敵である。しかしその抑圧は維持されず，その情緒は際限のない自己非難の形で戻ってくる。

フロイトの概念の継時的発展

情緒とは何なのか

情緒とは何かを定義しようとすると，この用語は精神分析において極めて多様な意味を持っているので，複雑な問題に直ちに突き当たる。情緒は，フロイトの初期の仕事から存在する観念であり，彼はそれを主に2つの語義で用いている。広い意味では，情緒は可変の質と強度の情動状態一般を指すのに対して，狭い意味では，情緒は欲動のエネルギーを考慮に入れる理論において，欲動の量的表現となっている。情緒が，中心的な役割を担うようになるのは，『ヒステリー研究』（1895d）においてである。そこでフロイトは症状の起源を，放散が不可能な「絞扼された情緒」にあるとする。治療の目的は，忘れられた外傷的出来事の想起を通じて，その情動を放散することであり，その放散は浄化反応の構成要素である。以後フロイトは，表象と情緒に異なる運命を割り当てる。彼は1915年の『メタ心理学諸篇』で「情緒量」について語る際には，情緒の経済的次元を力説することになる。

情緒という観念は後に，その意味の外延を広げて，不安・喪・罪責感・愛・憎しみのような広範囲の現象を，特に『制止，症状，不安』（Freud 1926d）以後，含むことになる。これらの情緒のうち，フロイトによって詳しく研究されることになるのは，そのごく一部である。彼はそれらと自我の発達との間に，緊密な関係を確立していく。なぜなら自我はフロイトにとって，まさに情緒の場所だからである。しかしながら，情緒という概念は，「情緒量」という表現に含まれるエネルギー的見地を超えた語義を獲得しているが，いまだに現代の精神分析理論において明確にされたとは程遠いところにある。

●「無意識」（1915e）

標準版第14巻159–215頁（岩波版フロイト全集第14巻211–254頁）所収。

● 無意識についての弁明

フロイトはこの冒頭の章を無意識の実在性を証明することに割き，精神分析が，「無意識それ自体」である心的諸過程を明らかにしたと主張している。そうした過程が意識によって知覚されるとき，それを感覚器官による外界の知覚に喩えることができる。彼はまた，抑圧の過程は欲動を代表する表象を消し去るのではなく，それが意識化されるのを妨げことにあると指摘する。結果として，その表象は意識に届く効果を生み続けるが，それ自体は無意識のままに留まる。

● 局所論的見地

これまでフロイトは，特に「力動論的見地」すなわち神経症の源にある葛藤の性質に，関心を寄せてきた。

例えば彼は、ハンス少年の恐怖症を、父親に去勢されるという無意識の不安に帰着させた。無意識・前意識・意識の間の区別を導入するとともに、彼は心的諸過程に対して新たな角度から関心を向ける。それは、心的装置のそれぞれ別の局所論的な場所にそれらを位置づけるものであり、「局所論的観点」という名はそれに由来する（topos とは、例えば地理学のように、場所を意味するギリシャ語である）。しかしフロイトは、さまざまな心的部位における局在性が解剖学とは何の関係もないと明確化している。

フロイトに前意識（Pcs）の概念を導入させたのは、「心的行為」が本当に意識的になる前に 2 つの段階を通過するという事実である。彼は、この 2 つの段階の間には「ある種の試験（検閲）」が挟まっていることを実際に指摘する（1915e: 173, 岩波 14: 220）。第 1 の検閲は無意識と意識との間で作用し、心的行為が「意識に参入する」のを妨げる可能性がある。しかしそれが最初の試験を突破して意識に至っても、完全に意識的になる前に、第 2 の検閲に突き当たる。フロイトが前意識を位置づけるのは、この水準にである。「この心的行為はまだ意識的ではない、しかし意識に参入できる」（同 173, 岩波 14: 220）。

それからフロイトは、無意識的な表象がどのように意識的な表象へと移行するのかを、詳しく説明しようと、それが二相の過程であると主張する。臨床経験によって事実、以前に抑圧された表象の影響を取り除くには、それが意識的になるだけでは十分ではないことが示される。「われわれがある患者に、彼によってある時代に、ある表象が抑圧されていた、それを今こう推測する、と伝えたとすると、それでも、まずは、彼の心的状態にはまったく変化が起こらない。なかんずく、それで抑圧が廃棄されるというものでもないし、また、それまで無意識であった表象がいまや意識的になったのだからと期待されるところではあろうが、抑圧の結果が取り消される〔rückgangig machen〕ということもない。その反対に、まずは、抑圧された表象がこと新たに拒絶されるのを、目にすることとなる」（同 175, 岩波 14: 223）。フロイトは、患者が一つの表象を、二重の形式で持っていると考える。1 つの形式は、分析者の解釈のおかげで意識化される聴覚痕跡であり、もう 1 つは無意識的なもの、患者が経験してきたことの無意識的想起である。結果として、「抑圧の廃棄というものは、抵抗の克服の後に、意識的な表象が無意識の想起痕跡と結びつきを持つに至るよりも前には、起こることはない。まさにこの、無意識の想起痕跡が意識的になることを通して初めて、成果が得られる」（同 175–176, 岩波 14: 223）。しかしフロイトは、このことのみを基にして意識的表象を無意識的表象から区別することには満足しなかった。

無意識の感情

フロイトはこの章を、欲動が意識の対象には決してならないことの指摘から始める。それが意識化されるには、表象に付着するか、ある情緒に付着するかの、2 つの方法しかない。「欲動が表象に付着するのでなければ、あるいは情緒状態として前景に出るのでなければ、およそ欲動についてわれわれは何も知るところがないだろう」（同 177, 岩波 14: 224）。

それから彼は、表象が無意識的でありうるのと同様に、感覚や感情・情緒が無意識的でありうるかどうかを問う。もしも感覚や感情・情緒が、知覚されたものの次元にあるならば、それらはどんな場合でも「無意識」となりえないとフロイトは演繹する。しかし、感情は意識的でしかないと断ずることは、私たちが精神分析において、「無意識的罪責感」についてと同じく、無意識的な愛や憎悪・怒りについて語る慣習と矛盾しないだろうか？ と彼は述べる。フロイトはこの矛盾を、表象のみに抑圧という手段によって無意識となる運命を定めて、感覚と感情・情緒は本質的に量的な類の変動を被ると考えることで解決しようとする。つまり、彼によると、ある情緒や感情が消失しても、それが「誤認される」あるいは「抑制される」か「発展が全く阻止される」[訳注7]と言うことは正当だが、それが「抑圧された」とは言えない（同 178, 岩波 14: 225）。

にもかかわらず彼は、情緒が無意識になりうると考える。ただしそれは、別の方法、例えば抑圧を被りうる他の表象に付着するか、さらに情緒が不安へと変転換されることによってである。フロイトは再度「厳

訳注 7) ドイツ語原文：seine Entwicklung überhaupt verhindert.

密な言い方をすれば，無意識の表象が存在するようには，無意識の情緒は存在しない」（同 178，岩波 14: 226）と断言しているが，その言葉に含みを持たせている。「しかしもちろん，Ubw 系において，他〔andere〕と同様意識的になっていくような情緒形成がありうる[訳注8]。全体としてこういう区別は，表象が備給——基本的には想起痕跡の——であって，一方，情緒や感情は放散過程に対応してその最終表出が感覚として知覚されるものであるところから来ている」（同 178，岩波 14: 226）。1915 年には情緒に与える地位についてのフロイトの立場ははっきりしていないが，後年彼は，情緒が無意識において重要な位置を占めていることを認めるようになる。

● 抑圧の局所性と力動性

　続いてフロイトは，無意識系の中で抑圧された表象への備給を維持する機制について問う。事実，抑圧では，備給は表象から撤収されるにもかかわらず，抑圧された表象は無意識の中でも行動する力を持ち続けている。この無意識の表象が前意識系や意識系に戻らないことは，同じくどのように説明されるのだろうか。この複合的な過程を説明するためには，備給のエネルギーの移動を考慮するだけでは十分ではなく，多焦点的なアプローチによって，どの系で備給の撤収や開始が起きるのか，無意識系においてか，前意識系・意識系においてさらに問うことが必要とされる。フロイトはそこで，「逆備給〔Gegenbesetzung〕」（同 181，岩波 14: 229）という新しい因子を介在させる。それは，前意識系が，それによって無意識の表象の圧力から自らを守る一つの防衛である。例えば恐怖症的な馬恐怖はハンス少年にとって，父に関する彼の不安に代わる意識的な逆備給であり，その表象の備給は，抑圧されたままである。本来固有の抑圧（「事後的抑圧 Nachdrängen」）の場合，逆備給の目的は，表象を抑圧された状態に保つことにあるのに対して，原抑圧の場合，目的は，抑圧を成立させ，それを持続することにある。

　フロイトが「メタ心理学」と名づけるのは，この多焦点的なアプローチである。それは精神分析者が，心的現象を局所論・経済論・力動論の 3 つの見地から検討する方法である。逆備給の場合，局所論的見地は，備給が始まる系，無意識系・前意識系・意識系のどれから始まるのかを辿って説明する。経済論的見地は，働いている心的エネルギーの量を説明する。力動論的見地は，表象を無意識から浮上させる欲動的エネルギー——欲望——と，自我に由来し抑圧された表象の浮上に対抗して戦う防衛との間の葛藤を説明する。フロイトは，どのように彼の見地を恐怖症やヒステリー性神経症・強迫神経症に適用できるかを，臨床実践にとって極めて啓蒙的な仕方で示している。

● 無意識系の特別な特性

　無意識系は，「否定もなく，懐疑もなく，どんな確実性の程度といったものもない」（同 186，岩波 14: 235）のであり，備給のはるかに大きな可動性のために，一次過程の特徴である遷移と縮合という現象が起きる。さらに，無意識の過程は無時間的で快原理に従うので，それは現実を顧慮せず，矛盾を知らない。それに対して前意識系では二次過程が優勢で，備給された表象からの放散傾向が制止されているという特徴がある。フロイトはまた，前意識に全面的に依存する意識的記憶と，無意識系の経験が固定されている想起痕跡とを区別している。

● 無意識系・前意識系・意識系の間の関係

　無意識系・前意識系・意識系は，どれも孤立したものではなく，互いに密接に関連しており，それぞれが残りの 2 つの系に絶えず影響を与えている。フロイトはこれらの相互関係を調べて，特に無意識に属して抑圧されたままのものを見出し，検閲の働く 2 つの水準を明確にする。「最初の検閲は Ubw〔無意識〕

訳注 8）ドイツ語原文：es kann [......] Affektbildungen geben.

そのものに向かって，そして後の検閲は，Vbw〔前意識〕の派生物に向かって機能する」（同 193, 岩波 14: 242）。意識化の過程の問題に戻ると，それは，単に無意識系から意識系への移行としては要約されない。フロイトは，前意識系に現れるものが本当に意識化されることは，過剰備給を意味するだろうと論じる。「Ubw と Bw の間の検閲の存在は，意識的になるということが単なる知覚行為ではなくて，おそらく過剰備給であり心的な編成における更なる一歩前進であることを示唆している」（同 194, 岩波 14: 242）。最後にフロイトはこの点について，2 つの重要な論評を加える。第 1 は，無意識から無意識への伝達に関するもので，彼はそれを記述的見地からは「争う余地がない」現象であると形容する。「1 人の人間の Ubw が，Bw を迂回しながら，もう 1 人の人間の Ubw に反応することができるのは，たいへん注目に値することである」（同 194, 岩波 14: 243）。第 2 の論評は，精神分析の治療において意識（Bw）が無意識（Ubw）に影響を与えることの難しさに関わる。この過程は，きわめて多くの時間とエネルギーを要求するものである。

● 無意識系の承認

無意識系には，神経症の場合よりもさらに直接的な道から近づくことができる。それは統合失調症が提供するものであり，そこでは無意識が，抑圧による障害なしに露わになるからである。フロイトは事実，統合失調症者が「気取った」言語を呈し，しばしば身体器官に関わる内容の，特有の言語の変容があることを記している。フロイトはそれを「器官言語」（同 198, 岩波 14: 247）と呼んでいる。彼はまた，統合失調症において言葉が夢のイメージを作る一次過程と似た縮合の機制に委ねられていると書く。したがって「この過程は甚だしい程度にまで進むことがあり，ただ一つの語が幾重にも積み重ねられた関係によって都合の良いものになれば，思考の網の目全体の代表を引き受けることができる」（同 199, 岩波 14: 248）。要するに，これらの患者では語がその表す物よりも重要である。言い換えれば，統合失調症では語の関連が優勢なので，言葉表現の間での類似性が，物との関係よりも勝っている。例えば，フロイトが引用するタウスク Tausk の患者は，自分の靴下の編みに「穴」があるという考えによって制止された。実際には，「穴」という語は編み目の穴と女性器の開口部という 2 つの異なる物を表すにもかかわらず，「穴」という語の単なる想起が，恐怖の源となった。それは，「穴」という語が両方の意味を縮合させたからでもある。このように，統合失調症の患者たちは，制止に無自覚に象徴的な意味を抵抗なく表明することが認められるので，精神分析者は彼らの無意識内容に直接に近づくことができる。これは無意識の意味への接近が，抑圧の作用のために困難にされているヒステリーや強迫神経症の患者とは反対である。言い換えれば，統合失調症者の思考様式は，「具体的な物を，あたかもそれらが抽象的であるかのように扱う」（同 204, 岩波 14: 254）と特徴づけることができる。

フロイトはさらに，例えばタウスクの患者で見たように，「穴」という語が物すなわち「女性器」の等価物になるように，統合失調症者では，語表象が物表象として扱われることを説明しようとする。フロイトはここで語表象と物表象の間に，意識的な表象の水準で新たな区別を導入している。それは，物の表象は基本的に視覚的で，語の表象は基本的に聴覚的だというものである。こうして語表象は，言語化と意識化をつなぐ概念化の内部で統合される。彼によれば無意識の表象は，物表象のみから成り，それは言語の出現に先立つだろう。結果として，言葉による言語活動は精神分析治療における意識化の過程において，特権的な役割を果たすようになる。フロイトはそのことをこう述べる。「意識的表象は，物表象とそれに属する語表象とを含んでおり，無意識的な表象は，単に物の表象なのである」（同 201, 岩波 14: 251）。言語のこの特殊な属性のおかげで，一次過程から二次過程に移行して，フロイトが「より高次の心的編成」（同 202, 岩波 14: 251）と記述する Vbw〔前意識〕系を確立することができるようになる。したがって，転移神経症では，まさに語表象が抑圧によって拒否されるので，臨床の過程は行為を語に置き換えていくことにある。これが，言語的な思考が精神分析経験において特権的な道具となる理由である。

フロイトは統合失調症の問いに戻ると，統合失調症患者において顕著な語表象への備給が，回復への試みの結果であろうと詳しく説明する。欲動備給が無意識的な対象の表象から撤収される――自己愛神

経症の特徴——ために，こうした患者では語表象への過剰備給が認められる。この過程は「対象に向かって，対象の語成分を経る道を通」って「失われた対象を再獲得しようとする」（同 204，岩波 14: 253）試みに対応しており，これは回復への試みであろう。にもかかわらず統合失調症患者は「その際に，物の代わりに語で満足せざるをえなくなる」（同 204，岩波 14: 253）だろうとフロイトは付け加える。フロイトは，私たちが抽象的に考え過ぎる偏りになってしまうことに警告を与えて，この論文を結んでいる。「われわれは抽象的に考えている時，無意識の物表象に対する語の関係をおろそかにする危険にさらされている。だとすれば，われわれが哲学をしている時には，表現と内容の点で，統合失調症の作業様式との望まない類似を招き寄せてしまうということも否めない」（同 204，岩波 14: 254）。

フロイト以後

第 1 局所論と第 1 欲動論は，フランスの得意分野なのか

フランス語圏の精神分析的な潮流は，おそらくその発想の多くをフロイトの初期の著作から得ており，『メタ心理学諸篇』の最初の 3 論文は，その時期の代表的な成果である。そのためこの潮流は，第 1 局所論——無意識系・前意識系・意識系——と，快 - 不快原理にもとづく第 1 欲動論の知識に主として依拠した精神分析のアプローチ法を特徴としている。この特権的な関心は『メタ心理学諸篇』全般にわたる多くの著作で現れており，そこにはフロイトが採用した抽象的な文体の特徴がある。この点について，フランスの精神分析者たちの関与は英米圏の精神分析者たちのものと対象をなす。前者では臨床的な典拠は言外に含まれがちであるのに対して，後者では普通，明確に示されている。おそらく，哲学的な伝統がフランス語圏の精神分析者の考え方に跡を残している。そこには，時に思弁のために臨床経験から離れてしまう危険性がある。ピエール・ルケ Pierre Luquet（1985）はこう注意を喚起している。「精神分析は諸事実を認識する日々の仕事から生まれるのであり，思弁からではない。応用し哲学するのはそれからである」。

フランスの精神分析においてフロイトの第 1 局所論と欲動論にこうした重要性が与えられたことには，さまざまな要因がある。主たるものの一つはおそらく，フロイトの初期の著作は部分的にだったが早期にフランス語に翻訳されたのに対して，後期の著作はもっと後になってから訳されたことである。その上，メタ心理学の優先は，J. ラカン（1955）による「フロイトへの回帰」の推奨によって強化された。しかしながら，このフロイトへの回帰は，フロイトの著作全体へではなく，特に神経症を中心とした，『夢解釈』（1900）や『機知——その無意識との関係』（1905）のような，彼の初期の著作へのものだった。フロイトの著作の一領域に焦点づけられたこの関心には，利点と欠点があった。その利点は，フロイトの著作を初めから研究することを刺激したことであり，フロイトの欠点は，後期の著作，特にうつ病や精神病・倒錯を扱ったものが軽視されることだった。しかし，そうした革新的な見地は，既に 1915 年に，特に「欲動と欲動運命」「喪とメランコリー」に，見出しうるのであり，それらはフロイトに，第 2 の欲動理論や第 2 局所論を導入させていくことになる。

1970 年代以来，フランスの精神分析者たちはますます，精神分析を神経症を超えて適用し，問題が自己愛（ナルシシズム）の水準にあるような，いわゆる「難しい」患者の治療に関心を持つ必要性を感じるようになった。結果として，徐々にフロイトの 1915 年以降の発展に，すなわち欲動の第 2 理論や第 2 局所論，そして原始的防衛機制に関心を向けられるようになったが，だからといってそれ以前のフロイトの貢献を放棄することはなかった。こうした見地の中でも国際的によく知られているものとして，A. グリーンによる境界状態，D. アンジューによる皮膚自我，J. マクドゥーガル McDougall と J. シャスゲ-スミルゲルによる倒錯，P.-C. ラカミエによる精神病についての仕事を挙げておこう。

表象と不可分な情緒

1960 年代の終わりに A. グリーンは，J. ラカンによる思想的展開に対して，激しい反発を示した。ラカンは情緒と身体の役割を彼の精神分析の概念化から排除して，分析を言語学的なシニフィアンの知的な戯れへと還元する危険を冒した。A. グリーンが『生き生きとした言説 Le Discours vivant〔英訳題は The Fabric of Affect in the Psychoanalytic Discourse〕』（1973）を著して，経験の情緒的・身体的次元を，精神分析の理論においてばかりでなく精神分析の治療の実際においてもそれにふさわしい位置に復権させようとした。

この著作でグリーンは，フロイトの著作を年代順に再読することから始めて，情緒がフロイトの概念形成において表象の傍らで果たす中心的な役割を明らかにする。グリーンは自分の見地をラカンのものと対置させる。ラカンは情緒の役割を軽視し，無意識には情緒がなく単に表象と言語的シニフィアンのみがあるという考えを述べるまでになるが，それは転移と逆転移の情緒が果たす役割を無視することである。グリーンも，確かにフロイトが『メタ心理学諸篇』を書いている時，無意識における情緒の地位に関してはっきりしていないことは認める。しかし，その後の著作でフロイトは，この曖昧さを徐々に自分で取り除いていく。そして彼は，無意識の罪責感のような無意識の情緒が，まさに実在すると結論するようになるが，それに対して抑圧された表象と同じ地位を与えてはいない。しかしグリーンは更に進めて，欲動の「表象代表 Vorstellungsrepräsentanz」と「情緒代表 Affektrepräsentanz」を区別するように提起する。しかも彼によれば，情緒には2つの次元がある。一方では，グリーンが「情緒は感動した身体への視線である」(Green 1973 [1999: 164])と書くように，情緒は身体に近く，経済論的に見ると放散の役割を果たしている。他方では，情緒には心的次元があり，快・不快と結びついた「質」を自らに与える。つまり，「身体は行動の主体ではなく，情念の対象である」(同 164)。最後にグリーンは，ラカンを言い換えて「自己自身にしか回帰しない」(同 177)と付記する，用語の純粋に言語学的な意味での言語活動と，「身体的な素材が言語活動の中に回帰すること」(同 178)として彼が記述する言説とを区別する。この言説は，思考・表象・情緒・行為そして自己の身体の状態を一つにまとめるものである。その後グリーンはこれ以上に，彼が『生き生きとした言説』で提出したものを超える，情緒の役割に関する見地をほとんど発展させていない。そのため，彼の着想は本質的にフロイトの第1局所論の延長に収まっている。

　『生き生きとした言説』は，フランス精神分析の重要な転回点となった。なぜならグリーンの考えによって，それまで無条件にラカンの見方に従っていた数多くの精神分析者たちは，短時間セッションというラカンの実践に反対であるばかりでなく，理論的・臨床的に豊かになったフロイト的な伝統の近くにいるのだと我に返ることができたのだった。

●「夢理論についてのメタ心理学的補遺」(1917d)

標準版第14巻 217–235頁（岩波版フロイト全集第14巻 255–271頁）所収。

　1915年に書かれ，1917年に出版されたこの4番目の論文は，フロイトが最近発展させた諸観念を，自分の夢の理論の中に統合しようとしている。例えば，彼は原初的ナルシシズムを復活させる時間的退行（あるいは発達史的な退行）――夢の欲望において見られるように――と，「幻覚的欲望成就という早期の段階への逆戻り」(1917d: 228, 岩波 14: 262)である局所論的退行という彼が提出した区別を明確にする。しかし，もしも夢の欲望が幻覚や欲望成就の現実性の信念への退行であるならば，何が夢と他の形式の幻覚すなわち急性幻覚性錯乱（マイネルト Meynert による）や統合失調症の幻覚期との違いだろうか。フロイトはここで，「現実検討」(同 231, 岩波 14: 266)を介入させる。それは自我に知覚と表象，内と外を区別する能力を提供するものである。それから彼は，現実吟味がどのように病理的状態や夢において廃止されるかを調べている。夢については，その性質は意識系・前意識系・無意識系からの脱備給を生み，現実吟味の放棄に導く，睡眠状態によって決定されている。その結果，神経興奮が「夢の幻覚的欲望精神病」へと退行する道が開かれる。この論文は『夢解釈』(1900a)で定式化された夢の理論を補足する光を投げかけてはいるが，基本的に新しい着想ではない。

伝記と歴史

カール・アブラハム（1877–1925）：精神分析的研究の先駆者

　フロイトが「喪とメランコリー」で提出している諸仮説は，精神分析の草創期における重要人物のカール・アブラハム Karl Abraham の先駆的な仕事の延長に位置する。ドイツの医師であるアブラ

ハムは，ベルリンで精神科医としての教育を受け，1907年にブルクヘルツリ病院の院長であるオイゲン・ブロイラーの下でさらに研鑽を積むためにチューリヒへと赴いたが，そこにはC. G. ユングが上級医として勤めていた。アブラハムがフロイトの著作を見出したのは，このスイス滞在期の中のことである。同じ年に，彼はベルリンで開業し，フロイトに会うためにウィーンに向かった。その出会いは，2人の間に長く続いた友情の始まりであり，彼らは多くの学問的な課題についての意見交換を行なった。1907年から1925年の間に交わされた多くの手紙は，その証言である。ユングとアブラハムの間にはすぐにライバル関係が生じた。その葛藤の一部は，フロイトが当時ユングを自分の後継者とみなし，彼が国際的な精神医学界と非ユダヤ人の間に精神分析を広めることを当てにして引き立てていたことによる。しかし間もなく，フロイトとユングの関係は悪化した。それは，フロイトのリビドー説をユングが拒絶したからである。それに対してアブラハムは断乎として擁護した。以来，アブラハムはフロイトの全面的な信頼を獲得し，精神分析の発展において重要な役割を果たした。特に1910年には，ベルリン精神分析協会を創設した。後に彼はユングの跡を継いで国際精神分析協会の会長となり，『精神分析年報 Jahrbuch für Psychoanalyse』を含むいくつかの精神分析の刊行物の編集長となった。彼はまた，ヘレーネ・ドイチュ Hélène Deutsch，エドワード・グラヴァー，ジェームス・グラヴァー James Glover，カレン・ホーナイ Karen Horney，メラニー・クライン，シャーンドル・ラド Sándor Radó，テオドール・ライク Theodor Reik など，有名な分析者たちの教育分析者となった。彼は肺疾患のため，48歳で早世した。彼の喪失は，精神分析運動全体にとって残酷なものとして感じられた。

アブラハムは直ちにフロイトの考えを取り入れたが，自分自身の道を開き，時には師から離れ対立した。彼の多くの論文は，その厳密さと明晰さが印象的であり，私たちはここで特に，躁うつ病とリビドー発達の諸段階についての彼の基礎的な論文を取り上げたい。事実彼は躁うつ病の患者を治療した最初の精神分析者であり，1911年の論文では，うつ病患者が，そのサディズム的な空想の暴力と「過剰に敵対的なリビドー素因」（Abraham 1911 [1988: 139]）のために，愛する能力の麻痺を呈していると述べた。彼はそこで，うつ病が患者のサディズムの抑圧に由来するという仮説を表明し，メランコリーも躁状態も同じコンプレックスに由来するが，それに対する患者の反応が異なるのだと指摘した。アブラハムはまた，大人の抑うつの基礎が子供時代の抑うつを基点とすると仮定した。彼はその証明には至らず，メラニー・クラインが臨床的に実証した。彼は彼女の発見を，直ちにフロイトと分け合った（アブラハムからフロイトへの手紙423A，1923年10月7日）。

1924年，アブラハムは彼の見解を広く総括した著作を出版し，そこでさまざまな精神疾患の固着点をそれぞれのリビドー発達段階に位置づけようとした。そのために彼はフロイトの古典的なリビドー段階についての理論（Freud 1905a）を拠りどころにいくつかの新しい考えを付け加え，特に肛門サディズム期と口唇期に2つの下位段階を区別した。彼によれば，肛門サディズム期は，対象の排泄と破壊に結びつき，うつ病の固着点である早期肛門期と，対象の保持と支配に結びつき，強迫神経症の固着点である後期に分かれる。うつ病では，固着点が排泄の前期サディズム期よりも早いことがある。アブラハムはそのような例で，固着点をリビドー発達の口唇期に遡らせる。口唇期にも，アブラハムは2つの下位段階を認める。その1つの早期口唇期は，両価性以前の吸う段階であり，もう1つの後期口唇サディズム期は，乳歯の発生に対応して吸うことと嚙むことの両価性を引き起こす。並行してアブラハムは愛と憎しみの情緒の発展を，性器期に現れる全体対象への愛に至るまでを，「愛するための十分で完全な能力は，リビドー発達の性器期において初めて，獲得される」（1924: 425）と対象関係との関連で描写した。

アブラハムの仕事は特に彼の弟子であるメラニー・クラインに大きな影響を与えた。A. アイナル Haynal と E. ファルツェナー Falzener が指摘するように，「メラニー・クラインの理論は，アブラハムが築いた基礎抜きでは理解できないものであり，フロイトの承認と賛成は，付随的なものである」（2002: 18）。

「喪とメランコリー」（1917e [1915]）

標準版第 14 巻 141–158 頁（岩波版フロイト全集第 14 巻 273–293 頁）所収。

正常な喪と病理的な喪

「喪とメランコリー」でフロイトは，実際の喪失や愛する者による失望に対する，あるいは理想の喪失に対する個人の反応を探究している。なぜある人々は，ある期間を経て克服される喪の情緒で反応するのに対して，別の人々はうつ状態に陥るのだろうか。今日うつ病と呼ばれるものは，フロイトの時代には「メランコリー」と呼ばれていたことを明確にしておく。「メランコリー」という用語は，うつ病の重篤な，精神病的形態のために残されている（Bonaparte et al. 1956; Strachey 1957; Laplanche 1980）。フロイトは，主に意識過程である正常な喪と違って，病理的な喪は無意識の水準で展開すると認める。なぜならメランコリー者は「何を失ったのかということは知らない」（1917e [1915]: 245，岩波 14: 276）からである。正常な喪と病理的な喪はどちらも共通に，自我を消尽する喪の作業によって説明される関心の制止と喪失を生じる。しかしメランコリーには，追加されるものがあると，フロイトは続ける。それは，自我評価の感情の常軌を逸した引き下げである。「喪の場合には世界が貧しく空虚になっていたのだが，メランコリーの場合には自我自身が空虚になる」（同 246，岩波 14: 277）。病理的な喪では，自己非難と自己蔑視の形で前面に出るのは，患者の自己軽蔑である。罰の妄想的な期待にまで通じうるこうした自己非難は，どのように説明されるだろうか。

メランコリーの「私は役立たずだ！」は，本当は「お前は役立たずだ！」を意味する

ここでフロイトは天才的なことを思いつく。すなわち彼は，うつ病者の自己非難が実際には，「失われた」重要な人物，通常は患者の周囲の人に対して向けられた他者非難であると気づく。だから彼はこう書く。「自分の夫はこれほどにも役立たずの妻に拘束されていると言って，これ見よがしに済まなげる妻は，本当は，役に立たないということがどういう意味で考えられているにせよ，夫が役に立たないことを告訴している」（同 248，岩波 14: 280）。言い換えれば，この女性が「私は役立たずだ！」と言って自分を非難する時，この自己非難は，無意識的に夫に向けられた「お前が役立たずだ！」という非難であると判明する。別の言い方をすると，フロイトはこうした患者たちについて，ドイツ語で実に巧みに表現している。"Ihre Klagen sind Anklagen" すなわち，「彼らの訴えは，〔この語のもつ古い意味に即応して〕告訴なのだ」（同 248，岩波 14: 280）。ここでは Klagen（「苦情を言う」という意味での「訴え」）と，Anklagen（「誰かに対して苦情を申し立てる」ことを意味する法律用語）の間の圧縮がかけられている。

フロイトは直観に従って，メランコリー患者が自己非難を表すとき――例えば，「私は役立たずだ！」と述べるとき――患者が用いる言葉が，患者の内的葛藤の構造を逐一表していると気づく。「むしろ彼は［メランコリー患者］がその心理的な状況を正しく述べているかどうかを論じる必要がある」（同 247，岩波 14: 278–279）。こうした自己非難の独特の言語的構造がメランコリー者の内的葛藤の構造に差し戻すことを考慮してフロイトはそこに含まれるさまざまな要素を，次々にその構成諸部分に分解しつつ，系統的に検討する。彼は順々に，失われた対象の口唇的取り入れ・対象愛から自己愛への退行による，この対象との同一化・対象に向けられていた憎悪が主体的に戻ることなどを記述している。私たちは以下，それらを吟味していこう。これらの過程を理解するには，フロイトが参照している臨床素材が明白というより暗示的であるだけに，読者は相当の注意力を要求される。それでも私は，大筋を簡潔に述べるとしよう。

● 外界との断絶と自己愛的(ナルシス)引きこもり

　フロイトは，メランコリー者が明示的には「私は役立たずだ！」と自己非難するけれども，実際には「お前は役立たずだ！」と他人を暗に非難しているときの，「お前」と「私」の置き換えの基底にあるものを説明することから始める。こうした言語的に表現される転換に対応するのは，どのような心的過程だろうか。フロイトは，対象喪失の際に正常な喪と病理的な喪の間では根本的な差異があって，それがリビドー備給の方向の変化に起因することを示しながら説明する。正常な喪では，人は「失われた」対象を諦めて，それからリビドーを回収することができ，その結果，自由となったリビドーは，新しい対象と結びつくことができる。それに対してメランコリーでは，人はリビドーを失われた対象から回収せず，自我は対象から離れずに一つとなるために，空想の中でこの対象を「喰い」，自己愛的(ナルシス)同一化の道を通る。「そのため対象の影が自我の上に落ちて，自我はいまや，あたかも一つの対象のように，見捨てられた対象のように，ある特別な審級から判定することができるものになった。以上のような仕方で，対象喪失は自我喪失へと転換され，自我と愛された人物との間の葛藤〔Konflikt〕は，自我批判と同一化によって変容された自我との間の内部分裂〔zwiespalt〕へと転換されたのである」(同 249, 岩波 14: 281)。メランコリー者の身近な者への関心の喪失と，自己自身への「自己愛的(ナルシス)」引きこもりを説明するのは，このように対象備給の向きが，対象と混ざった自我自身へと変わることである。患者は，あまりに自分自身に没頭しているので，あたかも自己非難の渦に吸い込まれているかのようである。

　さらに，非難が自分に戻ることは，自我の分裂を意味する。つまり，自我の一部分は失われた対象と混ざり，他の部分は，ある審級を自らに任じて批判を行使する。フロイトはそれを「良心」と呼ぶ。「そこには，どのように自我の一部分が他の部分と対立し，それを批判的に評価し，それをいわば対象として扱うか，ということが見られる」(同 247, 岩波 14: 279)。この批判する審級は，超自我の観念の先駆けをなしている。

● 愛情は自己愛的(ナルシス)同一化に退行し，憎しみは主体自身に降りかかる

　フロイトは続けて，抑うつ患者の強い自己破壊傾向は，対象および自我への，愛と憎しみの両価性が強まった結果であると書く。これらの情緒は分離され，異なる運命を辿る。一方では，主体は対象を愛し続けるが，代償として同一化という愛の原始的形態に戻る。その同一化では，「対象を愛すること」は，「その対象であること」である。「その場合，対象との〔mit〕自己愛的(ナルシス)同一化が愛情備給の代替物となり，結果として，愛された人物との葛藤があるにもかかわらず愛情関係は放棄されなくてもよいということになる」(同 249, 岩波 14: 281-2)。ここで問題なのは，主体が対象を「むさぼり食い」ながら自らの内に体内化する，発達の口唇的‐食人的(カニバリズム)な段階へとリビドーが退行することである。他方，自我の愛する対象との自己愛的(ナルシス)同一化のために，外界の対象に向けられた主体の憎しみは，対象と一体化する自我自身に対して向けられる。「愛情の対象それ自体は放棄されているのに，対象への愛情が放棄されることに抗い，自己愛的(ナルシス)同一化の中に逃げ込むと，この代替対象に対して憎しみが働き，それを罵り，貶め，苦しめる。そして憎しみは，その苦しみからサディズム的な満足を獲得する」(同 251, 岩波 14: 284)。

● 明白な自己非難は，他人に対する隠れた非難である

　フロイトは，メランコリー患者の自己告訴が同時に対象への攻撃となっていることを示しながら，もう一つの決定的な点を指摘する。それは，患者の自己愛的(ナルシス)引きこもりが，無意識的な対象関係の存続を排除しないことを意味する。事実フロイトはメランコリー患者が，強迫症患者と全く同様に，サディズム的で憎しみに満ちた性向を，自分にも他人にも，行使することに「享楽」を感じていることを観察する。後者は通常，すぐ身近の誰かである。「どちらの疾患においても，患者たちは愛する人々に彼らの敵意を直接的にでなく示さなければならないために，病気の状態におちいった後で，自己処罰という迂回路で本来の

対象への報復をなし，病気であることによって愛する人々を苦しめることを成し遂げるのが常である」^{訳注9)}（同 251, 岩波 14: 284）。

このようにフロイトは，メランコリー患者の自己攻撃が，対象を攻撃してそれに復讐を行なう方法であると指摘しながら，こうした患者は自己愛(ナルシス)に加えて，それでも身近な者たちとの対象関係を維持していることを示す。その関係は，憎しみと攻撃に基づいている。フロイトはおそらく，躁うつ病患者の自己愛的(ナルシス)引きこもりを強調したことによって，こうした患者が転移関係を築けず，分析では接近できないと考えさせられた。自己愛神経症(ナルシス)という名称は，このことに由来する。実際には，フロイト以後の精神分析者たちは，分析者に向けた敵意が支配的な転移の問題であるにしても，こうした患者たちが転移関係を築くこと，そしてその転移は分析可能であることを示している。

フロイトの概念の継時的発展
フロイトが「喪とメランコリー」に対してもたらした後の諸発展

フロイトによって記述されたうつ病の心的機制は，彼が後にもたらした重要な発展を考慮すると，理解しやすくなる。以下に幾つかの目安となる点を挙げておき，関連した論文を取り上げる際に立ち返ることにする。

生の欲動と死の欲動の葛藤の導入（1920）

うつ病患者において自己破壊的な欲動が果たす中心的な役割は，フロイトが 1915 年に定式化した快原理に基づいた諸欲動についての最初の理論を，改定することになった要因の一つだった。確かに，もしも欲動の目的が何よりも満足の追求であるならば，うつ病患者を自殺へと導きうるものは，どのように説明されるのだろうか。フロイトが，1920 年に生の欲動と死の欲動の根本的な葛藤に基づいた新しい欲動理論を導入したのは，この種の問いに答えるためだった。彼はこの着想を，いくつもの精神病理的状況に適用することになるが，その一つがメランコリーだった。

自我・エス・超自我の間の葛藤（1923）

1915 年に，フロイトは「喪とメランコリー」の中で，メランコリー者の自己非難を，「良心の声」に似た「道徳的良心」を思い起こしつつ，自我の一部が他の一部に向ける「批判」に帰着させる。1923 年には，彼はこの「批判」から，超自我と呼ぶ，実際の心的審級を作り出し，新たに定義された，自我とエスという他の 2 つの審級と密接に関連づけることになる。正常な状態では超自我は自我に対して制御する役割を果たす一方，自我はエスの欲動的要求に直面する。しかしフロイトは，メランコリーでは超自我が自我に対して過度のサディズムを行使すると認める。彼が書くには，「（超自我は）個人が備えているありったけのサディズムをわがものとしたかのように，容赦ない激しさでもって，自我に対して怒り狂っていることが分かる。……この場合，超自我のなかで支配的になっているのは，死の欲動が純粋培養されたような状態であって，自我が事前に躁に転化することによってこの暴君から身を守らないかぎり，実際の超自我は往々にして，自我を死にまで駆り立てていくことになる」（1923b: 53, 岩波 18: 54）。

自我の分裂（1927）

フロイトは自我の分裂という観念を，既に「喪とメランコリー」で，特にメランコリー患者の「良心」が自我を批判する際の厳しさを記述するときに，「裂け目」あるいは自我の「内部分裂」という表現を用いながら提出している。のちに「フェティシズム」（1927e）で，彼は，うつ病では対象喪失の否認の結果であることを考慮しながら，自我の裂け目についての仮説を仕上げていく。そして彼は，精神病的にはならずに幼少期の父親の死を「暗点化」した 2 人の兄弟の分析に言及しながら，この観点を例証している。「父の死を認めなかったのは，彼らの心の生活の中のほんの一つの傾向に過ぎない。もう一つ別の傾向もあり，それはこの〔父の死という〕事実を完全に考慮に入れたものだった。欲望に即した態度と現実に即した態

訳注 9) Bei beiden Affektionen pflegt es den Kranken noch zu gelingen, auf dem Umwege über die Selbstbestrafung Rache an den ursprünglichen Objekten zu nehmen und ihre Lieben durch Vermittlung des Krankseins zu quälen, nachdem sie sich in die Krankheit begeben haben, um ihnen ihre Feindseligkeit nicht direkt zeigen zu müssen.

度とが併存していたのである。上記の2つの事例のうちの1つでは，この分裂〔Spaltung: split〕が中程度の重さの強迫神経症の土台となっていた」(1927e: 156, 岩波 19: 280)。言い換えれば，病的な喪において，自我の分裂という観念は，自我の一部が喪失の現実を受け入れるのに，他の一部はそれを否認することを説明する。末期の論文では，フロイトは，現実の否認と自我の裂け目という現象に，ますます重要な位置を与えることになる。

フロイト以後

『メタ心理学諸篇』からのクライン派とポスト・クライン派の発展

　M. クラインは初め，古典的なフロイトの理論から出発して自分の見解を発展させ，後に自分独自の考えを導入した。彼女が依拠したフロイトの基本概念のうち，幾つかは『メタ心理学諸篇』の中に，特に「欲動と欲動運命」(1915c),「無意識」(1915e), そして「喪とメランコリー」(1917e [1915]) の中に見られる。
　M. クラインは「メタ心理学」を語ったことはなく，自分の概念を主として臨床的な用語で提示した。彼女は投影同一化の概念とともに，妄想分裂ポジションおよび抑うつポジションという構造的な着想に中心的な位置を与えした。手短な再説から始めよう。

心的機能と変化の構造的概念

　M. クラインは「ポジション」の概念を導入することによって，心的構造の2つの基本的な状態すなわち妄想分裂ポジションと抑うつポジションを区別できたばかりでなく，精神分析の過程で起こる構造的変化を説明することができた。ポジション概念は，口唇段階・男根段階などのリビドー発達の年代順の段階の概念とは異なる。なぜなら「ポジション」は，心的組織の瞬間的な状態と，これら2つの状態間の移行とを映し出すための構造的概念だからである。
　多くの因子が，妄想分裂ポジションと抑うつポジションの構成に，そして一方から他方への移行に含まれている。そのうちの幾つかをあげると，断片化しているか統合されているかという自我の凝集性の程度，部分的か全体的かという対象関係の性質，原始的かより発達しているかという防衛の水準などである。妄想分裂ポジションから抑うつポジションへの移行では，M. クラインによれば幼児の最初の発達に属する，早期エディプス・コンプレックスから，フロイトが述べた後期のエディプス・コンプレックス移行が見られることを付け加えよう。言い換えれば，クラインはポジションという構造概念を用いて，妄想分裂ポジションから抑うつポジションへの移行が，精神病的な機能様式から健全な機能様式への根本的な変化を形成することを示すに至ったのである。

「純化された快自我」から愛と憎しみの統合へ

　クラインは，フロイトが1915年に「欲動と欲動運命」の中で記した「純化された快自我」の観念と，それに関連した投影と取り入れの概念をモデルとして，最初の部分対象関係から分離した全体対象との関係までの，最早期の乳児の情緒発達を記述した。私はフロイトが「純化された快自我」という観念についてどう語ったかを引用する。「自我は差し出された対象を，それらが快の源泉である限り自分の自我の中に受け入れる。すなわち，フェレンツィの表現に従えばこれらを取り込み，他方では，内部で不快を引き起こすものは自分の中から押し出してしまう」(1915e: 136, 岩波 14: 188)。ここからクラインは，乳児の早期の関係を詳しく述べて，それが母親の乳房という部分対象と形成され，その乳房はあらゆる期待の対象である理想の乳房と，憎しみと怖れの対象であるという迫害する乳房に分裂していることを示した。彼女はこの状況を妄想分裂ポジションと呼ぶ。さらにクラインは，乳児が母親を一人の人全体として知覚し愛し始めるときに，自我の統合と対象の統合が徐々に起こるにつれて生じる展開を記述する。彼女はこの変化を，抑うつポジションの始まりと叙述することになる。
　1915年にフロイトが書いたものをクラインの着想に照らして読むと，フロイトが，情緒と対象関係の質には変化があると直観していたことが認められる。しかし彼はこの移行を，愛と憎しみの統合と部分対象関係から全体対象関係への移行との関わりで明確に概念化しなかった。フロイトは関係変化について，こう書いている。「欲動にとっての欠乏状態に関しては，欲動はみずからの満足のために追求している対象を『愛している』のであると言えるかもしれない。ところが，欲動が対象を『憎む』という言い方は変

な感じがする。だからここで注意しておくべきは，愛とか憎しみとか言われる関係は，欲動とその諸対象との関係には適用できないのであって，むしろ全体自我とその諸対象との関係のためにとっておかねばならないということである」（1915c: 137, 岩波 14: 189）。のちに，フロイトが素描した愛と憎しみの運命についての見解を，臨床に適用する仕方で補完するのは，クラインの役目となる。

喪と躁うつ状態

フロイトが「喪とメランコリー」で導入した観念もまた，クラインが躁うつ状態について自分の理論を構築するときに，着想の源となっている（Klein 1935）。事実，彼女はフロイトが 1917 年に成人のうつ病に関して記したように，攻撃性とリビドーの葛藤には早期の起源があり，うつ病の固着点は乳児期に既に見いだされることを発見した。M. クラインは，抑うつ的情緒における攻撃性と罪責感が果たす役割についてのフロイトの見解を延長しつつ，償いの観念を特に重要であるとした。それは，攻撃的・破壊的な空想によって傷ついた対象を修復したいという願望である。彼女はそこで 2 種の償いを区別する。1 つは正常で創造的な償いであり，これは抑うつポジションにおいて現れ，対象への愛と尊敬に結びついている。もう 1 つは，病理的な償いであり，さまざまな形態をとりうる。例えば，抑うつ感の勝ち誇った否認に基づく躁的償いや，抑うつ不安を魔術的に取り除こうとする強迫行為に基づく強迫的償いである。

抑圧よりも原始的な防衛

他方 M. クラインは，厳密な意味での抑圧が組織される前に働いている防衛機制が存在することが明らかになったとき，フロイトの抑圧についての見解を改めざるをえなくなった。そこで彼女は，自我の構造に影響を与えてそれを断片化する原始的防衛機制と，心的内容を対象とするが自我の構造は変えない機制である抑圧との間に区別を設けた。原始的防衛機制は，外的現実と心的現実に及ぼす抑制の激しさという点で，抑圧とは異なる。こうした原始的防衛機制のうち，否認・分裂・投影・取り入れ・万能感の 5 つが特に，クラインの着想において際立った位置を占めている。1946 年 M. クラインはこれらに，原始的な投影から生じる，投影同一化の機制を加えることになる。投影同一化では，欲動が投影されるばかりでなく，自我の一部分もまた，空想上で対象の中に投影されうる。投影同一化は，対象を支配するために自己の悪くて望まない部分を排除するばかりでなく，良い部分を排除することにも関係している。のちに W. R. ビオン（1959）は，投影同一化の病理的形態と正常な形態を区別する。その結果この概念は，クライン派精神分析とその後の展開において，中心的概念の一つとなっていく。

病理的象徴使用と正常な象徴使用の間での推移

H. シーガルと W. R. ビオンは，フロイトが「無意識」（Freud 1915e）で概説している統合失調症者の言語についての考えに依拠し，M. クライン（1930）の象徴使用についての初期の仕事から着想を得て，象徴機能および，その病理的象徴使用と正常な象徴使用との間の移行について，独自の見解を発展させた。

H. シーガル：象徴等置から真の象徴使用または象徴表象へ

1957 年，H. シーガルは 2 種類の象徴形成と象徴機能を区別した。それは，「象徴等置」と真の象徴使用または象徴表象である。彼女は，象徴形成が妄想分裂ポジションと抑うつポジションの間の移行とともに，投影同一化の強さに強く依存していることを指摘する。分裂性の混乱が対象関係に起こり，投影同一化が強まるとき，自我の一部は具象的な仕方で対象と同一化し，その結果，象徴は象徴された対象と同じと感じられるほどまでに同一化される。これが「象徴等置」という表現の根拠である。

象徴等置は，統合失調者の思考の基底にあり，それは病理的な喪に特徴的である，失われた対象との同一化の過程に認められる。象徴が完全な等価物とはならずに対象を表象するのは，ただ抑うつポジションが現れて，そこに分離の経験を伴うときのみである。それ以降，真の象徴または象徴表象が働き始める。最初シーガルは，具象的象徴使用を妄想分裂ポジションへの退行として述べていたが，しかし後になって，ローゼンフェルトとビオンとともに，妄想分裂ポジションにある正常形態と病理的形態を区別するとき，彼女が具象的象徴使用を位置づけるのは妄想分裂ポジションの病理の中であると明確にしたことを付け加えておこう。

シーガル（1991）によれば，象徴はコミュニケーションの能力を統御しており，あらゆるコミュニケーションは，外界のコミュニケーションにおいてばかりでなく内的コミュニケーションにおいても象徴という方法で行なわれるために，象徴形成の過程は非常に重要である。

> **W. R. ビオン：思考を思考するための装置の創造**
>
> 1962年に，W. R. ビオンが導入したアルファ要素とベータ要素の間の区別によって，象徴使用の問いおよび病理的な象徴使用から正常な象徴使用への移行の問いに，H. シーガルの見解とは別の角度からだがそれを補完する取り組みができるようになった。アルファ機能の観念は，自分の経験に意味を与えてそれを伝達することの統合失調症者の困難について，ビオンがした研究から生まれた。その研究は，五感からの生の感覚資料を精神にとって意味があり，思考され夢見られることが可能な心的内容へと変換する諸過程を説明することを目的としていた。ビオンによれば，思考が心的構造によって利用されうる——象徴化と類似の過程——ためには，「概念作用」を生み出すために「前概念作用」が一つの「現実化」と結びつく必要がある。2つの要素がこのように結合して第3の要素を作り出すことは，思考と理論の形成の基礎にある。シーガルと同じく，ビオンは，思考過程が情動的な過程と密接に関連しており，これらの過程は，妄想分裂ポジションと抑うつポジションの言葉で表現できると考えている。アルファ機能が妨げられると，感覚資料は変形されることができず，未消化なベータ要素の形で心的構造の内に留まる。そのためそれらは，投影同一化によって排出される。

●『転移神経症展望』（1985a [1915]）

伝記と歴史

1983年に発見された未発表の原稿

この試論は，1983年に I. グルブリッヒ-ジミティス Ilse Grubrich-Simitis によって，偶然，フェレンツィが M. バリントに委ねた文書の中から発見されたという点で，特殊な位置を占めている。それは1915年7月28日付のフロイトからの手紙に添付されていて，フロイトは，フェレンツィに論評を求めていた。これはフロイトの手による，『メタ心理学諸篇』の12番目の小論の下書きであり，計画された著作で未発表の7論文のうちただ一つ救い出された論文である。一冊になるはずだった12論文のうち，フロイトは最初の5本のみを1915年から1917年に，雑誌論文として発表した。しかし彼の手紙から，彼が他の7本を書いていたことが分かっており，彼はそれらを破棄したと推定されていた。「転移神経症展望」の発見が驚きだったのは，そのためである。

フェレンツィとの緊密な共同関係を表すこの論文の中でフロイトは，系統発生の主題を追求している。この主題は，『トーテムとタブー』（1912–1913a）で素描され，その後の彼のあらゆる著作にわたって見られる。彼によれば，今日の人間の心的生活には，古代の遺産の消えない痕跡がある。心的現実の原初的な空想と見なされるものは，氷河時代のような有史以前に遡られる，現実の外傷的出来事によって残された痕跡のもう一つのものに過ぎない。

テクストを紐解く

■ Freud 1895a [1915]（岩波版フロイト全集第14巻 309–327頁）所収。

論文の第1部は，電報のような文体で書かれており，不安ヒステリー・転換ヒステリー・強迫神経症という3つの「転移神経症」で働く主な規制の短い再説である。フロイトはそこで，抑圧・逆備給・代替形成・症状形成などが果たす役割に言及する。論文の第2節は，表題が告げる内容と食い違っている。なぜならフロイトはここで他よりも，自分の系統発生的仮説について詳説しているからである。彼は時折それを系統発生的「空想」と呼ぶ。第1節と異なり，この部分はほぼ完全に書き上げられている。フロイトは，転移神経症も自己愛神経症も含めて神経症の源にある因子と，人類の発展の歴史とを対比しようとして，この題についての S. フェレンツィ（Ferenczi 1913）による先駆的な仕事をここで参照する。フロイトは，神

経症の観察から出発する以外に他の研究手段を有していないと主張する。「私たちのもつ印象は以下の通りである。リビドーの発達史は，自我のそれと比べて［系統発生的な］発達のより古い部分を反復している。つまり，もしかすると前者は脊椎動物の状態を反復するのに対し，後者は人類の歴史にしたがっている」(1895a [1915]: 11–12, 岩波 14: 317)。こうしてフロイトは，有史以前の時代に人類が経験した外傷が，欲動と結びついた要因子と一緒に神経症に持ちうる影響について自問する。例えば彼は，「子供たちの一部は氷河期の始まり以来の不安気分を携えており，それに唆されて，満たされないリビドーを外部の危険として扱う」(同 14, 岩波 14: 320) と考える。フロイトはこのテクストで，原始群族による原父殺害の命題も再び取り上げており，その出来事が，これは 1912 年から 1913 年の『トーテムとタブー』の中に，既に見られる主題である，罪責感と文化の源にあると考えている。

● 『精神分析入門講義』(1916–1917a [1915–1916])

　1915 年から 1916 年および 1916 年から 1917 年の冬学期に，フロイトは一連の講義を行ったが，それは相当数の聴衆を集め，『精神分析入門講義』として刊行されることになる。この著作は演説調で書かれ，多くの逸話と論証となる臨床例を含んでいる。それはすぐに大成功となり，『日常生活の精神病理学にむけて』(1901b) とともに，おそらくフロイトの最も広く読まれた著作であり続けている。『入門講義』は彼の初期から 1915 年までの精神分析による貢献の要点を再説したものなので，私はこの著作についてここで述べるのをあきらめた。その内容は，解釈者たちが関心を持つ幾つかの点を明確にする補足を除き，既に取り上げた著作の紹介と大半が重複しており，本当に新しい精神分析概念は含まない。

年代順に見るフロイトの概念

情緒　両価性　良心　批判，自我の批判　うつ病　無意識の派生物　自我欲動　感情　罪責感　憎しみ　喪失した対象との同一化　体内化　欲動　取り入れ　愛　躁病　マゾヒズム　メランコリー（うつ病）　メタ心理学　自己愛的同一化　正常な喪　器官言語　病的な喪　系統発生　前意識　原初的諸欲動　純化された快自我　表象　表象代表　抑圧　サディズム　自己非難　象徴使用　時間的退行　物表象　局所論的退行　無意識　語表象

「ある幼児期神経症の病歴より（狼男）」
（1918b [1914]）

幼児神経症の中核としての原光景への接写

　この夢中にさせる語りは，私たちがフロイトから受け継ぐ最も長い精神分析治療の報告となっている。それは，治癒不能と判断された深刻な精神的な障害を患う，23歳の青年の分析に関わる。彼はフロイトによって，4年半にわたる特に困難な分析の後に完治したと考えられた。報告ではフロイトは，転移についてほとんど述べていないが，治療の始まりにフェレンツィへ宛てた手紙で，彼が直面した陰性転移の暴力性について詳しく述べている。「私は裕福な若いロシア人を強迫的な恋の熱情のために診察しましたが，彼は初回面接の後に，こう私に転移を告白しました。ユダヤの詐欺師が彼を後から捕まえたがっていて，彼の頭に糞をした，と」（フロイトからフェレンツィへの1910年2月13日付手紙）。セルゲイ Sergueï のパーソナリティの精神病的側面はフロイトの目を逃れていなかったにもかかわらず，彼は自分の語りの焦点を主に幼児神経症に置き，この症例を通じて，成人の神経症が幼児神経症を基礎としていること，そこでは性的なものが決定的な役割を果たしていることを実証することに没頭する。彼は読者を，彼の発見に沿ってついて来るように促し，セルゲイの過去の層を一枚一枚探究している。

　フロイトは，彼の子供時代に遡る多くの誘惑場面の中心人物たちの見取り図から始める。そうした場面は，患者に恐怖症的な不安の夢を思い出させる。それは彼が4歳のときに見た，有名な狼たちの夢である。フロイトはこの夢を，患者が1歳半のときに目撃したであろう原光景——両親の後背位性交——が事後的に再活性化されたものとして解釈した。フロイトは探究を続けて，この原光景のさまざまな側面を連続的な接写によって吟味し，母親の胎内での子供と父親のペニスとの出会いの大写しで終えている。フロイトは，子供の無意識的空想の中に表れるとおりのこの原光景を，大人になったこの若者の神経症を後から決定づける障害の起点とする。フロイトはセルゲイの幼児性欲理論の綿密に分析して，裏エディプス・コンプレックスに対応する少年の受動的・女性的傾向と，陽性または表エディプス・コンプレックスに対応する彼の男性的傾向の間の葛藤を強調する。こうした男性的傾向は，反芻処理された後，最後には患者の無意識的同性愛傾向に対して優位に立ち，患者を治癒へと導くだろう。だがだからと言って，セルゲイのパーソナリティの精神病的側面は，忘れられたままにはならない。それは心気妄想的代償不全を起こして1926年に再び現れるが，ルース・マック-ブランズウィックとの新たな分析で反芻処理がなされることができて，患者は再び回復した。しかしセルゲイは人生の終わりまで「フロイトの有名な患者」と見なされ続け，「狼男」という名の方でよく知られていた。

伝記と歴史

「狼男」と言われたセルゲイ・コンスタンティノヴィッチ・パンケイエフ（1887-1979）

フロイトとの最初の分析

後年「狼男」として知られるようになるセルゲイ・コンスタンティノヴィッチ・パンケイエフ Sergueï Constantinovitch Pankejeff は，1910年1月に初めてフロイトを受診した時23歳だった。この若者はきわめて裕福なロシア人貴族家庭の出身だったが，絶望的な症例だった。彼を受診させた病気は数年前の，18歳の時に罹患した淋病に続くうつ状態から始まっていた。彼のうつ状態は，1906年の父親の自殺そして彼の人生に重要な役割を果たしていた姉アナの1908年の自殺によって，相次いで悪化していた。彼は精神疾患によって依存的で障害を持つようになり，自分一人ではどこにも行けず男性召使いと侍医に付き添われるほどだった。彼は当時の非常に高名な精神科医たちの診察を受け，ドイツの精神科病棟に数回入院したが，効果がなかった。フロイトは彼の分析をただちに1910年2月に始め，4年半毎週5回会った。分析は，フロイトにより予め最後が定められ，1914年7月に終えられた。終結の数日後，第一次世界大戦が勃発した。セルゲイはオデッサの自宅に帰り，テレサと結婚して，法学を修め終えた。フロイトは，患者が完治したと結論した。

輝かしい実例として役立つ

この治療的成功に満足したフロイトは，もっぱら患者の幼児神経症とそこで性欲が果たす役割の説明を中心にして，1914年11月と12月にこの治療の話を書いた。彼ははっきりと，完全な報告を書くことを放棄した。「この幼児神経症だけが，私の報告の主題となるだろう」(1918b [1914]: 8, 岩波14: 4) と彼は最初に書いている。この選択はなぜだろうか。それはフロイトがこの症例を，自分の仮説を支持する実例にしようとしていたからだった。彼は自分の誹謗者たちの目に，精神分析の有効性の証拠を示したかった。彼は，セルゲイの症例を絶望的と判断した精神科医たち，特に，当時非常に高名だったベルリンのテオドール・ツィーエン Theodor Ziehen やミュンヘンのエミール・クレペリンに照準を合わせていた。それに加えてフロイトは，神経症の成人において幼児神経症と性欲が果たす決定的な役割を，それに疑いを持つ何人かの弟子たちに示したかった。ここでフロイトは，彼が根本的と考えるこの点について意見が対立する，ユングおよびアドラーに狙いを定めていた。

狼男の逆境のはじまり

1917年10月に勃発したボルシェヴィキ革命はセルゲイを完全に破産させた。彼は妻とともにロシアを去ってウィーンに移り住み，生涯の終わりまで苦しい生活を送った。落ち込んで財産も仕事もない彼は，フロイトに戻って受診した。フロイトは1919年11月から1920年2月まで，彼を分析に再び受け入れた。最終的に彼は保険会社の事務員の仕事を見つけたが，フロイトとフロイトのウィーンの同僚たちから全面的な財政援助を受けていた。だが，彼の苦難はそこで終わっていなかった。急性パラノイアという形で1926年に現れた代償不全の結果として，彼はフロイトによって，その弟子の一人で精神病の精神分析に関心を向けていたルース・マック-ブランズウィックに回され，彼女は彼を治療した（「フロイト以後」の項を参照）。

テクストを紐解く

■ 標準版第17巻 1-122（岩波版フロイト全集第14巻 1-130）所収。

● 長期間の治療と予め固定された終結

　序文でフロイトは，後から考えたいくつかのことを私たちに伝えている。まず彼は，このように重篤な患者を治療に導入することが，彼にとってどれほどの挑戦だったかを指摘する。患者について精神科医たちは，「躁うつ病」と診断して治療不能と判断していた。フロイトはそうした診断を裏付ける要素を検出しなかったので，彼は後から，むしろ患者は幼児期の間に強迫神経症にかかり，それは8歳頃に消えたので，病気が始まった18歳までほぼ正常な生活を続けることができたと考える。フロイトは直ちに，彼は患者の幼児神経症にのみ注意を集中すると明言して，病気の全容を描写することは放棄する。「それゆえ私の記述は，それが起きている間の〔während ihres Bestandes〕幼児期神経症ではなく，経過後15年してはじめて分析された幼児期神経症を扱うことになる」(1918b [1914]: 8, 岩波 14: 4)。

　4年半続いて成功裡に終わったこの治療はフロイトに，技法の次元で2つの重要な注釈を促している。1つは，必然的に重篤度に比例する，精神分析治療の期間に関わる。「新たなことは，多くの時間を費やして格段の困難を克服してゆく分析だけから知ることができる。ただそうした症例においてのみ，心の発展の最も原初の最深層に下ってゆき，後代の心の形成の問題に対する解決をそこから取ってくるということが成し遂げられる」(同 10, 岩波 14: 6)。最終的に精神分析者の忍耐は，患者が最後にもらした意外な事実によって報われる。「厳密に言えば，そこまで進んだ分析にしてはじめて分析の名に値することが，そのとき納得される」(同 10, 岩波 14: 6)。2つ目の技法的注釈は，フロイトに対して認めさせた，この分析の終わりを定めることの必要性に関わる。これは異例の手続きである。彼は患者の参与の欠落に衝撃を受けていた。「彼は耳を傾け理解を示したが，なにものも寄せ付けなかった」(同 11, 岩波 14: 7)。その結果，「治療は最初数年間ほとんど変化をもたらすことがなかった」(同 10, 岩波 14: 6)。そこでフロイトは，敢えて予め1年後に分析の終結日を定めて，この決定を固持した。彼は，期日の迫ることが抵抗を退かせたのを確認して満足した。「比較にならないほどの短時間で分析は，制止の解消と症状の廃棄を可能ならしめるあらゆる素材を提供してくれた」(同 11, 岩波 14: 7)。フロイトは，得られた成功に自分彼自身がどれほど驚かされているかを述べて，それは経験しなければ確信できないようなものなので，個人的にこうした経験をする機会のない読者が信じないことに理解を示している。

● 幼児神経症の継続的な形成

　フロイトは，患者が治療の最初に提示した状況を叙述することから始めて，患者の子供時代の病状を要約し，主な登場人物たちをしかるべく配置している。そのように彼は緊張感を調整しながら，一歩一歩，彼の発見を私たちに共有させる仕方で，その語りに沿って進んでいく。フロイトは，この若者が5歳まで地方の豪華な屋敷に両親と2歳上の姉アナとともに生活していて，その後，家族は都会に移ったことを聞いた。彼の父親は抑うつ的で母親は病弱だったが，患者は分析の間に初めてこのことに気づいた。彼は幼い頃に優しく彼の相手になってくれた子守のことも思い出した。彼女は，ナーニャと呼ばれていた。

　フロイトに強い印象を与えた最初の重要な出来事は，患者が3歳半だったときに彼を襲った，性格の突然の変化だった。そのときまでの彼はとても穏やかな子供だったが，それから周囲の人たちや動物に対して苛立ちやすく暴力的で，サディズム的でさえあるようになった。この変化は，イギリス人の住み込み女性家庭教師が来たことと一致していた。患者が5歳の頃，第2の変化が生じた。彼は，不安と恐怖症の症状を呈した。最初は狼にむさぼり喰われてしまう恐怖で，患者の姉はそれを利用した。それから毛虫とその他の動物たちへの恐怖だった。最後に第3の変化は，宗教的内容に対する強迫神経症の出現に置き換えられたときに生じた。強迫神経症には，神への侮辱と入れ替わる，祈りの儀式が伴っていた。しかしながら，強迫症状は自然に弱まって，患者が8歳の時には消えた。その結果患者は，ほぼ正常な生活を過ごすことができた。だから，フロイトが叙述しようとしたのは，もっぱらこの幼児神経症の分析なのである。

誘惑場面のドミノ効果

　幼い少年の最初の性格変化はイギリス人の住み込み女性家庭教師の着任と一致していたので，フロイトの疑いは直ちに彼女に向けられた。そこで患者の心に浮かんだ2つの想い出は，早期の誘惑という仮説を裏付けるように思われた。最初の想起は，女性家庭教師が言った去勢についての言語的な脅しに，2つめの想起は，セルゲイのペニスを弄んだ姉との性的な遊びに結びついていた。探究を続けてフロイトは，これら2つの出来事の影響を詳細に分析して，性格の変化はその直接的な結果であった可能性があると考える。それから彼は，これらに続く一連の出来事を分析し，幼い少年がいかにして最初の誘惑者である姉から子守のナーニャに向かったかを示す。ある日，彼が子守にペニスを見せたとき，彼女は彼を叱り，そういうことをする子はそこに「傷」ができてしまうよと言った。この脅しは，少年が自分のペニスを失う不安の引き金となった。この去勢不安は，姉ともう一人の少女が排尿しているのを見た後で，女の子にはペニスがないという考えが彼の心に生じた時に強められた。

　しかし，最初の誘惑によるドミノ効果は，去勢不安で終わらなかった。その効果は彼の道筋に徐々につきまとい，肛門サディズム段階への退行を引き起こした。彼の性器性愛の発達はまだ不十分で，それを代償できなかった。それからフロイトは，幼い少年がとった「受動的女性的構え」を印象的に描写する。その態度は肛門サディズム段階に関連しており，初めは最初の誘惑者である女性たちに，それから彼の父親に向けられていた。「まるで彼は，姉の誘惑によって受動的役割に押しやられ受動的な性目標を与えられたかのようである。この体験の影響が引き続くなかで彼は姉からナーニャを経て父に向かう道筋を描いた。つまり，女性に対する受動的な態度から男性へのそれに向かうようになったが，その際，彼はより以前の自発的な発達段階への結びつきをも見出した[訳注1)]」（同27, 岩波 14: 23–24）。性格の障害があった時期の間，幼い少年の「訳の分からない悪さ」は，父親に罰される以外の目的がなく，彼の絶叫発作は，父親をサドマゾ的な関係に引き入れるために誘惑する試み以外のものではなかった，とフロイトはつけ加えている。この機会にフロイトは親や教育者たちに，行動上の問題に罰されたいという無意識的欲望を隠していることがある子供たちの罠に陥らないように警告する。性格の変容が肛門サディズム段階への退行によって表されるならば，不安と恐怖症が生じ始めたときの変化は，どのように説明されるのだろうか。

狼の夢と原光景

　4歳の頃に現れた不安と一致した出来事は，外側から来た出来事ではなくて，不安を掻き立てる夢だった。「私のみたのは，夜になって，私が自分のベッドで寝ている夢です。[……] 突然，窓がひとりでに開きます。窓の前の大きな胡桃の木に，白い狼が何頭か止まっているのが目に入り，ぞっとします。6頭か7頭くらいいたと思います。狼どもは全身真っ白で，むしろ狐か牧羊犬(シェパード)のような感じでした。なにしろ，狐のような大きな尻尾をしていましたし，耳は，何かに注意を向けるときの犬のようにぴんと立っていたからです。どうしよう，狼どもに食われてしまう，という不安が募ってきて，私は，叫び声をあげながら，目を覚ましたのです」（同29, 岩波 14: 25–26）。患者はこの夢が，自分が思い出せないほど幼い頃に現実に起きた出来事に送り返される，と請け合った。青年がもたらす連想に応じて，フロイトは夢の内容と患者がもはや思い出せない出来事の性質とを比較できるようになった。分析のこの段階で，彼が意味を発見することを期待しながら並べたパズルの断片は，次のようなものである。「現実の事件-非常に早期から〔aus sehr früher Zeit〕- 瞠視〔Schauen〕- 不動性 - 性問題 - 去勢 - 父 - 何かぞっとするもの」（同34, 岩波 14: 32）。

　フロイトは推論の連鎖を詳細に記述し，それに導かれて，おそらく患者はまだ非常に幼い頃，わずか1歳半の時に両親の性交を目撃したと考え，それは背後からの交接だったに違いなく，そのために彼は母親の性器と父親の器官との両方を見ることができただろう，と明言さえした。フロイトによれば，この原光景を見たことはそれが目撃された当時すなわち1歳半の時ではなく，もっと後に，彼の性的発達が事後的

訳注1) ドイツ語原文：hatte dabei doch die Anknüpfung an seine frühere spontane Entwicklungsphase gefunden.

効果によってそれを再活性化できるようになった4歳のときに初めて病理的な影響をもたらした。

　それでは，この夢がそれほど大きな不安を引き起こしたことは，どのように説明できるだろうか。フロイトにとってこの過剰な不安はおそらく，母親の立場に取って代わるために，父親によって背後から貫かれたいという願望の拒否による。それは父親に対する抑圧された受動的態度であり，そのとき父親を前にした不安は狼恐怖という形で移動された。フロイトはそれを簡潔にこう言う。「不安は，父による性的満足への欲望の拒否であった。この欲望の追求が彼に夢を吹き込んでいたというのに。狼に喰われるという不安の表現は，父によって性交される，つまり母のように満足を得るという欲望の──やがて聞き届けるように，退行的な──一つの置換にすぎなかった。父に対する受動的な態度という彼の究極的な性目標は抑圧に屈し，それに代わって，父に対する不安が狼恐怖症という形となって現れてきたのである」（同46，岩波14: 46）。だが母親への同一化において少年は去勢された母親に同一化しており，そこには彼の男性的側面が反抗するという別の危険があった。フロイトはそれをこう解釈する。「適切であることを願いながら翻訳するなら，お前は父によって満足させられたいと思うなら，母と同じように去勢を甘受しなければならない。けれども，僕はそれは嫌だ。してみると，男性性の明確な異議申し立てというわけだ！」（同47，岩波14: 48）。

● 現実の光景か，想像上のものか

　そのような原光景は，ごく幼い子供に現実に目撃されたことがありうるのだろうか，それとも，遡及的な空想において想像されたのだろうか。フロイトは「分析の全学説の中でも最もきわどい」（同103注，岩波14: 109注）この基礎的な問いをあらゆる角度から検討するが，彼の意見では，もし分析が十分な深さまで進むならば，1歳半でそうした光景を目撃することは十分可能だと分析者は確証するに至るだろう。しかしながら，そこまで幼い子供は理解するための十分な手段をまだ持たないので，彼はそうした最初の印象を「事後に」（同48，岩波14: 49），すなわち精神-性的発達が進展したときにしか，加工できないだろうとフロイトは言う。技法的な観点からは，分析の途上では分析者はそのような空想を真実として受け取ることができる，とフロイトは付け加える。「分析の最後，これらの空想が暴露されたのちになってはじめて違いが出てくる」（同50，岩波14: 50–51）。言い換えれば，分析者は患者が空想と現実を区別する十分な能力を獲得するまで待つことが重要である。しかし，現実と空想の分担がどのようなものであれ，フロイトはその光景が本当に個人の個体発生的あるいは系統発生的な過去に属しており，事後性において獲得しうるあらゆる意味に先立っているという考えを保持しているように見える。さらに彼は，そのような光景に関して「想起する」とは語ることができず，それらが治療で表れるのは本質的に構築からなので，この語句は避けた方がよいと言う。「私の言いたいのは，ただこういうことである。つまり，私の患者のような場面，似たような内容をもったごく初期からの場面，症例の経歴にとってのち並々ならぬ意義を持つようになる場面は，通例想い出として再現されるのではなく，仄めかしの山から一歩ごとに苦労して推し量られ──構築され──なければならないということである」（同51，岩波14: 52）。

● 恐怖症から強迫神経症へ

　第3の変化，すなわち患者が4歳半の時の，恐怖症症状から宗教的主題を伴う強迫症状への変容は，追加要因の介入によって引き起こされた。フロイトによれば，セルゲイ・コンスタンティノヴィッチの強迫神経症の時期を特徴づける宗教的主題はおそらく，母親が彼に読み聞かせていた聖史の物語から借りたものだった。それで少年は，彼の父親とのマゾヒズム的で両価的な態度を，キリストと父なる神の関係の上に移動させた。彼は10歳に達したとき，ドイツ人の家庭教師を与えられ，重大な影響を与えられた。家庭教師は少年の強迫に驚かされず，それらの症状は次第に減少して，完全に消えるに至った。だが同性愛的構えの抑圧は痕跡を残し，昇華が確立されるのを妨げ，青年期の間彼の知性を抑止した。フロイトとの分析が抑圧の除去を可能にしたとき，これらの制止は取り除かれ，その結果患者は同性愛的欲動を昇華し

● 肛門性愛・金銭・女性的同一化

　この章でフロイトは，二重の実証を試みている。1つは金銭と肛門性愛との関係に関わり，もう1つは患者の受動的女性的構えの多様な側面と腸機能の障害とに関わる。

　フロイトは，患者の金銭の扱い方と，彼の腸とその産物に関する風変わりな行動とのいくつかの関連から始めている。例えば，この極めて裕福な患者は金銭に対して逆説的な態度を示していた。彼はあるときには浪費家で，別のときには吝嗇家であり，その行動は，たえず浣腸を要するしつこい便秘と一致していた。この腸とその肛門の産物〔大便〕への行動は，特に精神分析に関する疑いに支配された態度によって，患者の性格に次元に現れていた。その疑いについてフロイトは，「懐疑は病者の最強の武器であり，その抵抗のお気に入りの手段である」（同75，岩波14: 78）と断言している。

　それからフロイトは，幼い少年セルゲイが肛門性愛によって染められた幼児期性理論の歪んだレンズを通して，大人の性欲と彼自身の性欲についての心を乱すイメージを持つようになった仕方を見事に描写する。

　第1に，患者は，子供の時に大便に時折血がまじっているのを見て，赤痢にかかっているのを恐れたことを想起した。フロイトはこの恐怖を，大便の中の血と〔母親の〕生理の出血を等価にすることで母親に同一化する願望の表現と解釈した。続く連想から患者は，原光景における女性の特殊な位置と，腸の障害を通じて表現されている肛門性愛への固着の強さとの新たな結びつきを確立するように導かれた。フロイトは解釈する。「女との同一化を表し，男に対する受動的な同性愛的態度を表すことができる器官は肛門域であった。この帯域の機能障害は女性的な優しさの動き〔Zärtlichkeitsregungen〕を意味するようになっていたのであり，それは後期の発症においても保持されたのである」（同78，岩波14: 81–82）。

　第2にフロイトは，患者の心の中では女性は去勢されており，膣の機能は腸のそれと等価であると指摘している。言い換えれば，子供頃の患者は，性別と女性における性器性欲の役割の違いについて十分な知識を発達させることができなかったので，主として「排泄孔理論」（同79，岩波14: 82）に基づいて原光景の概念を形成していた。女性は去勢されている可能性があるという考えは，幼い少年における自分のペニスについての去勢不安を強め，それは彼の女性への同一化と，男性に対する受動的女性的構えを強めた。彼の同性愛傾向はそこで抑圧されたが，強く性愛化された腸の障害という他の形で再び現れた。「抑圧の行為によって排斥された，男性への女性的態度は，いわば腸の症状構成に引き返し，子供時代の下痢・便秘・腸痛の頻出となって現れる」（同80，岩波14: 83–84）。

　第3に，フロイトはさらに踏み込み，腸の産物・贈り物・子供を等価とする。フロイトは慎重を期して――「患者は私が構築したこの終幕を受け入れた」（同80，岩波14: 84）――，原光景のときに1歳半の患者は興奮で満たされ，大便を排泄することによって両親の交合を妨げたのであり，それが彼の泣き声の引き金になったのだろうという仮説を立てた。大便をすることは，単に両親カップルへの攻撃のサインというだけではなく贈り物の，まさに父親に提供された子供＝贈り物の意味もあっただろう。贈り物と子供はしばしば日常語で，等しいものと見なされている。要するに，大便の放棄は去勢の原型と見なされている可能性があったとフロイトは付け加える。それは父親の愛情を獲得するための対価であり，父なる神の妻となるために去勢を受け入れようとした，控訴院議長シュレーバーの妄想を思い出させる空想である。

　患者の無意識的な同性愛傾向について多々論じた後フロイトは，同時に生じている患者の異性愛傾向を強調してこの章を結ぶ。彼は，去勢の脅威は結局父親に由来していること，それは父親に対して死を望むまでの無意識的敵意と，父親に感じる愛情に結びついた罪責感の両方の原因であることを示す。少年が辿るこの道筋は，陽性エディプス・コンプレックスのものに他ならず，フロイトによれば，あらゆる神経症者が辿るものである。

● ある誘惑場面は別の場面を隠している可能性がある

　終結が予め定められてから，分析の最後の数カ月間は臨床像を完成させる新たな諸要素をもたらした。それは分析の終わりが近づくときにしばしば見られることである。患者は，それまでまだ決して話したことがなかった誘惑場面を想起した。それは患者が2歳になる前に，ナーニャが来る前の乳母グルーシャと生じたと思われることだった。彼は，グルーシャがしゃがんで尻を露わにしながら床を綺麗にしているのを見て，放尿したことを思い出した。それに対して乳母は，彼に去勢の脅しを発したことだろう。フロイトにとって，そのとき患者の心の中で，しゃがんだ若い女性と性交場面における女性の位置との間の結びつきができたのだった。結果として乳母は母親の代替となり，少年は父親と同一化した。「あのイメージの活性化の結果，性的興奮が彼を虜にし，彼は少女に対して男性的に〔männlich〕，父のような挙動に出た。父の行動を彼は当時，単に放尿としか理解できなかったのである」（同93, 岩波14: 98）。フロイトによれば，その想起とそれに伴う空想は，青年がパートナーの尻に特に魅了されていたことや，彼が愛情対象を貶める傾向すなわち身分の低い女性を常に選択する傾向の源にあったと思われる。

　フロイトは患者が表した，母親の膝元に戻って生まれ直せたならば治癒するだろうという確信から出発して，母親の胎内さえも視覚化しつつ，原光景への強力なクローズアップによる移動撮影を完成させる。フロイトは大胆にも，この願望は生まれ変わるために母親の胎内に入る欲望を表しているばかりでなく，そこで父親と性交するためでもあると考える。「彼は母の胎内に戻ろうと欲しているが，それは単純に再び生まれるためではなく，胎内で性交の際父に射当てられ，父から満足を得て，父に子供を産んでやるためである」（同101, 岩波14: 107）。ここで高倍率のもとに吟味された原光景は，以前のように全体的な人間とともにではなく，今や幼児の早期の空想に現れるような母親の胎内における父親のペニスといった部分対象とともに起きている。「母の体の中に入り，性交の際母に取って代わり，父に対して母の位置を占めようと欲望するのである。[……] 自分が母の性器のうちに居た状況に戻ろうと欲望するが，その際，男性はペニスと同一化しペニスによって代理されることになる（Man wünscht sich in der Situation zurück, in der man sich in den Genitalien der Mutter befand, wobei sich der Mann mit seinem Penis identifiziert, durch ihn vertreten läßt.)訳注2)」（同101–102, 岩波14: 107–108）。母親の胎内に戻りたいというこの欲望は，心的両性性の領域で生まれており，父親にも母親にも向かうとフロイトは明確にする。「以上のことから，2つの空想は好一対をなすのであって，当事者が男性的態度を取るか女性的態度を取るか次第で，父との性的交わりの欲望を表現するかそれとも母との性的交わりの欲望を表現するものであることが明らかとなる」（同102, 岩波14: 108）。フロイトは，「2つの近親姦的欲望」が患者の心の中で纏まるだろうとさえ予想する。患者におけるこれら2つの傾向を含む，さまざまな様相の詳しい分析の後でフロイトは，同性愛傾向の抑圧の解除が以後その昇華を可能にする限りで，異性愛傾向は陽性エディプス・コンプレックスの消滅に導く少年の父親への同一化を奪取し，そのようにして患者を治癒へと導くことを示す。

● 転移についての一言

　ここまでフロイトは，報告全体の焦点を一連の構築と再構築に合わせており，ここに至って初めて彼ははっきりと転移に言及する。フロイトは，患者が治療で困難に出会うたびに，分析者に逆らって喰い尽くすという脅しを発し，それに続いて，酷い目に合わせてやる，と直ちに脅したと記している。フロイトの考えでは，貪り喰う願望は両価性の影響で愛によっても憎しみによっても分析者を貪り喰うという無意識的欲望を含むが，転移についてはそれ以上述べていない。但しフロイトは，抑圧の原因は何かを自問して，その説明として男性的傾向と女性的傾向との葛藤は十分ではないと考える。最終的に彼は，抑圧はむしろ

訳注2) キノドスによる独語原文の引用。キノドスはこのペニスを父親のものとして解釈しているように見える。人文書院版では，男性自身のペニスとの同一化として訳されている。その方が自然だが，そうするとキノドスのようにクライン派の内的対象や部分対象関係論と結びつけるのは困難である。

「自我」と「性的傾向」つまりリビドーとの間の葛藤に由来すると推測している。

　フロイトは著作の全体を再び系統発生論的仮説を取り上げて結びとして，抑圧とは，あらゆる表象を逃れて「なんらかの知が——どのような知なのかはっきり述べることは難しいが——理解を準備するようなものとして，その際子供において一緒に働いている」（同120, 岩波 14: 127）知に対応するような，太古の「本能的知」への回帰のしるしなのかどうかを自問している。それでもさしあたり，「われわれの手中にあるのはただ，動物の広範な本能的知を一つの優れた〔ausgezeichnet〕アナロジーとして呈示することだけである」（同120, 岩波 14: 127）。彼は続ける。「人間にもそのような本能が所有されているのなら，それは別に性生活に限定されるいわれはないにしろ，性生活の出来事をことさら標的としたとしても，不思議はないであろう」（同120, 岩波 14: 127）。彼は付け加える。もしもこの仮説をもう少し先へ進めるとしたら，「抑圧とはそうすると，この本能的段階への逆戻りであって」，本能の型の，より以前の予備的な段階の存在を表しているであろう。彼は，系統発生論的仮説の主題に向ける可能性がある留保を説明しつつ論を終える。「精神分析が正しい審判順序〔Instanzenzug〕を厳守しつつ，個人的獲得物の層を突き抜けた後で，遺伝の痕跡に行き当たったときにはじめて，そうした考えは許容されるのだと私には思われる」（同121, 岩波 14: 128）。

フロイト以後

「狼男」のその後の分析

1926年から1927年のルース・マック-ブランズウィックとの分析

　数年間の小康状態の後，1926年にセルゲイは急性パラノイア発作に襲われた。再びフロイトを受診した彼は，当時フロイトの分析を受けていたアメリカ出身の精神分析者であるルース・マック-ブランズウィックのところに行くように言われた。分析は5カ月間続き，1927年2月に終わった。後に彼女は，「この治療の結果，彼の健康は回復し，比較的低い管理的な仕事を行なうことができた」（Mack-Brunswick 1928b〔Gardiner 1989: 263〕）と表明している。1928年にマック-ブランズウィックは，フロイトとの緊密な共同作業のもとにこの治療を詳述した論文を出版した。彼女は，彼が彼女に会いに来たときの憂慮すべき状態を記述し，初めて彼を「狼男」と名づけた。彼には今もこの綽名が付いている。彼女は，「分析の時間中，彼は狂人のように語り，とめどなく自分の空想に身を任せ，現実との接触を全く失っていた。彼は，フロイトと私を殺すと脅した。[……]」（Gardiner 1989: 290）と報告している。彼は，皮膚科医の処置によって引き起こされたであろう損傷に続いて，心気症的な固定観念を患い，自分の鼻に穴が開いていて，決定的な傷を負っていると思い込んでいた。この分析で取り組まなければならなかった（迫害妄想と心気妄想を現れさせたこの治療がもたらす困難にもかかわらず，彼女は1918年のフロイトによる報告では叙述されていなかった患者のパーソナリティの精神病的要素を分析することができた。またマック-ブランズウィックは，患者にフロイトへの未解決な転移と両価性を反芻処理することも可能にした。彼は確かに，自分はフロイトの「お気に入りの息子」だと思ってフロイトを敬愛していたが，同時に，フロイトが自分を破滅させたと憎み，非難してもいた。彼女は狼男の陰性転移の分析も行ない，特に，彼が彼女を非好意的にフロイトと比較する時の，彼女に対する彼の軽蔑を分析した。パラノイアのさなかに彼は，フロイトやほかの精神分析者たちの側から定期的に受け取っていた金銭的支援と同じように，彼のその治療が無償なのは，当然のことと考えていた。

　ルース・マック-ブランズウィックは彼の迫害妄想を，なんとか少しずつ分析できるようになったが，それは特に，彼を滅ぼそうと脅かす迫害者の形で狼たちが再び現れる夢を患者が見たおかげだった。結局，最後の方の或る夢は，セルゲイの現在の病気と18歳の時に神経症の契機になった淋病の感染との関連を露わにし，それによって彼の去勢不安を彼の父親との関係に帰着させることができた。彼女は，この解釈に続いて「患者は完全かつ決定的に妄想を放棄した」と付け加えている（同296）。1945年に加えた注釈でルース・マック-ブランズウィックは，彼女が1928年以後数年の間，不定期にセルゲイの分析を続けたこと，患者の個人的危機や第二次世界大戦に関連した出来事にもかかわらず，治療の結果はすばらしくて長続きしたことを，詳しく説明している（同263–264）。

ルース・マック - ブランズウィックは，精神病の研究を専門としていた。それがおそらくフロイトに，セルゲイを彼女のところに行かせるように導いた要素の一つである。加えて，彼女は特に早期の母子関係に関心を持っていて，「前エディプス」という用語を論文で用いた最初の何人かの一人だった。フロイトは後にこの用語を採用した。彼女自身が深刻な精神的不調に苦しんだ[訳注3]が，「狼男」を難局からもう一度救い出すことを可能にしたのは，精神病の患者との彼女の職業的経験であり，それは 1928 年の報告によく反映している。

ミュリエル・ガーディナーと狼男

1926 年，やはりルース・マック - ブランズウィックの分析を受けていたアメリカ人精神分析者のミュリエル・ガーディナー Muriel Gardiner は，セルゲイ・コンスタンティノヴィッチと出会って，彼の境遇に関心を持った。それは「狼男」が亡くなるまで続いた。1938 年に，新たな不幸がセルゲイの人生を襲った。彼の妻が，ナチス・ドイツによってオーストリアが侵攻された時に自殺したのだった。1945 年以降，徐々にフロイトの歴史的な患者と自分を見做していた彼は，彼に『回想録』を 1971 年に出版させた M. ガーディナーばかりでなく，国際的な精神分析の共同体，特に，フロイト・アーカイヴの管理人だったクルト・アイスラーにも世話を受け続けた。セルゲイは 1979 年にウィーンで亡くなった。「狼男」の死後，M. ガーディナー（1983）は，彼との晩年の面会の報告を出版し，その補遺で，ジャーナリストのカーリン・オプホルツァー Karin Opholzer が 1980 年に彼について書いた人物描写〔『W 氏との対話』〕に，歪曲されていると異議を唱えた。

年代順に見るフロイトの概念

愛と憎しみとの両価性　肛門性愛　去勢（不安）　事後性　分析の終わり　幼児神経症　幼児性欲理論　受動的女性的構え　恐怖症　原光景　宗教的強迫　誘惑場面　転移　無意識的同性愛

訳注 3) 1930 年代に鎮痛剤依存となり，1946 年に事故死した。

『不気味なもの』
(1919h)

逆説的な感情の多様な諸相

　ドイツ語では，das Unheimliche という用語には多くの他の言語が持ち合わせていないさまざまな響きがある。事実，unheimlich という形容詞は，日常使用では逆説的な感情を喚起して，なじみのある heimlich なものとなじみのない un-heimlich なもの，つまり変わったもの・異質のものを結びつける。フランス語でどう翻訳しても，幾つかの文学作品から広くインスピレーションを得ているこの論文の詩情を部分的にしか表現できないけれども，読者は unheimlich の感情が喚起する情動の無限の多様性を前にして，また，フロイトが示唆するそれの解釈の幅によって，眩暈に襲われるところである。他にも，この論文には既に，「反復強迫」への言及がある。彼は，臨床における生の欲動と死の欲動の間の根本的な葛藤の表現としてのこの概念を，推敲しているところである。この概念は『**快原理の彼岸**』（1920g）以降，中心的なものとなっていく。

伝記と歴史

1914年から1918年の戦争〔第一次世界大戦〕と戦後

フロイトにとっての剥奪と孤立の時期

　戦争の時代はフロイトにとっても彼の家族にとっても，大変な困難だった。彼は飢えと寒さによってひどく苦しめられ，冬には文通相手に，ペンをしっかりと持てないと書いたほどだった。また，タバコにはひどく事欠いていた。彼は，軍隊に招集された息子たちから知らせがないことで心配した。患者の数はますます少なくなり，一人のみのこともあった。彼は，ジョーンズが提案したようにロンドンへ移住することは拒否した。弟がアメリカから経済的な援助をしたが，フロイトは戦後，全額を返済した。彼の全精力は，彼の家族の必需品をなんとか維持するという課題に注がれたままだった。戦争の時代は，科学的な面ではほとんど生産的ではなかった。フロイトには戦う気力がなく，諦めとともに死を待っていると言っていた。希望が再燃したのは，ブダペスト出身の裕福な醸造家でフロイトの元患者だったアントン・フォン・フロイント Anton von Freund が，精神分析の書物を専門とする出版社を設立するために多額の寄付をしたときだった。それは「国際精神分析出版社」という名で日の目を見，続く年月に5つの学術誌と，11巻のフロイト全集を含む150冊以上の本を発行した。1918年9月，フロイトとフェレンツィはブダペストで国際学会を組織した。それはオーストリア-ハンガリー体制当局の，特に戦争神経症への精神分析的な仕事に対する関心を集めた。

困難な戦後期における再会

　1918年の休戦後の生活は，ウィーン市民にとって戦争中とほとんど変わらないほど苦しいままだった。1919年のヴェルサイユ条約に続いて，旧オーストリア-ハンガリー帝国に属していた領土は

解体され，ボルシェビキ革命は，東ヨーロッパの政治地図を一変させた。ウィーンとブダペストの間の国境は閉鎖されたので，フェレンツィとの連絡は途絶えた。高騰するインフレは，オーストリア・クラウン通貨の価値を消滅させた。そこでフロイトは，彼に支払いを外国通貨でできる患者のみ受け入れた。それは主にアメリカ人とイギリス人だった。1919 年 9 月，彼は戦争による 5 年の隔たりののちに，再びジョーンズの訪問を受けた。1919 年にはまた，フロイトの息子マルティンが結婚した。フロイトは娘ゾフィー・ハルベルシュタット - フロイト Sophie Halberstadt-Freud が息子——のちの「糸巻き車の子供」——を産んだ時に，ハンブルグにいる彼女を訪れた。しかしゾフィーは 1920 年に，戦後蔓延していたインフルエンザの流行によって命を奪われた。彼女の死でフロイトは，深い悲嘆に沈んだ。1920 年 9 月ハーグで，第 6 回国際学会が開催された。57 名の会員が参加し，ジョーンズは国際精神分析協会の会長に選出された。

テクストを紐解く

■ 標準版第 17 巻 217–252 頁（岩波版フロイト全集第 17 巻 1–52 頁）所収。

● 特有の不安の探求

　フロイトは，unheimlich という表現の背景に隠れた感情が，長らく不思議だったと打ち明けている。一見したところ，この語は，恐ろしいもの・強い不安・激しい恐怖に関連しているように見える。しかしながら彼にとって，unheimlich は不安の感情に送り返すばかりでなく，おそらく無意識の中に隠れた，特有の「核」を含んでいるはずである。フロイトはこの「核」を二方向，まずは語源に，ついでこの種の印象を引き起こす状況に求める。彼は始めに，その用語がドイツ語では普通に使われているが，他の言語には正確な同義語がない，と主張する。私はここで余談ながら，フランス語への翻訳者にとっての困難について述べておく。M. ボナパルトは，書名 Das Unheimliche〔『不気味なもの』〕を L'inquiétante étrangeté〔『不安を抱かせる奇妙さ』〕と訳した。この語は B. フェロンによる現行の翻訳においても用いられている。それに対して，フランス語版『フロイト全集』の翻訳者たちは，L'inquiétant〔『不安を抱かせるもの』〕を選んでいる。
　フロイトは，ドイツ語では語源学的研究が私たちに，unheimlich は heimlich の反意語であること，heimlich は，なじみのあるもの・親密なもの・知られているもので，家庭を想起させることを教える，と続ける。しかし，heimlich という用語には，秘密の・隠れた・陰険な，さらには，危険なという意味もあり，従ってその語義は，その反対の unheimlich と合流するようになる。事実，秘密にされているはずだが浮かび出て明らかになるものもまた unheimlich と呼ばれている。だから日常語では，heimlich はその反対の unheimlich へと，気づかれずに転ずる。「そういうわけで heimlich は，両価性に向けて意味を発展させてきた単語であり，最終的には，その反意語である unheimlich と重なり合うまでになる。unheimlich であるとは，どのようにしてか，ある種 heimlich であることなのだ」（1919h: 226，岩波 17: 16）。

● 不気味なものの感情から去勢不安へ

　それからフロイトは，どのような人物・状況・事象が私たちに「不気味なもの〔不安を抱かせる奇妙さ〕」の印象を喚起させるのかを自問する。彼によれば，典型的な例は，掛かり合う相手が生きているのか死んでいるのか分からないときに生まれる。そして多くの幻想小説は，この心を乱す感情を基礎としている。例えば，E. T. A. ホフマン Hoffman の『砂男』は，この観点のとりわけ優れた例証である。なぜならその

話では，主人公のナタニエルは蠟人形のオリンピアに恋をするものの，彼女が生きているのか生命の無い人形なのか知らない，ということが見られるからである。この主題は，オッフェンバッハ Offenbach のオペラ『ホフマン物語』でも取り上げられている。さらには，ナタニエルはコッペリウスに関して，不安をかき立てる同じ疑わしさを経験する。彼は，コッペリウスもまた恐ろしい砂男かどうか分からず，コッペリウスが再び現れるのを目にしたとき，狂気に囚われてしまう。そこで不安に襲われた彼は，或る塔の上から身を投げて死ぬ。しかしながらフロイトによれば，この幻想小説において不気味なものの最も強い印象は，砂男に関連している。と言うのは，砂男は，子供たちの目玉を刳り抜くと脅すからである。視力を失う恐れは，単に知的な感想ではない。精神分析の観点からは，それはむしろ去勢不安に結びついた，恐ろしい幼児的不安の想起に関わる。言い換えれば，砂男はナタニエルにとって恐れられる父親を表しており，子供は彼による去勢を恐れている。この主題は，主人公が自分の目を裂くことで自らを罰する，エディプスの神話に通じている。

● 自己愛的二重化から自我の二重化へ，超自我の前駆物

unheimlich の感情に含まれる逆説は，同じくホフマンによっても才気豊かに活用されている。彼は物語の中で，二重化という着想を，実にさまざまな様相において利用している。例えば，フロイトの指摘では，ナタニエルにおいて父のイマーゴは，対立するものへの，一連の「二重化」と「分裂」を被る。特に，子供に去勢の脅しをする恐ろしい父親と，子供を保護する「良い」父親という対立である（同 232 注 1，岩波 17: 24–25 注 5）。これらの二重化と分裂は，精神分析において観察されるように，多くの心的状態の中で繰り返される，とフロイトは続ける。自我の一部が死を免れるのを確かにすることを目的の一つとする「自己愛的二重」という形象は，その一例である。分身のモチーフはきわめて多様な形で，特に，心的過程が或る人から他の人へと直接伝達されるテレパシーに近縁の現象に見出される。それらは，フロイトにとって「異なる人物と同一化した結果，自らの自我に混乱をきたしたり，あるいは自分の自我を他人の自我で置き換えてしまうこと，つまり自我の二重化，自我の分割，自我の交換であったり，最後に，等しきものの絶えざる回帰，同じ容貌・性格・運命・犯罪行為，いや同じ名前まで何世代にもわたって連続して反復されるという事態であったりする」（同 234，岩波 17: 27）ことを意味している。

最後にフロイトは，もう一つの形の分身化を記述する。それは，彼が「心的検閲」あるいは「良心」と名づける，「自我の残余の部分と対峙することができる」特有の審級の分離から生じており，「人間には自己観察能力がある」（同 235，岩波 17: 28）ということである。1923 年にフロイトはこの着想を「超自我」という名で指し示すとき，これに特有の地位を与えるようになる。

● 「同じものの反復」から「反復強迫」へ

他方，不気味なものの感情を生み出す分身のモチーフは，「同じものの反復」に結びついた現象，すなわち，変わっているけれどもなじみのあることが明らかにされる，気がかりな状況にも見出される。これは例えば，霧の中で，出発点から遠ざかったと考えているのに同じ場所にいることが分かるときに，そして気づかずに堂々めぐりしていたことを不安とともに発見するときに，経験する不安である。しかし，さらに不安を抱かせる反復の一形式がある。それは，フロイトが「反復への強迫」と呼ぶものから生じる。「つまり心の無意識の中には，欲動の動き〔Regung〕から発生する反復強迫の支配を認めることができるのである。この強迫はおそらく，欲動の最も内的な本性そのものに依存しており，快原理を超え出るほどにも強く，心の生活の特定の側面に魔的な性格を帯びさせるものであって，小さな子供が様々に追及することのうちにはいまだにとてもはっきり表明されており，部分的には神経症患者の精神分析の経過を支配している」（同 238，岩波 17: 32）。ここでは彼は，当時手がけつつあった重要な論題について言及するのみであり，それは『快原理の彼岸』（1920g）の主題となる。

締め括りにフロイトは，なじみ深さとなじみのなさという逆説的な感情を引き起こしうる，精神病理学

的な状況のいくつかを取り上げる。これらの中で彼は，現実と空想の間，狂気と精神的健康の間などを区別する能力の喪失を挙げている。それらの現象はどれも似た仕方で，物質的現実の力に対する心的現実の力を誇張する思考の魔術的万能性への信念に関係する。フロイトは最後に，unheimlich という感情は抑圧されたものの典型的な特徴の一つとなる，と結論する。というのは，私たち自身にとって異質に思われる抑圧されたものは，かつてなじみ深かった幼児的コンプレックスへと連れ戻されるようになり，そのコンプレックスが復活されるからである。しかも，文学的創造が読者に不気味なものの魅惑的な効果を生むために，作家の想像力の許すあらゆる手段を活用するときに拠りどころとするのは，各人に固有の抑圧されたものである。

フロイト以後

エディプス・コンプレックスにおける親イマーゴの二重化

『不気味なもの』においてフロイトの取り組んだ文学的・精神分析的主題の豊富さと多様性が，フロイト以後の精神分析者たちに多くの発展の霊感を与えたのは驚くべきことではない。

それらの中で私は，エディプス・コンプレックスの誤解される側面を作る，親イマーゴの二重化について指摘したい。実際，エディプス・コンプレックスがソフォクレス Sophocles の『エディプス王』に準拠して語られるとき，一般にただ一組の親たち，つまりテーバイの王ライオスと王妃イオカステが思い浮かべられる。しかし忘れられがちなのは，D. キノドス（Quinodoz 1999, 2002）が指摘したように，エディプスは彼らによって捨てられたあと，もう一組のコリントス王ポリュボスと王妃メロペーによって引き取られ，養子にされたことである。したがって，エディプスの神話において主人公は，2 組の親カップル，つまり生物学的両親と養育した両親を与えられており，そのようにして親イマーゴは「捨てる親」と「養子にする親」へと二重化されている。

だから，D. キノドスが提案するように，エディプスの神話を患者が作り出した夢と同じ仕方で分析すれば，この二重化はエディプスが自分のコンプレックスに「失敗する」ことをもたらしていたことが分かる。エディプスは養父ポリュボスの自然死を知って，自分が「汝は汝の父を殺し，汝の母と結婚するであろう」という神託を免れたと信じる。しかし，彼がポリュボスとメロペーは育ての親に過ぎず，ライオスとイオカステこそ本当の親であると知るのは，まさにその時である。「エディプスが無意識的欲望を現実化するに至ったのは，まさに彼の親カップルが二重化されていて，彼の行為への移行を妨げるものは何もなかったからである。つまり，彼がライオスを殺してイオカステと結婚することができたのは，彼らがエディプスの愛する父母でなかったからである。彼は親イマーゴを別個の 2 組の両親へと二重化することによって，三角関係の複雑さを逃れていたが，自分のコンプレックスの諸条件を定めることを避けることで，彼はそこで挫折してそれを反芻処理しなかった」（D. Quinodoz 2002, p.78 [2003: 72]）。D. キノドスは，去勢不安・両価性・孤独感といったさまざまな不安を避けるために，親イマーゴを無意識に二重化している患者たちがいるが，これはエディプス葛藤の解消を阻害すると指摘している。

伝記と歴史

アーネスト・ジョーンズ（1879-1958）

フロイトの人生の特権的な証人として，それを伝記に著したジョーンズ Ernest Jones は，精神分析の発展において，特に英語圏で大きな役割を果たした。彼は長らく国際精神分析協会の会長を務め，イギリス精神分析協会と『国際精神分析誌』を創設した。メラニー・クラインがイギリスに身を落ち着けるのを手助けし，後に〈大論争〉の間，クラインとアナ・フロイトの仲介役を演じたのも彼である。

ジョーンズは 1879 年にウェールズで生まれ，ロンドンで医学を学んだ。彼は 1906 年にフロイトの著作を知り，神経学の知識を深めるために，そして『夢解釈』を読む目的でドイツ語を学ぶために，ミュンヘンへと赴いた。1908 年に彼はウィーンでフロイトに会い，1939 年のその死まで定期的に

文通した。1908年のザルツブルク大会でジョーンズは,「合理化」というもはや古典的な精神分析概念を発表した。それは患者が,自分の態度や意見について論理的で首尾一貫した説明を提示するが,その真の動機には気づいていない,という防衛機制である。1909年,或る女性患者の兄弟による苦情の申し立ての結果,彼はイギリスで裁判沙汰となった。無罪にもかかわらず,彼の医者としての経歴は中断された。彼は内縁の妻ロー・カン Loe Kann とともにロンドンを去ってトロントに行き,5年間滞在した。カナダで彼はアメリカ人の分析者と接触し,アメリカ精神分析協会（APA）を設立した。1913年,彼はヨーロッパに戻る際に,まずブダペストに赴き,そこで彼はフェレンツィに短期間分析を受け,それからイギリスに帰った。フロイトは同時期に,ローを分析し始めていたが,彼女はまもなくジョーンズの元を去り,1914年にブダペストで別の男性と結婚した。フロイトは彼女の結婚式に出席した。1914年6月,当時18歳のアナ・フロイトは,ロンドンに行ったが,そこでジョーンズに言い寄られた。それを聞いたフロイトは,娘に止めさせる手紙を書き,ジョーンズは彼女にとって良い夫にならないだろうと付け加えた。アナは従った。1916年,ジョーンズは若い芸術家と結婚したが,その女性は2年後に亡くなった。

　1914年から1918年の第一次世界大戦の間,ジョーンズはロンドンで精神分析を実践し,数多くの講演によってフロイトの考えを,非常に躊躇していた医師たちにも,一般聴衆にも広めることに寄与した。彼はドイツ語の雑誌に論文を発表し続けたので,『タイムズ』誌に,ドイツとオーストリア‐ハンガリー帝国に協力していると非難された。だが裁判所の取り調べによって潔白が証明されてから,彼はドイツ語の学術定期刊行物を受け取ることを許可された。それで彼は,フロイトと接触を特に保つことができた。1919年,ジョーンズはカテリーネ・ヨルク Katherine Jolk と結婚した。彼女はウィーン出身で,4人子供を生んだ。同じ年,彼はイギリス精神分析協会を設立し,1920年にはホガース出版 Hogarth Press と共同で国際精神分析出版社を作った。同じく1920年彼は,国際精神分析協会（IPA）の会長に初めて指名され,その後4年間その地位にいた。彼は『国際精神分析誌』を発行し,1939年まで編集長だった。彼は,『標準版フロイト全集』の推進者でもあった。

　ジョーンズはまた,メラニー・クラインが1926年にイギリスに身を落ち着けるのを助けた際に,歴史的な役割を果たした。彼は,フロイトとアナ・フロイトによる批判に対して,クラインの見解を擁護したが,フロイトの友人にして協力者にとどまり続けた（R. Steiner 2002）。1932年,ジョーンズは再びIPAの会長に選ばれ,1949年までその地位にいた。1930年代の終わりごろ,彼はベルリン・ウィーン・ブダペストで生活していた多数のユダヤ人精神分析者がイギリスや北米に移住するのを手助けした。そしてフロイトと彼の家族がナチから逃げるためにウィーンを去るとき,ジョーンズはマリー・ボナパルト王妃と協力して,彼らの出発そしてロンドンへの移住を準備した。第二次世界大戦の間,イギリス精神分析協会の中心で生じた大論争でジョーンズは,アナ・フロイトとメラニー・クラインの間を仲介する行動をとった。

　1946年,ジョーンズは人生の残りの10年間をフロイトの伝記『フロイトの生涯と仕事』（Jones 1953–1957）と,『自由連想』（Jones 1959）と題された自伝を書くことに身を捧げるために引退した。職業生活を通じて,ジョーンズは数多くの,精神分析の理論的・臨床的論文を発表した。それは主に,「象徴使用の理論」（1916）に関わるものと,女性の性欲,特に「女性の性欲の早期発達」（1927）および「早期の女性の性欲」（1935）である。ジョーンズのおかげで,1922年のベルリン大会の時に,女性の性欲に関する討論会が開かれた。その討論はのちに,英国学派の支持者とウィーン学派の支持者を分裂させた。「アファニシス」という,両性における性的欲望の消失を記述する精神分析概念を導入したのも彼である。彼によれば,それは去勢不安よりも根源的な恐怖である（Jones 1927）。彼は1958年にロンドンで亡くなった。

年代順に見るフロイトの概念

反復強迫　分身化　反復　同じものの反復　分裂　分身　自己愛的分身（ナルシス）　不気味なもの（の感情）

「子供がぶたれる——性的倒錯の発生をめぐる知見への寄与」
（1919e）
「女性同性愛の一事例の心的成因について」
（1920a）

倒錯とサドマゾヒズムに関する最初の2つの研究

　フロイトはこれら2つの研究によって，神経症と全く同じく倒錯においても，エディプス・コンプレックスが決定的な役割を果たしていることを実証できるようになる。彼は，倒錯の起源が神経症と同じく，幼児神経症にあることも示す。最後にフロイトは，心的な両性性つまり男性的・女性的心的成分の存在が果たす大きな役割を明らかにする。それは病理例にも正常な個人にも見られるものである。
　「子供がぶたれる」でフロイトは，殴打空想の中では，苦痛の中に見出される性的な快——それはマゾヒズムを特徴づけるものである——が，近親姦的対象の性愛化と密接に結びついていると指摘する。フロイトにとって，女児における打たれるという空想は，父親への無意識的な近親姦的欲望の代替となる。他方，殴打空想に関してフロイトは，男性の場合，父親への受身的な性愛関係の代替として現れる「女性的構え」を記述している。それは男性的マゾヒズムの特徴的表現である。
　「女性同性愛の一事例の心的成因について」の中でフロイトは，或る女性を愛した18歳の少女の早めに切り上げられた治療を記述している。これはフロイトが公刊した最後の臨床症例であり，彼は機密保持の理由から症例をもはや公刊しなくなる。この症例は彼にとって，精神分析者たちがほとんど研究してこなかった女性の同性愛に取り掛かる機会である。研究が乏しかった理由はおそらく，それが男性の同性愛と同じくよくあることでも，「人目を引く度合がはるかに低い」（1920a: 147，岩波17: 237）ためであると彼は書いている。その治療は短期間だった。それは，患者がフロイトによる構築を自分個人に関わるものとして感じずに聞いたためである。フロイトは，彼女の抵抗が——フロイトの転移の中で父親に復讐する欲望を再生産しつつ——彼に向けた敵対的な転移に由来していると気づいたとき，治療を終了させ，女性の精神分析者と分析を続けるよう患者に助言した。この患者の同性愛の生成の中で，フロイトは陽性のエディプス・コンプレックス，すなわち父親をめぐる彼女の葛藤をとりわけ強調し，母親への少女の前エディプス期の愛情が果たす決定的な役割にはほとんど言及していない。彼がそれに気づくようになるのは，1930年代以降である。
　私は本章の最後で，フロイトが女性性についての概念形成で辿った諸段階を吟味したい。

伝記と歴史

アナ・フロイトの父親との分析

アナ・フロイトと殴打空想

　フロイトは口を閉ざしていたにもかかわらず，伝記作者たちには，娘のアナが「子供がぶたれる」でフロイトが論じている症例の一つに入ることにほとんど疑いがない（E. Young-Bruehl 1988）。事実，アナ・フロイトは殴打空想に苦しんだ。それは彼女に 1918 年から 1922 年の間，父親との最初の分析を受けさせることになった症状の一つだった。当時こうした行ないは，その有害な帰結がまだ分かっていなかったので，よくあることだった。1922 年にこの分析が終わったとき，アナは臨床報告を書き，15 歳の少女の殴打空想を述べた。彼女はその報告を，ウィーン精神分析協会の会員になるために発表した。後に彼女はこれを，「殴打空想の白昼夢との関係」（1923）という題で出版した。だがだからと言って，アナは殴打空想を終わりにしてはいなかった。事実 1924 年，こうした空想の再燃によって彼女は，2 度目の分析を，再び父親と行なうように導かれた。以下は，彼女が 1924 年 5 月 5 日にルー・アンドレアス-ザロメに宛てて書いたものである。「継続の理由は［……］白昼夢が時折不適切に侵入し，それには——時に精神的にも身体的にも——増していく耐え難さが，殴打空想とその結果（つまり自慰）が伴っていたからです。私はそれをしないで済ませられませんでした」（E. Young-Bruehl による引用 1988: 122）。

フロイトの女性性概念への反響

　フロイトが自分の娘を分析したという事実は，女性の性愛についての彼の考え方に，疑いなく大きな影響を与えた。したがって，アナの最初の分析がフロイトによる「子供がぶたれる」の刊行と密接に結びついていたように，彼女の父親との 2 回目の分析は，おそらく彼に「解剖学的な性差の若干の心的帰結」（Freud 1925j）の内容を着想させた。但し，2 回目の分析についてそうした主張を可能にする文書は残っていない（E. Young-Bruehl 1988: 125）。1925 年の論文でフロイトは，ペニス羨望に少女の発達の中心を置いて，正常な発達では父親を諦めることが，子供への欲望に通じると述べた。子供は，奪われたと感じているペニスの代替物を表す。逆にペニス羨望が強すぎると，放棄の道に挫折して，「それは父親との同一化に席を譲ってしまうことがある。その結果，女の子は男性性コンプレックスへと立ち戻り，場合によってはそれに固着する」（1925j: 256, 岩波 19: 212）。父親との同一化へのこの後退は，フロイトが「子供がぶたれる」で到達した結論だけでなく，アナの「殴打空想と白昼夢との関係」の結論ともつながる。だが父親とのこの同一化は，アナ・フロイト自身の人生を特徴づけるものでもある。彼女にあったのは，強い男性的同一化・禁欲主義・女性としての積極的な性生活の放棄・男性との対人関係の困難・ドロシー・バーリンガムとの長期の友情だった。

ルー・アンドレアス-ザロメ（1861–1937）

　フロイトとその家族と親しかったルー・アンドレアス-ザロメ Lou Andreas-Salomé は，アナ・フロイトが父親の分析を受けていた頃の親密な立会人だった。実際，フロイトはルーへの手紙の中で，娘の分析中に遭遇したさまざまな困難を打ち明けていたし，ルーの方は，2 人が殴打空想と白昼夢に関する資格論文を準備していたときに，アナの打ち明け話を聞いていた。

　精神分析に専心するようになる前，ルー・アンドレアス-ザロメは，波乱に富んだ愛情生活を送っていた。彼女は 1861 年にサンクトペテルブルクで，ドイツ人とフランス人の血統の家庭に生まれ，父親は帝政ロシア皇帝の将軍だった。ルーは非常に若い頃この家庭環境から解放され，19 歳の時，哲学と美術史を学ぶためにチューリヒに向かった。21 歳の時，彼女はローマで 2 人の哲学者パウル・レー Paul Rée とフリードリヒ・ニーチェ Friedrich Nietzsche とローマで出会い，情熱的な三角関係を形成した。その後彼女は，何人もと愛人関係になったが，その一人は若い詩人ライナー・マリア・リルケ Rainer Maria Rilke だった。フロイトが彼女について 1939 年に記しているように，彼女は彼

の生涯，「大詩人にとって［……］ミューズであると同時に世話焼きの母親の役も受け持っていた」（Freud 1937a: 297, 岩波 21: 339）。1887 年にルーは，ドイツ人東洋学者でゲッティンゲン大学教授のフリードリッヒ - カール・アンドレアス Friedrich-Carl Andreas と結婚した。

　ルー・アンドレアス - ザロメは，1911 年のワイマール会議でフロイトと出会っていた。彼女はすぐに精神分析に夢中になって勤勉に実践し，精神分析に従事する最初の女性たちの一人となった。翌 1912 年，彼女はウィーンに定住し，フロイト家に出入りを許されて，以後アナの非常に親しい友人となった。1912 年以降，彼女はフロイトと定期的に手紙を交わした。そこで彼は，彼女の分析症例のスーパーヴィジョンも行なった。ルーは水曜の集会に定期的に参加し，フロイトは間もなく彼女をウィーン精神分析協会の会員として認めた。後にフロイトは，精神分析の大義に対する忠誠の証拠として，「秘密委員会」のメンバーのみのものである指輪を彼女に与えた。精神分析に身を投じた時からルー・アンドレアス - ザロメは，それまでしていた小説家と随筆作家の仕事を徐々にやめて，精神分析的な著作を最優先にした。彼女は身体と精神との関係に関心を持ち，男性と女性との間の相補性を強調して，精神分析的な思考に女性の視点を導入した。1930 年代のナチズムの台頭にもかかわらず，彼女はドイツから離れず，1937 年にゲッティンゲンで死去した。

テクストを紐解く

●「子供がぶたれる——性的倒錯の発生をめぐる知見への寄与」（1919e）

標準版第 17 巻 175–204 頁（岩波版フロイト全集第 16 巻 121–150）所収。

● 強迫的な自慰を伴う強迫的空想

　ここでフロイトは，女性 4 名・男性 2 名からなる自分の患者 6 名に見られた強迫的な性愛空想の分析を試みている。その空想の絶頂には，抑えられない強迫的な自慰的な充足と，成人年齢の性愛生活の障害が伴っている。フロイトは，こうした空想は公言し難く，それに伴う患者の恥の感情や罪の意識のために，精神分析治療に対して強い抵抗を生じると記している。「子供がぶたれる」という空想は子供時代の早期，通常は就学前に現れ，例えば学校で実際にぶたれる場面を子供が目のあたりにするか，後にそうした場面を描写している本を読むことに楽しみを見出す際に強まる。その空想に苦しむ大人たちは，子供のときにぶたれたことは，なかったかごくまれにである。それに加えて，彼らは，誰がぶたれている子供で，誰によってなのか，などの内容を詳しく述べられないことが，非常に多い。

● 幼児期の固着と大人の倒錯

　殴打空想は，特に自体性愛的充足が伴うとき，「幼児期の倒錯」（1919e: 181, 岩波 16: 137）として構造化される発達段階早期への固着となる。それは，その後の子供の精神 - 性的発達を部分的に阻害する。前性器期の一時期へのこの固着は必ずしも持続せず，正常な発達を含むさまざまな方向に発達する可能性がある。しかしながら，それは抑圧され反動形成として再び現れるかもしれない——フロイトによって研究された数名の患者は，強迫神経症を呈している——し，昇華によって変形されるかもしれない。彼はまた，「子供がぶたれる」空想は精神療法的接近が特に難しいと指摘し，心的構造が自己防衛のために，この空想を意識から遠ざけているさまを描いている。「この空想はたいていの場合，神経症のほかの内容から離

れたまま存在しており，神経症の構造のうちにしかるべき位置を占めるものではないと，認めざるをえないからだ。とはいえ，私の経験からすると，こうした印象は等閑視されやすい」（同 183，岩波 16: 126）。後の 1927 年に彼はこの現象を「自我の分裂」に帰着させ，それを倒錯構造の主たる特徴として記述する。

技法上の水準では，フロイトは分析者が幼児期健忘の解除を得るまでに，この種の空想の現れる 2 歳から 4, 5 歳の間の時期の想起を患者が再発見するために，十分な時間をかける必要性を強調している。この機会に彼は，治療が非常に短いことのないよう精神分析者たちに対して警告する。「ひとは誰しも，より短い時間のうちに，より少ない手間で，めざましい成果をあげたがる」（同 183，岩波 16: 126）。彼は最早期の経験の重要性を強調するが，後の経験の影響も過小評価していない。「子供時代の分析をなおざりにする者は，結果としてきわめて重大な誤りを犯すこと必定である」（同 183，岩波 16: 126）。

続いてフロイトは，幼児の発達過程における殴打空想を詳細に検討し，それが多くの変形を被る空想表象であることを指摘する。彼は，4 名の女性患者の空想を研究することから始め，次に 2 名の男性患者について簡潔に考察する。フロイトは，本論文で彼が提示する解釈は，網羅から程遠く，自分が治療した症例にしか関係しないと強調していることを指摘しておこう。

● 女児の殴打空想

女児のその空想の第 1 局面では，内容は「お父さんが子供をぶつ」である。それは意識的な白昼夢の形で提示され，子供時代に現れる。登場人物たちは明確にされていない。空想を作り出した者はぶたれている子供ではなく，通常は兄弟か姉妹であり，その場面に性的な性格はない。そこからフロイトは，「お父さんが子供をぶつ」は情緒の観点から，「お父さんがわたしにとって嫌な子供をぶつ」（同 185，岩波 16: 128）を意味していると推論する。分析を更に進めるとこうなる。「お父さんはあの子を愛してはいない，お父さんが愛しているのはわたしだけ」（同 187，岩波 16: 130）。

第 2 局面では，内容は「わたしはお父さんにぶたれる」である。これは患者にとっての無意識的空想であり，分析の中での再構築の結果として生じる。この変形以後，空想の作者はぶたれている子供となるが，ぶっている人物は父親のままである。フロイトにとって「わたしはお父さんにぶたれる」は，女児の父親をめぐる近親姦的なエディプス欲望の抑圧の結果である（エディプス・コンプレックスの表または陽性の形）。言い換えれば，殴打に伴う快感は，マゾヒズム的な性格の空想に相当する。それは，苦しみの中に隠れた，二重の意味がある快を有している。第 1 に，苦しみに隠された快は，父親への罪ある欲望のために，女児が懲罰を受けることを確実にする──「罪の意識」（同 188，岩波 16: 132）である。第 2 に，それは精神 - 性的発達の前性器期の肛門サディズム期に戻ることを通じて，父親との近親姦的な性愛関係の退行的代替となる。「このとき，まさにぶたれるという点において，罪の意識と性愛とが遭遇する。それは，禁止されている性器的関係にたいする懲罰というだけでなく，その関係の退行的代替でもあるのだ」（同 189，岩波 16: 133–134）。

最後に，第 3 の局面では内容は「父親の代替（教師）が子供（概して男児）をぶつ」である。この空想は強い性的興奮を伴い，強迫的な自慰的充足に至る。ここで空想を生んでいる女児は最早ぶたれておらず，サディズム的場面の目撃者（窃視症）となっている。そしてぶつ人物は最早父親ではない。その空想の中で女児は，男児に同一化する傾向があり，女性的傾向を犠牲にして男性的な傾向を強めている。「いったい女児たちは，性器的なものとしてとらえられた父親への愛情から離れると，女性としての役割を簡単に放棄する。そして自分の『男性性コンプレックス』[van Ophuijsen 1917] を活性化させ，いまや男児になろうとするのである」（同 191，岩波 16: 136）。

● 男児の殴打空想

フロイトは，2 名の男性患者の臨床素材には，女児の空想に観察された 3 局面が見出されないことに驚いた。まず，女児の第 1 局面で現れる「子供がぶたれる」という意識的な空想に相当するものが，男児に

はないことを彼は認める。続いて第2局面では、彼は分析によって、男児の無意識的空想が「ぼくはお父さんにぶたれる」であって、予想されたような「ぼくはお母さんにぶたれる」ではないことを明らかにする。言い換えれば、この局面では、男児は女児と同じ無意識的空想を持つ。最後に、自慰的な興奮かマゾヒズム的な性関係を伴うものである第3の意識的局面では、男児の空想は「ぼくはお母さん（またはその代替となる人物）にぶたれる」となる。フロイトによれば、このマゾヒズム的空想は、男児の近親姦的空想の反転によって表されており、近親姦的空想はマゾヒズム的空想に変わる。つまり男児は能動的な構えを放棄して、ぶつ人物に受動的な構えをとる。フロイトはこの構えを、「男児の女性的構え」と呼ぶ。

　フロイトは自分が観察した男児と女児との違いを、次のように説明しようとする。どちらの性の殴打空想もエディプス・コンプレックスが開始点でも、女児では空想はコンプレックスの「表」（または「陽性」）エディプス・コンプレックスに由来する。なぜなら、「私はお父さんにぶたれる」という空想は、父親との（異性愛的な）近親姦関係の代替物だからである。他方、男児では「ぼくはお父さんにぶたれる」という空想は、「裏」（または「陰性」）エディプス・コンプレックスに由来する。それは父親との（同性愛的な）近親姦関係の代替物であり、そこで男児は（前性器期の）母親の立場をとり、母親に同一化している。フロイトは、男児においては空想のどちらの局面も受動的な性質であることを強調する。そしてぶつ人物の性別の変化——無意識的空想では父親だが意識的空想では母親である——にかかわらず、空想は「父親にたいする女性的構えから発したものなのである」（同198、岩波16: 144）。要するに、これは両性に共通するマゾヒズム的空想である。「女児の場合、無意識的なマゾヒズム的空想は、正常なエディプス的構えから生じる。それに対し男児の場合は、父親を愛の対象とするという、顛倒された構えから生じる」（同198-199、岩波16: 145）。

● エディプス・コンプレックス，倒錯，マゾヒズム

　この研究によってフロイトは、倒錯とマゾヒズムの心的生起について自分の理解を進め、成人期の倒錯が幼児性欲に根ざしていて「子供の近親姦的な対象愛、すなわちエディプス・コンプレックスに関係づけられる」（同192、岩波16: 137）ことを「初めて」示すことができる、と言う。言い換えれば、エディプス・コンプレックスは神経症の起源にのみでなく、倒錯の起源にも見出される。マゾヒズムの生起についてフロイトは、マゾヒズムがサディズムの自己への向け換えに由来するとした、『性理論三篇』（1905d）で提起していた主題を再び取り上げる。しかし「子供がぶたれる」で彼は、この変形が抑圧に寄与する罪の意識の影響のために生じており、性器的編成を「以前の肛門サディズム段階へと退行させる」（同194、岩波16: 139）ことを付け加える。この罪の意識はどこから来るのだろうか？　彼はそれを、「批判的な良心として自我のそれ以外の部分と対立する審級」（同194、岩波16: 140）に帰着させ、後に超自我と呼ぶこととなる審級の機能を記述する。最後にフロイトは、空想の第2局面が遥かに重要で、「私はお父さんにぶたれる」という無意識的空想であることを示す。事実これは、関係する者が男児でも女児でも、父親を表す系列の人物たちへの犠牲者という態度を引き起こす。「彼らはその結果、父親にぶたれるという空想状況を現出させてしまい、自分で苦しみもすれば傷つきもする」（同195、岩波16: 140-141）。最後に、殴打空想のさまざまな側面の詳細な分析は、心的両性性つまり両方の性のどちらにもある男性的成分と女性的成分が果たす役割を強調している。

フロイト以後

女児の母親への罪の意識

　フロイト以後の精神分析者の中には、「子供がぶたれる」という患者の空想を聞いたことがないと主張する者もいるが、フロイトが記述したような空想に出会ったと言う者もいる。ルース・ラックス Ruth Lax (1992) はその一人で、彼女は分析した4名の女性患者の殴打空想を研究した。その患者たちの「わたしはお父さん

にぶたれる」という無意識的空想は，フロイトの記述した第2局面に相当する。しかしフロイトと違ってラックスは，彼女の患者では母親への罪の意識が，父親への罪の意識よりもずっと重要な役割を果たしていることを認める。母親は，娘の父親への近親姦的欲望を禁じ，娘から女性性器を奪い取ると脅す，きわめて厳しい裁判官として感じられる。その脅しは，男児における父性的超自我に由来する去勢不安と等価である。非常に生き生きとしたこの論文は，これらの患者の異性愛的傾向が次第に強くなり，分析の中でマゾヒズム的自慰空想の激しさが減少するような，母性的超自我の進展を示している。しかしながら，R. ラックスによって提示された4症例は，ほどほどの倒錯的・マゾヒズム的側面を伴う神経症構造として提示されており，高度に組織化された倒錯的構造としてではないように私には思われる。そのような例は，次に見よう。

精神病的破綻の防衛としての，鏡の倒錯的空想

　ルース・リーゼンバーグ・マルコム Ruth Riesenberg Malcom（1988）は，注目すべき臨床論文の中で，重篤なマゾヒズム的倒錯を呈した女性患者の分析における決定的な転機を記している。その患者の性生活は20歳以来，倒錯的なサドマゾ空想や強迫的な自慰，そして男性パートナーを絶えず変えることによって支配されていた。彼女は長い分析を始めるまで，精神病的な代償不全のために何度か入院しなければならなかった。何年もの間，その患者は決して分析者に，自分の倒錯的な空想についても自慰活動についても語らなかった。そうした要素を，逆転移の仲介によって発見したのは分析者である。事実，分析者は患者が日常生活の場面を，分析者を魅了し好奇心を掻き立てるような仕方で語ることが多く，自分自身がそうした場面へ参加したいという欲望を感じるほどであることに気づいていた。

　R. リーゼンバーグ・マルコムは，自分の中で溢れる強い好奇心を徐々に意識するようになり，それを分析者の好奇心を刺激したいという患者の欲望の結果として解釈した。その解釈は患者に，分析者への自分の好奇心——特に週末の分離の間に強まる——を考えさせた。そして彼女が恥じながら，自分が分析者によって表わされる両親カップルから排除されていると感じながら長時間自慰をして過ごしていることを告白したのは，その時だった。そして彼女は初めて，鏡の空想について分析者に語った。この空想の中で患者は鏡を見る。その中では，暴力的でサディズム的・屈辱的な性的場面が展開されていた。その登場人物たちは近親姦的な同性愛と異性愛のカップルであり，その性交は何時間も続いた。患者は，自分がこの残忍な性的場面の中のどちらか一方の相手に次々になるのを想像した。同時に，その患者はこの鏡の空想が続いている間，見物者たちがその場面を見ながら，性的興奮に屈すれば鏡の中に落ちてしまうことになるだろうから，興奮と苦闘していると想像した。

　分析者が好奇心について行なった解釈によって，状況は流動的になり，変形が可能になった。その結果，転移内で無意識的に行動化されて行き詰まる危険がある代わりに，状況は言語化されて反芻処理（ワークスルー）されることができた。分析の経過中，鏡の空想はその後，二重の機能を持つものとして現れた。それは，患者が前進してエディプス状況を反芻処理するのを妨げると同時に，更に退行して，分析開始以前によくあったように，精神病的様式で代償不全に陥るのを防いでいる。ハナ・シーガル（1995a）はこの治療についての討論の中で，この症例では患者が倒錯的窃視症を正常な幼児的好奇心に変形するのを分析者が助けることができたことが非常に重要であり，その変化は，分析者が自らの逆転移的窃視を患者についての許容できる好奇心へと変えることができた時から可能となったと主張した。その結果患者は，分析者への同一化の過程を進められるようになり，心的な両性性，つまり女性の精神性愛のより統合された形への接近を保証する基礎をつくることができた。

●「女性同性愛の一事例の心的成因について」（1920a）

■　標準版第18巻 145–172頁（岩波版フロイト全集第17巻 237–272頁）所収。

● 治療の成功の一部は動機による

　その少女は，彼女が10歳年上で品行の疑わしい「婦人」と恋に落ちていることを心配した両親に連れられて来た。その婦人は既婚女性と同棲していて，数多くの男性と恋愛関係を持ったことがあった。少女

は両親の反対にもかかわらず，婦人の跡を追い続けたが，婦人は彼女の求愛に無関心なままだった。ある日，その少女と婦人が腕を組んで歩いていたとき，少女は父親と遭遇した。彼の怒りの眼差しと出会って，娘は路面電車に身を投げた。自殺騒ぎから立ち直ると，少女の婦人に対する恋愛感情は，さらに激しくなった。彼女の両親は万策尽きて，彼女をフロイトのもとに行かせた。その少女は治療の動機づけをほとんど持たず，自分の関心からよりむしろ，両親を喜ばせるために治療を受け入れたのが明らかだったので，フロイトは，精神分析が成功するために不可欠な状況について一般的に論じることから始めている。特に，彼は患者が，本当に精神分析者によって助けられたいという欲求を感じていること，そして自分の困難を克服したいと思うほど自分の状態について苦しんでいることが必要だと考える。同性愛の患者に関しては，フロイトによれば，精神分析者は，患者が男性でも女性でも，彼らの同性愛傾向の衝撃に対してバランスを取るために，前から十分に強い異性愛傾向を，拠りどころにしたくなるものである。

● 異性愛から同性愛へ

続いてフロイトは，少女のリビドー発達が辿った過程を，彼女の幼年期から再構築しようとする。だが彼女はそれについて何の想起も保持していなかった。しかしながら，彼女は 13・14 歳の時に，母親になって子供を持つ欲望を感じたことを思い出した。そこからフロイトは，彼女が正常な女性のエディプス・コンプレックスを通過したと推論する。すぐ後に，若い思春期の少女は中年の婦人に魅せられはじめた。そして分析の過程で，この同性愛傾向は，彼女の母親の新たな妊娠と 3 番目の弟の誕生を契機に到来しことがわかった。フロイトは次のように説明する。彼女は 16 歳のときに母親が妊娠して，子供を持ちたいという明確に意識的な欲望を経験した。これは，父親の子供を，可能ならば男の子を持ちたいという無意識の欲望に対応していた。「ところがそこで，例のことが起こった。彼女ではなく，無意識の内に憎悪の対象だった競争相手，つまり母親が子供を得たのである。憤慨し激怒して，彼女は父親に背を向けた，いや，総じて男性全体に背を向けた。この最初の非常な不首尾を経験して以降，彼女は，自らの女性性を拒絶し，自分のリビドーの別の収容先を追求したのだ」（1920a: 157，岩波 17: 252）。

フロイトが提起した考えられる展開のうちで，少女の無意識的な選択は，男性的同一化に支えられていた。「彼女は男性に変身し，父親の代わりに母親を彼女の愛の対象に選んだのだ」（同 158，岩波 17: 253）。それから彼女は，「婦人」によって表される母親の代替に，情熱的な優しい愛情を与えた。この態度は，父が彼女の婦人に対する情熱を拒絶していることに彼女が気づいたときに強化された。それ以来，婦人を熱愛して追い求めながら，「彼女は，何をすれば父親を傷つけることになり，どうすれば彼に復讐することができるかを知っていた。今より彼女は父親への反抗心から同性愛にとどまることになる」（同 159，岩波 17: 254）。最後にフロイトは，若い少女が男性的な型の女性に惹かれることは，彼女の両性的傾向の充足に貢献したと付け加えている。「最終的に選び出された対象は，そういうわけで，単に彼女の理想の女性像に合致するだけでなく，理想の男性像にも合致するものだった。それは，同性愛的な方向をとる欲望の充足と異性愛的なそれを一つにむすびつけるものだったのだ」（同 156，岩波 17: 250）。

● 男性同一化とメランコリー的同一化

分析を深めながらフロイトは，若い娘が男性のするように求愛していた婦人に関して，彼女が採った男性同一化と，愛の対象として売春婦を選択する，或る種の男性に固有の特定の型の対象選択（Freud 1910h）との間に，並行性を見出す。事実，フロイトはこの患者に，売春婦を「救い出したい」という傾向を見出している。それは，「愛する人をこのふさわしからぬ境遇から『救い出す』」（1920a: 161，岩波 17: 257）ことを欲する型の男性の傾向に似ている。

自殺企図の動機については，フロイトはまず，父親が彼女に最愛の人を失うことを強制するという考えに対する，若い娘の絶望の表れの中にそれを見る。しかし，より深い水準では，彼女の自殺企図は，懲罰の成就（自己懲罰）と欲望の成就の両方として現れている。フロイトは説明する。「後者であるとはつまり，

自殺の試みとは、その幻滅こそが彼女を同性愛に追いやった例の欲望の貫徹を意味するものだったのだ。すなわち、父親の子供がほしいという欲望である。なぜなら、今や彼女は父親のせいで分娩〔niederkommen 落下〕したのだから」（同 162, 岩波 17: 258）。翻訳者は、「niederkommen, 文字通りには『下に来る』という動詞は、『高い所から墜落する』と『分娩する』『子を生む』との両方を意味する」と注を付けている（同 162: 注 1, 岩波 17: 259: 注 7）。自己懲罰としての自殺の試みに関しては、フロイトは次のように解釈する。「自己懲罰としては、少女の行為は、彼女が両親のどちらかに対して無意識のうちに強い死の欲望を育んでいたことをわれわれに保証するものとなっている。それはひょっとすると、彼女の愛を邪魔する父親への復讐心からくる欲望だったのかもしれないが、しかしよりありそうなこととしては、小さな弟を妊娠した母親に対する復讐心から出た欲望でもあったのだろう」（同 162, 岩波 17: 259）。最後に、自殺の試みの背後にある動機の中で、フロイトはこの少女に、彼が既に記述（1917e [1915]）していた、うつ病者の自殺に固有の機制を見出している。「というのも、自殺の謎をめぐって分析がわれわれに明らかにしてきたところによれば、おそらく、次のような人でなければ、自分を殺すために必要な心のエネルギーを見出すことなどないからだ。すなわち、第 1 に、自殺の際に自分が同一化している対象を共に殺してしまう人であり、第 2 に、それを通して、他の人に向けられていた死の欲望を自分自身に向け変える人である」（1920a:162, 岩波 17: 259）。

私は以下の詳解を加えるために、敢えて付記したい。この若い娘のような女性の同性愛症例では、同性愛女性の羨望と憎しみは、性器期の両親カップルすなわち性器期の母親と性器期の父親に向けられている。そのようにして、同性愛の女性が自分は「女性を愛している」と主張するとき、彼女が愛しているのは性器期の母親ではなく、他の女性を経由した、前性器期の母親である。同時に彼女は、性器期の父親を排除することを願っている。それは、前性器期の部分対象である限りでの父親のペニスを獲得してそれに同一化するためである（J-M.Quinodoz 1989）。

● フロイトへの敵対的な転移：父親に対する復讐の反復

フロイトとの治療の間、若い娘は、この葛藤における父親の役割を意識していない。それでも無意識の見地からは、治療の展開においてもその結末においても、「父親に主役が帰せられる」（1920a: 163, 岩波 17: 252）ことをフロイトは指摘する。事実、父親に従う娘の見せ掛けの背後には、彼に対する反抗と復讐の態度が隠されていた。その態度は、分析の経過の 2 つの段階に異なる仕方で表現された。最初の段階では、すべては何の抵抗もなく進んでいるように見え、娘は協調的な態度を示していた。だが、やがてフロイトは、彼女が彼の再構築に関わっていると感じておらず、分析的な理解における彼女の進歩には予期される変化が伴っていないことに、徐々に気づいた。第 2 段階でフロイトは、患者の「冷ややかな打ち解けなさ〔Reserve〕」が、父親に向けられた復讐に由来し、彼に転移されたと理解した。「実際には彼女は、父親に失望させられて以来はまり込んでいた、男性への徹底した拒絶という姿勢を私に転移したのである。男性に対する憤慨の気持ちが医者との間で充足を見出すには、通例、何の苦労もいらない。そのために嵐のように感情を噴き出させる必要もない。単に医者の努力をすべて台無しにし、病気の状態に留まり続ければそれで表現されるのだ」（同 164, 岩波 17: 261）。フロイトがこの分析を中断して、彼女に女性医師と治療を続行するよう助言したのは、自分への患者の陰性転移に気づいたときである。それに対して今日では、陽性転移と同様に、転移の陰性の次元を分析するだろう。

フロイトは、少女の陽性転移が一度だけ、治療の始めに現れ、「対象倒錯が治療によって快癒することを予兆」する夢を通じて表されたとも記している。それは、男性によって愛され子供を持ちたいという彼女の郷愁に満ちた欲望を明らかにしている。だが、覚醒した状態で少女は意識的に結婚する欲望を語っていたが、それはただ父親の暴虐から逃れて、男性とも女性とも同時に性的関係を持つためだった。それでフロイトは、これらの夢は「虚偽」（同 165, 岩波 17: 263）だと考えた。なぜなら、それらは一片の誘惑を含んでいたからである。父親を裏切ることや喜ばせることは、同じ葛藤に由来する。ここでは、フロイトが患者に向けて超自我的な態度を採っていることが認められる。現代の精神分析者ならば、それを避け

るだろう。

● 同性愛，異性愛と心的両性性

　この臨床例の精神分析的な研究によって，正常なエディプス的構えから始まって同性愛に至った，患者の心的発達がたどってきた道を，後から説明できるようになった。だが，段階的な連鎖を遡ることができても，反対に，逆に進んだり展開する方向を予告したりすることはできない。「けれども，決定要因のうちのどれがより弱くどれがより強いかをわれわれがあらかじめ知ることは決してない。われわれは，貫き通されたもの〔die sich durchgesetzt haben〕こそより強い要因だったのだ，と最後になって知るにすぎない。こうして，何が原因かを分析という方向の中で認識することは確実に可能なのだが，総合という方向でそれを予言するのは不可能という話になる」（同 168，岩波 17: 266–267）。言い換えれば，フロイトによれば，このような症例研究から，思春期にエディプス的な落胆を経験した少女は誰でも，同性愛になるおそれがあると推論するのは，不正確だろう。

　この研究は，思春期に現れる同性愛的な友情と情熱が，「どちらの性にあってもいかにもありがちな」（同 168，岩波 17: 267）ことも教えている。この少女の場合，正常なエディプス・コンプレックスにつながる動因は無意識にとどまる一方で，同性愛的動因は意識的である。このことからフロイトは，彼女の同性愛リビドーはより表面の流れに属しており，この流れは「おそらく，幼児期における母親への固着がそのまま変わることなく継続していたものだろう」（同 168，岩波 17: 268）という考えに導かれた。彼は，娘の母への関係が果たす役割に言及していても，この論文ではそれ以上述べていない。最後にフロイトは，少女では「男性性コンプレックス」が非常に強調されていたと指摘している。そして彼はそれを，彼女の強烈なペニス羨望に結びつける。それは彼女自身による女性性と母親になる欲望への蔑視を引き起こした。そうした結論は，精神分析によって仮定された心的両性性の存在に基づいているので可能である。「正常な人もすべて，顕在的な異性愛と並んで著しい程度の潜在的あるいは無意識的な同性愛を示す」（同 171，岩波 17: 270）。

フロイト概念の継時的発展

フロイトの女性性概念の展開

フロイトの「男根一元論」

　「子供がぶたれる」と「女性同性愛の一事例の心的成因について」の2つの論文の中でフロイトは，幼児の発達についての初期の着想にまだ従っている。それによれば，女児の精神-性的発達は男児の発達と対称的であり，直接または表エディプス・コンプレックスの枠組みの中に組み込まれている。つまり，男児は母親と結婚して父親を消し去ることを欲望し，それに対して女児は父親と結婚して母親を消し去ることを欲望する。

　フロイトにとって，女児の精神-性的発達は本質的に，両性に共通な幼児の性理論を中心にして展開される。それは，「男の子が自分の身体を見て知っているペニスが女性を含めたすべての人間にあると見なすことである」（Freud 1908c: 215，岩波 9: 294）。この見方では，女児は決定的瞬間を形成する男根期（ファルス）に達するとき，彼女は，男児と同様にペニスに大きな関心を持つ。だがこの器官を見て，女児はやがて自分にはそれが欠けていることに気づく。このことは，彼女に去勢不安ではなく「去勢コンプレックス」を引き起こす。なぜなら，後にフロイトが言うように（1933a: 87，岩波 21: 113），彼女は自分が持っていない器官を失う不安を感じることはできないからである。このコンプレックスは，女児に「ペニス羨望」を生じさせる。つまり，女児は自分が男児と比べて不利にあると感じ，その結果，自分も男の子だった方がよかったと考える。そしてクリトリスとペニスの大きさの違いから，自分は既に去勢されていると推論する。男性器官の過大評価は，母親が男のようにペニスを持っているという考えと結びつき，女児において——そして男児においても——膣の存在の発見を妨げ，それが「簡単に棄却され忘却される」（1908c: 218

–219, 岩波 9: 298) のを容易にする，というもう一つの結果を生む。フロイトは女児のその後の運命を，去勢コンプレックスが従う展開に基礎づける。なぜなら，それは子供の羨望に通じることができるからである。しかしながら，女児はこのコンプレックスを克服するに至らなければ，「目に見える大きなペニスを欠いているために自分のことをごく劣等であると見なし，男の子がペニスをもっていることを妬み，本質的にこの動機にもとづいて男になりたいという欲望を発達させることがわかっています。男になりたいという欲望はのち，女としての役割に不如意が生じたために登場する神経症において再度取り上げられます」(1916–1917 [1915–1917]: 318，岩波 15: 382)。これが，フロイトの「男根一元論」と呼ばれる，発達についての着想である。なぜなら彼は本質的に精神 - 性的発達の中心を，男児でも女児でも，ペニスを持っているかいないかという事実に置き，リビドーをもっぱら男性的本質と考えているからである。

エディプス・コンプレックスに関して言えば，これは 1910 年にはっきりと現れる前から，既に暗に含まれていた観念である。その問いについての初期の論文では，フロイトは以下のモデルに基づいて，それが男児と女児とで対称的であると考えている。男児は母親に優しい愛着を感じ，彼女の傍の父親の場所を奪うために，父親を消し去りたいと欲するのに対して，女児は父親に優しい愛着を感じ，彼の傍の母親の場所を奪うために，母親を消し去りたいと欲する。

それに加えて，この時期フロイトは，男性的 - 能動的と女性的 - 受動的の間に，はっきりとした対立を打ち立てる。のちに彼はそれに含みを持たせることになる。「能動的と男性的とを区別し受動的と女性的とを鋭く区別するという不慣れな，しかし不可欠である分断のせいで読者がどんな困難を背負いこむことになるかは，私にも想像できる」(1918b: 111, 岩波 14: 118)。最終的に，彼が「男性における女性的構え」「男性における女性的マゾヒズム」と記述するとき，「子供がぶたれる」(1919e) にあるように，フロイトは，マゾヒズム的倒錯の本質を構成するものについて語っているようである。だが，女性性の特質に関しては，彼の言葉はしばしば曖昧である。事実，例えばマゾヒズムを「女性的本質の一つの表現」(1924c: 161，岩波 18: 289) であると明瞭に考えるとき，彼は，女性性のマゾヒズム的性質を何度も主張している。

娘と母親の間の早期の関係の役割

最初の時期にフロイトは，エディプス・コンプレックスの発達に厳密な対称性を仮定しているが，彼の立場は 1920 年代から，以下の点について発展する。

既に 1919 年に「子供がぶたれる」と「女性同性愛の一事例の心的成因について」の中でフロイトは，女児の母親への関係において幼児的固着が起こる可能性に言及していたが，そうした局面を展開させなかった。すぐ後で，1905 年に症例ドーラを発表してほぼ 20 年後の 1923 年に付けた脚注の中で，彼は父親転移のみを解釈し，母親転移つまりドーラの K 夫人に対する「同性愛」を，闇に葬っていたことを認めた。治療の失敗を再び見事に活用して，フロイトはドーラの同性愛的愛着が「ドーラの心の生活のなかの最も強い無意識的な流れ」(1905e: 120, 1923 年の注記，岩波 6: 159 注) だったと明言するとき，女児の母親への早期の愛着が持つ大きな重要性に気づき始めた。フロイトは付け加えて言う。「精神神経症者における同性愛の流れの重要性を認識する以前のわたしは，さまざまな症例の治療の途中でしばしば行き詰まったり，混乱に陥ったりしていたのである」(同)。

同じ年にフロイトは，『自我とエス』(1923b) の中で，エディプス・コンプレックスが採る 2 形態を叙述する。すなわち，心的両性性という理由により，女児の場合と同じように男児にも，異性愛傾向に対応して表または陽性エディプス・コンプレックスが，同性愛傾向に対応して裏または陰性エディプス・コンプレックスが存在する。

1925 年，フロイトはそれまで自分が叙述してきたエディプス・コンプレックスに，「前史」があったことに気づく。それは，母親に対する男児と女児の前エディプス期の愛情であり，母親は愛情の最初の対象となる。これが，エディプス状況への事前段階を形成する。人生早期の段階における母親との，重要な愛情の絆を再認識したことによって，フロイトは男児の精神 - 性的発達と女児のそれを区別するように導かれる。女児と違って男児は，母親に対する前エディプス期の愛情を放棄しなければならないとき，対象を変える必要がなく，母親の代替となる女性の方に向かう。反対に女児が母親に対する前エディプス期の愛情を放棄して父親に，そして後には父親の代替となる男性に向かうとき，彼女は追加の課題に直面する。そこで彼女は対象を変えなければならず，このことは，彼女にとって母親に対する愛情から父親に対する愛情への移行を複雑にする。

女児は何によって，母親から離れて父親へと向くのだろうか。フロイトはここでも，それを説明する

ために，彼の男根一元論の理論を頼りとする。彼は，女児が父親へと向くようにするのは，ペニス羨望であるという考えを再び取り上げるが，父親に欲望された子供がペニスの代替となると考えて，新しい要素を加える。ペニスに代わる子供というこの代替は，彼が「『ペニス＝子供』の象徴等置」("längst der vorgezeichneten symbolischen Gleichung Penis=Kind"：G.W. 14: 27)」(1925j: 256, 岩波 19: 212) と呼ぶものによって行なわれる。この等置のおかげで，「[女の子は] ペニスへの欲望を放棄し，子供への欲望をそれにとって代え，この意図のもとに父親を愛の対象とする」(1925j: 256, 岩波 19: 212)。この新しい観点は，フロイトを逆説的な結論に導いた。「男の子のエディプス・コンプレックスは去勢コンプレックスにおいて崩壊する〔zugrunde gehen〕のに対して，女の子のエディプス・コンプレックスは去勢コンプレックスによって可能ならしめられ，引き起こされる〔eingeleitet〕のである」(1925j: 256, 岩波 19: 213)。

　論文「女性の性について」(1931b) の中でフロイトは，母親への最初の絆と，それが母親から父親への移行つまり女性の発達過程でやって来る対象の変化の中で果たす役割に，彼が付与している重要性を確認する。しかしながら，ここで彼が「前性器期の」母親と，「性器期の」母親つまり「性器期の」父親とカップルを形成する母親との間にも区別を設けてはいないことに注目しよう。それに加えてフロイトは，女性におけるペニス羨望の本源的な役割と，女児にとって——男児にとっても——早くから膣と女性性器の知識に到達できないことを，最後まで確信し続けるだろう (1940a [1938])。このためにフロイトは，性器官との関連で特有の喪失不安を女性に認めない。その不安は，男性における去勢不安の等価物であるだろう。それの代わりに，愛情の喪失がやって来る。「それは明らかに，乳幼児が母親と離れたときに抱く不安の延長のようなものです」(1933a: 87, 岩波 21: 113)。

　女性の性欲についてのフロイトの貢献に関しては，私は，彼が精神‐性的発達との関連でペニスに与える優位性が，男児でも女児でも精神‐性的発達の部分的側面に過ぎないという観点を失わないことが重要であると考える。それは本質的に，大人の性器期の性欲に至るために乗り越えられなければならないことになる，幼児期の性理論に関わっている。もっともフロイト自身，女性の性欲に関する自分の知識に隙間があったことを認めている。「もし，皆さんが女性性についてもっとお知りになりたいのでしたら，どうぞご自分の生活経験にお尋ねになるとか，詩人たちの書いたものをお読みになるとかなさってください。あるいは，科学がもっと深くすぐれた関連情報をもたらしてくれるまでお待ちになるのがよろしいかと存じます」(1933a: 135, 岩波 21: 177)。女性性の肯定的な記述によってフロイトの観点を補完することは，フロイト以後の精神分析者たちに属する。

異論の余地があり，異議を申し立てられたフロイトの立場

　1920年代以来，少女と女性の発達についてのフロイトの考えは論議の的だった。一定数の精神分析者たちは，例えばH. ドイチュや「あらゆるマゾヒズムは本質的に女性的である」(1951: 71) と書いた M. ボナパルトのように，彼のする通りにした。他の者は反対に，例えば K. ホーナイ，E. ジョーンズ，M. クラインは，女性同一性の発達において特有のものを明らかにしようとした。ホーナイ (1922) は初めて，フロイトによって仮定されたペニス羨望と女性のマゾヒズム的性質に，反対を表した。だが彼女の考えは長い間黙殺された。進展は，女性性を定義するために女性性器の知覚を利用する研究を推し進めて，男根一元論の理論を徐々に放棄していく方向で起きた。そういうことで，ジョーンズ (1927) は女児の性欲の発達を，固有の女性的リビドーが存在すると仮定し，女児でも男児でも性的欲望が消滅することを意味する「アファニシス」という観念を導入して，叙述しようと試みた。アファニシスという観念の導入はジョーンズの中では，彼から見て男性性器を中心に置き過ぎている去勢恐怖よりも，もっと基本的な不安を定義することを目指していた。

　M. クライン (1928, 1932) に関して言えば，彼女は2つの重要な発見をもたらした。第1は，どちらの性の子供も抱く，母親の身体に対する早期の幻想的攻撃の獰猛さに関わる。それによって子供は母親を失う恐怖に至り，女児では，母親が報復として女児の女性性器を攻撃するという怖れに行き着く。子宮を空にされるという女児の恐怖は，クラインによれば，ペニスを奪われるという男児の不安に匹敵する。第2の発見は，小さい女児の母親に対する攻撃性の重要性の帰結である。それによって女児は，新しい対象つまり父親の方へと向いて，彼に女性的な態度を採るように導かれる。女児の攻撃性が母親に対する愛情と結びつくとき，女児の発展は彼女を女性同一性へと向かわせる。クラインによれば，幼児に新しい対象を探すように後押しするのは，力動的な運動である。新しい対象は，幼児が象徴をつくり，原始的な不安の源である最初の対象を象徴によって置き換えられるようにする。これは，幼児の発達の決定的な段階である。

1960年代と1970年代にフェミニスト運動が，特にアメリカ合衆国とフランスで現れた。彼らは精神分析が，女性を圧制する要因の一つであると考えた。そしてこの運動は，母親と娘の関係を再評価しようとした。しかしながら，精神分析は活動の場を取り戻すに至った。R. J. ペレルバーグ Perelberg（2002）によれば，この失地回復の出発点はおそらく，1972年のジュリエット・ミッチェル Juliet Mitchell による『精神分析とフェミニズム』の出版だった。この著作は，女性性に関する精神分析の革命的なアプローチを強調した。この時期以来，女性性については非常に多くの精神分析的な著作があり，非常に多様な方向性があるので，それらを説明することは，本書の枠を大幅に超える。それでも D. バークステッド - ブリーン Dana Birksted-Breen は，諸論文のこの「新しい爆発」の中にある，2つの主要傾向を引き出すことができた。一方はフランスの潮流によって，もう一方は北アメリカの潮流によって代表される（Breen 1993: 17）。フランスでは J. シャスゲ - スミルゲル編集による論文集（1964）の出版が，精神分析における女性性という，論争を招く問いに対する関心が復活する出発点だった。このグループの著者たちは，フロイトが着想したような，女性性を編成する最初のものとしてのペニス羨望の役割を，再び検討の対象として，女性の性欲は人生の始まりから，それ固有の特殊性を有しているという考えを擁護した。J. ラカンに従う精神分析者たちに関して言えば，彼らはラカンのように，フロイトの男根一元論に部分的に忠実なままでいる。結果として，フランスの精神分析者たちの間で，立場は多種多様なままである。アメリカ合衆国では，女性性についての精神分析的な論争は，出発点として，オーガズムの生理学についてのマスターズ Masters とジョンソン Johnson（1966）の仕事を選んだシャーフィー Sherfey の論文の出版に続いて再浮上した。シャーフィー（1966）の見方は，批判されたにしても，数多くの論争を引き起こした。それについて1976年に H. ブラムの指揮で出版された論文集は，その反響だった。今日では，どうなっているだろうか。バークステッド - ブリーンにとって，北アメリカの精神分析者たちの間の女性性についての討論は，その主題を掘り下げ尽したところから程遠い。「何も解消されていない。あったとすれば，それら［彼らの論文］は，たとえ一見したところ目標が女性を正当に扱うということで一つにまとまっていても，更に大きな食い違いを生んでいる」（Breen 1993: 17）。J. シャスゲ - スミルゲル（1976）にとって，女性の性欲についてのフロイトの諸理論が，臨床的な証拠にもかかわらず論争を生み出し続けているとしたら，それはおそらく，その理論が内なる——特に幼児の苦しみに結びついた——障壁に突き当り，それが私たちの知識の進歩を抑制するからである。
　私は，女性性についてのフロイトの見方の概観を，性同一性と性別 gender 同一性についての精神分析的著作で有名な，R. J. ストラー Stoller を引用して締めくくりたい。「もしもフロイトが膣のない女性を研究したとすれば，女性がペニスよりも欲望する唯一のものは膣であることを，彼は理解したであろうと私は思う」（Stoller 1968: 51）。

年代順に見るフロイトの概念

エディプス・コンプレックスの近親姦的対象の性愛化　女性同性愛　男性における女性的構え　男性における女性的マゾヒズム　異性愛　敵対的転移　同一化　幼児の母親固着　幼児神経症　少女における男性的同一化　倒錯的空想　倒錯　サドマゾ的空想

第Ⅲ部
新たな展望
(1920–1939)

『快原理の彼岸』
（1920g）

フロイトの思考における1920年代の転回

　1920年は，フロイトによる心の機能を考察する仕方が，決定的に転回した跡を留めている。その時点まで彼はモデルとして，神経症者に観察されるような，「快‐不快原理」を採用していた。事実，神経症者は症状に苦しみ，不快を避けようとして，それから解放されて生きる快を再び見出すために，精神分析者の助けを求める。だが，臨床実践はしばしば快原理を裏切るようになることを，認めざるをえない。事実，症状の緩和に耐えられず，良くなったに違いないときに再び悪化する患者がいることは，どう説明できるだろうか。別の患者は，なぜ外傷的経験を，それに付随する苦痛とともに強迫的に再現するのだろうか。マゾヒズムとサディズムつまり苦しむことの快と苦しませることの快は，どう説明されるだろうか。抑うつ患者や薬物嗜癖者・倒錯者・精神病者たちの，時に極端にまで推し進められる**破壊性**は，どこから来るのだろうか。

　『**快原理の彼岸**』でフロイトは，更に先を行く新しい仮説を提唱し，個人の心的機能は快原理よりも基礎的な葛藤によって統御されていると仮定する。それは生の欲動と死の欲動の間の根本的葛藤である。彼によれば死の欲動は，あらゆる有機体が持つ，その最初の状態すなわち無機体へと回帰する生物学的欲求に由来する。だが死の欲動——**あるいは破壊欲動**——には，リビドーをその一部とする生の欲動——**エロース**——が反対する。確かに，快原理はその意義を保っているが，それが優勢になるには生の欲動は，死の欲動を少なくとも部分的には制御するに至らなければならない。1920年にフロイトは，この仮説を一つの純粋な思弁として提示しているが，まもなく，彼はそれにますます重要性を与え，それについて他の含意を発展させるようになる。例えば1923年にはフロイトは，死の欲動が葛藤の中で支配的な時，サディズムやマゾヒズムにおけるように，心的生活の破壊的成分が重きをなし，反対に，生の欲動が支配的なときは，破壊的成分の一部は中和されて攻撃性は生と自我に仕えるようになることを示すだろう。

　「1920年の転回」が言われるとき，それはフロイトが生の欲動と死の欲動の間の根本的葛藤を導入した年についてばかりでなく，続く年月の間に彼の心の中で形をなしていく，新しい着想についても語っている。そうした革新的な考えの中で，以後彼が，愛と憎しみの情緒・両価性・対象関係・同一化の過程，そして無意識的罪責感・不安・喪の情緒に付与する重要性を指摘しよう。それに加えて，心的構造の**自我・エス・超自我**への新しい分割すなわち「**第2構造論**」を導入することになる1923年以降，フロイトは「第1局所論」つまり無意識・前意識・意識の間の分割を補完する，欲動の新しい理論を考慮に入れていく。フロイトによる1920年以後のさまざまな新機軸は，部分的には大多数の精神分析者に受け入れられたにしても，欲動の二元性の存在は，今日に至るまでまだ，彼の著作の最も議論のある問いの一つのままである。

> ### 伝記と歴史
>
> #### フロイトの周りの死の影
>
> 　フロイトが 1920 年 6 月 16 日に，『快原理の彼岸』の概要をウィーン分析協会で発表した後，この著作は 12 月に出版された。この難解なテクストの高度に思弁的な側面によって，フロイトが自分自身で自分が提起しているものの妥当性について表している疑念と同様に，この仮説は最大限の保留とともに受け止められる。また，それに異議を唱える人たちにとっては，それらを単に死を前にしたフロイトの個人的な不安の表現だと見なす誘惑が強かった。これは特に，彼の内科主治医マックス・シュール Max Schur（1972）の意見だった。
>
> 　この時期を際立たせる出来事の中で第一次世界大戦は，困窮した生活とそこら中にある死を含めて，まだ最近のことだった。1919 年にはフロイトは，精神分析者タウスクの自殺に対処しなければならなかったが，彼は感情を動かされずに受け止めたようだった（P. Gay 1988）。それに反して，彼はアントン・フォン・フロイントの癌にはつらさを強く感じた。彼は精神分析の財政的支援者だったこのハンガリー人を，病気の間毎日見舞った。1920 年は，娘のゾフィーが亡くなった年でもあった。彼女は第 3 子を妊娠していたのに，スペイン風邪に罹患して 5 日で命を奪われた。この時期にフロイトの心を占めた他の陰鬱な懸念の中で，彼の自分の死に関わるものを指摘しよう。迷信――さまざまな周期で 62 という数が繰り返されていること――に基づいて，実際に彼は長い間，自分が 62 歳に達している 1918 年か 1919 年に死ぬだろうと確信していたのだった。
>
> #### 欲動の第 2 理論：確信を深めるフロイト
>
> 　戦後のこの時期の間，死の影がフロイトの周辺に重くのしかかったにせよ，それでもやはり彼にこれらの大胆な仮説を導入させたのは，結局，彼の思考の発展に固有の動機であることに変わりはない。事実，彼は 1920 年には躊躇を表しているが，人生の終わりまで彼は，生の欲動と死の欲動の間の葛藤を考慮に入れる必要性を強調し続けるだろう。しかしながら，彼の死に対する没頭とこの時期の悲劇的出来事，特にゾフィーの死の中に，死の欲動の観念を導入した理由を見ようとするあらゆる者に対して，フロイトははっきりと拒んだ。精神分析者である限りで彼は，この解釈の正当性を認めはしたが，この自分の場合についてはそれを拒絶した。例えば，この種の反論を予防するために，彼はアイティンゴンに著作の執筆が，ゾフィーの死の 1 年前である 1919 年には既に約半分終わっていたことを証言するように求めた[訳注1]。

テクストを紐解く

■　標準版第 18 巻 1–64 頁（岩波版フロイト全集第 17 巻 53–125 頁）所収。

● 快原理とその限界

　フロイトは，彼が『メタ心理学諸篇』の中で特に展開された快原理の観念に頼ってきた動機を呼び起こす。例えば，空腹や性的欲望のような過程を観察するとき，心的構造の中に一連の緊張があり，それに放散が続くこと，そして緊張の増加には不快が，放散には快が伴うことが確認される。だから，心的過程はエネルギー量の変化に関して叙述することができ，心的構造の内部には緊張の変化を調節する原理が存在していると仮定できる。彼はそれを「快原理」と名づけている。この原理の最終目的は，「不快の回避または快の生産[訳注2]」（1920g: 7, 岩波 17: 55）である。心的過程において支配している，安定性への性向に

訳注 1）英訳版は，「但し彼はそれをずっと後まで出版しなかった」と付け加えている。
訳注 2）ドイツ語原文：Vermeidung von Unlust oder Erzeugung von Lust.

関して言えば、それはもう一つの原理すなわち「恒常性原理」に由来する。それの目的は、心の中にある興奮量を可能な限り低く維持することである（同 9, 岩波 17: 57）。

だが快原理は、だからと言って心的過程全体を支配しているだろうか。否とフロイトは答える。なぜなら、もしそうならば、心的過程の大部分は快に通じなければならないが、それは経験が私たちに示すことではないからである、と彼は反対する。「したがって、快原理への強力な性向が心のうちに存しているものの、この性向に他の一定の力や事情が対立しているために、最終的結末はいつも快の性向に対応できるわけではない、と考えるしかない」（同 9, 岩波 17: 57）と彼は結論する。では、何が欲動の満足に対立する力だろうか。彼によれば、2 つある。第 1 にそれは「現実原理」である。なぜなら、それは満足を延期して一時的に「快に至る長い回り道の途上で」（同 10, 岩波 17: 58）不快に耐えることを可能にするからである。第 2 に、「自我」も快に対抗しうる。なぜなら、それは発達の途上で内的な欲動を原因とする不快を生み出しうるからである。そこで幾つかは、自我と両立しないものとして現れる。これが例えば、「快として感じることのできない快」（同 11, 岩波 17: 59）である神経症的不快の場合である。だが第 1 の事態でも第 2 の事態と同じく、「危険」の感覚を目覚めさせる辛い不快は、内的・外的な欲動の知覚によって引き起こされる。そこで、心的装置が内的・外的危険の知覚に対して適切な仕方で反応しているとき、それは同時に快原理と現実原理に従っていると考えることができる。だが、快原理を超える状況が存在する。これがいわゆる外傷的状況であり、彼はそれに次章で取りかかる。

● 外傷性神経症と子供の遊び：反復の二源泉

続いてフロイトは、反復が苦痛な経験を制御しようとするのに役立つ、2 つの状況を記述する。第 1 は「外傷性神経症」である。それは、生命を危険に曝すことがありうる衝撃に続き、不安・さまざまな症状・反復夢によって現れる。事実、こうした患者の夢には、外傷状況を反復して再生産するという特徴があり、それは夢が欲望の成就であるとする古典的理論と矛盾している。「この状態においては、［……］夢の機能にも衝撃が加えられて、その意図から逸脱してしまったとでも考えるしかあるまい」（同 13, 岩波 17: 62）。

反復現象が観察できる第 2 の状況は、子供の遊びである。フロイトは、1 歳半の自分の孫に対して行なった観察から出発する。その子は、母親がいないときにも抗議しなかった。子供が倦むことなく紐を付けた木製糸巻きを投げては手繰り寄せるのを見て、フロイトはこの遊びに、母を消失させては再出現させるという意味があり、その遊びが抗議に代わるものと考えた。「その子は、同じ消失と再出現〔Verschwinden und Wiederkommen〕を、自分の手にしうる事物を用いてみずから上演することによって、断念のいわば埋め合わせをしていたのである」（同 15, 岩波 17: 64）。フロイトは、これらの反復が引き起こす幾つかの帰結を理解した。一方でそれは、子供が受動的で不快な経験を、能動的態度へと変容することを可能にした。もう一方では、対象を自分から遠くへと投げることで、子供は抑制された衝動つまり子供から遠くへ行ってしまった母親への復讐心を充たすことができた。フロイトはこの観察から一般的な結論を引き出して、子供の遊びには情動的な状況を制御するために、強い印象を与えた経験を反復する仕方で再生産できるようにする機能があると考えることができる、と主張する。この見方では、糸巻きを用いた遊びの例は、反復が快原理に完全に従いながら、反芻処理（ワークスルー）ができる可能性があることを証明している。「快原理の支配下においても、それ自体として不快なものを想起と心的加工の対象に〔Gegenstand〕する、いくつもの手段・方途がある」（同 17, 岩波 17: 67）。

● 反復強迫と転移

続いてフロイトは、精神分析において転移の中で反復されるものの運命を吟味する。彼は転移が、幼年期の過去の抑圧された断片が再生産されることに存しており、そのように反復されるものは反芻処理（ワークスルー）されなければならないことを示す。それは彼が「想起、反復、反芻処理（ワークスルー）」（1914g）で提起したことに合致している。しかしながら、或る種の患者では反芻処理（ワークスルー）の過程が挫折するので、単なる反復が遥かに深刻な「反

復強迫」に変わり，治療の成功を危うくしうる。フロイトによれば，反復強迫を構成する抵抗は，無意識と意識の間の葛藤に，つまり意識の中への放散に向かう無意識のものには由来しない。それは，第1局所論の枠の中で，神経症の古典的モデルに基づいた説明だろう。反復強迫はむしろ「一貫した自我〔das zusammenhängende Ich〕と抑圧されたもの」(1920g: 19, 岩波 17: 70) との間の葛藤が原因であり，彼によれば，それは無意識に抑圧されたものが介入することも含む葛藤である。

では，反復強迫と快原理との間には，どのような関係があるのだろうか。この種の関係を観察すると，反復強迫によって回復される過去の諸経験は，精神分析においてであれ日常生活においてであれ，快の可能性を全く含んでいないことが確認される。精神分析治療の間にこのような患者は，反復強迫に従って，転移の中にこうした不快な状況を抗い難く再生産する。「これらの望まれざるきっかけや痛ましい情動状態はすべて，神経症患者の手にかかって転移の際に反復され，たいそう巧みに新たに賦活される。患者は治療がまだ完了していないのに，それを中断させようとする。患者は，自分に対し手荒な言葉遣いをし冷たい態度をとらざるをえなくなるように医者に働きかけて，自分が侮蔑されたという印象を再び手に入れるすべを心得ている」(同 21, 岩波 17: 72)。同じように，或る種の人たちの生活の中に，神経症患者たちの転移において生まれるものと同一の反復強迫の現象が見られ，その結果，その人たちは「彼らを迫害する運命，つまり彼らの経験は魔物に取り憑かれているという印象[訳注3]」(同 21, 岩波 17: 72) を私たちに与える。一見その人は，この「等しきものの永劫回帰」(同 22, 岩波 17: 73) を受動的に経験しているようだが，分析は実際には当事者の，能動的だが無意識の行動が関わっていることを明らかにする。

結論として，転移現象も人間の運命も私たちに，「快原理を超え出てゆく反復強迫が，精神生活に[訳注4]実際に存在する」(同 23, 岩波 17: 74) ことを明らかにする。この種の現象は，外傷性神経症者の反復夢にも子供の遊ぶことへの衝動にも関係づけることができる。こうした現象に伴う現れでは，快原理と反復強迫は隣り合わせにある，とフロイトは説明する。だが，そこに快原理の関与を見つけることの方が，反復強迫の関与を見つけるよりもはるかに容易である。なぜなら，後者の結果を純粋な状態で捉えられることは稀だからである。それでも，快原理が関与していたとしても，それはこうした現象の十分な説明には届かない。なぜなら，より近づいてそれらを吟味すると，「反復強迫の仮定を正当化するものは十二分に残されているし，反復強迫はわれわれには，それによって脇に押しやられる快原理以上に，根源的で，基本的で，欲動的なものとして，現れてくる」(同 23, 岩波 17: 74) からである。

● 刺激保護の役割：外傷的侵入の制御

続いてフロイトは，「刺激保護〔Reizschutz〕」によって行使される機能を叙述する。それは，外傷的侵入の危険を避けるために，心的構造を外界および内界で発生する過度の興奮から守ることである。

だから刺激保護の機能は，心的構造を破壊的な外的・内的エネルギーから保護し，そのエネルギーの変換を保証することである。外的刺激に関して言えば，それを受容して採取された標本のみを記録するのは，感覚器官である。それに対して深部皮質層は，意識系となる感覚皮質を形成する。だが意識系は，内部に由来する興奮も受け取る。それに対しては，外部刺激に対して機能するものに類似の刺激保護は存在しない。その結果，内的興奮は緩和されない。そういうわけで，内的興奮は直接に広範囲の快-不快の感覚を生み出す。その上，防衛の目的で投影の機制によって，内的興奮はあたかも外部に由来しているかのように扱われる。

こうした予備考察は，外傷的効果を持つ興奮とは刺激保護の中に侵入して，有機体全体の機能を妨害するものであることを理解するために必要である。この理由により，始めの段階で快原理は効力を失い，もう一つの課題が介入し始める。すなわち「心の装置が大量の刺激によって溢れかえることは，もはやおしとどめがたい。そこで，新たな課題として，刺激を克服すること，すなわち突入してきた刺激量を心的に拘束することが，それからそれらの処理を果たすために，生じることになる[訳注5]」(同 29-30, 岩波

訳注 3) ドイツ語原文：den Eindruck eines sie verfolgenden Schicksals, eines dämonischen Zuges in ihrem Erleben.

訳注 4) ドイツ語原文：in Seelenleben 岩波訳で脱落。

17: 82）。この侵入に直面して，あらゆる心的エネルギーが「逆備給〔Gegenbesetzung〕」のために動員される。それは身体的な痛みに直面して生み出されるものに似ている。そのようにしてこのエネルギーの過剰は，この興奮を制御できる「静止備給」へと転換される。「つまり，心的に『拘束する』」（同）ことができる。

だから外傷性神経症は，刺激保護への広範囲の侵入の帰結である。外傷性障害の原因は，衝撃(ショック)の機械的な暴力にではなく「驚愕と生命の脅威」（同 31, 岩波 17: 84）に帰せられる。このことによってフロイトは，不安についての新しい着想の素描へと導かれ，後に広く展開していくことになる。既に 1920 年にフロイトは，外傷性障害の場合「不安への備え〔Angstbereitschaft〕」（同 31, 岩波 17: 84）が整っていないことを明らかにして，外傷的障害の結末は系の準備状態に依る，つまり不安の現れによって備えができているかいないかに応じると考えている。彼はここで，後に『制止，症状，不安』（1926d [1925]）で導入することになる「自生的不安」と「信号としての不安」の区別を告げている。

反復強迫およびそれと快原理との関係に関して言えば，反復する外傷夢は，遡及的に刺激を制御することを目的としている。この機能は，快の探求や不快の回避よりも根源的である。言い換えれば，こうした夢は，夢が欲望の成就であるという古典的理論の例外となっている。なぜなら，外傷夢が小児期の心的外傷の想起を呼び戻すとき，それらの夢は忘却されて抑圧されたものを再び浮上させる欲望に従っていると考えられたとしても，快原理よりむしろ反復強迫に従っているからである。「もし『快原理の彼岸』なるものが存在するというなら，夢の欲望成就的性向にも前史を認めてやるのが，筋というものである」（1920g: 33, 岩波 17: 85–86）。

● 「あらゆる生命の目標〔ziel：目的地・行く先〕は死である」（同38, 岩波17: 92）

心的構造を外界に由来する刺激に対して守る刺激保護は，内界に由来する興奮からは守らない。そういう理由で，外的刺激と内的興奮は類似の結果を生む。「（内界からの興奮）は，外傷性神経症にも比せられる経済論的障害にしばしばきっかけを与えざるをえなくなる」（同 34, 岩波 17: 87）。内的興奮の源泉は何だろうか。それは有機体の内部から派生する「欲動」に関わり，それを心的に「拘束」できないことが，外傷性神経症において，外的刺激の侵入によって引き起こされる混乱に匹敵するものを生み出す。また，外的刺激の場合と同様に，心的装置の第 1 の課題は，内的興奮を制御し拘束することである。それは反復強迫を通じて現れる課題である。その次の段階でのみ快原理は作用することができる。だが精神分析治療において，快原理に対立する反復強迫は，文字通り「魔的な」性格を帯びることがある。その結果，転移の中で反復される抑圧された幼児経験は，心的に快原理に「拘束される」に至らず，その経験を「二次過程にも」反芻処理の可能性にも不適なものとする。

フロイトは，欲動が反復強迫の影響力の下で患者を治療的失敗に導きうることを認めて，欲動の真の性質に関する一般仮説を提出する。それによれば，欲動は，その最初の状態すなわち生命以前の無機的状態に復帰することを目標としているであろう。「欲動とは，より以前の状態を再興しようとする，生命ある有機体に内属する衝迫である。ただ，生命体はこの以前の状態を，障害を及ぼす外的力の影響のゆえに放棄せざるをえなかったのだ。欲動とは一種の有機的弾性である，ないしこう言ったほうがよければ，有機的生命体における慣性の表れなのである」（同 36, 岩波 17: 90）。彼によれば，有機体の欲動は守旧的本性を持ち，前の状態に復帰しようとするものなので，外的な影響下にある有機体の発達と進歩は，欲動をその究極的目標から逸らせるだけである。ところでこの目標はフロイトにとって，振り出しに戻ることに他ならない。「[この目標は] 生命あるものがかつていったん放棄したものの，あらゆる進化発展の迂路を経ながら帰り着こうとする昔の状態，生命の出発点である状態でなければならない」（同 38, 岩波 17: 92）。帰結として，フロイトはこう結ぶ。「生命あるものはすべて内的根拠のために死に，無機的なものへと帰っていくということを，例外なき経験として仮定することが許されるなら，われわれは次のようにしか言いようがない。すなわちあらゆる生命の目標は死であり，翻って言うなら，無生命が生命あるものより先

訳注 5）ドイツ語原文：es ergibt sich vielmehr eine andere Aufgabe, den Reiz zu bewältigen, die hereingebrochenen Reizmengen psychisch zu binden, um sie dann der Erledigung zuzuführen.

に存在していたのだ，と」（同38，岩波17: 92）。それはつまるところ，「こうした死への回り道が，守旧的な欲動によって忠実に堅持され，今日では生命現象の姿を呈しているという次第なのかもしれない」（同39，岩波17: 93）と考えることである。

　胚細胞はこの過程から逃れて，生命ある物質の死への運動に反対するように思われるが，その不死性は見せかけに過ぎず，「単に死への道行きの延長を意味するにすぎない」（同40，岩波17: 94）。フロイトは，胚細胞の面倒を見るさまざまな欲動は，性欲動のグループに属し，「生の欲動」を構成していると考える。「生の欲動は，死に導くように機能する他の欲動の意図に逆らって働くということにより，生の欲動とそれ以外の欲動との間には対立があることが示唆されるが，神経症の学説は早い時期にこの対立を意義深いものとして認識したのであった」（同40，岩波17: 95）。この欲動群の間の対立は，あらゆる生物に「有機体の生命のうちの躊躇のリズム」（同41，岩波17: 95）を生み出す。

　フロイトは，何人かの科学者たちの仮定した「完成欲動」が存在する可能性について問う。それは進歩への倦むことのない推進力の一種だが，彼はこの仮説を見せ掛けと判断して却下する。なぜなら，完全な充足への道はつねに抵抗によって遮断されているからである。反対に，この役割は「有機的なものをますます大きな統一体へとまとめていこうと奮闘する」エロースの営みに属しているので，生の欲動はこの「完成欲動」の代わりをしている（同42–43，岩波17: 97）。

● 生の欲動と死の欲動の二元論には等価物があるか

　省察を続けるフロイトは，「生きているものすべて〔alles Lebende〕は，内的な原因によって死ななければならない」（同44，岩波17: 99）という彼の仮説を確証あるいは無効にするであろうものを，彼の時代の生物学に求める。彼は，自分の欲動的な生の二元論的着想に反対する生物学的議論を手に入れないが，有機体の中に2種の対立する過程の存在を仮定する，いくつかの科学的研究を見つける。2種の「その1つは構築的-同化的であり，もう1つは解体的-異化的である」（同49，岩波17: 106）。彼は哲学者ショーペンハウアー Schopenhaer が既に，性欲動は生への意志の具現化であるのに対して，死はまさに「生の本来の結末」（同50，岩波17: 106）であるという考えを提出していたことを思い起こさせる。

　フロイトはもう一歩踏み込んで，細胞の現象をリビドーの理論に移し替えて，どの細胞でも生の欲動または活動欲動が死の欲動を中和する一方で，生命を維持するために自己を犠牲にする細胞がある，と考えられるかを問う。この問いに答えるためにフロイトは，欲動理論を再び取り上げて，それが展開した諸段階を巧みに要約する（同60脚注，岩波17: 121脚注36）。彼は，自分の二元論的着想が自我欲動と性欲動との間の対立から始まっていることを示し，そこから生の欲動と死の欲動との間の対立を演繹する。彼が問うのは，更に進んで，生の欲動／死の欲動の間の対立と，愛（優しさ）／憎しみ（攻撃性）の間の対立を対比させることができるのかどうかである。ここで彼は，サディズムとマゾヒズムによって，そして性欲動と自己保存欲動によって果たされる役割に言及する。それによって彼は，マゾヒズム——自我自身に向いた攻撃的・破壊的欲動——が最初の段階への退行にまで至る可能性があると考えるようになる。このことは，「一次マゾヒズム」の存在を意味するだろう。もしも，快原理に従って，心的生活の性向が緊張の減少を狙い，「涅槃原理」に近い恒常性原理に従うならば，これは「死の欲動の存在を信じる最強の動機の一つとなっている」（同56，岩波17: 114）とフロイトは結論する。死の欲動を生の欲動から切り離すことはできないことを，彼は徐々に理解するようになってゆく。それにもかかわらず，彼は自分が提起する大胆な仮説に心底納得はしていないと告白しつつこの章を終え，こうした問いに答えることを未来の生物学に大いに期待していると表明する。だが，彼の確信は後に強まっていくだろう。

● 一つの逆説：死の欲動に奉仕する快原理

　最終章でフロイトは，「欲動的な反復事象〔der triebhaften Wiederholungsvorgänge〕と快原理の支配との関係を規定するという課題を解決」（同62，岩波17: 122）しようとする。彼はここで，心的装置の最早期の最も

重要な機能の一つが，到来する欲動の動きを「拘束する」ことであると繰り返す。それの目的は，一次過程を二次過程によって置き換えて，自由に動く備給エネルギーを静止が勝る（緊張性）備給に変換することである。だからこれらの変換の最中の拘束は，快原理の支配を導入し確実にする準備的作用である。快の追求が心的生活の最初にはずっと強力でも，快原理は一次過程の専有物ではなく，二次過程にも存在する。締め括りにフロイトは，生が絶え間ない継続的な妨害する緊張から成り立っており，「その緊張が解消されると快として感じ取られる」ことを示す。それに対して死の欲動は，寡黙である。「生の欲動は絶えず緊張をもたらす邪魔者として登場し，その緊張が解消されると快として感じられる一方，死の欲動のほうは目立たずにその仕事を遂行しているように思われる。それだけにいっそう生の欲動は内的知覚に関わってくることが多く，その点もわれわれの目につかざるをえない」（同 63，岩波 17: 124）。

フロイトの概念の継時的発展
生の欲動と死の欲動との間の葛藤へのフロイトによる1920年以後の補足

1920年に生の欲動と死の欲動との間の根本的葛藤の存在を仮定した後，フロイトは続く年月の間に自分の見方を補足した。1923年，フロイトは『自我とエス』（1923b）において自我・超自我・エスの間に区別を導入する時，メランコリー患者（うつ病患者）の超自我は，患者のあらゆるサディズムと破壊的構成成分を引き寄せていると考える。「超自我のなかで支配しているものは，いわば死の欲動の純粋培養なのである」（1923b）。この自己破壊の激しさ，特に自殺に至るときのそれを説明するためにフロイトは，生の欲動のエロース的構成成分が，もはや破壊の全体を「拘束する」力を持たず，破壊性は攻撃と破壊への性向として「自由」になるのであろうという考えを提出する。性の欲動と死の欲動の「拘束 liaison」〔英訳では「融合 fusion」としている〕と「脱拘束 deliaison」〔英訳では「脱融合 defusion」としている〕という理論的な観念の導入によってフロイトは，臨床の中で観察される諸現象を，より詳しく説明できるようになる。

1924年，フロイトは「マゾヒズムの経済論的問題」（1924c）の中で，1920年の『快原理の彼岸』の中では彼は涅槃原理と快原理を混同し，誤って快原理が死の欲動に奉仕していると推定させていたと評価する。彼はこの見解を撤回して，以後はっきりと2つの原理を区別し，涅槃原理は死の欲動への性向——「墓場の静けさ」——を表現するのに対して，快原理はリビドーの権利要求であると考える。また彼は，リビドーの影響を受けた死の欲動は筋組織を用いて外部へ逸らされるという基本的な考えを付け加える。「リビドーは，この破壊欲動を無害なものにするという課題を背負い，そして，この破壊欲動の大部分を［……］外界の諸対象へ向かわせることによって，この課題から放免される。そういうわけでこの欲動は，破壊欲動，占領欲動〔Bemächtigungstrieb〕，力への意志と呼ばれるのであろう」（1924c: 163，岩波 18: 292）。フロイトによれば，死の欲動の主要部分は，対象に投影されたサディズムの形で外部に逸らされるが，その残渣は内部に残って自我自身へと向かう。この残渣は「本来の性源的マゾヒズム」を構成する。最後に，投影によって外へと向けられたサディズムは改めて取り入れられ，「二次マゾヒズム」へと退行することがありうる。

1937年には「終わりある分析と終わりなき分析」の中でフロイトは，自分の弟子たちの間でさえ殆ど共有されていないと承知している確信を繰り返している。「死の欲動，破壊欲動，攻撃欲動といったものを同じ正当性のあるパートナーとして，リビドーのなかで自らを告知しているエロースの隣に並ばせようとする二元論的理論は，一般にほとんど賛同を得られなかったし，精神分析者たちのあいだでも実際浸透していかなかった。このことを私は重々承知している」（1937c: 244，岩波 21: 282）。

フロイト以後
なぜ精神分析者は死の欲動の概念を受け入れるのにこれほど抵抗を示すのだろうか

1920年に登場して以来，死の欲動の概念は大多数の精神分析者たちによる論争の的となり，この分野に関してフロイトに従った者は少数なく，ジョーンズのように最も近い弟子の間でさえそうだった。このことにはさまざまな理由を引き合いに出すことができるが，私は2つの主な動機があると思う。私の考え

では，一方で理論的なものとして提示された一定数の反対意見は，攻撃的・破壊的欲動が心的生活の中で果たす役割の拒否に基づくように思われる。それはしばしば，さまざまな無意識的防衛に基づく態度である。私はたびたび，死の欲動の概念が死についての考えと混同されたり，生の欲動と死の欲動との間の葛藤が生と死の間の葛藤に伴う事柄と混同されたりするのを目にしてきた。しかし問題なのは，生きているあらゆる個人において活動する，2種の欲動の間の葛藤である。

他方，別の種類の困難は，フロイトが自分の観点をとりわけ理論用語で述べて，臨床的応用についてはほとんど語らなかったことに起因する。例えば，彼は死の欲動が無言であると断言したが，それを例証することも彼がどのように解釈するかも示さなかった。その代わり，彼は何度か生の欲動／死の欲動の対立を愛-憎しみの対立で置き換えようとしたが，後で『自我とエス』に関して見るように，それに至らなかった。

クライン派の技法における欲動の二元性

メラニー・クラインは，死の欲動の概念を受け入れてそれを臨床に適用した最初の精神分析者たちの一人だった。彼女にとって自我は，誕生時から存在し，欲動の生得的極性によって生み出される不安に直ちに曝されていると感じるものである。自我はそこで防衛のために死の欲動を逸らせる。その一部は外の対象に——フロイトが示したように——投影され，一部は攻撃性に変形される。つまり「死ぬ代わりに殺す」(Segal 1979: 20)。だがクラインはもっと先に進む。なぜなら彼女は，この防衛過程が一次対象を分割させる投影に続いて，自我を分割する分裂を引き起こすと考えるからである。一次対象すなわち乳房は，同時に迫害的かつ理想的に知覚される。一方では，死の欲動は自我にとって迫害的で脅かすものと知覚される乳房の中に投影され，もう一方では，同時にリビドーが投影されて理想化された乳房を作り出す。それは生命を守る対象として知覚される。愛情対象の過剰な理想化が存在するとき，分裂はそれを迫害対象から遠ざけておくことを目的とする。また，発達のこの段階では，主な不安は，迫害対象が自我を襲って，理想対象と自己を殲滅させるという恐怖に由来する。クラインはこの時期を妄想分裂ポジションと呼んだ。

クラインによれば，人生の始まりから，自我の統合と対象の統合がともに進む傾向が同時に存在する。発達の条件が有利なとき，個体は自分の理想対象とそのリビドー的欲動が徐々に，危険な対象と攻撃的・破壊的欲動よりも強いと感じる。そんなふうにして，彼は自分自身および理想対象を守るための高まりゆく能力を獲得し，自分自身の内部の死の欲動に対してより強い耐性を持っており，したがって被害的不安が減っていると感じる。分裂と投影は減少し，徐々に自我の統合と対象の統合への動きに場を譲る。それは，抑うつポジションの反芻処理（ワークスルー）への動きである。

クラインによれば，心的構造にはこの二極の間の絶え間ない揺れが存在する。その一方は，統合の欠如および理想化された対象と迫害対象の間の分裂によって支配された内的状況であり，そこでは憎しみが愛より強い。もう一方は，統合への傾向を特徴とし，そこでは愛が憎しみより強い。

技法的観点から言うと，クラインとクライン派の分析者たちのアプローチは，個人が早期の乳児的不安に立ち向かって反芻処理（ワークスルー）しようとする仕方に基づく。詳細には立ち入らないが，次のように言っていいだろう。セッション中の精神分析者の仕事は，常に揺動する転移の動きの中で，患者と分析者との間の転移性の投影と取り入れの，絶え間ない行きつ戻りつの中で，リビドー的および攻撃的な二重の流れを突き止めることにある。精神分析者は，理想化され賞賛された対象と同時に危険で憎まれた対象を表すことを逆転移の中で受け入れて，この分裂を解釈するとき，患者がリビドー的流れと攻撃的流れを区別してそれらを結びつけることができるようにして，より良い統合を促進している。

今日の死の欲動：幅広い見解

死の欲動は今日，どのようになっているだろうか。フロイトの基本諸仮説の大部分に反して，欲動の二元論に関するものは，精神分析者たちの間で非常に食い違った意見の対象となっている。例外は，初めからこの仮説を受け入れて来たクライン派に属する分析者たちである。他の分析者たちに関して言えば，その立場はさまざまで，この主題に関しては，精神分析者と同じ数の意見があると言えそうなほどである。

1984年，ヨーロッパ精神分析連盟は，その最初の学術シンポジウムを『死の欲動』(1986)という題で催し，論争の的となったこの問いに捧げた。J. ラプランシュにとって死の欲動は本来的な欲動であり，それを性欲動の領野に位置づけるために，さまざまな議論を述べている。H. シーガルにとって，人生の最早期から欲求の経験を前にして，2つの反応がある。第1は生への渇望であり，対象希求に通じる。第2は知覚

し経験する自己を，知覚されるものすべてと同様に，破滅させ無化する傾向である。A. グリーンに関して言えば，彼は死の欲動の目標が「脱対象化」の機能を完遂することであるという考えを発展させた。彼にとって，死の欲動の破壊性に固有の現れは，「脱備給」である。D. ヴィドロシェが指摘したように，これらの論争が幾つかの一致と対立を際立たせたとすると，共通の傾向は，欲動二元論を心的次元に位置づけて，フロイトによって利用された生物学的議論に頼るのは放棄することだった。しかしそれは，精神分析者がその概念の生物学的・身体的基礎をすべて拒否することを意味してはいない。

アポトーシス：生物学的調節モデル

フロイトは，心的水準で仮定した欲動二元論に相当するものが生物学的水準で観察されていないか，当時の科学者たちのところで実際に探したが，この領域で敢えて思弁に乗り出していたのは，ごく僅かの研究者たちだった。ようやく1970年代初頭になって，アポトーシスの機制が発見された。それは細胞死の特殊な様式に関わり，その機能は，発達・器官発生・組織成長の過程で細胞を破壊することである。だがそれは，病理的刺激によっても引き起こされる。アポトーシスは一連の分子反応全体の終着点であり，その調節はホルモンや成長因子・サイトトキシンから生じるプラスとマイナスの信号によって行なわれている。これらの信号は，細胞破壊を制止したり，反対に，アポトーシスを引き起こしたりすることができる (Robbins et al 1974)。

アポトーシスと生の欲動／死の欲動との間の葛藤の関係を，立証することはできるだろうか。アポトーシスという生物学的調節モデルと，フロイトによって仮定された心的調節のモデルを，単純に移し替えることはできないだろう。その代わりに，機能を類推するモデルの観念に，そして心的機能が生物学的機能に托されるという精神分析の依托の観念に訴えることができると私は思う (J-M. Quinodoz 1997a)。この観点から見ると，2つのシステムは孤立して機能するのではなく，心的構造と生物学的なものは相互に影響力を発している。例えば対象喪失の場合に，それが病理的な喪の反応を引き起こすとき，病気や事故によって身体的水準に跳ね返ることが見られる。そこで，心的葛藤の水準で死の欲動が生の欲動より優勢なことは，アポトーシスの調節の障害によって生物学的水準に跳ね返ると仮定することはできないだろうか。

年代順に見るフロイトの概念

反復強迫　死の欲動　生の欲動　涅槃原理　一次マゾヒズム　回帰夢　反復　子供の反復遊び（木製糸巻き）　転移　外傷性神経症　心的外傷論

『集団心理学と自我分析』
（1921c）

愛・同一化・自我理想

　集団の心理学に，精神分析のおかげで獲得した個人心理学の水準の知識を適用することはできるだろうか。また逆に，集団現象の精神分析的な研究は，個人の心の機能について教えてくれるだろうか。フロイトは彼以前の，集団を凝集させたり分解したりするものや指導者が行使する幻惑を説明するために，暗示や催眠に訴えた者たちの説明に満足しない。彼は探究を先に進め，彼のリビドー理論を実践に移して，感情拘束[訳注1]――愛――のみが，個人の自己愛（ナルシシズム）と人と人を隔てる憎しみとの両方を乗り越えることができることを証明する。各個人を集団の指導者に結びつけるのは，このリビドー的な拘束の力――教会におけるキリストへの愛・軍隊における隊長への愛――であり，程度は落ちるが，個人を互いに結びつけるのも愛情である。だが，このリビドー的拘束は発達した性的愛情ではなく，同一化と呼ばれる――性的目標に関しては制止された――愛の原始的形態が問題である。「同一化は，対象への感情拘束の最も根源的な形態である」（1921c: 107，岩波17: 176–177）と彼は言う。結果として，集団の凝集性を作るのは，指導者への個人の同一化と個人間相互の同一化である。そしてこの感情拘束の喪失は，パニック状態で見られるように，集団の解体の原因である。だが指導者との拘束は，理想化に基づく拘束でもあり，個人はこの理想に引きつけられ，集団の指導者によって表される「自我理想」が個人の「自我」の位置を占めるほどに，自分のパーソナリティが消える傾向にあるのを経験する。

　それでは個人の心的空間という小宇宙に，大宇宙の中の個人と指導者との相互作用を移植することができるだろうか。フロイトが注意を向けるのはこの点であり，彼はさまざまな側面から同一化の観念を吟味し，「自我の内部のこの新しい舞台の上で」（1921c: 130，岩波17: 205）反復される精神内界の諸関係についての新しい構想を素描する。自我理想が自我の場所を占めることができるという事実によってフロイトは，恋着 Verliebtheit の変遷ばかりでなく，同一化の諸過程を正常な形態についても病理的なものについても，詳細に叙述することができる。だから，少年を例にとると，父親への同一化によって彼は，陽性エディプス・コンプレックスにおいて，父親のようであるように導かれる。反対に，少年の母親への同一化は，裏〔陰性〕エディプス・コンプレックスをもたらす。他方，フロイトに徐々に明らかになったと思われるのは，自我理想と自我との間に緊張が存在すること，そして自我理想は正常な心的構造の中では両親の個人への要求を表すのに対して，病理ではこの緊張は悪化して，例えばメランコリーと躁病の間の交代を説明するほどまで進む可能性があることである。最後にフロイトは『トーテムとタブー』（1912–1913a）を再び取り上げて，集団とその指導者の間の関係は原始群族の息子たちと父親の間の関係の復活であり，父親の殺害後，彼は詩人の想像力が称える英雄たちによって代わられたと考えている。

訳注1）ドイツ語原語は Gefühlsbindung。英訳では emotional tie と情緒的な結びつきを指しており，「拘束」はそれにそぐわないが，リビドーに関わる物理的な表現として岩波版の訳語をここでは踏襲している。

伝記と歴史

社会と集団の中の葛藤のより良い理解に向けて

　マゾヒズムと死の欲動についての仕事をした後，フロイトは集団の機能を把握しようと試み，若い頃に好んだ社会学の著作に再び没頭した。彼は著述の意図をロマン・ロラン Romain Rolland に伝えている。「私はこの本が特に成功しているとは思いませんが，個人の分析から社会の理解に通じる道を示してはいます」（フロイトからロマン・ロランへの手紙，1923 年 3 月 4 日付，Vermorel and Vermorel 1993: 219 による引用）。彼は精神分析の光で照らして，社会的凝集の現象を決定するものを，特に理解しようとする。各個人は集団のただ中で凝集性と安全感を獲得するのに，なぜ彼らは思考の自由や判断力を失うのだろうか。なぜ集団は，それを構成する個人よりも非寛容かつ不合理で背徳的なのだろうか。なぜ制止は失敗し，結果として殺人的な憎悪が始まるのだろうか。

　集団についてのこの研究をフロイトに課した必然性には，主に 2 つの理由を見出すことができる。第 1 に，第一次世界大戦はまだ終わったばかりで，この時期の彼の仕事の幾つかは，人間を破壊者でありうる面についてより理解しようとする強い関心を反映している。第 2 に 1920 年代頃，精神分析は幾つもの攻撃を受けていて，精神分析運動自体の中の激しい紛争によって揺るがされていた。例えば，フロイトは著作をドイツ語で書いていたので，とりわけイギリスで厳しかった反ドイツ感情の被害を受けた。ジョーンズ（1957: 49）はこう報告している。「［精神分析は］ドイツの退廃と，一般にある汚らわしさとの典型産物として中傷された」。それにもかかわらず，ジョーンズはフロイトの著作が英訳されるのを確実にする，できる限りのことをした。1920 年，英語圏に精神分析の考えが広まるように，彼は『国際精神分析誌』を創刊した。他方，それはジョーンズとランクが互いに攻撃し合っていた時期でもあった。フロイトは，それぞれが彼に提示した論拠次第で，一方の支持を請け合ったり，他方を請け合ったりした。こうした紛争は，精神分析者もまた集団の機能の法則を免れられないことを，ごく早期から教えた。そしてこのこともまた，そこで展開されている現象をよりよく把握することをフロイトに動機づけた理由の一つであることは，ほぼ確実である。例えば，精神分析運動はその展開の過程で，組織化された集団の段階に達していて，その指導者——フロイト——が自分の弟子たちの自我理想に密接に対応する理想を創り出していなかったかを問うことができる。

テクストを紐解く

標準版第 18 巻 65–143 頁（岩波版フロイト全集第 17 巻 127–223 頁）所収

● 集団心理学の特徴

　フロイトは前置きとして，精神分析は孤立した個人に焦点を合わせてきたけれども，その周囲の人々との関係も考慮に入れていると表明する。このことから彼は，個人心理学は社会心理学でもあると考えるが，後者は個人をしばしば忘れる傾向がある。

　それから彼は，精神分析が新たにもたらすことができる点をより強調させる目的で，この現象を広く粗描するためにグスタフ・ル・ボン Gustave Le Bon の著作『集団の心理学』（1895）から大量に引用する。ル・ボンは，集団では個人がどのようにして，孤立して思考したり行動したりするときの振る舞い方と非常に異なった仕方で思考し行動するかを叙述する。それは，個人の意識的パーソナリティが，無意識的パーソナリティのために消え去るからである。個人は無敵の力の感覚を獲得するので，個人の責任感と良心の感覚を失う。集団では感染現象も見られる。それは個人が，極めて容易に自分の個人的利益を集団の利益のために犠牲にできるほどであり，個人は催眠術師の手で催眠術をかけられた者のように暗示にかかりやす

くなる。だがフロイトにとって，決定的な要素となるのは，集団の中で催眠術師の位置を占める者である。ル・ボンはまた，群衆では退行が起きるので，個人は原始民族や子供に似た行動を取ることも示す。孤立していれば個人は教養があるかもしれないが，集団の中では，自分の欲動の犠牲として，野蛮人と化す。「原始的な存在のもつ自発性，激情，粗暴さを，さらには，熱狂や英雄的精神をも彼は備えている」（Freud 1921c: 77 岩波 17: 138）。それに加えて，集団は力しか尊重せず，善良さは弱さの一形態として現れる。「集団が英雄に求めるものは強さであり，それは暴力性でさえある。集団は支配され抑え込まれたい，支配者を恐れたいのだ。根本のところでとことん保守的なので，集団は，革新や進歩には何であれ深い嫌悪を，伝統には限りない畏敬の念を抱いている」（同 78–79，岩波 17: 140）。フロイトによれば，集団の中の個人の心的構造は，ル・ボン（1895）が叙述するように，精神分析が叙述しているような神経症者・子供・原始民族の心的構造との多くの類似点を提供している。他方ル・ボンによれば，人間は集められると直ちに指導者を必要とし，集団は，恭順と服従を渇望する従順な群れとなる。彼は集団の「指導者」の力を，神秘的で彼が「威信」と呼ぶ抵抗できない力のせいにする。フロイトはこの説明が不十分だと判断する。結論では，フロイトはむしろ批判的である。彼は，ル・ボンが満足のいく説明を提出せずに，集団心理学の本質的に記述的な粗描をしていると評価する。それをもたらすことは，精神分析に属する。

● 情緒の決定的な役割

次にフロイトはもう一つの著作，ウィリアム・マクドゥーガル William McDougall（1921）による『集団の心』へと向かう。そこでマクドゥーガルは，集合の心理学の形成の基礎にある基本的諸現象を証明できるのは，単純な集団の水準においてであることを論証する。この著者は，集団が形成されるための2つの決定条件を明らかにする。一方では，孤立した個人は共通の関心や感情における同じ志向性といった，共通な何かを持っているはずである。そしてもう一方では，個人は互いに影響を与える，何らかの適性を示さなければならない。このようにマクドゥーガル（1921）は，原始的集団の形成において情緒が果たすであろう中心的な役割を指摘している。その集団のただ中では，情動は強められて思考は制止される。「それほどにも無制限に自らの情熱に身をゆだね，その際集団の中に埋没し去り，個人として限界づけられているという感情を失うことが，当人にとっては，楽しい〔genussreich〕感覚なのだ」（同 84，岩波 17: 148）。その上，やはりマクドゥーガルによれば，集団の組織は個人のパーソナリティが群衆の利益になるように消えることによっても特徴づけられる。「課題は，個人に特徴的であったのに集団形成のせいで個人の中から消え失せてしまった特性を，集団にも作ることである」（同 86，岩波 17: 151）。言い換えれば，組織化されることで集団は「個人のもつ属性を備える」（同 87，岩波 17: 151）とフロイトは付け加える。

● 愛の力

集団の心理を特徴づける情緒の高揚と思考の制止は，どのように説明されるだろうか。大部分の著者たちは当時まで，暗示を引き合いに出していた。だがフロイトはこの説明が不十分であると感じ，愛という一般用語の下に再編成される諸欲動を指す，リビドーという精神分析的な観念に訴える。フロイトによれば，広い意味での愛が問題であり，それは性的欲動を含み，プラトンの「エロース」とも使徒パウロが〔コリント人への手紙で〕語る愛とも合致する。フロイトは愛の情緒を出発点として，集団を一つにする感情の本質を形成するのは「愛の関係（より中立的に表現すれば，感情拘束）」（同 91，岩波 17: 158）である，という仮説を提案する。別の言い方をすれば，集団の凝集性を維持する力の原因にできるのは愛であり，孤立した個人がその特殊性を放棄して，何よりも「彼らへの愛から」（同 92，岩波 17: 159）他の者たちによって暗示されるままになるのは，愛による。

● 教会と軍隊

　フロイトは自分の観点を，高度に組織化された 2 つの集団を吟味しながら例証する。それは教会と軍隊であり，彼はそれらを，その凝集性を確保するために一定の外的制約が用いられている限りで人為的な集団と見なす。教会——特にカトリック教会——は，軍隊が隊長を擁するのと同様に，至高の指導者キリストを擁している。「〔指導者は〕集団のすべての個人を等しい愛情をもって愛している——すべてはこの錯覚にかかっている。この錯覚を手放してしまえば，教会も軍隊もたちまち崩壊してしまうだろう——外的強制もそれを許せば」(同 94，岩波 17: 160)。教会では，キリスト教共同体の忠実な信者たちをまとめるのは，彼らに対してキリストが与える愛である。彼らは自分たちをキリストの兄弟と呼び，フロイトによれば，キリストは父親の代替となる。軍隊でも，同じことである。「隊長は自分の兵隊みなを等しく愛する父親であって，だからこそ，兵隊たちは互いに戦友なのである」(同 94，岩波 17: 161)。だが軍隊は教会よりも大きなピラミッド状のヒエラルキーを持つ組織を有するのに対して，キリスト教団の中では，軍隊の中よりも各個人への配慮がもっと存在する。

　結果として，「これらの人為的集団では，各個人が，一方では指導者（キリスト，隊長）に，他方で集団内の他の個人たちにリビドー的に拘束されている」(同 95，岩波 17: 162)。孤立した個人は両方向に感情拘束を確立しているため，それはそのような集団の中の個人のパーソナリティに限界が見られることを説明する。その証拠は，この感情拘束が失われるときのパニック現象，例えばパニックが軍隊の中で生じてその凝集性を失わせるときに見られる。この場合，集団のリビドー的結びつきを解消するのは，危険を前にした不安であり，フロイトは集団におけるパニックと，本質的に「感情の拘束（リビドー備給）の廃棄」(同 97，岩波 17: 164)に基づく神経症的不安の起源を対比する。この主題は，1926 年の『制止，症状，不安』で再び取り上げられるだろう。宗教的な集団は，両価的感情を示すが，彼らの敵対的衝動は，「キリストの平等な愛のおかげで」(同 98，岩波 17: 166)抑制されている。しかしながら，敵意は非寛容を通してその姿を現す。「根本的には，どの宗教も，それが包み込む人々には誰にとってもそのような愛の宗教なのだが，それに属さない人々に対しては残虐で非寛容であるといったものなのだ」(同 98，岩波 17: 166)。この非寛容は，宗教的な結びつきが他のものに置き換えられても持続する。これは，例えば共産主義運動を待ち受けているものである。「社会主義的な集団の拘束は〔宗教的拘束に取って代わることに〕成功しているように見えるが，そこでも，外部に立つ者の身には宗教上の戦争の時代と同様の非寛容が結果として起こることだろう」(同 99，岩波 17: 167)。

● 凝集性の因子としての愛と憎しみ

　フロイトは集団のそのメンバーへの拘束の性質についての探究を続けて，愛だけでなく憎悪も統一の因子となると考える。したがって集団の行動は，両価性すなわち愛された人に向けられた敵意の感情によって特徴づけられる。だが同じ集団の中では，個人の間の敵対的感情が，集団の凝集性が維持されている限り消えることが，逆説的に認められる。さらに，孤立した個人は，集団の他のメンバーの利益のために，自分の個人的利益を放棄するつもりがある。フロイトはこの自己愛（ナルシシズム）の制限を，個人の間で確立されるリビドー的な結びつきの情緒的性質に帰着させる。より多数の利益のためのこの放棄は，彼によれば，文明の基礎の 1 つとなる。「そして個人の場合と同様，人類全体の発展の中でも，ただ愛だけがエゴイズムから利他主義への転換という意味で文化要因として働いてきたのである」(同 103，岩波 17: 171)。

● 他者への感情拘束の最初の表現としての同一化

　フロイトは凝集性の因子としての愛から同一化へと移る。それは集団の中に感情拘束を作り出すことができる，もう 1 つの因子である。彼は鋭い一文で，愛と同一化を結びつけるものを思い起こさせる。「同一化は，精神分析において他の人格への感情拘束の最も初期の発現として知られている」(同 105，岩波

17: 173)。同一化はエディプス・コンプレックスの前史で一つの役割を果たしており，フロイトは男児が父親との関係でたどる道筋を叙述する。「彼はお父さんのようになりたい，お父さんのようでありたい，あらゆる点でお父さんの代わりをつとめたいのだ。われわれとしては安んじてこう言おう。彼は父親を自分の理想とする，と」（同 105, 岩波 17: 173）。少年は父親への同一化と同時に，母親に対してはっきりと性的なリビドー的対象的結びつきを備給する。そのとき彼は正常なエディプス状況に直面し，彼の男性的同一化は，ライバルである父親への敵意で満たされる。彼は母親の傍らの父親の場を占めたいので，彼の同一化は両価的性格を帯びる。その後，父親へのこの同一化の運命は「たやすく〔leicht〕視界から見失われる」（同 106, 岩波 17: 174）。

だが，エディプス・コンプレックスが裏返され，男児が父親によって欲望される対象すなわち母親に同一化し，女性的構えを取って，父親が性的欲動の対象とされることがある。裏返しは女児でも，これに対応する置き換えとともに起こりうる。では，表エディプス・コンプレックスにおける父親への同一化と，父親が対象とされる裏エディプス・コンプレックスとの間の差異は，何だろうか。フロイトはそれに，簡素だが明快に応える。「前者においては，父親は，人がそうありたい存在であり，後者では，人がそれをも・ち・たい存在なのだ」（同 106, 岩波 17: 174）。

続いてフロイトは，同一化の幾つかの形式を叙述する。同じ症状が，同一化の三形態に結びつけられる可能性がある。例えば，症状形成において，まずヒステリー性同一化を区別することができる。その一例は，母親の咳がうつっている女児である。「この同一化は，エディプス・コンプレックスによるものかもしれない。するとそれは，母親を敵視しそれに取って代わりたいという願望を意味することになり，症状が表現しているのは，父親を対象とする愛である」（同 106, 岩波 17: 175）。この最初の予測されうる事態では，症状は憎まれたライバルのものであり，女児の同一化は母親への攻撃性と父親への愛を同時に表している。症状の形成に関与する同一化のもう1つの形式は，父親を模倣したドーラの咳の例によって説明されている。ここでの症状は，愛された人のものと同じである。「同一化が対象選択の代わりになった，対象選択は同一化に退行したのだ。［……］往々にして，対象選択が再び同一化になる。つまり，自我は対象の性質を帯びる」（同 106-107, 岩波 17: 175）。第3の形式の同一化があり，それは性欲動の対象ではない一人または複数の人と共有するものに基づく。この場合，新たな拘束を作り出す部分的同一化が問題である。フロイトは例として，ヒステリー発作を取り上げる。それは，寄宿学校の女子たちの間で心的感染によって広まる可能性がある症状である。要するに，同一化のこれらの3形態は以下のことを明らかにするようになる。「〔第1に〕，同一化は対象への感情拘束の最も根源的な形態であること。第2に，同一化は退行的な経過をたどり，言うなれば，対象を自我の中に取り込むことを通して，リビドー的対象拘束〔libidinöse Objektbindung〕に対する代替になるということ。そして，第3に，同一化は，性欲動の対象ではない人物に新たに知覚される共通点で[訳注2]成立しうるということである」（同 107-108, 岩波 17: 176-177）。フロイトによれば，集団を指導者とつなぐ同一化は，この第3の予測されうる事態に属する。

フロイトは更にもう1つの型の同一化を叙述する。それは，放棄されたり失われたりした対象への同一化であり，彼はそれの2例を出す。第1は，放棄されたり失われたりした対象についての空想の自我への取り入れによる同一化に関わる。それは，そうした対象の代替となる。かくしてフロイトは，レオナルド・ダ・ヴィンチ（Freud 1910c）に関して記述した，男性同性愛の生成を説明する。この場合，レオナルドは彼の母親に同一化し，彼の母親が彼を愛したように青年たちを愛する。放棄されたり失われたりした対象との第2の型の同一化は，メランコリー――あるいはうつ病――に見出される。そこでは自我の一部が，失われた対象と同一化している。フロイトはメランコリーの精神内界の葛藤に立ち戻る。そこでは自我の一部は，別の自我の部分に対して激怒する。彼は，時には極めて過酷になるこの批判的審級を，「自我理想」という名称で指し示し，それに「自己観察，道徳的良心，夢の検閲，そして抑圧に際しての主要な影響」のような機能を割り当てる（1921c: 110, 岩波 17: 179）。彼はこの内的批判が，権威とりわけ両親の影響の下で自我に課せられた要請からも生じると詳しく説明する。1923年以降，彼はこの審級を「超自我」

訳注2）ドイツ語原文：bei jeder neu wahrgenommenen Gemeinsamkeit mit einer Person.

自我理想の構成

　同一化は愛の一形式なので，続いてフロイトは，恋着と自我理想とに共通するものを吟味し，次いで，催眠術師によって被催眠者に対して発揮される魅力と，指導者が集団に対して持っているものとの比較を行なう。

　恋着に関しては，フロイトは愛の感情が，子供の発達とその性欲動との結びつきの中で体験する変遷を叙述する。彼によれば，愛には 2 つの異なる潮流がある。それは，優しさの潮流と官能的な潮流であり，これらは合流して，性器期の愛を形成することになっている。しばしば，これら 2 つの潮流は合流せず，優しさの潮流と官能的な潮流との間に解離が生じているのが見られる。それは例えば，自分が心酔する女性には不能だが，反対に，自分が愛していない女性には性的能力を有する，空想的な男性に見出される。恋着のもう 1 つの変遷では，男性は「理想化」の動きの中で，自分が愛する対象を性的に過大評価する。だが，対象についてのあらゆる批判を消し去るこの迸りは，自己愛の支配下にある。「この対象は，自分の自我のために手に入れようと追求していた完全性のために愛され，その完全性は，自らのナルシシズムの充足への迂回路で，調達が望まれる^{訳注3)}」（同 112–113，岩波 17: 183）。

　恋着の魅惑が極端な場合，対象の理想化は，自我が文字通り自己を対象へと放擲するほどであり，その結果，対象はあらゆる批判を黙らせ，「言うなれば自我を食い尽くしてしまった」（同 113，岩波 17: 184）のである。言い換えれば，「対象が，自我理想の代わりに置かれた」（同 113，岩波 17: 184）。このことから，同一化と恋着との間の差異の問題は，次のように表される。成功した同一化では，自我は対象の性質によって自分を豊かにする。フェレンツィ（1909）の表現を引用すると，対象を「取り入れた introjiziert」のである。反対に恋着では，フロイトによれば，自我は「貧しくなった，対象に身を捧げ，自らの最も重要な部分に代えてその対象を据えたのである」（1921c: 113，岩波 17: 184）。つまり自我は，自我理想の位置に身を置いたのである。ここで，フロイトは恋着と対象の理想化との間を区別していないことを指摘しよう。事実，彼によれば，対象の理想化は自我の喪失と引き換えに実現される。フロイトが恋着を本質的には病理的状態と考えているのは，このためである。

　催眠と恋着との間の関係に関して，フロイトはいくつかの合致を明らかにする。例えば，彼によれば被催眠者には，愛の対象に対してと同様に，催眠術師に対して従属と批判の欠如が見出される。「催眠術師が自我理想に取って代わっていることは疑いない。［……］催眠術師は唯一の対象となっており，それと並んで注意を払われる対象など何もない」（同 114，岩波 17: 185）。しかしながら，催眠的関係が性的充足を排除した上で恋着した無制限の献身に見えるとすると，反対に恋着では，充足は後の目標として将来に持ち越される。言い換えれば，催眠的関係は「2 人で行なわれる集団形成である」（同 115，岩波 17: 186）と見なすことができる。そして集団において人々をまとめるのは，まさに性的目標を持たない追求すなわち「目標制止された性的追求」（同 115，岩波 17: 186）である。結論でフロイトは，自我理想が果たす役割を考慮して，指導者を有する集団について次のような定義を述べる。「そのような一次的な集団は，同じ一つの対象を自我理想の代わりに置き，その結果，自我において互いに同一化した^{訳注4)}，相当数の個人からなる」（同 116，岩波 17: 188）。

原始群族の父・指導者・催眠術師

　フロイトは，ウィルフレッド・トロッター Wilfred Trotter が叙述したような「群棲欲動」が存在するという考えを退けた後で，集団心理と原始群族の組織との間に彼が観察する類似点を検討し，集団は原始群族が息を吹き返したものであると考える。したがって集団の指導者は，恐れられている原父と等価のもの

訳注 3）ドイツ語原文：man sich nun auf diesem Umweg zur Befriedigung seines Narzißmus verschaffen möchte.
訳注 4）ドイツ語原文：sich in ihrem Ich miteinander identifiziert haben.

であるのに対して，個人の従順な態度は，組織化された群族の原始的精神状態への退行に対応する。群族では，原父は息子たちの性的充足を妨げて支配するので，兄弟たちをまとめ上げる拘束は，集団においてと同じく，制止された性的追求から生じる。初めは，死んだ指導者は直ちに，あらゆる力と性的充足を簒奪する若い息子によって取って代わられる。息子はそのようにして，自分自身に関しては目標制止されてきた性的追求の重要性を終わらせる。教会でも軍隊でも，個人はみな，指導者がそれぞれを公平に正しく愛しているという──理想主義的な──錯覚を持っている。反対に原始群族では，彼らをまとめるのは憎しみである。というのは，個人は「原父から同じように迫害されていると思い，彼を同じように恐れていた」（同 125, 岩波 17: 199）からである。

続いてフロイトは，催眠術師の凝視が有する力に似た，王や群族の長から発せられる神秘的な力の性質について問う。催眠術師の手順は，転移に似た無意識の催眠的関係の中で，外界を排除して自分へとあらゆる注意を引き付けることを狙っている。精神分析的な観点からは，フェレンツィ（1909）が指摘したように，患者に眠るように厳命する催眠術師は，両親の位置に自分を置いている。この種の関係では，催眠術師は被催眠者の中に，古い遺産の一部を思い起こさせてもいて，恐れられる原父との恐ろしい関係を彼に蘇らせている。それは，「依然として，恐れられている原父」（Freud 1921c: 127, 岩波 17: 203）である集団の指導者に対して見出される，「受動的 - マゾヒズム的」（同 127, 岩波 17: 202）構えである。集団の権威への渇望や支配される欲求を前にして，フロイトはそこから，「原父は集団理想であり，自我理想に代わって自我を支配している」（同 127, 岩波 17: 203）と結論した。

● 正常および病理における自我理想

病理的現象の観察は，再びフロイトを正常な個人の機能の仕方の発見に導く。例えば，自我と自我理想との区別を導入することで，彼は心的機能についてのこの新しい着想によって，全体として考えられた自我（「全体自我」）と外的対象との間の相互作用が，今度は内的世界つまり「自我の内部のこの新しい舞台の上で」（同 130, 岩波 17: 205）繰り返されると考察できるようになる。

それからフロイトは，正常にとっておよび病理にとってのその帰結を素描する。正常な組織に関して言えば，自我と自我理想との間の分割は，この対象関係の中の 2 つの対極の間に「緊張」を引き起こす。この緊張は耐え難く，絶えず問題にされる。例えば睡眠中，対象を避ける状態への周期的な回帰が見られる。それは自己愛(ナルシス)的退行となる。病理に関して言えば，自我と自我理想との「分離」がもはや耐えられずに，一時的に消えると考えることができる。こうした場合に自我にできるのは，原始民族の祭礼や今日の謝肉祭のときのように，禁止に反抗してあらゆる侵犯を自分に許すか，「自我が従うべしとされるあらゆる制限の総計を包含する」（同 131, 岩波 17: 207）自我理想の禁止に自らを従わせるかである。

この循環は，メランコリー性うつ病や躁病に観察される，気分の揺れを決定する心因成分を説明できるだろうか。躁病患者は制止を全く失うので，フロイトはメランコリーから躁病への移行が，メランコリー者では厳格だったそれまでの自我理想が，自我の中に解消されたことに起因するかもしれないという仮説を出す。他方，メランコリーから躁病への反転は，自我理想に対する自我の周期的な反抗の結果であるとも考えられる。「自我は，非難されている対象と同一化した場合に経験する[訳注5]理想の側からの虐待によって反抗へと刺激されるのだろう」（同 133, 岩波 17: 210）

● 英雄神話：個人心理への前進

自我と自我理想との間の区別によってフロイトは，いくつかの補遺を書く気になる。第 1 は，歴史の始まりの頃に，原始群族の父の殺害に続いて起きた，集団心理から個人心理への移行を形成する進歩に関わる。『トーテムとタブー』で提起した考えに戻ってフロイトは，兄弟間の葛藤のために息子たちは原父

訳注 5）ドイツ語原文：es im Fall der Identifizierung mit einem verworfenen Objekt erfährt.

の後継者を見出すことを妨げられたという仮説を出す。それらの行為を言葉に移す段階を乗り越えたのは，最初の叙事詩人だった。想像力に訴えて，英雄についての物語を創造したのは彼である。その英雄は，単独で父を撲殺し，神話を通じて後継者となったことだろう。「そういうわけで，神話とは，個人が集団心理から踏み出る一歩である」(同 136, 岩波 17: 214)。だが，本当の英雄は，自分の物語を通じて聴衆に英雄の偉業を語る，英雄に同一化した詩人自身ではないだろうか，とフロイトは付け加える。続く段階は，英雄の神格化において頂点を迎えるだろう。それは，神性の形で原父が帰還する先駆けである。

それからフロイトは，一方の愛と，もう一方の，目的に関して直接の性欲動を制止されているものとの間の関係を明確にする。後者に関して言うと，それは性欲動の昇華に対応する。直接の性欲動に関して言えば，恋愛関係の 2 人が集団を避けて人のいないところに避難するときに確認されるように，それは集団の形成を妨げる。直接の性欲動が集団の中で表現されるとき，それは集団を解体させる傾向がある。反対に，教会や軍隊のような大集団では，「性的対象としての女性には全く場所がない[訳注6]」(同 141, 岩波 17: 220)し，性別は何の役割も果たしていないとフロイトは書く。要するに，神経症は本質的に非社交的である。なぜなら，それは神経症者を集団から引き離す傾向があるからである。「神経症は，恋着と同じように集団に対して壊滅的な影響を及ぼす，と言えるかもしれない」(同 142, 岩波 17: 221)。

フロイト以後

精神分析と集団

集団分析は，当然のこととして，集団心理についてのフロイトの仕事の延長と考えることができる。この用語は一方で厳密な意味では，個人精神分析の寄与と集団の機能についてのさまざまな着想に基づいた治療技法を指す。他方，より広い意味では，この用語はさまざまな大きさの集団について行なわれた精神分析的研究を指す。ジークムント・H・フークス Siegmund H. Foulkes とウィルフレッド・R・ビオンは，この領域における 2 人の先駆者だった。

フークス：集団による精神分析

フークスは，ドイツで訓練を受けた精神分析者で，英国に移民した後，1930 年代に集団精神療法を実践し始めた。彼は自分のアプローチを，「集団による精神分析」と呼んでいる。なぜなら彼にとって，メンバーが集団の他の参加者のための共同治療者になるために，集団メンバーの治療能力が発達することが重要だからである。集団の治療者の役割は，この過程を促進し，治療手段としてのコミュニケーションの性質を活用することにある。フークスの視点では，分析者への集団の転移のみが考慮に入れられ，集団のメンバー間の転移は除外されている。それで彼は自分の方法をこう定義する。「集団による精神療法は問題の広がり全体を，それが元の(最初の)集団で発生した点か，障害のある個人を馴染みのない集団の中の転移条件下に置くことで扱う試みである」(Foulkes 1964)。

集団についてのビオンの仕事

ビオンのアプローチは異なっている。というのは，彼は個人心性と集団心性との間に根本的な区別を設けているからである。1940 年代に英国陸軍で復職訓練の集団との仕事から出発して，ビオンは，精神分析的な経験がある観察者による観察によって，他のやり方では気づかれず見過ごされたと思われる状況を発見できることを理解した。例えば彼は，ある課題を実行するために数人で集まるとき，集団の中に 2 つの傾向を認めることができるのを確認した。1 つは予定された課題の実現へと向かい，もう 1 つはそれに反対するように見える。別の言葉で言えば，作業活動は退行的活動によって妨げられる。こうしたさまざまな現象を描写するためにビオンは，彼独自の用語法を使った(Bion 1961; Grinberg et al. 1973)。

集団では，そのメンバーの間で観察される退行は，「集団心性」の形成によって説明される。これは集団の意見やメンバーの意志を表現するが，それは気づかず無意識的になされる。集団はそこで，「基礎仮定」を巡って組織化される。この用語は，集団があたかも共通の期待を有するかのように機能することを意味するが，それは定式化されず暗黙の含意にとどまる。ビオンは，3 つの基礎仮定を区別する。「依存」

訳注 6) ドイツ語原文：kein Platz ist für das Weib.

の基礎仮定では，集団はリーダーが，集団のあらゆる欲求と欲望を満たすことを期待し，受身的で批判意見を欠いている。「闘争／逃走」の基礎仮定では，集団は攻撃して破壊するか，逃走して避ける必要がある敵が存在すると確信している。この集団はそこで指導者として，猜疑的パーソナリティを選ぶ。「ペアリング」の基礎仮定では，集団は救世主のような来るべき介入を期待しており，この非合理的で無意識の希望はしばしば，カップルの子供に注がれる。これらの基礎仮定のどれかに従って組織されている集団は，集団の無意識的空想を表現する強い原始的情動状態によって貫かれている。そこでその機能様式はカオス的になるので，その活動は妨げられる。なぜなら，集団は何よりもまず，その万能的欲望の直接的満足を求めて，現実を考慮に入れない傾向があるからである。

「基礎仮定」集団とは別に，ビオンが「作業集団」と呼ぶ，もう一つの機能水準が共存している。後者はそのメンバーが，言語的コミュニケーションを使用し，現実を考慮に入れつつ，課題を達成するために協力することを期待している。

この2類の集団は，同一の集団の中に共存しており，その基礎仮定集団と作業集団は，集団の中で再生される葛藤を，つねに引き起こしているものである。ビオンによれば，基礎仮定の諸現象は集団の内部にいる個人で再活性化された精神病的不安に対する，集団の防衛的で退行的な反応であり，M.クラインによって叙述された原始的防衛機制に対応する。それに対して作業集団は，統合へと向かう傾向がある心的機能に対応する。ビオンによってもたらされた発展以来，観察者は，集団の中で自分が関与する現象を理解するための新しい道具を持っている。特に，治療集団の中で起きる現象を理解できる道具である。

年代順に見るフロイトの概念
軍隊　教会　自我　自我理想　集団心理学　催眠，催眠術師　理想　自我理想　理想化　同一化　個人心理学　愛，恋着

『自我とエス』
（1923b）

心的構造の新たな分割：自我・エス・超自我

　『**自我とエス**』は，フロイトが「1920年の転回点」で出した諸仮説の統合をそこで提示しているので，特に重要な著作である。彼は，心的構造を無意識・前意識・意識に分割する最初のモデル——「第1局所論」（心的構造の局所論的分割）という名で知られている——が，心的機能を説明するためにもはや不十分であり，それを拡大することが重要であると示すことから始める。フロイトは，個人の「自我」が治療の過程で意識化することに反対する抵抗から出発して，心的構造の3つの審級，自我・エス・超自我への新たな分割を導入する。これは「第2局所論」という名で知られるモデルである。これら2つのモデルは互いに排斥せず，反対に，心的現象を異なる角度から描写しているという意味で相補的である。それは，家をその形や大きさ・価格に関して述べることができるのと同じである。

　続いてフロイトは，自我・エス・超自我を，どれも同時に意識的でも無意識的でもある性質を有するものとして定義する。著作の最初から，自我の観念はフロイトに存在しているが，彼はそれを意識的な人格を指すものとして使っている。1923年以降，彼は**自我**を，心的現象の「調整機関〔審級〕」として提示する。それは，**エス**——「諸欲動の大貯蔵槽」——の要請と，**超自我**——以前は「批判的審級」または「良心の批判」と呼ばれていたもの——の要請との間に，絶えず均衡を見出す必要がある。互いの要請が矛盾する自我・エス・超自我の間で作り出される無意識の葛藤と緊張は，パーソナリティの形成に永続的な影響を持つ。パーソナリティは，対峙したそれぞれの力とそれらの力動的均衡のベクトル和である。分析の目標が，第1局所論の言葉では無意識を意識化することであるように，この目標は第2局所論の言葉では，以下のようになる。"Wo Es war, soll Ich werden"（「エスのあったところに，自我をあらしめよ」）（1933a [1932]: 80）。

　フロイトは1921年に『**集団心理学と自我分析**』の中で試みた考察を続けて，個人のパーソナリティと性格は一連の同一化の過程に由来すると考えるに至る。また，彼が各個人に固有の心的両性性を考慮に入れて，エディプス・コンプレックスをその完全形において陽性——男児は父親に，女児は母親に同一化する——および裏——男児における女性的同一化と女児における男性的同一化——の両方を記述しているのも，このテクストにおいてである。『**自我とエス**』でフロイトは，生の欲動と死の欲動との間の根本的葛藤が果たす決定的な役割について確信に満ちた態度を示している。彼はその例示を，改善が逆説的に悪化を引き起こす，分析を受けている患者に見る。彼はそれを「**陰性治療反応**」（1933a [1932]: 49，岩波 18: 49）と呼ぶ。そしてメランコリー（うつ病）患者でも，フロイトは彼らの超自我が「**死の欲動の純粋培養**」（同 53）であると言う。だが超自我は，病理的状態におけるように，単に自我をサディズム的に扱う審級なのではない。なぜなら，正常な個人では，エディプス期以後の超自我に割り当てられた役割は，父親と母親との同一化によって，保護する機能と安全を守る機能を発揮することだからである。

伝記と歴史

ゲオルグ・グロデック：『エスの本』（1923）

「エス」という用語は，最初ニーチェによって使われ，次にグロデックがフロイトの本の数週間前に出版した著作『エスの本』の中で再び取り上げた。グロデックは，フロイトのユニークな弟子で，彼はバーデン・バーデンの診療所の所長だった。彼は精神分析に熱烈になる前，初めは貶していた。グロデックは自分を「野生の分析者」と形容していた。彼は，1920年のハーグ会議の時に初めてフロイトに会った。フロイトは，グロデックの魅力・心の敏捷さ・思考の自由さを，1921年に『魂の探求者』を出版した時のように，彼が時には顰蹙を買うところまで行っても評価していた。その小説風の著作は，ある精神分析者の苦難をユーモアとともに語り，フロイトを含めて多くの読者を喜ばせた。だが，他の者たちはそれを下品で非科学的だと見なした。グロデックは，1923年に出版された『エスの本』によって，広い読者に名声を博した。この著作で彼は心身症者との仕事について書き，エスをこう提示した。「[人]が為し人の身に起きるあらゆることを司る，或る種の現象である[……]『人はエスによって生かされている』」（Groddeck 1923 [1949: 11]）。フロイトがエスの観念に与えたのはグロデックによるものとは異なる意義だったにしても，彼は自分の弟子による寄与に負うことを認めた。グロデックは，科学的厳密さの欠如と厳密さに乏しい実践に対して疑義を差し挟まれたが，それでも彼は，身体疾患と心身症的疾患の領域において精神分析の治療的可能性を強調した，最初の人物であり続けている。

フロイトの癌の始まり

フロイトは1922年に『自我とエス』を書き，1923年4月に出版した。彼は67歳で，彼の名声は広がっていた。それは彼にとって仕事の邪魔になるので，用のないものだった。1923年2月，彼は下顎に腫瘍を発見したが，本の出版後にしか切除させなかった。彼は，この白板形成が悪性でありうると感じたが，担当医たちが彼に煙草を禁止するのを恐れて，それについて語らなかった。そして評判の良い専門医を受診する代わりに，技能の低い外科医マルクス・ハイエク Marcus Hajek に自分の治療を任せた。そして腫瘍を外来で除去したとき，フロイトは出血で命を落としかけた。続く16年の間に彼は，白板症の再発のために33回手術を受けた。1923年，最初の手術後，彼は不快な放射線療法を受けて，耐え難い苦痛に襲われ，その後6カ月間仕事ができなかった。数カ月間，彼の担当医とフェリックス・ドイチュは，フロイトが自殺しないかと恐れて，癌についての真実を彼に隠し，1923年9月まで彼の近い弟子たちにもそのことを知らせなかった。新たな医師すなわち額顔面外科の専門医ハンス・ピシュラー Hans Pischler が同年10月に再手術を行ない，口と鼻腔の間の隔壁を切除し，巨大な人工補助具を彼に作成した。フロイトはその挿着脱にひどく困難を経験したので，「私の怪物」と呼んだ。この時期以後，フロイトは，話すことと食べることが困難となった。そして右耳も聞くのが困難となり，そのうち完全に聞こえなくなった。それ以降，彼は辛いときに娘のアナ以外の看護を拒んだ。

最近，フロイトの癌の本当の性質について，深刻な疑問がフロイトの伝記作者の一人エミリオ・ロドリゲ Emilio Rodrigué (1996) によって投げ掛けられた。彼によれば，最初になされた癌の診断は間違っていたのであろう。というのは，キュリー研究所のラカサーニュ Lacassagne 博士によって1939年に行なわれた，最初の採取標本についての組織学検査によれば，それは実際には悪性でない乳頭腫症だったと思われる。そういうわけで本当の癌は，そう思われていたよりも後に発展したのであり，集中的な放射線治療の結果だったのであろう。ロドリゲによれば，自分の健康に対するフロイトの態度がおそらく，これらの年月に引き継がれた医療過誤に寄与した。「この点に関しては，フロイト自身に責任がある。こうした医原性問題の中で，彼の役割は何だったのだろうか。担当医たちとの彼の関係は，いつも問題だった」(p.514)。

テクストを紐解く

■　標準版第 19 巻 1–59 頁（岩波版フロイト全集第 18 巻 1–62 頁）所収。

● 自我の観念に向かって

　フロイトはこの著作で，『快原理の彼岸』において口火を切った考察を続けながら，1920 年代以降の彼の思考を表す，根本的な手直しの総括を提出する。しかしながら，彼は『自我とエス』で生物学的な見取図を放棄し，以来，厳密に精神分析的な構想にとどまる。

　彼は，精神分析が意識と無意識の間の基本的な区別を基盤としていることの指摘から始める。無意識の観念には，記述的および力動的の 2 つの観点から接近できる。記述的観点からすると，無意識は意識にまだ現れていないがそうなることが可能な表象が存在することを意味する。それらは，潜在的な状態にとどまる限りで「無意識」であると言うことができる。反対に，力動的観点からすると，抑圧されているために「無意識」である表象が存在する。後者は，抵抗と呼ばれる力がそれに逆らうので，意識化されることができない。精神分析の技法は，それらを意識にする方法である。だから，2 種類の無意識が区別される。1 つは潜在的な無意識であり，記述的観点からの無意識で，前意識に対応する。もう 1 つは力動的無意識とも呼ばれる本来の無意識で，精神分析が扱うものである。

　では自我を論じよう。初めフロイトは「自我」の観念が，意識的なもののみを包含すると考えていた。だがまもなく自我は，彼にとって抑圧されたものの意識化に固有の抵抗も示すことが分かった。更に彼は，自我の一部もまた力動的な意味で無意識であり，その抑圧されたものを意識にもたらすには精神分析の仕事を要すると考えるようになった。そこで彼は，1915 年（Freud 1915e）に既に素描していた，「無意識的なものは抑圧されたものと一致しない[訳注1]。なるほど，抑圧されたものはすべて無意識的と言ってよいが，すべての無意識的なものが抑圧されたものであるとはかぎらない」(1923b: 18，岩波 18: 11) という考えを再び取り上げた。その結果，意識と無意識の関係は分析的な仕事において基本的な分け目にとどまるにしても，無意識という観念は心的構造を全体として叙述するには，もはや十分ではない。

● 自我とエス

　続いてフロイトは，自我と，知覚を受け取って意識によるその把握を確かにするシステムとの関係を吟味する。彼は後者を，知覚 - 意識系と呼ぶ。空間的観点から見ると意識は，有機体の外部および内部の両方に由来する知覚を受け取る「心的装置の表面」として現れる。感覚器官──視覚や聴覚など──を源とする知覚は，直ちに意識される。思考過程に関して言えば，それは語表象との連関のおかげで変形されてから，言語を通じて意識に達する。心的装置の非常に深い層から生じる内部知覚に関しては，それらは外部知覚よりも基礎的であり，快／不快の感覚という手段によって意識に達する。

　しかしながら，感覚が「意識になる」という問いは問題であり，意識になる前の無意識的な感覚について語ることができるのは正当である，とフロイトは表明する。だが彼は，一方では抑圧の効果で無意識の中に維持されている表象が意識される過程と，もう一方では感覚が意識される過程との区別を導入する。後者は，彼によれば，意識に直接に伝達される。「つまりこの区別は[訳注2]，無意識的な表象の場合には，これを意識にもたらすためには，まず連結項が作り出されねばならないのに対して，感覚の場合には，意識への連れ出しが直接的に生じるために，そうした連結項が作り出されることはないということである。言い換えれば，［……］感覚は，意識的か無意識的かのどちらかである[訳注3]」(同 30，岩波 18: 17)。私の

訳注 1) ドイツ語原文：nicht zusammenfällt.

訳注 2) ドイツ語原文：Der Unterschied ist nähmlich.

訳注 3) Empfindungen sind entweder bewußt oder unbewußt.

考えでは，ここで注記が必要である。なぜなら，彼がここで感覚が抑圧されうることを拒否して，その機制を神経症に取っておくにしても，感覚や情緒の知覚の抑制に関わるものについて，抑制 répression という用語[訳注4]も使っているからである。今日では，心的現実の否認を特徴とする防衛機制にも関わりを持たせている。フロイトは，自我と身体との間の関係に割いたこの章を，自我は本質的に身体の感覚の派生物であり，知覚と感覚の交差点に特殊な場を与えられていると宣言して締め括る。「自我とはとりわけ，身体的自我なのであって，たんに表面に位置するものであるだけでなく，それ自体が表面の投影〔Projektion〕ともなっている」（同26, 岩波 18: 21）。

　フロイトは，「自我」とさまざまな心的過程との間の複雑な関係を説明するために，G. グロデック（1923）から借りた「エス」という観念に訴える。フロイトにとって，エスは「欲動」と「情熱」の「貯蔵槽」を形成しており，そこでは現実原理に取って代わる快原理が支配している。グロデックに反してフロイトは，自我はエスからの攻撃を受動的に被るのではなく，騎手が馬を抑制しなければならないようにそれを征服しようとすると考える。「つまり，騎手は，馬と離れたくなければ，往々にして，馬の行こうとするところへ馬を導いてゆくほかないが，それと同じで，自我もまた通常は，あたかも自分の意志であるかのようにしてエスの意志を行動に移しているということである」（同25, 岩波 18: 20）

● 超自我（あるいは自我理想）

　無意識から生じるもう一つの現れがある。それは，過剰な自己非難と良心の形で多くの神経症者に見られる無意識的罪責感である。フロイトはそれを，彼が自我理想あるいは超自我と呼ぶ特殊な審級に原因があるとする。

　自我と自我理想または超自我という2つの審級は，どこから生じるのだろうか。フロイトは，それらが同一化の過程を基礎としており，この観点から2種の同一化を区別することができる，という仮定を提案する。人生の始まりでは，彼が『集団心理学と自我分析』（1921c）で叙述したように，同一化と対象備給を区別することはできないので，「対象を愛すること」は「対象であること」に等しい。言い換えれば，これらの原始的同一化は自己愛的（ナルシス）同一化であり，そこで性的対象はメランコリー的取り入れの機制に従って，自我の中に導入される。「自我の性格は，かつて断念された対象備給の沈澱したものであって，そこにはこうした対象選択の歴史が刻みつけられている」。（1923b:29, 岩波 18:24）。これらの最初の同一化は，自我の中で特殊な審級として振る舞い，超自我または自我理想として自我に反対する。自我がもっと強くなったとき，より進んだ形の同一化が備わる。すなわち，自我は愛と同一化を区別するに至り，その性的目標を断念してエディプス的対象のパーソナリティ特徴にすっかり同一化しつつ，昇華された自己愛的（ナルシス）リビドーをその対象に備給できるようになる。「自我は，対象の特徴を身にまとうと，いわば，エスに対しても自らを愛の対象として押しつけ，エスの損失を埋め合わせようとして，こう言うのである。『どう，私を愛してもいいのよ，私，対象（あのひと）にそっくりでしょう』と」（同30, 岩波 18: 25）。1938年7月12日のメモではフロイトは，これら2つの同一化過程の差異をこう要約するだろう。「子供における存在〔である〕と所有〔もつ〕。子供は対象関係を自分は対象であるという具合に同一化によって表現したがる。所有〔もつ〕とは〔両者のうちの〕後の方であり，対象喪失の後に存在〔である〕へと逆戻りする。たとえば乳房。乳房は私の一部である，私は乳房である。後にはただ，私は乳房をもっている，すなわち，私は乳房でありはしない……」（Freud 1941f [1938]: 299, 岩波 22: 283 ここでの〔　〕内は岩波版の訳注）。

　続いてフロイトは，同一化の過程とエディプス・コンプレックスとの関係の叙述に集中して，エディプス・コンプレックスの形式は，その完成形および心的両性性を考慮に入れると，陽性と陰性の二重であるという結論に達する。例えば，男児では，父親への同一化は彼の男性性の基礎を形成し，陽性あるいは表エディプス・コンプレックスに一致するのに対して，男児の女性的同一化は，陰性または裏のエディプス・コンプレックスに一致する。それは女児でも同じであり，女児の陽性エディプス・コンプレックスが母親

訳注4）Aufhalten を指すと思われる。

への同一化に一致するのに対して，陰性エディプス・コンプレックスは父親への同一化に一致する。ということは，子供の最終的同一化を確定する因子は何だろうか。そこでフロイトは，自分の期待したほどメランコリーの機制がそれを説明しないことに気づく。また彼は，心理学的次元の回答を提供することを断念して，素質的因子に訴える。これは，問いに答えないままにして，精神分析的因子を関与の外に置いている。「エディプス状況が父-同一化で終わるか，母-同一化で終わるかは，男女どちらにおいても，男性性と女性性のどちらの素質が相対的に強いかにかかっているようである」（1923b: 33，岩波 18: 29）。後に，フロイト以後の精神分析者たち，特に E. ジョーンズや M. クラインによって最終的同一化の決定因子として見なされるようになるのは，競争相手への同一化である。

だが，子供の自我理想または超自我は，単に父親への——あるいはフロイトが明確化する（同 31 註 1，岩波 18: 27）ように「両親」への——同一化から形成されるのではなく，エディプス的近親姦欲望の成就を妨げた両親の禁止への同一化の結果でもある。言い換えれば，自我理想／超自我は，自我との関係において「2 つの顔」を見せる。一方でそれは自我を励ます。「そのように（父のように）あるべし」。だがもう一方でそれは，禁止を対置する。「そのように（父のように）あってはならぬ，すなわち，父のすることを何でもしてよいわけではない，という禁止も含んでおり，多くのことを父親に留保している[訳注5)]」（同 34，岩波 18: 31）。フロイトは，こうした複雑な過程を，次のように要約する。「われわれは幼児期に，この高尚なものに出会い，これを賛嘆し，また恐れたのであって，そしてそのあとに，これをわれわれ自身のなかへと取り込んだ」（同 36，岩波 18: 33）。このようにして自我から一つの審級が浮かび上がる。それの苛酷さは個人個人で異なる。「エディプス・コンプレックスが激しかったならば〔時制修正〕激しかった〔同〕ほど，［……］それだけいっそう超自我はのちに良心として厳格になり，ともすれば無意識的な罪責感となって自我を支配することになる」（同 34–35, 岩波 18: 31）。最終的に，自我理想は「エディプス・コンプレックスの後継ぎ」（同 36，岩波 18: 33）として現れる。私はここで，フロイトが明確に区別していない 3 つの用語——理想自我・自我理想・超自我——を記していることを付言しておくが，彼はそれらを互換性があるもののようには用いていない。

宗教的な感情・個人の良心・社会的感情は，究極的には，人間存在に対して非常に高尚な要請を課す自我理想の存在から自然に生じる。例えば，宗教的感情はあらゆる宗教の核心に存在する。「自我は，自らのいただく理想と比較して，おのれのいたらなさを痛感するわけであるが，そうした判断から，憧憬あふれる信仰者の土台となる謙虚な宗教感情が生まれる」（同 37, 岩波 18: 34）。良心に関して言えば，フロイトはそれが，教師や権威者たちを源とする命令と禁止の内面化の結果であり，それから生じる良心の要請と自我の所産との間の緊張は「罪責感」として感じられる，と考える。最後にフロイトは，「社会的感情は，同一の自我理想を基盤とする，他の人たちとの同一化に掛かっている[訳注6)]」（同 37, 岩波 18: 34）と締め括る。

フロイトは，自我理想または超自我の太古の起源を探求してこの章を終える。彼は『トーテムとタブー』で提示した自分の命題を再び取り上げ，社会的感情の一部を，原始群族の父殺害の結果とそれに結びついた道徳的制限の結果へと遡らせる。それから彼は，超自我が世代から世代へと出現する歴史を問題にする。彼にとって，祖先の経験の系統発生的痕跡は，自我の水準でではなくむしろ「遺伝的なエス」において伝えられている。「遺伝的なエス〔das erbliche Es〕には，自らの内部に自我の無数の生の残渣が宿っているということであり，自我が，エスから超自我を生み出すときには，かつて自らがまとったさまざまな形態を再度呼び起こし，それらを復活させているだけのことなのかもしれないのである」（同 38, 岩波 18: 36）。

● 自我と，生の欲動と死の欲動の間の葛藤

自我に対してどのような結果が欲動によって，特に『快原理の彼岸』（1920g）において仮定された生の欲動と死の欲動によってもたらされるだろうか。フロイトは，これらの 2 種の欲動がさまざまな比率で結びついたり離れたりするという仮説を提出する。確かに，欲動のそのような融合を思い浮かべることは困

訳注 5) manches bleibt ihm vorbehalten.
訳注 6) Die sozialen Gefühle ruhen auf Identifizierungen mit anderen auf Grund des gleichen Ichideals.

難である。しかし，死の欲動が生体によって中和されたり，その破壊的部分が或る器官を通じて攻撃性の形で外界へと逸らされたりすると想定することはできる。「この特別の器官とは筋肉組織のことであって，とすれば死の欲動は——おそらくはその一部であろうが——外界ならびに他の生物を標的とする破壊欲動として姿を現わすということになる」（同 41，岩波 18: 39）。

　生の欲動と死の欲動の融合を想像するならば，多かれ少なかれ完成されたそれらの「脱融合〔Entmischung〕」もまた想像することができる。フロイトによれば，重症の神経症や倒錯では，死の欲動が支配的地位を占めている。「破壊欲動が放散をめざすことによってエロースに奉仕させられるのが通例であることをわれわれは認識し〔Wir erkennen〕，癲癇発作が欲動分離の産物ないし兆候ではないかと予想する」（同 41，岩波 18: 39）。彼は例えば，性器期から肛門サディズム期への退行は，欲動の同じような脱融合に立脚するのに反して，前進は，死の欲動に対して生の欲動の性愛的成分が主導的であることに立脚すると考える。

　そこでフロイトに，それら 2 種の欲動間の対立の代わりに，愛と憎しみという極を置くことができるかどうかを知るという問いが生まれる。愛がエロースを表し，憎しみと破壊欲動は死の欲動を表していると見なすことは容易にできる，と彼は言う。だがフロイトは，この対比ができることを信じない。それは，臨床ではしばしば，愛が憎しみに，そして憎しみが愛に変わりうることが，私たちに示されるからである。例えば，パラノイアでは強い同性愛的拘束が「この最愛の人は迫害者となり[訳注7]，この迫害者に対して，しばしば危険な攻撃[訳注8]を向ける」（同 43，岩波 18: 41）。だがフロイトは行き詰まり，回答を棚上げのままにする。そこで彼は愛の憎しみへの変容およびその逆についての問いを関与させなくする，性質の異なる別の因子に訴えて，「それ自体としては中立的」で「遷移可能なエネルギー」（同 44，岩波 18: 43）の介在を仮定する。このエネルギーは，「脱性化されたエロース」（同 44，岩波 18: 43）の中に存在する「自己愛的リビドー」（同 44，岩波 18: 42）の備蓄に源があるだろう。だがこのように愛／憎しみの情緒の変容を考慮の外に置いた後で，フロイトは次の章では，この変容が本当に起きたと主張しており，自分の躊躇を隠していない。

　フロイトは，心の装置の新しい構造論的な着想の光に照らして，一次的ナルシシズムと二次的ナルシシズムを再定義する。「リビドーは，もともとはすべてエスのなかに蓄えられており，そのとき自我はなお形成途上か，あるいはなお脆弱な状態にある。エスは，このリビドーの一部を性愛的な対象備給へと送り出す〔aussenden〕のであるが，これに対して，強くなった自我はこの対象リビドーを奪取し〔sich bemächtigen〕，自らを愛の対象としてエスに押しつけようとする。自我のナルシシズムはこうして，二次的なもの，対象から引っ込めた〔entzogen〕ものとして成立するわけである」（同 46，岩波 18: 45）。

● 陰性治療反応と「死の欲動の純粋培養」であるメランコリーの超自我

　続いてフロイトは，自我がエスおよび超自我と持つ関係を吟味し，自我を 3 人の主人に仕えなければならない召使いに喩える。自我は，第 1 に外界から，第 2 にエスのリビドーから，第 3 に超自我の苛酷さから発生する 3 種類の危険に脅かされている。例えば，超自我に関して言えば，治療の進展に対して逆説的な仕方で反応する患者たちをしばしば見かける。なぜなら彼らの状態の改善が悪化を引き起こすからであり，フロイトはこの現象を「陰性治療反応」（同 49，岩波 18: 49）と呼んでいる。これらの患者たちで優位なのは，治癒する意志ではなく，病気でいる欲求である。なぜなら，彼らは罪があると無意識的に感じていて，苦痛による罰を手放すことができないのである。「とはいえ，この罪責感は，患者に対して沈黙しており，患者に有罪宣告したりはしない。患者は，自分が，罪があるとは感じておらず，病気であると感じているにすぎない」（同 49–50，岩波 18: 50）。よく似た陰性治療反応は，重症の神経症の大部分に見られ，意識される正常な罪責感と比べて，その罪責感は無意識的である。

　なぜ超自我は，メランコリーうつ病のような或る種の障害では，これほど苛酷で厳格なものとして現れるのだろうか。彼は，メランコリー性超自我の破壊的成分を，死の欲動の働きに原因があるとする。「超

訳注 7) ドイツ語原文：diese geliebteste Person zum Verfolger wird.

訳注 8) ドイツ語原文：gefährliche Aggression.

自我のなかで支配的になっているのは，死の欲動が純粋培養されたような状態であって，自我が事前に躁に転化することによってこの暴君から身を守らないかぎり，じっさい超自我は往々にして，自我を死にまで駆り立ててゆくことになる」(同 53，岩波 18: 55)。フロイトはそこで，何がメランコリー者の超自我において死の欲動の集合を生むのかを問う。彼は，「欲動の脱融合」という概念を介入させる。それは，エロース的成分が破壊性の全体を拘束する力をもはや持たないので，「破壊欲動は，攻撃傾向ないし破壊傾向として自由になる〔frei werden〕」(同 54，岩波 18: 57) という事実に由来する。うつ病患者の超自我がその過酷さと残酷さを自我に向けるのは，生の欲動と死の欲動の間のこの脱融合のためである。

強迫神経症では，何が起きているのだろうか。この障害でも超自我はやはり，容赦ない過酷さを自我に対して示す。しかし，うつ病患者と違って，強迫症者は自殺の危険性に対して「免疫」(同 53，岩波 18: 55) があるように見える。それは，フロイトによれば，強迫症者では愛が憎しみに変形されていることに起因する。「強迫神経症の場合は，前性器期の性的編成への退行によって〔durch eine Regression〕，愛の衝動が対象に対する攻撃衝動に転化することが可能になった〔möglich geworden〕」(同 53，岩波 18: 55)。ここで彼は，「憎しみによる愛の実際的な代替[訳注9)]」(同 53，岩波 18: 55) が問題であるという確信を再度強調する。この代替行為は，愛と憎しみの区別を維持する可能性への道を閉ざす。この区別は，生の欲動と死の欲動の間の融合 - 脱融合の過程に似た，これらの情緒の間の拘束 - 脱拘束の過程を理解するために必要である。D. キノドス (1994) によれば，フロイトが出会うこの困難は，彼が情緒の混同 confusion と情緒の結合の間に，明確な区別を確立しなかったことに起因すると思われる。彼女によれば，発達の早期段階では愛と憎しみは混ざり合いうるものであり，だから関わっているのが愛なのか憎しみなのかを知ることはできない。反対に，進んだ段階では患者は，同じ対象に向けた愛の情緒と憎しみの情緒を区別できて，それらを結びつけることができる。「実際に結びつけることができるのは，予め区別されているもののみである」(1994: 113〔英訳 1997: 90〕)。

それからフロイトは，自我を特徴づけるその力と弱さについて詳しく述べる。自我は外界の知覚と接触すると，心的過程を現実吟味〔現実性の検証〕に委ねる。それは，運動による放散の延期を可能にする思考過程によって助けられる。更に，自我はエスから生じる欲動に対処しようとすると同時に，人生の経験で自分を豊かにする。このことは，精神分析がその治療的効果を，どのような方法で生むかを示す。「精神分析は，自我が一歩一歩エスを征服してゆくのを可能にするための道具なのである」(Freud 1923b: 56，岩波 18: 58)。

自我の概念の導入によってフロイトは，1926 年に『制止，症状，不安』の中で展開することになる，不安の新しい理論の基礎を築くことにも導かれる。1923 年に既に彼は，不安の起源に，もはや生物学的因子ばかりでなく心的因子を介入させており，彼にとって不安は以後，自我の中に位置づけられる。「自我は，不安の本来の場所〔die eigentliche Angststätte〕である」(同 57，岩波 18: 60)。自我は，エスを起源とするリビドー的な危険に直面して，「打ち負かされ滅ぼされる」(同 57，岩波 18: 60) ことを恐れる。自我を脅かす危険は，快 - 不快原理によってそれに伝えられる。それに反して，自我は超自我に対する恐怖を表す他の危険に直面すると，「良心の不安〔Gewissenangst〕」で反応する。それは一般に，去勢不安の形を取る。死の不安に関して言えば，フロイトによれば，精神分析では意味作用を持たない。「なぜなら，死は消極的内容をもった抽象概念であって，これへの無意識的な対応関係〔unbewußte Entsprechung〕が見出せないからである」(同 58，岩波 18: 61)。

フロイトは締めくくりに，特に自我がエディプス状況に結びついたリビドー的欲動と攻撃的欲動の調節における，超自我の自我に対する保護的役割を強調する。メランコリー患者における超自我の保護的機能の喪失こそ，正常な超自我は自我に対して保護的役割を果たす，とフロイトが推論する——欠如によって，と言ってよいだろう——のを可能にするものである。「[メランコリーにおいては] 自我が，自分は超自我によって愛されておらず，憎まれ責められていると感じているゆえに，自らを放棄するということである。自我にとって生とはつまり，愛されること，超自我——ここでもまたこれはエスを代表するものとし

訳注 9) ドイツ語原文：um wirklichen Ersatz von Liebe durch Haß.

て登場している——によって愛されることと同義である。超自我は，かつては父親が，そしてのちには神意だとか運命だとかがもつようになったのと同じ庇護的，救済的な機能を代表するものだからである」（同58，岩波 18: 61）。反対に，自我は現実の危険に直面するとき，あらゆる保護的な力から見放されているという同じ感情を経験して，死に身を委ねる。この感情は，出生というまさに最初の不安状態の基礎であり，保護する母親からの分離に結びついた乳児的不安の源である。エスに関して言えば，エスは自我に対して愛も憎しみも表さない。エスは「沈黙しているが強大な死の欲動」（同59，岩波 18: 62）の支配下に主としてあり，エロースとの果てしない葛藤にある。

フロイト以後

アナ・フロイト 『自我と防衛機制』（1936）

　1936 年，アナ・フロイトは，時代を画した著作『自我と防衛機制』を出版して，父の仕事を拡張した。そこで彼女は，個体の自我がエス・超自我・外界と関係して発達させる諸防衛を研究した。彼女にとって自我は，欲動の要求に由来するもの，超自我の要請，そして外界で発生する危険のような，意識に到達しようとしている複数の葛藤に直面する。不安の出現を避けるために，自我は幅広く防衛機制を用いる。アナ・フロイトは，ジークムント・フロイトが既に記述していたものの目録を作る。それらは，抑圧・退行・反動形成・切り離し・後からの打ち消し・投影・取り入れ・自己への向け換え・反対物への転化・昇華である。彼女はそこに新しい防衛として，「攻撃者との同一化」を加え，このリストは網羅から程遠いと明確化する[訳注10]。アナ・フロイトの仕事は，ウィーンで 1930 年代末に始まり，ロンドンでは彼女を中心として，北アメリカではハインツ・ハルトマンを中心として発展していく，精神分析的思考の重要な流れの出発点だった。ハルトマンは，自我心理学という名で知られるようになる運動の創始者たちの一人である。

ハインツ・ハルトマンと「自我心理学」

　ハルトマンが自我心理学の基礎を構成する考えを提出したのは，1939 年にウィーンで出版された，『自我心理学と適応の問題』という題の著作においてである。彼は 1941 年にアメリカ合衆国に移住した後，ナチズムを逃れてきた他のヨーロッパの移住者たちと，特に，彼と観点を共有していたエルンスト・クリスやルドルフ・レーヴェンシュタインと合流した。以来，自我心理学の構想は急速に広まり，この精神分析的流れは北アメリカで大きな位置を占めるほどになった。1945 年，ハルトマンはクリスとアナ・フロイトとともに『子供の精神分析的研究』誌を創刊する。

　ハルトマンは自分の考えをフロイトによって 1923 年に出された自我・超自我・エスの観念に基礎づけたにもかかわらず，彼は時折それから相当離れた着想を展開した。例えば，彼にとって，自我は 2 つの機能を持つ。1 つは，葛藤に直面して諸防衛を発展させることであり，もう 1 つは——ハルトマンとって最も重要なことである——葛藤から自由であり，彼はそれを「自律的自我」と呼ぶ。自律的自我は出生時から存在しており，エスとは独立に発達する。ハルトマンによれば，個人の行動の障害は，欲動とは独立した，社会的条件に自分を適応させる能力の，程度の差はあれ重大な欠如に由来する。その結果，このように考えられた自律的自我の本質的な機能は，外界への「適応」である。リビドーに関しては，ハルトマンによればそれは，彼が自我の機能の一つとする「中和」の過程を通じて，攻撃欲動の脱性愛化を保証する。つまり，自我が自分を補強すればするほど，それはリビドー的エネルギーを「中和」できるようになり，逆もまたしかりである。技法の水準では，自我心理学のアプローチは何よりもまず，抵抗と防衛の分析そして意識的な自我の強化を，無意識的空想の分析を犠牲にして強調する。それについては，彼のアプローチはアナ・フロイトとその学派が採用している技法的アプローチに似ている。加えて，この思考の流れは実際に，精神分析的社会学の源だった。事実，自我心理学は，社会的環境に関する個人の自律的自我の適応機能に，決定的な地位を与えている。この方向性は，著書『幼年期と社会』（1950）以来エリック・H・エリクソン Eric H. Erikson によって，大いに発展した。そこで彼は社会的自我の発達を，幼年期から老年期まで叙述している。

　自我心理学によって採用された理論的・技法的選択は，国際精神分析協会の内部に激しい論争を引き起

訳注 10）英訳版では，「利他主義的明け渡し altruistic surrender」も挙げられている。

こし，特にイギリスのメラニー・クラインおよびフランスのジャック・ラカンとの深い意見対立に至ったことが分かる。クラインは，自我と対象が人生の始まりから存在すると考えていた。だから「大論争」は特に，自我の漸進的な発達・自我と対象との間の関係そして無意識的空想の重要性に関わっている。ラカンに関して言えば，彼は鏡像段階に立脚して，「私 je」を「自我 moi」から区別した。この「私」は，彼が後に導入することになる「主体 sujet」の観念を先取りしている。レーヴェンシュタインが分析者だったにもかかわらず，ラカンは自我心理学の観点を批判し続ける。特に，彼は適応の理論をこき下ろし，それはせいぜいアメリカの精神分析者たちが患者を自分たちの理想に合うようにする企てだと断言した。アラン・ド・ミジョラ Alan de Mijolla はこう指摘している。「彼［ラカン］は，自我心理学の信奉者たちを公然と非難するのに，皮肉が辛辣過ぎることはなく，それどころか，想像界の領野の中の自我を断固として片付けるために，言語による構造化の理論をよりどころとする」（2002: 1024）。

ハインツ・コフートと自己心理学

コフート（1971）は，ハルトマンと自我心理学の考えに反応して，自己とその分身を中心とした精神分析理論を提唱した。自己の観念は 1950 年以来，「自我 ego」と「自己 self」の間に区別を設けようとしたハルトマンによって導入されていた。コフートが築き上げた自己心理学は，この観念から出発している。それは精神分析の学派として，アメリカ合衆国における現代の主要な潮流の一つとなるほど重要な発展を遂げた。コフートの考えでは，自己愛状態の精神分析的な治療に関するフロイトの貢献を補完することが問題だった。彼は，彼が推奨する共感的方法に基づいた技法的アプローチを提唱した。

年代順に見るフロイトの概念

死の欲動　自我　自我理想　エディプス・コンプレックスの完成形　欲動の融合／脱融合　遺伝的なエス　エス　理想自我　同一化　生の欲動　メランコリーの超自我　自己愛的同一化（ナルシス）　陰性治療反応　現実検討（現実性の検証）　超自我　無意識的罪責感

「マゾヒズムの経済論的問題」
（1924c）

倒錯的マゾヒズムから，一次マゾヒズムあるいは
性源的マゾヒズムへ，自己破壊から自己を守るもの

　この論文でフロイトは，苦痛から快を得る点が倒錯であるマゾヒズムの性質の研究を続ける。彼はすでにマゾヒズムの問題を以前の論文（1905d, 1915c）で，サディズムの問題とともに扱っていた。しかし，彼が生の欲動と死の欲動の間の根本的な葛藤を，自我・エス・超自我の概念とともに導入して以後，マゾヒズムの観念を解明することが必要となった。マゾヒズムの観念は以前に提起されていた，心的機能の目標を不快の回避と快の獲得であるとする快‐不快の原理とは反対のことを述べているだけに，ますますそうだった。

　フロイトは，新たな素材に基づいて，快原理を再定義することから始めて，以後は，心的機能の調整の基礎には，次の3つの原理があると考える。それは，あらゆる興奮をゼロに引き戻そうとする**涅槃原理**，生の欲動と死の欲動を結び合わせる**快原理**，そして不快を一時的に耐えて快を先延ばしにするのを許容する現実原理である。続いてフロイトは，男性に見られる**女性的マゾヒズム**と**道徳的マゾヒズム**という，厳密な意味での倒錯の二形態を研究する。これらの倒錯は，より早期のリビドー段階，特に肛門サディズム期への退行と，近親姦的なエディプス対象の再備給によって特徴づけられる。彼はそれを，エディプス・コンプレックスの「**再性化**」と呼ぶ。この再性化は，無意識的で罪責感のある性的満足を伴っており，超自我によってサディズム的に罰せられたいという自我のマゾヒズム的な欲求を決定する。フロイトは一次マゾヒズムあるいは性源的マゾヒズムという概念の導入によって狭義のマゾヒズム的な倒錯を超えてこの概念を拡大している。彼は，生の欲動と死の欲動の間の葛藤が，生の過程の土台そのものに，生の始まりから存在すると考えることで，新しい展望を開く。言い換えれば，生きることの快は，自己破壊の傾向から絶えず取り戻されなければならない。

伝記と歴史

内部紛争と精神分析の未来への恐れ

　「マゾヒズムの経済論的問題」は，1923年の終わりに書かれ，1924年4月『国際精神分析誌 Internationale Zeitschrift für Psychoanalyse』に掲載された。フロイトの生涯でこの時期，彼は私たちが既に述べた1923年2月の発症や，委員会内部の反目し合う雰囲気を含めて，過酷な出来事を経験した。フロイト自身は，世界的な名声にかかわらず，精神分析の未来を憂いていた。それは特に，ランクとジョーンズ Jones の間の紛争のためだった。紛争は，委員会の中の協調を危うくしていた。フロイトは，自分の死後に自分の研究が生き残るかどうかに関わる大きな期待を，委員会に掛けていた。ランクとジョーンズの間の協調関係は，さまざまな精神分析の出版物を共同編集していると見なされていても，前から悪かった。1923年夏，ドロミーティでのランクとジョーンズが参加した

> 最後の会合のとき，2人の葛藤は頂点に達し，委員会は解散に至ることになる。メンバーがフロイトの病気を知らされたのも，その時だった。

テクストを紐解く

■ 標準版第 19 巻 155–170 頁（岩波版フロイト全集第 18 巻 287–300 頁）所収。

● 快原理の再考

　フロイトは，彼が快原理について，特に彼がそれと同等に扱ってきた涅槃原理との関係について，自分の見地を改めたいと思うようになった理由を説明することから始める。事実，『快原理の彼岸』（1920g）でフロイトは，興奮[訳注1]の総量をゼロに減らす心的装置の傾向を「涅槃原理」と呼んだ。この無化への傾向は，死の欲動と合致するように見える。「マゾヒズムの経済論的問題」では彼は，涅槃原理への賛同を再度強調するが，以下の難点を指摘する。もしも快原理が，彼が以前に主張したように本当に涅槃原理の等価物であるならば，快原理は死の欲動に奉仕するだろうという結論に至る。これが逆説であることは明白である。「涅槃原理（およびそれと同一のものと見なされる快原理）は，不安定な生命を無機的な静止状態へと導くことを目標とする死の欲動に全面的に奉仕する［……］」（1924c: 160，岩波 18: 288）。この第1の矛盾に，もう1つのものが加わる。それは，不快の緊張を除去するとされている快原理が，快の伴う緊張という事実によっても反論されていることである。その主な例は，性的興奮状態である。こうした矛盾から結論を引き出してフロイトは，死の欲動に属する涅槃原理が，生命を無機物状態に引き戻さず，快原理に奉仕するために，生命体の内部で何らかの変様を確かに被ったはずであるという仮説を提出する。つまり彼は，この変様は生命の諸過程の調整に関与するように死の欲動と結びつくリビドーの介入に原因があるとする。

　フロイトは，刺激緊張の増減にのみ結びついた量的因子に依存しているとそのときまで考えてきた快-不快の全段階の感覚と関わるものについて，新しい区別を導入する。彼によれば，快と不快の感覚は量的因子のみにではなく，質的としか言い表しようのない因子にも依存している。「それはもしかすると，リズム，すなわち刺激量の変化・増大・低減の描く時間的経過かもしれないが，われわれには分からない」（同 160，岩波 18: 288）。

　このことからフロイトは，3つの原理が生命過程の調整の基礎にあると考える。3つの原理とは，興奮の量をゼロへと減じる傾向を通じて死の欲動を表す涅槃原理，リビドー興奮の質を通して生の欲動と死の欲動の結びつきを表す快原理，そして不快を一時的に容認して快の先延ばしを可能にする現実原理である。これらは，互いに葛藤を生じることを避けられないが，生命の過程を保存するためには，互いに折り合うように強いられる。生命を破壊から保存するようになるためには，快原理は必然的に，死の欲動の生の欲動によるリビドー的拘束を経なければならないように思われる。「こうした検討から帰結するのは，快原理を生の番人として考えることは否決しがたいということである」（同 161，岩波 18: 289）。

　これらの理論的考察に照らしてフロイトは，次にマゾヒズムの3形態を研究する。それは，女性的マゾヒズム，一次マゾヒズムあるいは性源的マゾヒズム，そして道徳的マゾヒズムである。

訳注1) Erregung。キノドスは「刺激 Reiz」も同じく excitation と訳している。

● 「男性における女性的マゾヒズム」

　女性的マゾヒズムが観察されるのは，特に男性においてである。フロイトにとって，その顕在内容が縛られたい・叩かれたい・鞭打たれたいなどの願望で占められた空想によって表現される，本物の倒錯が問題である。これらの空想は，自慰に至るか，それ自体が性的満足となっている。これらの倒錯症例では，患者がその身を「女性的なものの特徴を示す状況に置くこと，すなわち去勢され，交接され，または子を産むことを意味している」（同 162, 岩波 18: 290）状況に置いていることが観察される。そこから，対象へのこの受身的位置が幼児性欲への退行の結果であることを意味する，「女性的マゾヒズム」という名称が由来する。さらに，この倒錯では，患者は自分が何か悪い行ないを犯してしまい，苦痛と責め苦によって償わなければならないと自分を責め，これらの自己非難を通して，幼児期の自慰と関係した無意識的罪責感を表している。この無意識的罪責感は，女性的マゾヒズムをマゾヒズムのもう一つの形態，すなわち道徳的マゾヒズムに近づける。

● 一次マゾヒズムまたは性源的マゾヒズム

　フロイトは，1905 年の『性理論のための三篇』で既に彼が，一連の内的過程すべてにおいて，それらの過程の強さが一定の限度を超えたときに性的興奮が生じること，そして彼が「リビドーの共興奮」と呼ぶこの現象はたびたび苦痛と不快を伴うことを観察していたことに注意を促す。当時の彼は，「有機体において重要な働きをするものは必ず，その構成成分の一部を性欲動の興奮に譲り渡すかもしれない」（1905d: 205, 1924c: 163 から引用，岩波 18: 291）と直観していた。以後，生の欲動と死の欲動の二元性を考慮しながらフロイトは，リビドー的な共興奮の観念を新たに進展させる。彼によれば，この現象は生命の過程全体を統御しているだろう。その際リビドーは，有機体において初めから支配している死の欲動と破壊欲動を無害なものにして，有機体が無機的状態に戻されないようにしているだろう。この死の欲動の性愛化の過程を指し示し，その先天的性質を強調するために，フロイトはそれを「一次マゾヒズム」あるいは「性源的マゾヒズム」と呼ぶ。

　リビドーはどのようにして，死の欲動を無害にする課題を達成するのだろうか。フロイトによれば，それは 2 つの仕方で生じる。一方では，リビドーは筋肉の活動によって，死の欲動の大部分を外に逸らして，外部対象へと向かわせる。それは，破壊欲動・制圧欲動・力への意志という形や，直接に性的機能の奉仕のもとに置かれて本来のサディズムという形をとる。もう一方では，死の欲動の一部分は外部に投影されず有機体のまさに内部で無害なものにされる。「［死の欲動は］有機体内部に留まり，そこで先に述べた性的な共興奮によって，リビドー的に拘束される。そこのうちにこそ本来の性源的マゾヒズムが認められるべきである」（1924c: 163–164, 岩波 18: 292）。フロイトは，この二欲動の飼い慣らしがどのような手段によって生じるのかは分からないが，精神分析の見地からは，両種の欲動がさまざまな割合でつねに拘束されており，純粋な状態の生の欲動も死の欲動も決して見られないことが観察されている，と記す。

　フロイトは続けて，原マゾヒズムが参与するリビドー発達の諸段階を列挙する。それは例えば，口唇期のトーテム動物（父親）に食われるという不安や，肛門サディズム期の叩かれたいという願望，男根期（ファルス）の去勢されたいという願望などにおいてである。他方，リビドーによる死の欲動の最初の飼い慣らしを可能にした原マゾヒズムの一部は，「なおも自己自身をその対象とする」（同 164, 岩波 18: 293）のであり，自己自身を自己破壊から守る。最後にフロイトは，外界に投影されたサディズムと破壊欲動が，再び内に向けられるという可能性を検討する。これが，原マゾヒズムに加算される「二次マゾヒズム」を引き起こすのである。

● 道徳的マゾヒズム

　道徳的マゾヒストは苦しみを求める。しかし彼は，無意識的罪責感との関連で求めた苦しみの中に見出

す性的満足に気づいていない。これらの患者では事実，苦しみの性愛的快はないように見える。道徳的マゾヒズムの極端な例は，精神分析で治療の進歩に反対する患者にみられる。1923 年フロイトは，この矛盾した行動を無意識の罪責感によるものとして，それに「陰性治療反応」という名称を与えた。そのような患者にとって，無意識の罪責感を満足させることは，治らずに病いに留まるという二次的な利得を形成する。これによってそれは，治療法への最も難しい抵抗のひとつになる。しかし，精神分析者が無意識の罪責感について述べても，患者には何ら意味がない。その代わりに，分析者が「懲罰欲求」（同 166）について述べるほうが，患者は理解しはじめる。フロイトは，この圧倒する無意識の罪責感の出現を説明するために，1923 年に第 2 構造論で導入した観念に，特に，自我と超自我の間に生じる過剰な緊張に訴える。それは，自我が従うべきモデルとして超自我に提起された理想の要求を満たせないと感じるときのものである。

彼はまた，超自我を誕生させたのは，両親への同一化であることに注意を促す。事実，エディプス・コンプレックスが解消されるとき，親との関係は，直接の性目標から逸らされることによって脱性化される。このようにして，超自我は，内在化した両親の特徴を保持するものとなる。さらに，超自我の要求は，彼の道徳的役割に貢献する教師や権威者たちに由来する外的諸影響によって強められる傾向がある。「[……]，エディプス・コンプレックスが私たちの個人的な倫理（道徳）の源泉であることは明らかである」（同 167–168，岩波 18: 297）。

● エディプス・コンプレックスの「再性化」

超自我の源へのこの寄り道ののち，フロイトは道徳的マゾヒズムの問題に戻って，この種の患者はこの「超道徳性」を意識せずに，過度なまでに道徳的制止を見せ，厳しい良心に支配された人のように振舞うという事実を強調する。「たいていの場合，超自我のサディズムは，極めて明瞭に意識されるのに対し，自我によるマゾヒズムの追求は，原則として当人には隠されたままで，その行動から推察されるほかない。こうしたことは，どうでもよい付随的なことがらとはいいがたい」（同 169，岩波 18: 298）。フロイトは道徳的マゾヒズムが無意識のままなのは，無意識の罪責感が，親の力によって懲罰されたいという欲求を表すからだとしている。この筋道から，道徳的マゾヒズムの隠れた真の意味へと通じる。それは，エディプス・コンプレックスの「再性化」に密接に結びついている。彼はそれによって何を意味しているのだろうか。フロイトにとって，「再性化」という用語は，道徳的マゾヒストがエディプス葛藤への退行的な回帰を起こして，その近親姦的欲望が性的誤ち，つまり「罪」を犯したという感覚を引き起こすことを意味する。彼はその罪に対して，親を代表するものによって罰せられなければならない。このことは，マゾヒストが，運命という究極的な親の代表によって罰せられようとすること，そして自分自身の利益に反して振舞い，時には自身の存在をなくしさえすることを説明する。そういうわけで，「超自我のサディズムと自我のマゾヒズムは互いに補い合い，一丸となって同一の結果をもたらす」（同 170，岩波 18: 299）とフロイトは続ける。この内的葛藤から結論を引き出して，フロイトは，道徳的マゾヒズムこそ，生の欲動と死の欲動の間に結合があることの証人であると主張している。「道徳的マゾヒズムの危険は，それが死の欲動から派生し，その死の欲動のうち破壊欲動として外部に向けられるのを免れた部分に該当することに起因する。しかし他方で，このマゾヒズムは性愛（エロース）の要素によって構成されていることを意味するのであるから，人格の自己破壊でさえも，リビドー的な満足をともなうことなしにはなされ得ないのである」（同 170，岩波 18: 300）。

フロイトの概念の継時的発展

フロイトにおけるマゾヒズムの観念とその曖昧さ

「女性的マゾヒズム」という問題

「女性的マゾヒズム」は、フロイトが曖昧に使うことがある用語である。確かに彼が「男性における女性的マゾヒズム」について述べるときは、マゾヒズム的な倒錯が明らかに問題である。しかしながら、彼が「女性的マゾヒズム」という表現を用いるとき、彼は、女性が本来的にマゾヒストだと言わんとしているようである。こうした曖昧さは、なかでもラプランシュとポンタリスによって、こう指摘されている。「女性的マゾヒズムによって、明らかに『女性のマゾヒズム』が考えられがちである。たしかにフロイトは、この言葉で『女性の本質の表現』を指したが、両性性の理論の枠組みでは、女性的マゾヒズムはあらゆる人間に内在する可能性であるとされている」(Laplanche and Pontalis 1967 [1973: 245])。一般的に言うと、女性性のマゾヒズム的性質に関する曖昧さは、フロイトの著作全般に見られる。『性理論三篇』(1905d)における能動性と受動性、男性性と女性性を始めとして、彼は後々まで、一方では能動性と男性性を、もう一方では受動性と女性的マゾヒズムを、はっきりと結びつけている。しかし、『続・精神分析入門講義』(1933a [1932])では、両性をこのように対立させることは、緩和されている。

一次マゾヒズムまたは性源的マゾヒズムは倒錯ではない

フロイトが一次マゾヒズムまたは性源的マゾヒズムを指すために使う「マゾヒズム」という用語は、倒錯との混乱を招く観念であることを指摘しよう。実際には、フロイトは一次マゾヒズムまたは性源的マゾヒズムという観念の導入によって、マゾヒズムの観念を、狭義の倒錯を越えて拡大しようとしている。彼の目的は、性的快の苦しみへの結びつきはみな、本質的に生の欲動と死の欲動の間の結合を本源的な基礎としているという事実を強調することにある。言い換えると、フロイトによれば、一次マゾヒズムまたは性源的マゾヒズムは、「生命にとってきわめて重要な死の欲動とエロースとの合金が生じた形成場面の証人であり、名残なのである」(1924c: 164, 岩波18: 293)。結果として、彼にとってマゾヒズムのこの根源的な形態は、彼自身の言葉によれば「生の番人」の役割を担う基礎構造となっている。

年代順に見るフロイトの概念

女性的マゾヒズム　男性における女性的マゾヒズム　道徳的マゾヒズム　涅槃原理　快-不快原理　一次マゾヒズムまたは性源的マゾヒズム　現実原理　エディプス・コンプレックスの「再性化」　二次マゾヒズム

『制止，症状，不安』
（1926d）

不安の新たな源泉：対象からの分離の恐れと対象の喪失の恐れ

　70歳に達したフロイトは，それまでの説を通用しないものにする，不安の起源に関する新たな諸仮説を提起する。事実として彼は30年以上の間，不安の発生機制についての生物学的な着想に依拠してきた。それによれば，不満に終わるリビドーは例えば中絶性交におけるように，直接的に不安へと変換されることによって放散路を見出すことになっていた。「**こういった不安とリビドーの関係は，たとえば酢のワインに対する関係と同じである**」（1905d: 224, 岩波 6: 289, 1920年の追加の注11）。

　1926年以降，『制止，症状，不安』の出版とともにフロイトは，不安の起源について心的構造を含む着想に訴える。以後彼は不安を，危険に直面した自我によって経験される情緒と考える。その危険は最終的にいつも，対象からの分離と対象の喪失の恐れを意味する。フロイトの命題は，不安のさまざまな型の間の区別を巡って述べられている。それらは，現実的危険を前にした不安（現実不安 Realangst）・無力な自我を圧倒する**外傷的状況によって引き起こされる自動性不安 automatische Angst**・**危険状況によって引き起こされる信号不安 Signalangst** などであり，危険状況で個人の自我は，危険の切迫を予め見ることができるようになっている。

　フロイトはこのテクストで，諸防衛の問題についても新しい観点から吟味する。以前は不安を生むのは抑圧であると考えていたのに対して，彼は考えを変えて，今や抑圧を生むのは不安であることを証明する。彼はまた，自我が症状を形成し諸防衛を築き上げるならば，それは特に不安を知覚するのを回避するためである，という考えを持ち出す。そこでは不安は一様に，自我にとって対象からの分離の恐れや対象喪失の恐れにつながる危険を意味している。

　この著作を読むのは骨が折れる。というのは，フロイトは多くの主題に触れ，ストレイチー（1959）が指摘するように，自分の著述に統一性を与えることに，いつになく困難を覚えているからである。しかも彼は，同じ主題をさまざまな角度から何度も取り上げており，読者がこの主題についての最も根本的なフロイトによる定式化を見出すのは，ようやく著書の終わり，「**補足**」においてである。1933年，不安に当てられた講演の中でフロイトは，不安の源について1926年に提起した自分の仮説を繰り返しているが，その文章はより明解で総合的である（Freud 1933a：第32講）。

伝記と歴史

フロイトとランク

　フロイトは『制止，症状，不安』を，彼の弟子であるオットー・ランク（1884–1939）による1924年出版の『出生外傷』への返答として書いた。ランクにとって，不安発作はすべて，出生外傷という最初の外傷を「浄化反応する」試みに等しいと見なしうるものだった。このように彼は，あらゆる神経症を最初の不安に基づいて還元的で単純化した仕方で説明し，神経症的葛藤においてエ

ディプス・コンプレックスが果たす中心的な役割を背景に退けた。フロイトは，ランクの見解に対して煮え切らない態度を示し，最初は賛成しているようだった。事実彼は，出生が乳児の最初の不安の経験（Freud 1900a）であり，「最初の大きな不安状態」（1923b: 58）であると主張した，最初の者だった。しかしながら結局彼は，不安の源についてのランクの研究によって刺激されたことを認めても，その結論に異議を唱えて，自分自身の考察の成果を発表した。ランクはフロイトからの諸批判を受け入れ難く，その結果，決定的に断絶した。フロイトは，20年にわたって彼に最も近い協力者の一人だったランクの離反を惜しんだ。彼はランクを高く評価していたし，この著作に関わる批判が，個人的な次元でこれほどランクに悪影響を及ぼすだろうとは考えていなかった。ランクは，1906年にウィーン精神分析協会に22歳で入会すると同時に，書記となった。ウィーン協会の議事録を1906年から1915年に軍隊に召集されるまで記録したのは，彼だった。また彼は，1912年から『イマーゴ Imago』の，1913年からは『年報 Zeitschrift』の，最初の編集者の一人だった。彼は膨大な著作を執筆し，特に母子関係に関心を向け，その重要性が前エディプス的関係とともに，精神分析者たちによって無視されてきたと考えた。

70歳のフロイト

1925年6月，この著作を執筆していたときにフロイトは，ヨーゼフ・ブロイアーの死去の知らせを受けた。彼は1895年に，『ヒステリー研究』を共著で出版していた。フロイトはその後25年間彼に再会することはなく，旧友の息子であるロベルト・ブロイアーから，彼が関心と好意とともに精神分析の発展を見守り続けていたと知って驚いた。1925年12月25日，カール・アブラハムは48歳で，おそらく癌性の肺疾患の結果，ベルリンで亡くなった。彼の死は精神分析にとって大きな喪失だった。フロイトは彼への追悼でこう記している。「この男性──《生涯に汚点がなく，罪の汚れを知らない男性》（ホラティウス『歌章』第1巻，第22歌の第1詩行）──とともに私たちは，まだ新しく，まだ激しい批判にさらされている科学の最も強い希望の一つを埋葬することになります。それはこの科学の未来の，もう実現されることのない一部なのかもしれません」（1926b, 岩波19: 261）。1926年2月，フロイトは道の真ん中で〔狭心症の〕苦悶発作を2度起こしたが，それをタバコへの不耐性のせいにした。フェレンツィはこの発作が不安によると確信し，フロイトを分析するために数カ月ウィーンに移り住むことを申し出た。フロイトは彼に謝意を表したが，断った。70回目の誕生日1926年5月6日には，彼は世界中から多くの手紙や電報を受け取った。また，フロイトや精神分析についての特別記事がウィーンとドイツの新聞に発表された。

テクストを紐解く

■ 標準版第20巻75-174頁（岩波版フロイト全集第19巻9-101頁）所収。

● 自我の諸機能の制限としての制止

フロイトは，制止が症状と同義ではないと主張する。なぜなら，（性的・運動性などの）機能の低減は，必ずしも病理的な兆候でなくても起こりうるからである。彼にとって病理的な過程の兆候は，症状の原因ではない。次にフロイトは，神経症において自我の諸機能が被る障害を検討して，自我の関与を含む次の定式化に至る。「制止は，自我の機能のひとつの制限の表現である」（1926d: 89, 岩波19: 14）。それから彼は，制止を特殊な制止と全般的な制止という2つのタイプに分ける。

特殊な制止には，さまざまな形がある。これらの生来神経症的な制止は，例えば，ピアノを弾いたり，字を書いたり散歩をしたりする人に，そうした特定の活動に関わる身体器官が非常に強く性愛化されると

きに起きる。言い換えれば，或る器官の機能は，その性愛化と性的な象徴的意味が無意識の水準で増大するとき，以下の状況の場合のように，障害を被る可能性がある。「字を書くことは，一本の管から液体を一白紙片に流し出すことから，象徴的に交接の意味を帯びた場合，また，歩行が母なる大地の肉体を踏みつけることの象徴的代替となった場合，書字と歩行は，いずれも，あたかも禁じられた性的行為を遂行しているかのようであるため行なわれなくなる」（同 90，岩波 19: 14）。この形の制止では，自我はエスとの葛藤を避けるために，諸機能を放棄する。制止の他の形は，自己懲罰に役立つ。特に，職業活動における制止はそうである。そこでは自我は，或る種の事柄をする権利を自分に認めないことや幾つかの活動を断念することによって，超自我と葛藤に入ることを避ける。

全般的な制止は自我が，例えば喪の仕事に直面するときや，絶え間なく押し寄せる性的空想を抑制しなければならないときのように，特殊な課題を負っているときに現れる。そのとき，エネルギーは余所で既に使われているので，自我にエネルギー消費の制限を強いる。フロイトは，制止が自我機能の制限であり，それにはエネルギー欠乏への用心によるものも，その欠乏の結果によるものもあると結論する。その結果，制止を症状から区別する根拠が与えられる。なぜなら「症状は，自我の内における，あるいは自我に接する〔am Ich beschrieben〕ひとつの過程としてはもはや記述されえないものなのである」（同 90，岩波 19: 15）。

● 不安の新たな理論

第 2 章でフロイトは，不安の源についての新たな仮説を提出する。それは自我を介在させるものであり，自我を含まなかったかつての説を放棄している。以後不安は，危険に直面した自我によって経験される情緒として考えられる。その危険は最終的に，対象からの分離と対象の喪失の恐れをいつも意味する。彼は続く章の中で，このことを詳しく説明していく。この結論に辿り着くために，彼は症状の定義から出発する。症状は，生じなかった欲動充足の徴候かつ代替であり，抑圧過程の成果である。「自我が抑圧を介して成し遂げるのは，好ましからぬ動きの担い手であった表象が意識されないようにすることである」（同 91，岩波 16）。自我はどのような手段でそこに至るのだろうか。それは，エスに由来する欲動関連の危険を知覚した自我によって生み出される，「不快の信号」（同 92，岩波 19: 17）のおかげである。これに続く抑圧は，フロイトによれば，逃避の試みと等価と見なしうる。そしてこの過程の間に，自我はエネルギーの撤収を行ない，それに次いで不安の形で不快を取り除く放散がなされる。そこでフロイトは，「自我が不安の本来の座であるという考えを堅持しつつ，抑圧された動きの備給エネルギーが自動的に不安へと転化するという旧来の考え方を退けるのは正当なことである」（同 93，岩波 19: 18）と結論する。しかも不安は情緒状態の形で，予め存在する記憶像を再生し，その情緒状態は「太古の外傷的体験の沈殿物」（同 93，岩波 19: 18）を構成している。この点に関してフロイトは，不安の表出をどれも出生時の不安の再生とするランクとの食い違いを表明している。確かにフロイトは，ランクとの関連で，出生がまさに最初の不安状況であることを認める。しかし彼は，不安がどの不安状況でもそのようなものとして繰り返されるとは考えられないだろうと反対する。フロイトは，自我の弱さがあまりに強調されがちで，自我が抑圧過程で示す力は軽視されることが多い，と指摘している。

● 症状に直面した自我の矛盾する態度

抑圧は自我の強さを示すものではあるが，その弱さも示している。というのは，抑圧によって顕在的症状へと変えられたエスの欲動の動きは，いかなる影響も免れて，その存在を自我組織の外側に保つからである。「私たちにとって昔馴染みの比較に従えば，症状は，それが埋め込まれた組織の中で不断に刺激・反応現象を続ける異物に擬えられる」（同 98，岩波 19: 23）。そのようにして欲動の動きに対する闘いは，症状に対する闘いへと引き継がれる，とフロイトは続ける。この二次的な防衛的闘争は，2 つの矛盾した形を採る。一方で自我は，結合と統一化の傾向によって特徴づけられるので，症状を自らに組み込み，それを異物とみなさないようにしようとする。しかし，自我の症状を体内化しようとする傾向は，症

状の固着を強化する可能性がある。その結果，疾病の「二次的利得」が形成されて治療への抵抗が強められる。他方，自我は症状の存在によって永久に苦しめられ続ける。「症状は，抑圧された動きの真の代替物にして派生物としてその役割を引き続き担い，その満足への欲求を反復して更新し，そして不快信号を再び出して防衛に立つよう自我に強要する」^{訳注1)}（同 100，岩波 19: 25）。この第 3 章でフロイトは，自我とそれの統一化への傾向について，見事な定義を与えている。私たちはここで，フロイトが後に 1927 年に，自我の分裂の概念を導入することになるのを思い出すことができるだろう。「ひとつの編成である自我は，各構成要素すべての自由な交通と，それらが相互に影響を与え合う可能性とに立脚している。自我の非性化されたエネルギーは，それが拘束と統一化を求める努力のうちにも自らの由来をはっきり示して〔bekunden〕おり，この総合への強迫は，自我が力強く増長すればするほど増大する」（同 98，岩波 19: 23）。

● 抑圧の推進力としての去勢不安

　フロイトは次に，「ハンス少年」の症例を再び取り上げて，症状（馬への理解し難い恐怖）と制止（街路を歩くことができないこと）の区別を明らかにする。制止は，自我が不安症状を呼び覚まさないために自分に強いた制限である。では何によってハンスの不安は，神経症であって単なる恐怖ではないのだろうか。フロイトは，「この情動的反応を神経症とするのは唯一，もう一つの特徴，つまり父親が馬によって代替されていることである」（同 103，岩波 28–29）と答える。彼によればこの遷移は，まだ幼い男児においてトーテミズム的思考様式が活性化することによって促進される。それでは，自我が不快な欲動の動きに対して戦うために自由に使える手段は，どのようなものだろうか。ハンスの父親への敵意は，その一つである。フロイトにとって自我は，敵意を隠す過度の優しさのような反動形成や，父親に向けていた敵意を自己に向けかえることのような反対物への転換といった，さまざまな防衛機制を自由に用いるばかりではない。自我は欲動を，例えば嚙まれる不安という形で口唇段階に退行させることもできる。しかし抑圧の本当の動因は去勢不安であり，フロイトはこのことを，小さなハンスでも狼男でも論証している。「いずれの症例においても，抑圧の推進力〔Motor〕は去勢不安である。不安の内容つまり，馬に嚙まれる，および，狼に食われる，という不安内容は，父親から去勢されるという内容に対する歪曲的代替物である。この［後者の］内容は，実のところ，それ自体既に抑圧を被っているのである」（同 108，岩波 19: 35）。そしてフロイトは，抑圧の起源についての自分の見解を，以下のように修正する。「ここでは，不安が抑圧を作り出すのであり，私がかつて考えたように抑圧が不安を作り出す，のではない」（同 108–109，岩波 19: 35）。

● 強迫神経症における症状形成

　強迫神経症は多様な症状を特徴としており，フロイトは，これを特徴づける激しい防衛的な闘争が，自我の制限をどのように徐々に引き起こすかを研究する。この制限は，超自我の過度に厳しい態度によって強められる。この形態の神経症では，症状は禁止か，象徴的偽装の下にしばしば隠された代理満足か，という 2 つの相反する形を呈する。「禁止を満足と首尾よく混淆し，原初の防衛的命令ないし禁止が満足の意味をも帯びるようになるならば，症状形成の勝利といえる」（同 112，岩波 19: 39）。この結合方式は両価性〔アンビヴァレンツ〕の結果であり，両価性は，最初の段階を第 2 の段階が撤回する，症状の 2 つの時期にも現れうる。最初は，強迫神経症においてもヒステリーと同様に，防衛はエディプス・コンプレックスのリビドー的な要求に対して打ち立てられる。そして防衛の動因もまた去勢不安である。しかし強迫神経症では，自我は性器期的編成を肛門サディズム期へと退行させ，防衛機制として抑圧を利用する。しかし「防衛が利用する単なる一機制にすぎない」（同 114，岩波 19: 41）抑圧や退行に加えて，自我は反動形成も用いる。反動形成は超自我の影響下で，良心的態度・同情，清潔という形をとる。潜伏期の主な課題は，マスターベ

訳注1）このフロイトの引用（岩波訳を一部変更）と続く 2 文は，英語訳では省かれている。

ションの誘惑に対する防衛となり，思春期にはリビドー的・攻撃的欲動の再開が，性欲に対する防衛闘争を引き起こす。以後その闘争は，「倫理的な旗幟のもとで」(同 116, 岩波 19: 44) 続けられる。しかし強迫神経症では，攻撃的欲動は無意識のままであり，それを意識化するには多大な治療作業を要する。すべてはあたかも，攻撃的情緒が別の場所に現れ，自我に容赦ない残酷な超自我に直面した罪責感の形をとるかのようである。しかし時には罪責感は不在で，贖罪行為や自己処罰的儀式のような症状を通して表現される。それらの症状は同時に，マゾヒズム的な代替満足という意義も有している。

● なかったことにすること〔遡及的取り消し〕と孤立させること

続いてフロイトは，強迫神経症で用いられる他の 2 つの防衛技法に言及する。それは，なかったことにすることと，孤立させることである。ドイツ語で Ungeschehenmachen である，なかったことにすることは，出来事を「起こらなかった」こととして扱うことからなる。問題なのは，ある出来事の結果ではなく，その出来事自体を「吹き消」(岩波 19: 47) そうとする，否定的魔術である。その一例は「鼠男」にある。その患者は，自分の恋人の馬車の車輪がぶつかるのを避けるために第 1 幕では取り除いた石を，道へと再び戻した。やはり強迫神経症に典型的な，孤立させることは，例えば，思考過程の間に時間の隔たりを差し挟むことによって，1 つの思考や行動を孤立させることを狙う防衛技法である。例えば，思考の流れの中に間を作ることで，生きた経験は忘れられなくても，その情緒や連想関係は奪われる。「このように相互に隔てられてあるものは，まさしく，連想的に互いに緊密な関係にある〔zusammengehört〕ものであって，運動的に孤立させることで，思考における連関の中断が保障されなければならない」(同 121, 岩波 19: 48)。孤立させることには，接触や結合や伝染を避けることにおいても大きな役割を果たす，接触のタブーが付け加わる。この防衛機制の重要性の結果，強迫神経症者は精神分析の基本規則に従うことに対する，特有の困難に出会うことになる。

● 喪失と分離：不安の新しい着想

恐怖症や強迫神経症における不安についての研究を続けたフロイトは，不安の起源の新しい着想を導入して，以来その起源を，喪失や分離の危険を前にした反応へと帰着させる。この危険は，去勢のみに由来する危険を越えるものである。それまでのフロイトの考えでは，恐怖症において動物を前にした不安は，去勢の危険を前にして反応した自我が作り出した情緒であり，強迫神経症における不安は，超自我による自我の懲罰に由来し，それは去勢不安から派生する恐れだった。しかし 1926 年に，フロイトは考えを進めて去勢の恐れから，より一般的な「危険状況」，すなわち対象からの分離や対象喪失の恐れへと移行する。この危険状況は，外傷性神経症に関して引き合いに出した人たちが考えたようには，死の危険ではありえないだろう。なぜならフロイトにとって，無意識のうちには「私たちのいう生命破壊の概念に内実を与えるようなものは何もない」(同 129, 岩波 19: 57) からである。その代わりに，人は誰でも日常的に喪失を，「腸の内容物を排泄によって切り離すという毎日の経験をとおし，また離乳の際に母親の乳房を失うという経験によって[訳注2)]」(同 129–130, 岩波 19: 57) しており，そうした喪失は，喪失や分離の経験への準備をさせている。かくしてフロイトは，不安の新たな着想に至る。「私たちは不安を，これまでは危険の情動信号とみなしてきたが，今では不安は，去勢の危険に関することが多い点からして，喪失，分離に対する反応であると私たちには見える」(同 130, 岩波 19: 58)。

● 対象喪失から対象を喪失する恐れへ

続いてフロイトは，自我に感じ取られ，それが不安の情緒を引き起こすように仕向ける「危険」の，本

訳注 2) ドイツ語原文：durch den bei der Entwöhnung erlebten Verlust der mütterlichen Brust.

当の性質が何かについて考える。出生が経験に不安の原型を提供するにしても，他にも存在しており，子供における不安の現れは，その一部である。例えば，子供が独りでいる場合，暗闇にいる場合，親しい人（母親）の代わりに見知らぬ人がいる場合である。「これら3つは，ただ一つの条件へと還元することができる。すなわち，〔子供に〕愛される（待ち焦がれられる〔ersehnten〕）人物の不在である」（同136，岩波19: 64）。しかし単なる喪失状況が問題ではなく，この不安状況は，乳児の困惑の表現である。そしてフロイトは更に進めて，乳児にとっての「『危険』の真の中核」が，不満足に由来する経済論的な障碍，すなわち要求緊張の増大であると仮定する。「乳児が母親を知覚することを希求するのは，乳児は，母親が彼の欲求の全てを遅滞なく満たしてくれることを，既に経験によって知っているからにほかならない」（同137，岩波19: 65）。それからフロイトは，乳児の身体的な寄る辺なさと心的な寄る辺なさの間に，基本的な区別を導入する。これは，自動的で意図しない不安である対象の喪失に結びついた不安――意志によらない自動的不安――と，対象を喪失する恐れに結びついた不安――心理学的な，信号不安――の間の区別をもたらすものである。「外部の対象が，知覚によってとらえられ，出生時を喚起するような危険な状況に終止符を打つことができる，という経験によって，危険の内容は経済論的状況から，その条件である対象喪失へと移動する。今や母親の不在は恐れられている経済論的状況が到来するのに先立って危険となり，それが生じると乳児は不安信号を送る」[訳注3]（同137–138，岩波19: 65）。

子供の進歩とともに，危険状況の内容は変化する。例えば男根期（ファルス）では，母親対象を喪失する恐れは去勢不安に変容する。続く段階では，去勢不安が道徳的な不安と社会的な不安へと発展する間に，超自我を前にした不安と超自我の愛情を喪失する恐れが生じる。フロイトは，こうした不安状況がどれも，後の人生で並列に存続しうるものであり，自我を不安によって反応させる可能性があると明言している。彼は，去勢不安が神経症の唯一の動因ではないことをはっきりさせてこの章を終える。その証拠は，女性の場合，去勢コンプレックスは有しているが，去勢不安はないことである。なぜなら，自分が持っていないペニスを喪失する不安を持つことはできないからである。彼によれば，女性において不安を決定する最も強力な危険状況は，まさしく対象の喪失だが，以下の修正をしてのことである。「対象の欠如やその現実的な喪失ではもはやなく，対象の側からの愛の喪失である」（同143，岩波19: 70）。

● 神経症者と健常者

発達の進展に従って，不安を決定する幾つかの条件は放棄される。例えば，暗闇にいることの幼児的不安や，見知らぬ人を前にした恐怖のようなものである。しかしいくつかの不安は多少とも和らいだ形で，去勢不安や超自我を前にした不安のように生涯を通じて持続する。神経症者は，危険に対する反応が過度に強い点で健常者と異なり，あたかも以前の危険状況がまだ続いているかのように振舞う。しかし，大人になることによっても，不安を発生させうる最初の外傷的状況の回帰に対して，十分な保護が提供されるわけではない。「誰にとっても，それを超えては心的装置が処理を求められる興奮量を[訳注4]こなしえなくなるような限界があると思われる」（同148，岩波19: 77）。

● 神経症の起源に関する3つの要因

フロイトは，なぜ不安の情緒をなんとか克服する者もいれば，失敗する者もいるのかを自問する。彼は2つの説明の試みを拒否することから始める。1つはアドラーによって，もう1つはランクによって提起されたものである。フロイトは，不安の制御の失敗をその人の器官の弱さに帰着させるアドラーの説明を，あまりにも単純であると見なす。ランクが『出生外傷』（1924）で提起した理論は，不安の発展の最終原因を出生時に経験したことに帰着させるが，フロイトはその試みを評価しつつも，それでは神経症の起源

訳注3）ドイツ語原文：Das Vermissen der Mutter wird nun die Gefahr, bei deren Eintritt der Säugling das Angstsignal gibt, noch ehe die gefürchtete ökonomische Situation eingetreten ist.

訳注4）ドイツ語原文：in der Bewältigung der Erledigung heischenden Erregungsmengen.

を説明するのに不十分であると見なす。

続いてフロイトは，量的諸要因が神経症の病因において決定的であることを示そうと努める。量的要因はたとえ直接明らかにできなくても，神経症の発症に関与する3つの主な要因を区別することができる。第1は生物学的要因であり，人間の幼児の寄る辺なさと非常に長引く依存状態に関係している。「この生物学的な要因が最初の危険状況を作り出し，愛されたいという欲求を生み出すのであり，この欲求はもはや人間から離れることがなくなる」（同155，岩波19: 83）のは，このためである。第2の要因は系統発生的で，それは人間の性生活が〔出生から成熟へという〕一続きにではなく2つの時期に発達し，第2の時期は思春期に到来するという事実による。フロイトはこの特性を，「人類の運命においては，何か重要なことが起きたに違いなく，それがこの性的発展の中断を歴史的沈殿物として残した」（同155，岩波19: 83）ことに帰着させる。この要因は，幼児性欲による欲動の要求を危険なものとして扱う自我に対して，それを退行や抑圧の道に引き込む危険を冒しつつ影響を及ぼすだろう。「ここで私たちは神経症の最も直接的な病因に直面している」（同155，岩波19: 83）。第3の要因は心理学的で，私たちの心的装置の不完全さに関係がある。欲動の危険から身を護ることができない自我は，ただ「自らの編成に制限を加え，欲動を減じる代わりに症状形成を甘受する」[訳注5]（同156，岩波19: 84）。

● 補　足

補足でフロイトは，非常に重要な補足を幾つか行なっている。補足A〔以前に述べた見解の修正〕では，彼は以前の見解に対する修正を再び取り上げ，特に，自我を危険状況で介在させる不安の新しい理論を導入する。そして彼は，不安を作り出すのはもはや抑圧ではなく，不安の出現を避けるために防衛が自我によって打ち立てられる，と考える。そのうえ，彼は「この〔防衛という〕古い概念」（同163，岩波19: 91）に立ち帰ることで，抑圧がもはや以前のように特権的な位置を占めずに，その他の諸防衛機制と同格のものとなるようにする。また彼は，分析において私たちが克服しなくてはならない抵抗が，「自らの逆備給に固執する」（同159，岩波19: 86–87）自我によってなされると指摘する。

しかし，フロイトが不安に関わる最も決定的な観点を提供するのは，補足BとCにおいてである。補足Bで彼は初めに，現実の危険を前にした不安と神経症的な不安を区別するものについて考える。後者は，危険の性質に対して釣り合いがとれていない。そこで彼は，現実の危険を前にした際の物質的な寄る辺なさ Hilflosigkeit と，欲動危険を前にした際の心的な寄る辺なさを区別する。寄る辺ない状況は，外傷的状況を生じさせうるが，これはもう一つの状況，すなわち危険状況と区別されなければならない。事実，人が危険状況の到来を受動的に予期する代わりに，予見してそれに備えることができるようになれば，それは自己防護における大きな進歩である。彼はこの予期の状況を危険状況と呼ぶが，そこでは自我は，「不安信号」を送る。「このことが意味するのは，『私は，寄る辺なさの状況が生じるであろうと予期している，あるいは現在の状況が私に，かつて経験された外傷的体験のあるものを想起させる……』ということである」（同166，岩波19: 94–95）。受動から能動へのこの移行は，子供が不快な印象を反復しながら，遊技においてそれを心的に制御しようとして求める目標に似ている。「しかし決定的なのは，寄る辺なさの状況にあるその根源から，その状況の予期つまり危険状況への不安反応の最初の遷移[訳注6]である」（同167，岩波19: 95）。フロイトが不安の起源について，生物学的理論から個人の心理現象を含む理論へと移行するのは，この点に基づいてである。

補足Cでフロイトは，不安・痛み・喪の間に彼が確立する区別を，詳しく説明する。見知らぬ人を前にした乳児の不安を検討して彼は，乳児が不安だけでなく痛みも感じていると指摘する。「乳児においては，後になれば分化されるいくつかのものが流れ込んで一緒になっているようである。彼は一時的に体験される不在と，ずっと続く喪失とをまだ区別できない。乳児は，一度母親の姿を目の前から見失ってしま

訳注5）ドイツ語原文：die Symptombildung als Ersatz für seine Beeinträchtigung des Triebes gefallen läßt.

訳注6）ドイツ語原文：die erste Verschiebung der Angstreaktion von ihrem Ursprung in der Situation der Hilflosigkeit auf deren Erwartung, die Gefahrsituation.

うと，もう母親を二度と見ることができないかのように振舞う」(同169, 岩波 19: 98)。乳児は慰めとなる経験を反復することで，母親が消え失せても再び現れることを習得できる。これは乳児の不安を減少するのに寄与する。「すると子供は，言わば絶望に伴われることがない郷愁を感じることができるようになる」(同170, 岩波 19: 99)。フロイトは，乳児が母親の不在を不安に感じる状況は，もしもその時に母親によって満たしてほしい欲求を経験するならば外傷的状況であることを付け加える。この欲求が現にないならば，その状況は危険状況に転じる。「自我が自ら導入する最初の不安条件は，それゆえ知覚喪失という条件であり，これが対象喪失という条件と等置されるのである。愛の喪失はまだ考慮には入ってこない」(同170, 岩波 19: 99)。続いて彼は，自分の見解を要約する。「すなわち痛みは，対象喪失に対する本来の反応である。また不安は，この喪失がもたらす危険に対する反応である。さらなる遷移を通し，不安は対象喪失自体の危険への反応となる」(同170, 岩波 19: 99)。さらにフロイトは，出生時に乳児が母親の不在を感じられないことをはっきりさせる。なぜなら，彼にとってまだ対象は存在していないからである。彼は，痛みと喪の定義をすると，補足を終える。彼は，対象喪失の時に経験される痛みによって作り出される経済論的条件と，或る身体部位への身体的な損傷の場合に生じる経済論的条件を同等に扱う。喪の情緒に関しては，それは現実吟味の影響下において現れ，その痛みに満ちた性格は，もはや存在しない対象から分離する必要性に由来している。

フロイト以後

精神分析の臨床における分離不安と対象喪失の不安

認められるのに時間を要した，フロイトの革新的な着想

フロイトが，1926年に『制止，症状，不安』で表明した見解は，部分的には受け入れられたが，取り上げられなかったり拒否されたりしたものもあった (E. Kris 1956; J. Bowlby 1973)。不安の起源に対する彼の新たなアプローチの価値を過小評価する人たちは，さまざまな理由を挙げた。例えばラプランシュ (1980) には，フロイトは1926年以降，不安の起源についての以前の自分の見解を修正しようとして，現実を重視し過ぎると同時に，欲動的なものを放棄しているように見える。ラカン派の流れに属する精神分析者たちと言えば，彼らは分離不安・対象喪失の不安は，喪の情緒と同様に，象徴界ではなく現実界に属する。彼らにとってこれらの概念が分析可能な領野の外に位置づけられるのは，そのためである。ラカンに準拠する精神分析者たちは，フロイトが1926年に導入した修正の評価が遅れ，もっぱら去勢不安を強調する。「不気味なもの」(1919h) が，この問題について彼らの参照するフロイトのテクストである。しかし，フロイト自身が『制止，症状，不安』の出版直後に，その価値を低く評価したことは，有力な議論とは見なしえない。事実，フロイトは或る著作を終えると直ちに，それを貶す言葉を発するのが常だった。『自我とエス』(1923b) の出版後にも，彼は同じように貶した。精神分析者たちが表明した，『制止，症状，不安』の価値に関する疑問はともあれ，私はこの著作が，理論的な思弁以上のものであると考える。そこには，精神分析治療で日々観察される臨床的な現象に関わる，入念な考察がある。疑いなくこれらの現象は，フロイトの興味をそそるに違いなかったものである。

対象関係の諸理論における分離不安の位置

続く数十年の間に，フロイトが提示した考えは，対象関係の枠組みで小児発達の早期の段階や分離不安および喪失不安の変遷に関心がある精神分析者たちからを主とする，重要な貢献を生んだ (J. Manzano 1989)。分離不安や対象の喪失に結びついた現象は，精神分析的な過程の途上にある被分析者の誰にでも，さまざまな程度で見出されるものであるにしても，最初にそれに関心を示したのは，子供をみていた精神分析者や自己愛的・精神病的な患者を治療していた人たちだった。その主な発展を，手早く吟味するとしよう。

M. クラインでは分離不安は，彼女自身の対象関係についての着想と不安理論の枠組みの中に含まれる。彼女にとって乳児の最初の不安は，死の欲動によって殲滅される恐怖である。このために，この欲動は外界に投影され，自我を外部から脅かす悪い対象という空想を作り出す。この点については，クラインによ

る殲滅の恐怖の記述は，フロイトによって 1926 年に記述された自我に対する最初の危険状況と，つまり過度に強く制御不能な刺激によって圧倒される恐怖と，似ていなくもないことを指摘しよう。クラインにとっては，どの子供も発達の中で分離や喪失の状況を体験するものであり，それらは 2 つの形の不安を引き起こしうる。すなわち，妄想分裂ポジションに属する，悪い対象によって殲滅されるという迫害不安と，抑うつポジションに属する，対象を傷つけて失うという抑うつ不安である。彼女によれば，離乳は後のあらゆる喪失の原型をなす。乳児が発達の間に進歩するにつれて，これらの喪失が迫害的様式で体験されることは徐々に少なくなり，抑うつ的様式で体験されることが徐々に多くなる。そして後の人生で喪失があるたびに，抑うつ感情が再活性化される。クラインは，分析状況では分離への諸反応が，被害的不安と抑うつ不安を呼び起こすと理解する。だからクライン派やポスト・クライン派の分析者たちは，分析的な接触の折に現れる欲動や転移防衛の動きとともに，空想の詳細で精密な分析に高い重要性を与えている（J-M. Quinodoz 1991）。

アナ・フロイトについて言うと，不安と分離との関係は彼女の初期の仕事には見られないが，その問いは，戦争中に両親から引き離された乳児を観察し始めるときに戻って来る（A. Freud and Burlingham 1943）。彼女は後期の著作では，子供の分離不安の問題に，理論的・臨床的次元から取り掛かり，分離不安をその一例として生後数年の間にさまざまな形をとる不安を記述している。それぞれの不安の形は，対象関係の発達の個々の段階に特有である（A. Freud 1965）。分析の中断が引き起こすさまざまな反応は，A. フロイトの強い関心の的である。なぜならそれらの反応は，乳児が到達した発達段階のことも退行点のことも，その心的構造の性質をすっかり明らかにしつつ証明しているからである。例えば，対象恒常性の段階に達していない子供は，その内的世界で分析者に重要な役割を与えることができない。

分離の諸帰結についてのルネ・スピッツ René Spitz による仕事は，何よりもまず，現実の対象との関係における喪失や分離の状況の観察に基づく。そこから彼は，子供と大人の心的発達ついて結論を引き出す。彼の仕事は，アナ・フロイトによるモデルの枠組みに位置づけられる。スピッツの関心はなかでも，「8 カ月不安」すなわち見知らぬ人の姿を知覚する瞬間に母親が不在であることに反応する乳児の不安に，そして母親との分離が時期尚早に訪れたときに現れる，「依托うつ病 anaclitic depression」に向けられている。そこでは，乳児は母親を剝奪されて，身体的にも心理的にも発達することができず，時には，死に至るほど退行する。

D. ウィニコットにとって，「原始的情動発達」の水準にある障害──例えば過度の分離不安──の存在は，生後数カ月の間の早期母子関係に失敗があったことの印であろう。彼によれば，乳児の原始的発達は，母性的な世話すなわち「抱えること holding」に完全に委ねられている。そして彼は，どのように成熟の過程が徐々に乳児に「一人でいる能力」を発達させるかを記述している。それから少しずつ，自我の支えの役を果たす環境が取り入れられ，乳児は本当に一人でいる能力を獲得する。しかし無意識的にはつねに，母親および母親が乳児に提供した世話を表す，内的な存在がある（Winnicott 1958）。

M. マーラーの着想に従えば，分離不安は乳児の正常な発達で共生期の終わり頃，すなわち比較的遅い時期である，個体化への奮闘が始まる生後 12 カ月から 18 カ月に現れる（M. Mahler, F. Pine et A. Bergman, 1975）。彼女は乳児の生物学的誕生の瞬間と，もっと後の，心理学的誕生の時を区別して，後者を分離 -- 個体化の過程と名付けている。分離 - 個体化の決定的諸段階は最初の幼年期の間に行なわれるにしても，その葛藤は生涯を通じて呼び覚まされる。それは新たなライフ・サイクルのたびに，不安をかき立てる分離の知覚に反応し，同一性の感覚を試験に掛ける。

最後に，不安の問題，特に分離不安や対象喪失の不安の問題に取り組むどの精神分析者にとっても，J. ボウルビーの著作（1969, 1973, 1980）は，その結論に対して精神分析的な観点からは異論があるにせよ，今なお参照すべき文献である。彼は，矛盾や論争を乗り越えようとして，実際には新たな理論を提起している。それは彼の考えでは，彼が調べたあらゆる理論の共通分母であろうものである。ボウルビーにとって，愛着は本能的行動である。つまり，乳児は自分に授乳する人にではなく，最も多く関わった人に愛着する。そして母親への愛着は，協調が実現した程度に応じて，発達したりしなかったりするのである。しかしながら，ボウルビーにおいては，欲動・防衛・無意識の空想・転移を通して大人の生活に現れる幼児経験といった基本的な精神分析の基本概念は，棚上げになっている。それでも，彼が提起した疑問には，彼の仕事が現れるまで精神分析者たちが十分に探究していなかった大きな問題に対して，彼らの関心を刺激したという功績があった。

年代順に見るフロイトの概念
信号不安　自動性不安　去勢不安　危険状況　防衛　寄る辺なさ Hilflosigkeit　隔離　喪（の情緒）　対象喪失　痛み　抑圧　分離　分離不安　外傷的状況　なかったことにすること／行なわれたことを取り消すこと

『ある錯覚の未来』
（1927c）
『素人分析の問題』
（1926e）

科学における信仰告白

　1926年から1930年の間にフロイトは，精神分析的な見地から社会と文化のさまざまな側面に取り組む3つの著作を相次いで発表した。

　『ある錯覚の未来』（1927c）の中で，フロイトはモデルとして西洋で実践されているキリスト教を取り上げ，宗教は自分の存在の危険から身を守ろうとする人類に宿る，錯覚への欲求に基づいていると考える。彼は再び，宗教が「**人に普遍的な強迫神経症**」（1907b: 126）であり，子供が発達するにつれて自分の幼児神経症を放棄するように，それを断念することが重要であると主張する。人類の成熟に向けた進化を促進するために，フロイトは科学の優位性に自分のすべての期待を置く。この論文で彼は，想像上の相手と対話している。そこには，フロイトのスイス人の友人であり文通相手である，オスカー・プフィスター牧師が認められる。フロイトは彼に，自分の科学への揺るぎない信念を宣言する。「**いいえ，私たちの科学とは錯覚ではありません**」（1927c: 56，岩波 20: 64）。プフィスターは，フロイトの著作の中で『ある錯覚の未来』における牧師としてばかりでなく，『素人分析の問題』における非医師の分析者としても現れている。

　『素人分析の問題』（1926e）は，当時の精神分析の世界を危険なまでに二分した，精神分析の実践を非医師に開かれたものとするべきか，それとも医師のみのものとすべきか，という論争へのフロイトの寄与となっている。彼は当初から前者の立場であり，この著作でも再度強調している。

　この3部作のうちで『文化の中の居心地悪さ』（1930a）と題された第3作は，次の章で論じることにしよう。

伝記と歴史

フロイトとユダヤ教

　フロイトは，教会には通わないものの大きな宗教的祭礼のような伝統を尊重する，ユダヤ人家庭に生まれた。彼は人生のごく早期から，いくつもの文化と言語にばかりでなく，いくつもの宗教の流れにも囲まれてきた。生まれたとき彼は，ユダヤ名であるシュロモ Shlomo と，キリスト教名のジギスムント Sigismund を与えられた。後者は，ジグムントとなった。それに加えて，彼の養育の一部は敬虔なカトリック教徒の「子守女」によってなされた。彼は生涯を通して，自分のユダヤ人アイデンティティに忠実であり続け，「みずからを語る」（Freud 1925d [1924]: 7）ではこう明言した。「私の両親はユダヤ人だった」そして「私もまたユダヤ人として過ごしてきた」（岩波 18: 66）。長年彼は，イディッシュの組織であるブナイ・ブリスの集まりに定期的に参加した。彼は自分を両親の

ように非宗教的なユダヤ人であると見なしつつも，ユダヤ教と精神分析の間にある密接な結びつきを，特にタルムードの思考様式を通して認めた。精神分析がC. G. ユングの到来とともに非ユダヤ人に開かれることで，フロイトは反ユダヤ主義が根強く浸透した文化において，それがユダヤ教に還元されることを避けたのを確認して安堵することになる。

「無神論者のユダヤ人」精神分析者の宗教についての見地

　自分は「無神論者のユダヤ人」であると公言していたフロイトは，宗教と精神分析の関係という問いに何度も取り組んでいる。だが彼の宗教へのアプローチは，神学よりも人類学に属していたと考えられる。例えば，オドン・ヴァレ Odon Vallet の見解では，フロイトは宗教の問題を主に「文化の出来事として考え，その教義についての議論は，宗教が社会と個人に対して持つ支配力よりも重要ではない」(Vallet 2002: 1432)。しかしながら，フロイトは神学的次元に立脚することを否定したにしても，自分が無神論者であると何度も主張することには変わりなかった。それは例えば，若きアメリカ人医師が自分の神秘的経験を詳しく述べた手紙に答えた「ある宗教体験」(1928a) に見られる。また，フロイトが以前の論文「強迫行為と宗教儀礼」(1907b)で，強迫神経症者の儀式行為と宗教的典礼の儀式を比較していたことを思い出そう。後に彼は宗教の問いを『トーテムとタブー』(1912–1913a) そして『集団心理学と自我分析』(1921c)で再び取り上げ，後者では教会を人工的な集団の一つの原型として提示している。1939年には，彼は『モーセという男と一神教』(1939a [1934–1938])で宗教の問題に立ち戻ることになる。

　フロイトが1927年に『ある錯覚の未来』を書いたのは，おそらく内的な欲求と，フランス人作家ロマン・ロランの宗教的な疑問に応えたいという欲望に駆られてのことである。事実1919年にロランは，「リリュリ」――「リリュリ」は「錯覚」の擬音的表現である――という題の戯曲を書いて，「錯覚の破壊者，フロイト教授へ」とフロイトに捧げた。フロイトは，自分の著作に「リリュリ」に送り返す題を選んで彼に応えた。それに加えて，ロマン・ロランは「大洋感情」と関係づけた宗教的な感情に関心を持っていた。フロイトはその観念を『文化の中の居心地悪さ』(1930a)で取り上げて論じる。『ある錯覚の未来』の出版は直ちに反響を呼び，激しい論争を引き起こす。彼の友人でチューリッヒの牧師オスカー・プフィスターは，『未来の錯覚』(Pfister 1928) という題で断固とした応答を著し，フロイトは宗教と信仰を混同していると指摘した。

フロイトとプフィスター牧師

　チューリッヒの牧師で教育学者のオスカー・プフィスター（1873–1956）は，フロイトの誠実な友人であり，2人は30年以上にわたって定期的に文通を交わした。彼は1908年に C. G. ユングとオイゲン・ブロイラーを通じてフロイトの仕事を知り，ただちに精神分析的な考えを信教上の指導にも教育問題にも適用した。彼は，霊的治療がフロイトの考えによって充実しうるという考えや，精神分析によって啓発された牧師の役割は，患者がキリスト教信仰の価値を認識できるために神経症を解消するように導くことであるという考えを擁護した。ジョーンズは，2人の深い友情についてこう言っている。「フロイトはプフィスターがとても気に入っていた。彼はプフィスターの高い倫理水準や，変わることのない利他主義・人間性への楽観を賞賛した。おそらく，プロテスタント系牧師と忌憚のない交友関係を持つことができると思うことも，彼には愉快なことだった。彼はプフィスターに『親愛なる聖職者へ』と書いて手紙を送ったり，フロイトが自分で言う『頑固な異端者』への寛容さを当てにしたりすることができた」(Jones 1953–1957, II: 48)。プフィスターは，スイスにおける精神分析の先駆者の一人だった。彼は初め，ユングが創立したチューリッヒ精神分析協会に参加し，後に1913年フロイトがユングと決裂したとき，フロイト側に立った。1919年にはスイス精神分析協会の創立者の一人となった。

　数年後，発足して間もないスイス協会の中で，非医師による分析とともに，短期間で転移と抵抗を反芻処理しない分析の実践を巡って，軋轢が生じた。後者の技法は，草創期にプフィスターが導

> 入したのだった（K. Weber 2002: 1662）。そこで医師たちの或る集団はスイス精神分析医学会を発足させ，プフィスターを含む非医師を締め出した。しかし彼は，慣習にあまり従わない実践や短期分析へのフロイトの反対にもかかわらず，スイス精神分析協会の一員に留まった。『ある錯覚の未来』と『素人分析の問題』との密接な結びつきについては，フロイトが 1928 年 11 月 25 日にプフィスターに宛てた手紙の抜粋をぜひ引用したい。「私は，あなたが『素人分析』と『錯覚』との秘かな結びつきを見抜いたかどうか分かりません。私は前者では分析を医師から，後者では牧師たちから守ることを望んでいます。私は分析をまだ実在していない職業に，医師である必要もなければ牧師であるべきでもない素人による魂の治療という職業に，委ねたいと思います」（Freud & Pfister [1963a]）。

テクストを紐解く

● 『ある錯覚の未来』（1927c）

■ 標準版第 21 巻 1–56 頁（岩波版フロイト全集第 20 巻 1–64 頁）所収。

● 文化を守るための道徳的価値

　フロイトは最初の 2 章を，文化がそれを構成する個人に由来する破壊的傾向から身を守るために高い道徳的価値に訴える必要があるのを示すことに当てる。こうした道徳的価値——それは彼が「文化の心的な資産」（1927c: 10, 岩波 20: 9）と呼ぶものを形成している——の中に，彼は心理学的次元の価値・文化的理想・芸術そして宗教的な表象を含める。彼は狭義の宗教の問いに取り掛かる前に，人間が自然を徐々に支配して，手に入る富をお互いで分配することを組織するに至ったことを示すために，文化の発達がたどる段階の長大な絵巻を素描する。だがあらゆる文化は本能の断念と各自の犠牲を要請するので，彼らの敵意に遭遇することになる。こうした理由から，「［……］いかなる文化も強制と欲動の断念を基礎として建設されねばならないように思われる［……］」（同 7, 岩波 20: 5）とフロイトは言う。文化を個人の反抗と破壊的傾向から守るためには，社会の富を公平に分配し，強制を用いるのでは十分ではない。人間に文化と和解させてその犠牲を取り戻させることを可能にする，さまざまな手段を利用することが必要である。こうした手段の中で，人類の心的進歩は，超自我の樹立のおかげで，強制が徐々に内在化されるに至った。文化は，近親姦・食人・殺人のような原始的本能を一部は支配下に置くようになったが，他の多くの本能は飼い慣らされていないままであり，強制のみがやっと抑えられる。「驚くべきことに，また憂鬱なことであるが，大多数の人間は，これに関する文化の禁止には，外的強制という圧力を加えられないかぎり，すなわち外的強制が目に物言わせるかもしれず，それを恐れる場合以外，従わないのだ」（同 11, 岩波 20: 10–11）。結果として，人間の道徳性に正式に任せることはできない。一員の道徳性の水準を高めうる他の手段の中では，文化の文化的理想も当てにされる。それらの理想は例として役立ち，それに従う個人に自己愛的性質（ナルシシズム）の満足をもたらす。その満足は，文化への敵意を効果的に補う。芸術は，フロイトによって言及された第 3 の手段となるものであり，それは文化の諸理想を鮮明に想起させるので，文化的断念に代わる満足を生み出すことができる。だが，フロイトによれば，文化の維持にとって最も重要な道徳的な価値を構成するのは，最も広い意味での宗教的な表象である。

● 宗教的な表象の誕生

　宗教的な表象の特殊な価値は，何にあるのだろうか。フロイトは私たちに，本能の禁止をすべて取り払って人類が自然状態に戻るのに任せたとすると，起こると思われる混沌を想像するように促す。「自然からわれわれを守るということが文化の中心的な課題，本来の存在根拠である」（同 15，岩波 20: 15）。だが文化はそれを部分的にしか達成できず，私たちを自然災害からも死という謎からも保護しない。それらは，私たちを自分の弱さに直面させる疑問である。原始人たちは，自然や運命の力に対してどのように反応しただろうか。第 1 段階は，自然現象を擬人化して神々に仕立てるほど，超人や超自然的存在と見なすことだった。フロイトにとってこうした反応の源は，両親，特に父親の中に保護者かつ恐れられるものである万能的な存在を見がちな，幼児の寄る辺なさにある。

　だが時とともに人間は，自然や運命に由来する避けがたい危険から神々が保護下に置いてくれるとは期待できず，今後は神々に人間の苦しみを引き受けてくれるように願い，文化の教えを保持するように注意しなければならないことに気づくようになった。かくして宗教的な表象は，自然と運命の危険や人間社会がもたらす害悪を前にして，人間の苦悩を耐えられるものにする必要性から生まれたと思われる。「こういった脈絡の中で，この世の生はもっと高い目的に仕えている，その目的は容易に見極めることはできないが，それが人間存在を完璧なものとすることを意味するのは確かだ，などと説かれることになる」（同 18，岩波 20: 19）。こうして，「私たちより優れた知性的存在〔überlegenen Intelligenz〕」（同）は私たちの運命を管理し，「慈愛に満ちた神」（同）は私たちを監視するので，死後の生は地上の生を継続させて完全と理想をもたらすであろう。フロイトによれば，神の観念は子供が持つ父親との関係を手本として形成される。フロイトは，ここでは「今日のわれわれ白人のキリスト教文化の最終的な形態」（同 20，岩波 20: 19）のみを吟味しており，他の形態の宗教の研究は脇に置いていることを明確にしている。

● 幼児期の寄る辺なさの役割

　フロイトは，或る「論敵」との対話の形で論述を続ける。その名前は伏せられているが，オスカー・プフィスター牧師であると知られている。想像上の対話者はフロイトに，どう彼がトーテム崇拝の起源にある動物神を，人間の顔を持つ神によって置き換えるに至ったかを尋ねている。それに対してフロイトは，1926 年の『制止，症状，不安』で導入したばかりの幼児の寄る辺なさという考えに訴えて応える。幼児をまず母親へ，次に父親へと助けと保護を求めさせるのは，その身体的・精神的な寄る辺なさである。父親は幼児に，「賛嘆ばかりでなく恐れも」（同 24，岩波 20: 25）与えている。フロイトにとって，宗教の源と思われるのは，幼児の無力感と寄る辺なさである。

● 証拠の欠如

　次にフロイトは，宗教的な表象をどう定義すべきかを自問する。それの主張は，内的・外的現実の事実に関して，「信じるようにと求めている」（同 25，岩波 20: 26）。彼によれば，宗教的な表象は私たちの文化という遺産にとって非常に重要ではあるものの，逆説的にも根拠の乏しい証拠に基づいている。前に祖先がそれを信じてきたことや，証拠が太古の時代に遡られることは，有効な証拠と考えられないだろう。宗教の教義を理性の上位に位置づけ，真理は内的に感知しなければならないということを意味する，教父たちの Credo quia absurdum（「不条理ゆえに我信ず」）に訴えることも，もはやできない。それに加えて，それが純粋に個人的な経験ならば，大多数の人の関心とはならないだろう。「誰かが，自分を深く捉えた忘我の状態からして宗教上の教義には実際に真実性が備わっているという揺るぎない確信を得たところで，他人にとってそれが何の意味を持つというのか」（同 28，岩波 20: 31）。では，宗教的な表象は人類へのかくも大きな影響を，理性の監視と無関係に，また「誰が見ても信憑性に欠けているのに」（同 29，岩波 20: 32），どのように行使してきたのだろうか。

● 宗教的な表象は錯覚である

　そこでフロイトは，宗教的な表象は錯覚である，すなわち人類の最も強い欲望の現実化〔Erfüllung〕であると断言する。これらの欲望は，幼児的な寄る辺なさと人生の危険に面した不安に基づく。それらは，慈愛に満ちた神・正義・死後の生命が存続しているという考えによって和らげられる。だがフロイトは想像上の対話者のことも読者のことも傷つけるつもりはまったくなく，彼が錯覚を誤謬や幻覚[訳注1]と区別していることを明確にする。錯覚は人間の欲望に由来する歪曲であり，必ずしも幻覚のようには現実と矛盾しない。結局のところ，この信念が錯覚か妄想観念かを決めるのは，個人的態度である。フロイトは「宗教上の教義の真理価値について」（同33，岩波20: 36）賛否を表明するつもりはないことを明確にしている。だが彼は，宇宙の創造主にして慈愛に満ちた摂理としての神・道徳的な世界秩序・死後の生命という観念が，私たち祖先の欲望とも私たち自身の欲望ともぴたりと一致することに驚いてみせて，自分の疑いを間接的に表している。

● もしも人類が宗教的錯覚を失ったならば？

　想像上の論敵は，フロイトが主張するように宗教的信仰が本当に錯覚ならば，人々にそのことを明らかにするのは危険である可能性がある，と反論する。なぜなら彼らは，代わりに何も提供されずに，この支えや慰めを失うことになるからである。フロイトは，熱心な信者がこのような議論によって信仰を手放すようにされる危険はまったくないと返す。それどころか，この公表が誰かを傷つけるとしたらそれはフロイト自身をであり，同じく精神分析をであると彼は考える。「いわく『精神分析が結局どんなところに行き着くかこれで分かった，仮面は剥がれ落ちたのだ，前から推測していたことだが，案の定，神と道徳的な理想の否定に辿りつくのだ』」（同36，岩波20: 40–41）。だが彼は，更なる波乱に取り組む用意があると言う。確かに，宗教は何千年もの間，文化の維持に大きく寄与してきた，と彼は続ける。だが今日その人々への影響は弱まっており，特に科学的思考がますます発達したために，文化が危機にあるかもしれない。しかしながら，脅威があるとすれば，それはもちろん科学者や知識人からではなく，むしろ無教養の大衆や文化に不満を抱いている人々から生じる。事実，人々は神の存在を信じていないことを彼らが知る日が来るだろう。「かくなる上は，これら危険な大衆を厳重に押さえ付け，精神的な覚醒に繋がるあらゆる機会から彼らを遮断するべく目を光らせるか，それとも，文化と宗教の関係を根本的に修正〔Revision〕するか，そのどちらしかないのである」（同39，岩波20: 44）。

● 普遍的な強迫神経症としての宗教

　続いてフロイトは，宗教的観念は単に欲望の実現ではなく，殺害後に神の姿へ変形された原始群族の父に関係した歴史的回想でもあると述べる。その父は，殺されてから神格化されたものである。彼は系統発生的な仮説を更に進めて，宗教は幼児期の早期に見られ，発達の間に消失する神経症の等価物であろうという考えを述べる。歴史的な展望の中では，宗教は先史時代の神経症の澱であろう。「宗教は人間全般の強迫神経症であり，幼児の強迫神経症と同様，エディプス・コンプレックス，すなわち父親との関係に起因しているのではないか」（同43，岩波20: 49）。こうしたわけで，発達の間に消失する幼児神経症との類比でフロイトによれば，宗教は消失することを容赦なく運命づけられており，人類は同様の発達期にいるのである。

訳注1）フロイト原文には Halluzination の語はない。「妄想 Wahn」あるいは「妄想観念 Wahnidee」はあり。

● 宗教教育の有害な機能

子供がとても幼い時に教えられる宗教上の教義は，彼らの性的発達，よって知的発達を遅らせることに大きな責任がある。さらに，それは子供が自分でそうしたことを考えない年頃に押し付けられる。フロイトによれば，特にこれは一般的に「『生理学的愚鈍』（すなわち知性の点で男性より劣ること）に苦しむと言われる」（同48, 岩波20: 54）女性の場合に当てはまる。用心深く，彼は自分の意見の一部を取り消す。「それがそもそも事実かどうかも賛否の分かれるところですし，仮に事実であったとしても，それについての解釈は疑わしい」（同48, 岩波20: 54）。にもかかわらず，性生活への関心を示すことに対する早くからの宗教的禁止のために，女性は確かに後天的な性質の「知性の委縮」を被るだろう。フロイトは，心的制止を取り除くために非宗教的な教育を導入できることを願う。想像上の論敵にこの論文を発表する理由を尋ねられた彼は，人間が永遠に子供に留まらずに，敵意のある世界へと敢えて踏み出すためだと応える。彼は，人間が科学そして知性の優越を頼りにしつつ，この試練に耐えることを希望している。

● いや，科学は錯覚ではない

最終章でフロイトは，想像上の論敵が申し立てた異議に応えて，自分が夢想家でもなければ錯覚に流されるままでもいない，と自己弁護することから始める。それどころか彼は，それがまだ先のことであっても，知性の優越と科学的思考への大きな希望を見せる。「私たちには，科学的な作業には宇宙の現実について何がしかを知ることができ，それによって自分たちの力を高め，またそれに即して自分たちの人生を設計することができると信じています。この信念がひとつの錯覚であるなら，私たちはあなたがたと同じ立場にあることになります。しかし，数多くの重要な成果によって，科学は，それが錯覚でないことを私たちに証明してきました」（同55, 岩波20: 62–63）。彼は，絶え間なく進化している科学への信頼を繰り返して結論する。「いいえ，私たちの科学とは錯覚ではありません。でも，科学が与えてくれないものをどこか他のところから得られると信じるなら，それは錯覚というものでしょう」（同56, 岩波20: 64）。

フロイト以後

信仰・宗教・精神分析の関係：論争の的となった問題

『ある錯覚の未来』の発刊は直ちに，今日まで止まない論争を引き起こし，強く反対し合う立場が生まれる原因となった。この論議を説明することは私の話の範囲を超えるので，ここでは精神分析と宗教との関係についての問いに手短に言及することにして，また後で『モーセという男と一神教』（1939a）に関して再び取り上げることにしたい。

『ある錯覚の未来』においてフロイトが採った立場に最初に強く反対したのは，チューリッヒ出身のルター派のプロテスタント牧師であるオスカー・プフィスターだった。彼は，フロイトによって名指されてはいないが，想像上の論敵であると推定されている。プフィスターとフロイトとの論争の興味は特に，彼らのお互いの議論が後の論争の主たる話題を既に含んでいることにある。例えばプフィスターは，フロイトが全体としての宗教現象ではなく，宗教実践の病理的な側面にもっぱら焦点を当てることを非難する。他方，2人は多くの点に関して見解が分かれる。フロイトは精神分析を宗教に対立させるが，それに対してプフィスターは，精神分析の中に信者が自分の信仰を高める可能性を見る。フロイトは宗教を人間の未熟さの表れと見なすが，プフィスターはそこに人類の最も高められた理想の一つを見る。

ローマカトリック教会に関して言えば，それは直ちにフロイトの見解に対して警戒する姿勢と敵意を見せた。そして『性理論のための三篇』（Freud 1905d）以来，フロイトの汎性欲主義と見なされるものを告発した。もっと後に，ロシアのボルシェヴィキ革命の後，教会はフロイト主義がマルクス主義と同じく，どちらの教理も家族の存在への脅威であると考えて危険視した。とりわけ『ある錯覚の未来』の発表以後のフロイト思想への敵意にもかかわらず，カトリック教会は精神分析に対する公式の禁令を発することを

しなかった。非難はむしろ，1930年代にW.シュミット神父が繰り返した批判的発言や，著作の一つを禁書目録 Index Librorum Prohibitorum に加えた1955年のアボット・オレイソン神父のように，個人の立場を通して表明することになる。第2次ヴァチカン会議の後，1960年代には徐々に開かれていったが，クエルナバカ修道院での精神分析的集団精神療法の経験は，大多数の修道士が結婚することを決意したので，修道院の閉鎖を招いた。ローマ教皇パウロ6世はその経験を糾弾したが，それでもなお「彼はフロイト主義に対して敵対的中立の姿勢を取った。その後，こうした姿勢は知識の非宗教化を尊重する教会の信条となった」(Roudinesco and Plon 1997: 241)。

精神分析者はみな無神論者か？

『ある錯覚の未来』以来，国際精神分析協会は宗教の問題に関して会員の自由に任せているという事実にもかかわらず，どの精神分析者もフロイトのように無神論者であると考えることが，広く受け入れられた見方となっている。こうした考えは精神分析者について流布する多くの偏見の一部であるにせよ，この見解に異議を唱えるために分析者たちが登場することはほとんどないことを認めよう。逆に，フロイトのように無神論を公然と口にしないにしても，少なくともその推測を否定しないのは，ほとんど精神分析者への作法であるとさえ言える。

事実，敢えて公衆の面前で自分のキリスト教信仰がフロイトによる発見と両立しうるものであり，その点ではフロイトと意見が対立しうると主張した精神分析者は，稀である。北米では1930年代以来，カトリック教徒の精神分析者のグレゴリー・ジルボーグ Gregory Zilboorg が，プフィスター牧師と似た立場を取った。「私は，善良で勇気あるカトリック教徒が，ガリレオ式光学や太陽中心説を学ぶくらい真剣に精神分析を学んで，臨床精神分析には一切彼らの宗教的信念と矛盾するようなものがないと分かる日が来るだろう，と敢えて言う」(Zilboorg 1942: 419)。フランスでは，マリス・ショワジー Maryse Choisy やフランソワーズ・ドルト Françoise Dolto が，自分の信仰を隠さなかった精神分析者に属した。ドルトは，2つの著作 L' Evangile au risque de la psychanalyse (Dolto et Séverin 1977–1978〔『欲望の世界 精神分析から見た福音書1』『欲望への誘い 精神分析から見た福音書2』勁草書房刊〕) と **La Foi au risque de la psychanalyse** (Dolto 1981〔『精神分析の危険を冒した信仰』，未邦訳〕) を書いた。しかし彼女は，その宗教的信念が彼女の不完全な個人分析の残滓だという同僚たちの批判に直面しなければならなかった。「彼（彼女の分析者であるラフォルグ Laforgue）は自分の患者を，神の言葉・象徴界・主体・去勢・思考原理となった全能の欲望に直面させなかったのであろう」(This 2002: 462)。往々にして精神分析者たちは他人の信仰を批判するために，各人の秘密を前にして慎重さを全く放棄し，権威の論拠を利用したということがある。私は，精神分析者たちとカトリック教司祭たちとの討論会の最後で，パリの精神分析者のルネ・ディアトキーヌ René Diatkine が，ドミニコ会修道士に関して述べた論評を思い出す。「プレ Plé 神父はもちろん自分に信仰があると確信している。だが彼は，自分が無意識では信じていないことを知らない！」。

こうした要素はここで私が強調したいこと，つまり，フロイトからあれほど学んできた精神分析者にとって今日なお，自分自身の宗教的確信および自分の患者のそれに関わるものについて，自分の確信から独立した意見を主張することは困難であることを明らかにしていると私は考える。事実私にとって，宗教的信仰が時として精神病理的な障害の表れでありうるにしても，それはフロイトが考えると思われるように，神経症や精神病であるだけではない。なぜなら信仰が位置づけられる面は，神経症者にとってもいわゆる「健常な」人にとっても，分析の領野の外にあるからである。

● 『素人分析の問題：ある公平な立場の人との問答』(1926e)

標準版第20巻177–250頁（岩波版フロイト全集第19巻103–199頁）所収。

フロイトはこの著作を1926年に，違法な医療活動に対して告訴されていた非医師の精神分析者，テオドール・ライクを擁護するために発表した。当初からフロイトは，素人分析（ドイツ語では Laienanalyse）とも言われる門外漢による分析，つまり非医師によって行なわれる分析に対して好意的だった。ライクへの訴訟手続きは最終的に一件落着にされたが，フロイトは「公平な立場にある」（岩波 19: 106）人物との対話という形式でこの見解を発表した。彼が擁護する見地によれば，精神分析者になるために必要な

のは，前以て個人分析を受け，特別な訓練を行なうことである。他方フロイトは，彼が職業に純粋に内的なものと見なすこの問題を法的に規制しても，何の役にも立たないだろうと見積もっている。彼は精神分析者にとって何が最も適切な訓練かと自問を続け，医師が一般医になろうと精神科医になろうと，いずれにせよそれは大学が彼らに与えるものではないと考える。彼は理想的な精神分析教育の訓練であるはずのものに言及して締め括り，それを精神分析の単科大学 Hochschule（岩波 19: 183）の創設に見る。「おっしゃる通り，理想である。しかし，実現可能な理想であり，しかも，実現しなければならない理想なのである。私たちの養成所はまだできたばかりで十分なものではないとは言え，そうした理想の実現の手始めなのである」（1926e: 252, 岩波 19: 191–192）。

だが素人分析の問題は，急速に悪化した。なぜならアメリカ人精神分析者たちが，アブラハム・ブリル Abraham Brill の影響を受けて，医学訓練のない精神分析者に実践を完全に禁じるように主張したためである。その一方でウィーンの精神分析者は，非医師も入れて，フロイトの立場を支持した。インスブルック会議に備えて E. ジョーンズは，国際的な精神分析コミュニティの中で幅広い調査を行なった。それに対して著名な精神分析者から 28 の論文が送られ，これらは独語版と英語版の『国際精神分析誌』に発表された。フロイトは寄稿の中で，非医師による分析に賛成する立場を再び強調している。1927 年に行なわれた会議の討論では決着が付かず，それ以後，非医師の入会を許可するかしないかは各協会の自由に委ねることが決議された。多くの協会がフロイトの側に与したが，合衆国では医師のみがアメリカ精神分析協会（APA）に受け入れられた。非医師精神分析者による幾つかの研究所がアメリカ精神分析協会と国際精神分析協会（IPA）に認められたのは，1985 年に提起された長い手続きの後に過ぎない。

素人分析の問題と同時に，訓練の問題も取り上げられ，激しい論争の的となったこれら 2 つの問いについての意見の相違によって，IPA は 1920 年代の終わり頃には危うく四散しかかった。1932 年に骨の折れる討論の後で，素人分析について決定されていたように，候補生選抜の基準は加盟している各協会の権限とすることがヴィースバーデン会議で決められた。ジョーンズは，精神分析運動の統一を保護することに力を尽くしてきたので，この妥協に満足した。フロイトにとってそれは大きな失望だった。なぜなら彼は，自分の存命中に反対者たちが，IPA に加盟するすべての協会は精神分析の訓練に入るための共通の基準を採用するという考えに同調するようになることを期待していたからである。

年代順に見るフロイトの概念

文化　子供の寄る辺なさ　錯覚　思考の万能　宗教・宗教的な表象　科学　人類全般の強迫神経症

『文化の中の居心地悪さ』
（1930a）
『続・精神分析入門講義』
（1933a [1932]）

人間の条件についての悲観的な見方か，明晰な見方か

『文化の中の居心地悪さ』は，1926年の『素人分析の問題』に始まって1927年の『ある錯覚の未来』（1927c）へと続いた3部作を締め括る。フロイトはここで曖昧さなく，彼から見れば宗教感情には完全に世俗的でもっぱら個人心理に根差した源がある，と再び断言する。無神論を改めてこう宣言した後でフロイトは，人間を保護する定めだが逆説的に破壊する恐れがある文明において，人類が占める不安定な均衡状態を見渡す，大胆な総括に取り組む。この均衡は生の欲動と死の欲動の根本的葛藤の反映に他ならず，フロイトはますますそれを信じている。文明は社会の凝集性を維持する目的で個人の性欲動と攻撃欲動を制限するので，一人一人を見た個人としての構成員との間で，葛藤を起こす。もしも彼らが反乱を起こせば，文明を破壊しうる。だが，ここがフロイトの言いたいことだが，外的現実において個人と文明の間に目撃される葛藤は，各個人の心的構造の中で行なわれる葛藤の中にその対応物を有している。それは，以前の外的権威と同じように，今後恐れられる超自我の要求と，個人の利益を代表する自我の間での葛藤である。フロイトにとって，この無意識の葛藤から生ずる無意識の罪責感が，「文化の中の居心地悪さ」の原因である。彼は，生の欲動とそれに住みつく死の欲動との葛藤による不確かさと自分自身の錯覚とに委ねられた，人間の条件の脆さを説明する。

伝記と歴史

1929年の世界大恐慌とドイツでのナチスの台頭

フロイトが1929年にベルヒテスガーデンでの夏期休暇中に『文化の中の居心地悪さ』の執筆を企てたのは，「大洋感情」の中に宗教の源泉を見たロマン・ロランの示唆に基づく。この著作は，陰鬱だが明晰な社会学的な遺言と考えられることが多い。彼が本の終わりで，特に，技術の進歩によって最後の一人になるまで殺し合うことが可能になった人類の未来について自問するときの，どちらかと言えば悲観的な調子は，彼の正しさを認めるのに時間が掛からなかった。事実，彼が草稿を送る1週間前，1929年10月29日火曜日にニューヨーク株式市場が崩壊して，西洋世界を長期的に世界大恐慌へと引きずり込み，それには破産・失業・貧困が伴った。1930年付で出版された『文化の中の居心地悪さ』は，直ちに成功を収めて，何カ国語にも翻訳されることになる。1年後の1930年9月，ナチ党がドイツ国議会Reichstag選挙で圧倒的な勝利をおさめ，アドルフ・ヒトラーに権力への道を開いた。この災いをもたらす出来事によってフロイトは，1931年に本の最後に，何らかの希望を感知してきた生の欲動と死の欲動の葛藤の結末に関して，一文を付け加える気になる。「だ

が，その成否や終末はいったい誰に予見できよう」（1930a: 145, 岩波 20: 162）。アーノルト・ツヴァイク Arnold Zweig への或る手紙で彼は，自分の悲観論をはっきりと伝えるだろう。「私たちは陰鬱な時代に向かっています。私は老年の無気力で，それを気に掛けずにいられるでしょうが，7 人の孫たちについてはかわいそうに思わずにいられません」（1930 年 12 月 7 日，アーノルト・ツヴァイク宛書簡）。

この本で取り組まれる主題は，既に「『文化的』性道徳と現代の神経質症」（1908d）そして「戦争と死についての時評」（1915b）で粗描されており，後に「戦争はなぜに」（1933b [1932]）で再び取り上げられることになる。

Kultur は文明か文化か

「文化 culture」と「文明 civilisation」という用語は，フロイトによって本書の中で，そして多数の翻訳者たちによって区別なく使われているが，多くの論争を引き起こしてきた。なぜなら，これらの意味は著者たちや翻訳者たちによって，そして時代に応じて，非常に違って解釈されているからである。そうした討論についておおよその考えを理解してもらうために，フロイトがこの本で Kultur（文化）という用語に与えている意味に少し注目しよう。彼はこちらの方を, Zivilisation（文明）という語もドイツ語に存在するにもかかわらず，はるかに頻繁に使っている。既に『ある錯覚の未来』の中で，「文化 Kultur」によって彼が理解することの広義の定義を与えて，はっきりと「文化と文明とを切り離すことは軽蔑して拒否する〔verschmähen〕」（1927c: 6, 岩波 20: 4）と表明していることを思い起こそう。『文化の中の居心地悪さ』では，一見すると彼は 2 つの用語を入れ替えられるように使っている。だがよく見ると，彼は Kultur という観念自体の中に，以下の区別を設けている。「そこ〔原注：die Kultur〕には，一方では，人間が，自然の諸力を支配し諸々の人間的な欲求を充足させるべく，自然から様々の資源〔Güter〕を奪い取るために獲得してきた知識と能力の一切が包摂されるが，他方では，人間相互の関係を律する，とりわけ手に入る資源〔Güter〕の分配を律するのに必要な仕組みのすべてが含まれる」（1927c: 6, 岩波 20: 4）。文化と文明のこの区別は，文化が「文明の知的側面の総体」であるのに対して文明は「（自然・野生に対して）人間社会の獲得物の総体」（ロベール辞典）であるという，一般に受け入れられている区別と対応している。諸概念の進展，特に哲学と人文科学の概念の進展によって，以前「文化」によって指されていたものは，「文明」の定義自体の中に入れられるように徐々になっていった。それはフロイトが辿った進展のように見える。このことからフランス語版フロイト全集の訳者たちは，新しい題名として『文化の中の居心地悪さ』（Malaise dans la culture）を選んだ〔以前は, Malaise dans la civilisation と仏訳されていた〕。

テクストを紐解く

●『文化の中の居心地悪さ』（1930a）

■ 標準版第 21 巻 57–145 頁（岩波版フロイト全集第 20 巻 65–162 頁）所収。

●「大洋感情」：幼児的欲望の残渣

『ある錯覚の未来』の出版後，フランスの作家ロマン・ロランは，フロイトがその本の中でロランが宗教的エネルギーの主観的な源と見なし，彼自身が常に自分に宿っていると感じている「大洋感情」を考慮しなかったことを不満に思った。フロイトは言う。「これは，ロランが『永遠性』の感覚と名づけたい感

情であり，何か無窮のもの，広大無辺のもの，いわば『大洋的』という感情なのだ」(1930a: 64，岩波 20: 67)。フロイトは，「解きがたく結ばれて，外界全体とひとつになっているという感情」[訳注1)] (同 65，岩波 20: 68) に対応するような感情を，彼はかつて経験したことがないと友人に応えることから始める。にもかかわらず彼はこの機会を，その心理学的起源を探究するために利用する。フロイトはそれを，乳児の早期の情緒的経験の中に発見する。彼によれば，生後すぐの乳児は，自分の自我を外界から区別していない。乳児が自分の自我の「外側」に「対象」があることを徐々に発見できるようになるのは，母親の乳房との周期的な接触によってである。早期の苦しみと不満の経験から乳児は，不快の源であるものを自分の外に排出し，快の源であるものを自分の内に持ち続けるようになる。こうして彼は，快原理に従う「快自我」(Lust-Ich) を形成する。それは，現実原理に従う外界と対立している。「このようにして自我は，自分を外界から引き離すわけである。もっと正確に言うなら，もともと自我はすべてを含んでいるのだが，後に外界を自分から排出する。つまり，われわれの今日の自我感情とは，かつて自我と環境とがもっと密接に繋がっていたのに対応して，今よりも遥かに包括的であった感情，のみならず一切を包括していた感情が，萎えしぼんだあとの残余にすぎない」(同 68，岩波 20: 71–72)。フロイトにとっては，大洋感情を特徴づける無限の感覚は，乳児が経験した原始的なつながりの感情が，大人に残ったものであろう。だがそれでは，本当にこの大洋感情を，まさに宗教的欲求の源であるとみなせるのだろうかと彼は問う。フロイトはこの考えに異議を申し立て，個人の宗教的欲求は幼児の依存と保護的な父を切望することから生まれると考える。だから，ロマン・ロランが語る宗教的感情はフロイトによれば一次的ではなくて，外界によって脅かされていると感じる危険を，自我が慰めを見出すために否認するという人間の欲求に対して二次的であろう。

● 生の目的：幸福の追求と苦痛の回避

　フロイトは自分が『ある錯覚の未来』(1927c) で，あらゆる宗教体系は宇宙の謎を説明し，慈悲深い摂理が人生を見守っていると保証し，死後の生を約束することを目的として有していると論証していたことを思い起こさせ続ける。生の目的のこうした概念化は，フロイトにとって幼児的性質のものであり，大多数の人間は幼児期への固着と彼が見なすこの宗教的段階を超えるところまで達しないだろうという考えを，彼は遺憾としている。宗教が提示する目的を退けるならば，何が人生の目的だと彼は考えるのだろうか。フロイトにとって，人生の目的を決めるのは快原理である。だが，もしこのプログラムの目的が，人間にとって幸福であることならば，実現できないのは自明である。たとえ私たちが完全にはそこに到達しなくても，それでも私たちが幸福を求めるならば，2 つの道が残されている。それは，享楽を探究する道か，苦痛を回避する道である。その道は数多くさまざまあり，フロイトはその幾つかを検討する。たとえば，あらゆる欲求の限りない充足の追求，隠者の自発的な孤立，薬物嗜癖，東洋の知恵が私たちに教えるような本能的生活の制御，科学や芸術・美的なものを通じた昇華である。だが，その結果は期待外れである。なぜなら彼によれば，愛でさえ落胆と苦痛の源だからである。つまるところ，神経症や精神病の中に見出しうるものが，究極の避難所である……彼は，幸福の探求が本質的には個人的な問いであると結論する。「ここには，万人に通用する助言は〔Rat〕ない。誰もがそれぞれ独自の流儀で幸福に満ちあふれるようになる〔selig werden〕のを自ら試みるしかない」(同 83，岩波 20: 91)。フロイトは宗教の有害な役割について，1927 年に『ある錯覚の未来』で示したよりもさらに辛辣な判断を記して締め括る。彼の目には宗教は，幸福の追求と苦痛の回避にとって大きな障壁となっている。「宗教の技法とは，人生の価値を引き下げ，現実世界の像を妄想的に〔wahnhaft〕歪めることにあるが，その前提となるのが，知性への脅し〔die Einschüchterung der Intelligenz〕である。宗教はこのように心的幼稚症を無理やり固着させたり集団妄想に引き入れたりするが，その犠牲の代償として多くの人間は個人的な神経症にかからずにすむ。しかし，それ以上ではほとんどない〔Aber kaum mehr〕」(同 84，岩波 20: 92)。

訳注 1) ドイツ語原文：Also ein Gefühl der unauflösbaren Verbundenheit, der Zusammengehörigkeit mit dem Ganzen der Außenwelt.

● 文明は期待されている幸福をもたらすことに失敗する

なぜ人間にとって幸福になることは，これほど困難なのだろうか。まさに文明自体がその原因であるように思われる。なぜなら，文明は私たちを人間の苦悩から保護すると見なされているのに，それを未然に防ぐことに失敗しているからである。文明は一定の進歩を意味しない。なぜなら，文化や現代技術の前進はそれらの約束を果たさなかったことが認められるからである。それが，今日の文明化された人間が感じる居心地の悪さの主な理由である。「今日の文化の中にあってわれわれは快適と感じていない」（同 89, 岩波 20: 96）。だがそもそも，何が「文明」と呼ばれているのだろうか。「だから以下を繰り返すことで十分である。文明［原注：ドイツ語で Kultur］という言葉は，われわれの生活を動物的な祖先から隔てて，自然から人間を守り人間の相互作用を調整するという 2 つの目的に資する活動や制度の総体をあらわしている，と」[訳注2]（同 89, 岩波 20: 97）。

確かに，文明の特性を示す獲得物として考えられる科学や文化の進歩は多数あるが，だからと言ってそれらの獲得したものは，人間をより幸福にはしなかった。反対に，共同体がその集団の凝集性を保つ目的で，それを構成する各個人に本能的欲動——性的なものと攻撃的なもの——の制限を課すに至ったとき，文明は決定的な一歩を踏み出した。だからフロイトによれば，文明は本質的に本能的欲動の断念という原理に立脚しており，人間の間の社会的関係を統御しているのは，この「文化的断念〔Kulturversagung〕」（同 97, 岩波 20: 107）であり，それは同時に，まさに文明に対する個人の敵意の原因になっている。

● 家族と性欲：文明のためであると同時にそれに対立するもの

愛は，原始時代から幸福の原型であり，文明の基礎となる。事実，男性と女性を，そして子供を両親に結びつける家族の源にあるのは愛である。家族に基盤を与えたこの愛は文明の中でも，性器的性的充足と「目標制止された愛」（同 102, 岩波 20: 112）を許容して影響力を発揮し続ける。フロイトにとって後者は，家族のメンバーを結びつける愛の形を表しており，それは友情と共同体内のつながりの基礎をなすものである。だが進化の過程で，共同体と家族の間に避けられない葛藤が始まる。共同体は人々を結束させたいが，家族は個人を手放したくないからである。女性たちは，この葛藤に深く巻き込まれている。「さらに，女たちが，やがて文化の流れと対立しはじめる［……］。女たちが代表するのは家族や性生活の利害であり，文化の仕事は次第に男たちの用件となった。それは，彼らにいよいよ困難な課題を課すようになっていて，欲動の昇華を強いるのだが，女たちはそれを解決するだけの力がほとんどない」[訳注3]（同 103, 岩波 20: 113）。フロイトによれば，女性たちはこのように二級扱いに追いやられて，それから文明の要求に敵対的となる。文明は，性的生活に他の重大な制限も課す。それは性器的な性的成熟に達した個人の対象選択を異性に限定するだけでなく，性器外の性的充足の大部分を倒錯として禁止する。そこで異性愛的性器的愛が残るが，それはそれで，単婚制のみを容認し「人間繁殖のための方策として」（同 105, 岩波 20: 115）しか性欲を黙認しない文明によって課された制限に支配される。言い換えれば，人間の性的生活は文明にひどく侵害されており，幸福の源泉としての愛と性の価値を貶められている。

● 攻撃性の役割：「人間は人間にとって狼である」

人間が自分の幸福を見出すのがそこまで困難であるとすると，それは文明が個人に，性的欲動の充足ばかりでなく攻撃欲動を断念するという重い犠牲を課しているからである。事実フロイトは，「人間とは，せいぜい攻撃された場合には自衛する能力を持つ」[訳注4]，誰からも愛されることを求める温和な生き物など

訳注 2） ドイツ語原文：Es genügt uns also zu wiederholen, daß das Wort »Kultur« die ganze Summe der Leistungen und Einrichtungen bezeichnet, in denen sich unser Leben von dem unserer tierischen Ahnen entfernt und die zwei Zwecken dienen: dem Schutz des Menschen gegen die Natur und der Regelung der Beziehungen der Menschen untereinander.

訳注 3） ドイツ語原文：die Frauen wenig gewachsen sind.

ではなく」(同111, 岩波20: 122)、攻撃的な存在でもあることを示す。あらゆる人間存在は、隣人を攻撃する強い傾向を実は隠しており、他人を搾取するのを差し控えることはできない。フロイトは、ローマ人たちが既に Homo homini lupus（「人間は人間にとって狼である」（同111）と述べていたことを喚起する。攻撃性を探すのに遠くに行く必要はない。なぜなら各自がそれを内に含んでいるからである。「こうした攻撃傾向の存在は、われわれ自身のうちに感じとることができる[訳注5]し、当然、他人も持っていると想定してよいが、われわれと隣人との関係を阻害し、文化にも大変な支出を強いる要因となっている」（同112, 岩波20: 123)。この理由から、文明は破壊されて終わることを望まないならば、人間の攻撃性を制限して、倫理を制定するためにあらゆる手段を講じなければならない。「文明化された」倫理が性的生活の制限を達成して、汝自身のように汝の隣人を愛するという理想を推奨するのは、このためである。こうした掟にもかかわらず、文明が法によって理想の社会を押し付けることも、隣人に対する人間の敵意も除去することもできていない。共産主義は、例えば人間はもっぱら善であると主張する点で、錯覚に過ぎない。他の例は、同じ都市や隣り合う国の住人の間のような、単に小さな差異で分けられる共同体の間で観察される敵意に見られる。彼はこれを、「小さな差異のナルシシズム」（同114, 岩波20: 126）と呼んでいる。確かに、私たちは私たちの欲求をより満たすことができるような変化が文明に到来することを期待できるが、「文化の本質に付着し、いかなる改革の試みにも屈しようとしない諸困難がある[訳注6]」（同115, 岩波20: 127）ことも認識しなければならない。

● 文明の進化：生の欲動と死の欲動の闘争

だから、文明が人間を幸福にするのが不可能であることは、人間の本性に密接に結びついており、フロイトはこれを説明するために、生の欲動と死の欲動の間の根本的葛藤の存在を明らかにする、欲動の第2理論に訴える。彼は自分の最新の仮説の妥当性への確信を断言する。「［……］時とともに、この見地が次第に私を強く捉え、今ではもはやそれ以外には考えることができなくなった」（同119, 岩波20: 131）。フロイトは自分の見解を文明の過程に適用して、攻撃性は原始的で自律的な本能的な素質であり、文明にとって主な障壁の一つをなしていると結論する。この攻撃欲動は、エロースの傍らで絶えず働いている死の欲動の表象である。「これで、文化発展の意味は、われわれにとってもはや曖昧ではない〔nicht mehr dunkel〕と思われる。文化発展は〔sie〕、人間という種において起きる〔sich vollziehen〕エロースと死との間、生の欲動と破壊の欲動との間の闘いをわれわれに示しているに違いない。この闘いは生一般の本質的内実である」（同115, 岩波20: 135）。

● 外界の権威の内在化としての超自我

もし文明がこのように攻撃性と破壊性によって脅かされているならば、そうした欲動を制止するために文明はどんな手段を持っているのだろうか。フロイトにとって、最も有効な手段は、個人のまさに中にこの欲動を内面化することを、すなわち超自我を経る。自我と超自我に作り出される緊張は、それから「罪の意識」として表現され、「懲罰欲求」として行動の中に現れる。罪責感には、2つの源がある。外界の権威を前にした不安と、超自我を前にした不安である。超自我を前にした不安は、保護する人物の側の愛を奪われる恐怖という形で経験される。続いてフロイトは、初め超自我の苛酷さは、特に外界の権威に対する恐怖から生じるが、進展とともに、外界の権威は内面化され、心的構造の中への個人の超自我の確立に寄与する。外界の権威との関連で自分の考えを隠すことはまだ可能でも、内面化された超自我に対しては、個人はもはや何も隠すことができない。「第2の場合には、悪い行為〔böser Tat〕と悪い意図〔böser Absicht〕は等価のものと見なされ、それゆえに罪意識と懲罰欲求とが生じる。良心の攻撃性は権威の攻撃

訳注4) ドイツ語原文：das sich höchstens, wenn angegriffen, auch zu verteidigen vermag 岩波訳では脱落。

訳注5) ドイツ語原文：Die Existenz dieser Aggressionsneigung, die wir bei uns selbst verspüren können.

訳注6) ドイツ語原文：daß es Schwierigkeiten gibt, die dem Wesen der Kultur anhaften und die keinem Reformversuch weichen werden.

性を保持する」（同 128, 岩波 20: 142）。

　どうして超自我によって自我に行使される攻撃性が, これほどの苛酷さを示させるのだろうか。フロイトにとって, 超自我の過度の厳格さは, 子供によって両親に向けられた攻撃性が自分に向き替わる結果である。「超自我と自我との関係は, いまだ未分化の自我と外の対象とのあいだにあった現実の関係が, 欲望によって歪められた上で回帰したものなのである。これもまた典型的である。本質的な相違は, 超自我のもともとの厳しさは, 一概に, 外の対象としての父から経験した厳しさ, あるいは父に備わっていると思われた厳しさというわけではなく, むしろ自分が父親に対して抱いた攻撃性の厳しさの代理だ, という点である」（同 129–130, 岩波 20: 143）。これは, 両親の実際の過酷と超自我に由来する過酷さの間に直接的な関係が見られないことを特に説明するものである。フロイトは「経験から知られるところでは, [……] 子供が発達させる超自我の厳しさは, 彼自身が被った取り扱いの厳しさを決して再現するものではない」（同 130, 岩波 20: 144）と認め, ここではっきりと, フロイトはメラニー・クラインと他のイギリス人の仕事に言及している（同 130 注 1, 岩波 20: 145）。超自我の側からの攻撃の 2 つの形は, 父親からの処罰への恐怖や子供の父親への復讐の欲望と同様に, 合流して補完し合う。更には, 罪責感は原始群族の父が息子たちに抱かせた恐怖によっても, 息子たちが父を殺した後に感じた後悔によっても強められることになるので, 系統発生的因子を考慮に入れなければならない, とフロイトは付け加える。のちに, 最初の両価性の葛藤は, 個人と文明との間の葛藤としてばかりでなく, 個人の水準で自我が超自我に対して経験する両価性の感情としても見出される。それは「愛と死の追求との永遠の争い」（同 132, 岩波 20: 147）の表現である。

● 現代文明は自己破壊をまぬがれるだろうか

　この研究の目的は, 罪責感が文明の発達の決定的な問題となるのを示すことである。文明の進歩はすべて, 幸福の喪失と罪責感の強化によって支払われなければならない。この罪責感は通常それとして認められず, 大部分が無意識にとどまるか, 「居心地悪さや不満として現れ, その動機が別のところに求められたりする」（同 135–136, 岩波 20: 150）。個人の超自我があるように, フロイトによれば「文化共同体における超自我」（Kultur-Überich 文化の超自我）が存在し, 厳格な理想要求を掲げている。それを遵守しないと, 「良心の不安」（同 142, 岩波 20: 158）によって更に罰せられる。その要求はしばしば過度であり, 共同体の倫理に由来するものは特にそうで, 個人に反抗心か神経症を引き起こす。さもなければ不幸にする。大部分の文明が——そして人類全体さえが——文明の過程自体の影響で「神経症的」になっているのではないかと疑う余地があるのは, このためである。人類の未来に定められている運命については, フロイトは自分が治療的な解決法も慰めも提供していないことを自覚している。彼はこの疑問を残したまま, どちらかと言えば悲観的な確認の言葉で終える。「人類の宿命的な課題は, 人間の攻撃欲動や自己破壊欲動によって共同生活に及ぼされる障害を文化の発展が抑えることができるのか, どこまで抑えることができるのかということだと私には思える[訳注7]。この点で, まさに現代という時代は, 特段の関心を向けられてしかるべき時代と言えるかもしれない。人間は今や, こと自然の諸力の支配に関しては目覚ましい進歩を遂げ, それを援用すれば人類自身が最後のひとりに至るまでたやすく根絶しあえるまでになった。彼らはそれを知っており, そこから彼らの現代の不穏, 不幸, 不安な気分の大部分が生じる[訳注8]」（同 145, 岩波 20: 162）。

訳注 7) ドイツ語原文：Die Schicksalsfrage der Menschenart scheint mir zu sein, ob und in welchem Maße es ihrer Kulturentwicklung gelingen wird, der Störung des Zusammenlebens durch den menschlichen Aggressions- und Selbstvernichtungstrieb Herr zu werden.
訳注 8) ドイツ語原文：Sie wissen das, daher ein gut Stück ihrer gegenwärtigen Unruhe, ihres Unglücks, ihrer Angststimmung.

フロイト以後

核の恐怖から国際テロリズムへ

『文化の中の居心地悪さ』は直ちに大反響を呼び，精神分析者からも一般大衆からも反発を引き起こした。本書の効果のひとつに，精神分析者たちが死の欲動についての議論が再び活発になったことがある。本書では，それはもはや単なる仮説ではなく，フロイトはそれを本質的かつ明白なものとして語っている。しかし，だからと言って，彼の最も近い弟子たちでさえ，付き従ったわけではなかった。例えば，ジョーンズは攻撃性の観念から死の欲動のそれへと移ることに過度の一般化を見る。それに反してプフィスターは，問題なのが生命の力を指し示すために用いられた単なる隠喩だと考えた。

フロイトが最後のページで考慮に入れた，人類が最後の一人になるまで殺戮し合う可能性は核兵器の発達以後，非常に特殊な意味を持つようになった。この高まる危険を前にして，何人かの分析者たちが自分たちの声を聞き取らせるために2つの組織に集まったのは，このためである。その1つはイギリスの，精神分析者と核戦争の防止（PPNW）であり，もう1つは国際的な，核戦争に反対する国際精神分析者（IPANW）である。確かに，ソ連の崩壊と冷戦の終結以来，政治的状況は変わったが，根本的にではない。こうした分析者たちの中で，核の脅威だけでなく私たちの文明に圧し掛かる多数の脅威を取り巻く沈黙を破ることに貢献した，ハナ・シーガルの見解に触れておきたい。彼女の見解は，精神病に関する，そして集団の機能についての精神分析的な寄与を考慮に入れている。彼女は言う。「もしも個人が，集団と同じように振る舞ったならば，彼らは狂っていると見なされるだろう」（Segal 2002: 33–35）。彼女は，冷戦の間の敵対者たちはみな，全面的な破壊を恐れているので戦争はないというのが（ビオンの意味での）「基礎仮定」だったとも考えている。

今日では，ソビエト圏とアメリカ主導の西側世界との間に存在した均衡に近いものは崩壊し，アメリカの無敗神話は2001年9月11日に，その帰結である途方もない不安・恐怖そしておそらく罪責感を露わにして，深刻に揺るがされた。以下は，シーガルによるその分析である。「私は，9月11日は非常に象徴的だったと思う。私たちは，断片化の，いくつかの点では全面的解体と精神病的恐怖の世界に，そして完全な混乱のなかに突き落とされている。すなわち，私たちの友人は誰なのか，敵は誰なのか，どの陣営からの攻撃を予想するのか？と。［……］そして敵は内部にいるのか？［……］これは私たちの個人の発達で最も原始的な恐怖である――普通の死ではなく，敵意の染み付いた個人の解体の想像図である。そして神がこの均衡状態に加わると，状況ははるかに悪化させられる。アルマゲドンを待望するキリスト教原理主義者たちは，今やイスラム原理主義に匹敵する（*）。私たちの正気は，万能感と絶対的邪悪と聖人の妄想的内的世界に脅かされている。不運なことに，わたしたちはマモン神〔富と貪欲の神（cf. 聖書 Matt.6: 24）〕とも戦わなければならない」（Segal 2002: 35）。

（*）「アルマゲドンとは，地上からあらゆる邪悪をぬぐい去り，明るくて繁栄する新たな秩序への道をひらく，神の戦いである」（Segal 1987）。

● 『続・精神分析入門講義』（1933a [1932]）

標準版第22巻 1–182頁（岩波版フロイト全集第21巻）所収。

『文化の中の居心地悪さ』の出版から2年後の1932年の間，フロイトは1916年から1917年にウィーン大学で行なった連続公開講義の続きを執筆する。その講義は，『精神分析入門講義』（1916–1917 [1915–1917]）の中で公刊されていた。1916年から1917年の講義がフロイトにとって，精神分析をその出発から1915年まで回顧的に一瞥する仕方だったように，『続・精神分析入門講義』は彼にとって，「1920年の転回」以後の寄与に照らして理論を世に出す機会だった。そのように1932年の著作は，フロイトにとって新しいページをめくる方法となる。それは，終わりに近づきつつある人生の一ページである。

1916年から1917年の講義と1933年に出版された『続・精神分析入門講義』の継続性を強調するために，フロイトは前からの章番号を続けているので，『続・精神分析入門講義』の第1章は「第29講」と題されている。前書きの中でフロイトは，病気によって前のように人前で講義はできないことを読者に知らせ，

その紙面を想像上の聴衆に向けていることも伝える。だが 1933 年の著作は，1916 年から 1917 年のそれとは異なる公衆の興味を引くだろう。1932 年にフロイトは，知識が豊富で，それまでのフロイトの着想に馴染んでいる公衆に接している。それは今日でも同様である。なぜなら，彼が新たに持ち出すものを評価するためには，読者は精神分析の継時的発展について十分な知識を既に獲得していなければならないからである。それはしばしば注釈に属する，専門化された作業である。私に許されている限度の中で，以下の寄与に触れるのみとしたい。例えば第 29 講は，自我・エス・超自我という最新の観念を無意識の着想の中に組み込むことに割かれている。1933 年以来，フロイトは以前——「無意識について」——のように，もはや無意識を一つの審級としてではなく，「無意識的」のように質として考えている。フロイトが精神分析の目的を，「かつてエスがあったところに，自我を成らしめよ」（1933a [1932]: 80，岩波 21: 104），ドイツ語では，Wo Es war, soll Ich werden（GW, vol.15, 86）という有名な寸言で要約したのも，このテクストにおいてである。女性性に当てられた第 33 講[訳注9]ではフロイトは，娘の母親に対する前エディプス期の愛着の役割と，この母親拘束に伴う身体的な世話の重要性を強調する。彼は，女性が精神分析にとって「謎」に留まっていることを告白して，自分の言葉の結びとしている。

年代順に見るフロイトの概念

攻撃性　文明　文化　大洋感情　宗教，宗教的表象　自己破壊　超自我（子供におけるその苛酷さ）　超自我と文明

訳注 9）キノドス原書の 32 講を修正。

「神経症と精神病」（1924b）
「神経症および精神病における現実喪失」（1924e）
「否定」（1925h）
「解剖学的な性差の若干の心的帰結」（1925j）
「フェティシズム」（1927e）
「防衛過程における自我分裂」（1940e [1938]）

『精神分析概説』（1940a [1938]）

現実の否認と自我の分裂：精神病・倒錯
……そして神経症にさえよく見られる防衛機制

　私はフロイトが1924年から1938年の間に書いた，主題が同じで彼の思考の展開を証言している一連の著作を集めた。この連続的な論文の中でフロイトは，何が精神病に特有の機制で，神経症と精神病の違いは何なのかを決定しようとしている。フロイトは当初，違いをとりわけ強調しているけれども，探究を進めるにつれて第2段階では，その対立に補足を加えているのが認められる。例えば，「神経症と精神病」（1924b）では彼は，精神病では現実の知覚が拒まれるが神経症では受け容れられる，というように自我は現実の知覚に対して，両者で正反対の関係を持つと考えている。しかしながら続く論文（1924e）では，既に彼は自分の表現に含みを持たせ，現実世界の知覚の乱れはどちらの障害でも見られるが，神経症よりも精神病において深刻であると認める。彼が精神病を特徴づけ，それを神経症と区別するために「現実の否認」という考えを導入するのは，この理由からである。翌年彼は，患者が既に表出した欲望を認めるのを拒否することである**否定 Verneinung**と，外傷的な現実の知覚を認めるのを拒否することである**否認 Verleugung**との間の区別を確立する（1925h）。フロイトによれば，知覚の否認の機制は特に，女子におけるペニスの欠如の知覚に関して，少年と女子が採る異なった態度を説明するのによく適合する。なぜなら，個人の精神-性的発達の方向は，この否認の大きさに依存するからである（1925j）。後の論文「フェティシズム」（1927e）ではフロイトは，女性におけるペニスの欠如の知覚の**否認**の機制を，フェティシストにおける否認の結果である**自我の分裂**に特に関係づける。そのとき否認と自我の分裂は，病理的な喪だけでなく倒錯と精神病の，大きな特徴として彼によって規定される。1938年，『**精神分析学概説**』の中でフロイトは，更に微妙な違いを持ち込む。一方で彼は，現実の否認が精神病の特徴であると再度強調するけれども，この疾患において否認は決して完全ではないと明確化する。その一方で彼は，自我の分裂が倒錯と精神病に固有ではなく，神経症にも，よって正常でも見られると考える。結局のところ，どの人にも2つの矛盾した態度の並存が見られる。そしてそこから何が生じるかは，つまり精神病の支配か神経症の支配かは，とりわけ比率の問題である。

テクストを紐解く

●「神経症と精神病」(1924b)

■ 標準版第19巻147–153頁（岩波版フロイト全集第18巻239–243頁）所収。

フロイトはこの短い論文の中で，自我・エス・超自我という最新の観念を，神経症と精神病についての自分の理解に組み入れている。この両者を区別してその病理的結果をもたらすのは，精神病では「[自我は] エスに打ち負かされて現実から引き剥がされる」(1924b: 151, 岩波18: 242) のに対して，神経症の場合「自我が外的世界に従い続け，結果としてエスを黙らせようと試みる」ことに由来する。この点をさらに詳しく吟味しよう。

転移神経症で起きることを再考してフロイトは，自我は望ましくない欲動の動きを拒絶するのでエスと葛藤状態になり，自我はそれを無意識へと抑圧することによってその動きから身を守ると考える。だが抑圧されたものはこれに逆らって，症状つまりそれを代替するものとして再び現れる。だから症状は妥協の結果である。

精神病において起こることに関しては，フロイトは逆に，障害を被っているのは自我と外界の知覚との関係であると考える。例えば，急性幻覚性精神病・錯乱状態では，もはや外的現実ばかりでなく，記憶に蓄積された以前の知覚に由来する内的世界も知覚されない。その結果，「……自我は，自らが統御する新しい外的世界と内的世界をつくりあげることになる。ここで次の2つの事実をみてとることは疑いない。これら2つの新しい世界は，ある意味で，エスの欲望の動き〔Wunschregungen〕に応じてつくりだされたものである。そしてまた，厳しくまた堪え難い，現実における欲望の満たされないこと〔Wunschversagung〕が，外的世界との分裂の要因となっているということである」(同151, 岩波18: 241)。

フロイトでは，精神病と同様に神経症を引き起こす原因は，つねに欲求不満とされている。つまりそれは，「けっして抑制されることのない幼児期の欲望が満たされないこと〔Versagung〕，幼児期の欲望が成就されない〔Nichterfüllung〕点にある」(同151, 岩波18: 241–242)。この欲求不満は通常外部に由来し，超自我が問題であっても，それは結局，外的現実の要求を代表している。

こうした明確化から出発してフロイトは，自我と超自我との間の葛藤に関連した，「自己愛的精神神経症〔ナルシス〕」という新しい精神病理学的単位を画定する。その原型はメランコリー（うつ）である。以後彼は，自己愛的精神神経症を転移神経症と精神病との中間に位置づける。神経症と精神病は，自我とそれを支配するさまざまな審級（超自我とエス）との間の葛藤から生まれるにしても，どのようにして自我が病気に陥らずにその葛藤から逃れることができるのかを問うことができる。確かに，その結末は何らかの経済的要因に，つまり対峙し合うエネルギーに依拠する。だがフロイトはさらに先に進み，自我は「自らを変形させ，統一性を失い，場合によっては自らを分裂または四散〔sich zerteilt〕させまでして」(同152–153, 岩波18: 243) 崩壊を避けることができると仮定している。こうして「人間が時に偏屈になり愚行をおかすこと」は，性的倒錯と同様に論じられるだろうと彼は付け加えている。では，抑圧に似ていて，自我が自らを外的世界から切り離す手段となる機制とは何だろうか。「[この] 機制は抑圧と同じく，自我から送り込まれた備給を徹収するものであるに違いないと思われる」(同153, 岩波18: 243)。このような言葉でフロイトは，「現実の否認」と「自我の分裂」という観念を近々導入することを告げる。彼はそれらを，「フェティシズム」(1927e) で明確にすることになる。

●「神経症および精神病における現実喪失」(1924e)

■ 標準版第19巻181–187頁（岩波版フロイト全集第18巻311–316頁）所収。

先の論文でフロイトは，精神病を神経症から区別するのは，精神病では自我が外的現実の知覚を拒絶するのに対して，神経症ではそれを受け入れていることだと考えていた。この論文では，それまで述べていたことに含みを持たせて，どちらの障害にも現実世界の知覚の歪曲が存在するが，その性質に違いがあると考えるようになる。彼はこの論文で，この違いが何にあるのかを明確化しようとする。

　彼は，神経症と精神病の発症の様式に，2つの段階を区別することから始めている。神経症では第1段階に実際に現実喪失があり，これに妥協の形成すなわち症状が続く。だがこの第1段階において，抑圧を生むのは，逃避された現実の一部である。彼は義兄に恋をした若い女性の例を挙げている。彼女は姉の臨終の床で，「さあ彼は自由になった，おまえは彼と結婚できる」という考えが浮かんで衝撃を受けた。その場面は直ちに忘れ去られ，ヒステリー性の痛みが現れる。フロイトは，義兄への愛を抑圧した結果その若い女性は，現実との直面すなわち義兄がもうすぐ自由になるだろうと考えることから逃避したと指摘する。「神経症がどのような方法で葛藤を解決しようとするかを，まさしくここに見出す意義は大きい。彼女は，問題となっている欲動の要求，すなわち義兄にたいする愛情を抑圧することによって，現実の変化を無効なものにした。精神病ならば，反動として，姉の死という事実を否認することになっただろう」（1924e: 184，岩波 18: 312）。

　続いてフロイトは精神病で起こることを吟味して，精神病における外的現実の知覚の拒絶を特徴づける「現実の否認」という構想を導入する。彼によれば，精神病の発症もまた2段階で生じる。第1段階は自我を否認によって現実から切り離し，第2段階は「損害を償おうと〔den Schaden wieder gutmachen will〕」するために，そして現実喪失を埋め合わせるために，妄想や幻覚という新しい現実を創る。言いかえると，神経症では逃避という仕方で現実の重要な一部が避けられるのに対して，精神病では否認された部分が作り変えられる。「神経症は現実を否認せず，現実について何も知ろうとしないだけだが，精神病は現実を否認し，現実を代替しようとする」（同 185，岩波 18: 313–314）。いわゆる正常な振る舞いについて言えば，それは2つの反応の特徴を1つにしたものである。すなわち神経症の場合のように現実の否認はないが，しかし精神病の場合のように現実を作り変え改変しようとする。

　神経症と精神病には，もう1つ共通の特徴がある。それは，症状を伴う不安反応である。この不安は神経症では「抑圧されたものの回帰」に，精神病では否認されていたものの回帰に由来する。抑圧されたものの回帰はフロイトの古典的概念だが，フロイトが精神病で否認の対象となったものについて，似た回帰を引き合いに出すのは初めてである。「精神病ではおそらく，現実のうちの拒絶された部分が，止むことなく心の生活に執拗に迫るのだろう。そういうわけで，いずれの場合にも結果は同じものとなる」（同 186，岩波 18: 314）。問題となる結果とは，不安の出現である。

　最後に，新しい現実の創造については，神経症と精神病との差異はそれほど明瞭ではない，とフロイトは書き留めている。なぜなら，神経症もまた精神病におけるように，受け容れがたい現実の代替物を探すものだからである。差異は，精神病では疾病が妄想や幻覚を通じて新しい現実を創造するのに対して，神経症では患者が空想世界を通して新しい世界を再確立しようとすることにある。この空想世界は，神経症者も精神病者も空想素材を取り出す「貯蔵庫」となっている。しかし神経症患者の場合，その自我は精神病者の場合ほど完全には現実から切り離されていない。確かに，精神病者もそのような貯蔵庫から取り出すが，神経症者はその新しい空想世界を子供が遊ぶように利用し，それに「象徴的な」意味を与えるとフロイトは明確化する。言い換えれば，神経症者は現実と空想の区別を確立できるのに対して，妄想や幻覚を持つ精神病者は，そこに達することができない。

●「否定」（1925h）

標準版第19巻233–239頁（岩波版フロイト全集第19巻1–7頁）所収。

　フロイトは否定を，分析の過程で現れる考えや欲望・感情が自分のものであることを患者が否定するときに，用いる方法として定義する。「これは浮かんだばかりの思い付きを投射によって却下しているのだ，

と私たちは解釈する」(1925h: 235, 岩波 19: 3)。例えば,「『あなたは夢に出てきたこの人は誰なのかとお尋ねですね。私の母ではありませんよ』。私たちは [この発言を] 次のように訂正する, だからそれは母なのだ, と」(同 235, 岩波 19: 3)。このように否定は, 抑圧された内容 (欲望・感情・思考) が, 意識までの道を開く進むことができるための手段だが, それは否定されるという条件のもとでだとフロイトは指摘する。ここで用語の領域の注が必要である。なぜならドイツ語の Verneinung という用語は, 論理学や言語学の術語の意味での否定と, 心理学的意味での否定すなわち既に言明された肯定の否定とを同時に意味するからである (Bourguignon et al. 1989, p122)。

　フロイトが指摘しているのは, 否定は無意識を知るようになる一つの仕方だが, それはまだ抑圧されたものを是認しているとは意味しないことである。このようにして知的な判断機能を情動的過程から区別することができる。患者が判断の中の何かを否定するとき, 実は彼が言いたいのは, それがまさに私が抑圧したいものだということである。したがって「否」を言うことは, 抑圧されたものを表示する記号,「《ドイツ製》という表現に比較されるような, 自らの起源を証明する言葉」(同 236, 岩波 19: 4) となる。判断機能の作用は「否定の象徴」の創造によってのみ可能であり, それによって思考には, 抑圧の諸帰結に対する或る程度の独立が許容される。

　判断機能には, 他に 2 つの特徴がある。第 1 は, 或る特性を有するか否かについて判断を下すことである。これは欲動の言語で,「私はそれを食べたい」「私はそれを吐き出したい」あるいは「それは私の中にあるはずだ」「私の外にあるはずだ」と表現できる。これは「本来の快自我」の管轄である。判断がなすべき第 2 の決定は, 表象されたものが現実に実在するかどうかに関わり, これは現実吟味の管轄である。これらの 2 つの機能は, 密接に結びついている。「現実にはなく〔Nichtreale〕, ただ表象されているだけの主観的なものは, 内部にのみ存在する。それとは違う現実的なものは, 外部にも存在している」(同 237, 岩波 19: 5)。知覚は元来, 以前の知覚に完全に由来しているために, 表象の存在は既に表象されたものが実在していることの保証である。この理由から「現実吟味の最初の, つまり直近の目的は, 表象されたものに対応する対象を現実の知覚の中に発見することではなく, それを再発見すること, すなわちそれがまだ存在しているということを確認することなのである」(同 237–238, 岩波 19: 6)。フロイトにとって判断は, 運動行為の選択を決定する知的行為すなわち「思考を行動に移す」(同 238, 岩波 19: 6) 決定因子である。最後に彼は,「自我への取り込み, あるいは自我からの放逐」という両極性を, 生と死の欲動の葛藤に結びつける。「肯定は合一の代替としてエロースに属し, 否定は放逐の後継者として破壊欲動に属する。少なからざる精神病者に見られる全面的な否定欲や拒絶症は, おそらくリビドー成分の撤退による欲動の混合の兆候と理解すべきであろう」(同 239, 岩波 19: 7)。

●「解剖学的な性差の若干の心的帰結」(1925j)

■　標準版第 19 巻 241–258 頁 (岩波版フロイト全集第 19 巻 203–215 頁) 所収。

　去勢コンプレックスが女子と少年の発達にもたらす帰結に主な焦点を当てた本論文では, 否認の観念もまた前面に出ている。この研究の序論でフロイトは, 子供時代の最早期に展開する幼児性欲を分析することの重要性を力説し, 精神分析で結果を得るまでに必要な時間についても強調する。このように彼は, 精神分析治療の期間を短縮しようとする試みへの異議を表す。「そのような幼児期分析は時間がかかり, 骨が折れ, 医師に, また患者に対し要求することが多く, それらが実践において必ず満たされるわけでもない」(1925j: 248, 岩波 19: 203)。

● 女子と少年における精神 - 性的発達

　フロイトは少年の発達における主要な諸段階を大まかに辿ることから始める。彼は, 少年のエディプス的構えが絶頂を迎えるのはファルス期の間であり, そのコンプレックスが「消滅する zugrunde gehen」(こ

れはフロイトの用語である）のは，去勢不安が生じるときであることに注意を促す。それに加えて，心的両性性のために幼い少年のエディプス・コンプレックスは，能動的でも受動的でもある。なぜなら，少年は父親と同一化して母親と結婚したいと思うと同時に，母親に同一化して父親に対して女性的態度を採るからである。フロイトは，エディプス・コンプレックス「前史」の間の自慰が，性的興奮の放散を可能にするので，その重要な役割もまた強調している。

こうした喚起から始めてフロイトは，女子のエディプス・コンプレックスを吟味し，女子は少年の場合に比べてもう一つ問題を抱えていることを認める。それは女子が，幼児期発達の間で対象を変えるように仕向けられることである。事実，母親は少年にとっても女子にとっても最初の愛の対象となるが，少年はエディプス・コンプレックスのために対象を保持する。けれども女子はそれを放棄して，父親を愛の対象とする。何が女子にこの対象の変化を起こさせるのだろうか。

続いてフロイトは，彼が前史と呼ぶもの，つまり女子においてエディプス・コンプレックスの確立に先行するものを詳しく研究する。それは彼にとって，何よりもペニス羨望の問題と，女性性の方向へと進むためにその羨望を克服する女子の能力の問題を巡って展開するものである。フロイトは，女子の発達において決定的な時期を，エディプス・コンプレックスの前の男根期(ファルス)に置く。それは，女子が「兄弟や遊び友達に，大きな形をしたペニスを見つけ，それが自分の小さく隠れた器官に優越する対応物であることを即座に認め，そこからペニス羨望に陥る」（同 252, 岩波 19: 207）ときである。

この点で，少年の行動は女子のそれとは異なるものとなる。少年は女子の性器領域を見掛けるとき，彼は何も見ないか，自分の知覚を否認してペニスを見ていると信じる。その観察が事後的に意味を持つようになるのは，後になって，去勢の脅威が彼に影響を及ぼすようになってからのことである。以後少年は，女性が切断され去勢された被造物であると想像する。このことは，少年がそれ以降女子を「嫌悪」し，女子に対して「勝ち誇って軽蔑」して見せることを説明する（同 252, 岩波 19: 208）。

フロイトによれば，幼い女子にとって事情は異なる。「彼女は一瞬で判断を完了し，決意する。彼女は自分がそれを持たないことを見て，知っており，そしてそれを手に入れようとするこの地点において，女性におけるいわゆる男性性コンプレックスが分岐する」（同 252–253, 岩波 19: 208）。女子がこの男性性コンプレックスに反応する仕方は，すぐにそれを克服するか，それに屈するかに応じて，彼女の未来を決定していく。しかしながら，たとえ彼女がそれを克服しても，「もう一度ペニスを獲得し，男性と同じになりたいという希望は，まさかと思われるほど後の時期まで保持されうる」（同 253, 岩波 19: 208）。だが幼い女子が男性性コンプレックスを克服せず，その去勢の否認が現れるとき，その後彼女は，自分があたかも男性であるかのように振舞う。「あるいは私が否認 Verleugnung と呼びたい過程が現れることもある。これは子供の心の生活にとっては稀でもさほど危険でもないと見えるが，大人においては精神病を引き起こしかねないものである」（同 253, 岩波 19: 208）。

● 女子におけるペニス羨望

ペニス羨望は幼い女子にとって，さまざまな心的帰結を持つ。それは彼女が「ナルシシズムの傷口」および「個人的な懲罰」として感じる劣等感を説明するものであり，彼女は男性による女性への蔑視を共有さえする。ペニス羨望は女性に特有の嫉妬を説明するものでもあり，子供がぶたれるという自慰空想と結びつく（1919e）。女子にとってのもうひとつの帰結は，「母親対象に対する情愛的関係の弛緩」（同 254, 岩波 19: 210）である。母親はしばしば，ペニスの欠如の責任を負わされる。結局のところ，最も決定的な因子はフロイトによれば，男性的活動である限りのクリトリスでの自慰が帯びる重要性と結びついている。なぜなら，それは女性性の発達を妨げるからである。女子は，男根期(ファルス)に結びついたペニス羨望段階の直後に，クリトリスでの自慰に反抗し始める。そして少年ではないという事実への反抗が，彼女を女性性の方へと向ける。「このような仕方で，解剖学的な性差の認識が，少女を男性性と男性的自慰から遠ざからせ，女性性の展開へと至るような新たな路線へと押し出す」（同 256, 岩波 19: 212）。このようにしてのみ，女子においてエディプス・コンプレックスが働き始める。「象徴等置：ペニス＝子供[原注1]」によって，

女子はペニスへの欲望を放棄し、「子供への欲望をそれに取って代え、この意図のもとに父親を愛の対象とする。今や母親は嫉妬の対象となり、女の子は小さな女性となったのである」（同 256, 岩波 19: 212）。ここでフロイトは、女性特有の感覚の存在がありうることについて、彼の著作で数少ないはっきりとした記載の一つを挿入している。これはおそらく、彼の「男根中心的」立場が、特に女性の精神分析者たちの側からだが、男性たちからも引き起こした反対に比例した注記である。「私の飛び飛びの分析的調査〔einer vereinzelten analytischen Erhebung〕を信用することが許されるなら、女の子はこの新たな状況において、女性器の早すぎる目覚めと評しうる身体的感覚を持つことになる」（同 256, 岩波 19: 212）。

● エディプス・コンプレックスは少年と女子と少年とで異なる

　フロイトは一連の結論に達する。まず彼は、エディプス・コンプレックスと去勢コンプレックスについては両性の間に根本的な対立を見る。少年では、エディプス・コンプレックスに去勢の脅威が続いて、それはコンプレックスを消滅させる。それに対して女子では、エディプス・コンプレックスに先立ち、続いてそれが出現するのを可能にするのが去勢である。「男の子のエディプス・コンプレックスは去勢コンプレックスにおいて消滅するのに対して、女の子のエディプス・コンプレックスは去勢コンプレックスによって可能ならしめられ、導入されるのである」（同 256, 岩波 19: 213）。これは、フロイトにとって男性と女性の性的発達が、両性の間の解剖学的な性差と、去勢の問題を取り巻く心理的影響の結果であることを意味する。それは「現実になされた去勢」つまり女子における実際の去勢と、「単に脅かされた去勢」すなわち少年における去勢空想との違いに対応している（同 257, 岩波 19: 213）。ペニスの欠如は少年と同様に女子においても精神 - 性的発達の重要な面であるにせよ、ここでもフロイトは、まさに同じように重要な他の面、すなわち女性性・女性性器そしてそれに付随する空想に結びついた特定の諸要素が存在することを考慮に入れていない。

　つまるところ、フロイトによればエディプス・コンプレックスの衰退は、少年と女子において異なる。少年では、エディプス・コンプレックスは単には抑圧されるのではなく、「去勢の脅威による激しい衝撃のもとで、文字通り砕け散る」（同 257, 岩波 19: 213）。そして親対象が超自我を形作る。女子のエディプス・コンプレックスについて言えば、それは抑圧の影響によってゆっくりとしか捨てられない。このため、フロイトによるといつも、女性の超自我が男性のそれほど峻厳ではない。そこから、「昔から女性に対する批判が槍玉としてきた」（同 257, 岩波 19: 214)、男性と比べて正義感が乏しい・生活上の必然事に従おうとする覚悟が少ない、感情に流されやすい傾向がある、などの人格特性が生じる。しかしながらフロイトは、女性に対する批判にもかかわらず、大多数の男性も男性的理想から懸け離れていることを認める。結論としてフロイトは、フェミニストによって要求される性的平等は受入れ難いことと、各人の中に男性的特徴と女性的特徴の両方が同時にあると考えている。「だから、純粋な男性性や女性性とは内実の不確定な理論的構築物にとどまる」（同 258, 岩波 19: 215）。

テクストを紐解く

● 「フェティシズム」（1927e）

■　標準版第 21 巻 147–157 頁（岩波版フロイト全集第 19 巻 275–282 頁）所収。

原注1）ドイツ語で"symbolische Gleichung: Penis = Kind"（G.W. vol.14, 27）。

● フェティシズムにおける現実知覚の否認

「フェティシズム」においてフロイトは，耐え難い現実の知覚を拒む防衛である否認の観念を練り上げて，この防衛をそれがもたらす自我の分裂に結びつける。この型の防衛の原型は，女性における去勢の知覚を否定するフェティシストであり，フェティッシュとは欠けたペニスの代替物である。更に，フロイトはフェティシストでは自我の中に，一方で女性におけるペニスの欠如の知覚を否認し，他方でその欠如を認識しているという2つの矛盾した態度が共存することを認める。心的構造の中に矛盾した2つの態度を引き起こす自我の分裂が存在するという考えによって，彼は以前の，特に精神病についての見解を修正していく。彼は自分の観点を後に続く2論文で発展させる。

フロイトは，フェティシズムのいくつかの症例を分析することによって，足・靴・毛皮・女性の下着などのフェティッシュ対象は確かにペニスの代替物だが，誰のでもよいわけではないと考えるに至る。「フェティッシュとは女性（母親）のファルスの代替物なのである。男の子はこの女性のファルスが存在していると信じており，それが存在しないということをなかなか認めようとしない——なぜ認めようとしないのかは私たちには分かっている」（1927e: 152–153, 岩波 19: 276）。[訳注1] フロイトがここで用いている「ファルス」という言葉に関して，彼がこの用語を滅多に使用していないことを指摘しておこう。それに反して，彼はペニスという用語（「ペニス羨望」など）や形容詞の「男根的」（「男根期」など）を頻繁に使用している。但しフロイトは，フロイト以後の幾人かの精神分析者たちがしているようには，ファルスとペニスの用語を区別しなかった。後者では，次の違いが認められる。「現代の精神分析の文献を読んでいると，ペニスとファルスは，しだいに使いわけられるようになっていることがよくわかる。この場合，ペニスは肉体的実在としての男性器官を示し，ファルスは，それのもつ象徴的意味を強調している」（Laplanche and Pontalis 1967 [1973: 312]）。

フェティシストに戻る。フェティッシュは確かにフェティシストの無意識的空想の中で，ペニスの象徴代替物である限りで，女性の身体を代理するものとして考えられている。フェティシストにとって女性は性的魅力を失い，性的魅力は以後フェティッシュに集中してそれが唯一の性的興奮の源であることになる。フロイトによれば，フェティッシュ対象の形成は，フェティシストをこの威嚇的な知覚に直面した不安から守るために，女性における去勢の「否認 Verleugnung」を確立することを目指している。「去勢に対する恐怖感がその記念としてこの代替物を作り出した」（同 154, 岩波 278）。だからフェティッシュは，女性がペニスを持っているという信念を維持すると同時に，女性の去勢という現実の知覚に対して身を守るという，矛盾した二重の機能を持っている。「それ［フェティッシュ］は去勢の威嚇に対する勝利の印であり，その防御装置であり続ける」（同 154, 岩波 19: 278）。

● 病理的な喪における対象喪失の知覚の否認

フロイトは，女性における去勢の知覚に関する矛盾した心的態度を病理的な喪の中にも観察し，2人の兄弟が愛する父親の死に関連して示した態度をその例に挙げている。2人の若い男性について，彼はこの対象喪失に関連して彼らのパーソナリティに生じた「分裂」を記述する。この分裂は，彼がフェティシズムで観察したものと同じである。「というのも，2人の若い男性は父の死を『暗点化』したわけではないということが判明したからである。それはフェティシストが女性の去勢を『暗点化』してはいないのと同じである。父の死を認めなかったのは，彼らの心の生活の中のほんの一つの傾向に過ぎない。もう一つ別の傾向もあり，それはこの〔父の死という〕事実を完全に考慮に入れたものだった。欲望に即した構えと現実に即した構えとが並存していたのである」（同 156, 岩波 19: 280）。兄弟の一人で，父親の喪失という現実の否認によって，どのような結果が自我の領域で生じたかをフロイトは明確化する。「その患者は様々

訳注1）英語版の追記：Int. J. Psycho-Anal., 9, 161–166. のジョーン・リヴィエール Joan Riviere による翻訳では以下の通り。「フェティッシュは，女性（母親）のファルスの代理物であり，少年はかつてそれの存在を信じ，放棄したくないものである——われわれはその理由を知っている」（強調追加）。

な生活状況においていつも2つの想定の間を揺れ動いていた。1つは，父がまだ生きていて彼の活動を妨げるというもので，もう1つはそれと反対に，自分には，死んだ父の後継者だという権利があるというものだった」（同 156, 岩波 19: 280–281）。この例は，フェティシズムと同様に病理的な喪において，失われた対象の取り入れに起因する自我の分裂は，喪失という現実の知覚との関連で，一方では受け入れ他方では否認するという2つの矛盾した態度を引き起こすことを示している。こうしてフロイトは，「喪とメランコリー」（1917e [1915]）で述べていた見方を完成させる。彼は，同じ現象が精神病で生じるが，そこでは1つの態度だけが現実からの撤退をもたらすので，その撤退は彼が最初に考えたほど全面的にはならないと主張して論を結ぶ。「それゆえ，精神病の場合には一方の傾向，つまり現実に即した方の傾向が実際に〔wirklich〕欠如しているという予想を放棄しなくてもよいのである」（同 156, 岩波 19: 281）。

●「防衛過程における自我分裂」（1940e [1938]）

■ 標準版第 23 巻 271–278 頁（岩波版フロイト全集第 22 巻 263–267 頁）所収。

ここでフロイトは，幼年期から自我は相容れない要求を扱わなければならないことに気づき，この葛藤に対して2つの矛盾した仕方で反応する可能性がある，という考えを再び述べる。すなわち，一方で自我は現実を拒否し，欲動について何も禁じられるままにはしない。同時にもう一方で，現実に由来する危険を認識し，症状の形で不安を受け止める。だがこの巧妙な解決には代価が伴い，自我の分裂は年月とともに強まる。「［この］成果が得られたのは，自我の裂け目 Einrisses という代価を払ってのことであり，それはもはや再び治癒することなく，時とともに大きくなっていく。葛藤へのふたつの対立する反応は，自我分裂の核として存続する」（1940e [1938]: 276, 岩波 22: 264）。このような自我の混乱は，自我が総合の機能を遂行すると期待されるので奇妙であるとフロイトは付け加える。彼は，3歳から4歳になる男の子の例で終える。それは，自我の分裂および女性のペニスの空想代替物としてのフェティッシュの役割についての彼の見方を確証している。

●『精神分析概説』（1940a [1938]）

伝記と歴史

未来に開かれた遺言

この著作は，フロイトがこの一連の諸論文に寄与した最終的な展開を含んでいるので，年代順をやや混乱させる恐れはあるが，ここで述べるのがふさわしいと私は考える。この本が書かれたのは，フロイトがロンドンに到着した直後の 1938 年 7 月から 9 月の間で，当時彼は 82 歳だった。しかし彼の癌が再発し手術が必要となったので，彼は執筆を中断せざるをえなかった。『概説』はフロイトの死後 1 年の 1940 年に出版された。

この 66 ページのテクストには編集上の問題が出されており，長い間未完成の原稿として考えられていた。実際には，最近の最新の考えのみが，完成され入念に作り上げられた形でフロイトの手によって書かれていた。この見方からすると，「理論的進歩」と題された第 III 部が最も私たちの関心を引く。その中でフロイトは，自我と外的世界との関係を吟味し，否認および自我の分裂という着想に彼が寄与する最終的な展開に取り組んでいる。対照的に，第 I 部は大急ぎで書かれており，その手稿を見ると，フロイトが電報のような文体と多くの省略形を用いたことが確認される。フロイトのテクストは彼の死後，主導権を持っていた当時のドイツ人〔英訳より〕編集者らによって清書されたので手稿の一部は変えられたが，彼らは第 III 部をフロイトが書いたままに残した（I. Grubrich-Simitis 1985）。

『精神分析概説』は，要約や一般大衆向けの著作をはるかに超えるものである。それは難しいテクストであり，フロイトが発見した重要な主題を大まかに要約し，新たな探求への扉を開けている。フロイトは，「今のところ」限界はあるにせよ精神分析を用いるのが適当であると明言するが，彼は他の治療手段，特に精神薬理学的な治療の出現を予想している。「将来になれば，われわれは，特別な化学物質が，心の装置におけるエネルギーの量とその分配に直接に影響するということを知るかもしれない。まだ予測のつかないほかの治療可能性が現れるかもしれない。しかし目下のところわれわれには，精神分析技法のほかに，よりよい活用可能な技法があるわけではなく，それゆえ，限界があるとはいえこれを軽んじるべきではないのである」(1940a [1938]: 182, 岩波 22: 222)。フロイトがこう述べることを尊重して，『概説』は精神分析者たちに宛てられた遺言のようなものと見なされている。

テクストを紐解く

■ 標準版第 23 巻 139–207 頁（岩波版フロイト全集第 22 巻 175–250 頁）所収。

『概説』の第 I 部と第 II 部は，精神分析が築き上げた主要点の要約を提示している。だが「理論的進歩」と題された第 III 部では，フロイトは，不安そして自我の分裂とその諸帰結に関する新たな考えを導入する。

フロイトは心的生活における自我の役割を提示する際，自我は何よりも「安全への配慮〔Rücksicht〕に支配される」(同 199, 岩波 22: 242) と明確化する。彼は不安についての自分の理論の要点を繰り返す。それによれば不安は，自我にその無傷さを脅かす危険を警告するための信号として機能する。そうした危険は，自我を断片化する危険として理解しうる，抑圧と異なる機制である。「自我は，不安の感情を，無傷な自我に脅威をもたらす危険を指し示す信号として用いる」(同 199, 岩波 22: 242)。

更に先でフロイトは，精神病についての見解も繰り返す。精神病の特徴は現実からの離反だが，彼はその離反が，当初彼の考えていたのに反して完全ではないと再度強調する。彼はその証拠を，最も重篤な精神病の症例においてさえ心の健康な部分が存続しているという事実に見る。「幻覚性錯乱状態（アメンチア）のような，外界の現実から遠く隔たった状態についてさえ，われわれは，そこから回復した患者の報告を介して，彼らの言うところによるならば，そのときにも心の片隅には正常な人間が隠れていて，その人間が病気の混乱を，あたかもそれにかかわらない単なる観察者のようにしてやり過ごしているということを知る」(同 201–202, 岩波 22: 244–245)。このことそして他の多くの観察は，彼の眼には精神病における自我の分裂の存在を立証しており，それは心の分裂の結果として 2 つの矛盾した態度を引き起こす。「ここでは，ひとつではなくてふたつの心的態度が形成されていて，ひとつは，現実を考慮に入れる正常なものであり，もうひとつは，欲動の影響下に，自我を現実から切り離すものである」(同 202, 岩波 22: 245)。これら 2 つの態度は共存しており，異常な態度が優勢なとき，精神病の現れる条件が整っている。

フロイトはそこから更に進む。それまで彼は，病理的および正常という 2 つの矛盾した心の態度の共存を精神病に占有のこととしていたが，以後彼は自我の分裂が，精神病以外のフェティシズムのような状態においてばかりでなく，神経症においても存在すると考える。「あらゆる精神病において自我分裂を仮定するというこの視点は，もしそれが，神経症に類似するほかの状態，ひいては神経症自体に当てはまることが証明されるのでなかったら，それほど注目に値するものとは言えないであろう」(同 202, 岩波 22: 245)。

フロイトは心の正常な状態と病理的な状態が，一方は現実を承認し他方は現実を拒むという，2 つの互いに対立し独立した態度の間の力の均衡の結果であると結論する。「この拒否 Ablehnung にはいつも，ある承認が付随し，自我分裂の構成要件をなすところの，互いに独立でかつ対立するふたつの態度がつねに形成されてくる。その結果はここでも，両者のうちのどちらがより大きな強さを引き寄せうるかにかかっ

ている」（同 204，岩波 22: 247）。彼は，こうした心的現象の存在を知るのがいかに難しいかを繰り返して終える。「結びにあたりさらに一点，こうした過程すべてのうち，意識される知覚によってわれわれに知られるものがいかに少ないかということだけは指摘しておく必要がある」（同 204，岩波 22: 248）。

フロイト以後

自我の分裂：フロイトとクラインとの概念的差異

フロイトにおける自我の分裂

　この論文の第 I 部では，フロイトは神経症の出現を説明するために主に抑圧の機制に訴えている。だがすぐに彼は，心的組織の中に病理的な諸分割が同時に存在していることに気づく。当初から，彼はこれらの分割を叙述するためにさまざまな用語を，特に Spaltung（分裂）や解離・二重性・分離などのような類似の用語を使っている。1917 年以来，「喪とメランコリー」で失われた対象が「自我の分裂-排除された」部分に取り入れられるという考えを，1923 年には自我・イド・超自我という観念を導入するとき，彼は喪失の現実知覚の否認の役割と自我の分裂を論述している。そして「フェティシズム」（1927e）において，彼は自我の分裂に本物の精神分析概念としての価値を与えている。1930 年代の最後の諸論文では，フロイトは自我の分裂が心的組織の中に引き起こす 2 つの矛盾した態度は，各個人においてさまざまな比率で，精神病から正常な状態までの広い範囲に存在することを付け加えている。

クラインにおける自我の分裂

　分裂という観念は，精神分析における多くの発展の対象となってきた。特にクライン派とポスト・クライン派の精神分析的な流れでは，さまざまな意味を持っている。この主題について，分裂の観念がフロイトとクラインとで同じ意味ではないのを指摘することは重要である（Canestri 1990）。フロイトにとって，自我の分裂は或る現実の否認から生じる葛藤の結果なので，自我はいわば受身的な仕方で分割される。それに反してクラインとポスト・クライン派の精神分析者たちにとって，分裂すること to split は能動的な防衛機制を構成しており，それには数多くの様態がある。

　カール・アブラハムとメラニー・クラインは，フロイトの失われた対象の取り入れについての仕事（Freud 1917e [1915]）を出発点として，自我が取り入れに続いてその一部が内的対象に同一化することによって被る変容に，自我の発達を基礎づけた。クラインは初期の論文の中で，対象の分裂を叙述している。すなわち彼女は，対象が客観的な仕方で知覚されるばかりでなく，その知覚が愛と憎しみの情緒によって色づけられており，対象は初めから良い側面と悪い側面に分裂していることを示す。良い側面と悪い側面が徐々に統合されること，対象についてのより現実的な知覚は，抑うつポジションの発端であり，パーソナリティの発達において決定的な役割を果たす。内的対象の形成と自我の形成が相関しているように，対象の分裂は自我の分裂に対応する。

　1946 年以降，クラインは分裂の観念を深めて，非常に多様なその様態を記述する。例えば，投影同一化では彼女は，悪いと感じられる自己の一部を切り離して対象の中へと投影する過程を指し示すために，分裂排除すること splitting off について述べる。統合失調症では彼女は，自我の断片化（粉々になること falling to pieces）を引き起こす，対象の微細な断片への分裂（微細な分裂 minute splitting）を描写する。これは統合失調症患者における絶滅不安の源にある過程である。ロバート・D・ヒンシェルウッド Robert D. Hinshelwood（1989: 435）によれば，多くの可能性の中で 4 つの型の分裂を区別することができる。それは，対象における凝集性のある分裂 a coherent split in the object，自我における凝集性のある分裂 a coherent split in the ego，対象の断片化 a fragmentation of the object，自我の断片化 a fragmentation of the ego である。これらの多様な分裂は併存する可能性がある。

　ヒンシェルウッド（2000）は『クライン派分析用語辞典』のフランス語版への序文の中で，分裂のさまざまな様態を綿密に区別できるようにする英語の語彙の豊かさ（分裂させる splitting up・分裂排除する splitting off・バラバラにする splitting apart など）に対応するものが，フランス語にはないことを指摘している。彼は言う。「私はフランス語の，特にこの基本的な概念［分裂］に関する制約が，フランス語圏の読者にメラニー・クラインの思考が明敏ではないように見せるので，彼女の考えへの関心が低くなっているのではないかと思う」（Hinshelwood 2000: 3）。

年代順に見るフロイトの概念

解剖学的な性差　去勢コンプレックス　（去勢の）否認　（現実の）否認　自己愛(ナルシス)神経症あるいは精神神経症　否定　ファルス〔男根〕　抑圧されたものの回帰　分裂排除された部分の回帰　自我の分裂　象徴等置

「終わりのある分析と終わりのない分析」
（1937c）
「分析における構築」
（1937d）

最後の2つの技法論文

　「終わりのある分析と終わりのない分析」でフロイトは，精神分析技法のある面を修正しても，例えば分析の期間を短縮しても，同様の結果に至ることを期待したランクとフェレンツィへの返答から始めている。彼によれば，数カ月の間で神経症を完全には除去できないであろう。なぜなら経験から，治療に良い結果を期待すればするほど，その短縮は正当化されないことが示されているからである。それから彼は，回復を妨げて分析を限界のあるものにする，さまざまな抵抗を検討する。そのいくつかは，分析を終わることができないものにする可能性さえある。フロイトによれば，2つの克服しがたい障害物が終結のときに転移の解消を妨げる。それは，女性におけるペニス羨望と男性における受動的な構えである。フェレンツィは，どの成功した分析もこれら2つのコンプレックスを克服したに違いないと考えたが，フロイトは弟子と反対に悲観的で，そうした目標を野心的過ぎると判断する。彼にとって，どの終結も女性におけるペニス羨望と男性における受動的な構えという「岩盤」に直面することは避け難い。これらは，生物学的で心的な性質の障害物である。それに加えてフロイトは，実践で精神分析者に待ち受ける危険を考慮して，分析者たちはみな周期的に或る期間の個人分析を受けるように助言している。

　「分析における構築」でフロイトはまず，精神分析者が解釈を通して「自分自身の考えを患者の頭に吹き込んでいる」〔大意は岩波 21: 341〕と非難する人たちに語り掛ける。彼はこの機会を捉えて，分析の過程において行なわれる構築と再構築の妥当性を吟味する。子供時代の出来事の再構築の問題は，「狼男」（Freud 1918b）の分析の中で，原光景の夢に関して既に提起されていた。それは純粋に空想だったのだろうか，それとも，患者の子供時代に実際に体験された光景の復活だったのだろうか。フロイトは 1937 年にこの問いに再び戻り，分析者の解釈は患者に提案された仮説だが，その確認は患者自身によることを示す。その確認は，抑圧された幼児期の想起の回帰か，解釈が適切であるという患者の深い確信に由来する。

伝記と歴史

ヒトラーの台頭と反ユダヤ主義

　1929 年の世界大恐慌は，アメリカ合衆国にとってばかりではなくヨーロッパとその他の世界諸国に対して，劇的な結果をもたらした。失業は，特にドイツとオーストリアではますます憂慮すべき比率に高まり，政治状況は悪化した。それはヒトラーの権力掌握を招き，彼は 1933 年にはドイツ帝国の首相となった。そのとき反ユダヤ主義はユダヤ人の迫害へと変わり，「ユダヤ文学」と見なされたフロイトの著作は，1933 年 5 月 10 日にドイツのいくつかの大都市の公共広場で燃やされた。

フロイトは，ナチの脅威という現実を自分に隠したい欲望と大いなる明晰さとの間で揺れつつ，不安に苛まされた目撃者としてこの地獄への降下に立ち会うことになる。

フロイトとロマン・ロラン

1936年は，フロイトが80歳になった年だったが，2度の新たな手術の結果，彼は公式の祝賀会を諦めた。しかしながら，彼には多くの訪問者があった。その中にはロマン・ロラン，H. G. ウェルズ Wells，シュテファン・ツヴァイクといった有名な小説家や芸術家がいた。フロイトより10歳若いロランの誕生日に，フロイトは祝賀の手紙とともに「アクロポリスでのある想起障害」（Freud 1936a）という題の短い論稿を送った。この短いテクストは，フロイトの自己分析の断片からなる。そこで彼は，初めてパルテノン神殿を訪れた時に感じた驚きを伝えている。それは「本当にしては話がうますぎる」（岩波 21: 316）と同時に，不気味な感じがしていた。フロイトは，1924年に1度ロランと会ったことがあっただけだったが，その後13年間，時折手紙のやり取りをしていた。特に文学と神秘的なものへの共通の関心のように，深い親和点が2人を結びつけていた。実際には，ロランが記述した「大洋感情」は，フロイトが『ある錯覚の未来』（1927c）を書いたとき，見解の分かれ目となった。

1937年初めに，ルー・アンドレアス - ザロメが亡くなった。同じ年にフロイトは，マリー・ボナパルトがウィーンの古物商から，彼がフリースに書いた手紙を購入したことを知った。彼はそれらを破棄するように頼んだが，彼女は従うことを拒んだ。病状の悪化にもかかわらず，フロイトは何とか数篇の論文を発表する。

マリー・ボナパルト（1882–1962）

フロイトとその家族にとても好まれていたマリー・ボナパルトは，フランスの初期の精神分析者たちに対してフロイトを代理した主要人物であり，パリ精神分析協会の発展において前面に立つ役割を果たした。

ナポレオン・ボナパルト Napoléon Bonaparte の兄弟の一人の直系子孫だった彼女は，1882年にフランスのサン - クルーで生まれ，母を生後1カ月で亡くした。彼女は困難な子供時代と思春期を送った。1907年，彼女はギリシア・デンマークのジョージ王子と結婚して，2人の子をもうけた。ルネ・ラフォルグ René Laforgue によると，強迫神経症に苦しんで自殺しかねないほどだった彼女は，1925年にフロイトを受診し，彼と分析を始めた。治療は短い区切りで持続的に，1938年まで行なわれた。フロイトとの出会い以来，マリー・ボナパルトは精神分析の大義に献身し，物惜しみしないパトロンとしての一面を示した。1926年，彼女はパリ精神分析協会の創設に，そして『フランス精神分析誌 Revue française de psychanalyse』の創刊に参加した。それから彼女は，多くのフロイトの著作をフランス語に翻訳した。彼女は応用精神分析に捧げた多くの論文を書き，特にエドガー・ポー Edgar Poe の作品や社会問題を扱った。他方，マリー・ボナパルトは女性のセクシュアリティについて，非常に議論の余地のある見解を主張した。彼女は，精神分析的というより解剖学的で類型学的な構想にその根拠を置いて，（クリトリスへの）外科手術の提案さえし，自分自身その手術を受けた。こうした疑わしい見解は，ジャニーヌ・シャスゲ - スミルゲル，ジョイス・マクドゥーガル，カトリーヌ・パラ Catherine Parat ら（1964）にとっては，精神分析の見地から女性のアイデンティティに固有のものを強調する機会となった。

1939年，アメリカ大使ウィリアム・ブリット William Bullitt とアーネスト・ジョーンズの助けを借りて彼女は，ナチ当局によって要求された身代金を，フロイトと彼の家族がウィーンを離れてロンドンに行く許可のために払った。1953年，ジャック・ラカンによる〔パリ協会の〕最初の分裂の時，彼女はサーシャ・ナハト Sasha Nacht のグループ側についた。そして翌年，彼女はパリのサンジャック通りのパリ精神分析研究所および図書館の創立に対して，経済的な援助を行なった。マリー・ボナパルトは，1962年サン - トロペで亡くなった。

●「終わりのある分析と終わりのない分析」(1937c)

テクストを紐解く

■ 標準版第23巻211–253頁(岩波版フロイト全集第21巻241–294頁)所収。

● 長い時間のかかる仕事としての精神分析治療

この重要な論文は,人を本当に神経症の症状や制止から解放しようとするなら,精神分析の仕事が「長い時間のかかる仕事」(1937c: 216,岩波21: 243)にならざるをえないことへの擁護から始まる。だからフロイトは,分析の継続期間を短くしようという繰り返される試みに対して,特に,出生外傷の余波と神経症を数カ月の分析で完全に取り除くことができると考えたランクの試みに対して反対する。フロイトは,ランクが「わずかな分析を行なうだけで残りのすべての分析の仕事はしなくても済むことになる」(1937c: 216,岩波21: 243)と思っているのは間違いだ,と付け加える。フロイトは,ランクの試みがもっぱら「分析療法のテンポをアメリカの生活の慌ただしさに合わせるためになされたものであった」(同216,岩波21: 244)と考える。それからフロイトは,進歩が行き詰っていた症例で分析治療の期限を予め設けて,何が起ころうとそれを守り続けた自分の経験に言及する。それは「狼男」の症例(Freud 1918b)で行なったことである。彼が自分で認めるように,それは危険な賭けだった。最初は有効だったが,後で患者は再発した。彼の結論では,期限の設定は適切な時機を選択する限りで有効と判明するが,そこに一般法則はなく,私たちはとりわけ自分の直観に任せなければならない。

● 分析に自然な終わりはあるのか

しばしば,「彼の分析はまだ仕上がっていなかった」とか「彼はまだ終わりまで分析されていなかった」(1937c: 219,岩波21: 247)と言うのが聞かれる。しかし「分析の終わり」とは,何を意味しているのだろうか。終わりは,患者がもはやさまざまな症状・不安・制止に苦しんでいないとき,そして抑圧されたものが意識化されて,もはや病理的な過程の反復を恐れる必要がないときに,到来しうるとフロイトは言う。そうした要素が欠けているならば,分析は「不完全である」(同219,岩波21: 248)。幸運な症例では,神経症的障害を完全に消すことができて,再発を避けられるだろう。フロイトによれば,精神分析治療に最も有望な症例は,外傷的な病因を持つものの場合である。なぜなら,分析は患者の幼児期早期に遡られる,当時の未熟な自我には支配できなかった外傷的な状況の解消に至るからである。その代わりに,欲動の力が過度に強い時,それは自我による「飼い馴らし」を妨げる。そして欲動の影響力によって自我の変容がもたらされるので,分析は行き詰ったと宣告される。どのような変容なのだろうか。フロイトは,「ある種のねじ曲がりかつ制限という意味において」(同221,岩波21: 249)防衛行動から生じた自我の変容が問題である,と明確化する。「ねじ曲がり」と「制限」という用語は,現実の否認や自我の分裂についての彼のその頃の研究に言及している。これらの探究は,精神分析界ではまだ注目を集めていなかったようである。「[……]結局わたしたちが認めざるを得ないのは,これら両者の関係はまだ十分にはわかっていないということだ。それはまさに,今になってようやく分析の研究の題材になってきたのである。わたしには,分析者の関心の向かう照準が,この領域においては,正しくない方向にまるっきりずれているように見える」(同221,岩波21: 249)。

それからフロイトは,精神分析治療を満足の行く仕方で終わることができるが,後に,時には何年もしてから,さまざまな要因が再発を生じさせるかもしれないことを示すために,2つの臨床例を提示する。まず彼は,フロイトと分析を行なった男性の分析について語る。名前は挙げられていないけれども,彼の弟子のフェレンツィのことだと分かる。分析は,外見上満足のいく仕方で終わった。しかし数年後に患者

は自分の分析者に敵対し始め，陰性転移を分析するのを怠ったと彼を非難した。フロイトはそうした非難に弁解する。「〔被分析者は言う，〕分析者は，転移関係というものがただ単に陽性であるはずがないことを知っていて考慮に入れていなければならなかった，つまり陰性の転移の可能性を気にかけていなければならなかった，と。それに対して分析者は，分析を行なっていた当時，陰性転移には気づきようがなかったことを釈明する」[訳注1]（同 221，岩波 21: 250）。もう 1 つの例は，分析が成功して終わった女性の例だが，人生におけるいくつかの不幸な出来事や手術の結果として彼女は再発し，分析では届かないところに留まった。だから，再発はつねにありうることであり，「わたしたちは，治癒のその後の運命を予測する手段をもたない」（同 223，岩波 21: 253）。結論は明らかである。精神分析治療に肯定的な結果を要求すればするほど，それを短縮することは正当化されないのである。

● 「欲動の飼い馴らし」とその限界

　フロイトによれば，分析的な治療の成功は本質的に，外傷の影響・体質的な欲動の強度・自我の変容という 3 つの要因に依拠する。欲動の強度に関しては，患者の自我は欲動葛藤を恒久的かつ最終的に解消するために，それらを「飼い馴らす」ためのどのような手段を有しているだろうか。これを説明するためには，私たちは「メタ心理学という名の魔女」に訴えなければならないとフロイトは言う。言い換えれば，メタ心理学的な思弁に訴えなければならず，「それがなければ［……］一歩も進むことができない」（同 225, 岩波集 255）。例えば，健常者〔der Gesunde〕では，均衡は，「自我の強度」と「欲動の強度」との間の個々の葛藤に対して見出されるべきである。もしも自我の強度が弱まるか，欲動が過度に強くなるならば，病理的な結果を引き起こす不均衡が生じる。対立する異なる力の各関係という側面から考えられたこの見方は，フロイトの眼には，病気の発症における量的因子の重要性，つまり経済的因子によることを確証している。この点についてフロイトは，精神分析治療の独創性を主張する。なぜなら分析治療は，諸欲動の増強を支配する能力を患者に獲得させるからである。その過程は自然発生的ではなく，分析の作業によってのみ作り出される。しかしながら，こうした欲動の支配は，保証されているとは全く言えない。なぜなら，それは決して完全でも決定的でもないからである。未来についてのこの不確かさは，フロイトによれば，欲動を飼い馴らす自我の能力を強化するために，掘り下げた分析作業の必要性を主張する更なる論拠である。「分析治療の期間を短縮することは，疑いなく望ましいことだが，わたしたちの治療的な意図を貫徹するための道は，わたしたちが自我につけ加えようとしている分析的助力の強化を経由することによってしか前に進んでゆかない」（同 230，岩波 21: 262）。

● 精神分析治療の限界

　治療の途中で，他の疑問が生まれる。患者を先々起こる欲動葛藤から守ることはできるのだろうか？まだ外に現れていない葛藤を，予防的な意図で呼び覚ますことはできるだろうか？フロイトは，精神分析的な治療の限界についての問いを提起するこれら 2 つの問いを繋げる。彼は，活動中の葛藤が顕在化しない限り，分析者はそれにどんな影響を及ぼすこともできないと考える。フロイトが言うには，私たちは転移の道によって活動している葛藤に接近できるときにしか，それを治療することができないが，もしも私たちが予防的な目的で転移性の葛藤を新たに人為的に作ろうとすれば，〔分析の作業が進むには〕必須である陽性転移に重大な害を与える。同様に，被分析者に他の葛藤を呼び覚まさせてそれらを処理することを期待して，これらの葛藤について彼と話そうとすることも，何の役にも立たない。患者はこう答えるだろう。「『確かにそれは大変興味深い。しかしなにも響いてこない』と。わたしたちは患者の知識を増やしただけで，それ以外，患者のなかの何一つ変えることはできなかった」（同 233，岩波 21: 267）。

訳注 1) 訳文はフロイト原文通り間接話法に変更。

● 回復に対する自我の抵抗

次にフロイトは，回復に対して自我から生じる抵抗という問題に 2 つの側面から，すなわちまず分析者と患者の自我との間に必要な同盟という視点から，次に回復に対する自我の反抗という視点から取り掛かる。

フロイトは最初の点に関して，分析者は患者の自我と同盟を結ぶが，正確に言えば「平均的に正常であるにすぎない」自我との同盟であると考える。なぜなら「正常な」自我とは，「一つの理想虚構」に過ぎないからである。この見方からすると，分析作業の目的は，そのエスの制御されていない部分を「自我の統合のなかへ加え入れること」へと至ることである。この反芻処理（ワークスルー）という着想は，単なる抑圧の解除を超えたものであり，断片化されたと彼が想定する自我の諸部分を再び集める「自我の統合」を意味している。結局フロイトは，2 つの部分が自我の内部に共存すると見なす。1 つは「精神病者の」自我に近い部分であり，もう 1 つは「正常な」部分である。「正常な人はだれでも，まさに平均的に正常であるとしか言うことができず，このような自我も，なんらかの点で，多い少ないといった程度の差こそあれ，精神病者の自我に近かったりする。そういった系列の一方の極からの離隔の距離およびもう一方の極への接近の距離の総計が，わたしたちにとってさしあたり，あまりにも曖昧なままに『自我変容』と名づけられたものの規準となるだろう」（同 235，岩波 21: 269）。ここで粗描された諸要素は，『精神分析概説』（1940a: 1938）の中で概念化されるだろう。

抵抗の分析および回復に対する〔患者の〕自我の反抗に関しては，フロイトは，防衛機制が果たす役割に注意を促す。一方でアナ・フロイト（1936）が記述しているような防衛機制は，内的な危険に直面した自我を保護することを目的とするが，それらが発達し過ぎるとき，今度は自我にとって危険なものになって，自我に対して損害を与える制約を引き起こす可能性がある。要約して言うと，分析の治療効果は抑圧されていたものを意識化して，抵抗を解除するために解釈と再構築を役立てる可能性と結びついている，とフロイトは続ける。しかし作業の途中で，もはや患者が抵抗と防衛機制を明るみに出す努力を持続させなくなり，陰性転移が優勢になって治療の成功を脅かすかもしれないことが，しばしば実感される。「分析者はいまや，患者にとっては，自分に対して不愉快な要求を押しつけてくるよそ者にすぎなくなる。患者は分析者に対して，子供が見知らぬ人をいやがり，その人のことをなにも信用しないのと，まったく同じように振る舞う」（Freud 1937c: 239，岩波 21: 275）。

● より根本的な葛藤に基づく抵抗

「自我」には多くの異なる種類があり，各自我はそれぞれ初めから，一部は生まれて数年のうちに獲得され一部は生得的で太古の遺産に由来するものである個別の性向を，賦与されている。これらの性向は，分析関係の中で繰り返されがちな各人独自の抵抗と防衛とともに，そのパーソナリティの特性を形成する。パーソナリティの複雑さを考慮に入れれば入れるほど，抵抗の出所を特定することは困難になる。なぜなら，それらを単に自我かイドの中に特定することはできず，心的装置の中心で作用する根本的因子のこともこれからは考慮に入れなければならないからである。

より深い性質の抵抗の中でフロイトは，治療の過程を著しく遅くする，過度の「リビドーの粘着性」を示す人の例に言及している。逆の，リビドーの過度の可動性を示してどの対象にも備給せず，ある対象から次の対象へと移る人たちも彼は挙げる。最後に，何人かの患者たちは，まだ若いにもかかわらず，高齢者に多く見られるはずの無力症の類の「心的エントロピー」を示す。

別の症例群では，抵抗は神経症者のマゾヒズム・陰性治療反応・罪責意識の事態で作用している，生と死の欲動間の葛藤から生じる。「これらの現象は，心の生活において，わたしたちがその目標に応じて，攻撃欲動と呼んだり，破壊欲動と呼んだりしている力が，つまり，生命が吹き込まれている物質［すなわち生命体］にもともと備わっている死の欲動から導出される力があるのだ，ということの間違いようのない示唆となっている」（同 243，岩波 21: 280）。しかしながら，最近の経験はエロースと破壊欲動との間の

葛藤が病理学的状態においてのみでなく，正常な生活の状況においても見られることをフロイトに示した。彼は，この領域についての彼の考えがほとんど支持されていないことを遺憾に思う。「死の欲動，破壊欲動，攻撃欲動といったものを同じ正当性のあるパートナーとして，リビドーのなかで自らを告知しているエロースの隣に並ばせようとする二元論的理論は，一般にほとんど賛同をえられなかったし，精神分析者たちのあいだでも実際浸透していかなかった。このことをわたしは重々承知している」（同244，岩波21: 282）。反対に，ギリシアの哲学者［アクラガスの］エンペドクレス Empedocles はフロイトに，予想外の支持を与える。なぜなら彼は，永遠に互いに争い合う２つの原理，Φιλία フィリアすなわち愛と，νεῖκος ネイコスすなわち争いの存在を教えたからである。この二元論は，欲動についてのフロイトの第２の理論との類似性を示さずにはいられない。

● 分析者の分析の必要性

フロイトは，フェレンツィ（1928）の仕事を拠りどころにして精神分析者の方を向く。フェレンツィは，「分析者が自分自身の『間違いや失敗』から十分に学び，［……］『自らの人格の弱点』を自分の支配下においたかどうか」（同247，岩波286）が分析の成功のために決定的に大切なことだと指摘した。続いてフロイトが言うには，もちろん分析者たちは他の人々と同じ人間であり，「分析者たちが自分たち自身の人格という点で，彼らが患者たちにもたらそうとしている心的正常性の尺度に達していた，などということが全くありえないのは明らかである」（同247，岩波21: 286）。にもかかわらず，「比較的高い規準の心の正常性および申し分のなさ」（同248，岩波21: 287）を持つことを分析者に要求するのは，患者の利益において正当である。精神分析者の個人分析が，分析者の将来の活動に備える必要条件とフロイトに思われるのは，このためである。さらに，実践で分析者自身を待ち受けるさまざまな危険をできる限り回避するために，フロイトはどの分析者にも周期的に，５年経過するごとに，「こういった措置を恥じることなく」再び分析を受けるよう勧めている（同249，岩波21: 289）。

● 分析の終わりには，そこに横たわる「岩盤」にぶつかる

この最終節は一般に，この論文の最もよく知られている部分である。そこでフロイトは，分析の終わりへの２つの障害物，すなわち女性におけるペニス羨望と，男性における受動的な構えとの苦闘を叙述する。彼はそれらを克服し難いと考える。

分析の終わりに対するこれらの２つの抵抗の形は，性差のために異なっているが，フロイトによれば，両者は共通の要素を有している。それは，男性と女性の去勢コンプレックスに関する似通った態度である。実際には彼にとって去勢コンプレックスは，それぞれの性に対して同じ意義を持たない。男性において男性らしさへの欲望は，初めから自我の欲望に一致している。去勢を意味する受動的な構えが精力的に抑圧され，多くの場合は過度の過剰補償によってしかその存在が明らかにならないのは，このためである。反対に女性にとっては，男性らしさへの欲望は，「女らしさが発達するまえ」（同251，岩波21: 291）に位置する，その発達の男根期の間でのみ正常である。しかし女性では，ペニス羨望はその後抑圧され，女性性の後の運命はこの抑圧の結果次第である。フロイトが書くには，女性性の発達が失敗した場合，「男根的な」女性の症例にあるように，男性性コンプレックス Männlichkeitskomplex が優位となり，その性格に恒久的な影響を及ぼす。逆に順調な発達の場合，フロイトによればペニス欲望は子供の欲望に置き換えられる。それでも彼は，男性性コンプレックスが女性の正常な心的生活を妨害し続けると考えることに固執する。「男性性欲望 Männlichkeit が無意識のなかにとどめられた状態になっていて，この欲望が抑圧を起点としその欲望の作用としての障碍を展開している」（同251，岩波21: 292）。

フロイトは続いて，フェレンツィにとって分析の成功を望むなら，どんな場合でもこれら２つのコンプレックス，すなわち女性におけるペニス欲望と男性における受動的な構えに対する反抗を克服済みにしておかなければならないことに注意を促す。だがフロイトは，そのような目標が野心的すぎると判断す

る。なぜならこれらの2つの点は，分析者に打ち克ち難い抵抗を築くからである。「分析の仕事をしていて，どんなときに一番，反復して行っている努力が実を結ぶことがなく，うちひしがれた気持ちに苛まされるか，『魚に説教している』のではないかとの疑念に苛まされるかといえば，それはまさしく，女性たちに対して，彼女たちのペニス欲望は実現不可能なものだからそれを放棄するように動かそうとする場合と，男性たちに対して，男性に対する受動的な構えがいつも去勢の意味をもつわけではなく，多くの生活の諸関係のなかでは避けられないものなのだ，ということを説得しようとする場合なのだ」（同252，岩波21: 292）。

フロイトによれば，男性における傲慢で男性的な過剰補償は，転移に対する最も強い抵抗を引き起こす。「男性は，父親代用には屈服しようとしないし，感謝の義務を負わされることを欲しない」（同252，岩波21: 293）。女性では，ペニス欲望は男性の場合と類似の転移を生じえない。ペニスを所有していない失望は女性において，「分析による治療は何の役にも立たないだろうし，病者は救われないだろうという，内的な確信のために〔um die innere Sicherheit〕重度のうつ状態が発症する源泉」（同252，岩波21: 293）である。フロイトの見方では，この抑うつは「自分には欠けていることを苦痛に感じている男性器官を是が非でも得たいという彼女の希望」が挫折した結果にほかならない。この希望は，「女性を治療へと向かわせた最も強い動機であった」（同252，岩波21: 293）。フロイトは一度も，女性患者が自分の女性的特殊性によって，そして女性器官を切除されると感じる不安によって分析者に受け入れられず，落ち込んでいるかもしれないと予想していない。この不安は，男性における去勢不安の女性における等価物を構成している。彼は，女性にとって女性の性欲が肯定的な広がりを持ちうることを検討していない。しかしフェレンツィに基づくと，女性にとっての女性性への接近と男性にとっての男性性への接近は，分析の終わりには到達されているべき目標である。フロイトは弟子の結論に不同意だったが，それを略さず脚注に引用する。「男性患者はだれでも，医者に対して，去勢不安を克服した証として同等の権利をもっているという感情を獲得しなければならない。女性の病者はすべて，その神経症がもし完全に決着のついたものと見なされるならば，彼女たち女性病者の男性コンプレックス〔Männlichkeitskomplex〕は克服されているに違いないし，遺恨なく女性の役割という思考可能性に身を任せるに違いない」（Ferenczi 1928, フロイトによる引用1937c: 251，脚注3，岩波21: 293，脚注11）。言い換えれば，フロイトは「男根一元論」への忠誠において揺ぎのないままであり，分析の終わりには，彼が生物学的因子に帰する「岩盤」に必ずぶつかるという結論に至るとき，あくまでも悲観的である。心的なものは，その岩盤の上に根を張っている。「心的なものにとって実際，生物学的なものはその下面に敷かれた頑として揺るがない岩盤の役割を果たすからである。女性性の拒否はそれこそ，生物学的な事実，かの性別という大いなる謎の一部にほかならない」（同252，岩波21: 294）。

● 「分析における構築」（1937d）

テクストを紐解く

■ 標準版第23巻256–269頁（岩波版フロイト全集第21巻341–357頁）所収。

● 考古学者の仕事と似た仕事

フロイトは始めに分析者の仕事が，子供時代に生じて，神経症症状や制止の源にある抑圧を解除するのを目指していることを指摘する。この治療目標を達成するために，患者は早期の情緒的経験の記憶を想起しなければならない。それらは自由連想・夢・転移における情緒的関係の反復を通して現れる。被分析者の課題は，自分が経験して抑圧したものを想い出すことにあるが，分析者の課題はこれらの手がかりから出発して，患者が忘れた年月をできる限り忠実に復元することにある。「分析者は，忘れられたものを，

それがあとに残している徴候から言い当てなければならない。あるいは，もっと正しく表現するなら，構築しなければならない」(1937d: 258–259, 岩波 21: 343)。構築の仕事は，あるいはこう言った方が良ければ再構築の仕事は，考古学者のそれとの類似性を示す。だが，それは考古学者と違って，一方では「心的な対象は，発掘家の素材となる対象とは比べものにならないほど複雑」であり，もう一方では「考古学にとっては再構築こそ努力の目標であり目的であるが，分析にとっては，構築はただ仕事の準備段階にすぎない」(同 260, 岩波 21: 345–346)。

● 私たちの再構築にどのような価値を与えるか

何が私たちの再構築の正確さを保証するのだろうか，とフロイトは続ける。例えば，分析者が間違うと，何が起こるのだろうか。そのような再構築は，もっぱら暗示という方法によって作用するのだろうか。フロイトはこうした反論を論駁する。確かに，分析者が不正確な構築をもっともらしい歴史的真理であるかのように患者に述べることはありうる。「そういった個々の誤り自体は無害である。そういった場合に生じるのはむしろ，患者が心を動かされない状態のままにとどまって，それに対して然りとも否とも反応しない，ということである」(同 261, 岩波 21: 347)。彼はまた，構築を通じて分析者は暗示を乱用している，という非難も退ける。

こうした反論を退けた後フロイトは，分析中に分析者が構築を伝えるときの患者の反応を検討し始める。彼は，患者がどう言おうと精神分析者は常に正しい，すなわち，患者が「然り」と言えば，解釈を受け入れていることを意味し，「否」と言えば，それは患者が抵抗しているということであり，またもや分析者が正しい！という冗談に，いくらかの真理があることを認める。しかしフロイトは，どちらの返答も不明確なため，分析者は「否」にと同様，「然り」にも絶対的価値を与えていないことを明確にする。分析者にとって，被分析者の「然り」は構築の承諾を意味しうるが，抵抗の表現でもありうる。「否」に関しては，「然り」と全く同様に不明確で，抵抗の表れと同程度に，拒否の表れと判明する可能性がある。こうした条件で，分析者はどのように実りを得るのだろうか。絶対に信頼することができる間接的な確証のいくつかの手段は存在する，とフロイトは明確にする。それは，連想という道によって得られる間接的な確証である。「被分析者が，構築の内容に類似ないし対応するものが含まれている連想を使って答えるような場合もまた――今度は肯定的に表現された――一つの有用な証明になる」(同 263, 岩波 21: 350)。間接的な確証の別の形は，失錯行為や陰性治療反応が不意に生じるときに得られる。後者の場合，解釈の再構築が正しければ，患者は症状の悪化によって反応する。言い換えれば，批判者の主張に反して分析者は患者の反応を重視し，そこから重要な目印を得ているとフロイトは断言する。「しかし，この患者の反応はたいていの場合，多義的であり，最終的な決定を下すことを許さない。ただ後続する分析の成り行きのみが，わたしたちの構築が正しいのか役に立たないかの決定を下すことができる。わたしたちは個々の構築を一つの推測以上のものであるなどと言い張ったりはしない。それはまさしく，吟味され，証明され，あるいは棄却されることを待っている一つの推測にすぎない」(同 265, 岩波 21: 352)。

● 分析における構築の等価物としての妄想

私たちの推測は，どのような道を経て患者についての確信への変わるのだろうか。日常の経験は，分析者たちにその実証をもたらす。だが一つの重要な問題が残る。一般に分析の間に提示された構築は，少なくとも理論的には，患者のそれに対応する想起の復活を導くと思われている。しかしながら実践では，患者が抑圧された意味のある内容を思い出さないのは，よくあることである。それは大したことではない，とフロイトは言う。なぜなら，患者がある構築について十分根拠のある確信を獲得するとき，それは治療的観点からは取り戻された記憶と同じ効果を生むことが観察されるからである。なぜだろうか。当面これは謎のままであり，将来の研究が私たちにおそらく伝えてくれることを待とう。

いくつかの症例でフロイトは，構築の伝達が患者の記憶ではなくて，意味深い記憶内容にきわめて近い

多くの鮮明な記憶を喚起することに注目する。フロイトはこの現象が，意識を決定的に重要な記憶から逸らして副次的な記憶へと引き寄せさせる，抵抗のためであると考える。しかし，それらの記憶〔想起〕は鮮明であるにもかかわらず，幻覚ではないことをフロイトは明確にする。だが，彼を予想外の結論に導く例外もある。フロイトは事実，時には本物の幻覚が問題で，それが精神病患者にだけでなく「精神病的ではありえないいくつかの症例において」(同 267，岩波 21: 354) も生じることに気づいた。この非常に重要な観察によって彼は，幻覚が忘却された幼少期の記憶の産物でありうるという考えを仮定することに導かれる。「幻覚の一般的な特徴というものはこれまで正当な評価を十分には受けてこなかったわけだが，その特徴というのはひょっとすると，以下のようになるのではあるまいか。すなわち，幻覚においては幼少期に体験されその後忘却された何ものかが回帰しているのであると，その何ものかとは，その子供がまだほとんど言葉をしゃべれなかった時期に見たり聞いたりしたものである」(同 267，岩波 21: 354)。探究を続けてフロイトは，幻覚をしばしば伴う妄想の形成でさえも，「すでに太古から……狂気と同等なものとされた」(同 267，岩波 21: 355) 夢の形成の機制に類似した機制に従った，「無意識的の揚力や抑圧されたものの回帰」(同 267，岩波 21: 355) の結果であろうと想定している。

最後に，この演繹過程を更に進めてフロイトは，狂気もそれ自体，「一片の歴史的真理」を含んでいるかもしれず，妄想の中の信念は幼児的源泉から力を得ているという仮説を提唱する。そうした事態において治療の仕事は，妄想からそれの歪曲を取り除きながら，妄想に含まれる真理の核心を承認することを目指す。別の言い方をすれば，病者の妄想は私たちが分析の仕事で組み上げる構築の等価物であり，フロイトがこれまで多くの機会に示してきたように，妄想は同時に復元の試みとなる，という結論に彼は達する。しかし彼はこう付け加える。「［妄想は］精神病という条件のもと，現在否認している一片の現実を，かつてはるかな昔に同じように否認していたもう一片の現実によって代用する，といったことしかできない」(同 268，岩波 21: 356)。だからこのことは，否認と抑圧との間の関係を解明するという問題を提出する。「現在の否認の材料と当時の抑圧の材料とのあいだの内密な関係を発見することこそが，個々の症例研究の課題である」(同 268，岩波 21: 356)。フロイトは自分が提出しているこの問題に対して最終的な答えを述べていなくても，少なくともそれを提起したことは，称賛に値する。

彼は，精神病とヒステリーとの巧みな対比を立てて終える。「わたしたちの構築が一片の失われた生活史を復元することによってのみその力を発揮するように，妄想がその確固たる力を発揮するのは，退けられた現実に変わって妄想が組み入れている歴史的真理の関与のおかげである。こういった事情であれば，かつてわたしがヒステリーについてだけ述べた，『病者は自らの回想に苦しんでいる』という言葉は，妄想にも当てはまることになるだろう」(同 268，岩波 21: 356–357)。

フロイト以後

分析の終わり：分析者の数ほどある多くの見解

「終わりのある分析と終わりのない分析」は，1937 年に発表されるとすぐに相当数の論評を生んだ。対立する立場を反映するために私は，異なる精神分析学派に属してさまざまな地域の出身である何人かの精神分析者の見解を，手短に要約する。それらの試論は 1991 年にジョセフ・サンドラー Joseph Sandler (ロンドン) によって集められ，『フロイトの「終わりのある分析と終わりのない分析」について On Freud's "Analysis Terminal and Interminable"』(1994) という題で国際精神分析協会のモノグラフとして出版された。

ジェイコブ・アーロー Jacob A. Arlow (ニューヨーク) は，分析的なアプローチの限界を主張して討論を開始する。その限界は，技法だけでなく人間の本質にも内在している。なぜなら，葛藤は還元できない人生の条件だからである。彼は，精神分析のおかげで「『完全な』人間をつくる」に至るという錯覚に対して警告を発する。ハラルド・ロイポルト-レーヴェンタール Harald Leupold-Löwenthal (ウィーン) は，フロイトの意図がはっきり，当時の一部の精神分析者にあらわれ始めていた，分析の終わりを体系化してそれを厳格な技法の制約と規則のもとに置こうとした傾向を避けることにあったと指摘する。デヴィッド・ツィマーマン David Zimmerman と A. L. ベント・モスタルデイロ Bento Mostardeiro (ポルト・アレグレ〔ブ

ラジル])にとっては，分析の終わりは患者が分析者との関係で分離し自立する十分な能力を獲得するときに，考えることができるものとなる。その変化は，精神分析過程と発達過程との相互作用から生じる。テルツ・エスケリネン・ド・フォルチ Terttu Eskelinen de Folch（バルセロナ）は，分析が完全ではありえないと私たちはフロイトとともに認識してはいるが，近年の理論と技法の発展によって現在，フロイトの時代には接近できないと考えられた患者に対しても精神分析を適用する領野を，相当に広げることが可能になっている。アーノルド・M・クーパー Arnold M. Cooper（ニューヨーク）は，現代の精神分析者たちの関心の中心が，1937年にフロイトが述べている「欲動の飼い馴らし」から，対象関係を含む対人関係的な見方に移ったと考えている。彼は，女性性の拒否を正当化するためにフロイトは生物学を援用することで，誤りを犯したとも指摘している。アンドレ・グリーン（パリ）は，フロイトによる最終諸論文の中での欲動の位置を検討し，分析の終わりに関しては，欲動を対象に対立させるのは誤っていると主張する。なぜなら対象は，その存在と不在の交替に基づいて，欲動を明らかにしているからである。デヴィッド・ローゼンフェルト David Rosenfeld（ブエノス・アイレス）は結論として，分析の終結と同じように複雑な問題に対する精神分析者たちの立場の多様性を強調し，新たな考えに対して開かれていることを擁護している。

年代順に見るフロイトの概念

「岩盤」　構築／再構築　妄想　分析を終えること　幻覚　男性における受動的な構え　女性におけるペニス羨望　周期的な分析　精神分析者自身の分析

『モーセという男と一神教』
(1939a [1934–1938])

答えるよりも多くの問いを提起する遺言の著作

　ユダヤ教の創始者であるモーセという人間は，フロイトに大きな謎を与えた歴史上の人物の一人である。1914 年に彼は，有名な彫像の奇異な細部に着想を得て，短い精神分析的研究「ミケランジェロのモーセ」（1914b）を発表していた。1930 年代の初め，フロイトは精神分析の未来が，同時に内部からと反ユダヤ主義の高まりによって脅かされているのを感じ，自分の読解から引き出していた驚くべき仮説の帰結を吟味することに取り掛かった。彼の仮説は，ユダヤ教の創始者モーセがユダヤ人ではなくて，ヘブライ人たちにアトン神崇拝を強制したエジプト人だったというものである。この著作は 1934 年に着手され，1939 年，フロイトの死の数カ月前に出版された。『モーセという男と一神教』は，フロイトがヘブライ人によるモーセの殺害に，原始群族による父の殺害に似た価値を与えている限りで『トーテムとタブー』の延長であるばかりでなく，彼がモーセ殺害の中にキリスト教の遠い起源を，その犠牲的次元に見ている限りで『ある錯覚の未来』の延長でもある。確かに，フロイトによって展開されたこれらの命題は，歴史的観点からすると疑わしく映り，それはフロイト以後の注釈者たち自身によって認められてきた。だが私たちは彼が提起している問いを，今日軽視しないように注意しよう。それらの問いは，宗教の領域においても科学の領域においても，私たち自身が自問せずには済まないものである。

伝記と歴史

ロンドンでの亡命生活

　1938 年 3 月，オーストリアはヒトラーのドイツによって併合される。その数週間後，精神分析出版——貴重な出版社 Verlag ——の事務所が家宅捜索され，破壊される。そこでフロイトの友人はみな，特にアーネスト・ジョーンズとマリー・ボナパルト王妃は，彼に国を離れるように強く勧める。とりわけイギリスとアメリカの外交官を含む国際的な運動は，ドイツとオーストリアの当局に，フロイトがウィーンを離れてもよいように強い圧力を掛けさえする。だが最大の障害はフロイト自身で，彼は母国を去るのを脱走のように感じて，それを望まない。ジョーンズが物語るところでは，彼は汽缶の爆発によって海に投げ出されたタイタニック号の二等航海士(ボイラー)の話で，最後にフロイトを納得させた。この二等航海士は，調査官が彼に船を離れたときの状況を尋ねると，「私が船から離れたのではなく，船が私を見捨てたのです！」と答えた。オーストリア当局がフロイト一家の出国許可にようやく同意すると，煩わしい手続きが始まる。フロイトの銀行預金口座は既に没収されていたので，当局が要求する大金を支払うことになるのはマリー・ボナパルトである。これらの役人たちはフロイトに，彼が不当な扱いを受けなかったと証言する声明書に署名するように要求して，最後の侮辱を加える。ジョーンズによれば，フロイトは署名をしたが，皮肉ながら危険を冒す寸評を加えた。「私は，ゲシュタポをどなたにも心からお薦めできます！」と。1938 年 6 月 3 日，

フロイト・妻マルタ・娘アナはウィーンを発ち，オリエント急行でパリを経由してロンドンに向かう。フロイトはパリのマリー・ボナパルトの元に寄って素晴らしい一日を過ごし，ロンドンに到着すると熱意とともに迎えられる。フロイトは，出国許可を得られなかった4人の妹たちをウィーンに残したが，彼女らは数年後，ナチの強制収容所で亡くなった。

完全な自由のうちに『モーセ』を仕上げる

フロイトはロンドンに定住してすぐに，『モーセ』の完成に取りかかり，その最終部分の第3篇を，1938年7月に仕上げる。エジプト人モーセを扱う最初の2篇は，精神分析評論誌『イマーゴ』に1937年に発表されていたが，それは限られた読者に配布されていた。だがより広い読者に向けた著作の見込みは，彼に近い人たちばかりでなく，ますます広がっている彼のサークルにも不安を感じさせ始めた。事実，イギリスに出発する前にフロイトは，当時反ナチだったオーストリアのカトリック教会を挑発したり怒らせたりする恐れから，『モーセ』の発表を断念していた。だが，彼の言葉で言えば「自由のうちに死ぬ」〔フロイトからエルンスト・フロイト宛書簡1938年5月12日 [E. Freud 1975]〕ために来たロンドンに落ち着いたことで，彼はそれを可能な限り速やかに出版するために，自分の考えを突き詰めることができるようになる。フロイトに『モーセ』の出版を思い留まらせようとする試みが，それによって自分たちの祖先を奪われるように感じたユダヤ人の側からも，キリスト信仰がフロイトによって妄想と見なされたキリスト教徒の側からもなされたが，無駄に終わる。どのような議論も彼の決意を変えることはできず，反対に，議論は彼の決意を強めるようだった。フロイトは，人がなぜ彼の手続きの厳密に科学的な性格をあくまで尊重せずに，彼に自己検閲することを要請するのか理解できなかった。この本は1939年6月，アムステルダムではドイツ語版が，ニューヨークでは英語版が，同時出版された。

1939年9月23日：フロイトの死去

1939年は，ドイツにいる何千人ものユダヤ人の略奪と検挙の報せによって，そしてフロイトの健康状態の悪化によって，陰鬱なものとなる。ラジウム治療は一時的な緩和をもたらした。衰弱にもかかわらず，フロイトは8月になるまで患者の面接を続けた。1939年9月23日，フロイトは大いなる威厳をもって死去した。それは彼が，主治医であるマックス・シュールに，主治医となったときに約束していたように，モルヒネで苦痛を終わりにするように頼んだ後のことだった。

テクストを紐解く

■ 標準版第23巻3-140頁（岩波版フロイト全集第22巻1-173頁）所収。

● 「モーセは高貴なエジプト人だった」

フロイトは，ユダヤ民族の解放者かつ立法者であり，ユダヤ民族が自分たちの最も偉大な子孫であると見なすモーセを，エジプト人であるとするとき，自分の主張の，「とりわけ，自身がその民族に属している場合」（1939a [1934–1938]: 7, 岩波 22: 3）の大胆さに十分気づいている。彼はモーセという名前の起源について自問することから始め，エジプト起源を弁護するいくつもの言語学的次元の議論を提出する。フロイトはそれから，ランクの仕事，特に『英雄誕生の神話』（Rank 1909）を頼りに，モーセの誕生物語と英雄の生まれに関するさまざまな神話とを比較する。この比較は共通する特徴を明らかにする。すなわち，英雄は通常，最も高貴な両親の子供つまり王の息子や娘であり，父親によって死を宣告される。だが子供は身分の卑しい人たちによって引き取られて育てられることで，死を免れる。青年になった英雄は，父

親に復讐して最後に勝利する。モーセの神話では，子供は卑しい身分の生まれであり，あるエジプト人女性によって引き取られる。フロイトは，実際にはモーセはエジプト王家の出身であり，彼を身分の低い生まれにして両親に遺棄されたとなっているのは，神話の欲求のためであると考える。そこからフロイトは，こう仮説を立てる。「モーセはひとりの——おそらくは高貴な——エジプト人であり，伝説によってユダヤ人にされるよう定められている[訳注1]ことが突然明瞭になってくる。［……］通常の場合，英雄はその人生の経過のなかで彼の卑賤な出発点を乗り越えて崇高になっていくのだが，モーセという男の英雄的な生涯は，高みからの転落で，イスラエルの子供たちのなかに身を落とすことでもって開始された」(1939a: 15, 岩波 22: 13)。

●「もしもモーセがひとりのエジプト人であったなら……」

● ヘブライ人に強要されたアトン崇拝

どのような強い動機が一人の高貴なエジプト人に，移民たちの異邦人集団の長に身を置いて，彼らとともに祖国を去る気にさせることができたのだろうか。フロイトから見ると，モーセを駆り立てたのはおそらく，エジプトに定住していたユダヤ人たちを，自分の宗教に改宗させようという欲望である。それはエジプトの宗教だが，どれでもよいのではなく一神教である。ところでそのような宗教は，歴史上一つしか存在しなかった。それは，紀元前 1375 年に即位したファラオ・イクナートンが導入した宗教である。この若きファラオはエジプト人たちを，強力になり過ぎたアモン崇拝から引き離し，アトン神つまり太陽神を崇拝させた。しかしながら，イクナートンは太陽神を物質的対象としてではなく，唯一にして普遍的である神聖な存在の象徴として崇めた，とフロイトは指摘する。イクナートンはアモンが支配するテーベを去って新しい都市へと移り，それをアケタートンと名づけた。この王の都の廃墟は 1887 年に，テル＝エル＝アマルナと呼ばれる場で発見された。イクナートンの最期については，虐げられた神官たちの反乱がアモン崇拝を再興し，アトン崇拝を廃絶してそのあらゆる痕跡を取り除いたこと以外，何も知られていない。

アトン崇拝をより詳しく吟味してフロイトは，魔術的要素の排除，アトンの姿の形象化された表象の欠如——人間の両手が受け止める光線を発する，太陽の円盤形の象徴を除いて——そして死後の生の信仰の放棄のように，ユダヤ教と共通する多くの要素を指摘する。これらの要素に，割礼の実践が加わる。割礼はエジプト人に典型的な実践で，当時の中東の他のどの民族にも知られていなかった。だからそれをユダヤ民族に課したのは，モーセだったことであろう。フロイトによれば，この儀式によってモーセは，彼のエジプト出自との連続性の跡を残したかったのであろう。「ひとつの『聖別された民』をこそ，モーセはユダヤ人から創り出そうと欲したのであり，これは聖書の文章にもはっきりと表現されているとおりである。そして，このような聖別のしるしとして，モーセはユダヤ人にこの慣習〔Sitte〕を与えたのだが，この慣習は最悪の場合でもユダヤ人をエジプト人と同格にするものであった」(同 30, 岩波 22: 34)。

● ヤハウェ崇拝：ある原始的な神への回帰

聖書の物語はヘブライ人の歴史の展開の中で，彼らがエジプト脱出後だが約束の地に到着するまでのある時点で，新しい宗教をとりいれたことを私たちに伝えている。彼らは，バアル神に近い，原始的で恐るべき神性を有する神ヤハウェを崇拝することを選択した。この挿話は，モーセの宗教の伝達に連続性の断絶を導入する。だがフロイトはそれを，エジプト人モーセは頑強に抵抗する人々が反乱したときにユダヤ人たちによって暗殺され，彼が導入したエジプトの宗教は廃止されたという伝承の跡を見出して説明する。フロイトが依拠した歴史家エルンスト・ゼリン Ernst Sellin (1922) によれば，この伝承は，後のあらゆる救世主待望の基盤となったことであろう。

訳注 1）ドイツ語原文：der durch die Sage zum Juden gemacht werden soll.

● モーセの宗教の回帰によって覆い隠されたヤハウェ崇拝

　精神分析において Entstellung（遷移・位置の変更・ある場所から他の場所への移行）という名で知られている現象に基づいて，フロイトは人が否認しようとするものが最後には修正された形で再び現れることを示し，この概念をモーセの古い宗教が再び出現することに適用する。

　それによれば，モーセは彼の民に殺されたのであり，モーセの殺害は，彼が人々に自分の宗教を押し付けるために自ら用いてきた権力に対する反乱の結果だった。その証拠が，金の仔牛の礼拝と，そのせいで生じたモーセの憤怒という聖書の挿話である。だが，エジプト人モーセはその民の一部に，精神的観点からは原始的で恐るべき神ヤハウェよりもはるかに進んだ神の表象を与えていたとフロイトは評する。事実モーセのエジプト宗教はこの民に，高度に精神的なものを，「［……］唯一の，全世界を包括する神性，全能の力を有するだけではなく，万物万民を愛する〔alliebend〕神性，いっさいの儀式や魔術を嫌悪して，人間に真理と正義に生きることを至高の目標として設定する〔setzten〕神性の理念 」（Freud 1939a: 50, 岩波 22: 63）を与えていた。

　モーセの殺害と彼の神の拒絶にもかかわらず，モーセの教義の伝承はレヴィ人のおかげで幾世紀もの間存続した，という仮説をフロイトは立てる。それによれば彼らはおそらくエジプト脱出のときモーセに随行した一団に属する，高い教養を持つエジプト人たちの直系の子孫で，彼らの教えが世代から世代へと受け継がれたのであろう。モーセの宗教が再び現れてヤハウェ崇拝を追いやったのは，このようにしてである。

●「モーセ，彼の民，一神教」

● 宗教の出現における抑圧されたものの回帰

　フロイトは，釈明から始める。彼は，自分がオーストリアにいた時には，著作のこの第 3 篇を発表するつもりはなかった，それは自分の仮説の大胆さによって，カトリック教会の庇護を失い，母国で精神分析が禁止されるのを恐れたからだったと表明する。だがロンドンで生活して以来，彼はその点に関して自由を感じており，ドイツによるオーストリア併合の時にカトリック教会は「揺れる葦」〔schwankes Rohr〕（同 57, 岩波 22: 71）（マチウ 12: 20）の態度を示しただけに，ますますそうだった。

潜伏期と伝承

　続いてフロイトは，モーセの教義が再出現した理由を問う。精神分析の経験に照らして彼は，心理学的外傷の勃発と引き続く症状の出現の間に臨床で観察される「潜伏期」と，宗教史におけるモーセの宗教の放棄とユダヤ一神教の遅ればせの再出現を対比させる。フロイトはこの時間的なずれを，何世紀にもわたる出来事の伝達において「伝承」が果たす決定的な役割によって説明する。「そして，この偉大な過去からの伝承こそが，いわば背後から作用し続け，次第に神々〔Geister〕を超越する力を獲得し，ついにはヤハウェ神をモーセの神に変貌せしめ，幾世紀も前に与えられ，それから棄てられてしまったモーセの宗教にふたたび生命を与えることを成し遂げたのである」（同 70, 岩波 22: 88）。

神経症における潜伏期

　精神分析は私たちに，神経症は幼児期の最初の 5 年に生じた外傷に起因すること，そして性的・攻撃的な印象と通常結びついた経験が問題であることを教える。後にそうした経験は忘れられる。なぜなら人はそれを意識化することから身を守るからである。だが多少とも長い時間が経ってから，それは成人生活の中に「抑圧されたものの回帰」として再び現れ，決定的な神経症がそこで，強迫的制約・制止・恐怖症のようなさまざまな形態で自分を認めさせる。フロイトはその例として，幼児期に精神 - 性的な外傷を被ったことのある男性について簡潔に述べている。その出来事は「忘却されていた」すなわち抑圧されたが，後からのその帰結は性的不能で，それは潜伏期を経て成人生活において現れた。

人類の歴史に適用された潜伏期

　フロイトは自分の仮説を集団心理学に適用して，或る住民が歴史的な時間の流れの中で勃発した外傷的な性的・攻撃的経験によって刻印を残され，その後忘れられた可能性があると提示する。これらの集団的外傷経験は潜伏期の後，再び姿を現し，その影響はずっと後になってから感じられる。彼によれば，宗教現象もこれと同じである。「われわれは，このような出来事があったことを推測できると信じているし，その神経症症状に似た結果こそ宗教という現象であることを明示したい」（同80，岩波22: 101）。

　そこでフロイトは，『トーテムとタブー』（1912）と，原始群族の父親が彼の支配に反抗した息子たちによって殺害されたという仮説を参照する。その兄弟たちは結託し「当時の習慣に従って彼をなまのまま喰い尽くしてしまった」（同81，岩波12: 103）。後に，トーテム動物の中の理想化された死んだ父の代替を崇拝するために，記念の祝祭を設けた原始群族は，人類史上宗教の最初の形態であるトーテム宗教を導入する。フロイトは，宗教のあらゆる教義と儀式の中には，忘れられていた原始人類の過去の要素が，長い間隔を置いて再び現れるのが見られると続ける。類似の現象は，臨床では精神病患者の妄想の中に観察される。「歴史的と呼ばれうる真実に関するそのような内容を，われわれは諸宗教の信仰箇条〔教義〕にも認めなければならない」[訳注2]。信仰箇条は，たしかに精神病の症状の性質を帯びているのだが，集団的現象であるがゆえに孤立という呪いを免れているのに過ぎない」（同85，岩波22: 107）。

　フロイトがユダヤ教への一神教の設立とキリスト教におけるその継続を思い描くのは，忘れられた歴史的過去の回帰というモデルに基づく。彼によれば，新しい宗教がユダヤ教から離れて，自身がユダヤ民族の出身であるキリストの宗教となるのは，後になって「原罪」という名で指し示される罪責感を利用してのことである。だが原罪は神に反する罪なので，それは死によってしか償われることができなかった。事実，フロイトによればこの犯罪は，原父の殺害に他ならなかった。「実際のところ，死に値する犯罪は，のちに神格化されるに至った原父の殺害だった。しかしながら，その殺害行為は想起されなかった。それに代わって贖罪が空想され，その結果，この空想は救済の告知（福音）として歓迎されることが可能となった[訳注3]。ひとりの神の息子が罪なき者として己を死に至らしめ，それによって万人の罪を一身に引き受けた」（同86，岩波22: 109）。ここから有名な定式が生まれる。「ユダヤ教は父の宗教だったが，キリスト教は息子の宗教となった[訳注4]」（同88，岩波22: 110）。

　フロイトにしてみれば，キリスト教にも英雄神話にも古代のトーテム饗宴の反復が見られ，それは聖体拝領の儀式によって表されている。だが，やはりフロイトによれば，キリスト教はユダヤ教の高度な精神性を維持していないであろう。なぜなら，キリスト教は「大母神＝女神」崇拝を復活させて「多神教の多くの神像[訳注5]」（同88，岩波22: 111）を迎え入れ——聖母マリアと聖人をほのめかしている——，魔術的で迷信的な諸要素も再び導入している。言い換えれば，フロイトにとってキリスト教の出現は，部分的な進歩にすぎなかった。「キリスト教の凱旋は，1500年ののちに，より広大な舞台で起こった，イクナートンの神に対するアモン祭司たちの新たなる勝利にほかならなかった。しかも，キリスト教は，宗教史的に，すなわち抑圧されたものの回帰という観点からみるならば，ひとつの進歩なのであって，ユダヤ教はそれ以来，言うなれば化石となってしまった」（同88，岩波22: 112）。

　フロイトは考えを徹底的に追求して，モーセを殺したことによって引き起こされた悔悛がおそらく，救世主欲望の空想に推進力を与えたと振り返って考える。だがユダヤ民族は父親殺しを否認し続け，反ユダヤ主義が，特に，「おまえたちはわれわれの神を殺した！」（同90，岩波22: 113）というキリスト教徒による非難から一部は生じるであろう。それに対してフロイトは，こう付け加えるべきだと言う。「もちろん，

訳注2）　ドイツ語原文：Einen solchen Gehalt an historisch zu nennender Wahrheit müssen wir auch den Glaubenssätzen der Religionen zugestehen.

訳注3）　ドイツ語原文：Aber es wurde nicht die Mordtat erinnert, sondern anstatt dessen ihre Sühnung phantasiert, und darum konnte diese Phantasie als Erlösungsbotschaft（Evangelium）begrüßt werden.

訳注4）　ドイツ語原文：Das Judentum war eine Vaterreligion gewesen, das Christentm wurde eine Sohnesreligion.

訳注5）　ドイツ語原文：vieler Göttergestalten des Polytheismus.

われわれも同じことをした，しかし，われわれはそれを認めたし，以来われわれは赦されている」[訳注6]」（同 90，岩波 22: 114）。

系統発生による伝達の，最適の土台としての伝承

太古の遺産：体質的因子

この章は，フロイトにとって系統発生という手段による伝達への自分の確信を，この現象について著作全体を通して引き合いに出してきたにせよ，かつてなくはっきりと主張する機会である。彼によれば，個人の生活は以前に経験されて無意識へと抑圧されたものによって影響されるばかりでなく，モーセの宗教の伝達が示すように，生得的諸因子すなわち「系統発生的来歴を持つ断片，太古の遺産」（同 98，岩波 22: 123）によっても影響される。そこで以下の問いが生まれる。この遺産は何から構成されているのだろうか。それは何を含むのだろうか。それが存在する証拠は何だろうか。

フロイトによれば，この太古の遺産は個人の「体質的因子」と呼ばれるものに対応する。事実，人生最初の何年かの間に特に明らかな，各人間に共通する性向が存在し，そうした反応や個体差を，太古の遺産に帰着させることができる。彼はその証拠を，言語活動の象徴使用の普遍的性格に見出す。それは諸言語間の差異を超越する，最初の知識である。彼は自分の主張の支えに，もう１つの論拠を持ち出す。それは，エディプス・コンプレックスと去勢コンプレックスにおける子供の両親に対する行動である。「個々には正当化できないと思われ[訳注7]，系統発生的にのみ，つまりより早期の世代の経験とのつながりによってのみ，理解可能となる」（同 99，岩波 22: 125）反応が問題である。

太古の遺産の役割は軽視されてきた

フロイトは，これまで系統発生の様式で記憶の中に残された諸痕跡の遺伝を十分に考慮に入れず，獲得された影響に特に強調を置いてきたと自戒する。「更に考えると，われわれは長い間，先祖によって経験されたことの記憶痕跡の遺伝が，直接的な伝達や実例による教育の影響に依存せずに，疑問の余地なく成り立つかのように見なしてきたことを私は告白しなければならない[訳注8]。実際，ひとつの民族の古くからの伝承の存続について，あるいは民族特質の形成〔Bildung〕について語るとき，われわれが考えていたのは，たいていの場合，このような遺産としての伝承であって，情報伝達によって伝播した伝承ではなかった。あるいはわれわれは少なくともこれら 2 つを区別しなかったし，この怠慢によってどのような大胆なことをしているかを明瞭に自覚してこなかった[訳注9]」（同 99–100，岩波 22: 126）。祖先の記憶の存在について，精神分析の仕事の中で観察されて系統発生に帰着された現れ以外の触知できる証拠を持ち出すことが不可能であるにもかかわらず，フロイトには，自分の仮説を支持するのに十分な証拠がそこにあると感じられている。

動物の本能は，太古の遺産だろうか

フロイトは，動物の本能という彼らの祖先によって経験されたことの想起に他ならないものと，人間存在の太古の遺産との間で可能な対比が，補足の証拠と見なすことができるかどうかを自問する。この対照によって彼は明確化する。「人間が傲慢であった昔に人間と動物のあいだであまりにも広く裂けてしまった間隙[訳注10]を，われわれは小さくしている。もしいわゆる動物の本能が，仮にこの動物の本能生活というものがそもそも説明可能であるとして，動物たちに昔から慣れ親しんできた状況であるかのようにその

訳注 6) ドイツ語原文：wir sind seither entsühnt.
訳注 7) ドイツ語原文：die individuell ungerechtfertigt erscheinen
訳注 8) ドイツ語原文：Bei näherer Besinnung müssen wir uns eingestehen, daß wir uns seit langem so benommen haben, als stände die Vererbung von Erinnerungsspuren an das von Voreltern Erlebte, unabhängig von direkter Mitteilung und von dem Einfluß der Erziehung durch Beispiel, nicht in Frage.
訳注 9) ドイツ語原文：Oder wir haben wenigstens zwischen den beiden nicht unterschieden und uns nicht klar gemacht, welche Kühnheit wir durch solche Vernachlässigung begehen.
訳注 10) ドイツ語原文：die Kluft, die frühere Zeiten menschlicher Überhebung allzuweit zwischen Mensch und Tier aufgerissen haben.

新しい生活状況ではじめから振る舞うことを許すならば^{訳注11)}それは，動物がその種に固有の経験を誕生とともに持ち込んできた，すなわちそれらの先祖によって体験された物事に関する想い出をおのれの内部に保持し続けてきた，と言うしかないだろう。人間という動物にあっても，事情は根本的に別でないだろう。範囲と内容は別物であっても，動物の本能に対応するのが，人間に固有の太古の遺産なのだ」（同 100，岩波 22: 127）。

無視できない原始群族の父親の殺害

先立つ議論に力を得てフロイトは，原始群族の父親の殺害が系統発生の様式で太古から伝えられてきたという彼の確信を，もう一度断言する。「以上の論究に基づいて，私は一片の疑問も持たずに言明する。人間は，彼らがかつて一人の原父をもち，そしてその原父を打ち殺してしまったということを——独特のかたちで——常に知っていたのだ，と」（同 101，岩波 22: 127）。そこから，2つの更なる問いが生じる。第1に，原父の殺害のような出来事は，どのように太古の遺産の中に入り込むのだろうか。そのためには，出来事は十分に重大で，神経症に似た過程に従って，記憶の中に外傷的な刻印を残すような仕方で反復されなければならない。第2に，どのような状況でその出来事は再び活動的になりうるのだろうか。フロイトは，当該の現実の出来事の反復が始動因子となると答える。なぜなら，それは忘れられた想起を目覚めさせるものだからである。そのようにして，モーセの殺害とそれに続く裁判によるキリストの殺害は，根源的原因を暴露するほどの出来事を構成していると考えることができる。さらには，もう1つの心理学的次元の議論が加わる。それは，抑圧されたものの回帰が後で起こる抑圧に訴えている。「伝承は，それがただ単に伝達〔auf Mitteilung〕にのみ基づいているものであったならば，宗教的現象にふさわしい強迫的性格を生み出しえないであろう。伝達は，外部からやってくるすべての他の情報と同じように傾聴されたり，判断されたり，場合によっては拒絶されたりするであろうが，論理的思考の強迫からの解放なる特権的な力を獲得したためしは一度としてなかった。伝承とは，回帰してくるにあたって集団を呪縛してしまうほど強力な現実的影響力を発揮する前に，必ず一度はまず抑圧される運命に服さなければならず，無意識的なもの〔Unbewußte〕のなかに滞留している状態を耐え抜いてこなければならないものなのである。これは，宗教的伝承に関して，われわれが驚嘆の念をもって，しかも今日まで理解できないままに見てきたとおりである」（同 101，岩波 22: 128）。

● 要約の反復と無神論的確信の再表明

本の最終部でフロイトは，自分の主張の大筋を繰り返し，ユダヤ民族に特有の性格の発生に関わる，いくつかの補足を持ち出す。反復を避けるために——この本の中でフロイトが自分の主張を要約するのはこれで2度目である——私は，この加筆の中からいくつかに触れるのみにする。例えば，彼はユダヤ人においてこれほど広まった優越感が，どこから生じているのかを知ろうとする。その上ユダヤ人たちは，自分たちが神に選ばれた民族に属すると見なしている。フロイトによれば，この自尊心の表現は，ユダヤ人たちに彼らが神に選ばれた民であると保証したモーセに遡られる。「ユダヤ人を創造したのはモーセというひとりの男であった，とあえて言ってもよかろうと思う」（同 106，岩波 22: 134）。

モーセの宗教：議論の余地のない優越性

それにしても，ただ一人の人間がこのように異例の影響を彼らに及ぼすことは，どのようにして可能だったのだろうか。フロイトはそこに，各人に幼年期以来住みついている父親への憧れの刻印を見る。それが，「われわれが偉大なる男に付与してきた特徴のすべてが，父の持つ特徴であること」（同 109，岩波 22: 138）に対する理由である。フロイトは要約を続けて，モーセの宗教がユダヤ人たちに他の宗教よりも遥かに崇高な神の表象をもたらしたと指摘する。なぜなら，神の像を造り出すことの禁止は結果的に，神

訳注11）ドイツ語原文：Wenn die sogenannten Instinkte der Tiere, die ihnen gestatten, sich von Anfang an in der neuen Lebenstituation so zu benehmen, als wäre sie eine alte, längst vertraute, wenn dies Instnktleben der Tiere überhaupt eine Erklärung zuläßt.

の抽象的な表象を促したからである。これは心的な面での注目すべき進歩となっている。「なぜなら，この禁止は，抽象的と称すべき観念に対して感官的知覚を後ろに置くことを，感覚性を超越する精神性の勝利を[訳注12]，厳密に言うならば，心理学的に必然的な結果としての欲動断念を意味していたからである」（同 113，岩波 22: 143）。フロイトは，母権制から父権制への移行からも，類似の結論を引き出す。「ところが，母なるものから父なるものへの[訳注13]この転換は，また感覚性を超える精神性の勝利を，つまり文化の進歩と言うべきものを告げている。というのも，母性というものが感覚による証言〔Zeugnis〕によって明示されるのに対して，父性というものは推論と前提で打ち立てられた仮説〔Annahme〕だからである」（同 114，岩波 22: 144）

唯一神という理念：抑圧された現実の記憶の回帰

　唯一神という理念に関しては，フロイトははっきりと，今日，自分がその存在を信じていないということ，そして，そうした信念は一人の人物が原始の時代に本当に実在し，他の者たちの上に神性の地位へと高められたことに由来すると表明する。その人物は後に，人間の想起の中に戻って来る。抑圧されたものの回帰という現象は，この人物の歴史的存在が忘却へと陥ったにしても，伝承と比較しうる永続的な痕跡を人間の心に残したであろうことを説明するだろう。唯一神という理念はそのとき，神経症者において抑圧されたものが回帰するのと同じ仕方で，つまり強迫的な仕方で，人類に再び現れたのだろう。そしてこの信仰は，長らく姿を消していた一つの歴史的真実の記憶の覚醒以外のものではないであろう。「このような影響力のひとつが，唯一の偉大なる神という理念の登場であろう。この理念は，たしかに歪曲されているものの[訳注14]，まったく正当な想起と見なさなければなるまい。このような理念は強迫的性格を帯びているゆえ，否応なく信仰されざるをえない。歪曲されている程度から，この理念は妄想と記されてもよい。この理念が過ぎ去ったものの回帰を示す限りにおいて，この理念は真理と呼ばれなければなるまい。精神医学的な妄想も一片の真理を内に含みもっているのであって，患者の確信はこの一片の真理から妄想的なヴェールへと拡散していく[訳注15]」（同 130，岩波 22: 164）。この第 2 部の最後は，著作の中で前に出していた主張をほとんど修正していない反復である。

フロイト以後

最期の挑戦と更なる物議

　発売されるとこの本は物議を醸した。特に宗教界では，ユダヤ教徒の間でもキリスト教徒の間でもそうだった。同胞のユダヤ人たちは，フロイトが自分たちから自分たちのモーセを奪おうとしたと激怒し，それの長期にわたる悪影響を恐れた。キリスト教徒たちに関して言えば，彼らはフロイトが『ある錯覚の未来』における以上に論を進めただけに，彼のキリスト教批判に対していっそう激しく反応した。つまり彼は『モーセ』において，キリスト教信仰は昔から妄想に最も近いものであろうと断言したばかりでなく，そのうえそれをユダヤ教の精神性に較べて，退行であり偶像崇拝への回帰であると見なしたのである。しかしながらこの燃え上がった論争は，まもなく 1939 年 9 月の宣戦布告によって片隅に追いやられた。しかも，政治的理由とナチの迫害を考慮してユダヤ人社会は，同宗者がモーセをユダヤ教の創始者とした伝統に戻ることを妨げないために，フロイトの著作の影響を軽くしようとした。

訳注 12）ドイツ語原文：Aber wenn man dies Verbot annahm, mußte es eine tiefgreifende Wirkung ausüben. Denn es bedeutete eine Zurücksetzung der sinnlichen Wahrnehmung gegen eine abstract zu nennende Vorstellung, einen Triumph der Geistigkeit über die Sinnlichkeit.

訳注 13）ドイツ語原文：von der Mutter zum Vater.

訳注 14）ドイツ語原文：Eine dieser Wirkungen wäre das Auftauchen der Idee eines einzigen großen Gottes, die man als zwar entstellte.

訳注 15）ドイツ語原文：Soweit ihre Entstellung reicht, darf man sie als Wahn bezeichnen, insofern sie die Wiederkehr des Vergangenen bringt, muß man sie Wahrheit heißen. Auch der psychiatrische Wahr enthält ein Stückchen Wahrheit, und die Überzeugung des Kranken greift von dieser Wahrheit aus auf die wahnhafte Umhüllung über.

今日，フロイトの『モーセ』には何が残されているのか

　時が経って，この著作は複雑で矛盾した作品に見える。それは数々の多様な，多くは激情に満ちた論評を引き起こした。しかしながら，最近の研究によって私たちはフロイトによる『モーセ』の読み方に，より批判的かつより豊かに近づくことができる。事実，特に宗教的・歴史的・人類学的な面については疑わしい作品に関わっていると言えるが，著作はフロイト自身に貴重な光をそそぎ，未だ解決には程遠い本質的な問いを提起しているとも言える。以下は主要な論評のうちの，いくつかの指標である。

　精神分析者たちの世界では，フロイトがモーセという人物に同一化していることは，直ちに指摘された。なぜならこのテクストは，フロイトが精神分析の消滅と，死に脅かされた創始した父としての自分自身の死去を同時に恐れていた，特殊な文脈の中で書かれたからである。それは単にナチによるばかりでなく，モーセがそうだったように彼自身の弟子たちによって，もたらされていた。他方ではこの著作は，精神分析的な心理的伝記の著者たちによって特に高く評価され，そのジャンルのモデルと見なされてきた。それに反してフロイトの主張の厳密な意味での内容に関しては，精神分析者たちは今日，『モーセ』を『トーテムとタブー』と同じように，確かに大胆ではあるがその科学的妥当性は立証されたには程遠い，一連の仮説と見なす傾向がある。例えば，フロイトが集団的抑圧と潜伏期後の抑圧されたものの回帰に訴えて行なった個人の発達と人類の歴史的発達の対比を承認することは，困難に見える。それでも，フロイトが著作の末尾で見事に提起した世代間の系統発生的伝達という問いが，精神分析者たちによって過小評価されてきており，今日においても決着が付いていないままであることを，彼とともに認めよう。

　人類学者たちに関して言えば，彼らの大多数は今日，フロイトの原始群族についての仮説について，逆を主張する者はいても，ほとんどあるいは全く同意していない。それに加えて，歴史家たちからは，最近の研究はヘブライ人の宗教の伝承のメソポタミア起源に，エジプト起源よりも重要性を与えているので，モーセが本当はエジプト人だったであろうとするフロイトの仮説は，大きく疑問視されている。

　宗教的な面では，フロイトの見解は非常に多様な反応を引き起こした。フロイトのユダヤ教との関係について言えば，『モーセという男』は，ユダヤ同一性，それが決定する性格特性そして反ユダヤ主義の起源に関する省察のように思われる。それを論じた数多くの研究の中でヨセフ・H・イェルシャルミ Yosef H. Yerushalmi の著書（1991）は，ここで言及するに値する。なぜならこの著者は，フロイトの著作が彼の生涯の中でどのような位置を占めるかを適切に吟味して，フロイトはこの著作を通じてユダヤ教を，神がないことによって「終わりのないもの」にした，と考察しているからである。

　批判は，宗教の起源やフロイトが依拠した議論の弱さに関しても欠けていなかった。例えば，彼が強迫症状と宗教儀式を等価とするとき，マイスナー Meissner（2002）は，フロイトが宗教的表現の限定的でむしろ病理的な側面を叙述しており，それは彼の主張の及ぶ範囲をかなり制限している，と評価している。「このように分析は最悪の意味で還元主義的になり，最終的に，本物の信仰や宗教的実践の理解に殆ど貢献していない」（2002: 475）。P. リクール Ricoeur は，精神分析的アプローチが単に偶像崇拝に見られる宗教の一側面を解明していると考えて，類似の観点を擁護する（Ricoeur 1965）。一般的に，組織化された宗教――それがキリスト教であれユダヤ教であれ――に対するフロイトの敵意の源は，多くの因子があって私がここで立ち入ることはできない。だが E. ライス Emanuel Rice（2002）が指摘したように，「敵意で盲目になった」このフロイトの彼岸を見つめるならば，非常に異なる彼の像が見えてくる。この著者によれば，こうである。「彼［フロイト］は，キリスト教が一神教以前の多神教時代への回帰だという印象を持っていた。それはイクナートン以前にエジプトで優勢だった偶像崇拝と同一である。フロイトが追求したのは預言的な宗教であり，それは個人の責任と社会的正義の重要性に基づく崇拝だった。神を中心とする宇宙の着想は，そのような達成を妨げるにすぎないであろう」（Rice 2002: 297–298）。

　結論として，私たちは宗教の問いに対するフロイトの寄与の重要性を，その議論の弱さや彼自身の葛藤・彼の無神論にもかかわらず，今日過小評価しないように注意しよう。なぜならフロイトは，W. W. マイスナー（1984）が示したように，まだ答えられていない多くの問いを提起したからである。リクールもまた，精神分析が聖像破壊的だとする予断には反対する。彼によれば宗教の「破壊」は，信仰に関する精神分析者の見解とは無関係に，あらゆる偶像崇拝を祓い清めた信仰についての批判的表現でありうる。それに加えて，宗教信仰の観点から見て精神分析にはそれの限界があり，リクールにしてみれば，彼はこの分野について意見を述べる立場にはない。「私の作業仮説では［……］精神分析はそれ自体，精神分析者の信仰の有無と無関係に，必然的に聖像破壊的であり，この宗教『破壊』は，あらゆる偶像崇拝を祓い清めた信

仰の埋め合わせである可能性がある。精神分析それ自体は，聖像破壊のこの必然性を超えていくことはできない。この必然性は，信仰と非信仰という二重の可能性の上に開かれている。だがこれら2つの可能性の間の決定は，精神分析に属していない」（Ricoeur 1965: [1970: 230]）。

　私は個人的には，精神分析と宗教信仰はそれぞれその独自の領野を占めていると考えている。しかしながら，それらの避け難い相互作用を考慮すると，一方の存在が他方の存在を妨げないような仕方で，それぞれの領野を区別することが重要であるように私には思われる。

年代順に見るフロイトの概念

太古の遺産　遷移（「歪曲 Entstellung」）　父親の殺害　潜伏（期）　一神教　系統発生　宗教・宗教的表象　伝承

今日フロイトを読むとは？

「精神分析を理解するには今でも〔immer noch〕，その成り立ちと展開をたどるのが最良の道である。」
「『精神分析』と『リビドー理論』」S. Freud 1923a [1922]（GW13: 211，SE18: 235，岩波 18: 143）

　フロイトには，今日もなお意義があるだろうか。彼の考えは普遍的な価値を持ち続けているだろうか。それに由来する治療的な方法，つまり治療としての精神分析は，私たちの時代でどのような位置を占めているのだろうか。
　このような問いをする人たちに私は，精神分析がまだ確かに生きていると答える。マルト・ロベール Marthe Robert（1964）が述べた「精神分析の革命」は，今なお進展している。そのことを示すために，私は本書『フロイトを読む』を，フロイトの思考および精神分析の活力を明らかにするような研究法として構想した。
　私はできる限り，フロイトがドイツ語でしたように，日常言語の言葉を用いた。そのせいで彼の思考の複雑さが減じたところは，全くない。私が重要に思うのは，彼の著作のどれかを読むことが，私たちに個人的に感銘を与える何かを語り掛けてもたらすように，フロイトのテクストと思考を，誰の手にも届くものにすることである。私たちの存在の核心に反響させることで，フロイトを読むことは自己探究のための出発点になることができる。
　その観点からすると，フロイトは，自己分析の過程で無意識を見出して以来自分が採った道程を進むように，私たちに勧めている。生涯を通して彼がしたのは，単に一つの発見ではなく，一つが他を導き出す，発見に次ぐ発見だった。それが，フロイトのテクストを年代順に読むことに，歴史的関心以上の意味がある理由である。それは，私たちが次第に内的な探究を進め，遂には私たち自身の道を見出すための案内として役立つことができる，探検の物語に関わっている。
　本書の終わりには，読者はおそらく，フロイトが私たちに発展の大きな可能性のある遺産を私たちに残しており，それらはフロイト以後の精神分析者たちの貢献によって活用されていることに気づくだろう。その潜在的可能性は使い尽くされた状態から程遠く，私たちに，私たちはこの財産をどうしたらよいのだろうか？と問い掛けている。それの答えは精神分析者によってさまざまであり，私たちの相続の仕方は，フロイトの死との関連で私たちが行なう喪の仕事による。或る者にとって遺産に忠実であることは，それがあるままに保持することを意味するが，例えばダニエル・キノドスが描いたように，「私の先祖から受け継いだ，食洗機には耐えない貴重な陶器のように，フロイトの貴重なテクストを安全なガラスケースに入れておく」（2002: 183-184）ことによって，それを凍結させる危険がある。他の者たちにとってフロイトに忠実であることは，遺産の一部を独り占めして，全体への害を顧みずに，孤立してそれを発展させることを意味する。それの危険は，精神分析者と同じ数の精神分析が存在するように，精神分析を分散させることである。
　時の経過とともに，今日私たちを待ち受ける障害物をどのように避けるべきだろうか。個人的には，フロイトの遺産を生き生きと保つ最も良い方法は，彼が私たちに残したものを通じて彼との対話を確立しつつ，その力動のすべてを伝えることだと思っている。私は『フロイトを読む』が読者にとって，フロイトと出会う機会となるばかりでなく，更に先に進み，彼自身の著作を通して彼と対話することへの招待ともなることを望んでいる。
　フロイトはもはや存在しない。それでも彼は，彼の著作を通じてばかりでなく，彼が私たちに伝承した

精神分析的治療を通して生き続けている。フロイトの著作を読むことと，精神分析を行なうことは，二つの別の過程である。後者でもやはり，フロイトと連続性がある一種の対話が確立されるが，それは分析者と被分析者の間の，転移・逆転移関係を通じてである。そしてそれは，また別の物語である。

補 遺

フロイト著作を年代順に読むセミナー

　序論で触れたように，私は 1988 年以来私のセミナーの 1 つに出席した以下の参加者に特に感謝を是非述べたい．

Adela ABELLA, Lolita ADLER, Anne-Sophie ARCHINARD, Viviane ARMAND-GERSON, Carole BACH, Jean-pierre BACHMANN, Nourrédine BEN BACHIR, Éric BIERENS DE HAAN, Tiziana BIMPAGE, Marie-Luce BISETTI, Christiane BLANCHARD, Olivier BONARD, Marielle BOUCHACOURT-GUSBERTI, Évelyne BRENAS, Sylvie BURNAND, Jean-Marc CHAUVIN, Michèle DE RHAM, Bérangeère DE SENARCLENS, Geneviève DEJUSSEL, Francis DELAITE, Marinella DESCLOUDS, Viviane DICHY, Marité GENOUD, Rino GENTA, Bernard GENTHIALON, Jacqueline GIRARD, Yvonne GITNACHT-KNABE, Françoise GOURMEL, Gilles GRESSOT, François GROSS, Céline GUR-GRESSOT, Franco GUSBERTI, José GUTIERREZ, Marie-Jeanne HAENNI, Rhéane HEMMELER, Manuela JACCARD-GOBBI, Nicolas JACOT-DES-COMBES, Marie-José JAUMAIN, Madeleine JOANES, Suzanna JOLIAT-DUBERG, Carole KAELIN, Dora KNAUER, Denise KOECHLIN, Bernard KRAUSS, Silvia KUEHNER-HELLMIGK, Alicia LIENGME, Luc MAGNENAT, Denise MATILE, Daniel NICOLLIER, Irène NIGOLIAN, Jérôme OTTINO (†), Berdj PAPAZIAN, Claire PAYOT, Anna-Maria PARISI-GASTALDI, Françoise PAYOT, Olga PEGANOVA, Ignacio PELEGRI, Maja PERRET-CATIPOVIC, Julia PREISWERK, Bernard REITH, Marion RIGHETTI, Nino RIZZO, Michel ROBERT, Anne-Lise ROD, Doriane RODITI-BUHLER, Marlyse ROHRBCH (†), Claire ROJAS, Andreas SAURER, Patricia SIMIONI, Joseph SNAKKERS, Benvenuto SOLCA, Branda STEINFELD-WALTHER-BUEL, Michel STEULET, Xavier VENTURA, Saskia VON OVERBECK-OTTINO, Christa VON SUSANI, Jean-Pierre WABER, Urs WALTHER-BUEL, Patricia WALTZ, Wolfgang WALZ, Nathalie ZILKHA, Stefan ZLOT.

文　献

Abraham, K. (1908) "The Psychosexual Differences between Hysteria and Dementia Praecox", trans. D. Bryan and A. Strachey, in Abraham, K., *Selected Papers on Psychoanalysis*, London: Karnac (1927; reprinted 1988).
—— (1911) "Notes on the Psycho-analytical Investigation and Treatment of Manic-depressive Insanity and Allied Conditions", trans. D. Bryan and A. Strachey, in Abraham, K., *Selected Papers on Psychoanalysis*, London: Karnac (1927; reprinted 1988).
—— (1924) "A Short Study of the Development of the Libido, Viewed in the Light of Mental Disorders", trans. D. Bryan and A. Strachey, in Abraham, K., *Selected Papers on Psychoanalysis*, London: Karnac (1927; reprinted 1988).
Andreassen, N. C. (1998) "Understanding Schizophrenia: A Silent Spring?", editorial, *American Journal of Psychiatry*, 155: 1657–1659.
Anzieu, D. (1959) *L'Auto-analyse de Freud*, Paris: Presses Universitaires de France; trans. P. Graham (1986) *Freud's Self-Analysis*, Madison, CT: International Universities Press and London: Hogarth Press and The Institute of Psycho-Analysis.
—— (1988a) Preface to Freud, S. (1901) *Sur les rêves*, Paris: Gallimard.
—— (1988b) *L'Auto-analyse de Freud et la decouverte de la psychanalyse*, Paris: Presses Universitaires de France.
Balint, M. (1952) *Primary Love and Psychoanalytic Technique*, London: Hogarth Press.
Bellemin-Noël, J. (1983) *Gradiva au pied de la lettre*, Paris: Presses Universitaires de France.
Bion, W. R. (1957) "Differentiation of the Psychotic from the Non-Psychotic Personalities", *International Journal of Psycho-Analysis*, 38, parts 3–4; also in Bion, W. R. (1967) *Second Thoughts*, London: Heinemann (reprinted London: Karnac, 1984).
—— (1959) "Attacks on Linking", *International Journal of Psycho-Analysis*, 40, parts 5–6; also in Bion, W. R. (1967) *Second Thoughts*, London: Heinemann (reprinted London: Karnac, 1984).
—— (1961) *Experiences in Groups and Other Papers*, London: Tavistock.
—— (1962) *Learning from Experience*, New York: Basic Books and London: Heinemann (reprinted London: Karnac, 1984).
—— (1967) *Second Thoughts*, London: Heinemann (reprinted London: Karnac, 1984).
Blacker, K. H. and Abraham, R. (1982) "The Rat Man Revisited: Comments on Maternal Influences", *International Journal of Psychoanalysis and Psychotherapy*, 9: 267–285.
Bleger, J. (1967) "Psychoanalysis of the Psycho-Analytic Frame", *International Journal of Psycho-Analysis*, 48: 511–519.
Bleuler, E. (1911) *Dementia Praecox oder die Gruppe der Schizophrenien*, trans. J. Zinkin (1950) *Dementia Praecox or the Group of Schizophrenias*, New York: International Universities Press.
Blum, H. P. (1976) "Masochism, the Ego Ideal, and the Psychology of Women", *Journal of the American Psychoanalytic Association*, 24 (5): 157–193.
Bonaparte, M. (1951) *La Sexualité de la femme*, Paris: Presses Universitaires de France; trans. J. Rodker (1953) *Female Sexuality*, New York: International Universities Press.
——, Freud, A. & Kris, E. (1956) Editor's note (note no. 5), in *La Naissance de la psychanalyse*, Paris: Presses Universitaires de France.
Bourguignon, A., Cotet, P., Laplanche, J. and Robert, F. (1989) *Traduire Freud*, Paris: Presses Universitaires de France.
Bowlby, J. (1969, 1973, 1980) *Attachment and Loss*, 3 vols, London: Hogarth Press and The Institute of Psycho-Analysis.
Braunschweig, D. (1991) "Fantasmes originaires et Surmoi: la phylogenèse", *Revue Française de Psychanalyse*, 55: 1251–1262.
Breen, D. (1993) *The Gender Conundrum: Contemporary Psychoanalytic Perspectives on Femininity and Masculinity*, London and New York: Routledge.
Breuer, J. and Freud, S. (1893) "On the Psychical Mechanism of Hysterical Phenomena: Preliminary Communication", in Freud, S. and Breuer, J. (1895d) *Studies on Hysteria, The Standard Edition of the Complete Psychological Works of Sigmund Freud*, vol. 2, London: Hogarth Press and The Institute of Psycho Analysis.
Britton, R. (2003) *Sex, Death, and the Superego: Experiences in Psychoanalysis*, London and New York: Karnac.
Canestri, J. (1990) "Quelques réponses", in Amati-Mehler, I, Argentieri, S., and Canestri, J., *La Babel de l'inconscient:*

Langue maternelle, langues étrangères et psychanalyse, Paris: Presses Universitaires de France; trans. J. Whitelaw-Cucco (1993) *The Babel of the Unconscious: Mother Tongue and Foreign Languages in the Psychoanalytic Dimension*, Madison, CT: International Universities Press.

Carson, R. L. (1962) *Silent Spring*, Boston, MA: Houghton Mifflin and Cambridge: Riverside Press.

Chasseguet-Smirgel, J. (1976) "Freud and Female Sexuality: The Consideration of Some Blind Spots in the Exploration of the 'Dark' Continent", *International Journal of Psycho-Analysis*, 57: 275–286.

——, Luquet-Parat, C, Grunberger, B., McDougall, J., Torok, M., and David, C. (1964) *Recherches psychanalytiques nouvelles sur la sexualité féminine*, Paris: Payot; *Female Sexuality: New Psychoanalytic Views*, London: Karnac Books (1991).

Cooper, S. H. (1998) "Counter-transference Disclosure and the Conceptualization of Analytic Technique", *Psychoanalytic Quarterly*, 67: 128–154.

Devereux, G. (1972) *Ethnopsychoanalysis: Psychoanalysis and Anthropology as Complementary Frames of Reference*, Berkeley, CA: University of California Press (2nd edn, 1978).

Diatkine, G. (1997) *Jacques Lacan*, Paris: Presses Universitaires de France.

Dolto, F. (1981) *La Foi au risque de lapsychanalyse (Dialogue avec G. Séverin)*, Paris: Seuil.

Dolto, F. & Severin, G. (1977–1978) *L'Evangile au risque de la psychanalyse*, Paris: J. P. Delarge; trans. Helen R. Lane as *The Jesus of Psychoanalysis: A Freudian Interpretation of the Gospel*, Garden City, NY: Doubleday.

Dor, J. (1985) *Introduction à la lecture de Lacan*, Paris: Denoël; ed. J. Feher-Gurewich, trans. S. Fairfield (1998) *Introduction to the Reading of Lacan: The Unconscious Structured Like a Language*, New York: Other Press and London: Karnac (reprinted 2004).

Duparc, F. (2001) "The Counter-transference Scene in France", *International Journal of Psycho-Analysis*, 82: 151–169.

Eissler, K. R. (1961) *Leonardo da Vinci: Psychoanalytic Notes on the Enigma*, New York: International Universities Press and London: Hogarth Press.

Erikson, E. H. (1950) *Childhood and Society*, New York: Norton and London: Imago (1951).

Etchegoyen, R. H. (1991) *The Fundamentals of Psychoanalytic Technique*, London and New York: Karnac.

European Psychoanalytical Federation (1986) *La Pulsion de mort: Symposium (Marseille, 1984)*, Paris: Presses Universitaires de France.

Fairbairn, R. D. (1956) "Considerations Arising out of the Schreber Case", *British Journal of Medical Psychology*, 19: 113–127.

Federn, P. (1943) "Psychoanalysis of Psychoses", in Federn, P. (1952) *Ego Psychology and the Psychoses*, New York: Basic Books and London: Imago.

Fenichel, O. (1941) *Problems of Psychoanalytic Technique*, trans. D. Brunswick, New York: Psychoanalytic Quarterly.

Ferenczi, S. (1909) "Introjection and Transference", in Ferenczi, S., ed. M. Balint, trans. E. Mosbacher and others (1955) *Final Contributions to the Problems and Methods of Psycho-Analysis*, London: Hogarth Press and The Institute of Psycho-Analysis (reprinted London: Mares field, 1980).

—— (1913) "Stages in the Development of the Sense of Reality", in *Selected Papers of Sandor Ferenczi, Vol. 1*, New York: Basic Books.

—— (1928) "The Problem of the Termination of the Analysis", in Ferenczi, S., ed. M. Balint, trans. E. Mosbacher and others (1955) *Final Contributions to the Problems and Methods of Psycho-Analysis*, London: Hogarth Press and The Institute of Psycho-Analysis (reprinted London: Mares field, 1980).

—— and Rank, O. (1924) *The Development of Psychoanalysis*, Madison, CT: International Universities Press (1986).

Ferro, A. (1996) *Nella stanza d'analisi: Emozioni, Racconto, Transformazioni*, Milan: Raffaello Cortina Editore; trans. P. Slotkin (2002) *In the Analyst's Consulting Room*, London and New York: Brunner Routledge.

Flanders, S. (1993) Introduction, in *The Dream Discourse Today*, London: Routledge.

Foulkes, S. H. (1964) *Therapeutic Group Analysis*, New York: International Universities Press.

Frankiel, R. V. (1991) "A Note on Freud's Inattention to the Negative Oedipal in Little Hans", *International Revue of Psycho-Analysis*, 18: 181–184.

Freeman, D. (1967) *"Totem and Taboo – a Reappraisal"*, in Münsterberger, W. (ed.) (1969) *Man and his Culture: Psychoanalytic Anthropology after " Totem and Taboo"*, London: Rapp & Whiting and New York: Taplinger.

Freud, A. (1923) "The Relation of Beating Fantasies to a Day-Dream", *International Journal of Psycho-Analysis*, 4: 89–102; also in Freud, A. (1966–1980) *The Writings of Anna Freud*, vol. 1, New York: International Universities Press.

—— (1927a) *Einführung in die Technik der Kinderanalyse*, Vienna: Internationaler Psychoanalytischer Verlag; translated as *Introduction to the Technique of Child Analysis*, New York: Nervous and Mental Disease Publishing (1928) and as Parts I and II of *The Psycho-Analytic Treatment of Children*, London: Imago (1946).

—— (1927b) "Preparation for Child Analysis", in Freud, A. (1966–1980) *The Writings of Anna Freud*, vol. 1, New York: International Universities Press.

—— (1936) *The Ego and the Mechanisms of Defence*, London: Hogarth Press (International Library of Psycho-Analysis); also in *The Writings of Anna Freud*, vol. 2, New York: International Universities Press.

—— (1965) *Normality and Pathology in Childhood: Assessments of Development*, New York: International Universities Press; also in *The Writings of Anna Freud*, vol. 6, New York: International Universities Press.

—— and Burlingham, D. (1943) *War and Children*, New York: International Universities Press.

Freud, Ernst (ed.) (1975) *The Letters of Sigmund Freud*, New York: Basic Books.
Freud, Sigmund (1887–1902) *Extracts from the Fliess Papers*, edited by Marie Bonaparte, Anna Freud and Ernst Kris, *S.E.* 1: 175–280.
—— Draft G, in *Extracts from the Fliess Papers*, *S.E.* 1: 200–206.
—— Draft H, in *Extracts from the Fliess Papers*, *S.E.* 1: 206–212.
—— Draft K, *in Extracts from the Fliess Papers*, *S.E.* 1: 220–229.
—— (1894a) "The Neuro-Psychoses of Defence", *G.W.* 1: 59–74; *S.E.* 3: 41–61.
—— (1895b [1894]) "On the Grounds for Detaching a Particular Syndrome from Neurasthenia under the Description 'Anxiety Neurosis' ", *G.W.* 1: 315–342; *S.E.* 3: 85–115.
—— (1895c [1894]) "Obsessions and Phobias: Their Psychical Mechanism and their Aetiology", *G.W.* 1: 345–353 (in French); *S.E.* 3: 69–82.
—— (1895h) *Mechanismus der Zwangsvorstellungen und Phobien*, *G.W. Nachtr.*: 352–359.
—— (1896b) "Further Remarks on the Neuro-Psychoses of Defence", *G.W.* 1: 379–403; *S.E.* 3: 157–185.
—— (1897b) "Abstracts of the Scientific Writings of Dr. Sigm. Freud 1877–1897", *G.W.* 1: 463–488; *S.E.* 3: 223–257.
—— (1898a) "Sexuality in the Aetiology of the Neuroses", *G.W.* 1: 491–516; *S.E.* 3: 259–285.
—— (1898b) "The Psychical Mechanism of Forgetfulness", *G.W.* 1: 519–529; *S.E.* 3: 287–297.
—— (1899a) "Screen Memories", *G.W.* 1: 531–554; *S.E.* 3: 299–322.
—— (1900a) *The Interpretation of Dreams*, *G.W.* 2–3; *S.E.* 4–5.
—— (1901a) *On Dreams*, *G.W.* 2–3: 643–700; *S.E.* 5: 633–686.
—— (1901b) *The Psychopathology of Everyday Life*, *G.W.* 4; *S.E.* 6.
—— (1904a) "Freud's Psycho-Analytic Procedure", *G.W.* 5: 3–10; *S.E.* 7: 247–254.
—— (1905a) "On Psychotherapy", *G.W.* 5: 13–26; *S.E.* 7: 255–268.
—— (1905c) *Jokes and their Relation to the Unconscious*, *G.W.* 6; *S.E.* 8.
—— (1905d) *Three Essays on the Theory of Sexuality*, *G.W.* 5: 29–145; *S.E.* 7: 123–243.
—— (1905e [1901]) "Fragment of an Analysis of a Case of Hysteria" (Dora), *G.W.* 5: 163–286; *S.E.* 7: 1–122.
—— (1907a) *Delusions and Dreams in Jensen's* "Gradiva", *G.W.* 7: 31–125; *S.E.* 9: 1–95.
—— (1907b) "Obsessive Actions and Religious Practices", *G.W.* 7: 129–139; *S.E.* 9: 115–127.
—— (1907c) "The Sexual Enlightenment of Children", *G.W.* 7: 19–27; *S.E.* 9: 129–139.
—— (1908b) "Character and Anal Erotism", *G.W.* 7: 203–209; *S.E.* 9: 167–175.
—— (1908c) "On the Sexual Theories of Children", *G.W.* 7: 171–188; *S.E.* 9: 205–226.
—— (1908d) " 'Civilized' Sexual Morality and Modern Nervous Illness", *G.W.* 7: 143–167; *S.E.* 9: 177–204.
—— (1909b) "Analysis of a Phobia in a Five-Year-Old Boy ('Little Hans')", *G.W.* 7: 243–377; *S.E.* 10: 1–147.
—— (1909d) "Notes upon a Case of Obsessional Neurosis", *G.W.* 7: 381–463; *S.E.* 10: 151–249.
—— (1910c) *Leonardo da Vinci and a Memory of his Childhood*, *G.W.* 8: 128–211; *S.E.* 11: 57–137.
—— (1910d) "The Future Prospects of Psycho-Analytic Therapy", *G.W.* 8: 104–115; *S.E.* 11: 139–151.
—— (1910h) "A Special Type of Choice of Object Made by Men (Contributions to the Psychology of Love I)", *G.W.* 8: 66–77; *S.E.* 11: 163–175.
—— (1910k) " 'Wild' Psycho-Analysis", *G.W.* 8: 118–125; *S.E.* 11: 219–227.
—— (1911b) "Formulations on the Two Principles of Mental Functioning", *G.W.* 8: 230–238; *S.E.* 12: 213–226.
—— (1911c) "Psycho-Analytic Notes on an Autobiographical Account of a Case of Paranoia (Dementia Paranoides)", *G.W.* 8: 240–316; *S.E.* 12: 1–79.
—— (1911d) "The Significance of Sequences of Vowels", *G.W.* 8: 348; *S.E.* 12: 341.
—— (191le) "The Handling of Dream-Interpretation in Psycho-Analysis", *G.W.* 8: 350–357; *S.E.* 12: 89–96.
—— (1912b) "The Dynamics of Transference", *G.W.* 8: 364–374; *S.E.* 12: 97–108.
—— (1912d) "On the Universal Tendency to Debasement in the Sphere of Love (Contributions to the Psychology of Love II), *G.W.* 8: 78–91; *S.E.* 11: 177–190.
—— (1912e) "Recommendations to Physicians Practising Psycho-Analysis", *G.W.* 8: 376–387; *S.E.* 12: 109–120.
—— (1912–1913) *Totem and Taboo: Some Points of Agreement between the Mental Lives of Savages and Neurotics*, *G.W.* 9; *S.E.* 13: 1–161.
—— (1913b) "Introduction to: Pfister's The Psycho-Analytic Method", *G.W.* 10: 448–50; *S.E.* 12: 327–331.
—— (1913c) "On Beginning the Treatment", *G.W.* 8: 454–478; *S.E.* 12: 121–144.
—— (1913i) "The Disposition to Obsessional Neurosis", *G.W.* 8: 442–452; *S.E.* 12: 311–326.
—— (1914b) "The Moses of Michelangelo", *G.W.* 10: 171–201; *S.E.* 13: 209–236.
—— (1914c) "On Narcissism: An Introduction", *G.W.* 10: 138–170; *S.E.* 14: 67–102.
—— (1914d) "On the History of the Psycho-Analytic Movement", *G.W.* 10: 44–113; *S.E.* 14: 1–66.
—— (1914g) "Remembering, Repeating and Working-Through", G.W. 10: 126–136; S.E. 12: 145–156.
—— (1915–1917) "Papers on Metapsychology", *G.W.* 10; *S.E.* 14: 105–259.
—— (1915a [1914]) "Observations on Transference-Love", *G.W.* 10: 306–321; *S.E.* 12: 159–171.
—— (1915b) "Thoughts for the Times on War and Death", *G.W.* 10: 324–355; *S.E.* 14: 273–300.
—— (1915c) "Instincts and their Vicissitudes", *G.W.* 10: 210–232; *S.E.* 14: 109–140.
—— (1915d) "Repression", *G.W.* 10: 248–261; *S.E.* 14: 141–158.
—— (1915e) "The Unconscious", *G.W.* 10: 264–303; S.E. 14: 159–215.
—— (1916–1917 [1915–1917]) Introductory Lectures on Psycho-Analysis, *G.W.* 11; *S.E.* 15–16.

——(1917c) "On Transformations of Instinct as Exemplified in Anal Erotism", *G.W.* 10: 402–410; *S.E.* 17: 125–133.
——(1917d) "A Metapsychological Supplement to the Theory of Dreams", *G.W.* 10: 421–426; *S.E.* 14: 217–235.
——(1917e [1915]) "Mourning and Melancholia", G.W. 10: 428–46; S.E. 14: 237–258.
——(1918b [1914]) "From the History of an Infantile Neurosis" (The "Wolf-Man"), *G.W.* 12: 29–157; *S.E.* 17: 1–122.
——(1919a) "Lines of Advance in Psycho-Analytic Therapy", *G.W.* 12: 183–194; *S.E.* 17: 157–168.
——(1919e) "A Child is Being Beaten (A Contribution to the Study of the Origin of Sexual Perversions)", *G.W.* 12: 197–226; *S.E.* 17: 175–204.
——(1919h) "The 'Uncanny' ", *G.W.* 12: 229–268; *S.E.* 17: 217–252.
——(1920a) "The Psychogenesis of a Case of Female Homosexuality", *G.W.* 12: 271–302; *S.E.* 18: 145–172.
——(1920g) Beyond the Pleasure Principle, *G.W.* 13: 3–69; *S.E.* 18: 1–64.
——(1921c) Group Psychology and the Analysis of the Ego, *G.W.* 13: 73–161; *S.E.* 18: 65–143.
——(1921e) Extract from a letter to Claparède, *S.E.* 11: 214–215.
——(1923a) "Two Encyclopaedia Articles", *G.W.* 13: 211–233; *S.E.* 18: 235–259.
——(1923b) The Ego and the Id, *G.W.* 13: 237–289; *S.E.* 19: 1–59.
——(1923e) "The Infantile Genital Organization: An Interpolation into the Theory of Sexuality", *G.W.* 13: 293–298; *S.E.* 19: 139–145.
——(1924b) "Neurosis and Psychosis", *G.W.* 13: 387–391; *S.E.* 19: 147–153.
——(1924c) "The Economic Problem of Masochism", *G.W.* 13: 371–383; *S.E.* 19: 155–170.
——(1924d) "The Dissolution of the Oedipus Complex", *G.W.* 13: 395–402; *S.E.* 19: 171–179.
——(1924e) "The Loss of Reality in Neurosis and Psychosis", *G.W.* 13: 363–368; *S.E.* 19: 181–187.
——(1925d [1924]) "An Autobiographical Study", *G.W.* 14: 33–96; *S.E.* 20: 1–70.
——(1925h) "Negation", *G.W.* 14: 11–15; *S.E.* 19: 233–239.
——(1925j) "Some Psychical Consequences of the Anatomical Distinction between the Sexes", *G.W.* 14: 19–30; *S.E.* 19: 241–258.
——(1926b) "Karl Abraham", *G.W.* 14: 564; *S.E.* 20: 277–278.
——(1926d [1925]) *Inhibitions, Symptoms and Anxiety*, *G.W.* 14: 1 13–205; *S.E.* 20: 75–174.
——(1926e) *The Question of Lay Analysis: Conversations with an Impartial Person*, *G.W.* 14: 209–286; *S.E.* 20: 177–250.
——(1927c) *The Future of an Illusion*, *G.W.* 14: 325–380; *S.E.* 21: 1–56.
——(1927d) "Humour", *G.W.* 14: 383–389; *S.E.* 21: 159–166.
——(1927e) "Fetishism", *G.W.* 14: 311–317; *S.E.* 21: 147–157.
——(1928a [1927]) "A Religious Experience", *G.W.* 14: 393–396; *S.E.* 21: 167–172.
——(1930a [1929]) *Civilization and its Discontents*, *G.W.* 14: 421–506; *S.E.* 21: 57–145.
——(1931b) "Female Sexuality", *G.W.* 14: 517–537; *S.E.* 21: 221–243.
——(1933a [1932]) *New Introductory Lectures on Psycho-Analysis*, *G.W.* 15: 6–197; *S.E.* 22: 1–182.
——(1933b [1932]) "Why War?", *G.W.* 16: 13–27; *S.E.* 22: 203–215.
——(1933c) "Sándor Ferenczi", *G.W.* 16: 267–269; *S.E.* 22: 225–229.
——(1936a) "A Disturbance of Memory on the Acropolis", *G.W.* 16: 250–257; *S.E.* 22: 237–248.
——(1937a) "Lou Andreas-Salomé", *G.W.* 16: 270; *S.E.* 23: 297–298.
——(1937c) "Analysis Terminable and Interminable", *G.W.* 16: 59–99; *S.E.* 23: 211–253.
——(1937d) "Constructions in Analysis", *G.W.* 16: 43–56; *S.E.* 23: 256–269.
——(1939a [1934–1938]) *Moses and Monotheism*, *G.W.* 16: 101–246; *S.E.* 23: 3–140.
——(1940a [1938]) *An Outline of Psycho-Analysis*, *G.W.* 17: 67–138; *S.E.* 23: 139–207.
——(1940e [1938]) "Splitting of the Ego in the Process of Defence", *G.W.* 17: 59–62; *S.E.* 23: 271–278.
——(1941f [1938]) "Findings, Ideas, Problems", *G.W.* 17: 151–152; *S.E.* 23: 299–300.
——(1942a [1905–1906]) "Psychopathic Characters on the Stage", *S.E.* 7: 303–310.
——(1950a [1887–1902]) *The Origins of Psycho-Analysis*, London: Imago and New York: Basic Books (1954) (partly, including "Project for a Scientific Psychology", in *S.E.* 1: 175).
——(1985a [1915]) "A Phylogenetic Fantasy: An Overview of the Transference Neuroses", edited and with an essay by I. Grubrich-Simitis; trans. A. Hoffer & P. T. Hoffer; Cambridge, MA: Harvard University Press.
——(1985c [1887–1904]) *The Complete Letters of Sigmund Freud to Wilhelm Fliess 1887–1904*, trans. and ed. J. Masson, London & Cambridge, MA: Harvard University Press.
——(1987c [1908–1938]) *Correspondance Sigmund Freud-Stefan Zweig*, trans. G. Hauer and D. Plassard, ed. H. U. Lindken, Paris: Rivages (1991).
——(1992 [1908–1938]) *The Freud-Binswanger Correspondence 1908–1938*, ed. G. Fichtner, trans. A. J. Pomerans and T. Roberts, New York: Other Press & London: Karnac (2003).
——and Abraham, K. (2003) *The Complete Correspondence of Sigmund Freud and Karl Abraham, 1907–1925*, ed. E. Falzeder, trans. C. Schwarzacher, C. Trollope and K. Majthenyi King, London: Karnac.
——and Andreas-Salomé, L. (1985) *Letters*, ed. E. Pfeiffer, trans. W. Robson-Scott & E. Robson-Scott, London and New York: Norton.
——and Breuer, J. (1893a [1892]) "On the Psychical Mechanism of Hysterical Phenomena: Preliminary Communication", *G.W.* 1: 83–98; *S.E.* 2: 1–17.
——and Breuer, J. (1895d) *Studies on Hysteria*, *G.W.* 1: 77–312; *S.E.* 2: 1–309.

—— and Ferenczi, S. (1992) *The Correspondence of Sigmund Freud and Sandor Ferenczi, Volume 1: 1908–1914,* ed. E. Brabant, E. Falzeder and P. Giampieri-Deutsch, trans. P. Hoffer, London & Cambridge, MA: Harvard University Press.

—— and Jones, E. (1993) *The Complete Correspondence of Sigmund Freud and Ernest Jones, 1908–1939,* ed. R. A. Paskauskas, London & Cambridge, MA: Harvard University Press.

—— and Pfister, O. (1963a) *Psychoanalysis and Faith: The Letters of Sigmund Freud and Oskar Pfister,* ed. H. Meng & E. L. Freud, trans. E. Mosbacher, New York: Basic Books.

—— and Zweig, A. (1970) *The Letters of Sigmund Freud and Arnold Zweig,* ed. E. Freud, trans. E. Robson Scott & W. Robson-Scott, New York: Harcourt Brace Jovanovich.

Gabbard, G. O. and Lester, E. (1995) *Boundaries and Boundary Violations in Psychoanalysis,* New York: Basic Books.

Gardiner, M. (ed.) (1971) *The Wolf Man and Sigmund Freud,* New York: Basic Books and London: Hogarth Press (reprinted London: Karnac, 1989).

—— (1983) "The Wolf Man's Last Years", *Journal of the American Psychoanalytic Association,* 31: 867–897.

Gay, P. (1988) *Freud: A Life for our Time,* London: Dent.

Geissmann, C. and Geissmann, P. (1992) *Histoire de la psychanalyse de l'enfant,* Paris: Bayard; *A History of Child Psychoanalysis,* London: Routledge (1967).

Gibeault, A. (2000) "In Response to Otto F. Kernberg's Psychoanalysis, Psychoanalytic Psychotherapy and Supportive Psychotherapy: Contemporary Controversies", *International Journal of Psycho-Analysis,* 81: 379–383.

Glover, E. (1955) *The Technique of Psycho-Analysis,* New York: International Universities Press and London: Bailliere, Tindall & Cox.

Graf, H. (1972) "Memoirs of an Invisible Man: A Dialogue with Francis Rizzo", *Opera News,* 5 February: 25–28; 12 February: 26–29; 19 February: 26–29; 26 February: 26–29.

Green, A. (1972) "De l' 'Esquisse' à L'interprétation des rêves': coupure et clôture", *Nouvelle Revue de Psychanalyse,* 5: 155–180.

—— (1973) *Le Discours vivant,* Paris: Presses Universitaires de France; trans. A. Sheridan (1999) *The Fabric of Affect in the Psychoanalytic Discourse,* London: Brunner-Routledge.

—— (1983) *Narcissisme de vie et narcissisme de mort,* Paris: Minuit; trans. A. Welle (2001) *Life Narcissism, Death Narcissism,* London: Free Association Books.

—— (1986) "Pulsion de mort, narcissisme négatif et fonction désobjectalisante", in *La pulsion de mort,* Premier Symposium de la Fédération Européenne de Psychanalyse, Paris: Presses Universitaires de France.

—— (1992) "La Psychanalyse et la science", *Médecine et Hygiène,* 50: 2350–2377.

Greenson, R. R. (1967) *The Technique and Practice of Psychoanalysis,* London: Hogarth Press.

Grinberg, L. (1962) "On a Specific Aspect of Countertransference due to the Patient's Projective Identification", *International Journal of Psycho-Analysis,* 43: 436–440.

—— and Grinberg, R. (1986) *Psychoanalytic Perspectives on Migration and Exile,* trans. N. Festinger, New Haven, CT: Yale University Press.

——, Sor, D. and Bianchedi, E. de (1973) *New Introduction to the Work of W. R. Bion,* New York: Jason Aronson.

Groddeck, G. W. (1921) *Le Chercheur d'âme (The Soul Seeker),* Paris: Gallimard (1982).

—— (1923) *Das Buch vom Es,* Vienna: Psychoanalytischer Verlag; trans. V. M. E. Collins (1946) *The Book of the It,* New York: International Universities Press; (1976) London: Vision Press.

Grosskurth, P. (1986) *Melanie Klein: Her World and her Work,* London: Hodder & Stoughton (reprinted Mares field Library, London: Karnac, 1987); New York: Alfred A. Knopf.

Grubrich-Simitis, I. (1985) *Zurück zu Freud's Texten*; trans. P. Slotkin (1996) *Back to Freud's Texts,* New Haven, CT: Yale University Press.

Grunberger, B. (1971) *Le Narcissisme,* Paris: Payot; trans. J. S. Diamanti (1979) *Narcissism: Psychoanalytic Essays,* New York: International Universities Press.

Hanly, C. (1986) "Book Review of *The Assault on Truth: Freud's Suppression of the Seduction Theory*, by Jeffrey M. Masson, 1984", *International Journal of Psycho-Analysis,* 67: 517–519.

Hartmann, H. (1939) *Ego Psychology and the Problem of Adaptation,* trans. D. Rapaport (1958) New York: International Universities Press.

——, Kris, E. and Loewenstein, R. M. (1969) "Some Psychoanalytic Comments on 'Culture and Personality' ", in Münsterberger, W. (ed.) (1969) *Man and his Culture: Psychoanalytic Anthropology after "Totem and Taboo",* London: Rapp & Whiting and New York: Taplinger.

Hawelka, E. R. (1974) "Introduction" and "commentaire", in *L'Homme aux rats: Journal d'une analyse,* Paris: Presses Universitaires de France.

Haynal, A. (1986) *La Technique en question: Controverses en psychanalyse,* Paris: Payot; trans. E. Holder (1988) *The Technique at Issue: Controverses in Psychoanalysis from Freud and Ferenczi to Michael Balint,* London: Karnac.

—— (2001) *Un Psychanalyste pas comme un autre: La renaissance de Sándor Ferenczi,* Neuchatel and Paris: Delachaux et Niestlé.

—— and Falzeder, E. (2002) Introduction, in *The Complete Correspondence of Sigmund Freud and Karl Abraham, 1907–1925,* London and New York: Karnac.

Heimann, P. (1950) "On Counter-Transference", *International Journal of Psycho-Analysis,* 3: 8–17.

Hinshelwood, R. D. (1989) *A Dictionary of Kleinian Thought,* London: Free Association Books.

—— (2002) Introduction to the French edition of *A Dictionary of Kleinian Thought (Dictionnaire de la pensée kleinienne,* Paris: Presses Universitaires de France).
Hirschmüller, A. (1978) *The Life and Work of Josef Breuer,* New York: New York University Press.
Horney, K. (1922) *Feminine Psychology,* London: Routledge and New York: Norton.
Hug-Hellmuth, H. (1912a) "Analyse eines Traumes eines Fünfeinhalbjährigen", *Zentralbl Psychoanal und Psychother.,* 2/3: 122–127, trans. G. MacLean, in *Psychiat. J Univ. Ottawa,* 11/1 (1986): 1–5.
—— (1921) "On the Technique of Child Analysis", *International Journal of Psycho-Analysis,* 2: 287–305.
Isaacs, S. (1948) "The Nature and Function of Phantasy", *International Journal of Psycho-Analysis,* 29: 73–97; also in Klein, M., Heimann, P., Isaacs, S. and Riviere, J. (eds) (1952) *Developments in Psycho-Analysis,* London: Hogarth Press and The Institute of Psycho-Analysis.
Israëls, H. (1981) *Schreber: Father and Son,* trans. H. S. Lake, New York: International Universities Press.
Jackson, M. and Williams, P. (1994) *Unimaginable Storms: A Search for Meaning in Psychosis,* London: Karnac.
Jeanneau, A. (1990) *Les Délires non psychotiques,* Paris: Presses Universitaires de France.
Jones, E. (1916) "The Theory of Symbolism", British Journal of Psychology, 9: 181–229; also in Jones, E. (1948) *Papers on Psycho-Analysis,* London: Baillière, Tindall and Cox (reprinted London: Karnac, 1977).
—— (1927) "The Early Development of Female Sexuality", *International Journal of Psycho-Analysis,* 8: 459–472.
—— (1935) "Early Female Sexuality", *International Journal of Psycho-Analysis,* 16: 263–273.
—— (1953–1957) *The Life and Work of Sigmund Freud,* 3 vols, London: Hogarth Press and New York: Basic Books.
—— (1959) *Free Associations: Memories of a Psychoanalyst,* New York: Basic Books.
Joseph, B. (1985) "Transference: A Total Situation", *International Journal of Psycho-Analysis,* 66: 447–454.
Jung, C. G. (1902) "On the Psychology and Pathology of So-Called Occult Phenomena", trans. M. D. Eder, in Long, C. (ed.) (1916) *Collected Papers on Analytical Psychology,* New York: Moffat, Yard and London: Baillière, Tindall & Cox.
—— (1906) *Über die Psychologie der Dementia praecox : Ein Versuch,* Halle : Marhold; trans. F. W. Peterson and A. A. Brill (1909) "The Psychology of Dementia Praecox", *Journal of Nervous and Mental Disease,* Monograph Series, no. 2; also in Read, H., Fordham, M., and Adler, G. (eds) trans. F. C. Hull and others (1953–1992) *The Collected Works of C. G. Jung,* vol. 3, Princeton, NJ: Princeton University Press.
—— (1911–1912) *Symbols of Transformation,* in Read, H., Fordham, M., and Adler, G. (eds) trans. F. C. Hull and others (1953–1992) *The Collected Works of C. G. Jung,* vol. 5, Princeton: Princeton University Press.
—— (1913) *Wandlungen und Symbole der Libido: Beiträge zur Entwicklungsgeschichte des Denkens,* Leipzig: Franz Deuticke; trans. B. M. Hinke, *Psychology of the Unconscious: A Study of the Transformations and Symbolisms of the Libido,* New York: Moffat, Yard (1916).
—— (1921) *Psychological Types, or, The Psychology of Individuation,* trans. H. Godwin Baynes, New York: Harcourt Brace (1923).
Kardiner, A. and Linton, R. (1939) *The Individual and his Society,* New York: Columbia University Press.
Kernberg, O. (1975) *Borderline Conditions and Pathological Narcissism,* New York: Jason Aronson.
King, P. and Steiner, R. (1991) *The Freud–Klein Controversial Discussions 1941–1945,* London: Brunner Routledge (New Library of Psychoanalysis).
Klein, M. (1921) "The Development of a Child", in Klein, M. (1975) *The Writings of Melanie Klein,* vol. 1, London: Hogarth Press (reprinted London: Karnac, 1992).
—— (1928) "Early Stages of the Oedipus Conflict", in Klein, M. (1975) *The Writings of Melanie Klein,* vol. 1, London: Hogarth Press (reprinted London: Karnac, 1992).
—— (1930) "The Importance of Symbol-Formation in the Development of the Ego", in Klein, M. (1975) *The Writings of Melanie Klein,* vol. 1 , London: Hogarth Press (reprinted London: Karnac, 1992).
—— (1932) *The Psycho-Analysis of Children,* in Klein, M. (1975) *The Writings of Melanie Klein,* vol. 2, London: Hogarth Press (1986).
—— (1935) "A Contribution to the Psychogenesis of Manic-Depressive States", in Klein, M. (1975) *The Writings of Melanie Klein,* vol. 1 , London: Hogarth Press (reprinted London: Karnac, 1992).
—— (1940) "Mourning and its Relation to Manic-Depressive States", in Klein, M. (1975) *The Writings of Melanie Klein,* vol. 1, London: Hogarth Press (reprinted London: Karnac, 1992).
—— (1946) "Notes on Some Schizoid Mechanisms", in Klein, M. (1975) *The Writings of Melanie Klein,* vol. 3, London: Hogarth Press (reprinted London: Karnac, 1993).
—— (1957) *Envy and Gratitude and Other Works,* in Klein, M. (1975) *The Writings of Melanie Klein,* vol. 3, London: Hogarth Press (reprinted London: Karnac, 1993).
Kohut, H. (1971) *The Analysis of the Self,* New York: International Universities Press.
Kris, E. (1956) "The Recovery of Childhood Memories in Psycho-analysis", *Psychoanalytic Study of the Child,* 11: 54–88.
Kroeber, A. L. (1920) "Totem and Taboo: An Ethnologic Psychoanalysis", *American Anthropologist,* 22(1): 48–55.
Lacan, J. (1949) "Le stade du miroir comme formateur de la fonction de Je", in *Ecrits,* Paris: Seuil (1966), pp. 93–100; trans. A. Sheridan (1977) "The Mirror Stage as Formative of the Function of the I as Revealed in Psychoanalytic Theory", in *Écrits – A Selection,* London: Tavistock and New York: Norton. Also in *Écrits – A Selection,* new translation by B. Fink in collaboration with H. Fink and R. Grigg, New York and London: Norton (2004).
—— (1953) "Fonction et champ de la parole et du langage en psychanalyse", in *Ecrits,* Paris: Seuil (1966), pp. 237–322; "The Language of the Self, the Function of Language in Psychoanalysis", Baltimore, MD: Johns Hopkins University

Press (1968).
—— (1955) "La Chose freudienne, ou Sens du retour a Freud en psychanalyse", in *Ecrits*, Paris: Seuil (1966), pp. 406–436; trans. A. Sheridan (1977) "The Freudian Thing or the Meaning of the Return to Freud in Psychoanalysis", in *Écrits – A Selection*, London: Tavistock and New York: Norton. Also in *Écrits – A Selection*, new translation by B. Fink in collaboration with H. Fink and R. Grigg, New York and London: Norton (2004).
—— (1957) "L'instance de la lettre dans l'inconscient ou la raison depuis Freud", in *Ecrits*, Paris: Seuil (1966), pp. 493–528; trans. A. Sheridan (1977) "The Instance of the Letter in the Unconscious", in *Écrits – A Selection*, London: Tavistock and New York: Norton. Also in *Écrits – A Selection*, new translation by B. Fink in collaboration with H. Fink and R. Grigg, New York and London: Norton (2004).
—— (1981) *Le Séminaire, livre III Les psychoses (1955–1956)* Paris: Seuil; ed. J-A. Miller, trans. R. Grigg (1993) *The Seminar Book III: The Psychoses (1955–1956),* New York and London: Norton.
Ladame, F. (1991) "L'Adolescence, entre rêve et action", *Revue Française de Psychanalyse,* 55: 1493–1542.
Lansky, M. R. (1992) *Essential Papers on Dreams,* New York and London: New York University Press.
Laplanche, J. (1980) *Problématique I. L'angoisse,* Paris: Presses Universitaires de France.
—— (1987) "La Séduction généralisée aux fondements de la théorie et à l'horizon de la pratique psych analytique", Conference in Geneva, 9 May 1987 (report written by J-M. Quinodoz, *Bulletin de la Société Suisse de Psychanayse,* 24: 98–99).
—— and Pontalis, J. B. (1967) *Vocabulaire de la psychanalyse,* Paris: Presses Universitaires de France; trans. D. Nicholson-Smith (1973) *The Language of Psychoanalysis* (with an editorial preface by M. Masud Khan and an introduction by D. Lagache), London: Hogarth Press (reprinted London: Karnac, 1988).
Lax, R. (1992) "A Variation on Freud's Theme in 'A Child is Being Beaten' – Mother's Role: Some Implication for Superego Development in Women", *Journal of the American Psychoanalytic Association,* 40: 455–473.
Le Bon, G. (1895) *Psychologie des foules,* 28th edn, Paris: Alcan; *The Crowd: A Study of the Popular Mind,* New York: Macmillan (1896); Viking Press (1960) (2nd edn, Dunwoody, GA: Norman S. Berg).
Lipps, T. (1898) *Komik und Humor: Eine psychologish-ästetische Untersuchung,* Hamburg: L. Voss.
Lipton, S. D. (1977) "The Advantage of Freud's Technique as Shown in his Analysis of the Rat Man", *International Journal of Psycho-Analysis,* 58: 255–273.
Little, M. (1951) "Counter-transference and the Patient's Response to it", *International Journal of Psycho-Analysis,* 32: 32–40; also in Little, M. (1986) *Transference Neurosis and Transference Psychosis: Toward Basic Unity,* London: Free Association Books and Mares field Library.
Lothane, Z. (1992) *In Defense of Schreber: Soul Murder and Psychiatry,* Hillsdale, NJ and London: Analytic Press.
Luquet, P. (1985) Introduction to the series "Le fait psychanalytique", Paris: Presses Universitaires de France.
Macalpine, I. and Hunter, R. A. (1955) (translated, edited, with introduction, notes and discussion) *Daniel Paul Schreber: Memoirs of my Nervous Illness,* London: Dawson & Sons.
McDougall, W. (1921) *The Group Mind: A Sketch of the Principles of Collective Psychology with Some Attempt to Apply Them to the Interpretation of National Life and Character,* New York and London: Cambridge University Press.
Mack Brunswick, R. (1928a) "The Analysis of a Case of Paranoia. Delusion and Jealousy", *Journal of Nervous and Mental Disease,* 70: 1–22, 155–178.
—— (1928b) "A Supplement to Freud's 'History of an Infantile Neurosis'", in Gardiner, M. (ed.) (1971) *The Wolf-Man and Sigmund Freud,* New York: Basic Books and London: Hogarth Press (1972) (reprinted London: Karnac, 1989).
Mahler, M., Pine, F. and Bergman, A. (1975) *The Psychological Birth of the Human Infant,* New York: Cambridge University Press.
Mahony, P. (1986) *Freud and the Rat Man,* New Haven, CT and London: Yale University Press.
—— (1993) "The Dictator and his Cure", *International Journal of Psycho-Analysis,* 74: 1245–1251.
—— (2002) "Remarques sur un cas de névrose obsessionnelle", in Mijolla, A. de (ed.) *Dictionnaire International de la Psychanalyse,* Paris: Calmann-Levy.
Manzano, J. (1989) "La Séparation et la perte d'objet chez l'enfant", *Revue Française de Psychanalyse,* 53: 241–272.
Masson, J. M. (1984) *The Assault on Truth: Freud's Suppression of the Seduction Theory,* New York: Farrar, Strauss, and Giroux.
Masters, W. and Johnson, V. (1966) *Human Sexual Response,* Boston, MA: Little, Brown.
Meissner, S. J. and Meissner, W. W. (1984) *Psychoanalysis and Religious Experience,* New Haven, CT: Yale University Press.
—— (2002) "Religion and Psychoanalysis", in Edward, E. (ed.) *The Freud Encyclopaedia: Theory, Therapy, and Culture,* London and New York: Routledge.
Messier, D. (1988) "Notice terminologique du traducteur" [Translator's note on terminology], in Freud, S., *Le Mot d'esprit et ses rapports avec l'inconscient,* Paris: Gallimard, pp. 413–424.
Meyer-Palmedo, I. and Fichtner, G. (1989) *Freud-Bibliographie mit Werkkonkordanz,* Frankfurt: S. Fischer Verlag.
Mijolla, A. de (ed.) (2002) *Dictionnaire de la psychanalyse,* Paris: Calmann-Lévy.
Miller, J-A. (2003) "L'Avenir de la psychanalyse: Débat entre Daniel Widlöcher et Jacques-Alain Miller", *Psychiatrie, Sciences humaines, Neuro-sciences,* 1(1): 10–18.
Mitchell, J. (1972) *Psychoanalysis and Feminism,* Hardsmondsworth: Penguin.

Münsterberger, W. (ed.) (1969) *Man and his Culture: Psychoanalytic Anthropology after* "Totem and Taboo", London: Rapp & Whiting and New York: Taplinger.

Neyraut, M. (1974) *Le Transfert,* Paris: Presses Universitaires de France.

Niederland, W. G. (1963) "Further Data and Memorabilia Pertaining to the Schreber Case", *International Journal of Psycho-Analysis,* 44: 208–212.

Obholzer, K. and Pankejeff, S. (1982) *The Wolf-Man: Conversations with Freud's Patient – Sixty Years Later,* New York: Continuum and London: Routledge.

Ophuijsen, J. H. W. van (1917) "Beiträge zum Männlichkeitskomplex der Frau", *Internationale Zeitschrift für ärztliche Psychoanalyse,* 4: 241; translated as "Contributions to the Masculinity Complex in Women", *International Journal of Psycho-Analysis,* 5 (1924): 39.

Oraison, M. (1950) *Vie chrétienne et problème de la sexualité,* Paris: Fayard (1970).

Palacio Espasa, F. (2003) *Dépression de vie, dépression de mort,* Toulouse: Erès.

Parin, P. and Morgenthaler, F. (1969) "Character Analysis Based on the Behaviour Patterns of 'Primitive' Africans", in Münsterberger, W (ed.) (1969) *Man and his Culture: Psychoanalytic Anthropology after* "Totem and Taboo", London: Rapp & Whiting and New York: Taplinger.

Perelberg, R. I (ed.) (2000) *Dreaming and Thinking,* London: Karnac Books and The Institute of Psycho Analysis.

—— (2002) "Féminisme et psychanalyse", in Mijolla, A. de (ed.) *Dictionnaire de la psychanalyse,* Paris: Calmann-Levy.

Pfister, O. (1928) "Die Illusion einer Zukunft: eine freundschaftliche Auseinandersetzung mit Prof. Freud", Imago: *Zeitschrift für Anwendung der Psychoanalyse auf die Geiseswissenschaften,* vol. XIV (2/3), Vienna: International Psychoanalytischer Verlag.

Plath, Sylvia. (1982) *The Journals of Sylvia Plath,* ed. Ted Hughes and Frances McCullough, New York: Ballantine.

Pragier, G. and Faure-Pragier, S. (1990) "Un siècle après *l'Esquisse:* nouvelles métaphores? Métaphores du nouveau?", *Revue Française de Psychanalyse,* 54: 1395–1529.

Quinodoz, D. (1994) *Le Vertige: entre angoisse et plaisir,* Paris: Presses Universitaires de France; trans. A. Pomerans (1997) *Emotional Vertigo: Between Anxiety and Pleasure,* London: Brunner-Routledge.

—— (1999) "Deux grands méconnus: les parents adoptifs d'Œdipe. Du dédoublement des imagos parentales au dédoublement des affects", *Revue Française de Psychanalyse,* 63: 103–122; "The Oedipus complex revisited: Oedipus abandoned, Oedipus adopted." *International Journal of Psycho-Analysis,* 80: 15–30.

—— (2001) "The Psychoanalyst of the Future: Wise Enough to Dare to Be Mad at Times", *International Journal of Psycho-Analysis,* 82: 235–248.

—— (2002) *Des mots qui touchent: Une psychanalyste apprend à parler,* Paris : Presses Universitaires de France; trans. P. Slotkin (2003) *Words that Touch: A Psychoanalyst Learns to Speak,* London: Karnac.

Quinodoz, J-M. (1989) "Female Homosexual Patients in Psychoanalysis", *International Journal of Psycho Analysis,* 70: 57–63.

—— (1991) *La Solitude apprivoisee: L'angoisse de separation en psychanalyse,* Paris: Presses Universitaires de France; trans. P. Slotkin (1993) *The Taming of Solitude: Separation Anxiety in Psychoanalysis,* London and New York: Routledge.

—— (1997a) "Transitions in Psychic Structures in the Light of Deterministic Chaos Theory", *International Journal of Psycho-Analysis,* 78: 699–718.

—— (1997b) " 'A Child is Being Beaten': A Seminar with Candidates from the Perspective of Contemporary Psychoanalysis", in *On Freud's "A Child is Being Beaten",* International Psychoanalytical Association Monograph no. 5, ed. E. Spector Person, New Haven, CT and London: Yale University Press, pp. 112–132.

—— (2000) "Mélancolie maniaque: quelle issue?" *Revue Française de Psychanalyse,* 64: 1825–1835.

—— (2001) *Les Rêves qui tournent une page,* Paris: Presses Universitaires de France; trans. P. Slotkin (2002) *Dreams that Turn Over a Page: Paradoxical Dreams in Psychoanalysis,* London: Brunner-Routledge.

—— (2002) "L'identification projective: qu'en pensent les psychanalystes de langue française?" *Bulletin de la Fédération Européenne de Psychanayse,* 56: 148–156; "Projective Identification: What do French-Speaking Psychoanalysts Think?", EPF Bulletin, 56.

Racamier, P. C. and Chasseguet-Smirgel, J. (1966) "La Révision du cas Schreber", *Revue Française de Psychanalyse,* 30: 3–26.

Racker, H. (1953) "A Contribution to the Problem of Counter-transference", *International Journal of Psycho Analysis,* 34: 313–324.

Rank, O. (1909) *The Myth of the Birth of the Hero: A Psychological Exploration of Myth,* 2nd edn (1922) trans. G. C. Richter and E. J. Lieberman, Baltimore, MD: Johns Hopkins University Press (2004).

—— (1924) *The Trauma of Birth,* London: K. Paul, Trench & Trubner (1929), New York: Brunner (1952).

Rice, E. (1990) *Freud and Moses: The Long Journey Home,* Albany, NY: State University of New York Press.

—— (2002) "Religion and Psychoanalysis", in Edward, E. (ed.) *The Freud Encyclopedia: Theory Therapy and Culture,* London and New York: Routledge.

Ricoeur, P. (1965) *De l'interprétation: Essai sur Freud,* Paris: Seuil; trans. D. Savage (1970) *Freud and Philosophy: An Essay on Interpretation,* New Haven, CT: Yale University Press.

Riesenberg Malcolm, R. (1988) "The Mirror: A Perverse Sexual Phantasy in a Woman Seen as a Defence against a Psychotic Breakdown", in E. B. Spillius (ed.) *Melanie Klein Today,* London and New York: Routledge.

Robert, M. (1964) *La Révolution psychanalytique,* 2 vols, Paris: Payot; trans. K. Morgan (1966) *The Psycho analytic*

Revolution: Sigmund Freud's Life and Achievement, New York: Harcourt and London: George Allen & Unwin.
Robbins, T, Cotran, R. S., and Kumar, V. (1974) *Pathologic Basis of Disease,* 6th edn, Philadelphia, PA: Saunders (1999).
Rodrigué, E. (1996) *Sigmund Freud: o século da psicanálise 1895–1995,* São Paulo: Escuta.
Roheim, G. (1950) *Psychoanalysis and Anthropology: Culture, Personality and the Unconscious,* New York: International Universities Press.
Roiphe, J. (1995) "The Conceptualisation and Communication of Clinical Facts", *International Journal of Psycho-Analysis,* 76: 1179–1190.
Rosenfeld, H. (1965) *Psychotic States: A Psychoanalytical Approach,* London: Hogarth Press and New York: International Universities Press (reprinted London: Karnac, 1982).
—— (1971) "A Clinical Approach to the Psychoanalytic Theory of Life and Death Instincts: An Investigation into the Aggressive Aspects of Narcissism", *International Journal of Psycho-Analysis,* 52: 169–178; reprinted in E. B. Spillius (ed.) (1988) *Melanie Klein Today,* vol. 1, London: Routledge.
Roudinesco, E. and Plon, M. (1997) *Dictionnaire de la psychanalyse,* Paris: Fayard.
Sandler, A. M. (1996) "The Psychoanalytic Legacy of Anna Freud", *The Psychoanalytic Study of the Child,* 51: 11–22.
Sandler, J. (ed.) (1991) *On Freud's "Analysis Terminable and Interminable",* Newhaven, CT and London: Yale University Press (International Psychoanalysis Library).
Schaeffer, J. (1986) "Le Rubis a horreur du rouge: Relation et contre-investissement hystérique", *Revue Française de Psychanalyse,* 50: 923–944.
Schäppi, R. (2002) *La Femme est lepropre de l'homme,* Paris: Odile Jacob.
Schapiro, M. (1956) "Leonardo and Freud", in Schapiro, M., *Theory and Philosophy of Art: Style, Artist and Society,* New York: George Braziller (1994).
Schmidt, W. (1929) "Der Oedipus-K der freudschen Psychoanalyse und die Ehegestaltung des Bolschevismus: Eine kritische Prüfung ihre ethnologischen Grundlagen", *Nationalwirtschaft,* 2: 401–436.
Schreber, D. (1903) *Memoirs of my Nervous Illness,* trans, and ed. R. Macalpine and I. A. Hunter, London: Dawson & Sons (1955); Cambridge, MA: Harvard University Press (1988).
Schur, M. (1972) *Freud: Living and Dying,* New York: International Universities Press.
Segal, H. (1957) "Notes On Symbol Formation", *International Journal of Psycho-Analysis,* 38: 391–397; reprinted in Segal, H. (1981) *The Work of Hanna Segal* (with a postscript, 1980) New York: Jason Aronson.
—— (1964) *Introduction to the Work of Melanie Klein,* London: Hogarth Press (reprinted London: Karnac, 1988).
—— (1979) *Melanie Klein,* Glasgow: Fontana/Collins and New York: Viking Press.
—— (1986) "De l'utilité clinique du concept de pulsion de mort", in *La pulsion de mort,* Premier Symposium de la Fédération Européenne de Psychanalyse, Paris: Presses Universitaires de France.
—— (1987) "Silence is the Real Crime", *International Review of Psycho-Analysis,* 14: 3–12; reprinted in Segal, H. (1997) *Psychoanalysis, Literature and War,* London: Routledge.
—— (1991) *Dream, Phantasy and Art,* London: Routledge (New Library of Psychoanalysis).
—— (1995a) "Comments on Ruth Riesenberg Malcolm's paper", UCL Conference on Projective Identification, London, October 1995 (unpublished).
—— (1995b) "Hiroshima, the Gulf War and After", in Elliot, A. and Frosch, S. (eds) *Psychoanalysis in Contexts: Paths between Theory and Modern Culture,* London: Routledge.
—— (2002) "Not Learning from Experience: Hiroshima, the Gulf War and 11 September", *International Psychoanalysis,* 11(1): 33–35; http://eseries.ipa.org.uk/prev/newsletter/newsletters.htm (consulted 2 October 2004).
Sellin, E. (1922) *Mose und seine Bedeutung für die israelitisch-jüdische Religionsgeschichte,* Leipzig.
Sharpe, E. F. (1937) *Dream Analysis,* London: Hogarth (1978).
Sherfey, M. J. (1966) "The Evolution and Nature of Female Sexuality in Relation to Psychoanalytic Theory", *Journal of the American Psychoanalytic Association,* 14: 28–128.
Silverman, M. (1980) "A Fresh Look at the Case of Little Hans", in Kanzer, M. and Glenn, J. (eds) *Freud and his Patients,* New York: Jason Aronson.
Solms, M. and Kaplan-Solms, K. (2000) *Clinical Studies in Neuro-Psychoanalysis: An Introduction to Depth Neuropsychology,* New York: Other Press and London: Karnac.
Spitz, R. A. (1957) *No and Yes: On the Genesis of Human Communication,* New York: International Universities Press.
—— (1965) *The First Year of Life: A Psychoanalytic Study of Normal and Deviant Development of Object Relations,* New York: International Universities Press.
Steiner, R. (2002) "Ernest Jones (1879–1958)", in Mijolla, A. de (ed.) *Dictionnaire international de la psychanalyse,* Paris: Calmann-Levy.
Stoller, R. J. (1968) *Sex and Gender,* New York: Science House (2nd edn, New York: Jason Aronson, 1974).
Strachey, J. (1957) Editor's introduction to "Mourning and Melancholia", *Standard Edition,* 14: 239–242.
—— (1959) Editor's introduction to "Inhibitions, Symptoms and Anxiety", *Standard Edition,* 20: 77–86.
Sullivan, H. S. (1944–1945) *The Psychiatric Interview,* New York: Norton (1954).
Taylor, E. (2002) "Jung, Carl Gustav (1875–1961)", in Edward, E. (ed.) *The Freud Encyclopedia: Theory, Therapy, and Culture,* London and New York: Routledge.
This, B. (2002) "Dolto-Marette, Françoise", in Mijolla, A. de (ed.) *Dictionnaire international de la psychanalyse,*

Paris: Calmann-Levy.
Tous, J. M. (1996) "Hysteria one hundred years on", Panel report, *International Journal of Psycho-Analysis,* 77: 75–78.
Vallet, O. (2002) "Religion et psychanalyse", in Mijolla, A. de (ed.) *Dictionnaire international de la psychanalyse,* Paris: Calmann-Lévy.
Vassalli, G. (2001) "The Birth of Psychoanalysis from the Spirit of Technique", *International Journal of Psycho-Analysis,* 82: 3–25.
—— (2002) "*Erraten* ou *verraten*: deviner ou trahir", trans. M. Gribinski, *Penser/rêver,* 2002: 211–256.
Vermorel, H. and Vermorel, M. (1993) *Sigmund Freud et Romain Rolland, correspondance 1923–1936,* Paris: Presses Universitaires de France.
Weber, K. (2002) "Suisse alémanique", in Mijolla, A. de (ed.) *Dictionnaire international de la psychanalyse,* Paris: Calmann-Lévy.
Widlöcher, D. (2003) "L'Avenir de la psychanalyse: débat entre Daniel Widlöcher et Jacques-Alain Miller", *Psychiatrie, Sciences Humaines, Neuro-sciences,* 1(1): 10–18.
Winnicott, D. W. (1947) "Hate in the Counter-transference", *International Journal of Psycho-Analysis* (1949), 30: 69–74; also in Winnicott, D. W. (1958) *Collected Papers: Through Paediatrics to Psycho-Analysis,* London: Tavistock and New York: Basic Books (reprinted as *Through Paediatrics to Psycho-Analysis,* London: Hogarth Press and The Institute of Psycho-Analysis (1975); reprinted London: Karnac, 1992).
—— (1955–1956) "Clinical Varieties of Transference", *International Journal of Psycho-Analysis* (1956), 37: 386–388; also, *sub nomine* "On Transference", in Winnicott, D. W. (1958) *Collected Papers: Through Paediatrics to Psycho-Analysis,* London: Tavistock and New York: Basic Books (reprinted as *Through Paediatrics to Psycho-Analysis,* London: Hogarth Press and The Institute of Psycho-Analysis (1975); reprinted London: Karnac, 1992).
—— (1958 [1957]) "The Capacity to be Alone", *International Journal of Psycho-Analysis* (1958), 39: 416–420; *Psyche,* 1958, 12; also in Winnicott, D. W. (1965) *The Maturational Process and the Facilitating Environment: Studies in the Theory of Emotional Development,* London: Hogarth Press and The Institute of Psycho-Analysis and New York: International Universities Press (reprinted London: Karnac, 1990).
Wollheim, R. (1971) *Freud,* London: Fontana Press (2nd edn with a supplementary preface (1990), London: Fontana, Harper Collins, 1991).
Yerushalmi, Y. H. (1991) *Freud's Moses: Judaism Terminable and Interminable,* New Haven, CT: Yale University Press.
Young-Bruehl, E. (1988) *Anna Freud: A Biography,* New York: Summit Books (revised edition New York: Norton 1994).
Zilboorg, G. (1942) "The Catholic Doctor", *Psychoanalytic Quarterly,* 11: 419–421.

監訳者あとがき

　本書は，Jean-Michel Quinodoz（2004）Lire Freud: Découverte chronologique de l'oeuvre de Freud, Presses Universitaires de France の全訳である。但し，原書では三段階の濃度のオレンジおよびグレーの網掛けが，それぞれ「フロイト以後」「伝記と歴史」「年代順に見るフロイトの概念」および「フロイトの概念の継時的発展」という囲み記事に付けられているのに対して，本訳書では費用対効果を鑑みて三段階のグレーで処理をした。原書のイタリック体は，訳書ではゴシック体とし，更に強調されている場合には傍点を付した。[　]は，原著者による補足である。訳者による補足は，〔　〕内に記した。人名の初出には，原語表記を入れている。最後にまとめられた文献は，英語圏のものが圧倒的に多く，そのフランス語訳と発行年を入れても意味が乏しいと思われるので，文献リストは英語版から採った。初出がフランス語のものは，そこにそのまま含まれている。原書は 2005 年に英訳版 Reading Freud: A Chronological Exploration of Freud's Writings（New Library of Psychoanalysis Teaching Series）およびイタリア語訳版 Leggere Freud. Scoperta cronologica dell'opera di Freud が，2011 年にはドイツ語訳版 Freud lesen: Eine chronologische Entdeckungsreise durch sein Werk が出版されており，他にルーマニア語・ポルトガル語・ヘブライ語・韓国語・ロシア語の計 8 カ国語に翻訳されている。

　著者は，スイスのジュネーヴで開業しているスイス精神分析協会の訓練分析者かつイギリス精神分析協会のフェローであり，ヨーロッパの精神分析専門誌の編集責任者を歴任している。数多くの論文の他に，"Les rêves qui tournent une page" "A l'ecoute d'Hanna Segal" "La solitude apprivoisee" などの著書がある（いずれも英訳あり。詳しくは，http://www.quinodoz.com/ 参照）。

　本邦訳作成に際しては，当初，小寺記念精神分析研究財団主催の小寺臨床講読ワークショップの参加者が別掲のように分担して，英語版から重訳した。しかしフランス語原書と英語版を対照すると，英訳には装飾的な説明が付きがちで語や構文の選択に不一致があり，重訳を正確にしても原書と合致しないので，監訳者がフランス語原書の通りになるように全面的に改稿して現在の訳とした。英語版では，記述は歴史的な出来事として過去形でなされているが，原書では，新たな概念や主題が登場するままに，現在進行形で叙述されている。英訳本を既に読んでいる読者にとって本訳書の印象に異なるところがあるとしたら，そのためである。また，本書はフロイトの著作から豊富に引用しているが，その訳は，岩波書店刊『フロイト全集』からの引用を基本とした。しかし変更するのが適当と思われる箇所があり，奥山今日子氏にその確認と修正案を依頼し，監訳者が英仏独の原文を検討して最終決定した。疑問の残る箇所については，金井満氏（獨協大学）の助言を仰いだ。変更した箇所は，〔　〕内にドイツ語原文を入れることで示した。但し，指示詞の補記・語尾の変更・余計な強調の削除などは，文脈に合わせて特に断らずに行なっている。他の訳語と表記に関しては後で触れる。

　先に，全 32 章によってフロイトの著作全体を遺漏なくカバーし，簡潔で明瞭な文章でフロイトの思考と活動を具体的に伝えている本書の特徴について述べよう。

　本書は，精神分析の臨床実践を続けている精神分析者キノドスが，スイスという多言語圏の訓練生を対象にしてフロイト講読のセミナーを開いてきた経験に基づいて執筆している。そのため，フロイト著作を紐解いていくに際して，臨床に即した理解・教育的配慮に基づく構成・目配りの国際的な広がりといった特色が，本書の随所に現れている。

　著者は，フロイトの著作全体を大摑みして三部に構成する。これは分量的にも常識的な見解に見えるが，第Ⅰ部を「精神分析の発見」と題して，1895 年から 1910 年までとしている点に注意したい。これに対して，『夢解釈』（1900）で以って精神分析の成立とするのも，従来からある捉え方である。しかし『夢解釈』は，

基本的に自己分析の産物であり，必ずしも治療構造および治療関係に結びついたものではない。精神分析設定が成立するのは「鼠男」症例（1909d）の頃であり，夢の研究自体よりも治療の流れが主であることを明記したのは「精神分析における夢解釈の取り扱い」（1911e）である。

著者は歴史的な順番に沿って述べるばかりではなく，主題の広がりも同時に伝える。だから「少年ハンス」を論じた章の「伝記と歴史」で，メラニー・クラインとアナ・フロイトの違いを説明している。更には，「フロイト以後」の囲み記事も設けることによって，現代の課題との関連が分かるように工夫されている。また，教育的配慮は，例えば『夢解釈』の先に「夢について」を取り上げる，というように，どのフロイト論文を中心に解説するかという選択に表れている。

続いて第II部「成熟の時代」（1911–1920）は，シュレーバー症例の検討から始められる。そこに「神経症に続く精神病の研究」という見出しが付けられているのは，極めて妥当である。実際，フロイトは開業前にローテーションで短期間回った以外，精神病患者と接したのは分析に導入して発症した患者のみであり，それまでの考察は，他疾患との対比で典型的な症状について述べていただけだった。この時期にフロイトは，神経症の研究をメタ心理学へと整理して，様々な病態およびパーソナリティ全体の発達へと考察を深めていく。また，精神分析への関心はヨーロッパ各地に広がり，賛同し共同で研究を行なう者も増えていくが，同時に，見解の相違が顕在化する。それは旧来のメタ心理学に還元できない「不気味なもの」が，第一次世界大戦を契機として現れてくる過程でもある。精神分析過程の理解が，カタルシス〜意識化モデルから，喪の作業〜構造論的変化へと移行していくのもこの時期である。

第III期「新たな展望」（1920–1939）は，フロイトが新たな欲動論（生の欲動と死の欲動）と局所論（エス・自我・超自我の構造）を導入したことで知られている。それらは，現代の精神分析に直結している基盤である。そこまで目立たないがそれと同じように大きなパラダイムシフトは，女性性への新たな理解と前エディプス期の重要性の気づきである。この時期にフロイトは詳しい症例報告をしなくなる中で，著者は宗教論や文化論に属すると目されるフロイトの著作についても，偏りなく平易に，どこの考え方がどの意味で新しいのかが分かるように論述している。

著者は以上のようなフロイトの活動の全体像を提示するために，代表的な分析者たちの生涯と仕事についても触れている。中には比較的知られていない逸話も含まれているが，格別スキャンダラスな印象はなく，理想化を抑えた現実的な記述である。具体的には，実際にお読みいただければと思う。

本書は，通読しても平易だが，個人またはグループで，フロイトの著作を読み進めるときの参考文献としても，筆頭に挙げられるべきものである。その際に便利なように，原書ではフロイトのフランス語訳の該当頁が付けられているが，本訳書では，ストレイチーの標準版および岩波版の該当頁を各引用末尾に表記した。標準版の頁を記したのは，フロイトの翻訳としては，やはり最も整っていて原文に近いと思われるからである。用語選択のニュアンスや時制選択の文体の問題などは指摘されているが，構文の取り違いは目にしたことがない。今でも，邦訳で内容的に疑問がある箇所は，標準版を参照することで解決することが多い。

岩波版のフロイト全集は，従来統一性が乏しかった訳語をほぼ揃えたことと，ドイツ語版全集の巻数とページ数を表記したことによって，フロイトの原文に非常に近づきやすくした。ただ，揃え切っていないところもあれば，従来訳からかなり離れた語で統一してあるところもある。また，取り違えや脱落は別として，基本的な口調にフロイトらしく感じられないところがある。だがこれは個人差も大きいことなので，訳語選択に関わる範囲で基準としたことを述べておきたい。

第一に，新たな訳語であっても合理性が高ければ，そのままにした。「快感原則」と言っていたものを「快原理」としているのは，その典型である。また，Wunsch が願望でなく「欲望」で統一されたのは，フランス語訳の désir と合致している。「願望」は souhait に充てている。

第二に，変更することにそれほど意味がないと思われる訳語は，従来通りとした。その典型は，「リビード」である。実際の発音をそのまま表記すると，リビドぐらいだとのことなので，「リビドー」とした。それから，「蘖」である。この「あとがき」から読み始めた人は，おそらく何のことだか全く分からないだろう。ニュアンスの一つとして原語 Abkömmling にもそうした植物の隠喩の含みがあるようだが，それが前面に

出てしまうのはどうかと思われるので，単に「派生物」とした。もう一つは，「蠢き」である。今度は虫の隠喩で，原語 Regung に特にそういった含みはないので，単に「動き」とした。他に，近親相姦は近親姦，エディプスコンプレックスはエディプス・コンプレックスと表した。岩波版では「性器期前」といった表記が主に採用されているが，さいわい「前性器期」という普通の訳語も見られたので，後者を採用している。第三に，訳語を特定するのが困難な語は，ルビを振るか，複数の訳語を充てるか，同じ言語であることを示す記号として岩波訳のままにするかにした。具体的にはそれぞれ，「反芻処理」や「自己愛」，「傾向」または「追求」，「遷移」「拘束」といった語である。他に，岩波訳で「態度」「立場」「構え」と不揃いのEinstellung は，「構え」で統一している。訳文中の「態度」は，別の単語である。また，「満足」と「充足」，「要求」と「要請」などは同じ原語だが，統一しきれていない。「記憶」の原語は，「想起」と同じものも場合も，そうでない場合もある。

　以上，あれこれ書いたが，本質的なのは，フロイトのテクストを読み，更にその先に，彼が何を描出しようとしていたのかを読み取ることだと思う。筆者の試論は，また機会を改めて行ないたい。

　最後に，フロイトを軸として古典・現代論文を今なお講読している小寺臨床講読ワークショップの継続を支えていただいている，小寺記念精神分析研究財団理事長 狩野力八郎先生そしてワークショップ参加者の皆様に厚くお礼を申し上げます。岩崎学術出版社編集部 長谷川純氏には，長年遅らせていたところで今度は刊行に向けて大わらわにするという，極めてむらのある作業方式で多大なご迷惑をお掛けしたが，何とか刊行を迎えるところまで来ることができ，御尽力に深謝します。

2013 年 10 月

福本　修

人名索引

あ行

アーロー，ジェイコブ（Arlow, Jacob A.）　266
アイスラー，K.（Eissler, Kurt）　101, 168
アイティンゴン，マックス（Eitingon, Max）　77, 190
アイナル，A.（Haynal, André）　152
アウェルカ，E. R.（Hawelka, E. R.）　93
アドラー，A.（Adler, Alfred）　99, 126, 161, 226
アナ・O（Anna O.）［症例］　14, 17, 18, 72
アブラハム，R.（Abraham, R.）　97
アブラハム，カール（Abraham, Karl）　77, 78, 87, 105, 120, 134, 140, 151, 152, 222, 256
アンジュー，ディディエ（Anzieu, Didier）　42, 47, 118, 150
アンドレアス-ザロメ，ルー（Andreas-Salomé, Lou）　140, 175, 176, 259
アンドレアセン，ナンシー（Andreassen, Nancy）　34
イェルシャルミ，ヨセフ H.（Yerushalmi, Yosef H.）　276
イェンゼン，ヴィルヘルム（Jensen, Wilhelm）　77, 79, 80, 81
イスラエル，H.（Israels, H.）　110
ヴァッサーリ，G.（Vassali, Giovanni）　119
ヴァレ，オドン（Vallet, Odon）　232
ヴィドロシェ，D.（Widlöcher, Daniel）　59, 76, 197
ウィニコット，ドナルド W.（Winnicott, Donald W.）　75, 88, 118, 120, 137, 229
ウェルズ，H. G.（Wells, H. G.）　259
ウォルハイム，リチャード（Wollheim, Richard）　22
エスケリネン・ド・フォルチ，テルツ（Eskelinen de Folch, Terttu）　267
エチゴーエン，R. ホレイシオ（Etchegoyen, R. Horacio）　113
エミー・フォン・N（Emmy von N.）［症例］　18, 22
エリーザベト・フォン・R（Fräulein Elisabeth von R.）［症例］　20
エリクソン，エリック H.（Erikson, Eric H.）　214
エリス，ハヴロック（Ellis, Havelock）　61, 62, 101
オプホルツァー，カーリン（Opholzer, Karin）　168

か行

カーソン，レイチェル（Carson, Rachel）　34
カーディナー，A.（Kardiner, Abram）　131
ガーディナー，ミュリエル（Gardiner, Muriel）　167, 168
カーン，M. R.（Khan, Masud R.）　120
カーンバーグ，オットー（Kernberg, Otto）　137, 138
カタリーナ（Katharina）［症例］　19
カン，ロー（Kann, Loe）　173
キノドス，ダニエル（Quinodoz, Danielle）　81, 172, 213
ギャバード，グレン O.（Gabbard, Glen O.）　122
クーパー（Cooper, S.H.）　76
クーパー，アーノルド（Cooper, Arnold M.）　267
グラーフ，オルガ（Graf, O.）　82
グラーフ，ヘルベルト（Graf, Herbert）　82, 83
グラーフ，マックス（Graf, Max）　82, 83, 86
クライン，アーサー（Klein, Arthur）　87
クライン，メラニー（Klein, Melanie）　60, 75, 87〜90, 96, 97, 101, 105, 110, 111, 113, 118, 120, 136〜138, 152, 156, 157, 172, 173, 184, 196, 206, 211, 215, 228, 229, 244, 256
クライン，メリッタ（Klein, Melitta）（シュミデバーグ Scmideberg）　87, 88
グラヴァー，エドワード（Glover, Edward）　88, 113, 152
グラヴァー，ジェームズ Glover, James　152
クラパレード，E.（Claparède, Edouard）　62
クラフト-エビング，リヒャルト・フォン（Kraft-Ebing, Richard von）　38, 61, 62
グリーン，アンドレ（Green, André）　23, 33, 48, 137, 138, 150, 151, 197, 267
グリーンソン，ラルフ R.（Greenson, Ralph R.）　113
クリス，エルンスト（Kris, Ernst）　25, 131, 214
グリンバーグ，レオン（Grinberg, Léon）　75
グルブリッヒ-ジミティス，I.（Grubrich-Simitis, Ilse）　158
グルンベルガー，B.（Grunberger, Béla）　137
クレペリン，エミール（Kraepelin, Emil）　108, 161
クローバー，A. L.（Kroeber, Alfred L.）　130
グロデック，ゲオルグ（Groddeck, Georg）　120, 208, 210

コフート，ハインツ（Kohut, Heinz）　120, 137, 215

さ行

ザトガー，イジドール（Sadger, Isidor）　87
サリバン，ハリー・スタック（Sullivan, Harry Stack）　136
サンドラー，ジョセフ（Sandler, Joseph）　266
シーガル，ハナ（Segal, Hanna）　60, 80, 111, 137, 138, 157, 158, 179, 196, 245
シェイクスピア，ウィリアム（Shakespeare, William）　80
シェーファー，ジャクリーヌ（Schaeffer, Jacqueline）　24
シャスゲ-スミルゲル，ジャニーヌ（Chasseguet-Smirgel, Janine）　23, 24, 110, 150, 185, 259
ジャネ，ピエール（Janet, Pierre）　18, 36
シャピロー，マイヤー（Schapiro, Meyer）　101
シャルコー，ジャン-マルタン（Charcot, Jean-Martin）　15, 22
シャープ，E. F.（Sharpe, Ella Freeman）　48
シャーフィー，M. J.（Sherfey, M. J.）　185
シュール，マックス（Schur, Max）　190, 269
シュテーケル，W.（Stekel, Wilhelm）　126
シュレーバー，ダニエル・パウル（Schreber, Daniel Paul）　68, 99, 105～110, 127, 128, 135, 165
ショーペンハウアー，アルトゥル（Schopenhaer, Arthur）　194
ジョーンズ，アーネスト（Jones, Ernest）　14, 18, 40, 60, 61, 87, 92, 120, 140, 169, 170, 172, 173, 184, 195, 199, 211, 216, 232, 238, 245, 259, 268
少年ハンス（little Hans）［症例］　67, 82～88, 98, 129, 145, 147, 148, 224
ショワジー，マリス（Choisy, Maryse）　237
シルバーマン，M. A.（Silverman, Martin Arnold）　86
ジルボーグ，グレゴリー（Zilboorg, Gregory）　237
ストラー，R. J.（Stoller, Robert Jesse）　185
ストレイチー，ジェームズ（Strachey, James）　140, 221
スピッツ，ルネ（Spitz, René）　229
ゼリン，エルンスト（Sellin, Ernst）　270
ソシュール，フェルディナンド・ド（Saussure, Ferdinand de）　58
ソフォクレス Sophocles　80, 172
ソルムス，M.（Solms, Mark）　33, 34
ゾルムス，フーゴー（Solms, Hugo）　83

た行

ダ・ヴィンチ，レオナルド（da Vinci, Leonardo）　98～101, 202
ダーウィン，チャールズ（Darwin, Charles）　128, 130
タウスク，ヴィクトール（Tausk, Viktor）　149, 190
ツィーエン，テオドール（Ziehen, Theodor）　161
ツィマーマン，デヴィッド（Zimmerman, David）　266
ツヴァイク，アーノルト（Zweig, Arnold）　240
ツヴァイク，シュテファン（Zweig, Stefan）　18, 72, 259
ディアトキーヌ，ルネ（Diatkine, René）　237
ディアトキン，G.（Diatkine, Gilbert）　110
テイラー，ユージン（Taylor, Eugene）　78
ドイチュ，フェリックス（Deutsch, F.）　70, 208
ドイチュ，ヘレーネ（Deutsch, H.）　152, 184
トゥ，ジョアナ M.（Tous, Joana M.）　23
ドゥヴリュー，G.（Devereux, Georges）　131
ドーラ（Dora）［症例］　61, 67, 69～73, 183
ドール，ジョエル（Dor, Joël）　59
ドルト，フランソワーズ（Dolto, Françoise）　237
トロッター，ウィルフレド（Trotter, Wilfred）　203

な行

ナーセシアン，エドワード（Nersessian, Edward）　23
ナハト，サーシャ（Nacht, Sasha）　259
ニーダーランド，W. G.（Niederland, W. G.）　110
ニーチェ，フリードリヒ（Nietzsche, Friedrich）　175
ネロー，M.（Neyraut, Michel）　75

は行

バークステッド-ブリーン，ダナ（Birksted-Breen, Dana）　185
バーリンガム，ドロシー（Burlingham, Dorothy）　90, 175
ハイエク，マルクス（Hajek, Marcus）　208
ハイマン，ポーラ（Heimann, Paula）　75
バウアー，イダ（Bauer, Ida）　69 → ドラ［症例］
パッペンハイム，ベルタ（Pappenheim, Bertha）　17 → アナ・O［症例］
パラ，カトリーヌ（Parat, Catherine）　259
パリン，P.（Parin, P.）　131
バリント，マイケル（Balint, Michael）　120, 137, 158
ハルトマン，ハインツ（Hartmann, Heinz）　90, 131, 214
パンケイエフ，セルゲイ（Pankejeff, Sergueï）（「狼男」）［症例］　160, 161, 163～165, 167, 168
ハンター，リチャード A.（Hunter, Richard A.）　110
ハンリー，C.（Hanly, Charles）　28
ビオン，ウィルフレド R.（Bion, Wilfred .R.）　60,

75, 96, 111, 118, 130, 138, 157, 158, 205, 206, 245
ピシュラー，ハンス（Pischler, Hans）　208
ヒルシュミュラー，A.（Hirschmüller, Albrecht）　18
ヒンシェルウッド，ロバート D.（Hinshelwood, Robert D.）　256
ビンスワンガー，ルートヴィッヒ（Binswanger, Ludwig）　18, 74
ファルツェナー，E.（Falzener, Ernst）　152
フーク-ヘルムート，ヘルマイン（Hug-Hellmuth, Hermine）　87, 88
フークス，ジークムント（Foulkes, Siegmund H.）　205
フェアバーン，W. R. D.（Fairbairn, W. R. D.）　110
フェダーン，パウル（Federn, Paul）　136
フェニケル，オットー（Fenichel, Otto）　113
フェレンツィ，シャーンドル（Ferenczi, Sándor）　34, 73, 78, 87, 98, 99, 117, 119, 120, 140, 143, 156, 158〜170, 173, 203, 204, 222, 258, 260, 263, 264
フォール-プラジエ，S.（Faure-Pragier, Sylvie）　33, 34
プフィスター，オスカー（Pfister, Oskar）　101, 231〜234, 236, 237, 245
ブラウンシュヴァイグ，D.（Braunschweig, Denise）　130
プラジエ，G.（Pragier, Georges）　33, 34
プラス，シルビア（Plath, Sylvia）　63
ブラッカー，K. H.（Blacker, Kay Hill）　97
フランキエル，R. V.（Frankiel, Rita V.）　86
フランダース，S.（Flanders, Sara）　48
フリース，ヴィルヘルム（Fliess, Wilhelm）　25〜28, 30, 38, 41, 42, 49, 50, 54, 61〜63, 67, 69, 78, 95, 98, 99, 109, 259
フリーマン，D.（Freeman, Derek）　130
ブリット，ウィリアム（Bullitt, William）　259
ブリトン，ロナルド（Britton, Ronald）　18
ブリュッケ，エルンスト（Brücke, Ernst）　14, 15
ブリル，アブラハム（Brill, Abraham）　238
フレイザー，ジェームズ G.（Frazer, Sir James G.）　125, 128
ブレガー，ホセ（Bleger, José）　118
フレクシッヒ，P. E.（Flechsig, Paul Emil）　105〜107, 109
ブレンマン，エリック（Brenman, Eric）　24
ブロイアー，ヨーゼフ（Breuer, Joseph）　13〜18, 21, 22, 25, 36, 72, 113, 222
ブロイアー，ロバート（Breuer, Robert）　15
フロイト，アナ（Freud, Anna）　25, 87〜91, 117, 137, 140, 172, 173, 175, 214, 229, 262, 269
フロイト，アレクサンダー（Freud, Alexander）　62, 77
フロイト，エルンスト（Freud, Ernst）　140, 269

フロイト，オリバー（Freud, Oliver）　140
フロイト，ゾフィー（Freud, Sophie）　170, 190
フロイト，マルタ（Freud, Martha）　89, 269
フロイト，マルティン（Freud, Martin）　140, 170
フロイト，ヤーコプ（Freud, Jakob）　14, 41
ブロイラー，オイゲン（Bleuler, Eugen）　73, 77, 78, 108, 152, 232
フロイント，アントン・フォン（Freund, Anton von）　169, 190
ベルナイス，マルタ（Bernays, Martha）　14
ベルナイス，ミンナ（Bernays, Minna）　62
ベルネーム，イポリット（Bernheim, Hippolyte）　15
ベルマン-ノエル，ジャン（Bellemin-Noël, Jean）　81
ペレルバーグ，R. J.（Perelberg, Rosine J.）　185
ボウルビー，ジョン（Bowlby, John）　90, 229
ポー，エドガー（Poe, Edgar）　259
ホーナイ，カレン（Horney, Karen）　152, 184
ボナパルト王妃，マリー（Bonaparte, Marie）　25, 170, 173, 184, 259, 268, 269
ホフマン，E. T. A.（Hoffman, E. T. A.）　170, 171
ポンタリス，J.-B.（Pontalis, Jean-Bertrand）　26, 51, 133, 220

ま行

マーラー，グスタフ（Mahler, Gustav）　83
マーラー，マーガレット（Mahler, Margaret）　137, 229
マイスナー，S. J.（Meissner, S.J.）　276
マイスナー，ウィリアム W.（Meissner, William W.）　276
マイネルト，T.（Meynert, Theodor）　151
マカルパイン，アイダ（Macalpine, Ida）　110
マクドゥーガル，ウィリアム（McDougall, William）　200
マクドゥーガル，ジョイス（McDougall, Joyce）　150, 259
マック-ブランズウィック，ルース（Mack-Brunswick, Ruth）　136, 160, 161, 167, 168
マッソン，J. M.（Masson, Jeffrey Moussaief）　26, 28
マホーニィ，P.（Mahony, Patrick）　86
マリノフスキー，B.（Malinowski, Bronislaw）　131
ミード，マーガレット（Mead, Margaret）　131
ミジョラ，アラン・ド（Mijolla, Alan de）　215
ミッチェル，J.（Mitchell, Juliet）　185
ミュンスターベルガー，W.（Münsterberger, Werner）　131
ミレール，J.-A.（Miller, Jacques-Alain）　76
メシエ，D.（Messier, Denis）　55
メレシュコフスキー，ディミトリー（Merezhkovsky, Dimitry）　98

モーザー（Moser, B. Fanny）　18 → エミー・フォン・N［症例］
モーセ（Moses）　268〜276
モスタルデイロ，A. L. ベント（Mostardeiro, A. L. Bento）　266
モデル，A.（Modell, Arnold）　120
モルゲントハラー，F.（Morgenthaler, F.）　131

や・ら行

ユング，カール・グスタフ（Jung, Carl Gustav）　67, 73, 77, 78, 99, 105, 119, 125, 126, 134, 152, 161, 232
ライク，テオドール（Reik, Theodor）　152, 237
ライス，E.（Rice, Emanuel）　276
ラカサーニュ，A.（Lacassagne, Antoine）　208
ラカミエ，P.-C.（Racamier, Paul-Claude）　110, 150
ラカン，ジャック（Lacan, Jacques）　52, 55, 58, 59, 76, 110, 113, 133, 150, 151, 185, 215, 228, 259
ラダーム，F.（Ladame, François）　81
ラッカー，ハインリッヒ（Racker, Heinrich）　75
ラックス，ルース（Lax, Ruth）　178, 179
ラド，シャーンドル（Radó, Sándor）　152
ラフォルグ，ルネ（Laforgue, René）　237, 259
ラプランシュ，ジャン（Laplanche, Jean）　23, 26, 51, 118, 133, 196, 220, 228
ランク，オットー（Rank, Otto）　120, 199, 216, 221〜223, 226, 258, 260, 269
ランツァー，エルンスト（Lanzer, Ernst）（「鼠男」）［症例］　92〜97
リーゼンバーグ・マルコム，ルース（Riesenberg Malcom, Ruth）　179
リヴィエール，ジョーン（Riviere, Joan）　253
リクール，ポール（Ricoeur, Paul）　276
リックマン，ジョン（Rickman, John）　120
リップス，テオドール（Lipps, Theodor）　54
リトル，マーガレット（Little, Margaret）　75
リプトン，H. R.（Lipton, H. R.）　97
リルケ，ライナー・マリア（Rilke, Rainer Maria）　175
ル・ボン，グスタフ（Le Bon, Gustave）　199, 200
ルーシー・R（Lucy R.）［症例］　19
ルケ，ピエール（Luquet, Pierre）　150
レー，パウル（Rée, Paul）　175
レーヴェンシュタイン，ルドルフ M.（Loewenstein, Rudolf M.）　131, 214, 215
レスター，エヴァ（Lester, Eva）　122
ロイポルト-レーヴェンタール，ハラルド（Leupold-Löwenthal, Harald）　266
ローゼンフェルト，デヴィッド（Rosenfeld, David）　267
ローゼンフェルト，ハーバート（Rosenfeld, Herbert）　60, 111, 137, 138, 157
ローハイム，ゲザ（Roheim, Géza）　120, 131
ロタン，Z.（Lothane, Zvi）　110
ロドリゲ，エミリオ（Rodrigué, Emilio）　208
ロベール，マルト（Robert, Marthe）　279
ロラン，ロマン（Rolland, Romain）　199, 232, 239〜241, 259
ロワフ，ジャン（Roiphe, Jean）　33

事項索引

あ

愛　84, 92, 94, 131, 142, 143, 157, 159, 198, 200, 206
　　——と憎しみの葛藤　94, 97
　　——と憎しみの情緒　66, 139, 152, 189, 256
愛情対象　65, 108, 166, 196
愛着　23, 67〜69, 71, 72, 85, 86, 107, 183, 229, 246
遊び　22, 55, 58, 85, 87, 88, 90, 163, 191, 197, 251
アトン崇拝　270
アニミズム　128, 131
アファニシス　173, 184
アポトーシス　197
誤った結合　36
アルマゲドン　245
暗示　13, 19, 123
暗点化　155, 253

い

言い違い　38, 44, 49, 51, 53
イギリス精神分析協会　88, 91, 172, 173
意識　47
　　——の分裂　36
異性愛　182, 185
　　——的対象選択　108
　　——転移　76
依存　205
依托　34, 64, 68, 108
　　——うつ病　229
　　——型対象選択　132, 135, 138
痛み　32, 230
一次過程　31, 34, 47, 148, 149, 195
一次対象愛　137
一次ナルシシズム　132〜138, 142, 143
一次マゾヒズム　142, 194, 197, 216, 217, 218, 220
一神教　9, 131, 232, 236, 268, 270〜272, 276, 277
遺伝的なエス　211, 215
異物　16
「イルマへの注射」　41
陰性治療反応　207, 212, 215, 219, 262, 265
「陰性」転移　73, 88, 116, 120, 124, 133, 136, 160, 167, 181, 261, 262
近親姦（インセスト）　126, 127
　　——的　38, 66, 67, 85, 86, 127, 166, 174, 177〜179, 185, 216, 219
　　——のタブー　131
隠喩　24, 33, 34, 118, 245

う

ウィーン精神分析協会　8, 87, 89, 126, 175, 176, 222
うつ状態　87, 153, 161, 264
うつ病　26, 29, 74, 106, 150, 152, 153, 155, 157, 159, 181, 195, 202, 204, 207, 212, 213, 229
　　依托——　229
馬　85, 129, 145, 148

え

英国学派　60, 173
英雄神話　204, 272
エス　31, 195, 207, 208, 214〜216, 248
　　遺伝的な——　211, 215
エディプス　207
　　——葛藤　23, 68, 85, 94, 172, 219
　　——状況　68, 71, 84, 85, 179, 183, 202, 211, 213
　　小さな——　84
エディプス・コンプレックス　27, 29, 47, 68, 125, 160, 172, 174, 198, 202, 210, 211, 219, 235, 251, 252
　　——の完成形　215
　　——の近親姦的対象の性愛化　185
　　——の再性化　219, 220
　　陰性（あるいは裏）——　67, 68, 183, 210, 211
　　女児の——　210, 252
　　男児の——　252
　　陽性（あるいは表）——　67, 68, 165, 166, 183, 198, 202, 210
エディプス王　8, 27, 67, 80, 172
エロース（性愛）　189, 194, 195, 200, 212〜214, 219, 220, 243, 250, 262, 263
煙突掃除　17

お

殴打空想　174〜178
横暴な分析　116
応用精神分析　77, 259
狼男　68, 81, 160, 161, 167, 168, 224, 258, 260
行なわれたことを取り消すこと　230
同じものの反復　171, 173

お話し療法　17

か

外界　33, 108, 109, 133〜135, 142, 143, 146, 154, 157, 192, 193, 195, 204, 212〜214, 218, 228, 241, 243, 248, 255
回帰夢　197
快原理　74, 96, 141, 148, 155, 169, 171, 189〜195, 209〜211, 216, 217, 241
快自我　143, 241, 250
　　純化された――　143, 156, 159
解釈　23, 25, 40〜43, 46〜54, 58〜61, 67, 69〜71, 78, 80, 82, 84, 86, 88, 90, 94, 101, 112〜114, 118, 119, 125, 130, 137, 147, 150, 151, 159, 160, 164〜167, 169, 172, 177, 179, 181, 183, 190, 196, 236, 240, 250, 258, 262, 265
外傷　22, 24, 192, 221
　　――的経験　189
　　――的状況　191, 221, 226〜228, 230, 260
　　――的な出来事　13, 38, 130
　　出生――　9, 221, 226, 260
　　性的――　19, 22, 24, 37, 95
　　早期の――　120
外傷性障害　39, 193
外傷性神経症　16, 191〜193, 197, 225
「会食〔table d'hôte〕」の夢　43
概念作用　130, 158
快‐不快原理　32, 74, 139, 150, 189, 213, 220
解剖学的　27
　　――な性差　68, 175, 247, 250〜252, 257
解離　16, 36, 203, 256
カウチ　21, 52, 60, 77, 112, 114, 115
抱えること　118, 229
科学　34, 236, 238
　　――的モデル　33, 34
化学物質　34, 255
隔離　230
掛け詞　39, 54, 56〜59
過剰備給　149, 150
過剰補償
　　男性的な――　264
家族　242
カタルシス　18, 21, 113
　　――法　13, 15, 17, 18, 21, 23, 24, 36
葛藤　116
　　愛と憎しみの――　92, 94, 96, 97
　　根本的――　74, 94, 96, 144, 195, 207
　　生の欲動と死の欲動の間の根本的――　47, 189, 239, 243, 262
カトリック教会　101, 201, 236, 269, 271
癌

フロイトの――　208
感情拘束　198, 200〜202
慣性原理　31, 34
完成欲動　194
官能的な潮流　66, 203
岩盤　258, 263, 264, 267

き

器官快　141
器官言語　149, 159
危険　191, 225
　　――状況　221, 225〜230
期限の設定　260
基礎仮定　205, 206, 245
偽足　134
機知　44, 54, 55, 57, 60
　　傾向的――　57
　　無害な――　57
技法　112, 113
　　――論文　74, 97, 112, 115, 117, 121, 258
　　古典的――　97
基本原則　114, 117, 121
逆転　47
逆転移　41, 52, 59, 69, 72, 74〜76, 89, 97, 116, 117, 122, 124, 131, 151, 179, 196, 280
　　一致型――　75
　　補足型――　75
逆備給　148, 158, 193, 227
急性パラノイア　161, 167
教会　201, 205, 206, 231, 232
境界侵犯　122
境界例　23, 53, 60
共生期　137, 229
共生精神病　137
鏡像段階　133, 215
兄弟たち　204
強迫観念　37, 43, 92, 94, 97, 106
強迫行為　31, 94, 95〜97, 157, 232
強迫思考　95
強迫症　31, 36
強迫症状　92〜94, 96, 162, 164, 276
強迫神経症　8, 73, 92〜96, 99, 100, 105, 127, 128, 146, 148, 149, 152, 156, 158, 162, 164, 176, 213, 224, 225, 231, 232, 235, 238, 259
　　人類全般の――　238
強迫的償い　157
恐怖　224
恐怖症　18, 36, 38, 43, 82, 129, 148, 168
　　――症状　82, 85, 86, 164
　　幼児期の――　91
局所論　148, 207

――的見地　146, 148
――的退行　151, 159
第1―― →第1局所論
第2―― →第2局所論
去勢コンプレックス　84, 182〜184, 250, 252, 257, 263, 273
　女性の――　226, 252
去勢の威嚇　253
去勢不安　47, 68, 85, 86, 91, 163, 165, 167, 168, 170, 171〜173, 179, 182, 184, 213, 224〜226, 228, 230, 251, 264
キリスト　201
　――教　125, 129, 201, 231, 232, 234, 237, 245, 268, 269, 272, 275, 276
記録
　セッションの――　114
近親姦 → 近親姦(インセスト)
金銭　165
禁欲　124
　――状態　122

く

空想　24, 28, 65, 79
　殴打――　174〜178
　性的――　26, 223
偶像崇拝　275, 276
空腹　190
クライン派　53, 75, 76, 105, 110, 111, 138, 156, 157, 166, 196, 229, 256
群棲欲動　203
軍隊　201, 205, 206
訓練　30, 33, 59, 77, 91, 116, 118, 122, 123, 205, 238
訓練分析　2, 59, 77, 116, 123

け

経済論　148
芸術作品　80
系統発生　130, 158, 159, 167, 235, 273, 276, 277
　――的伝達　131
　――的要因　227, 244
ゲシュタポ　268
検閲　24, 45, 48, 58, 147, 148, 171
幻覚　36, 81, 267
幻覚性錯乱状態（アメンチア）　255
　急性――　151
幻覚性妄想　81
原光景　47, 160, 163, 165, 168, 258
言語連想　78
原罪　272
顕在内容　39, 48
原始群族の父　235

現実検討　31, 34, 151, 215
現実原理　191, 220
現実喪失　248
現実の性的外傷　24
現実の否認　109, 248
現実の誘惑　29
現実不安　221
原始的対象関係　89
原始的超自我　89
原始的病理　23
原始的不安　24
原始的防衛　90
原始的防衛機制　157
原初的諸欲動　159
原生動物　134
源泉　141
原父　204
原抑圧　148

こ

行為の打ち消し　97
攻撃者との同一化　214
攻撃性　57, 91, 157, 184, 189, 194, 196, 202, 212, 242〜246
攻撃欲動　85, 137, 195, 214, 239, 242〜244, 262, 263
考古学者　77, 79, 264, 265
恒常性原理　31, 34, 191, 194
口唇期　65, 68, 96, 218
　早期――　152
口唇サディズム期
　後期――　152
拘束　193, 195, 212
　――-脱拘束　213
　感情――　198, 200〜202
拘束エネルギー　31
構築　164〜166, 265, 267
　――の等価物としての妄想　265
　不正確な――　265
行動化　52, 97, 122, 179
肛門愛　97
肛門期　65, 68, 96, 152
肛門サディズム期　152, 178, 216, 224
肛門性愛　92, 94〜97, 165, 168
肛門性格　97
合理化　107, 111, 173
コカイン　8, 14
国際精神分析協会　6, 59, 76, 99, 112, 119, 123, 126, 152
国際精神分析誌　9, 172, 173, 199, 216, 238
国際精神分析出版社　169
個人心理学　198, 199, 206

個性化　78
個体化　137, 229
古代の痕跡　125
誇大妄想　95, 107, 108, 132, 134, 135
固着　63〜66, 89, 127, 128, 138, 165, 175, 176, 182, 183, 185, 224, 241
　　――点　96, 108, 111, 152, 157
滑稽
　　――な効果　54, 55
　　――なもの　54〜58, 60
古典的技法　97
古典的線形決定論　34
子供の直接観察　90
子供の反復遊び（木製糸巻き）　197
子供の寄る辺なさ　238
子供への欲望　175, 184, 252
語表象　149, 150, 159, 209
孤立させること　225

さ

再構築　28, 71, 94, 106, 109, 166, 177, 180, 181, 258, 262, 265, 267
罪責感　23, 60, 85, 93, 95, 96, 125, 128〜131, 139, 146, 147, 151, 157, 159, 165, 189, 210〜212, 215, 216, 218, 219, 225, 239, 243〜245, 262, 272
再発見　177, 250
催眠　13, 123, 206
　　――法　8, 18〜21, 23
催眠術師　199, 200, 203, 204, 206
魚に説教　264
作業集団　206
裂け目　155, 254
殺害
　　父の――　204, 268, 272, 274
　　モーセの――　268, 271, 274
錯覚　238
　　宗教的――　235
サディズム　63, 142, 152, 159, 194, 195, 207
サドマゾ的空想　185

し

死　193, 243
自慰　64
　　――的　64, 176, 177, 178
自我　31, 32, 195, 198, 206, 207, 215, 216, 223, 248
　　――の強度　261
　　――の成熟度　90
　　――の抵抗　262
　　――の批判　159
　　自律的――　214
　　身体的――　210
　　精神病者の――　262
　　全体――　→　全体自我
自我心理学　90, 97, 137, 214, 215
自我の分裂　77, 81, 96, 154〜156, 177, 224, 247, 248, 253〜257, 260
自我欲動　141, 159, 194
自我理想　136, 138, 198, 202〜204, 206, 210, 215
時間的退行　151, 159
刺激保護　192, 193
自己愛　→　自己愛（ナルシシズム）
自己愛転移　60, 137, 138
自己愛病理　23
思考　158
　　――過程　31, 33, 114, 128, 158, 209, 213, 225
　　――の万能　97, 128, 131, 134, 238
自己開示　76
自己心理学　215
事後性　26, 32, 34, 37, 39, 145, 164, 168
自己破壊　244, 246
　　――欲動　244
自己非難　153, 154, 159
自己分析　8, 25〜29, 41, 46, 47, 49, 61, 67, 74, 78, 116, 259, 279
自己保存欲動　126, 139, 141, 194
思春期　22, 26〜28, 32, 38, 61, 62, 64〜66, 81, 89, 127, 135, 180, 182, 225, 227, 259
自生的不安　193
自体性愛　65, 68, 107, 132, 176
　　――的充足　176
失語症　8, 14
失錯行為　38, 47, 49〜54, 126, 265
指導者　200, 201, 203
自動性不安　221, 230
児童分析　82, 87, 88, 90, 91
シニフィアン　58, 59, 151
シニフィエ　58
シニョレリ　50
死の欲動　74, 155, 169, 189, 194, 195, 197, 199, 207, 211, 214, 215, 217, 218, 220, 239, 243, 262, 263
自閉症　60
遮蔽想起　8, 35, 38, 39, 51
自由エネルギー　31
周期的な分析　267
宗教　125, 231, 234, 236, 238, 246, 277
　　――的強迫　168
　　――的錯覚　235
　　――的表象　246, 277
集合の心　129, 200
重層決定　44, 48
充足体験　32, 34
集団　203

——心性　205
——心理　136, 203, 204, 205
——心理学　9, 198, 199, 200, 206, 207, 210, 232, 272
——精神療法　205, 237
——的抑圧　276
自由連想　19, 21, 24, 93
——法　13, 18, 21, 40, 41, 43, 58, 117
縮合　38, 44, 47, 48, 51, 53〜56, 109, 148
呪術　128, 131, 134
出生外傷　9, 221, 226, 260
出版社　268
受動的構え　178, 204, 258, 263, 264, 267
　男性における——　258, 267
受動的傾向　86
受動的女性的構え　163, 165, 168
純化された快自我　143, 156, 159
昇華　64, 98, 102, 164, 176, 205, 242
浄化反応　16, 19, 20, 24, 146, 221
症状　44
情緒　39, 145, 146, 150, 151, 159
　愛と憎しみの——　139
象徴
　——機能　60, 157
　——形成　46, 60, 157
　——使用　48, 60, 157〜159, 173, 273
　真の——使用　157
象徴化　22, 53, 54, 60, 110, 158
　——の機制　22
象徴等置　53, 157, 184, 251, 257
情動信号　225
情動的反応　75, 224
小児性愛　63
小児の脳性麻痺　14
症例（フロイトの）
　アナ・O　72
　狼男　68, 81, 160, 161, 167, 168, 224, 258, 260
　シュレーバー　68, 99, 105, 106〜110, 127, 128, 135, 165
　少年ハンス　67, 82, 83, 85, 86, 98, 145, 224
　女性同性愛の——　96, 174, 179, 182, 183
　鼠男　73, 92〜97, 99, 114, 128
　レオナルド・ダ・ヴィンチ　98〜101, 202
書簡（手紙）　1, 26, 61, 72, 74, 78, 117, 120, 152, 175, 176, 199, 240
女性性　68, 174, 175, 179, 180, 182〜185, 205, 211, 220, 246, 251, 252, 263, 264, 267
女性的構え　107, 174, 178
　男性における——　183, 185
女性的傾向　166
女性的同一化
　男児の——　210
女性的マゾヒズム　183, 185, 216〜218, 220
　男性における——　183, 185, 218
女性同性愛　9, 96, 174, 179, 182, 183, 185
自律的自我　214
素人分析　9, 231, 233, 237〜239
心気症　105, 134, 135, 167
神経科学　33, 34, 40, 112
神経症　39, 47, 53, 63, 81, 112, 115, 174, 205, 210, 247, 249, 255, 258, 264
　——の起源　226
　——の病因論　27
　先史時代の——　235
　転移——→転移神経症
神経症学 neurotica　26
神経症者　49, 129, 189, 226
神経衰弱　35, 37, 95
神経精神症　8, 35〜39, 145
信仰　236, 237, 277
信号不安　193, 221, 226, 230
身体接触　120, 137
身体的自我　210
身体的次元　24, 150
心的外傷　16, 26, 34, 193
　——論　197
心的葛藤　19, 142, 197
心的過程　31, 43, 154, 171, 190, 191, 210, 213
心的機能　30, 31, 33, 34, 41, 47, 128, 139, 156, 189, 197, 204, 206, 207, 216
心的現実　24, 33, 157, 158, 172, 210
心的装置　31, 34, 47, 141, 147, 191〜194, 209, 217, 226, 227, 255, 262
心的両性性　27, 29, 68, 69, 86, 166, 178, 182, 183, 207, 210, 251
真の自己　137
侵犯　122
人類学者　125, 130, 131, 276

す

睡眠の番人　45
スーパーヴィジョン　118, 122, 123, 176
砂男　170, 171

せ

性愛 → エロース（性愛）
性愛化　69, 86, 96, 100, 165, 174, 185, 214, 218, 222, 223
性器期　66, 143, 181, 184
性器性愛　163
性器的成熟　27
性器的編成　64, 68, 96, 144, 178

性源域　　63〜65, 68, 69, 134, 141
性源的マゾヒズム　　96, 195, 216, 217, 218, 220
制止　　9, 16, 28, 31, 32, 41, 49, 57, 60, 66, 81, 83, 86, 99, 100, 121, 129, 130, 146, 148, 149, 153, 162, 164, 193, 197〜201, 203〜205, 213, 219, 221〜224, 228, 234, 236, 242, 243, 260, 264, 271
聖書　　245, 270, 271
正常　　63
正常者　　49
正常な共生期　　137
性神経症　　22
精神-性的発達　　62〜68, 85, 89, 111, 132, 164, 176, 177, 182, 183, 184, 247, 250, 252
　　――段階　　132
　　――の自己愛の段階　　111
　　男児と女児における――　　68
精神病　　73, 77, 81, 95, 108, 247, 249, 255, 266
　　――者の自我　　262
　　――的構造　　105
　　――的側面　　160
　　――的要素　　167
　　共生――　　137
精神病性障害　　24
精神分析
　　――過程　　73, 112, 114, 115, 117〜119, 121, 122, 124, 267
　　――技法　　111, 113, 114, 124, 255, 258
　　――的な設定 → 分析的設定
　　応用――　　77, 259
性対象　　62, 132, 135
性的逸脱　　62
性的因子　　15, 19, 22
性的快　　64
性的外傷　　19, 22, 24, 37, 95
性的虐待　　22, 38
性的緊張　　28
性的空想　　26, 223
性的好奇心　　98
性的生活　　243
性的成熟　　26, 32, 66, 141, 242
性的病因　　25
性的欲望　　31, 45, 67, 68, 71, 173, 184, 190
生の欲動　　155, 169, 189, 194, 195, 197, 211, 215, 239, 243, 262
生物学的因子　　24, 213, 227, 264
生物学的岩盤　　130
生命の目標　　193
性目標　　62, 63, 144, 163, 164, 219
性欲　　22, 61, 100
性欲動　　22, 63, 64, 66, 80, 100, 108, 139, 141, 142, 194, 196, 202, 203, 205, 218, 239

世界大恐慌　　9, 239, 258
世代間伝達　　130
「積極」技法　　120
窃視症　　142, 177, 179
接触のタブー　　225
セッション
　　――時間　　59
　　――の記録　　114
　　高頻度の――　　112, 118
設定　　114, 117
遷移　　47, 48, 51, 53, 54, 148, 224, 271, 277
前意識　　47, 139, 147〜151, 159, 189, 207, 209
前エディプス期　　174, 183, 246
潜在内容　　43, 45, 48
前性器期　　65, 66, 68, 96, 176〜178, 181, 184, 213
前性器的な病理　　23
前精神分析期　　1
戦争神経症　　120, 123, 169
全体自我　　66, 143, 144, 157, 204
全体状況　　75
全体対象　　68, 89, 152
全体対象関係　　65, 66, 156
潜伏期　　64, 66, 67, 224, 271, 272, 276, 277

そ

躁うつ状態　　133, 136, 157
躁うつ病　　152, 155, 162
想起　　121, 124, 191
　　――痕跡　　147, 148
　　幼児期――　　39, 71
早期母子関係　　229
造形芸術　　77
喪失　　9, 19, 28, 37, 87, 109, 152〜154, 156, 159, 172, 184, 198, 203, 213, 221〜223, 225〜229, 244, 247〜249, 253, 254, 256
　　――した対象との同一化　　159
早発性痴呆　　78, 105, 108
躁病　　159, 198, 204

た

第1欲動論　　139, 144, 150
第1局所論　　47, 90, 139, 150, 151, 189, 192, 207
第2局所論　　47, 90, 139, 150, 207
第2構造論　　189, 219
第2欲動論　　139, 190
第一次世界大戦　　9, 82, 93, 120, 140, 161, 169, 173, 190, 199
退行　　47, 54, 68, 108, 111, 120, 127, 128, 135, 137, 144, 151, 153, 154, 157, 163, 164, 177〜179, 194, 195, 200, 202, 204〜206, 212〜214, 216, 218, 219, 224, 227, 229, 275

事項索引 307

　　局所論的―― 151, 159
　　時間的―― 151, 159
退行点 96, 108, 110, 111, 229
太古の遺産 262, 273, 274, 277
対象 62, 68
　　愛情―― 65
　　全体―― → 全体対象
　　部分―― → 部分対象
対象愛の獲得 135
対象関係 24, 32, 65, 66, 68, 73, 89, 91, 111, 136〜
　　139, 152, 154〜157, 166, 189, 204, 210, 228, 229, 267
　　最早期の―― 24
　　全体―― → 全体対象関係
　　部分―― → 部分対象関係
対象選択 63, 65, 66, 68, 180, 202
　　異性愛的―― 108
　　依託型―― 132
　　同性愛的―― 98, 100, 102
対象喪失 28, 52, 154, 155, 197, 210, 221, 225, 226,
　　228〜230, 253
　　――の不安 52, 228, 229
対象倒錯 99
対象備給 133, 134, 210
代替 53
タイタニック号 268
隊長 201
体内化 129, 143, 144, 154, 159, 223
大洋感情 232, 239, 240, 241, 246, 259
大論争 88, 172, 173, 215
妥協 39, 47, 48
　　――形成 44, 50, 51, 85, 86
多形倒錯的素質 64, 65, 68
多神教 272, 276
脱対象化 138, 197
脱備給 109, 138, 151, 197
脱融合 195, 212, 213, 215
魂の殺害 106
男根一元論 68, 182〜185, 264
男根期 → 男根期（ファルス）
男性性 252
　　――コンプレックス 175, 177, 182, 251, 263
男性的傾向 63, 160, 166
男性的同一化 175, 202
　　少女における―― 185
男性的マゾヒズム 174
断片化 156, 157, 245, 255, 256, 262

ち

チェス 114
知性の萎縮 236
父親 27, 67, 110, 181, 202

　　――転移 76
　　――の殺害 131, 204, 268, 272, 274, 277
　　ハンスの―― 82, 85
　　フロイトの―― 14
父コンプレックス 107
父‐同一化 211
父の名の排除 110
注意
　　漂いわたる―― 114
注察妄想 136
超自我 31, 155, 171, 181, 195, 202, 207, 210, 211〜
　　216, 219, 243, 244, 248
　　――と文明 246
　　子供におけるその苛酷さ 246
懲罰 251
　　――欲求 219, 243
貯蔵庫（空想世界） 249
貯蔵槽（エス） 210
治療同盟 88, 94, 97

つ

通道 31
償い 80, 157

て

抵抗 13, 21, 23, 24, 90, 265
　　自我の―― 262
ディック 60
テロリズム 245
転移 21, 23, 66, 69, 70, 72, 76, 116, 166, 168, 197
　　――現象 74
　　――性恋愛 18, 74, 112, 121, 122, 124
　　――の分析 48, 75, 121, 133, 136, 167
　　異性愛―― 76
　　陰性―― → 「陰性」転移
　　敵対的―― 185
　　同性愛―― 71, 76
　　陽性―― → 「陽性」転移
転移神経症 73, 74, 133, 136, 139〜141, 149, 158,
　　248
転換 20, 21, 24, 36
　　――症状 13, 20, 31
　　――ヒステリー 19, 20, 21, 146, 158
伝承 129, 273, 277

と

同一化 68, 139, 185, 189, 198, 202, 206, 207, 215
　　攻撃者との―― 214
投影 111, 210, 214
投影逆同一化 75
投影同一化 75, 89, 101, 111, 137, 138, 156〜158, 256

正常な―― 75
　　　病理的な―― 75
統合失調症　105, 149, 150, 151, 256
　　　――者　134, 158
倒錯　63, 68, 150, 174, 179, 185
　　　――的空想　179, 185
　　　――的素質　64, 65, 68
同性愛　63, 98, 102
　　　――傾向　183
　　　――的愛着　69, 72, 183
　　　――的対象選択　98, 100, 102
　　　――的欲動　164
　　　――的欲望　105, 106, 107
　　　――転移　76
　　　――に対する防衛としての妄想　111
　　　女性――　9, 96, 174, 179, 182, 183, 185
闘争／逃走　206
道徳　233
道徳的マゾヒズム　216〜220
トーテミズム　125, 126, 128, 129, 224
　　　――的思考　224
トーテム饗宴　129
トーテム動物　128, 129, 218, 272
ドーラ　61, 69
独立学派　88
取り入れ　120, 159, 203
度忘れ　49〜52
　　　名前の――　53

な

内向　135
なかったことにすること　225, 230
ナルキッソス　100, 132
自己愛(ナルシシズム)　98, 102, 107, 111, 128, 132, 136, 138, 144, 150, 198
　　　――の制限　201
自己愛(ナルシス)型対象選択　132, 135, 138
自己愛(ナルシス)神経症　74, 133, 136, 155
　　　――あるいは精神神経症　257
　　　――の特徴　149
自己愛(ナルシス)的　100
　　　――障害　136
　　　――精神神経症　248
　　　――退行　204
　　　――転移　132
　　　――同一化　101, 154, 159, 210, 215
　　　――引きこもり　154
　　　――分身　173
　　　――リビドー　212
ナンセンス　57

に

憎しみ　84, 92, 94, 131, 142, 143, 157, 159
　　　愛と――の葛藤　97
　　　愛と――の情緒　139
二次加工　45, 47, 48
二次過程　31, 34, 47, 148, 193
二次的利得　224
二次ナルシシズム　132〜134, 138
二次マゾヒズム　195, 218, 220
二重化　171, 172
日中残渣　45, 48
乳児　227
　　　――観察　87
ニューロン　14, 30, 41
　　　ϕ　31
　　　ψ　31

ね

鼠男　92, 114
涅槃原理　194, 197, 216, 217, 220
年齢制限　114

の

能動的傾向　86

は

パーソナリティの分割　109
排泄孔理論　165
破壊性　189, 195, 197, 213, 243
破壊的ナルシシズム　138
破壊欲動　189, 195, 212, 213, 218, 219, 244, 250, 262, 263
迫害対象　196
迫害不安　105, 108, 110, 229
迫害妄想　110, 167
ハゲワシ　101
派生物　145, 149
発達ライン　91
パニック発作　35
母親　67, 79, 97, 110, 181, 183, 226
　　　――拘束　246
　　　――転移　69, 76, 97, 183
　　　――の身体　184
　　　――の乳房　27, 64, 65, 66, 100, 156, 225, 241
　　　ハンスの――　82
　　　フロイトの――　27
母-同一化　211
パラノイア　105, 109, 111, 128
　　　――性妄想　105, 108, 110
　　　急性――　161, 167

パリ精神分析協会　259
汎性欲主義　62, 236
反対物による代替　51
反動形成　176, 214, 224
反復　121, 124, 173, 191, 197
　　──強迫　74, 121, 124, 169, 171, 173, 191〜193, 197
　　同じものの──　171, 173

ひ

備給　32, 148
　　対象──　133, 134, 154, 210, 212
肘掛け椅子　112
ヒステリー　13, 21〜23, 31, 32, 35, 37, 105, 109, 266
　　──症状　13〜17, 19, 22, 35, 36, 43, 61, 69, 70
　　──性健忘　64
　　──性同一化　202
　　転換──　19〜21, 146, 158
否定　49, 247, 249, 257
否認 Verleugnung　77, 247, 251, 253
　　去勢の──　257
　　現実の──　257
批判　159
　　──する審級　154
皮膚自我　150
秘密委員会　119
病因的な記憶　13, 21
表現可能性（表現の過程）　47, 48
表象　39, 146, 147, 159
　　宗教的──　246, 277
表象代表　159
病理的象徴使用　157

ふ

famillionnaire　56
ファルス　253, 257
男根期　65, 68, 96, 182, 218, 226, 251, 253, 263
不安　29, 52, 213, 221
　　──の第1理論　37, 39
　　──の第2理論　37
　　去勢──　213, 224, 225
　　現実──　221
　　原始的──　24
　　自生的──　193
　　自動性──　221, 230
　　信号──　221, 226, 230
　　対象喪失の──　52, 228, 229
　　迫害──　→ 迫害不安
　　分離──　→ 分離不安
　　抑うつ──　229
　　良心の──　213

不安神経症　8, 35, 37, 39
不安ヒステリー　146
フェティシズム　81, 248, 252, 253
フェラチオ　98, 100
不気味なもの　9, 169〜173, 228
複雑系　34, 119
復讐心　181, 191
父性　275
舞台化　45, 48
ぶたれる空想　89, 174
部分対象　65, 66, 68, 89, 156, 166, 181
部分対象関係　65, 66, 156, 166
部分欲動　63, 66, 143
フロイトへの回帰　58
「プロトン・プセイドス」　32, 34
文化　233, 238, 240, 246
　　──的断念　242
分解　109
文学　77
　　──作品に応用された精神分析　81
分身　173
分身化　173
分析
　　──の終わり　168, 260, 267
　　──の仕事　43〜45, 47, 48, 59, 209, 260, 264, 266, 273
　　児童──　82, 87, 88, 90, 91
　　分析者の──　263, 267
分析的設定　59, 73, 115, 117, 138
文明　240, 246
分離　225, 230
分離不安　52, 228, 229, 230
分裂　171, 173, 253
分裂排除　256, 257
　　──された部分の回帰　257

へ

ペアリング　206
ペニス羨望　182, 251, 253, 263
　　女性における──　258, 267
ペニスの欠如　253
ベルリン精神分析協会　152

ほ

防衛　24, 230
防衛機制　21, 77, 90, 96, 111, 144, 150, 157, 173, 206, 210, 214, 224, 225, 227, 247, 256, 262
放散　13, 16, 28, 31, 36, 146, 148, 151, 190, 192, 212, 213, 221, 223, 251
報復　184
ポジション　156 → 妄想分裂ポジション，抑うつポ

ジション
母子分離　90
ポスト・クライン派　76, 105, 156, 229, 256
母性　275

ま

マゾヒズム　63, 142, 159, 174, 184, 199, 216, 220, 225, 262
　——的構え　204
　——的空想　178
　一次——　142, 194, 197, 216〜218, 220
　女性的——　183, 185, 216〜218, 220
　性源的——　96, 195, 216〜218, 220
　男性における女性的——　218
　道徳的——→道徳的マゾヒズム
　二次——　195, 218

み

未開民族　127

む

無意識　21, 24, 40, 47, 51, 146, 151, 159, 209
　——的葛藤　60, 70
　——的空想　70, 88, 98, 160, 177, 178, 206, 214, 215, 253
　——的罪責感　125, 139, 147, 189, 210, 215, 218
　——的同性愛　160, 168
　——的欲望　51, 79, 163, 166, 172
　——の派生物　159
無意識系　148, 149
無時間性　115, 148
無対象　137

め

迷信　190
メタ心理学　9, 33, 35, 36, 47, 66, 75, 139, 140, 146, 148, 150, 151, 156, 158, 159, 190, 261
めまい　39
メランコリー　29, 152, 153, 159, 195, 198, 204, 207, 212, 213
　——患者　154
　——の超自我　215

も

喪　87, 157, 189, 230
　——の作業　153
　正常な——　153, 159
　病理的な——　153, 159
妄想　43, 267
　——形成　106, 109
　構築の等価物としての——　265

妄想分裂ポジション　60, 89, 110, 111, 118, 156〜158, 196, 229
物表象　149, 150, 159

や

優しさの潮流　66, 203
ヤハウェ崇拝　270

ゆ

ユーモア
　——に適用された夢の諸機制（縮合，遷移，欲望成就）　60
誘惑　27, 61
　——空想　26, 29
　——場面　26, 160, 163, 166, 168
　——理論　8, 22, 26, 28, 29, 38
ユダヤ教　231, 272
ユダヤ人　231, 274
　非——　152
ユダヤ民族　269, 274
指しゃぶり　64
夢　40, 47, 79
　——解釈　8, 25, 40〜43, 46〜51, 54, 58, 60, 61, 67, 69, 78, 80, 84, 112, 113, 119, 150, 151, 172
　——思考　39
　——生活　40〜42
　——の意味　42, 43, 46, 47
　——の機能　45, 191
　——の仕事　43〜45, 47, 48, 55, 57
　——の象徴使用　48

よ

容器-内容　75, 118
幼児期健忘　64, 68, 177
幼児神経症　91, 160, 162, 168, 185
幼児性欲　22, 26, 27, 38, 39, 83
　——理論　65, 68, 168
幼児的好奇心　91, 179
幼児的欲望　28
幼児の母親固着　185
「陽性」転移　73, 116, 124, 133, 136, 181, 261
抑圧　20, 21, 24, 26, 32, 39, 45, 47, 49, 51, 77, 80, 100, 144, 147, 148, 159, 209, 214, 223, 230, 264
　——されたものの回帰　257, 276
　事後的——　148
　集団的——　276
抑うつ　87
　——不安　229
抑うつポジション　60, 89, 110, 138, 156〜158, 196, 229, 256
欲動　62, 68, 139, 140, 143, 145, 147, 156, 159, 189,

193, 210
　　　──葛藤　261
　　　──のエネルギー　146
　　　──の強度　261
　　　──の第 2 理論　190
　　　──の対象　141
　　　──の融合／脱融合　215
　完成──　194
　攻撃──　263 → 攻撃欲動
　口唇的──　89
　肛門的──　89
　自我──　141, 159, 194
　自己破壊──　244
　自己保存──　126, 139, 141, 194
　死の── → 死の欲動
　性──　139, 141
　性器的──　89
　生の── → 生の欲動
　破壊── → 破壊欲動
欲望成就　41, 47, 55, 58, 67, 80, 193
寄る辺なさ　227, 230, 234
　　子供の──　238

ら

ラカン派　59, 76, 228

り

力動論　148
理想　206
理想化　206
理想自我　136, 215
離乳　225
リビドー　126, 133, 200
　　──段階　91
　　──的ナルシシズム　138
　　──の鬱積　135, 138
　　──の粘着性　262
　　──発達段階　152
　　──備給　109, 134, 135, 154, 201
　　──編成　65
両価性　92, 97, 125, 127, 131, 142, 159, 189, 224
　　愛と憎しみとの──　168
料金　118, 122
良心　128, 131, 159, 171, 211
　　──の不安　213
両性性　29, 63, 68, 174
　　心的──　27, 29, 68, 69, 86, 166, 178, 182, 183, 207, 210, 251
両性的体質　67
量的因子　217
倫理　122, 243

る

類催眠状態　16, 17, 21, 36

れ

歴史的真理　266
恋着　203, 205, 206

ろ

ロンドンへの亡命　55

わ

笑い　54
反芻処理（ワークスルー）　24, 28, 41, 59, 60, 73〜76, 82, 88, 111, 112, 118, 121, 133, 137, 160, 167, 172, 179, 191, 193, 196, 232, 262

監訳者略歴

福本　修（ふくもと　おさむ）
1958年　横浜生まれ
1982年　東京大学医学部医学科卒業
1990年　静岡大学保健管理センター助教授
1993年　タヴィストック・クリニック成人部門留学
2000年　タヴィストック・クリニック成人精神分析的精神療法課程修了
専　攻　精神医学・精神分析
現　職　長谷川病院／代官山心理・分析オフィス
著　書　新世紀の精神科治療第7巻：語りと聴取（中山書店　共著），新世紀の精神科治療第2巻：気分障害の診療学（中山書店　共著），埋葬と亡霊——トラウマ概念の再吟味（人文書院　共著）
訳　書　クリニカル・クライン（誠信書房　共訳），精神分析の方法Ⅰ（法政大学出版局）・Ⅱ（同　共訳），夢生活（金剛出版　共訳），現代クライン派の展開（誠信書房），現代クライン派入門（岩崎学術出版社 共監訳）
担当章　フロイトを読む，ヒステリー研究（後半），今日フロイトを読むとは？

訳者紹介

	所　属	分　担
朝枝清子	クリニックおぐら	夢解釈／日常生活の精神病理学にむけて
池上和子	昭和女子大学，赤坂アイ心理臨床センター	ある5歳男児の恐怖症の分析（少年ハンス）
石本伸子	恵泉女学園大学	ナルシシズムの導入にむけて／終わりのある分析と終わりのない分析
上田順一	大倉山子ども心理相談室	心理学草案／不気味なもの
奥山今日子	日本女子大学，青山心理臨床教育センター	日常生活の精神病理学にむけて／W. イェンゼン著「グラディーヴァ」における妄想と夢／ある5歳男児の恐怖症の分析／ナルシシズムの導入にむけて／技法についての論文／現実の否認および自我の分裂についての諸論文／終わりのある分析と終わりのない分析／モーセという男と一神教
五味　新	渋谷区教育センター，東京都人材支援事業団	子供がぶたれる／ある錯覚の未来／素人分析の問題
志久内陽子	精神分析アルシュ京都，ケーアイピーピー	防衛-神経精神症再論／神経症と精神病／神経症および精神病における現実喪失／否定／解剖学的な性差の若干の心的帰結
玉井康之	東海大学医学部専門診療学系精神科学	集団心理学と自我分析／トーテムとタブー／レオナルド・ダ・ヴィンチの幼年期の想い出
人見健太郎	みとカウンセリングルームどんぐり	ウィルヘルム・フリースへの手紙／技法についての論文(前半)
福田知子	南海クリニック，サイコセラピー・プロセス研究所	ヒステリー研究（前半）／技法についての論文（後半）／自我とエス
福原政之	創価女子短期大学 学生相談室	機知／メタ心理学諸篇／制止，症状，不安
布施木誠	帝京平成大学大学院臨床心理学研究科	心理学草案／あるヒステリー症例分析の断片／自伝的に叙述されたパラノイアの一症例／快原理の彼岸／モーセという男と一神教
堀　有伸	福島県立医科大学災害医療支援講座，雲雀ヶ丘病院	無意識／文化の中の居心地悪さ
町田隆司	千葉家庭裁判所松戸支部	性理論のための三篇／女性同性愛の一事例の心的成因について／マゾヒズムの経済論的問題
森崎ひろみ	広尾心理オフィス，十文字学園女子大学（非常勤）	喪とメランコリー／強迫神経症の一例についての見解
吉田真弓	岡山県中央児童相談所	防衛-神経精神症／夢解釈／ある幼児神経症の病歴より

ドイツ語協力：金井　満（獨協大学）

フロイトを読む
―年代順に紐解くフロイト著作―
ISBN978-4-7533-1070-8

監訳者
福本 修

2013年11月16日 第1刷発行
2023年 8月26日 第4刷発行

印刷 （株）新協 ／ 製本 （株）若林製本工場

発行所 （株）岩崎学術出版社 〒101-0062 東京都千代田区神田駿河台3-6-1
発行者 杉田 啓三
電話 03(5577)6817　FAX 03(5577)6837
©2013 岩崎学術出版社
乱丁・落丁本はおとりかえいたします　検印省略

精神分析事典

●編集委員会
代表　小此木啓吾
幹事　北山　修

委員　牛島定信／狩野力八郎／衣笠隆幸／藤山直樹／松木邦裕／妙木浩之

☆編集顧問　土居健郎／西園昌久／小倉清／岩崎徹也
☆編集協力　相田信男／大野裕／岡野憲一郎／小川豊昭／笠井仁／川谷大治／
　　　　　　斎藤久美子／鑪幹八郎／舘哲朗／馬場謙一／馬場禮子／福井敏／
　　　　　　丸田俊彦／満岡義敬

●精神分析事典の特色
　百年余の歴史をもつ精神分析学の古典と現代にわたる重要な知見を，学派，文化，言語に偏ることなく，臨床を中心にわが国の独創的概念や国際的貢献も厳しく精選，1,147項目に収録。
　精神分析だけでなく，その応用領域に至るまで，わが国の第一人者たちによる最新の成果や知見を駆使しての執筆。
　参考文献は著作者順に整理され文献総覧として活用でき，和文・欧文・人名の詳細な索引はあらゆる分野からの使用に役立つよう工夫された。

●刊行の意図と背景
・国際的にみて，いずれも特定の立場と学派に基づいている。それだけに，それぞれ独自の視点が明らかでそれなりの深い含蓄を持っているが，精神分析全体を展望するものとは言い難い。わが国の精神分析の輸入文化的な特質をも生かすことによって，世界で最も幅広いしかも総合的な見地からの精神分析事典を編集したい。
・わが国の精神分析研究もすでに戦後50年の積み重ねを経て，精神分析のそれぞれの分野の主題や各概念について膨大な知識の蓄積が行なわれ，成熟を遂げて現在にいたっている。その成果を集大成する時代を迎えている。
・またフロイトの諸概念の訳語をめぐる新たな研究の国際的動向や，わが国の日本語臨床，翻訳問題の研究が，本事典の編集作業を促進した。（編集委員会）

・B5判横組　712頁